Début d'une série de documents
en couleur

X. EGAPEL

Causeries Carmelines

SOIXANTE ANS

de la Vie d'un Prolétaire

PROBITÉ

TRAV...

...NCES ...INES

PARIS

LIBRAIRIE LÉON VANIER, ÉDITEUR

19, QUAI SAINT-MICHEL, 19

1900

Fin d'une série de documents
en couleur

SOIXANTE ANS

DE

LA VIE D'UN PROLÉTAIRE

SOIXANTE ANS

DE LA

VIE D'UN PROLÉTAIRE

PAR

X. EGAPEL

(C. Lepage)

PARIS

LIBRAIRIE LÉON VANIER, ÉDITEUR

19, QUAI SAINT-MICHEL, 19

—

1900

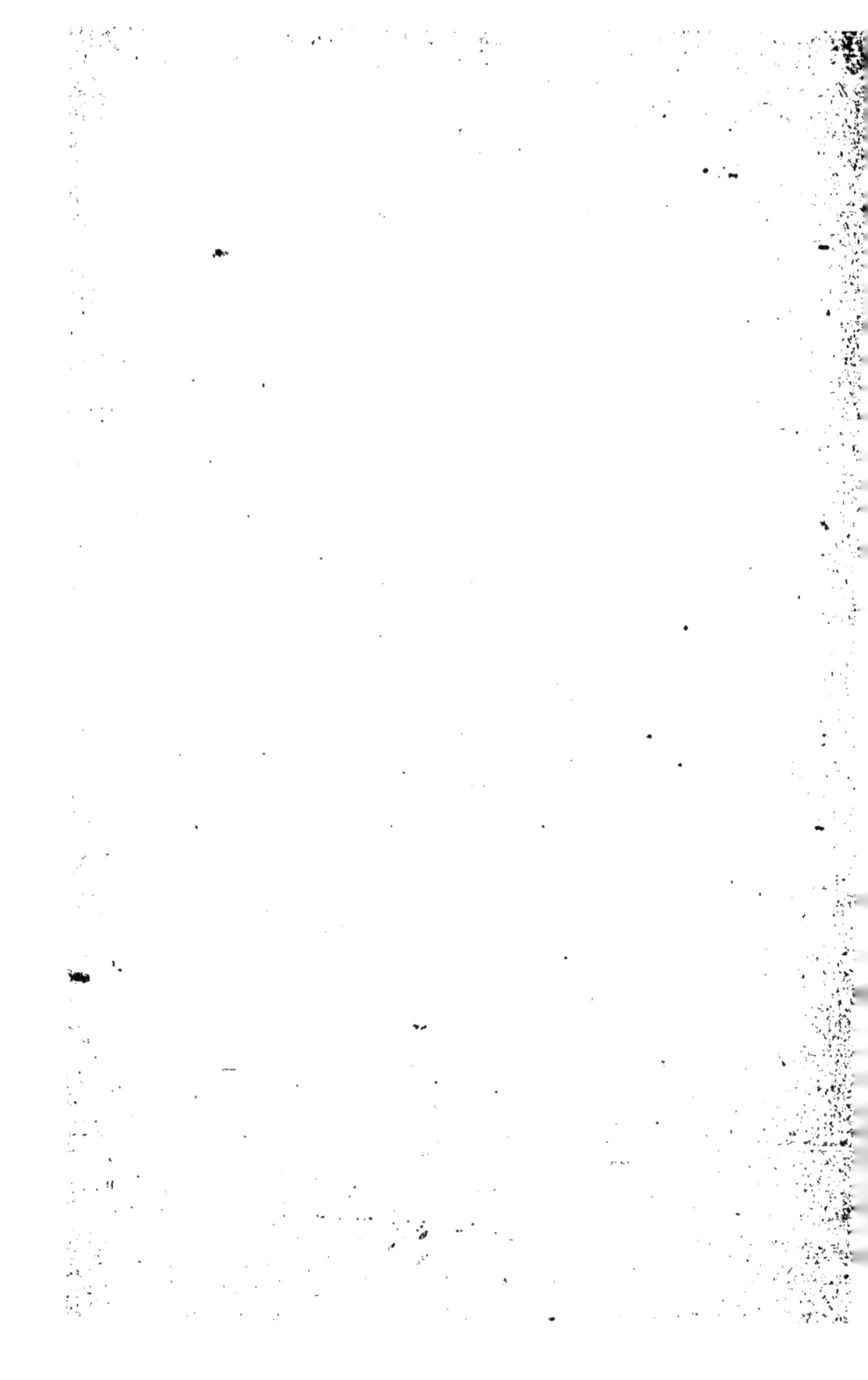

PRÉFACE DE MON JEUNE AMI

Cette simple histoire, d'aucuns diront trop simple, est une histoire vraie. C'est le récit d'une vie tout entière passée dans la plus fière honnêteté. Le lecteur apprendra en la parcourant à quel prix, dans le temps où nous vivons, on peut rester sans reproche vis-à-vis de soi-même, quand on n'a pas eu la chance de naître sur un coffre-fort. Il y verra que l'esclavage n'est pas aboli en fait dans les nations les plus civilisées du globe. Pour avoir changé de forme et avoir revêtu les apparences de la liberté que proclame le monde moderne, l'esclavage n'en est pas moins toujours vivant, toujours vivace, comme les sentiments qui lui ont donné naissance : l'égoïsme, le désir effréné des jouissances, la passion de l'intérêt personnel. Ces sentiments, ennemis de la solidarité nécessaire, il faudrait les tuer dans l'humanité, et comme la morale, comme les morales plutôt, y sont impuissantes, puisqu'elles ne sont pas des lois inéluctables et des freins irrésistibles il faut que la force publique vienne au secours des intérêts généraux qu'énoncent les constitutions et les lois des États qui fondent et garantissent le Droit, les droits des hommes et des citoyens tels que les conçoit la raison impersonnelle de la masse sociale.

La force qui garantit l'organisation des États, et qui s'exerce selon les lois, c'est-à-dire selon les volontés générales de la collectivité, cesse d'être la force brutale. Disciplinée et mise au service des intérêts généraux elle combattra et vaincra les forces que chacun consacre à la satisfaction de ses passions égoïstes, et protégera un jour efficacement tous contre chacun, chacun contre tous.

Celui qui raconte ici sa vie n'a été vraiment son maître, en dépit des apparences, que du jour où il a été fonctionnaire, que du moment où il a été nourri par tous, en échange de sa consécration au service de tous. Jusque-là il était esclave comme tous ceux qui attendent du caprice de passants leur pain quotidien. Car il faut entendre par esclavage, non pas la condition de fonctionnaire attaché à la fonction pour laquelle il est payé. Le travail doit être la loi dans un État et tout citoyen doit être esclave en ce sens, mais la condition de l'homme qui au lieu d'être sous le contrôle de la collectivité, dépend directement du caprice d'un seul homme ou d'un groupe d'hommes.

Dans nos sociétés modernes il n'y a que le riche qui soit libre autant qu'on puisse souhaiter, et plus qu'on ne devrait souhaiter de l'être. Il l'est trop, et la seule indépendance qu'un citoyen devrait avoir avec l'absolue indépendance morale c'est l'indépendance matérielle vis-à-vis d'un autre citoyen. Dépendre de tous, dépendre de l'État, c'est l'esclavage nécessaire, c'est l'esclavage social utile, indispensable à la sécurité personnelle et générale, c'est la rançon inévitable de cette sécurité.

Car j'imagine que l'absolue liberté, l'indépendance pleine de périls, de risques et d'impuissances de l'homme isolé ne vaut pas l'état de citoyen dans une société même très exigeante. Et cet esclavage heureux de citoyen sera réduit à son minimum de sacrifice et élevé à son maximum d'avantages le jour où l'État aura conquis son unité absolue; aura centralisé toute les énergies et tous les produits de façon à les faire siens au bien-être de tous.

En effet, tant qu'il y aura des États dans l'État, tant que la collectivité générale dépendra de collectivités particulières, des sociétés financières internationales ou nationales par exemple, celle-là sera gênée et opprimée par celle-ci.

Actuellement les fonctionnaires sont mal payés, les pauvres ne sont pas secourus, cela tient au mauvais état des finances nationales, lequel tient à leur dépendance vis-à-vis des collectivités particulières. Quelques-uns ont tout en excès de par l'existence même et sous la protection de cette société qui manque en partie du nécessaire. Il faut qu'ils abandonnent, il faut que l'État leur prenne davantage, et qu'une disproportion moins grande s'établisse dans la vie matérielle et intellectuelle des membres d'une même société au profit de ceux qui travaillent et qui souffrent. Et les lois devraient être telles qu'elles ne permissent jamais au capital dont la propriété n'a d'autre garantie que l'existence de la société de devenir une force anti-sociale uniquement consacrée aux jouissances de quelques-uns, un instrument de corruption, d'asservissement et de mort.

Un temps viendra, prochain nous l'espérons, où la volonté de la foule souveraine s'affirmera dans sa force et fera triompher le droit de chacun des membres d'une société à sa part de travail.

Peu à peu sous l'influence de l'opinion qui de plus en plus participe à un Idéal de justice construit par la

Raison, peu à peu notre société républicaine va s'amender, se perfectionner, se transformer peut-être sans
secousses violentes, sans effusion de sang. Déjà, malgré
l'incohérence apparente ou réelle de projets esquissés,
les plans sont tirés, les bases sont établies de cette cité
nouvelle dont le xx⁰ siècle à coup sûr verra le premier
essai de réalisation.

PAUL MELÉE.

AVIS AU LECTEUR

Conformément à la méthode qu'a prise le héros encore vivant de cette histoire, pour me raconter sa vie, j'ai, comme il l'a fait lui-même, divisé le récit de son existence en cinq parties et j'en ai disposé le texte de telle façon qu'elles puissent être lues séparément sans nuire à la clarté de l'ensemble, chaque partie conservant son intérêt particulier. Je lui laisse donc la parole, le mérite de ce travail étant surtout d'être vrai dans la grande acception du mot.

Première partie. — *A partir de ma naissance jusqu'à 22 ans.* — Le jeune homme peut y retrouver sa psychologie. J'étais de mon âge. Cette partie est à méditer par les parents ne tenant pas assez compte de l'inconscience de la jeunesse et de ses aptitudes.

Deuxième partie. — *De 22 à 30 ans.* — Je me marie à 22 ans ; j'entre dans le monde plein d'espérance, de confiance dans la justice de tous ; je suis convaincu qu'on sait apprécier le mérite, la vertu,... qu'il suffit de se montrer droit, honnête, sincère, non pour faire fortune (l'éducation de ma jeunesse ne m'avait point donné cet orgueil) mais pour se faire une situation honorable qui me permît d'élever une famille et de la mettre à l'abri du souci... en un mot pour arriver à une certaine sécurité que l'on di-

1*

sait autour de moi n'être refusée qu'aux fainéants, aux paresseux de corps et d'esprit.

Je suis tour à tour ouvrier, employé, contre-maître, directeur d'usine ; je n'arrive à rien ; pas de situation même en perspective.

De quoi cela a-t-il dépendu ? le lecteur jugera.

Troisième partie. — *De* 30 *à* 45 *ans.* — Las, découragé des emplois, je m'établis dessinateur-graveur sur bois, je deviens à force de travail artiste peintre... je tente même la sculpture. Je suis reçu au Salon, j'obtiens des médailles dans les expositions d'Arts Industriels de Paris, etc., finalement j'arrive à 50 ans, sans avoir pu parvenir à me faire une position et suis obligé de reprendre un emploi.

Comment cela ? Le lecteur jugera encore et tirera du récit la réflexion et le profit qu'il lui plaira.

Quatrième partie. — *C'est la période de* 45 *à* 55 *ans.* — Je commence à m'inquiéter sérieusement. Je me trouve entouré d'hommes plus jeunes que moi, arrivés à tout : aux honneurs, à la fortune, d'aucuns même à la gloire... j'examine les moyens qu'ils emploient pour se frayer passage et, malgré toute leur habileté à dissimuler, mon expérience ne s'y trompe pas.

Je le sais, me dis-je, cette route est plus facile que celle que j'ai toujours gardée... Il est encore temps de la prendre. Dois-je la suivre. — Ici de rudes tentations me travaillent ; je rencontre deux hommes, un bon et un mauvais génie ; tous deux s'intéressent à moi et veulent faire mon bonheur. Suggéré des deux côtés, quelle route vais-je suivre ?

Je deviens socialiste, un sincère. J'étais écœuré !...

Cinquième partie. — *De* 58 *à* 75 *ans.* — Je deviens fonctionnaire dans l'Enseignement officiel ; cette situation modeste m'apporte une espèce de sécurité, un calme, une liberté relative que je ne soupçonnais pas possible. Je vis réalisées ce que j'entendais appeler mes utopies socialistes, cela m'encouragea, je me fis l'apôtre de mes convictions.

Depuis, l'homme privé et social est pour moi un livre ouvert.

Je me sers de cette expérience pour rendre service à tous. Sans faiblesse, sans orgueil je garde ma place au soleil. Je suis, avec intérêt, la marche des événements politiques et sociaux, conseillant et montrant l'exemple de la prudence sans faiblesse.

Dans cette route me suivra qui voudra.

SOIXANTE ANS DE LA VIE
D'UN PROLÉTAIRE

MA VIE

A mon jeune ami.

« Cher Monsieur Paul,

» Vous m'avez conseillé d'écrire ma vie. Ai-je bien ce droit devant les miens et mes amis ? Peut-être, mais le public, en quoi une vie aussi modeste que la mienne peut-elle l'intéresser ?

» Benvenuto Cellini dit : tous les hommes de quelque condition qu'ils soient, qui se sont distingués par des talents ou des actions extraordinaires, devraient écrire leur vie avec toute la *vérité possible*, mais ils ne dévraient l'entreprendre que dans un âge mûr. » Ce conseil est pour les grands hommes.

» L'âge, je l'ai, mais quant aux talents et aux actions extraordinaires, c'est autre chose. J'aime mieux ce conseil du Poussin : « Il faut se faire entendre tandis que le pouls nous bat encore un peu. Cela s'adresse à tout le monde.

» Je vais donc, sans prétention, et tel que je le ferais de vive voix, vous raconter ma vie. »

PREMIÈRE PARTIE

———

CHAPITRE PREMIER

MA NAISSANCE, MA FAMILLE. — A L'ÉCOLE,
A L'APPRENTISSAGE, A L'ATELIER. — OUVRIER

Je suis né en 1825, le 2 février au Havre, quai Vide-
coq ; je ne me souviens plus du numéro. Mon père était
alors armateur de navires. Fils d'un pilote, il avait
épousé la fille d'un vieux marin, un vrai loup de mer,
qui avait perdu un bras dans un combat naval sous
Napoléon Ier, et avait été décoré par l'empereur lui-
même pour plusieurs belles actions. On lui avait confié
le poste de chef des pilotes qu'il garda jusqu'à la fin de
ses jours.

Mon père n'avait reçu qu'une bonne instruction primaire, ce qui, dans ce temps-là, pouvait lui permettre
d'occuper des fonctions d'un certain ordre. Tour à tour
commis chez des négociants, clerc de notaire, etc., il
trouva enfin à s'associer, quoique sans fortune, à un
ouvrier complètement illettré, mais actif. Cet ouvrier
possédait un petit capital, ils firent ensemble le commerce d'appareilleurs de navire, réussirent dans leurs
affaires, ce qui explique comment ils sont, à ma nais-

sance, armateurs c'est-à-dire négociants sous la raison :
Martin-Lepage.

Fils d'un matelot pilote, mon père était donc devenu
un bon bourgeois de cette époque (1). J'étais le troisième
de ses enfants, mon frère aîné avait à ce moment huit
ans ; les affaires continuaient à prospérer et la famille
aussi ; un nouvel enfant survint.

Nous reçumes, tous les quatre, une instruction in-
suffisante pour la situation que nous occupions et pour
l'époque scientifique et industrielle où nous allions entrer. Ce n'était point l'idée de mon père de faire de nous
des savants (comme on disait dans ce temps-là) aussi
nous retira-t-il trop jeunes de l'école pour nous mettre en
apprentissage.

On ne lui avait pas donné de métier, disait-il, et il
voulait que ses enfants en eussent un. C'était bien penser dirait-on aujourd'hui.

Nous verrons plus tard s'il a eu raison.

Puisqu'il nous donnait des métiers et qu'il possédait
une certaine fortune, il fallut bien qu'il songeât à nous
établir. D'ailleurs il ne s'entendait plus avec son associé.

Il liquida donc sa situation d'armateur et s'associa
avec un mécanicien sous la raison sociale : Lepage-Mi-
chel frères.

Ils établirent des fonderies de fer et de cuivre pour
alimenter l'atelier de construction de machines à vapeur,
que MM. Michel frères possédaient déjà, et qui étaient
en pleine prospérité.

Mes deux frères aînés devaient trouver leur position
dans les fonderies, et moi commencer mon apprentissage chez les mécaniciens nos voisins et amis ; quant à
mon quatrième frère, il était encore trop jeune pour
que l'on songeât à l'état qu'il devait embrasser.

J'avais alors treize ans ; mon apprentissage d'ajusteur
mécanicien en dura trois et, dans cet intervalle, mon
père me fit donner des leçons de dessin géométrique, de
sorte qu'à seize ans j'étais un assez bon ouvrier, et, en

_____

(1) 1825. Charles X.

même temps, un jeune dessinateur qui promettait. Mais j'étais aussi dans l'âge où la cervelle travaille et où on ne comprend pas bien ce que veulent les parents.

A cette époque, l'ouvrier n'était pas, comme aujourd'hui, l'ennemi acharné du patron (1).

Aussi, mon père pût-il s'établir fondeur, sans connaître même le premier mot du métier ; il trouva facilement des contres-maîtres dévoués, des ouvriers soigneux et dignes pour l'aider. Fils de maître, mes frères et moi étions parfaitement respectés par les ouvriers qui semblaient comprendre qu'ils élevaient des patrons. Il faut dire aussi qu'à ce moment, la division du travail par la machine n'existait pas, et que l'ouvrier était une sorte d'artiste fier de son talent qu'il communiquait avec plaisir à ses élèves. Je savais donc qu'un jour je devais être patron.

Les ouvriers de ce temps étaient peu instruits, beaucoup même ne savaient pas lire, c'est vous dire que j'étais presque un savant pour eux.

Comme je dessinais relativement bien, mon patron s'en étant aperçu, m'avait confié des travaux à faire pour l'aider dans ses occupations. Il était lui-même un homme capable (2).

Je n'ai pas besoin de vous dire que j'étais fier d'avoir mérité cette confiance. Pendant un an, je m'acquittai très bien de ma tâche. Mais hélas ! avec mes succès arrivèrent les déboires, je remplissais trop jeune un emploi important.

M. Michel aîné avait un frère cadet, bon ouvrier forgeron, mais loin d'atteindre à son intelligence et à ses capacités ; ma jeunesse inexpérimentée se butta contre sa jalousie ; quoique très jeune, j'étais chargé de faire des plans, élévations, coupes, etc., et de m'entendre avec les contre-maîtres, de surveiller, sinon diriger une par-

---

(1) C'est qu'à cette époque la grande industrie n'avait pas encore absorbé la petite, et beaucoup pouvaient espérer, devaient espérer devenir petits patrons.

(2) Il devint officier de la Légion d'honneur et un des grands mécaniciens de France.

tie du travail, et cela ne lui plaisait pas. Un jour, il m'arriva, sur un plan, d'avoir commis une erreur de quelques millimètres sur la longueur d'une bielle. M. Arthur Michel le jeune me froissa intentionnellement en me vexant devant les ouvriers, je le remis à sa place, il m'injuria et, dans un moment de vivacité, oubliant ma jeunesse, je lui dis qu'il n'était qu'un âne et que, d'ailleurs, ce n'était pas à lui que j'avais affaire, le cas était très grave.

Mon père était un grand ami de Michel aîné, mais s'accordait mal avec le frère, il chercha bien à arranger cette affaire. M. Michel aîné, voulût bien tenir compte de ma jeunesse et peut-être aussi d'un peu d'imprévoyance de sa part, mais des questions d'intérêt probablement, firent obstacle à cette réconciliation, car je ne pu rester dans l'établissement.

— Que vas-tu faire maintenant, me dit mon père?

J'avais d'un seul coup brisé ses rêves (M. Michel aîné avait deux filles et on m'avait fiancé à l'une d'elles), projets d'avenir qui ne réussissent pas souvent.

Mon père était d'une grande loyauté, très franc, très habile en affaire, s'introduisant partout et nullement embarrassé dans ses allures non plus que dans son langage. M. Michel aîné très bon mécanicien ingénieur et en même temps, excellent ouvrier, était tout le contraire, timide et peu propre au jeu des affaires. Les aptitudes de mon père le désignèrent naturellement pour l'extérieur et il s'en acquitta très bien ; il sût s'introduire dans les ministères et obtenir des commandes de l'Etat.

On était en 1841. Ce surcroît de commande avait changé les intérêts ; les associés se séparèrent, mon père garda les fonderies pour lui seul et MM. Michel frères, leurs forges et leurs ateliers de constructions. Obligés de s'agrandir l'un et l'autre, ils se transportèrent au-delà de la ville et augmentèrent, chacun de leur côté, les établissements, les fonderies adossées aux ateliers de machines ; tout allait pour le mieux. Mon frère aîné (24 ans) était en état de seconder mon père, et le cadet aussi étant lui-même bon ouvrier mouleur ;

c'était donc moi le plus à plaindre parce que je n'avais plus la confiance de mon père.

Notre maison avait l'allure des maisons fortunées de ce temps-là, et les fils Lepage semblaient appelés comme les fils et demoiselles Michel aîné, à de brillantes destinées (comme on disait à cette époque où l'argent commençait à primer sur tout). Si l'on veut ne considérer que la fortune, les honneurs et la gloire, ce fût vrai pour les Michel, mais bien le contraire pour les Lepage. J'aurai souvent, dans ce récit, l'occasion de rapprocher le sort de ces deux familles).

Ce grand changement dans les établissemeuts, n'avait pas modifié les idées de M. Michel aîné à mon sujet. Cependant, il faut croire qu'il y eût quelques pourparlers, car mon père me dit : Je vais l'envoyer à Paris, chez notre cousin, P. Vanier médecin ; là, je te donnerai des professeurs pour compléter tes études ; nous verrons après. Il me remit cent francs (à cette époque c'était quelque chose). Voilà pour tes menus plaisirs, me dit-il, je verrai l'usage que tu en feras ; si tu aimes le théâtre je te conseille le Théâtre Français pour le sérieux et le Palais Royal pour rire. J'étais heureux de cette détermination, l'étude me plaisait, j'avais instinctivement un grand désir de savoir.

Me voilà donc à Paris... A cette époque, en province c'était un événement que d'aller à Paris ; les diligences y conduisaient du Havre en 14 ou 15 heures. On m'avait recommandé au conducteur, et, à mon arrivée dans la cour des messageries, rue du Bouloi, je devais trouver mon cousin. Il demeurait rue Jean-Jacques Rousseau. Je remis ma malle au commissionnaire qui nous suivit et bientôt je fus présenté à ma cousine nouvellement mariée : on m'installa dans un cabinet à côté d'eux et me voilà parisien.

Mon père avait probablement recommandé que l'on m'accordât un peu de liberté, car j'avais ma clef pour ne déranger personne.

J'étais dans ma seizième année. Les jeunes gens, à cette époque étaient élevés tout autrement qu'aujourd'hui ; un grand fond de timidité que l'on conservait

très longtemps en était le résultat, je parle des familles
bourgeoises où l'honneur et la probité n'étaient point
un vain mot, et mon père était, sur ce chapitre, d'une
grande rigueur.

Ce n'est pas que les mœurs fussent bien rigides : on
riait de tout, on ne se fâchait de rien, c'était l'époque
des chansons grivoises où l'esprit pétillait sous l'influence d'un vrai et bon vin ; exemptes de pruderie, les
femmes mariées se mêlaient volontiers aux chants et à
la bonne humeur des convives ; quant aux demoiselles,
elles étaient enfants longtemps, sous la protection de
leurs braves et dignes mères. En ce temps, la rouerie
était rare et le charlatanisme presque inconnu.

J'entrais donc dans la société parisienne avec toutes
les illusions de la jeunesse, me laissant vivre, ayant
une idée excellente du cœur humain.

« Quelqu'un, qui aurait parlé du mal social, comme
vous m'entendez souvent le faire, m'aurait effrayé. J'en
aurais vraiment eu peur... Il ne me serait pas venu à
l'idée de le regarder comme un fou, mais comme un
méchant. Que voulez-vous ? C'était naïf, mais c'était le
temps où on aimait, où le libertinage même n'était
point égoïste et vénal... où l'on se laissait peut-être un
peu trop entraîner aux effluves du cœur, à cause des
périls de la tentation ; mais quelles que fussent les conséquences de cette légèreté de mœurs, elles n'atteignaient jamais d'une façon aussi générale à la bestia-
lité dont nous sommes témoins aujourd'hui.

Ces temps sont à regretter pour la jeunesse qui ne
connaît plus le printemps de la vie ; entre le jeune
homme et le vieillard, la différence n'est plus bien
grande : chauves à trente ans, le sarcasme et l'ironie
pour masque, névrosés du haut en bas, égoïstes et ca-
pricieux, irritables pour un rien. Voilà la jeunesse, à
quelques exceptions près, de notre fin de siècle.

Me permettez-vous ces regrets ? non pas pour moi,
mais pour vous les jeunes !

Qu'elle est la cause d'un aussi grand changement, et
en aussi peu de temps ? »

Ma vie vous en donnera peut-être l'explication.

Je continue : On me donna donc des professeurs. Je travaillai sérieusement, m'amusai de même ; j'avais suivi les conseils de mon père, le théâtre fut ma grande distraction.

J'en ai profité largement. C'était la bonne époque, l'artiste n'était point, comme aujourd'hui, abruti par des centaines de représentations, le public lui-même était plus connaisseur, il n'attendait pas la claque pour applaudir.

J'ai donc tour à tour visité l'Opéra, le Théâtre Français, l'Opéra Comique, la Porte-Saint-Martin, le Gymnase, le Palais Royal, le Vaudeville, la Gaieté, les Folies Dramatiques et jusqu'aux Funambules... Quels talents !... Rachel, Mlle Mars, Régnier, Samson, Monrose, Firmin, Ligier, etc. ; aux Français, Dupré, Nourry, Falcon ; à l'Opéra, Roger ; à l'Opéra Comique, Achard, Alcide Touzé, Levasseur, Arnal, Déjazet et bien d'autres dont le nom m'échappe. Frédéric Lemaître, Bouffé... et Desburaux aux Funambules !... Talents hors ligne, qui n'ont jamais été remplacés.

« Le souvenir du jeu, de la diction, de l'intonation même de ces artistes, m'est encore aujourd'hui aussi présent à la mémoire que si je les entendais dans un phonographe ; aussi cette école du théâtre de ma jeunesse m'a rendu difficile. Lorsque je revois les mêmes pièces interprétées par nos talents en vogue ; tout en leur accordant du mérite, je trouve moins d'âme, moins de naturel, moins de conviction, moins de conscience, moins d'amour, moins de volonté pour vaincre les grandes difficultés de cet art difficile ; ce n'était pas, à cette époque, seulement des virtuoses, c'étaient des artistes savants et consommés. »

Le théâtre m'enthousiasma, mes études n'en souffrirent cependant pas. Mais il m'était resté un germe qui ne demandait qu'à éclore. Mes professeurs étaient très contents de moi, et l'un deux, M. Le Blanc, professeur de mathématiques, d'un lycée de Paris, dit à mon cousin : Si la famille de mon élève le veut, je me fais fort de le faire recevoir à l'Ecole centrale.

Je vous ai dit que je savais dessiner et travailler, cer-

tainement jaurais réussi. Mais mon père avait des idées
bien arrêtées à cet égard, il ne prévoyait pas (peut-être
était-ce assez difficile à cette époque) l'influence qu'aurait un jour le parchemin sur les destinées de chacun.
Confiant d'ailleurs dans sa fortune, son mot était celui-
ci : « Il faut qu'un maître soit au moins aussi fort que
son premier ouvrier. » Bien qu'il ne fût pas dans ce cas
et cependant réussit, il ne trouvait pas bon que cela
fût... Il me laissa donc encore quelque temps à Paris.

Quelques difficultés avec mon cousin étant survenues,
et, désirant me rapprocher du Conservatoire des Arts et
Métiers dont je suivais les cours, mon père me plaça en
pension chez un autre professeur, un preneur de brevets,
rue Saint-Martin. Chez ce professeur de dessin je restai
seulement quelque temps pour me perfectionner et il me
fit revenir au pays. Me voilà donc de retour.

Pendant cette absence M. Michel aîné avait essayé de
plusieurs jeunes gens. Il en était à son troisième dessinateur depuis mon affaire avec son frère. Il avait essayé
d'élèves sortant de Châlons ; ils n'avaient pas fait son
affaire ; il essayait maintenant d'un jeune homme sortant de l'Ecole centrale. C'était un corse. Le prestige
d'un élève sortant de cette école commençait déjà à se
faire sentir et MM. Michel étaient fiers d'avoir un ingénieur diplômé ! Ceci fut cause sans doute que mon père
ne put obtenir de me faire rentrer au dessin, car je
repris place comme ajusteur dans les ateliers.

Cette rentrée ne me plut pas, mais je ne voulus point
désobéir à mon père qui était du reste très sévère, et je
me mis à l'ouvrage. Ma tête n'en travaillait cependant
pas moins et je regrettais mes livres. Je renouvelai connaissance avec un ancien camarade de collège, Ferdinand
Bernard, qui, pendant mon absence, s'était fait aussi
mécanicien. Il en était à sa première année d'apprentissage. Fils d'un riche horloger du Havre qui, comme
mon père, voulait que son fils apprît un état ; nous étions
donc un peu tous deux dans la même situation, ne comprenant pas trop les vues de nos parents sur nous.

— Tu as fini ton apprentissage, me disait-il ? tu sais
dessiner, qu'est-ce que ton père veut faire de toi ?

— Je n'en sais rien, lui répondais-je.

— A quoi sert tout ce que tu as appris, me disait-il ? si c'est pour rester ouvrier.

L'outil automatique commençait alors à s'introduire dans l'atelier ; on forait, on alézait, on commençait à raboter le fer... et j'entendais les bons ouvriers dire : on n'aura bientôt plus besoin de nous, les hommes de peine vont nous remplacer ; et un véritable découragement les prenait. Conduire des machines, disait l'un, quand on me paierait dix francs par jour, jamais !...

Il semblait qu'ils prévoyaient le malheur qui devait les frapper un jour. En effet, ce mouvement a été si rapide qu'en dix ans il fut complet, le vrai ouvrier ajusteur ou tourneur était devenu inutile, on en garda bien quelques-uns qui devinrent contre-maîtres, mais l'atelier ne fit plus d'apprentis sérieux, il fit des apprentis conducteurs de machines.

L'exploitation capitaliste commençait donc. Je résolus de prendre une autre direction. — Sans le savoir, j'étais en pleine révolte contre le capital.

Mon père qui ne connaissait pas le métier, ne voyait pas cela. Il espérait toujours qu'on reviendrait aux praticiens. — Tous ces ingénieurs protégés rêvent d'autres positions que celles de nos contre-maîtres ou dessinateurs d'ateliers, disait-il ! Le fait est qu'à ce moment les mécaniciens recevaient de tous côtés des offres de jeunes gens qui s'offraient, se donnaient au commerce ou à l'industrie pour rien, il y en avait même qui payaient.

Les fonderies de mon père marchaient toujours très bien sous la direction de mon frère aîné, mon frère cadet continuait son travail de mouleur, on parlait en ce moment d'en faire un contre-maître.

J'ai dit plus haut que mon père était un homme entreprenant. Il avait toujours été heureux dans ses entreprises et marchait hardiment ; trop hardiment, on le verra plus tard.

On était à ce moment du règne de Louis-Philippe où les chevaliers d'industrie, Robert Macaire, pullulaient en France. De tous côtés on entendait parler de découvertes merveilleuses dues au progrès de la chimie industrielle ; là stéarinerie, la savonnerie, la distillerie, les produits chimiques attiraient et engageaient les capitaux. Mon père, confiant dans sa bonne fortune, se trouva pris, malheureusement dans une affaire de savons. Il ne l'entreprit pas seul, mais associé avec un courtier qu'on disait riche et sur lequel aucun soupçon malhonnête ne planait ; ce fut son malheur. Ils montèrent donc ensemble un établissement de savonnerie, dont les résultats projetés et promis par le chevalier d'industrie devaient être merveilleux. Bientôt mon père vit qu'il était joué par deux fripons complètement insolvables. Il se trouva donc avec deux grands établissements sur le dos. Se débarrasser du dernier fut bientôt fait mais avec une perte relativement considérable.

Ce coup, porté au moment où il s'y attendait le moins, et d'autres malheurs comme il en arrive toujours lorsque la mauvaise chance vous poursuit, le réduisirent à une gêne réelle pour soutenir l'établissement des Fonderies, qui demandaient des appareils toujours nouveaux pour suivre les progrès rapides qui se faisaient dans toutes les industries. Mais de tout cela rien ne transpirait, je ne savais absolument rien.

Pendant ce temps voyons ce qui se passait en moi.

Dégoûté du travail manuel, je le négligeai pour me fortifier dans mes études commencées à Paris. Je revis non seulement tout ce que j'avais appris mais j'avançai sérieusement espérant que mon père me ferait entrer dans quelque école. Mais, préoccupé probablement par toutes ses affaires qui commençaient à l'inquiéter, il me prit en grippe et me traitait souvent de fainéant, de propre à rien. Mon frère aîné, qu'une pointe de jalousie piquait, se moquait de moi : voyez-vous le grand homme !... le savant !...

Enfin, un jour, fatigué, je partis de la maison et me rendis à Rouen sans rien dire à personne. J'avais alors dix-sept ans.

Jugez de l'inquiétude de ma pauvre mère une excellente femme, un peu faible peut-être comme le sont bien des mères. — Mon père ne vit dans cet acte que de l'étourderie. Il reviendra, disait-il, mais au fond il n'en était pas moins inquiet.

J'étais capable, quoique bien jeune, de gagner une journée d'ouvrier débutant, je comptais là-dessus. Les communications en ce temps-là n'étaient pas faciles comme aujourd'hui, il y avait des diligences et il fallait donner son nom au bureau des Messageries. Comme je ne voulais pas que l'on sût où j'étais, mon père ayant le droit de me faire revenir, je conçus le projet de faire la route à pied et me voilà parti.

Ma bourse était peu garnie quand j'arrivai à Rouen, il ne me restait que quelques sous. Voyageant à petite journée, tout le long de cette route, je me remettais à l'esprit mon séjour à Paris, je pensais aux cent francs que mon père m'avait donnés pour mes menus plaisirs et aux bons déjeuners et dîners de cette époque au Palais-Royal, chez Tavernier : quatre plats, plusieurs desserts, vin très bon, tout cela pour 1 fr. 50 et 2 francs... Il me revenait à l'esprit les petites soirées bourgeoises chez mon cousin le médecin. Je me vois habillé par un grand tailleur à la mode d'où j'étais sorti un vrai *petit lion* de l'époque, pantalon collant à sous-pieds, habit à la française, gilet rembourré garni, taille fine, etc. Une vraie métamorphose qui m'avait valu à mon retour chez mon père la vindicte éternelle d'un de mes oncles, tailleur auquel, paraît-il, j'avais fait perdre une partie de sa clientèle de jeunes. C'est qu'à cette époque-là, on ne connaissait pas encore la confection qui a répandu partout, sinon la suprême coupe, du moins la bonne coupe ; mon cousin de Paris m'avait trouvé si mal habillé qu'il avait conseillé à mon père de me remettre à neuf, ce qui fut fait et si bien fait que j'avais l'air d'une gravure de mode de ce temps-là. — Le Théâtre-Français m'avait beaucoup développé, dégourdi, si vous voulez... Ma cousine, assez bonne musicienne, m'avait appris à chanter la romance sentimentale fort goûtée à cette époque ainsi que la chanson comique, on ne pratiquait pas encore la spécialité ; mon cousin m'avait donné quelques leçons de déclamation ; aidé de tout ce que j'avais vu et entendu dans les meilleurs théâtres, d'un physique plutôt agréable et surtout d'une grande candeur j'étais arrivé à un vrai succès de petit bourgeois à la mode. Ma route était longue, vingt lieues : Tout cela me passait par la tête, je subissais par anticipation les effets de la deveine pour tout de bon, qui devait m'atteindre quelques années plus tard.

Mais tout cela ne me corrigeait pas. Je vais travailler, me disais-je, vivre par moi-même, je prouverai ainsi que je ne suis pas un fainéant. J'avais sur le cœur cette parole de mon père. — A la vérité je n'étais pas plus un propre à rien que mes frères que je trouvais bienheureux d'être des maîtres. — On verra çà, me disais-je.

J'arrivai donc à Rouen dans ces dispositions, mon petit paquet sur le dos, costumé en ouvrier, blouse et pantalon de toile (à cette époque la blouse était le costume adopté par l'ouvrier, on commençait bien à voir quelques ouvriers bien payés chercher l'allure des bourgeois, mais ils étaient rares; il en était de même des ouvrières, le chapeau a été longtemps encore à remplacer le bonnet; le petit commerçant, le boutiquier même n'auraient pas osé tenter l'aventure, on laissait cela à ce que l'on appelait déjà l'ancienne noblesse et à l'aristocratie d'argent.)

Fier de ma nouvelle roture je me dis : puisque papa a voulu que je sois un ouvrier, eh bien! je serai un ouvrier, voilà tout... Mais on n'est pas ce que l'on veut ici-bas, on subit inconsciemment l'influence du milieu où on a été élevé et malgré tout on y revient.

Ce fait, je l'ai constaté dans ma longue carrière, j'ai vu parvenir à de hautes fortunes des paysans, des manouvriers, des ouvriers, des petits boutiquiers, je les ai suivis, et au milieu de leurs palais, de leurs châteaux, affublés en grands seigneurs, ils étaient visiblement toujours des ouvriers de la première heure...

Inversement j'ai vu des fils de nobles, des fils de bourgeois ruinés, élevés dans un milieu où la bienséance est de rigueur, tomber peut-être dans la bohème, mais conserver dans leur cynisme une odeur de bonne maison; de là ces déclassés à tous les étages que le régime égali-

taire à confondus sans résultat, de là aussi ces froissements sociaux où la jalousie à une part si malheureuse et si difficile à atténuer.

J'étais donc bien résolu à être un ouvrier digne, honnête jusqu'à la rigueur, car mon père avait toujours ces
paroles sentencieuses à la bouche : « Les hommes...
sont ce qu'ils se font. » « Que le mensonge ne souille
jamais ta bouche, un menteur est pire qu'un voleur. »
« Travaille et tu trouveras ta récompense, *le vrai mérite
finit toujours par percer.* » « Conduis toujours bien ta
barque, reste toujours honnête et le succès est au bout »
formules que je trouvais superbes et qui m'ont fait ce
que je suis.

J'arrivais donc à Rouen presque à sec. Il était tard.
Ne connaissant pas la ville, embarrassé de savoir où loger, je pris le parti de passer la nuit dehors. Il y avait
déjà longtemps que je parcourais les rues, on était à une
heure assez avancée de la nuit, quand j'entendis une
patrouille à cheval qui remontait la rue des Carmes ; je
me précipitai sous une porte cochère et, grâce à la nuit,
je pus m'en garer. J'aurais été fort gêné si on m'avait
demandé mon identité. N'entendant plus rien je me
blottis dans un coin, attendant le petit jour. Il me
restait dans ma musette une pomme et un petit pain
que je me mis à croquer tristement ; cela me fit passer
le temps. Quand j'eus fini mon très frugal repas le petit
jour commençait à poindre. Je descendis la rue et diri-
geai mes pas vers Saint-Sever, pensant trouver de l'ouvrage dans les ateliers de ces parages. En traversant la
Seine sur le pont qui conduit au faubourg, je rencontre
un ouvrier de chez mon père, Je fis ce que je pus pour
l'éviter, mais il me reconnut.

— Tiens, monsieur Constant, comment, dans cette
tenue, qu'est-ce que vous faites par là ?

— Dame, lui dis-je, je cherche de l'ouvrage,

— Comment de l'ouvrage ?

— Eh bien oui, cela vous étonne, pourquoi cela ?

Cette rencontre ne me faisait pas grand plaisir, j'aurais voulu pouvoir me débarrasser de cet homme que je
savais un peu noceur.

— Oui, lui dis-je, j'ai eu une petite difficulté à la maison et je suis parti à l'aventure, c'est-à-dire à peu près sans le sou, mais j'ai l'espoir de trouver de l'ouvrage, je me mets en route pour cela.

Il ne fit plus de réflexions.

— De l'ouvrage, dit-il, il y a dix jours que j'en cherche, ça ne va pas.

— Connaissez-vous les ateliers?

— Oui, venez avec moi, nous allons encore tâter le terrain.

Je n'étais pas fâché d'être piloté un peu, ne connaissant pas la ville. Je fis plusieurs maisons, mais on n'embauchait pas. C'était donc vrai, ce que disait mon compagnon. J'avais quelques raisons d'en douter, vu le personnage. Je ne perds pas courage encore bien que retardé à chaque instant par mon compagnon qui s'arrêtait souvent au cabaret malgré mon refus d'y entrer chaque fois. Désirant aboutir, je lui dis :

— Connaissez-vous le boulevard Saint-Hilaire?

— Oui.

— Conduisez-moi donc chez M. Lacroix, mécanicienfondeur.

Je me rappelais ce nom.

— Vous ne trouverez pas d'ouvrage.

— Ça ne fait rien, on le verra bien.

Il m'y conduisit et j'eus la chance d'être embauché comme ajusteur. On était à la fin de la semaine; le contre-maître me dit : Venez lundi. Je savais que mon compagnon (Berger, c'était son nom) également sans ouvrage ne voulait pas entrer; je compris la valeur de ses raisons mais ne fis aucune réflexion; il m'attendait à la porte.

— Vous avez de la chance, vous, me dit-il, c'est votre air qui vous vaut ça, mais je doute que vous ayez la journée, on vous paiera comme un apprenti.

— C'est possible, lui dis-je, mais enfin il faut bien travailler si on veut manger. A propos de manger ne connaîtriez-vous pas un endroit où je pourrai manger et coucher jusqu'à lundi?

— Si, venez à mon auberge je vous ferai avoir crédit.

On connaît l'état de ma bourse, cela arrivait à propos. Je le suivis donc. Il me conduisit dans un boui-boui que je vois encore. Une grosse femme d'une cinquantaine d'années tenait cette auberge. Berger lui parla bas à l'oreille et elle me fit monter au premier dans une grande salle où il y avait une dizaine de têtes.

— Voilà votre lit, dit-elle, à moins que vous ne vouliez coucher deux, c'est cinq sous la nuit.

Jugez de ma grimace, mais j'étais pris, il fallait passer par là. Je mangeai donc à l'auberge avec mon compagnon qui buvait plus qu'il ne mangeait. Mon plus grand embarras était de savoir comment me débarrasser de lui. Il n'était pas méchant mais il était crampon et, je le voyais bien, habitué à vivre en parasite.

Un bonheur inespéré me tira d'embarras. Je me promenais seul sur la place Boïeldieu lorsque je fis la rencontre d'un ancien camarade de collège (un grand comme on les appelait). Il s'était placé dans une bonne maison de commerce à Rouen; écolier il avait été l'intime de mon frère cadet, et me connaissait bien quoiqu'il fût quatre ans plus âgé que moi.

Je lui racontai mon aventure et lui expliquai pourquoi il me trouvait dans ce costume d'ouvrier.

Il me crut et m'offrit sa bourse, j'acceptai seulement ce qui m'était utile pour payer l'auberge et régaler mon compagnon pour le remercier de ses services.

Je rentre donc à l'auberge. Berger était là! Je lui offre un verre.

— Tiens, me dit-il, vous avez donc des nouvelles de papa?

— Non, j'ai rencontré un ami qui m'a prêté un peu d'argent.

— Quelle veine! je n'ai pas cette chance-là, moi, alors nous allons rigoler.

Je m'y attendais... je m'en tirai comme je pus en lui donnant deux francs et je le laissai.

— On se reverra, me dit-il, où que vous allez percher?

— Je ne sais pas, mais vous allez bien sûr trouver de l'ouvrage.

— Sais pas.

Et on se sépara.

Les quelques nuits passées dans ce taudis et le contact de tous ces compagnons de lit (il y en avait bien quinze) ronflant à qui mieux mieux, les uns fatigués de débauche, d'autres de travail, les trois jours passés dans cette auberge à boire et à manger avec mon compagnon que je me doutais bien héberger, contrastaient singulièrement avec la vie bourgeoise habituelle que l'on menait chez mon père.

« Ces réflexions qui surgirent dans mon cerveau ne furent pas des regrets personnels, je n'étais pas dans une maison de prostitution ni de voleurs, ce n'étaient point non plus des mendiants, c'étaient de pauvres diables, les uns manquant d'ouvrage, les autres peut-être un peu fainéants et ivrognes comme mon compagnon, tous heureux de trouver, comme moi, ce refuge pour ne pas coucher dans la rue.

Sans me rendre bien compte de ce que je voyais, je me demandais si c'était bien là le sort de l'ouvrier. J'avais bien vu chez mon père des ouvriers bien payés, quelques-uns mariés, dont le sort n'était certainement pas à plaindre. Les salaires des ouvriers fondeurs étaient de 5 à 10 francs par jour. Les ouvriers ajusteurs et tourneurs mécaniciens étaient moins payés; les bonnes journées étaient de 4 à 6 francs; les hommes de peine de 2 fr. 50 à 3 francs. A cette époque où tout était trois fois meilleur marché qu'aujourd'hui et trois fois de qualité supérieure, ces travailleurs n'étaient pas malheureux.

Il y avait bien une population flottante d'ouvriers de passage que l'on embauchait pour les moments de presse, elle était, comme aujourd'hui encore, la plus nombreuse, mais je n'y avais jamais fait attention. Il me fallut aller à Rouen et à Paris pour voir cela, à cause de la population et du grand nombre d'usines de tout genre que le Havre industriel, encore à son début, ne connaissait pas.

Ceci me découragea un peu. Je ne voyais plus le sort de l'ouvrier si beau, et tout ce que je prévoyais de l'avenir des machines, réduisant l'artiste ouvrier à être l'esclave d'un outil, me faisait beaucoup réfléchir. Mes frères sont bien heureux, me disais-je, ils seront patrons, et moi, je le vois bien, je ne sortirai pas de l'état de manœuvre. Pourquoi mon père ne m'a-t-il pas poussé à l'École centrale, il me semble que cela m'aurait mieux convenu.

« J'en étais là ! Mais à cet âge, ces sombres et positives réflexions ne durent pas longtemps. J'entrai donc chez mon mécanicien, c'était mon premier embauchage. Là, il n'y avait plus de M. Constant, j'étais à mon étau tout comme le premier venu. A cette époque, il n'y avait ni certificat d'étude, ni certificat d'aptitude à l'enseignement professionnel, il y avait le livret d'apprentissage qui constatait votre identité et votre temps de travail. « C'est au pied du mur que l'on connaît le maçon », voilà sur quoi se réglait la journée, qui était à cette époque de douze heures.

Le premier travail que l'on me confia, était l'ajustage d'une tête de bielle pour machine à vapeur. Le contremaître me dit :

— Vous paraissez intelligent et, quoique jeune, je vous confie ce morceau, croyez-vous vous en tirer ?

— Je le pense, lui dis-je avec assez d'assurance.

Ce travail qui, aujourd'hui, n'est presque rien à faire, était à cette époque très difficile. Les forles mécaniques, les machines à raboter ne faisaient que paraître, beaucoup de mécaniciens n'en avaient pas encore. C'est donc dans ces conditions délicates que j'avais à exécuter mon travail. Je m'en tirai bien à mon honneur et on fixa ma journée à 3 fr. 50. Me voilà sorti du pétrin, me disais-je. Je sentais un air de liberté qui flattait mon amour-propre, je venais de faire mes preuves, j'étais donc ouvrier.

Il y avait quelques semaines que j'étais là, lorsqu'un jour le patron me fit appeler à son bureau.

— Vous êtes le fils de M. Lepage, fondeur au Havre, me dit-il.

— Oui, Monsieur.

— Et bien il faut retourner tout de suite chez vous.

J'ai reçu une lettre de monsieur votre père, vous êtes
parti sans rien dire et vous avez jeté vos parents dans
une grande inquiétude, ils ne vous trouvent pas assez
âgé pour vous donner une aussi entière indépendance,
croyez-moi, rendez-vous. Si vous avez besoin d'argent
je vais vous en procurer, mais partez, ne restez pas ici
plus longtemps, je vous le conseille. C'était dit sur un
ton qui n'admettait pas de réplique (1).

Je connaissais aussi mon père. Aller aussi directement contre sa volonté, c'était m'exposer à toutes sortes
d'avanies, j'étais mineur, du reste.

Je pris donc mon parti et me rendis au Havre plus
vite que je n'en étais parti. Me voilà réintégré dans la
famille. J'aurais cru que mon père m'aurait demandé
si j'étais disposé à travailler ma théorie, il m'avait bien
acheté un livre de mécanique appliquée, mais c'était
pour me fortifier, je vis bien que son intention était
bien arrêtée.

Pas d'École centrale. Je rentrai de nouveau comme
ajusteur chez MM. Michel, mais ce ne fut pas avec plaisir.

Quelque chose me détourna complètement du travail.
Mon père ne pouvant rien obtenir de moi, selon ses
idées, me laissait faire, il ne voulait plus me voir ; ma
mère cherchait bien à me gagner, mais j'avais une
autre idée en tête. A ce moment, Ferdinand Bernard, le
fils de l'horloger dont j'ai parlé plus haut, avait quitté
aussi l'atelier avant même la fin de son apprentissage ;
il avait une très belle voix de ténor et chantait fort
bien, l'idée lui vint de l'utiliser et d'embrasser la carrière d'artiste. On sait l'enthousiasme que j'avais pour
le théâtre à Paris, il m'avait semblé que, moi aussi, je
pourrais réussir, mais pas dans le chant, dans la déclamation, comédie ou tragédie. Nous allions donc tous les
jours à la campagne, et là, nous apprenions des rôles.

(1) J'ai appris plus tard que c'était un ouvrier de chez mon
père qui m'avait reconnu et en avait prévenu le patron. M. Lacroix, devinant quelque chose d'anormal, avait écrit à mon père,
son confrère.

Lui, chantait des airs de grand opéra, et moi je déclamais des vers de tragédies. Je m'essayais aussi dans la comédie sur des rôles pris dans des pièces que j'avais vu jouer à Paris. Tout me revenait à l'esprit : Corneille, Racine, Molière, Alexandre Dumas père, Voltaire, etc., tous y passaient à tour de rôle. Bernard entonnait des airs de la Juive, des Huguenots, de Robert-le-diable, de Guillaume Tell, etc.

Il fallait voir et entendre ça. — On ne se ménageait pas les applaudissements comme vous le pensez, enfin tout allait pour le mieux, les projets d'avenir ne manquaient pas, il ne manquait que l'occasion de se produire ; elle se présenta pour moi d'abord.

Mon père et mes frères étaient abonnés au théâtre, moi j'étais encore trop jeune et pas bien dans les papiers, j'y allais quelquefois avec mon frère le plus jeune.

Le directeur, M. Fortier, artiste de talent, avait promis au public de monter *Mérope* ; j'avais vu représenter cette pièce plusieurs fois au Théâtre-Français.

Bernard, qui fréquentait les coulisses du théâtre, avait entendu dire qu'il manquait un sujet, assez jeune, pour remplir le rôle d'Egisthe.

— Voilà ton affaire, me dit-il, j'en ai parlé, j'ai pris rendez-vous pour demain chez Mᵐᵉ Fortier où nous devons nous faire entendre...

Ça me plaisait bien, mais j'avais peur, étant un peu timide, ce qui d'ailleurs n'eût pas nui au rôle ; je craignais surtout mon père. Que va-t-il dire ? Sous ce costume il ne me reconnaîtra peut-être pas, et puis il faut bien oser quelque chose, ma foi allons-y.

Bernard était enchanté. Il avait plus d'aplomb que moi et se promettait un succès. Ce fut donc décidé.

Nous nous rendons le lendemain chez Mᵐᵉ Fortier, C'était une belle et forte femme qui jouait les rôles créés par Mˡˡᵉ Georges à la Porte-Saint-Martin, elle était vraiment très bonne actrice, son mari, excellent acteur aussi, jouait les rôles de Frédéric Lemaître ; beau était son succès, et il le méritait.

Nous voilà donc en présence de notre juge.

— Asseyez-vous, Messieurs, dit gracieusement l'ac-

trice. — Vous êtes bien jeunes, vous voulez suivre la
carrière théâtrale, c'est bien ingrat, mais enfin il y a de
grandes compensations. Lequel de vous se destine à
l'art dramatique ?

— C'est mon ami, dit Bernard.

S'adressant à moi :

— Et bien, nous allons commencer par vous, Monsieur, je vous écoute.

Comme j'hésitais un peu...

— Ce que vous voudrez, me dit-elle.

Alors je débitai quelques passages du rôle que je devais remplir.

Il faut croire que je ne m'en tirai pas trop mal, car
elle me dit :

Cela me suffit, revenez me voir, je vais en parler à
mon mari.

S'adressant à Bernard :

— Et vous, Monsieur, je crois que c'est le chant que
vous avez choisi ? Je suis moins compétente dans ce
genre, mais l'habitude du théâtre m'a donné assez d'expérience pour au moins vous donner une indication. Je
vous écoute, Monsieur.

Bernard entonne un air de la Favorite.

— Il y a de la voix, dit-elle, même beaucoup de voix,
mais vous avez plus à faire que votre ami. Il faudra
beaucoup travailler votre musique... et ce n'est pas sur
moi qu'il faut compter pour cela...

C'est bien, Messieurs, du courage ; vous pouvez
réussir et en somme c'est une carrière fructueuse, sans
compter la célébrité qu'on y acquiert et qui en vaut bien
une autre.

— Nous vous remercions beaucoup, Madame.

— Alors mon ami viendra vous voir dans quelques
jours, dit Bernard.

— Oui, pour nous entendre...

— Bonjour, Madame...

Dame, nous voilà emballés... Je rentre à la maison.
Mon père avait dans sa bibliothèque l'édition de Voltaire, en 70 volumes, très estimée à cette époque. Je
demande à ma mère qu'elle me prête les volumes de

tragédie, elle ne se doutait de rien, non seulement parce que je n'avais jamais fait apparaître ce goût là, mais parce que je lisais souvent. J'appris mon rôle et je m'essayai pour en bien saisir l'expression.

Je retournai voir Mme Fortier qui m'examina encore plus sérieusement et elle me dit :

— C'est entendu avec mon mari, vous viendrez aux répétitions.

Mais je n'eus point ce plaisir ni cette peine... mon père ayant eu vent de la chose. N'y a-t-il pas toujours de bonnes âmes pour ces sortes de rôles ?... Il alla trouver M. Fortier qui confirma le fait, mais ne put sans doute le gagner car il s'opposa formellement, quelle qu'en pût être l'issue, à l'accomplissement du projet...

J'étais mineur, et lorsque je revis Mme Fortier, elle me répondit qu'elle ne savait pas que j'appartenais à une famille établie au Havre, que mon père s'opposait formellement à mes projets, et qu'elle regrettait que des préjugés fussent si souvent cause de combat contre des vocations qu'on regrette toute la vie de n'avoir pas suivies.

Je ne dis pas qu'elle avait absolument raison... mais ce qu'il y a de certain, c'est qu'elle avait deviné chez moi un sens artistique que j'ai été longtemps sans soupçonner, et qui s'est développé quand même dans l'âge moyen de ma vie, comme on le verra par la suite.

Rentré chez mon père, il me fit entrer dans son cabinet. Ma mère tremblait comme une feuille, elle connaissait son caractère violent, et craignait une scène définitive.

Il me parla cependant avec assez de calme.

— Décidément, vous ne voulez rien faire... vous cherchez des professions de fainéant, je suis vraiment désolé, il faut pourtant prendre un parti, voulez-vous travailler ?...

— Je ne comprends pas, papa, tu veux que je travaille comme ouvrier, mais pourquoi ? Puisque j'ai fini mon apprentissage, c'est autre chose qu'il faut que j'apprenne maintenant.

— Vous n'avez pas su vous tenir à votre emploi de dessinateur, vous aviez un avenir chez MM. Michel, vous avez tout gâté.

— Je ne sais pas pourquoi, moi, qu'ai-je fait ? J'ai dit à M. Arthur Michel qu'il était un âne, je t'entendais dire tous les jours : quelle f... bête que cet Arthur ; il sera cause que je me brouillerai avec son frère...

— C'est bien, me dit mon père, en voilà assez... enfin il faut prendre un parti, je le vois bien vous ne savez pas ce que vous voulez ; je vais vous dire ce qui vous conviendrait : faites-vous soldat (et ironiquement) là on bat la couverture toute la journée, vous aurez le temps de vous livrer à toutes vos fantaisies littéraires et artistiques.

— Et bien, je me ferai soldat ! Je vais m'engager.

— Tu me braves, je crois.

Et il prend sa canne et m'en donne un coup sur le bras.

Je ne dis rien sur le moment, mais quelques jours après je m'engageai, il ne s'y opposa pas.

« Ceci se passait au moment où mon père avait la charge de ses deux grandes entreprises ; rien, je le suppose du moins, n'annonçait encore le triste malheur qui le menaçait, en tous cas, sauf peut-être mon frère aîné, nous l'ignorions. — Ma mère même devait n'en rien savoir. Je ne puis dire au juste si cette irritabilité de mon père était la conséquence d'un commencement de regret de s'être lancé un peu imprudemment dans sa nouvelle entreprise... Quoi qu'il en fût, il n'était pas disposé à me céder un pouce de terrain, et moi, de mon côté, je voyais, sans trop savoir ce que je faisais, un terme à cette existence de luttes continuelles avec mon père. » Finalement, je m'engageai et il me donna sa signature.

Me voilà donc soldat...

CHAPITRE II

ENGAGÉ VOLONTAIRE. — SOLDAT. — AU RÉGIMENT, 22° LÉGER.
REMPLACÉ

C'était le 15 avril 1843. Je devais me rendre le 24 avril, caserne de Lille à Paris, au 22° régiment d'infanterie légère, par étapes, mais mon père ne voulut pas me laisser faire la route à pied, aussi il me paya mon voyage, me laissant en plus un peu d'argent.

J'eus donc du temps pour dire adieu aux parents, amis et connaissances.

« A cette époque, il existait une espèce de désœuvrement parmi ceux qu'on appelait les fils de famille. Les engagements volontaires étaient assez fréquents, c'était parmi eux que se recrutaient les fourriers, les sergents-major ; cela m'avait été dit et mon ambition s'était tournée de ce côté. » A la visite du chirurgien, se trouvait en même temps que moi un jeune homme du Havre qui devançait l'appel. Il m'expliqua ses raisons : c'était pour choisir son régiment parce qu'il était recommandé au colonel, M. Raideviler. — Ceci me fit faire sa connaissance et, comme je n'avais aucune raison pour choisir un régiment plutôt qu'un autre, je choisis le sien. Mon nouveau camarade était plus chauvin que moi. Un oncle, ancien militaire, lui avait appris l'exercice et il me montrait un si beau côté du métier que j'étais heureux de l'avoir rencontré. — En frisant sa moustache naissante, il me disait : nous serons bientôt sous-officiers...

Engagés le même jour, appartenant au même régiment, munis tous deux de quelques économies, il n'y eut aucun obstacle pour faire route ensemble.

Nous arrêtâmes de partir quelques jours avant le 24, parce que Gauget (c'était son nom) voulait voir à Paris une tante qui l'aimait beaucoup; nous prîmes donc le bateau à vapeur qui, à cette époque, remontait la Seine jusqu'à Paris.

Je fis donc mes adieux à toute ma famille, j'embrassai avec effusion ma mère qui pleurait; mon père, lui, resta très froid; quant à mes frères aînés, ils n'étaient pas là. Je les avais du reste vus la veille.

Mon frère Henri, le plus jeune, seul m'accompagna jusqu'au bateau; mon bagage n'était pas lourd : un petit paquet et des provisions pour le temps du voyage, encore assez long. On sonna la cloche du départ; un dernier adieu de part et d'autre, quelques larmes dans les yeux de ceux que nous quittions, et nous voilà en route... En passant devant la tour François Iᵉʳ, — cette vieille tour qui distinguait le Havre des autres ports environnants et que ceux qui, comme moi, l'avaient toujours vue, l'ont bien regrettée, — je me mis à soupirer. Quel est l'enfant du Havre qui n'avait compté ses marches et ne s'était assis sur les canons dont la gueule menaçante rappelait tant d'histoires. L'une d'elles notamment m'intéressait plus particulièrement parce qu'elle se rattachait à un épisode dont mon grand-père, le pilote manchot, était un des héros. Elle me vint à la mémoire et, en envoyant un dernier adieu à notre cher Havre, je me mis à la raconter à mon camarade.

Voici cette histoire :

« C'était en 1796, le 18 avril. L'amiral anglais Sydney Smith, qui stationnait sur la rade du Havre avec la flottille anglaise, donnait à dîner aux officiers de sa flotte. Echauffé par le champagne, il fit le pari de se rendre maître d'un petit corsaire français qui se trouvait à l'ancre, entre les deux jetées du Havre. C'était le *Vengeur* de Dunkerque. L'équipage dont mon grand-père faisait partie, dormait tranquillement. Seul un jeune marin, Pierre l'Allemand, faisait le quart. Sydney escalada donc le navire avec quelques matelots anglais, mais, étourdis par le vin qu'ils avaient bu, les capteurs ne tardèrent pas à dormir à côté des capturés. Pierre l'Allemand, qui dans cette affaire joue le principal rôle, saisit une hache, coupa le câble qui retenait le *Vengeur*, et le corsaire emporté par le flot, prend le large.

Lorsqu'il crut le moment propice, il jette l'alarme, et un combat s'engage à la pointe du Hoc.

Dans cette lutte corps à corps qui fut terrible, un seul des nôtres succomba, ce fut le principal héros, Pierre l'Allemand, compagnon d'infortune de mon grand-père. Ils étaient tous les deux du Havre.

Mon grand-père fit l'amiral prisonnier. Je ne pourrais trop dire comment il se fit qu'il se trouvait en possession de l'épée de l'amiral, mais je le vois encore la détacher du mur lorsqu'il racontait cette histoire.

Ce que je me rappelle de son récit, c'est que lui et ses compagnons conduisirent Sydney à l'arsenal de la marine du Havre, qu'on l'expédia, sous bonne escorte, à Paris, d'où la trahison le fit évader de la Conciergerie.

Cette petite histoire et la mer un peu houleuse, avaient changé nos idées un peu tristes en ce moment,

« O mes souvenirs!... » Le bateau allait toujours son train. Déjà nous apercevions Honfleur, la côte de Grâce.

C'était sur cette côte, sous les grands arbres qui l'abritent, qu'avait eu lieu un grand banquet où tous les ouvriers et employés des usines avaient été invités pour inaugurer précisément le bateau qui nous portait. Il avait été nommé le *National*. Construit dans nos ateliers, il faisait sa première traversée du Havre à Honfleur, traversée pour laquelle il était destiné. A cette époque, on comptait les bateaux à vapeur.

J'ai déjà dit qu'alors il y avait beaucoup d'entente entre patrons et ouvriers; je dirai même plus, il y avait l'enthousiasme de l'œuvre collective. Tous, du patron jusqu'au dernier apprenti, nous partagions la même anxiété : réussirions-nous à battre nos rivaux les Anglais ?

Ah ! c'est qu'à cette époque ils nous faisaient une terrible concurrence. Ils avaient les devants sur nous.

La réussite était donc pour les ateliers une question de vie ou de mort.

« Il faut se reporter à ces premiers temps de la vapeur pour comprendre les émotions que nous éprouvions tous ; sans doute il y avait déjà des théories qui pouvaient guider les constructeurs, mais on était en plein imprévu. » Après avoir fait l'essai des machines sur les amarres, on tenta la première traversée.

Le navire du reste fila bien et nous arrivâmes à Honfleur, recevant les applaudissements de la foule enthousiaste.

La petite fête fut complète : un ouvrier tourneur, un nommé Rollin, poète sans le savoir, fit une chanson de circonstance dont je ne me rappelle qu'imparfaitement les couplets. « Je regrette de ne pouvoir la présenter ; elle aurait montré le changement que l'exploitation capitaliste a apporté entre la manière de voir des ouvriers de cette époque et la façon d'agir de ceux d'aujourd'hui. L'amour-propre national, le sentiment de la Patrie, y étaient exprimés avec une conviction naïve qui nous gagnait tous. — Ah ! c'est qu'alors, comme je le dis plus haut, le mérite de l'ouvrier était pour quelque chose. — Il n'était pas encore un esclave de la machine (1). »

Quelques regrets, à ce moment, me traversèrent l'esprit, ce ne fut pas de longue durée. La fin de mon apprentissage avait déjà vu l'introduction des machines-outils et, sans le savoir, j'étais déjà d'accord avec le grand économiste italien, ce prophète de l'avenir. — Je ne voulais pas devenir *l'esclave d'une machine* !... telle était l'expression que les vrais ouvriers employaient dans leur résistance. Sans doute, en m'engageant, je

---

(1) De Sismondi disait déjà : La machine tend à faire disparaître l'ouvrier, devenu de moins en moins nécessaire, pour lui laisser le rôle de surveillant.

tombais dans un autre esclavage, mais à cette époque, il y avait le souvenir glorieux du soldat de Napoléon. Exalté par la politique du gouvernement de 1830, qui tenait à enthousiasmer les jeunes esprits, Gauget, qui était tombé dans le panneau, m'avait converti à son chauvinisme.

— Allons, me disait-il, une épaulette d'or (1) vaut bien une blouse...

— Oui, mais je ne sais pas si je suis bien fait pour tuer des hommes, enfin j'y suis volontairement, je ferai comme les autres.

Le bateau marchait toujours. Le Havre disparaissait presque complètement, un soupir retenu m'échappa... Il se fit dans mon cœur un grand vide. — Pourquoi papa ne m'a-t-il pas laissé à Paris continuer mes études, je n'en serais pas là!...

Gauget était un compagnon assez gai, nous reprîmes bientôt nos conversations de jeunes hommes. Il faisait un temps superbe. Le calme de la Seine, succédant à l'agitation de la mer, nous remit un peu; il se déroulait devant nous de si beaux paysages qui rappelaient tant de souvenirs historiques, qu'un guide de touriste nous remettait en mémoire, que mon caractère, gai naturellement, reprit bientôt le dessus. — N'étais-je pas soldat? Oui, et bien il ne fallait plus songer à autre chose.

Nous arrivons donc à Paris la gaieté au cœur, nous nous rendons chez la tante de Gauget, qui nous reçut très bien, ne sachant trop lequel de nous deux était son neveu, car elle n'avait pas revu mon ami depuis son enfance.

Nous avions deux jours devant nous; notre première visite fut pour le colonel de notre régiment. Gauget avait une lettre de recommandation. (— Ici se présente un petit détail qui ne manque pas de saveur et qui nous fit voir tout de suite la différence qu'il y a entre un pékin et un soldat.)

_____

(1) C'était au moment des guerres d'Afrique, des chansons éveillaient les esprits, beaucoup rêvaient l'épaulette d'or, que l'on gagnait à cette époque à la pointe de l'épée.

Partis du Havre avec le désir de passer un ou deux jours à Paris nous avions mis nos vêtements propres. Notre mise était celle de jeunes gens à la mode et nous n'avions pas l'air de solliciteurs. Nous nous présentons très convenables chez le colonel. Un domestique nous fit entrer au salon. Nous attendîmes un peu. Le colonel, entrant d'un air sévère mais très courtois, nous demande ce qui lui procure l'honneur de notre visite. Mon ami lui remet sa lettre. — Changement à vue.

Ce n'est plus le même, il paraissait regretter sa politesse d'usage.

— Vous êtes des engagés, nous dit-il, c'est bien, rendez-vous au régiment.

Mon ami avait cru obtenir deux jours de grâce pour rester un peu plus avec sa tante ; il se hasarda timidement à les demander, mais un coup d'œil du colonel, à nous faire rentrer sous terre, nous fit comprendre que c'était fini de rire, qu'il fallait prendre une autre allure.

— Eh bien, dis-je à Gauget, une fois sortis, qu'est-ce que tu dis de ton colonel? As-tu vu ça!... soyez donc fier d'être soldat français!

J'avais quelquefois subi, sans en souffrir la sotte importance de certains patrons, mais ça, je ne pouvais pas le digérer. — Mon ami me consolait :

— Tu comprends, me disait-il? Un colonel!...

Je ne comprenais rien du tout... je me sentais humilié, beaucoup moins pour moi que pour tous. Je pensais aux grenadiers légendaires de l'Empire, à l'histoire du Petit Caporal. Ce début ne m'encourageait pas du tout. Hélas! je devais en voir bien d'autres!...

Nous retournons chez la tante, nous lui contons notre aventure, elle n'en fut pas surprise.

— Vous êtes bien jeunes, mes pauvres enfants, vous ne connaissez pas encore les hommes ; le colonel ne vous connaissait pas, il vous a reçu selon votre habit, mais soldat, il n'y avait plus de mystère... et la distance qui vous sépare par le grade est immense ; mais il ne faut pas vous formaliser. Dans les deux cas c'est toujours le même homme. C'est la comédie humaine, il faut vous y habituer.

Hélas! il le fallait bien...

— Vous voilà tout triste, M. Lepage, me dit-elle, voyons, pendant le peu de temps que vous avez à rester avec moi, je veux que vous soyez heureux...

Elle était de ces braves et dignes femmes qui comprennent leur rôle, en face de la jeunesse inexpérimentée.

Je dis à Gauget :

— Sommes-nous heureux d'avoir là ta tante; c'est égal, tu sais, j'y penserai longtemps à ton colonel Raideviller.

Le 24 avril au matin, nous nous rendons à la caserne d'infanterie, rue de Lille, avec notre feuille de route.

Nous aurions été bien heureux d'être dans la même chambrée, mais on nous sépara.

Un caporal me conduisit dans une chambrée, compta les lits et me dit :

— Vous coucherez là.

Me voilà aussitôt entouré de plusieurs camarades qui me font des questions assez familières.

— Oh! oh! me dit l'un, c'est pas de la petite bière, un vrai mossieu... un engagé, bien sûr... qu'a fait de la peine à papa et à maman.

— Vas-tu te taire, toi Roulleau, dit un autre, tu vois bien que tu vas le faire pleurer !...

Je regardais tout autour de moi où était la porte pour retrouver Gauget, lorsqu'un sergent me dit :

— Il faut aller voir le fourrier, là-haut, au second, à gauche, la porte au fond.

Je saisis l'occasion et je vais trouver le fourrier. Gauget y était déjà. Ils étaient là quatre sous-officiers qui jouaient aux cartes sur un grand banc, la partie était animée, nous attendîmes la fin.

— Ah! fit l'un, voilà nos conscrits.

— Encore deux de plus, dit un autre.

— Vous savez, dit un troisième en s'adressant à nous: Ce n'est pas tout rose l'état militaire, va falloir en rabattre.

— Bah! dit le quatrième, ils feront comme nous.

Cela me rassura un peu. Je me retrouvais, en cette

compagnie de jeunes fourriers qui oubliaient un moment la hiérarchie du grade et nous traitaient en camarades.

— Allons, dit l'un, retournez à la chambrée, ne vous
laissez pas manquer de respect, et surtout obéissez sans
réplique aux ordres de vos chefs.

Je retourne dans ma chambre que je retrouve assez
difficilement, et je vais à mon lit. Je ne savais trop
quelle contenance prendre, n'ayant absolument rien à
faire... lorsqu'un caporal me dit :

— Vous pouvez aller vous promener, revenez pour la
soupe ; si vous ne venez pas, les camarades ne s'en plain-
dront pas (à cette époque on mangeait à la gamelle);
dans tous les cas rentrez à la retraite à 9 heures, pour
répondre à l'appel. Demain nous irons au magasin
d'habillement et au fourniment, tenez-vous prêts.

Me voilà donc libre un moment. Je cherche Gauget ;
nous avions pris chacun le numéro de notre chambre ; il
n'y était pas. Je descends dans la cour, je ne le trouve
pas. Un soldat qui voyait mon embarras, me demande.

— Voyez à la cantine.

J'y vais et je trouve en effet mon Gauget en train de
se faire des amis. Il m'invite à prendre quelque chose,
ce qui ne m'allait qu'à moitié, puis il me dit :

— Tu es libre ?

— Oui.

— Nous partons tout de suite.

Le sergent de planton qui ne nous avait pas vu entrer,
nous demande comment nous étions là, il nous prenait
pour des pékins.

— Nous sommes des conscrits, lui dis-je.

Enfin nous voilà dehors.

— Ouf !...

— On croirait que tu n'as jamais fait que ça, toi, dis-
je à mon camarade, tu es là-dedans comme chez toi.

— Mon cher, tu sais bien que j'y ai été préparé par
mon oncle, un vieux troupier !...

Gauget connaissait un peu le maniement du fusil, il
était initié à la marche ; tout cela lui donnait un aplomb
qui me manquait absolument.

— Eh bien! me dit-il, as-tu appris quelque chose?...

— Ma foi non, qu'est-ce que tu veux que j'apprenne? j'ai l'air de je ne sais quoi, moi, dans cette chambrée; j'ai cherché si je ne trouvais pas une tête qui m'aille un peu; jusqu'à présent je n'en trouve point.

— Ah! et bien et les sous-officiers?

— Ah! oui, les sous-officiers, mais c'est fini, il faut s'accommoder des caporaux et surtout des camarades. C'est ça que tu préparais à la cantine?

— Oui, et tu vas voir que ça sert à quelque chose. C'est là que j'ai appris, mon vieux, que nous allions voyager. Hein! quelle chance!

C'était mon rêve.

Nous allons, me dit-il, en Alsace, l'Eldorado du soldat, à Wissembourg, tout à fait à la frontière; c'est là que Hoche a cassé la gueule aux Bavarois. Quatre-vingt dix lieues sac aux dos, une petite campagne, mon cher!

Et puis il se met à sauter... Moi, franchement, je n'en avais pas envie; je ne savais seulement pas tenir mon fusil dans les rangs.

— Comment vais-je me tirer de là?

— Mais, mon cher, on va faire des promenades militaires, nous allons traverser tout Paris, musique en tête, ah! tu verras comme ça donne du cœur la musique, ça vous fait marcher au pas.

— Oui, quand on sait, mais moi je ne sais pas; vois-tu, ce que tu me dis là ne fait pas ma joie, c'est toujours la même chose, ma mauvaise chance me poursuit; je ne réussi à rien.

— Allons, du courage! me dit-il.

— Ce n'est pas le courage qui me manque, mais je n'aime pas que l'on se moque de moi et on est toujours ridicule quand on veut faire un métier qu'on ne connaît pas.

— Paie la goutte à ton caporal et ça ira bien!...

Je n'étais pas rassuré.

Nous nous rendons chez la tante, qui vit bien ma triste figure. Elle nous soigna si bien, la chère dame, que je me déridai... malheureusement l'heure de la retraite approchait; nous étions assez loin de la caserne;

3*

il fallut, à mon grand regret, nous quitter, et nous voilà en route, traversant une partie de Paris.

Arrivé à la caserne, je retrouve ma chambre et je vois les soldats au pied de leur lit; on allait faire l'appel. C'était ma première nuit à la caserne.

Je trouvai mon lit tout fait, garni de draps blancs. J'attendis un moment pour me coucher; j'en vis quelques-uns qui se déshabillaient, j'en fis autant, mais au moment de me fourrer au lit, la couverture était si serrée que je ne pouvais en venir à bout, enfin je finis par me couler absolument comme dans un porte-feuille, couché sur le dos, n'osant pas trop remuer. Je ne voulais pas exciter l'esprit gouailleur dont j'avais déjà subi un échantillon. Il y avait un moment que j'étais couché, j'allais m'endormir, lorsqu'il m'arrive un traversin sur la tête; je ne bougeai pas, mais voilà que les camarades se mettent tous à l'envi à se les jeter à la tête; ça fit un vacarme qui ne cessa que lorsque le caporal crut qu'il était temps de le faire cesser; je n'étais pas précisément le point de mire, mais j'étais sûrement le spectateur nocturne embêté, qui aurait préféré dormir. J'entends sonner le clairon; c'était l'extinction des feux... Dix heures. Toute la chambrée se coucha.

— Oh! me dis-je, c'est fini, je vais dormir.

Mais voilà que j'entends.

— Cric!... crac!

Sabots, cuillers à pot, sous-pieds de guêtre, etc.

— Eh bien, tambour, dis-nous donc un conte.

— La Ramée! crie mon voisin.

Et le voilà à débiter son conte. C'était une histoire qui ne finissait pas, très croustillante et qui les faisait tous rire, je me demandais pourquoi... « Aujourd'hui je rirais, pas pour le même motif qu'eux, mais à cause de l'originalité de cette production du cru. » De temps à autre les crics! cracs! recommençaient; on ne permettait pas de dormir avant la fin qui n'arrivait pas... Enfin le conteur lui-même, à bout d'haleine, finit par se taire.

— Me voilà probablement débarrassé, me disai-je.

Ah! bien oui! c'était les ronfleurs à présent. Bref, je

finis par m'endormir sur toutes sortes de réflexions; je n'en avais jamais tant fait, de réflexions.

— Sept ans! me disais-je, de cette vie-là, je ne pourrai jamais!...

— Voilà le réveil.

— Allons! debout! dit le caporal de chambrée.

J'avais bougé si peu que mon lit était resté tel, en sorte que j'eus autant de mal à en sortir que j'en avais eu à y rentrer.

Je vois tous les soldats prendre leurs sacs sur la planche, en sortir toutes sortes de choses que je ne connaissais pas encore, tirer de leur giberne des ingrédients. Les uns blanchissaient leur fourniment, les autres astiquaient leur giberne, ciraient leurs chaussures; d'autres cousaient des boutons, d'autres enfin, démontaient leur fusil et le nettoyaient; c'était un vrai branle-bas, mêlé de chants et de propos de toutes sortes, cela m'amusait, c'était typique. J'allais moi aussi, avoir de quoi m'occuper, je ne serai plus comme un grand benêt, me disais-je, prêtant à rire. On se préparait pour une promenade militaire, qui devait avoir lieu le lendemain.

Le caporal vint me dire :

— Tenez-vous prêt, je vais vous conduire à l'habillement.

Je me dis... Je vais probablement y retrouver Gauget; tant mieux, car je m'ennuie bien... En effet, il était là. On était en train de lui essayer un schako. C'était l'époque des grands boisseaux, avec des jugulaires encadrant le coq gaulois; ils étaient d'un lourd!... Gauget avait la tête très grosse, on n'en trouvait pas pour lui. Moi, quoique plus grand, j'avais la tête plus petite; on m'en passa un. Le caporal, sans respect, me l'enfonce jusqu'à la bouche.

— Vous me faites mal! lui dis-je.

— C'est rien que ça, on va en trouver un; tenez voilà votre affaire...

L'ovale n'était point du tout celui de ma tête, il me serrait les tempes; je le lui fis observer.

— C'est bon, ça va bien.

— Mais non ça ne va pas!...

— Qu'est-ce qu'y a? Ça va pas?...

Je m'y prends en douceur :

— Mais, caporal, regardez! là, vous voyez bien. C'est déjà tout rouge!...

— Allons, voyons, essayez celui-là!

C'était pas encore ça...

— Ça se fera... me dit-il.

Et je fus bien obligé de le garder.

Voilà qu'on nous habille des pieds à la tête : capote, veste, bonnet de police. Ah! ça, le bonnet de police, ça m'allait. Ça me rappelait Roger, dans le *Chalet*, avec son bonnet sur l'oreille, et puis la *Dame blanche* : « Ah! quel plaisir d'être soldat!... » De là, on nous conduisit à l'armement et nous voilà chargés comme des mulets.

Nous retournons à la caserne. Ce n'était pas tout. Il fallait nettoyer tout cela pour la promenade du lendemain, et je ne savais pas le premier mot du métier. Le fusil ne me gênait pas; j'en aurais bien fait un... aussi les camarades étaient-ils étonnés de voir mon habileté; j'obtenais un brillant auquel ils n'atteignaient pas (On sait pourquoi).

Sans exagérer ; le bagage du soldat, à cette époque, pesait bien moitié plus que celui d'aujourd'hui... le fusil et la baïonnette étaient d'une longueur impossible; il fallait un rude poignet pour l'équilibrer sur l'épaule. La croix de Saint-André, comme on l'appelait, qui tenait la giberne, et le sabre (coupe-choux), tout cela était très lourd, et le sabre battait les mollets dans la marche, d'une façon peu agréable; la giberne, très grosse, était excessivement gênante; elle se mêlait avec le sac; il fallait à chaque instant donner un coup d'épaule pour lui faire reprendre sa place; le sac était, lui aussi, très lourd, et la capote, qu'on enroulait dessus, en augmentait encore le poids.

C'était dans cet attirail, que je portais pour la première fois, qu'il me fallut faire une promenade militaire dans Paris. Jugez...

— Comment vais-je faire? me demandais-je... Je ne connais même pas ma place dans les rangs. C'est ridicule de mettre les gens dans une position pareille. Faudra bien qu'on me montre. Allons, attendons...

La tenue du jour était la capote, schako, sabre avec baudrier, pantalon rouge, guêtres blanches. On me montre à blanchir mon baudrier, à astiquer mes boutons, à faire reluire la poignée de mon sabre; j'avais tout ce qu'il me fallait dans mon sac; je fus bientôt au courant, cela ne me gênait pas. — Me voilà donc prêt. — Je me mets à la recherche de Gauget, qui avait probablement fini par trouver un schako à sa tête.

En effet, je le trouve dans la cour, qui me cherchait. Dame on ne se reconnaissait plus là dessous. Il nous restait toute notre après-midi. Comme bien vous pensez, nous la passâmes chez la tante, de bienheureuse mémoire. — Nous passions rue Saint-Honoré. Arrivés devant un grand chocolatier (qui doit y être encore) — il y avait sur le devant de la boutique des machines qui broyaient le chocolat, c'était le commencement de la réclame... de grandes glaces ornaient la boutique de chaque côté, c'était à l'époque un luxe assez rare. — Je dis à Gauget :

— Je te connais, tu me connais, mais nous ne nous connaissons pas, sous ce brillant costume de guerrier. Arrêtons-nous là, nous allons nous voir des pieds à la tête...

Me voilà parti d'un éclat de rire impossible, je ne me reconnaissais pas. Mon ami, qui était toujours chauvin, et qui ne pardonnait pas l'hilarité sur cette matière, se fâcha tout rouge.

— Tout le monde nous regarde, me dit-il. Tais-toi donc !

Je n'en revenais pas... On portait à ce moment un col noir qui donnait une raideur au cou et gênait tous les mouvements de la tête. Ce haut schako, qui ressemblait à un monument, la grande capote, sans forme; un pantalon tout d'une venue; des chaussures comme des navires; un vrai pioupiou français, quoi!...

J'en avais pourtant bien vu, mais, comme il arrive souvent quand on n'y est pas intéressé, je n'y avais pas fait attention; je me trouvais impossible là-dessous.

Ces façons ne plaisaient pas à mon camarade qui, en caressant la poignée de son sabre, se voyait déjà un officier. Il se dandinait déjà moins.

— Allons, lui dis-je malicieusement, tout de même nous ne sommes pas encore trop mal, n'est-ce pas?

— Mais je te trouve très bien, me dit-il.

— Ah! et moi aussi : Je te trouve superbe!

— A la bonne heure! mais tu sais quand nous serons sous-officiers, ce sera autre chose, nous porterons un costume de fantaisie et alors! je ne te dis que ça...

Nous reprenons notre route, un peu remis de notre émotion. Nous voilà arrivés chez la tante.

— Ah!... voilà mes militaires! Sont-ils beaux mes militaires! dit-elle. Je vous fais mes compliments. Je vous attendais. Ce soir je reçois quelques amis, je compte sur vous.

Nous allions lui raconter nos histoires, mais elle nous dit :

— Il faut que je m'occupe du dîner, allez vous promener par là... à tantôt.

Gauget ôte son col, met une cravate noire; il avait encore sa chemise blanche empesée; il rabat le collet de sa capote, met son bonnet de police sur l'oreille, et me dit :

— Allons nous promener.

Moi, j'en avais fait autant, mais j'avais gardé mon col-carcan, seulement le bonnet de police, je l'avais bien placé sur le coin de l'oreille.

Dans ce temps-là le soldat ne devait pas fumer dehors.

Nous nous promenions tranquillement, fumant notre cigare, lorsqu'un jeune officier s'approcha de Gauget et lui dit :

— Donnez-moi votre numéro matricule.

— Mais, mon lieutenant.

— Pas d'observations! Est-ce une tenue cela! Allons, exécutez-vous!...

Mon ami était tout déconcerté. Je dis :

— Mais, Monsieur...

— Comment Monsieur...

— Lieutenant... mon lieutenant, veux-je dire, nous ne sommes que d'hier au régiment et nous ne savions pas être en défaut pour cela... nous demeurons là, à côté.

— Vous voyez, dit Gauget, nous sommes tout prêt de chez ma tante.

L'officier vit qu'il avait affaire à des bleus et il s'apaisa.

— Tâchez de vous en souvenir, ajouta-t-il, et allez tout de suite reprendre votre tenue, car vous pourriez rencontrer des supérieurs moins accommodants que moi.

Allons, décidément, me disais-je, on n'est pas libre dans ce métier-là : sept ans ! sept ans ! jamais je n'arriverai là, jamais !... jamais !...

Nous dînâmes encore une fois très bien, chez la tante, la gamelle n'avait pas encore été étrennée par nous, mais ça ne devait pas tarder.

L'heure venue, nous nous rendîmes à la caserne où je passai une nuit, plus tranquille, cette fois. Au matin, le réveil sonne : Il fallait se préparer pour la fameuse promenade militaire ; chacun s'habille ; j'y suis un peu plus longtemps que les autres, mais enfin j'arrive à temps, me voilà équipé, harnaché ; mon sac, tout neuf, dont les lanières n'étaient point brisées, m'avait donné un grand mal pour le boucler ; j'avais même été obligé d'avoir recours à un camarade, qui me dit ; faudrait pas y revenir souvent. Ce sac était d'un lourd !... Dame, me disais-je, c'est que je n'ai pas l'habitude, ça viendra... allons, faisons comme les autres, descendons.

On se formait en bataillon, dans la rue qui était assez large. Le caporal m'avait dit : Vous n'avez jamais été dans les rangs, vous attendrez que je vous place.

Les compagnies se formaient, et j'étais toujours là, au beau milieu, attendant le caporal, qui m'avait complètement oublié. Arrive le commandant, à cheval, qui se disposait au commandement du départ. Instinctivement, je cherche une place ; les soldats me repoussaient.

— Qu'est-ce que ce bleu fait là ! crie le commandant...

caporal de la 3ᵉ compagnie, vous ferez quatre jours de salle de police pour ne pas veiller à vos hommes.

Vous voyez d'ici ma figure. Le caporal me case selon ma taille, le plus vite qu'il put, et me dit :

— Vous ferez tous les mouvements que vous verrez faire à votre camarade de gauche.

J'étais au premier rang.

— Garde à vos !... à droite ! alignement ! Fixe ! Portez... armes ! armes... bras !... Par le flanc... droit !... droite !... Arme sur l'épaule... gauche... En avant ! Arrrche (1).

Je n'ai pas besoin de vous dire mon embarras et combien je gênais les allures de mes voisins : j'en ai reçu tout le long de la route, des bénédictions ! quand on faisait des changements de marche, je perdais mon rang, impossible de me retrouver ; je cherchais mon voisin de gauche, je ne le retrouvais plus.

Je me disais : Est-ce bête, ils auraient mieux fait de me laisser à la chambre. — Mon voisin me répondait : c'est pour t'habituer à la marche. — Eh bien je n'ai pas fini, jusqu'à Wissembourg. Où diable ai-je été me fourrer !... Et pendant que je faisais toutes ces réflexions, la kyrielle continuait : Arme sur l'épaule droite, portez arme, chaque fois qu'on passait devant des postes ; je n'en pouvais plus. Je marchais toujours cependant, comme je pouvais, recevant des coups de pieds de mon voisin de derrière, en envoyant moi-même à celui de devant. Ils juraient... tempêtaient... fallait voir. — Bougre de bleu !... Fais donc attention !... Marche au pas ! — Dame, je faisais ce que je pouvais, j'étais ahuri. — Voilà qu'on commande : Portez armes ; l'arme était sur mon épaule ; je veux mieux faire et conserver le pas ; je manœuvre si serré que le fusil m'échappe (Les flingots d'alors étaient lourds et à longues bayonnettes). J'atteinds un schako, il tombe, ça fait un désarroi !... — Ma tête éclatait. — J'aurais

(1) A cette époque, la manœuvre ne ressemblait pas à celle d'aujourd'hui ; on ne doublait pas les files.

voulu être aux cinq cents diables ! Ah ! je ne devais pas ressembler aux vieux grognards de Charlet ?

Quel métier ? me disais-je. Je n'en sortirai jamais ! A-t-il de la chance, ce Gauget, d'avoir appris la manœuvre, il s'en tire, lui, et moi suis-je assez bête ! assez ridicule !... On marchait toujours, musique en tête... ça paraissait enlever les autres, mais je vous assure que, moi, ça ne m'enlevait pas du tout. Enfin nous arrivons aux fortifications, nous entrons en pleine campagne ; au bout d'un moment on fait une halte, il y avait un instant qu'on marchait à la queue-le-leu, de chaque côté de la route ; ça, ça m'allait... Heureuse liber'é !... je ne donnerais ni ne recevrais plus de coups de pieds au talon. Quelle chance !...

On s'arrête. Je les vois presque tous ôter leur sac et s'asseoir dessus.

J'aurais bien voulu en faire autant, mais impossible de déboucler ; il y avait déjà longtemps que je m'échinais sans résultat, ne voulant rien demander aux autres — ils étaient si polis ; — enfin, je me hasarde, et j'en trouve un plus aimable qui me rend ce service ; la cantinière vint à passer à notre compagnie ; pour le remercier, je lui paie un verre, je m'aperçois que ça amadouait les autres. Bravo ! dis-je, en pensant à Gauget, qui buvait comme un trou· Ce n'était pas l'avarice qui me retenait, je n'étais pas habitué à boire et cela me dégoûtait... Voyant cependant que ça réussissait, aux haltes, je régalai mon caporal et mes voisins ; ça allait de mieux en mieux, mais je commençais à en sentir les effets ; je me dis : en voilà assez. Halte-là !

On retournait à Paris. Je rentre à la caserne, plus content de moi, fatigué, bien fatigué même ; mais enfin je n'avais pas calé.

Les camarades me félicitaient. Ce dont je souffrais le plus, c'était des épaules, les lanières, de mon sac m'avaient brisé... Nous rentrions juste pour la soupe. Dame, la tante n'était plus là, et il fallut bien étrenner la première gamelle.

Voilà qu'on sonne : les désignés vont chercher les gamelles ; de grands vases en terre cuite, pour cinq... Sur les bords du vase, cinq portions de bœuf, grosses comme un œuf. Je n'étais pas beaucoup plus fort dans l'exercice de la fourchette et de la cuiller que dans celui du fusil, aussi m'arriva-t-il de nouvelles déceptions.

D'abord il y avait une manœuvre qu'il fallait connaître, il fallait surtout avoir un coup d'œil rapide et bien exercé, pour attirer à soi les meilleurs morceaux, qui revenaient aux plus madrés ; un point important était de prendre une bonne place en face du plus gros morceau de viande.

Ensuite observer la cadence réglementaire pour la manœuvre de la cuiller, qui consistait à garder scrupuleusement son tour, ou autrement on avait sur les doigts. N'étant pas du tout au courant, j'ai fait, ce jour là, un maigre déjeuner. Les pommes de terre, les grosses miches de pain, les choux, etc., disparaissaient comme par enchantement ; je n'avais guère avalé que du bouillon et, vous savez, pas plus gras que ça. La promenade par malheur m'avait aiguisé l'appétit, heureusement j'avais mon pain de munition ; avec cela, ma petite portion de viande et l'eau de la cruche, j'en déjeunai et trouvai tout bon... J'en étais étonné. Mon pain de munition, par exemple, était fort entamé. Heureusement nous fîmes encore quelques repas chez la tante, sans cela il aurait fallu se rationner.

Nous fîmes encore deux ou trois promenades militaires, mais ça allait mieux, et nous partîmes définitivement pour Strasbourg. Wissembourg était la destination de mon bataillon. C'était le 2 mars 1843.

Ces huit jours d'école m'avaient aguerri, je ne trouvais plus mon sac si lourd. Il faut vous dire aussi que le caporal m'avait fait une mauvaise farce pendant que je n'étais pas là, il avait mis dans mon sac (la première fois) de grosses pierres. Je crus à une farce de camarade, je commençais à me fâcher, ils riaient, et moi, je m'emportais, cela prenait déjà une vilaine tournure, lorsque le caporal me dit très sérieusement :

— Vous devriez me dire merci c'était pour vous aguerrir vous voyez, vous voilà maintenant préparé pour la route et je compte bien que vous allez payer un petit verre.

Je vis bien qu'il ne fallait pas se fâcher, ce qui fut dit fut fait et je m'en trouvai bien.

Le caporal, qui me croyait plus riche que je n'étais, me dit :

— J'ai envie de vous prendre pour camarade de lit, pendant la route, ça vous va-t-il ?

— Quoi ! camarade de lit ?

— Eh oui ! chez l'habitant on ne donne pas deux lits.

Ça ne m'allait pas du tout, mais il fallait y passer. Comme il me paraissait assez propre, je me dis, mieux vaut peut-être celui-là qu'un autre. Ce fut donc décidé (1).

La première étape étant de Paris à Lagny... huit lieues, je crois.

Je n'étais pas fâché de quitter la Capitale. J'y avais toujours mon cousin le médecin, les personnes auxquelles mon père m'avait présenté, mes professeurs, etc.. vous devinez que je ne tenais pas à les revoir. Mon père, d'ailleurs, ne m'en avait point parlé et ils n'étaient certainement pas instruits de ce qui se passait ; d'ailleurs la tante de Gauget répondait bien mieux, en ce moment, à mon état d'esprit. J'écrivis donc à mon père quelle route j'allais faire avec mon régiment ; il m'envoya un peu d'argent ; nous fîmes nos adieux à la tante qui me regardait comme son neveu, et qui nous disait souvent : Restez surtout bons amis, quel que soit le succès inégalement rapide de l'un ou de l'autre ; point de jalousie et point d'orgueil entre vous ; aimez-vous comme deux frères, vous en recueillerez l'un et l'autre une force morale dont vous aurez souvent besoin. Adieu, mes enfants, bon courage, soyez de braves soldats.

Décidément, fis-je la réflexion, les femmes valent mieux que les hommes. Gauget aimait beaucoup sa tante, il était attendri, et ma foi, moi aussi. Je le trouvais bien heureux d'avoir une tante pareille.

_____

(1) A la caserne même, on commençait seulement à faire coucher les hommes isolément, je n'en étais point fâché. Avant de m'engager, je ne connaissais rien de ces détails.

Nous voilà partis. De grands cordons de route se déploient devant nous ; les chants grivois des troupiers commencent ; les officiers, anciens troupiers eux-mêmes, et dont beaucoup avait gagné la croix d'honneur en Afrique, sur les champs de bataille, s'y mêlaient de temps à autre ; le clairon aidait la marche ; bientôt nous atteignons une côte, d'où Paris apparaissait comme à travers une gaze ; on distinguait encore le Panthéon, les Invalides, les Tours de Notre-Dame... nous lui fîmes un dernier adieu... On reprit la marche et, bientôt, de Paris il ne restait plus que le souvenir... « Hélas ! Combien de ceux qui partaient ne devaient plus le revoir !... »

Nous arrivons à Lagny. Le caporal, mon camarade de lit, me dit :

— Voilà le billet de logement ; allez nous annoncer, je vais à la boustifaille ; préparez tout ce qu'il faut ; vous savez qu'on a droit au feu et à la lumière.

Nous tombons chez une brave femme qui me dit :

— Voilà où vous allez coucher, débarrassez-vous. Si vous avez besoin de feu pour faire votre cuisine, mettez-vous là.

Et elle me désigne la cheminée.

— C'est bien, Madame, je vous remercie, lui répondis-je.

J'avais déjà préparé le pot-au-feu, j'attendais la viande et les légumes, que devait apporter le caporal, ça ne venait pas. Fatigué d'attendre, je vais au-devant de lui. Je rencontre un soldat qui me dit :

— Tu cherches le caporal Roulleau ? Il est là, au cabaret.

J'entre et je lui dis :

— Eh bien ! et les victuailles ?

Il avait déjà entamé les fonds communs.

— Ah ! tiens... me répondit-il, j'avais oublié. Vous avez de l'argent, allez donc acheter ce qu'il nous faut, nous règlerons ça tantôt.

— De l'argent ? Je n'en ai pas ! j'ai ma paye, comme vous...

— Tenez.

Et il me donna quinze sous.

— Achetez ce qu'il faut et faites une bonne soupe, hein ! Je vais venir tout à l'heure, quand j'aurai fini ma partie

Je me dis : en voilà un camarade de lit. Me voilà bien.

On se rappelle que j'avais reçu quelque argent de mon père, je profitai de ce que j'étais seul pour coudre la poche de mon gousset et y renfermer mon argent. Comme cela, disais-je, je n'aurai pas envie d'y toucher et je ne me laisserai pas prendre ; ma précaution fut bonne, car il avait tout mangé. Ce n'est pas ces quinze sous qui pouvaient suffire. J'ajoutai quelque chose pour avoir du pain blanc afin de tremper la soupe. A ce moment, la viande valait huit à neuf sous la livre. Il nous fallut passer la journée avec ça, j'avais bon appétit, heureusement que la boule de son était là !...

C'était ma première cuisine ; je n'en avais jamais fait autant.

Voilà mon caporal qui arrive.

— Ah ! ah ! voyons cette soupe !...

— Ah ! dame, je ne sais pas faire ça moi, vous allez en juger.

Il prend une cuiller, s'en sert une bonne assiettée et dit !

— Un peu maigre, mais ça va.

Il n'avait pas grand appétit, heureusement, car je ne me rassasiais pas ; habitué à une autre nourriture que celle-là, je commençais à souffrir.

J'étais désormais fixé sur l'allure de mon caporal, je voyais bien qu'il n'y avait pas moyen de compter sur lui ; je lui dis :

— Eh bien, puisque la cuisine vous va, je m'en charge tout le long de la route, vous me donnerez l'argent et puis je ferai les provisions.

— Ça me va, me dit-il.

— Et le voilà parti.

Le soir, il rentre se coucher ; il sentait la boisson !... Je me poussai dans la ruelle du lit ; je n'avais encore jamais assisté à pareille aventure... Il s'endormit bientôt... et, comme j'étais très fatigué, je le suivis de près.

Cette première étape m'avait déjà mis les pieds en marmelade, des ampoules commençaient à me faire souffrir sérieusement... Au réveil, comme je m'en plaignais, le caporal me dit :

— Comment ! vous avez des bas pour la route ? faut enlever ça !

— Mais c'est dégoûtant, dis-je, je ne suis pas habitué à marcher sans cela.

— Enlevez ça ! Enlevez ça ! et puis, si ça ne va pas, il y a la pommade Ragonneau...

— Quoi, la pommade Ragonneau ?

— C'est une pommade de notre chirurgien-major, un bon bougre, celui-là, il pense au soldat... J'en ai usé, ça réussit bien ; si ça ne va pas, demain on en aura.

Je trouvais ça si dégoûtant, cet amalgame de poussière et de graisse, que je ne pouvais pas m'y décider. Je fis, comme j'étais, encore deux étapes : Coulommiers, Sézanne... Mais, arrivé à Sézanne, je n'y tenais plus ; heureusement c'était un séjour, on ne repartait que le surlendemain.

Je me décidai à aller voir le chirurgien, qui me dit :

— Vous avez les pieds bien malades, reposez-vous et appliquez cette pommade sur les parties endommagées, demain ça ira mieux.

Rentré au logis, je fais l'opération et je garde la chambre.

C'était la fête dans cette petite ville... J'étais vexé d'être obligé de garder la chambre. Le caporal s'était fait beau, on avait ordonné la grande tenue, le voilà parti. Nous étions logés chez un petit boutiquier qui avait deux grandes filles : l'aînée avait bien 22 ans, la cadette 19... L'aînée me dit :

— Ne restez pas sur la porte, asseyez-vous là ! Vous paraissez bien fatigué ?

— Un peu, Mademoiselle.

— Vous êtes bien jeune pour être déjà soldat ?

Je suis conscrit, ça se voit, me disais-je... Dame, c'était d'assez jolies filles, et, à part la conversation qui me gênait, je me trouvais flatté de l'entretien ; je cherchai à en changer le sujet... mais la curiosité de ces demoiselles l'emportait.

— Vous êtes peut-être engagé, continua l'aînée ?

— Oui, oui, Mademoiselle.

— C'est la fête, Mademoiselle, aujourd'hui dans votre pays ?

— Oui, Monsieur, une petite fête locale, très gaie d'ordinaire.

Je crois détourner la conversation, mais reprenant bien vite, elle dit :

— Vous paraissez de bonne famille...

Je vis bien qu'il fallait que j'y passe. « Ah ! les femmes, les femmes !... »

Le papa vient, il me dit :

— Vous n'allez donc pas vous promener comme vos camarades ?

— J'ai les pieds endommagés par la route et on m'a dit de garder la chambre.

— C'est fâcheux, c'est une jolie petite fête, vous perdez beaucoup...

— Je le regrette, Monsieur...

— Vous déjeunerez avec nous à midi, c'est entendu, n'est-ce pas ?

— Merci, Monsieur, j'ai mon camarade...

— Il est parti dès ce matin. S'il vient, eh bien ! nous lui ferons une place.

— Vous êtes bien bon, Monsieur.

J'avais déjà perdu l'habitude d'une pareille réception, j'en étais ahuri... Je suis donc encore quelque chose ! me disais-je.

J'étais toujours assis devant la boutique lorsque j'aperçois Gauget qui passe ; il boitait à moitié. Il m'aperçut aussi et me dit :

— Tiens te voilà, je te cherchais, tu es logé là.

— Oui... Je suis très bien, mon cher, ça me rappelle ta tante !...

— T'as de la veine (pour une fois, il ne fallait pas en être jaloux) moi je suis chez un vieil avare, une vieille tête renfrognée.

(Regardant dans la boutique).

— Oh !... mais il y a deux jolies filles, là !... Mazette !

— Tais-toi, lui dis-je tout bas, ne parle pas si haut ; je déjeune avec elles à midi.

Il reprit en riant :

— Et Roulleau ton caporal... aussi ?

— J'espère bien que non, il ne sait pas tout ça ; il en a pour la journée, tu le connais.

— Allons ! au revoir, bonne chance... Puis tout bas : Pas de bêtises surtout !... Ah ! c'est que je te connais !...

— Mais tais-toi donc, tais-toi donc ! On t'entend, mon cher.

— Veinard ! va.

— Ah ! dis donc, Ganjet, que je te dise : tu as l'air de boiter ?

— Ne m'en parle pas, j'ai des ampoules plein les pieds.

— Mets donc de la pommade Ragonneau !

— Qu'est-ce que c'est que ça ?

— Va voir le chirurgien-major, il t'en donnera, il paraît que c'est merveilleux pour guérir presque instantanément les ampoules ; j'en ai mis. Mais c'est embêtant il me dit de garder la chambre.

— Ah ! bien tu n'es pas si malheureux, tu ne vas pas t'ennuyer... Pour mes pieds, je verrai ça demain.

Je ne voyais pas arriver l'heure du déjeuné !... Ma foi, me dis-je, il y a donc encore de bons petits moments dans cet état-là. Allons ! on va peut-être s'habituer. « Ce que c'est que la jeunesse, mes pieds ne me faisaient déjà plus mal. » Enfin on dit : à table ! La conversation, naturellement, tomba sur l'état militaire. C'était un beau métier, mais il fallait attendre trop longtemps pour devenir officier...

— Oh ! moi, dis-je, ce n'est pas cela qui m'occupe, parlons d'autre chose, si vous voulez bien...

— Je vous demande pardon, dit la demoiselle aînée, nous sommes bien indiscrètes...

— Oh ! non, Mademoiselle, je suis bien heureux, au contraire, qu'on s'occupe de moi ; on n'est plus un homme au régiment, on est une chose, je ne l'aurais jamais cru.

— Allons militaire, buvez donc ce verre de vin, me dit le papa, cela va vous donner des forces pour faire la route de demain, et en même temps chasser vos idées noires.

J'avais ma foi, parfaitement et agréablement déjeuné. Ces demoiselles allèrent à la fête et moi je m'étendis sur mon lit, vexé.

Je fus plus d'une fois tenté d'aller à la fête, on n'en était pas loin; le bruit des musiques m'invitait. Je résistai quand même; mes pieds étaient mieux et je n'aurais pas, pour rien au monde, voulu caler en route.

Mon caporal ne venait toujours pas. C'était l'heure du dîner. Je retrouvai les patrons, toujours de plus en plus aimable... devant cet accueil, je hasardai quelques petites histoires, qui animèrent la soirée; à neuf heures, j'allai me coucher. Peu de temps après, voilà Roulleau qui arrive; il était saoul!... Quelle chance, me suis-je dit, qu'il ne soit pas venu, quelle honte j'aurais eu qu'on le vît comme cela! Enfin la nuit se passa à peu près... Le clairon nous réveilla : — Debout!... Nous nous rendons sur la place et, en route!

Afin de ne réveiller personne, j'avais fait mes adieux la veille avec mes remercîments, et je partis heureux sur un sourire aimable de ces demoiselles. « C'est beau la jeunesse. »

Nous voilà en route. Nous passons par Vitry-le-Français, Bar-le-Duc, Toul, trois étapes bien longues, mais pendant lesquelles, je fus plus heureux. Je commençais à m'aguerrir; une seule chose me faisait souffrir, j'avais toujours faim.

Nous approchons de Nancy. Au haut de la côte de Saverne, on fit une halte près d'un précipice que l'on appelle le saut du prince Charles; de cet endroit se déroule un panorama de la ville, offrant aux yeux, avec la campagne environnante, une vue splendide.

Nous descendîmes la côte, par la route qui serpente sur son versant, et nous entrâmes dans la ville, musique en tête. « C'était la première fois que la musique militaire me faisait de l'effet. » — Lorsque nous arrivâmes sur la place Stanislas, par la porte de la belle grille qui l'enfermait alors, il y avait beaucoup de monde aux fenêtres et dans la rue. Un frisson d'enthousiasme me traversa le corps, j'étais fier en ce moment d'être soldat... Je n'étais pourtant pas encore fort dans la manœuvre, mais je m'en tirais à peu près... — Plus tard, j'attribuai cette émotion à l'enthousiasme qu'avaient les populations de l'Est pour le soldat français; à mon insu, l'entrain de cette ville patriotique m'avait, comme à tous, communiqué son émotion... Que de fois, depuis, me suis-je fait cette réflexion... « Que l'état militaire serait beau ! si le soldat était, par ses chefs, traité *comme un homme !* » Je croyais qu'il en était ainsi avant la réception du colonel Raideviller : Quelle déception !... Enfin j'y étais, fallait bien y rester.

Je me rappelais ce mot de Gauget : « La Lorraine, l'Alsace, Nancy, Strasbourg, mon cher, c'est l'Eldorado du troupier !... C'était vrai. »

Nous venions de traverser la Champagne pouilleuse, où l'on nous donnait pour lit une botte de paille dans l'étable, et où on nous recevait comme des bêtes féroces ; plusieurs camarades racontaient les farces qu'ils avaient fait pour se venger de ces espèces de mécréants ; on riait, bien qu'il y en eût de mauvaises ; on trouvait que c'était bien fait, — aussi ce fut un soupir de joie pour tous lorsque nous mîmes le pied dans la Lorraine. Vous allez en juger...

Nous ne pouvions pas tous loger dans la ville ; on détacha des compagnies dans les villages avoisinants.

J'étais déjà bien fatigué de la longue étape de Toul à Nancy, et justement ma compagnie était désignée pour un petit village à une lieue, — une lieue et demie de Nancy ; cela me fit faire la grimace, mais bien à tort... je le vis bien ensuite car je n'eus pas à regretter ce petit supplément de fatigue.

Nous voilà donc en route, tambour et clairon en tête. Un peu avant d'arriver, nous avions une petite côte à monter, qui nous cachait le village ; enfin, au haut de la côte, nous apercevons le classique clocher, et puis des groupes de gens qui semblaient se diriger sur la route, au-devant de nous....

Nous ne nous trompions pas. C'étaient des femmes, des jeunes filles, de grands garçons, des enfants qui venaient avec joie à notre rencontre.

Les gamins s'emparèrent de nos sacs, les grands de nos fusils. Tout à la joie, nos chefs laissaient faire et nous voilà partis en chantant et en riant. Tout le monde fut bien logé, bien hébergé et content. Par la façon dont nous avons été reçus, moi et mon camarade ainsi que deux autres qui logeaient avec nous dans la même ferme ; vous allez juger du cœur de ces braves gens.

« C'est avec bonheur et avec un sentiment de profonde reconnaissance que je me plais à écrire ces lignes :

Pauvre Alsace ! Pauvre Lorraine !... comme vous étiez bien Françaises !!!... Mon cœur saigne encore aujourd'hui au souvenir de vos malheurs : Oh ! France, oh ! ma belle France !! avant de mourir je fais des vœux pour que tu te souviennes !...

Nous entrons donc dans la ferme, on nous conduit dans la cuisine ; une grande marmite sur le feu, pendue à une longue crémaillère, répandait un parfum de légumes et de pommes de terre, tel, que j'en ai encore aujourd'hui l'eau à la bouche. Vous savez que j'avais toujours faim, je n'ai pas besoin de dire la bonne figure que je fis... on ne retrouve pas deux fois dans sa vie ces bonheurs-là, aurait-on la fortune d'un Rothschild... Toute la maisonnée était occupée au service. Sur une grande table longue, d'une propreté extrême, car tout brillait dans cette cuisine, la soupe fut servie en un clin d'œil. — Pour commencer, on entendait que le bruit des cuillers au fond des assiettes ; la soupe était excellente, plusieurs y revenaient. Ai-je besoin de dire que j'étais de ceux-là. — Arrive un riche morceau de lard, garni de choux et de pommes de terre : un parfum nature !

Ce ne fut pas tout : une omelette monstre s'y joignit ; tout cela accompagné de bon petit vin blanc.

Enfin un dîner de roi !... quoi ?

C'était une lutte pour l'existence qui sentait la civilisation... et je vous assure que celui qui aurait fait comme en Champagne, de vilaines farces à ces braves gens, aurait été lynché par nous, et sans pitié, mais nous n'en étions pas là.

La fête dura toute la journée. Les gens de la maison allèrent bien à leur travail, nous à la promenade, mais cela recommença au souper ; ensuite on se rassembla sur le devant de la maison, et les chants en plein air commencèrent. — Sauf ce petit extra, fait en l'honneur de l'armée française, c'était l'usage du pays ; les chansons du soir. — Aux doux accents de ces chansons patoises, que je n'avais jamais entendues, et qu'entonnait en chœur ce monde de travailleurs de la terre, je me réjouissais, c'étaient de vrais musiciens. Je voyais bien que l'impression était la même pour tous les camarades... Roulleau, qui n'avait pas eu l'occasion de trop boire, était superbe.

Comme vous pensez, on nous demanda aussi des chansons. Il fallut bien s'exécuter ; mon caporal commença ; il nous chanta une gaudriole qui contrastait singulièrement avec la naïveté poétique des chants nature que nous venions d'entendre ; il fit rire cependant... On voyait qu'il connaissait son Paris...

Mon tour vint ; j'avais encore présent à la mémoire quelques romances que j'avais apprises chez mon cousin le médecin, à Paris. Je connaissais aussi quelques airs d'Opéra, de la *Favorite*, de la *Juive* : « Ah ! viens, je cède éperdue... Rachel quand du Seigneur, la grâce tutélaire... », cela parut leur faire plaisir ; j'avais assez de voix... mais encore sous l'impression de leurs chansons locales, de leurs chants vraiment réussis, je me sentais faible et bien prétentieux. Quelques bravos, indulgents sans doute, me remirent d'aplomb ; alors je me mis à raconter quelques histoires de jeune homme qui m'étaient arrivées, entre autre une aventure que j'ai oublié de vous raconter dans mon premier chapitre ; elle est assez intéressante pour que je la place ici...

« Ferdinand Bernard, mon camarade d'atelier comme

vous le savez, se destinait définitivement à la carrière théâtrale ; vous vous rappelez qu'il avait comme moi, été voir Mme Fortier et que nous avions été encouragés...

C'était quelque temps avant que je ne m'engageasse. Bernard me dit :

— Veux-tu aller à Paris ?

— Comment ça ?

— J'ai écrit pour toi à Beauvalet (tragédien du Théâtre Français) et voici ce qu'il m'a répondu :

Et il me montre une lettre.

Cette lettre disait : « Monsieur, j'aime beaucoup les jeunes talents et je me plais à les encourager, écrivez à M. de Saint-Paul, directeur du Théâtre-Français, mais je crois que vous feriez mieux de venir à Paris, il vous entendra certainement. »

— Voilà ton affaire.

— Oui, lui dis-je, mais je n'ai pas d'argent.

— J'en ai, me dit-il.

On était habitué chez moi à me voir disparaître, on n'y pensait plus. Me voilà à Paris, je descends à un petit hôtel qui s'appelait Hôtel du Théâtre-Français, juste en face (1) du théâtre.

Alors j'écris à M. de Saint-Paul et lui demande une audience (recommandé par M. Beauvalet) pour bien vouloir m'entendre. J'attendis un jour. Rien ; le lendemain soir, un domestique en livrée frappe à ma porte, me remet une lettre de la part de M. de Saint-Paul. — Ah ! ah !... J'ouvre la lettre : « Rendez-vous demain soir, un peu avant la représentation... entrez par la galerie du théâtre... adressez-vous au concierge... Je repasse plusieurs pièces de vers... j'avais assez de confiance en moi ; on sait que ce n'était pas la première épreuve.

Je vous ai dit qu'il y avait chez moi un fond de timidité que j'ai eu, pendant très longtemps, de la difficulté à vaincre. Je devais en subir ici les conséquences.

« On va voir à quoi tient la destinée. Etais-je artiste ?

_____

(1) Tout ce quartier a été démoli et ne ressemble plus à ce qu'il était à cette époque.

4*

ne l'étais-je pas? je n'en sais rien, cela ne me déplaisait pas, c'est sûr... » M⁻ᵉ Fortier nous avait dit : « Sans prétendre à la renommée, le métier d'acteur en vaut bien un autre. »

Je me rends donc au rendez-vous...

Le concierge du théâtre me dit : c'est par ici l'entrée des acteurs, montez au premier étage, dans le couloir à droite au fond...

Je m'engage dans un espèce de labyrinthe et je ne sais quelle mauvaise chance me poursuivait.

Je trouve une porte, je frappe, on ne répondait point; j'ouvre et je me trouve dans un espèce de couloir, je me dis, c'est au fond; j'étais dans une demi-obscurité; enfin je m'aperçois que j'étais sur la scène; on venait de lever le rideau; je me cache dans un coin, de peur d'être vu... et je reste sans bouger toute la longueur de l'acte.

On jouait *Charles VII chez ses grands vassaux*. J'entends une voix de stentor, je regardais discrètement d'où elle partait; c'était Beauvalet, couché sur la gauche de la scène qui débitait la chasse du lion au désert (1).

Je tremblais comme une feuille, comment faire pour sortir de là. L'acte terminé j'entends dire : il y a quelqu'un ici, cherchez-le. Je me sauve par où j'étais venu, croyant gagner la loge du concierge, mais, pas du tout, je m'engage dans une autre galerie et je tombe juste devant la loge d'une actrice, Mˡˡᵉ Plessy; elle était en train de se costumer, à moitié nue; elle jette un cri; la camériste va vite fermer la porte. Le cri avait été entendu; on m'attrape enfin...

Je n'ai pas besoin de vous dire si j'étais ahuri, ébouriffé comme un chat qu'on poursuit...

— Qu'est-ce que vous faites-là?

— Mais, je...

J'avais perdu la tête; je tenais à la main la lettre de M. de Saint-Paul; on me la prend; cela me rappela à moi...

(1) Il faut vous dire qu'à cette époque, au Théâtre-Français, il n'y avait pas de coulisse; nul n'avait le droit de s'introduire sur la scène; j'étais donc tout seul et bien caché, du moins, je le croyais.

— C'est vrai, dis-je, je venais voir M. de Saint-Paul, je me suis perdu...

— Mais on demande, on ne fait pas des choses comme cela... M. de Saint-Paul m'avait attendu un instant, mais ne voyant personne venir, il était parti... On me dit :

— Et bien, il faut revenir.

Mais j'en avais assez! je n'ai plus osé. Je repris bien vite la diligence et retournai au Havre. Je dis à Bernard :

— Tiens, vois-tu, ça n'arrive qu'à moi ces choses-là; je suis peut-être un imbécile, mais je vais m'engager.

Voilà comment je suis devenu soldat.

Pendant ce récit, les jeunes filles ouvraient les yeux. Roulleau, qui connaissait un peu son Paris, trouvait dans ce que je disais un air de vérité... mais, on le voyait bien, mélangé de septicisme.

— C'est égal, dit-il, ça aurait rudement mieux valu que d'être soldat.

Le doyen répond :

Nous sommes bien tranquilles aux champs, nous autres, nous ne connaissons pas tout cela. Allons mes braves, il nous faut demain être de bonne heure au travail, et vous, militaires, prêts aussi pour partir, allons nous coucher... Dormez tranquilles, ajouta-t-il, on viendra vous réveiller.

Nous dormions tous encore, quand une voix cria : debout! il est temps...

Nous avions astiqué, blanchi, arrangé toutes nos affaires dans la journée, il n'y avait qu'à s'harnacher et partir...

Nous entrons dans la cuisine; qu'est-ce que nous voyons : une immense omelette au lard, de la salade et du pain à discrétion... C'était trop, nous ne savions comment faire et que dire pour remercier ces dignes gens, si hospitaliers... Le vieux doyen nous dit : Nous aimons le soldat parce que beaucoup de nous ont des fils dans l'armée, moi-même j'en ai un. Je ne fais que rendre ce que je crois que l'on fait pour lui, et puis, n'êtes-vous pas les défenseurs de la Patrie, nous pensons souvent à cela « et il ajoute mélancoliquement, *si près des frontières! »*

Nous voilà sur notre départ, il y avait un bout de chemin de traverse pour retrouver la grande route, on nous accompagna jusque-là.

Notre bataillon se reforma et nous voilà partis pour Wissembourg. Nous traversons la Lorraine, l'Alsace, toujours bien accueillis par les habitants; enfin nous arrêtons un jour à Hagueneau, la dernière étape de notre destination.

Il était temps. J'avais tenu bon jusqu'alors, mais un état de faiblesse s'annonçait, j'avais grand appétit, je mangeais bien, mais ça ne me profitait pas; j'eus plusieurs défaillances qui firent craindre un moment l'obligation à un repos complet. Il y avait bien les voitures d'ambulance, mais je ne voulais pas caler. J'irai jusqu'au bout, me disais-je. J'y allai, en effet, mais arrivé à Wissembourg, je fus obligé de garder la chambre quelques jours. Je n'étais pas sérieusement malade. Je me remis bientôt, mais j'étais toujours faible. Le médecin me dit : On va doubler la ration.

J'avais donc une augmentation de pain. Cela me réussit. Nous voilà donc casernés à Wissembourg. C'est ma première garnison, car je ne puis compter Paris, n'ayant fait qu'y passer.

Je glisse rapidement sur les exercices journaliers, jusqu'au passage au bataillon. Les instructeurs de cette époque étaient tout aussi grossiers que ceux d'aujourd'hui. Ce fut l'affaire de six semaines. Je passe sur les corvées de quartier, du pain du bois... qui me valurent plus d'une épithète mal sonnante; sur la brutalité des sergents et caporaux; nous en causions quelquefois avec Gauget, qui en souffrait aussi, mais nous avions l'espoir de passer bientôt caporaux nous-mêmes.

On avait chargé un capitaine de nous examiner; nous étions quatre susceptibles de faire des fourriers... Gauget me dit :

— Il faut faire attention, tu sais, pour passer fourrier; il faut bien écrire, bien calculer et ne pas faire trop de fautes d'orthographe; le capitaine, à ce qu'il paraît, n'est pas commode.

— Bien, lui dis-je, l'on va s'y préparer sérieusement!

Nous nous rendons donc chez le capitaine... Il y avait sur la table papier, plumes et encre; nous prîmes place; le capitaine nous fit faire une dictée. Dès le commencement, il fit bien quelques cuirs, on ne s'y arrêta pas; mais voilà qu'il dit : les « *zurlements* des loups », Gaugel me regarde, je lui fais un sourire discret qui voulait dire : si c'est celui-là qui corrige nos fautes, ça va bien. Il nous fit faire un petit problème et un peu d'écriture, bâtarde, ronde et nous renvoya.

Sortis, nous nous communiquons nos impressions, nous n'en revenions pas; un capitaine si ignorant, cela nous rappela notre colonel et sa morgue... tout s'expliquait. Nous n'étions pas des érudits, c'est vrai, nous le savions bien, mais hélas!...

« A cette époque, le nombre des officiers instruits, dans l'infanterie, était infiniment restreint (un seul, le capitaine Lecomte, celui qui, plus tard, devenu général, fut fusillé par les communards en 1871, au pied de la Butte Montmartre, était vraiment instruit). C'était lui qui tenait l'école, il pouvait répondre à notre attente; devenus ses élèves fourriers nous pûmes nous en assurer et il sut aussi nous apprécier... Est-ce à dire pour cela que l'armée valait moins qu'aujourd'hui, je ne le crois pas... ce que je sais, c'est que l'allure soldatesque de ces officiers produisait sur nous un effet qu'on ne connaît plus aujourd'hui. Ce n'étaient pas les vieux grognards, mais c'étaient leurs descendants... les officiers de l'école n'avaient pas encore envahi l'armée; il en arrivait bien quelques-uns, on les appelait des farauds, des blanc-becs.

Malgré leur air plus distingué, qui aurait dû nous charmer, nous les aimions peu et quoique de notre époque, c'est-à-dire pas exempts de coquetterie, nous nous faisions une toute autre idée du soldat.

J'ai conservé cette impression bien longtemps Le second Empire, que je trouvais dégénéré avec ses morceaux à *flûtes et hautbois*, dont la musique militaire rappelait la danse des ours... tu... tu... pan, pan, était loin de me convertir.

« Il a fallu que je visse les Prussiens (1871) aussi bêtes

que nous (car c'était tout pareil) pour me consoler un
peu... Et dire que c'est avec cette *garde nationale étrangère qu'on nous a vaincus* (1871). Que devaient penser
ceux qui avaient vu et connu les allures de nos vieux
grognards. Ah! je comprends les paysans anéantis, ne
pouvant croire à la capitulation de Sedan, à l'Empereur
vaincu, *se rendant avec 80.000 hommes!* Ces braves
gens étaient atterrés, eux aussi s'étaient fait une toute
autre idée d'un Napoléon. « Hélas!... c'est bien ce qui
nous a perdus... » « A Berlin!... à Berlin!... » Je reviens
à mon récit.

Quelques temps après, je passai élève caporal ; c'est
une fausse position dont je faillis être victime.

Je vous l'ai dit, je n'étais pas chauvin ; j'aurais pu
réfuser tout grade ; mais, pour rester sept ans pioupiou,
il eût fallu plus de philosophie que je n'en possédais en
ce temps-là, et puis l'amour-propre s'en mêlait ; Gauget
serait mon supérieur!... J'étais donc chargé de commander sept ou huit hommes. Parmi aux, se trouvait un
soldat arrivant des compagnies de discipline... Il ne
voulait pas obéir à mon commandement, je lui fais
observer qu'il pouvait s'attirer quelque chose de désagréable, si le sergent instructeur le voyait.

— Je m'en f..., me dit-il.

Il ne bougeait toujours pas ; je n'y fis plus attention,
les autres manœuvraient. Le sergent instructeur s'en
aperçut ; il lui dit :

— Voulez-vous manœuvrer ?

Il ne répond pas.

— Commandez! me dit-il.

Je commande... il ne bouge pas. Le sergent prend mon
fusil et il commande lui-même. Il obéit, c'était clair, il
ne reconnaissait pas mon autorité d'emprunt ; j'étais
fort ennuyé, il n'avait pas l'air commode. Le sergent
s'entête ; le soldat finit par lui dire :

— Je n'obéis qu'aux chefs et pas à ce bleu-là...

— Vous manœuvrerez.

— Non.

Le sergent le fait sortir des rangs et dresse un procès-
verbal. Puis il avise le capitaine de la compagnie... et

m'oblige à l'accompagner. Naturellement, je dis ce que j'ai vu et entendu, mais avec beaucoup de ménagements. Il fait appeler le soldat, lui fait une question à laquelle il répond : Non! le capitaine me regarde, je fus bien obligé de dire que le soldat mentait. Mais celui-ci avait encore son fusil avec la bayonnette au bout. Il me flanque un coup de bayonnette qui, heureusement, ne m'entame que légèrement le côté et fait un grand accroc à ma capote. On me croyait blessé; le malheureux attrape quinze jours de prison de corps... Je compris la gravité de ma situation, ce soldat voudrait peut-être se venger. Le colonel avait prévu cela, il l'envoya dans un autre bataillon.

Je ne voulais plus commander sans avoir les galons de caporal, mais mes six mois n'étaient pas accomplis, c'était à prendre ou à laisser; je me dis, je n'en trouverai peut-être pas deux comme celui-là. En effet, seulement il se présenta autre chose, où je ne risquais point ma vie il est vrai, mais qui n'en était pas moins fort embarassant, on va le voir.

C'était dans la grande cour de la caserne; on recommençait les exercices isolés annuels, le commandant du bataillon, un beau soldat, mais très dur, jetait un coup d'œil sur l'ensemble des manœuvres partielles. Il arrive à mes hommes et en trouve un qui ne manœuvrait pas à son idée. Il se nommait Astey. J'étais toujours élève caporal; le commandant ne me dit rien, mais il réprimanda le soldat. Ce pauvre diable avait encore environ six mois à faire pour obtenir son congé... Il grogna quelques mots, sur quoi le commandant lui donna deux jours de salle de police. — Alors il prit un air de révolte et dit assez haut pour être entendu du commandant : « S'il m'avait dit un mot de plus, je lui f... ma bayonnette dans le ventre. » Le commandant me prit à témoin ainsi que ses deux voisins.

— Vous avez entendu...

Nous répondîmes très vaguement :

— Je n'ai pas très bien entendu...

L'affaire n'en resta pas là; Astey fut traduit en conseil de guerre. — Ce qui aggrava sa situation, c'est qu'en rentrant à la chambre, il répéta ce qu'il avait dit, croyant sans doute que le commandant, sur nos réponses évasives, ne poursuivrait pas ; malheureusement pour lui, notre sergent-major l'entendit cette fois. Il n'y avait plus à reculer. Je fus donc appelé en témoignage, avec mes deux camarades, au conseil de guerre de Strasbourg.

Le lendemain, au rapport, le colonel lui avait infligé huit jours de prison.... il y faisait du tapage, il tempêtait. Les camarades me disent : il paraît qu'il vous en veut. Il m'en veut, dites-vous ? et pourquoi, ce n'est pourtant pas de ma faute s'il en est là, car j'ai fait tout ce que j'ai pu pour le calmer. Bien que je n'y fusse pour rien, je me mettais à sa place ; dans six mois, me disais-je, il est libre et il se met dans un pareil cas ; faut qu'il ait perdu la tête, car au fond, ce n'est pas un mauvais homme, si j'essayais de le sauver !... Son indiscipline à la prison augmentait de plus en plus la gravité de l'affaire. — Je demandai à notre capitaine qu'il me permît de le voir.

— Vous êtes fou, me dit-il, Astey vous en veut, il serait capable de vous donner un mauvais coup, ne vous occupez pas de cette crapule-là.

— Mais mon capitaine, il est plus malheureux que coupable, laissez-moi le voir, je me fais fort de le calmer, sa situation est très grave, il ne faut pas qu'il en augmente encore la gravité.

— Je ne vous y laisserai pas aller.

— Faites-moi accompagner, alors.

Enfin j'arrive à le fléchir, il consent. Deux camarades désignés d'office, accompagnent.

Astey entend monter et redouble de colère :

— Les lâches, les traîtres ! je me vengerai !...

Je dis à mes deux camarades :

— Ne dites rien.

— Astey, lui dis-je à travers la porte, c'est moi, Lepage, je veux vous parler.

— N'approchez pas.

— J'ai quelque chose de très important à vous dire allons, faut-il ouvrir ?

Il se calma un peu... parut réfléchir un moment et me dit :

— C'est une blague, je suis un homme perdu.

Je ne voulais rien dire devant les autres.

— Voyons, voulez-vous ? lui dis-je, je n'ai pas peur, je sais que vous êtes incapable de me faire du mal.

— Eh bien ! ouvrez, dit-il.

Je dis aux autres :

— Restez-là ; au moindre appel arrivez.

J'entre et referme la porte.

— Astey, lui dis-je tout bas, je veux vous sauver...

— Vous ne le pouvez pas.

— Si, vous verrez ce que c'est que de vouloir.

— Qu'est-ce que vous voulez faire ?

— Ayez confiance ! voilà tout ce que je puis vous dire ; tenez-vous tranquille, plus de bruit, allez jusqu'au bout et comptez sur moi... je puis faire plus que vous ne croyez...

Il prit son mal en patience.

Des deux autres témoins l'un était un étudiant de Paris, garçon instruit, poète ma foi, engagé volontaire, bonne tête, on se comprit sans se parler ; l'autre était un bon garçon de Bretagne, paysan peu causeur, qui ne maigrissait pas au régiment.

J'attendis le signal du départ pour placer mes batteries ; on nous donne nos feuilles de route, il y avait deux ou trois étapes à parcourir, je crois cependant que ce n'était que deux : Vissembourg, Haguenau, Strasbourg.

Je sonde le terrain. Il faisait un temps superbe. Il y avait quelque temps que nous égayions la route par nos chants ; Besnard (c'était le nom de mon camarade l'étudiant) racontait des histoires de sa profession ; peu causeur, notre breton était toujours en avant ; je pris Besnard à part et lui dis :

— J'ai deux mots à te dire : as-tu réfléchi à ce que nous allons faire à Strasbourg.

— Oui, me dit-il,... c'est une sale corvée.

— Je suis de ton avis, mais nous pouvons la rendre belle.

5

— Comment ça ?

— Ecoute... Il faut sauver ce pauvre garçon là.

— Ça m'avait traversé l'esprit, mais c'est rudement difficile.

— Je le crois, mais enfin veux-tu essayer ? je crois te connaître, tu ne me trahiras pas... son sort est entre nos mains, tout va dépendre de notre témoignage, de ce que nous allons dire au capitaine rapporteur...

— Et bien, quoi ?

— Quoi ? voilà ! Il est fou !... En es-tu comme moi persuadé ? Je ne puis expliquer autrement son acte, alors il faut qu'on le reconnaisse ; nous en sommes persuadés tous deux et, au fond, ne crois-tu pas qu'il a un grain ?

— Oui.

— Un garçon pas méchant au fond, qui n'a plus que six mois pour sa libération ! Es-tu d'avis de le sauver ?

— Oui.

— C'est bon.

— Mais celui-là ? me dit-il, en me montrant le breton.

— C'est mon affaire, je m'en charge.

Ce n'était pas un sot, mon camarade Besnard, je n'avais pas besoin de lui faire la leçon ; l'autre m'inquiétait davantage. Je dis à Besnard :

— Faisons-le causer.

Je l'appelle :

— Camarade ! tu ne sais pas ce que nous disons.

— Non.

— Que c'était une bien sale corvée que nous allions faire à Strasbourg... nous nous mettions à la place d'Astey et nous le trouvions joliment bête... Qu'est-ce que tu vas dire toi, au capitaine rapporteur ?

— Je ne sais pas ce qu'il va me demander.

— Et bien écoute que je te dise : Nous avons décidé de ne dire que oui et non de peur de nous laisser aller à dire des bêtises. Ainsi par exemple il va nous dire :

« — Avez vous entendu Astey dire dans les rangs : S'il avait dit un mot de plus...

« — Oui mon capitaine.

« — A-t-il répété cela avec colère ?

« — Non mon capitaine.

« — Etait-il méchant ?

« — Non mon capitaine.

« — Etait-ce un bon camarade ?

« — Oui mon capitaine.

« . . . . »

Faut pas blaguer, cela ne vaut jamais rien, on peut quelquefois se faire pincer...

— Oui, dit-il, ce n'est pas difficile. Nous arrivions près d'un bouchon ; nous entrons et nous bûmes une bonne bouteille de vin blanc accompagnée d'une croûte de pain et d'un morceau de fromage, le tout ingurgité du meilleur appétit.

Nous continuons notre route plus joyeusement ; *il nous semblait que notre conscience était déchargée d'un poids énorme.* Le breton devint alors un peu moins sauvage ; je crois qu'instinctivement il était, comme nous, pris de pitié pour ce malheureux. — Allons, me dis-je, du courage. Ça va bien.

Nous n'en reparlâmes plus. Besnard se laissait aller à la contemplation et me disait : — Tu verras ça, j'ai de beaux vers dans la tête ! Moi qui étais toujours sur l'impression de mes sept ans... dont je ne voyais par la fin, je ne disais rien, mais je pensais à Astey... Pourvu qu'il ne m'arrive pas aussi quelque vilaine affaire d'un autre genre ? Je voyais que ça ne tenait qu'à un fil, et mes débuts militaires n'étaient pas encourageants. Je n'ai pas de chance, me disais-je, voilà une affaire qui ne va pas me faire bien voir du commandant, et pourtant connaissant le code militaire si sévère, je ne peux pas laisser condamner ce malheureux ! *Quel métier que cet état militaire !* Et je me rappelais la nomenclature alphabétique de nos livrets : mort ! mort ! mort partout !

— Il faisait si beau temps ! tout était si gai dans la nature ! — Besnard me dit :

— Tiens, lis ça !

Il venait de composer quelques vers qui me paraissaient assez bien tournés ; je lui dis :

— Que tu es heureux !... Ah ! ça, pourquoi t'es

tu engagé? Tu as fait comme moi quelques bêtises.

— Je te conterai ça plus tard; parlons d'autre chose.

Il ne faisait qu'arriver au régiment! C'est dans l'air, me dis-je...

Enfin nous arrivons à Strasbourg; nous faisons viser notre feuille de route; on nous désigne une caserne pour séjourner. Le lendemain nous voilà chez le capitaine rapporteur... Je passe le premier.

Il m'interroge et je m'explique : . . . .

J'entre dans des considérations qui dépassaient probablement mon rôle, car il me dit :

— Vous n'êtes pas l'avocat du prévenu, vous êtes seulement témoin, contentez-vous de me répondre.

— Mais, mon capitaine, quoique témoin on a une conscience, vous ferez ce que vous voudrez de mes paroles, mais je dois dire ce que j'ai sur le cœur.

— Parlez, mais soyez bref.

— Le fait brutal est simple, je ne le nie pas, j'en reconnais toute la gravité; je suis soldat, je connais mon devoir et la rigueur de la discipline, mais je suis homme, à côté de cela... et je suis convaincu qu'Astey n'a pas son bon sens.

— Vous n'avez plus rien à dire?

— Non, mon capitaine.

— C'est bien, passez à côté.

On appelle Besnard. Je ne sais pas ce qu'il a dit, mais à son air, je supposai que ça allait bien...

Vint le tour du breton. Oui, non, oui, non; je me dis en riant, ça va aller tout seul, le capitaine n'a pas l'air d'aimer les bavards... tout va pour le mieux.

Nous retournons à la caserne, chacun gardant une discrétion de confessionnal, ça va bien, me disais-je, à demain.

Nous voilà salle du conseil : Il y avait plusieurs affaires à juger; nous passons les premiers.

Le conseil étant ainsi composé, pour président, un colonel; pour assesseurs, deux commandants et deux capitaines; un capitaine rapporteur et un avocat civil.

— Fusilier Lepage, levez-vous!

Après les formalités d'usage le président me dit :

— Dites ce que vous avez vu et entendu.

Je répète ce que j'avais dit au capitaine rapporteur, sans toutefois entrer dans les considérations, qui devaient figurer au rapport. Besnard en fit autant et le breton aussi.

Astey ignorait tout cela ; il se défendit comme il put.

A la manière dont son avocat plaidait, je vis bien qu'il tirait admirablement parti de la situation.

Dans son réquisitoire l'officier faisant fonctions de ministère public avait, comme d'ordinaire, chargé autant qu'il était possible le pauvre diable, mais on voyait l'opinion favorable à Astey.

Enfin arrive le jugement. Tout le monde se rend dans la salle des Pas perdus ; je parlais un peu haut ; un Monsieur s'approcha de moi. C'était l'avocat. Il me tire à l'écart et me dit :

— Ne parlez pas si haut, on a l'œil sur vous....

Et, tout bas :

— C'est très beau, ce que vous avez fait, mais taisez-vous, taisez-vous.

Je ne disais pourtant rien, je ne savais ce qu'il craignait.

Enfin nous rentrons dans la salle après la délibération.

— Acquitté !!!

Vous dire l'effet que cela me fit !... L'avocat me dit :

— Astey va sortir,... attendez-le... mais vous savez, ne faites pas cela deux fois, il pourrait vous en cuire.

J'étais si jeune, je ne comprenais pas. Je lui dis :

— Quoi !...

— Il suffit, me répondit-il.

Agir selon sa conscience est donc un crime ? me disais-je.

Astey remercia son avocat, puis venant vers moi il me dit : Vous avez tenu parole, je me croyais bien perdu. Il ne savait comment me prouver sa reconnaissance. Plus d'imprudence, lui dis-je, et surtout en arrivant au corps, pas un mot. — Au retour la route fut plus gaie, on causa peu de cette affaire. — Nous rentrons au bataillon ; je commençais à me refaire un peu, on me supprima mon supplément de pain... il me prit l'idée de me mesurer ; j'avais grandi de deux centimètres et maigri à l'avenant, j'avais une petite figure grosse comme rien. Je bouffais pourtant bien. — Combien de fois m'est-il arrivé de fourrer dans mon *boisseau* (schako), lorsque j'étais repris de ma fringale, un gros quignon de pain que je mangeais sans vergogne, avec du raisin glané dans mes promenades sur les côtes de Wissembourg. — A propos de promenades autour de Wissembourg, il n'est peut-être pas sans intérêt de vous raconter un petit incident de frontière qui s'y produisit.

Le sergent fourrier Guérin (un des joueurs qui nous avaient si bien reçus à Paris), Roulleau, que vous connaissez, Gauget et moi avions formé le projet de passer la frontière et de nous payer une omelette au lard à un petit village à peu de distance de là.

Nous étions en train de déjeuner, la conversation était bien animée lorsqu'elle roula, je ne sais comment, sur la mort du général Hoche qu'on disait avoir été empoisonné. Il y avait à une autre table des paysans qui nous écoutaient depuis un moment. Nous ne nous doutions pas certainement, ni les uns ni les autres, de ce qui allait nous arriver. Tour à tour on parla des exploits de Marceau, de Kléber ; n'étions-nous pas dans le pays qui réveillait chez nous le sentiment de la patrie ! lorsqu'un paysan s'approche :

— Vous en parlez à votre aise, mais le lieu est mal choisi, ce n'est pas votre place ici, demi-tour, hein !..

Nous étions en Bavière et en défaut. Roulleau voulut répliquer ; un mot en amena un autre, et voilà une vraie lutte qui s'engage. Le patron voulut mettre la paix, il eut bien du mal ; il parla allemand à ses compatriotes et nous dit en assez bon français :

— Il faut s'en aller....

Nous comprenions cela, mais Roulleau n'entendait pas raison, le petit vin du Rhin lui avait déjà monté à la tête ; nous lui enlevons son sabre et nous l'entraînons, il était furieux... Je n'ai pas besoin de vous dire si nous étions pressés de regagner la frontière, ce qui pouvait résulter de cette escapade nous faisait réfléchir ; enfin nous franchissons le poteau de limitation.

— Vive la France ! avons-nous crié en mettant le pied sur notre terre. Ce cri avait fait son effet, Roulleau se calma tout d'un coup.

— Allons, nous voilà tirés d'affaire, du calme les enfants, dit le sergent Guérin, et motus... sur l'aventure.

« En 1871, combien de fois ce petit épisode sans conséquence m'est revenu à l'esprit... Les Bavarois ne nous aimaient pas. Mon Dieu à peu près comme nous ne les aimons guère aujourd'hui : Le sang veut du sang. Triste chose que la guerre !.... »

— C'est égal, disions-nous, nous avons failli payer bien cher notre chauvinisme, d'un côté comme de l'autre.

Je ne sais si, malgré notre discrétion, on avait eu vent de l'affaire en haut lieu, mais quelques jours après, un ordre du général de division parut, qui rendait passible d'un mois de citadelle tout soldat pris revenant de l'étranger.

Revenons à notre récit : Depuis l'affaire d'Astey, ça n'allait pas bien pour moi à la compagnie ; mon sergent major, le capitaine, me regardaient d'un drôle d'œil et le commandant avait été vexé. Ma nomination de caporal me tira de là, on m'envoya à Haguenau... C'était bon, mais je perdais Gauget, je me trouvais sans connaissance, sans amis. J'y restai six mois sans qu'aucun incident n'arrivât qui vaille la peine d'être raconté ; j'étais tombé dans une excellente compagnie, d'excellents chefs, un vrai contraste avec l'autre. Mais hélas ! ma mauvaise chance me poursuivait, et je devais payer cher ces six mois de paix.

Au moment où j'y pensais le moins, on me nomma caporal fourrier. J'étais content, me voilà donc tiré de la gamelle, me disais-je. C'était le 14 juillet 1844.

On m'envoya à Wissembourg au 2e bataillon, 5e compagnie.

Je prends donc mes nouvelles fonctions. J'apprends que je remplace un suicidé. Les collègues me plaignaient d'entrer dans cette *compagnie de malheur*, comme ils l'appelaient.

— Voilà deux fourriers, me disent-ils, qui sont victimes du sergent major et du capitaine, deux brutes de la plus belle espèce.

— C'est jouer de malheur, dit l'un.

Tous tombaient d'accord qu'il m'arriverait malheur aussi, et m'engagèrent à me méfier. Un homme prévenu en vaut deux, dit-on ! Le dicton est-il vrai ? On va voir cela.

Je n'avais pas cru à la lettre ce qu'on m'avait dit. Je saurai, dis-je, éviter tout conflit en faisant mon devoir ; que puis-je craindre ? Le fourrier qui s'était suicidé était un corse appelé Rognoni .. On disait qu'il se querellait sans cesse avec son sergent major, qu'il avait plusieurs fois dit qu'il le tuerait ; ce n'était pas non plus précisément une bonne tête. Je pensais être plus heureux. Je vais tâcher, disais-je, d'en faire un ami.

Mon début fut bon, je ne fus pas longtemps à me mettre au courant de ma nouvelle fonction ; il ne se présentait rien d'anormal. Un soir cependant (nous étions logés dans la même chambre) mon sergent major entra à dix heures en état d'ébriété, j'étais couché. Il me dit :

— Copiez donc cela tout de suite, j'en ai besoin pour le rapport demain.

— C'est encore assez long, lui dis-je.

— Faites-le, me répond-il assez sèchement.

Je le fis et il se coucha... Est-ce le commencement ? me disais-je. Allons ! de la patience.

Plusieurs fois il lui arrivait de ne pas me dire ce qui me concernait au rapport, et je fis de la salle de police à différentes reprises à cause de sa négligence et de sa mauvaise foi « on ne saurait croire le despotisme que peut exercer un sergent major sur un fourrier. Je compare cette situation à celle de la femme en puissance de mari. On est littéralement son esclave ; obligé de vivre en commun, et arrêté par un grade supérieur qui empêche toute défense, toute révolte. — C'était une existence qui n'allait pas à mon caractère très accommodant cependant ». De la patience, me disais-je en lui prouvant du désintéressement (c'était un homme assez instruit) peut-être arriverai-je à le gagner. Il n'y avait point d'espoir. vous allez le voir.

L'adjudant major avait réuni tous les sous-officiers. Il

avait donné comme sujet de concours le tracé d'un camp avec toutes les dispositions que comporte un plan de campagne.

On sait que j'avais appris le dessin. Ce fut un jeu pour moi ; j'étais à peu près le seul qui pût faire quelque chose un peu propre.

Il était dix heures du soir environ, je travaillais encore pour achever mon plan, assez long à exécuter, et nous en étions à la dernière heure. Je n'avais pas vu mon sergent major travailler au sien, sans doute, me disais-je, il ne veut pas que je copie sur lui, et il le fait ailleurs. Il rentre à la chambre.

— Tiens, me dit-il. C'est bien cela ! fourrier, oh ! mais vous savez dessiner, moi je n'ai pas eu le temps de faire le mien, ça fait bien mon affaire.

Je crus qu'il plaisantait. Il me le prend :

— Je vous le rendrai...

Il le pose sur sa table ; je ne me méfiais absolument de rien. Le lendemain au réveil il appelle un sergent nommé Boisromeau et il lui dit :

— Regardez cela. Est-ce chic ?

Je vis qu'il l'avait signé (je devais encore revoir ce plan avant de le présenter).

— Je dis : Mais c'est moi qui ai fait ce plan.

— En voilà un toupet (osa dire le gredin), vous êtes un fainéant, vous n'avez rien fait.

C'est un peu fort !

La colère me monte au visage, j'allais lui arracher le plan et le déchirer ; j'en fis même le mouvement.

— Tout beau, me dit-il d'un œil où se trahissait sa félonie et sa méchanceté.

Rognoni me traversa l'esprit : Cet homme est un lâche me dis-je, il n'y a pas à lutter contre cela. Evidemment le sergent était son compère.

Croyant que je m'étais calmé, cet ignoble personnage n'eut-il pas l'audace de me dire :

— Tenez, je suis bon enfant, je pourrais vous punir mais je veux même vous éviter une punition plus sévère du capitaine. Boisromeau, c'était le sergent, en a fait plusieurs, en voilà un, signez-le et dépêchez-vous parce que je vais les rassembler pour les remettre au major...

— Ah ! c'est trop fort, dis-je.

Personne ne m'avait vu faire mon plan, j'avais pris mes précautions pour ne pas être plagié.

Quelques jours s'étaient passés sur cet incident. Je faisais, comme vous devez le penser, une triste figure ; mes relations d'inférieur avec cet homme devenaient un supplice. Il savait bien lui ce qu'il faisait ; il n'en était pas à son coup d'essai. Il chercha à m'amadouer.

— Vous ne le regretterez pas, me dit-il. Je me rappellerai et je vous revaudrai cela ; je regrette que vous n'ayez pas pris le plan de Boisromeau ; l'adjudant major ne va pas rire.

— Ah ! tenez ! c'est infâme, ce que vous faites-là ! on m'avait bien dit qui vous étiez : Pauvre Rognoni !!..

— Un fou furieux, me dit-il. Il voulait me tuer et il a bien fait de se tromper.

— Quel malheur ! me disais-je, en regardant mes galons de fourrier, j'étais si heureux à Haguenau !.. Faut-il avoir peu de chance. — Mais comment me tirer de là ?

Je n'avais pas encore de camarades auxquels je puisse me confier ; on sait que j'avais changé de bataillon, Gauget n'était plus avec moi, mon isolement m'était pénible.

Un jour à l'appel d'onze heures, le capitaine adjudant major me fait appeler :

— Fourrier Lepage, vous ne m'avez pas remis votre travail ?

— Mais... capitaine...

— Je sais, me dit-il, vous ferez quatre jours de salle de police.

— Mais, capitaine, demandez à mon sergent major.

— Vous en ferez huit ; reprenez votre rang.

C'était le comble ! *silence complet du sergent major.*

J'essayai d'une plainte à mon capitaine ; il me reçut comme un chien dans un jeu de quilles... j'étais anéanti. Rognoni, le suicidé, me revenait sans cesse dans la tête : Il faut donc que j'y passe, me disais-je, oh non !... mais qui me tirera de là ? — Je ne vois qu'un changement de compagnie. L'hypocrisie de cet être était si grande qu'on ne pouvait pas le soupçonner de tant de méchanceté. Attendons encore et nous verrons. J'étais complètement découragé; me faire casser, disais-je, c'est peut-être le plus sûr?

Je fais mes huit jours de salle de police; j'eus le temps de réfléchir. Il me vint quelques compagnons; on était jeune, on se mit à brailler, à rire, à chanter. Là je fis la connaissance d'un sous-officier qui m'était assez sympathique; c'était un enfant de troupe, un vrai soldat très gai mais déjà très chauvin, il avait été élevé là-dedans. Il me dit : Mon cher, tu ne pouvais pas plus mal tomber; j'ai connu ce pauvre Rognoni, une tête un peu chaude; la balle qu'il s'est logée dans la cervelle ne lui était pas destinée. Quelle canaille que ton sergent major!... et ton capitaine... les deux font la paire, mais surtout pas de bêtises mon cher, ta situation est très critique. — Tout ça ne me rassurait pas; je m'étais arrêté au cassage, je n'en parlai à personne.

Rentré à la compagnie, je reprends mon service; les vexations de toutes sortes ne me manquèrent pas, certes je pouvais y répondre, mais si la salle de police me débarrassait momentanément de mon ennemi ce n'était pas gai non plus d'être toujours face à face avec thomas, et dormir tout le temps sur la planche ne m'allait guère. Fatigué de punitions répétées, à cause de ce sergent major, j'avais prié un collègue, dont je m'étais fait l'ami, de me dire les ordres du rapport, car je ne sais s'il le faisait exprès, mais cela lui arrivait très souvent de me laisser ignorer quelque chose du service de la journée, et c'est moi que l'on punissait. Je n'y tenais plus... mon idée était bien arrêtée... Je ne veux pas rester plus longtemps dans cette compagnie.

Un jour nous étions plusieurs fourriers à la brasserie. Nous causions d'une affaire de conseil de guerre qui venait d'arriver précisément dans ma compagnie. Un caporal avait été insulté, menacé par un fusilier. J'étais encore témoin dans cette affaire, mais le cas n'était pas le même que la première fois, l'affaire s'était passée tout à fait en dehors de moi. J'avais vu et entendu, voilà tout; l'accusé n'était même pas de ma compagnie et puis, faut-il le dire, le je m'en f..., sans m'en douter, m'entrait déjà au cœur ; j'étais dégoûté.

— Ah ! bien dit l'un, voilà un beau petit voyage au compte du gouvernement.

— C'est autant de pris sur l'ennemi, répondis-je. J'ai bien envie de *le rallonger*...

— Allons ! pas de bêtises surtout, dit le sergent Monnet, mon nouvel ami.

— Ah ! non, me promener seulement...

— Qu'est-ce que tu veux faire ?

— Je vais aller à Bade ; j'ai deux jours, je vais m'amuser.

— Oui, mais... un mois de citadelle, et tu sais la frontière est gardée d'un bout à l'autre...

— Ah bath ! je ne serai pas pris.

— Mais comment feras-tu, traverseras-tu le Rhin à la nage ?

— Je ne sais pas nager.

— Mais alors, comment feras-tu ?

— Je n'en sais rien.

— Je te devine Lepage, dit Monnet, pas de bêtises.

— Non, je n'y pense pas.

— Ah ! bien, disent les autres, je fais le pari d'un bon déjeuner à payer à Lepage, s'il revient sain et sauf. Ça y est-il ? allons...

— Oui ! oui !...

— Tapons-là.

Et ce fut décidé.

Mon parti était bien pris, cependant je n'aurais pas déserté !... Je tentai le sort.... Lauterbourg n'était pas loin ; je traversai le Rhin, et de l'autre côté je trouvai une voiture qui conduisait à Bade ; de là une ligne de chemin de fer (1) me conduisait à Kiel où il fallait traverser le pont. *C'était là le hic* de passer sans être vu par le poste français sur l'autre rive. Je savais tout cela : je me décidai tout de même.

(1) L'Allemagne en avait déjà beaucoup, tandis qu'en France on ne faisait que commencer.

« Je ne devais pas être pincé, et voici à quelle circonstance je le dus :

J'arrive d'abord à Lauterbourg sans encombre, c'est
là que je vis le Rhin pour la première fois ; je le traversai sur un bac et je débarquai sans ennui de l'autre
côté. Je monte en voiture et me voilà en route pour
Bade. Vous allez peut-être me dire : mais vous aviez
donc de l'argent. Oui, mon père me voyant monter en
grade, m'envoyait depuis quelque temps 10 fr. par mois ;
ses lettres étaient malgré cela toujours très froides, rien
au fond n'était changé je le voyais bien ».

Me voilà donc arrivé à Bade, je visite la ville, je rencontre dans mes promenades des soldats Badois qui me
regardaient étonnés, les habitants aussi, mais on me
laissait bien tranquille. C'était tout ce que je demandais.

L'heure du train qui devait me conduire à Strasbourg
approchait ; je me rends à la gare, j'avais quelques minutes d'avance. Je vois s'approcher de moi un Monsieur
d'un certain âge qui me regardait depuis un moment.
Il me dit :

— Comment vous trouvez-vous là ? — Regardant mon
schako. — Vous êtes de la garnison de Strasbourg ;
donnez-moi votre nom.

— Mais Monsieur, lui dis-je, je n'ai pas l'honneur de
vous connaître, je ne vois pas...

— Donnez, croyez-moi... c'est le plus sage...

J'avais ma feuille de route qui indiquait le but de
mon voyage ; je la lui remis, ça parut le fixer... Je n'y
pensais plus ; je monte en wagon « espèce de wagon-
omnibus d'été, découvert — on se voyait dans toute la
longueur ». Le train part.

Il se trouvait à côté de moi un Monsieur de trente-cinq
ans environ, qui revenait des eaux de Bade ; il s'était
précautionné de vêtements pour ses soins hygiéniques...
Ce Monsieur avait suivi ce qui s'était passé entre moi et
l'autre Monsieur qui était monté un peu plus loin. Il
me dit tout bas :

— Vous êtes pincé ! Vous ne connaissez pas ce Monsieur ?

— Non, lui dis-je ; je ne l'ai même pas trop bien accueilli.

' — C'est le général Zeepel, commandant la division.

« Celui qui, précisément, avait donné des ordres sévères pour toutes tentatives d'aller à l'étranger. »

Ce Monsieur me dit : Sautez par dessus la banquette et allez lui parler. Le train s'arrêta à une station, le général descendit avec sa famille ; je ne pus le rejoindre. Que lui aurais-je dit ? C'était plutôt pour ne pas déplaire à ce Monsieur qui, en somme, voulait m'être utile que j'obéissais... j'étais résigné. Après tout, me disais-je, on va me casser, quelle délivrance !... Ça me gênait tout de même ; je pensais à mon père, enfin c'était fait... à la grâce de Dieu !... J'en étais là de mes réflexions lorsque ce Monsieur me dit tout bas : « Vous m'intéressez, je vois bien que c'est un acte de jeunesse ; il faut essayer de vous tirer de là. Il y a quelques chances ; le général n'est pas un mauvais homme ; en somme, lui-même était à l'étranger, en civil c'est vrai, mais enfin... j'ai dans l'idée qu'il vous laissera *suivre votre fortune* ; il compte sur la vigilance de sa garde, « pas vu, pas pris ». Essayez de vous dissimuler. Me voilà hésitant : je ne tenais pas tant que cela à rentrer à la compagnie ! un mois de citadelle, c'est une délivrance, et probablement cassé. — Je répondis : C'est pas la peine, je suis bien pincé.

— Eh bien écoutez, me dit-il, je connais ce trajet, je le fais très souvent, voilà ce qu'il faut faire pour passer inaperçu.

Et il me parlait tout bas ; il paraissait tellement convaincu que je l'écoutai. — Si je gagnais mon pari, comme on rirait là-bas (1).

— La gare à Kiel, me dit-il, n'est pas loin du pont ; il y a des omnibus qui transportent les voyageurs de l'autre côté du Rhin ; c'est à vous de descendre vite du

---

· (1) J'étais jeune, direz-vous. Hélas ! comme on est à 18 ans et même longtemps encore après. Combien de fois depuis n'ai-je pas fait la réflexion que ce code militaire si sévère n'était nullement en rapport avec la psychologie de cet âge. Que d'inconscience dont j'ai été témoin ! Lisez le code militaire : Mort.., mort..! Et pourquoi ? On le comprend pour tourner le dos à l'ennemi et pour les traîtres ; mais ces cas sont rares.

wagon, d'arriver le premier dans l'omnibus ; vous allez prendre ce grand manteau, ce capuchon, vous fourrerez votre schako sous la banquette et vous vous envelopperez bien dans le manteau. Voilà votre rôle ; vous êtes un malade qui vient de prendre les eaux, prenez une figure de circonstance. Je vous suis. Je serai avec vous dans l'omnibus, je suivrai l'incident et vous tirerai d'embarras dans le cas où vous seriez interrogé.

— Merci Monsieur, lui dis-je.

J'ai bien joué mon rôle, faut croire, car je ne fus pas pris.

Jugez de la surprise de tous les voyageurs lorsque, à l'abri de toute crainte, j'ôtai le manteau pour le remettre à ce Monsieur qui descendait de l'omnibus ; je le remerciai de nouveau. J'aurais bien voulu connaître son adresse mais il me dit :

— Je suis pressé et jamais chez moi. Ne recommencez plus surtout ! Je crois ne pas m'être trompé... Adieu !

— Merci Monsieur, merci.

Mon voisin d'omnibus me dit : Vous l'avez paré belle !

Au retour de cette équipée je me rendis en témoignage au conseil de guerre. Le pauvre diable fut condamné à deux ans de boulet.

« Je me disais : heureux Astey ! Ce que c'est que la destinée ! » J'avais eu la chance dans ce voyage, mais le retour à la Compagnie ne me faisait pas rire, je n'étais pas débarrassé de mon cauchemar. Hélas ! Me voilà donc encore une fois rentré au bataillon... La bande joyeuse m'entoure comme un ressuscité...

— Comment as-tu fait ?

Je leur raconte :

— Ah ! me dit Monnet, il n'y a que toi pour avoir de ces aventures-là, tu as une tête aussi qui sait se faire aimer.

— Pas de mon sergent-major, toujours !...

— Ah ! tu sais, on parle de changer de garnison ; nous allons à Strasbourg remplacer le premier bataillon.

— Bravo ! mes amis, bravo ! c'est une belle ville, j'en viens... c'est vrai que je n'ai pas eu le temps de voir grand'chose, mais j'ai vu la cathédrale et la fameuse horloge. Il y a de belles promenades, de chics brasseries et, ma foi, d'assez jolies filles.

— Est-ce que t'as eu le temps de les voir, dit Monnet.

— Parbleu, on a pas les yeux dans sa poche.

En effet, trois semaines après nous recevions l'ordre de partir.

Encore des tribulations :

J'étais fourrier de semaine, tout le gros du service retombait sur moi; j'avais passé une partie de la nuit à des écritures; nous partions à l'avant-garde; jusqu'à Haguenau tout va très bien. Je crus pouvoir me reposer en arrivant, mais mon service s'y refusa complètement; je fus obligé de travailler même encore fort avant dans la soirée. On logeait chez l'habitant. Je dis à mon brosseur : Je suis fatigué, venez me réveiller demain matin pour l'avant-garde... — Vous pouvez compter sur moi, me dit-il — Je dors donc comme un pieu, confiant; je me réveille ne sachant trop l'heure qu'il était; je m'habille sans trop me presser.

Voilà que j'entends la marche du régiment. — Sacrebleu !.. l'animal de brosseur dormait encore; j'étais trois quarts d'heure en retard sur l'avant-garde. Je cours bien vite, arme et bagage, au pas gymnastique. Il y avait de quoi tuer plus vigoureux que moi. Enfin je fis tant que j'arrivai juste au moment à la grande halte, rattrapant ainsi l'avant-garde. L'adjudant Laxcigue — un vilain bougre, comme on l'appelait — me flanqua quatre jours de garde du camp.

J'étais essouflé !... je n'en pouvais plus; je mangeai et bus sur le pouce et on se remit en route. Plusieurs collègues avaient protesté contre cette punition, disant que, puisque j'avais rattrapé l'avant-garde, je n'avais fait souffrir personne; que c'était moi le plus malade et que je ne devais pas être puni... Rien n'y fit.

Nous arrivons à Strasbourg. Mon premier service était de communiquer l'ordre du jour aux chefs de l'État-major. C'était pour moi une vraie difficulté de trouver leur adresse dans cette ville que je connaissais très peu; j'étais très fatigué; je finis par trouver plusieurs officiers supérieurs, il m'en restait encore deux à voir, il me fallait leur signature ; le dernier était précisément le commandant que l'on sait, dont je craignais la méchanceté, à cause de l'affaire Astey. Son domestique me dit : Il va rentrer sûrement, il n'est pas loin. Je m'assieds dans un voltaire qui se trouvait là et j'attends tranquillement l'arrivée du commandant qui ne pouvait tarder. Malgré moi je m'endormis, et de si bon cœur qu'il y avait trois heures que j'étais là lorsque le commandant, qui ne faisait que rentrer, me frappa sur l'épaule. J'étais en face de la glace de la cheminée. Je jette un coup d'œil rapide sur la pendule... 4 heures ! puis j'aperçois le commandant, un grand diable que je ne connaissais que trop ; je me tourne. Je n'ai pas besoin de vous dire ma tête, je ne me suis pas vu mais ça se devine.

— Vous êtes saoul, me dit-il d'un air méprisant. Je me lève :

— Oh ! non mon commandant !... Je suis fatigué, exténué de trop de service ; je viens vous présenter le rapport. Votre domestique m'a dit : Le commandant va rentrer. J'étais tellement fatigué que je me suis assis en vous attendant, je me suis endormi... mais saoul, je ne le suis pas. Je pris mon livre sur lequel il venait d'apposer sa signature et je partis comme un éclair. Décidément la fatalité me poursuivait. Comment cela finira-t-il ? Mais ce n'était pas tout. Pendant ces quatre heures voyons ce qui se passait à la caserne.

J'avais les clefs du casernement de ma compagnie dans ma poche. On me cherchait partout, ne me voyant pas on va aux draps, à la literie, au pain. Les soldats, fatigués, s'étaient couchés dans les escaliers avec les fournitures, attendant toujours mon arrivée. Enfin ne voyant rien venir on fit ouvrir les portes par le serrurier.

J'arrive. Tout était sens dessus-dessous, une vraie déroute. Le capitaine Mickallier, une vraie brute comme on l'appelait, me flanque huit jours de salle de police que l'on porte à quinze, le lendemain au rapport, et tout cela sans vouloir entendre la moindre explication ; j'avais tout le monde sur le dos. Laxcigue, l'adjudant qui m'avait fourré quatre jours de garde du camp, déposa contre moi pour mon retard à l'avant-garde ; mon ignoble sergent major, le capitaine et, pour comble, le commandant qui se souvenait d'Astey. « Je ne sais pas pourquoi ils ne m'ont pas fusillé sur le coup ». Je me rends à la salle de police, j'examine où je suis : une vraie prison. Une petite fenêtre grillée laissant passer très peu de jour et une porte verrouillée ; trois ou quatre paillasses humides, autant de couvertures, humides également, et le fameux thomas ; voilà l'ameublement. Quinze jours là-dedans ! dans cette puanteur !! — J'avais le temps de réfléchir. — S'il me venait un compagnon encore, me disais-je ; mais non rien, c'était comme un fait exprès, la nuit approchait.

« Ah ! c'est dans ces moments qu'il vous prend des découragements, de vilaines idées dans la tête. » La désertion m'arrêta un moment, on était si près de la frontière. Et puis je connaissais le truc : je travaillerai de mon état de mécanicien. C'est mal de déserter, je le sais bien, mais rester sept ans dans cette galère, jamais ! jamais !! Cette obsession ne me quittait pas.

C'est la liberté, me disais-je. Oui, mais plus de France, plus de famille, plus rien, et puis j'avais lu mon code... 10 ans de boulet pour désertion à l'étranger ! tout cela miroitait rouge à mes yeux. Pauvre Rognoni ! me disais-je il a déserté autrement lui, et pourquoi ! pour fuir cette crapule de sergent-major. Quelle canaille tout de même ! « Comment des choses pareilles peuvent-elles exister sans que ceux qui pourraient les empêcher s'en aperçoivent (je parle des chefs) : le soupçonnent-ils seulement ? Les camarades, eux, le savent bien, mais que peuvent-ils ? Rien. Ah ! quel triste état que d'être soldat en temps de paix... » Quelle nuit j'ai passé.

J'en étais à ces réflexions, lorsque je me gratte le bras, assez fortement pour m'écorcher avec mes ongles ; le jour commençait à paraître. — Tiens, fis-je, qu'est-ce que ça !... un bouton ? Le lendemain j'en avais plusieurs ; le surlendemain l'aspect avait changé, c'était des petites plaques rouges squammeuses ; j'en étais couvert ; on m'apporta à manger, et je dis au caporal :

— Je suis malade, je demande à passer la visite.

— C'est bien fourrier, je vais le dire.

Toutes sortes d'idées me traversent l'esprit ; je n'avais pourtant jamais eu de maladies équivoques, d'ailleurs ça ne débute pas comme cela. Mais qu'est-ce que c'est que ça ?... Je ne me sentais pas malade... Attendons !... Je ne me doutais pas que c'était là mon salut, ma délivrance.

Le lendemain, je passe la visite du chirurgien, le brave homme que nous connaissons, le père Ragonneau, l'homme à la pommade ; celui qui avait doublé ma ration à Wissembourg ; j'osais bien lui parler à celui-là. Il me dit :

— Où diable avez-vous attrappé cela !

— A la salle de police, major.

— Ça ne vient pas comme ça sans raison. Vous n'aviez pas déjà remarqué cela faiblement sur vous, quelque part sur le corps ?

— Non.

— Vous ne savez pas si vos parents avaient eu de ces accidents qu'on appelle des dartres.

— Non, lui dis-je.

— Enfin, mon ami, vous n'êtes pas gravement malade, mais il faut soigner ça, je vais vous envoyer à l'hôpital ; ce sera un peu long à guérir, mais, pris à temps, cela peut s'enrayer. Tranquillisez-vous, c'est un sporiasis qui n'a rien de suspect, mais il ne faut pas garder ça...

Me voilà donc à l'hôpital de Strasbourg... Je venais d'échapper à mes tyrans !... Mes idées redevinrent plus saines ; j'étais si tranquille qu'il me semblait être en Paradis. Je ne voyais plus ce vilain masque qui me faisait l'effet d'un cauchemar que je ne pouvais fuir.

Il y avait quelque temps que je suivais un régime très sévère : demi-diète, bains sulfureux, pillules d'acide arsénieux, nitrate d'argent sur les plaies, pillules de soufre, etc. ; le traitement commençait à produire son effet.

Un jeune chirurgien avait vu que j'étais fourrier, il vint me demander de lui remettre au net un manuscrit qu'il préparait ; il y avait place, par endroits, pour des descriptions nécessitant des dessins explicatifs.

— Voulez-vous que je vous en fasse, lui dis-je ?

— Vous savez donc dessiner ?

— Oui, major, un peu.

— Ah ! bien, je vais vous en donner, et il m'apporta des planches d'anatomie...

Il fut si content qu'il m'occupait toujours ; il m'avait même permis d'aller dans la bibliothèque de l'établissement.

— Travaillez-là, vous serez plus tranquille, m'avait-il dit.

J'allais partout : dans les laboratoires, à l'amphithéâtre ; enfin j'étais comme chez moi, bien vu des petits carabins et même des gros chirurgiens. Bonne affaire, me disais-je, je vais conduire ma barque dans ce sens et ne rentrer au régiment que quand il n'y aura plus moyen de faire autrement ; *des soldats de caserne*, j'en ai par dessus la tête, c'est trop bête... Ah ! je comprends le soldat devant l'ennemi, me disais-je... J'avais entendu dire à de vieux compagnons qui arrivaient d'Afrique, que c'était autre chose ; leurs récits me plaisaient. C'était le soldat en plein air ; mais la caserne avec toutes ses âneries, sa morgue, ses crâneries idiotes, sa parade, ses menaces perpétuelles de prison, de boulet, de dégradation, de mort, pour un manque de patience à subir les plus grosses injures et les plus grandes injustices... De ce métier-là il n'en fallait plus, j'en avais assez. Rusons, me dis-je, l'occasion est on ne peut plus favorable.

Ma réputation dans l'hôpital était arrivée jusqu'aux grands chirurgiens de ce temps-là (Sedillot, Scoutteten). M. Scoutteten avait deux filles qui étaient dans une grande institution de Strasbourg ; elles avaient sans doute eu vent de mon petit talent, car mon chirurgien me dit :

— Voudriez-vous faire des dessins pour Mlles Scoutteten ?

— Je ne sais pas si elles trouveraient bien mon travail, lui dis-je.

— Elles savent ce que vous pouvez faire ; ce sont des dessins d'appareils de science. Est-ce entendu ?

— Oui, major.

Quelle chance ! dis-je en moi-même, tout va pour le mieux (1).

Quelques jours après, dans un texte bien soigné, des parties blanches étaient réservées, et je devais dessiner des machines électriques, à vapeur, treuils, des instruments d'optique, etc., de même pour leur cahier de chimie.

C'était sur des planches faites au trait, que l'on trouvait alors à la fin des livres, que je prenais mes dessins. On sait que j'étais mécanicien-dessinateur. Je prenais donc sur ces planches les diverses machines que je convertissais en perspective, et puis je les ombrais, ce qui leur donnait un petit cachet artistique qui séduisit beaucoup ces demoiselles, cela était pour l'œil un charme auquel on n'était pas habitué. Je n'ai pas besoin de vous dire qu'on ne tenait pas à m'éloigner. J'obtins assez facilement des permissions de sortir ; n'en ayant jamais abusé, j'étais au mieux dans les papiers de l'administration et de mes chefs. Il me vint à l'idée de mettre à profit cette bonne fortune.

Pendant une sortie, je rencontre un collègue du régiment (je les fuyais généralement parce que je craignais que ma bonne mine ne fît jaser à la caserne). Il m'aborda :

— Tu sais dit-il (entre nous), ils se lassent à ta compagnie !

— Ah !... eh bien ?

— On parle de ton remplacement.

— Mon cher, je suis malade, et si je ne l'étais pas on ne me garderait pas. Parbleu ! je ne suis pas malade de corps, mais je suis loin d'être guéri de ces saletés que j'ai attrappées à la salle de police... je suis toujours en

(1) A cette époque, on n'intercalait pas encore des figures dans le texte des ouvrages scientifiques. La gravure sur bois n'était pas en usage dans ce genre d'ouvrage. M. Ganot est le premier qui en ait fait l'application ; on verra plus tard que, sans le savoir, j'inaugurais, pour ces demoiselles, le livre scientifique avec illustrations dans le texte.

traitement. — Allons, au revoir, le bonjour aux camarades.

Je ne pouvais pas m'en débarrasser.

— Tu sais, ton sergent-major, me dit-il, il se saoule toujours comme un cochon, il est vexé de n'avoir plus personne à faire souffrir, c'est lui qui pousse à ton changement.

Bon vent, dis-je en moi-même, je ne perdrai pas grand'chose ; mon galon de fourrier peut-être, c'est ce que je regretterai le plus...

— Bonjour ! je n'y peux rien...

On approchait de l'inspection générale : c'était le général de division (Cubières (1) qui allait passer cette revue. On l'aimait assez ; il était humain pour le soldat. Il y avait quelque temps que je mûrissais mon projet, lorsque M. Scoutteten me fit demander :

— Fourrier, je vous fais mes compliments, c'est charmant tous ces petits dessins, et ils décèlent non seulement un sentiment artistique, mais des connaissances techniques réelles. Vous êtes engagé volontaire ?

— Oui, major.

— Et vous regrettez peut-être déjà cette étourderie, qui est comme une contagion en ce moment chez les jeunes gens de notre bourgeoisie, — Hélas ! pensais-je.

— Enfin, mes filles sont contentes. Je ne sais comment vous récompenser, je n'ose vous offrir de l'argent ; à l'éducation que vous avez reçue je crains de vous froisser ; voyons, que pourrais-je faire, qu'est-ce qui vous plairait ?

— Vous avez, Monsieur le Major, vous avez touché très juste : j'ai des regrets et mon plus grand bonheur serait de revoir mon père.

— Un congé de convalescence, dit-il ? Diable ! vous n'êtes pas bien malade...

— Vous me sauveriez peut-être de bien des malheurs, Monsieur le Major.

— Comment cela ?...

(1) Celui qui fut plus tard, avec Teste, ministre (fin du règne de Louis-Philippe), pris dans la sale affaire des concussions.

— Je ne suis pas heureux au régiment, je souffre horriblement de la méchanceté de mon sergent major, nos rapports sont, avec lui, devenus impossible et m'ont donné un dégoût complet de l'état militaire, embrassé d'ailleurs par un coup de tête.

— Je comprends : vous voudriez vous faire remplacer et vous pensez fléchir votre père. Allons ! c'est bien... je comprends cela...

Et il me donna une poignée de main.

— Puis-je écrire à mon père, demandai-je ?

— Oui, me dit-il.

J'écrivis de suite :

> « Cher père,
>
> « Je suis à l'hôpital depuis quelques mois pour une
> « maladie sans gravité mais qui demande un change-
> « ment d'air pour mon rétablissement complet ; j'ai ob-
> « tenu un congé de convalescence. Voudrais-tu m'en-
> « voyer l'argent nécessaire pour mon voyage, j'ai un
> « grand désir de te revoir ainsi que maman et tous mes
> « frères.
>
> « Ton fils, qui regrette la peine qu'il a pu vous faire.
> « Je vous embrasse tous de cœur.
>
> « C. L. »

Mon père me répond :

> « Mon cher fils,
>
> « Tu t'es engagé. Te voilà fourrier, je t'en félicite ;
> « j'ai vu par là que tu étais devenu plus sérieux... C'est
> « une carrière très digne, dont le plus dur pour toi est
> « fait ; tu es bien où tu es, il faut y rester.
>
> « Ton père.
>
> « A. L. »

Vous devez penser l'effet que me fit cette lettre. Mon premier mot fut celui-ci : J'irai tout de même. Mais

comment faire? Je n'avais pas d'argent pour le voyage.
Il me vint l'idée d'en emprunter aux camarades. On
s'était donné le rendez-vous d'adieu à une brasserie. Je
me dis : Je vais leur expliquer tout simplement le fait,
ils savent combien je suis malheureux à la compagnie,
ils comprendront que je ne désire pas y rentrer.

Monnet, Gauget, Denivelle, les intimes ceux-là,
dirent :

— Nous ne pouvons laisser Lepage dans cette impasse; allons! camarades, il faut l'en sortir.

— Moi, je mets vingt sous, dit Monnet.

Enfin, la collecte atteint environ quinze francs.
C'était loin d'être le prix du voyage, mais c'était assez
pour payer les arches jusqu'à Paris.

— Merci! les amis, merci! Une fois à Paris, je ne
suis plus embarrassé, je sais où trouver le complément.
Ce point capital vidé, la vie joyeuse du soldat affranchie momentanément de la caserne, recommença.

— Tiens, me dit Denivelle (toujours boute-en-train),
tu n'as pas d'argent, voilà de l'or, prends cela, ça va te
porter bonheur.

Il ne croyait pas dire si vrai, le brave ami, on le
verra plus loin.

On venait de frapper, de l'autre côté du Rhin, de la
monnaie de cuivre, des sous dont l'aspect, au premier
abord, imitait les pièces de 40 francs. Il m'en donne
trois.

— C'est largement ton voyage, me dit-il en riant.

Je les mis dans ma bourse, une bourse en filet assez
serré, mais qui ne cachait pas l'aspect de la monnaie...
On rit, on but, on s'agita jusqu'au soir, on me fit
quelques provisions, et on me reconduisit jusqu'à la diligence.

— Au revoir! Au revoir!

— Te voilà toujours débarrassé pour quelque temps
de ton tyran, dit Gauget mon compagnon du Havre, le
bonjour aux camarades, et surtout n'oublie pas Drouet
(son meilleur ami). Allons, bonne chance...

Me voilà parti. La voiture prend son élan. J'étais
dans la rotonde qui était au complet. A cette époque,

les voyages ne ressemblaient en rien à ce qu'ils sont aujourd'hui ; on faisait vite connaissance avec ses voisins ; la conversation tomba sur moi.

— Vous allez revoir votre famille, me dit un monsieur. Vous êtes parisien ?

— Non, Monsieur, je suis du Havre, mais j'ai des connaissances à Paris.

Il y avait déjà longtemps que nous étions en voiture ; plusieurs relais étaient passés. On annonce Nancy où l'on s'arrêtait encore trois quarts d'heure. Je descends dans une auberge où plusieurs de mes compagnons de de voyage se dirigeaient. On sait que je n'avais pas de grandes ressources. Dame, je n'étais pas arrivé à Paris, et il me fallait économiser. Je pris donc du vin et achevai les provisions qui me restaient. Lorsque je payai, l'or de ma bourse scintillait ; on n'y fit peut-être pas attention ; je ne le cherchais pas du reste, mais je ne me doutais guère du parti que je devais tirer, un peu plus tard, de ce petit détail. On va le voir :

On était en février ; la neige tombait et couvrait déjà la terre ; les voyageurs, restaurés et sortis de leur engourdissement, remontèrent de belle humeur dans la voiture, et nous voilà repartis.

Le conducteur s'assure si tous ses voyageurs sont présents, la diligence s'ébranle, et au bruit des grelots et des claquements du fouet du postillon nous voilà tous emportés dans un tourbillon de neige...

— Quel chien de temps, dit un voyageur, pourvu qu'il n'arrive pas quelque malheur !

— Je dis : Pourquoi ? La neige ne fait pas de mal, on aura peut-être un peu de retard, voilà tout, et puis ça ne va peut-être pas durer.

On allait bon train ; la neige avait cessé un peu et on n'y pensait plus. La nuit approchait ; beaucoup de relais avaient été passés ; on était descendu de voiture plusieurs fois aux côtes, pour se dégourdir les jambes. Je questionnai :

— Sommes-nous encore bien loin de Paris ?

— Nous entrons en Champagne, répondit un Monsieur, dans la Champagne pouilleuse où l'on par-

6

coure des lieues sans trouver un arbre, une maison.

— C'est là le danger, riposte le Monsieur de mauvais augure ; les meilleurs conducteurs ne retrouvent souvent plus la route, dans cet océan de neige.

Je ne me faisais pas du tout l'idée de ce qu'il voulait dire. Je l'appris bientôt.

L'heure avançait dans la nuit ; tout le monde dormait. Tout à coup vlan ! nous versons du côté opposé à ma place ; j'étais près d'une fenêtre. Je commençai par faire l'inspection de mes membres, à moitié engourdis ; je ne les retrouvais plus ; nous étions tous emberlificotés les uns dans les autres sans trop savoir comment sortir de là ; tout était fermé à cause du froid. Enfin je finis par me reconnaître ; j'ouvre la fenêtre, je passe ma tête, force fut de marcher sur quelqu'un pour me hausser ; il cria :

— Vous me faites mal !

Mais il fallait bien sortir de là.

— Ouvrez la portière, dit un voyageur.

Comme tout était renversé, je ne trouvais pas la clanche ; j'eus plus vite fait de me hisser par ma petite fenêtre ; enfin j'atteins les roues, je me cramponne et je saute dans la neige, un autre me suit... chacun se dégagea comme il put. Il n'y avait pas de dame dans la rotonde, mais il y en avait une dans l'intérieur, qui avait un petit enfant qu'elle allaitait. Elle eut la présence d'esprit de l'élever au moment du choc ; placée dans une condition favorable il ne lui arriva aucun mal. Enfin, tous les voyageurs sortis, on chercha la cause de l'accident « c'était la route, entièrement disparue sous la neige, que le conducteur n'apercevait plus ; il s'était engagé dans un fossé et la diligence, perdant l'équilibre, avait littéralement chaviré ». Ni chevaux, ni gens, personne heureusement, n'était blessé. Le conducteur, à qui toute la responsabilité incombait, s'excusait comme il pouvait, expliquant la cause de l'accident. Comme il n'y avait pas de malheur, on le rassura ; alors il examina la voiture, les essieux, il y en avait un complètement tordu et l'autre fort endommagé.

— Messieurs et Mesdames, dit-il, nous allons malheu-

reusement éprouver un certain retard, la diligence est
bien malade ; si vous voulez bien me suivre, nous allons
marcher à la recherche du premier village et on trouvera un forgeron pour remettre la voiture en état ; personne heureusement n'est blessé ; ne perdons pas de
temps, en route !...

Il prit une lanterne, un voyageur une autre, plusieurs
bourrèrent leurs pipes, battant le briquet (on ne connaissait pas encore les allumettes). A la lueur indécise
des lanternes un Monsieur s'aperçoit que je saigne et me
dit :

— Mais vous êtes blessé, vous avez la figure tout
en sang.

— Je mets la main à mon nez et, en effet, je sens
quelque chose : c'était un fort coup que l'engourdissement causé par le froid m'avait probablement empêché
de sentir.

— Ce n'est rien, dis-je, puisque je ne m'en apercevais pas.

La caravane se met donc en route. Evidemment, si
nous n'avions pas eu le conducteur pour nous guider,
nous nous serions perdus dans la neige. C'était littéralement un désert : Ciel et neige.

Nous marchions depuis plus d'une heure et nous
n'apercevions encore rien, pas même un arbre. Je me
disais : notre conducteur ne se serait-il pas perdu lui-
même. Le froid commençait à nous gagner ; on soula-
gea du mieux que l'on put la jeune mère en lui aidant à
porter son cher fardeau. Elle était bien courageuse car
elle fit cette route sans se plaindre. Un Monsieur hasarda :

— Eh bien, conducteur, sommes-nous bientôt arrivés ?
— Oui, voyez-vous là-bas un toit ?
Personne ne voyait rien...
— Dans une petite demi-heure.
Il avait dit vrai, mais son toit était dans son souve-
nir. Enfin nous arrivons. C'était un petit bouchon encore
assez éloigné du village.

Un Monsieur auquel je n'avais pas encore fait attention, et qui occupait le coupé dit :

— C'est inutile d'aller plus loin, entrons là ; conducteur, faites-nous ouvrir.

On tape à la porte, rien ; on redouble... Apparaît dans l'obscurité, à une petite fenêtre, une tête.

— Qui qui gn'a ?

— Ouvrez-nous, dit un voyageur, on vous dira ça.

Le conducteur dit : la diligence a versé, je vais au village, ouvrez aux voyageurs.

— Ah ! bon !...

Au bout d'un petit moment on ouvre.

Le voyageur qui avait dit d'arrêter là, réclama du feu et de quoi manger d'abord, et dit : nous verrons après.

On mit de grandes bourrées dans la cheminée, chacun s'approcha, réservant la meilleure place à la dame qui tenait son petit enfant dans les bras.

— Eh bien, nous l'avons échappé belle, dis-je, c'est vraiment miracle d'en être sortis comme ça ?

— Quelle secousse, dit un autre, c'est vous fourrier le plus malade ; il enfle, votre nez, faudrait le laver avec de l'eau salée.

— Oh ! ce ne sera rien que cela, dis-je.

Nous restâmes là dix heures, il était environ trois heures du matin quand arriva l'accident.

Pendant ce temps le conducteur et le postillon étaient allés au village s'occuper des chevaux et de la réparation de la voiture ; ils devaient nous reprendre en passant. Il n'y avait donc qu'à user le temps le plus gaîment possible, il n'y avait point parmi nous de grincheux, une égalité, une fraternité (rare aujourd'hui) nous rapprochait tous ; le coupé, l'intérieur, la rotonde, l'impériale ne faisaient qu'un ; la nationalité même était effacée devant je ne dirai pas le même malheur, puisque tout le monde s'en était tiré sain et sauf, mais devant l'aventure, Car le Monsieur du coupé, qui était un allemand (on va voir comment je l'ai su) était l'homme le plus aimable et le plus fraternel du monde. On voyait à son air qu'il n'était pas le premier venu. Il montra un esprit, un tact et une bonne humeur que tout le monde apprécia. On va voir pour moi, combien je fus heureux de le trouver.

On sait que j'étais parti presque à sec de Strasbourg. Ce retard de la diligence me mettait dans le plus grand embarras. Il fallait manger jusqu'à Paris, et nous n'étions pas à moitié route. J'étais aussi préoccupé de savoir comment faire pour acquitter le complément de la voiture, une trentaine de franc environ. J'avais bien un ami de mon père, monsieur B... un grand chapelier, rue Vivienne, chez lequel j'avais déjeuné avec mon père plusieurs fois. Je me ferai conduire là, me disais-je, et, voyant mon embarras, il paiera ; mon père le remboursera.

— En voiture, Messieurs, en voiture !... dit le conducteur.

— Allons, conducteur, dit un voyageur, un verre de vin et nous partons.

On demande à l'aubergiste son compte ; chacun se disposait à payer. Il me vint une idée lumineuse. Un Monsieur qui était allé visiter la voiture dit justement.

— Je ne retrouve pas mon parapluie.

— Et moi, dis-je, c'est bien autre chose je ne retrouve pas ma bourse ; il y avait dedans trois pièces de quarante francs pour mon voyage.

— Oui, dit mon voisin, je me rappelle fort bien avoir vu de l'or dans votre bourse quand vous avez payé à l'auberge à Nancy.

Le conducteur me dit :

— On vous laissera le temps de vous retourner.

— Allons, il faut partir, dit l'Allemand. Combien, l'aubergiste ?

Et il jette deux louis sur la table.

— Quant à vous, fourrier, me dit-il tout-bas, ne vous tourmentez pas ; venez franchement à l'hôtel où vous me verrez entrer ; et nous causerons.

Les voyageurs ne voulaient pas accepter l'offre généreuse de ce Monsieur ; il y eut un moment d'hésitation.

— En route, en route ! dit le conducteur.

— Nous reverrons ce compte-là, dirent plusieurs.

J'avais presque des remords du mensonge que je venais de faire : tromper un si brave homme ! mais il faut avouer que j'étais loin de penser que les choses allaient tourner comme cela. Je ne songeais qu'à gagner du temps. La parole du conducteur : « on vous laissera le temps de vous retourner » me suffisait.

Chacun reprit sa place dans la diligence; on causait de l'aventure et de l'excentricité de ce Monsieur.

— C'est bien sûr un Russe, dit l'un.

— Ou quelque gros baron allemand, dit un autre.

— En tout cas, répondis-je, il n'engendre pas la mélancolie, on ne s'est pas ennuyé pendant ces dix heures.

— Eh bien, fourrier, et votre nez? me dit un voisin, en riant.

— Je n'ai pas encore pu le voir, répondis-je; est-ce qu'il est bien gros?

— Oh oui !...

C'est embêtant, me disais-je à part, je vais être joli pour entrer chez nous! Que va dire mon père, quand je lui raconterai tout cela? bien certainement il dira que je lui conte des blagues, d'autant plus qu'il ne m'attend pas. C'est un vrai guignon. Il croira plutôt que j'ai reçu une raclée de coups de poings! Il va me flanquer à la porte et pourtant... je fais ce voyage hasardeux pour revoir toute ma famille, surtout mon père et ma mère. Je suis pris d'un espèce de mal du pays... quelque chose qui me poursuit, que je ne sais définir; et j'aurais la mauvaise chance de n'être pas cru !...

On va voir bientôt que tout cela était de tristes pressentiments d'un grand malheur qui devait frapper ma famille.

La diligence venait de s'arrêter. Les voyageurs descendent, moi je reste dans la rotonde... Il y avait un moment que j'étais là, dans le plus grand embarras. Je ne voulais pas, comme cela, aller me placer à table d'hôte, quoique ce Monsieur m'ait bien dit: suivez-moi, et, d'un autre côté, je devais avoir perdu ma bourse; je l'avais déclaré aux voyageurs. Comment faire, me disais-je? Le conducteur me voit blotti dans mon coin :

— Vous ne descendez donc pas? Il y a ce Monsieur qui vous cherche. Allons, allez donc!

Ma foi je m'enhardis et je me décide. Ça m'ennuyait

beaucoup à cause de mon père. « Qu'est-ce que je vais lui dire? Comment faire qu'il croie aux conditions extraordinaires de ce voyage; il ne croira rien de tout ce conte bleu. » Allons!... ce Monsieur me place à côté de lui, il me met tout à fait à mon aise.

Je n'ai pas besoin de vous dire si j'ai fait honneur au dîner. Il paraissait heureux de voir mon appétit.

— Eh bien, me dit-il tout bas : Où allez-vous?

— Au Havre, Monsieur, chez mon père.

— Beau port, je le connais.

Il se leva de table, me tira dans un coin et me dit :

— Voilà votre voyage jusqu'à Paris... Vous prenez sans doute le bateau de Paris à Rouen et de Rouen au Havre, voilà dix francs pour ce voyage et ce petit livre pour vous désennuyer (c'était un petit livre d'anecdotes napoléoniennes).

Je ne savais si je devais accepter.

— Monsieur, lui dis-je, il est certain que je suis bien embarrassé et que je suis très heureux de vous avoir rencontré, mais mon père peut payer; je ne puis donc accepter qu'à la condition de m'acquitter.

— Oh! dit-il, il ne faut pas pour cela vous tourmenter... Cependant, je comprends cette susceptibilité, vous craignez de froisser Monsieur votre père.

Et il tira de son portefeuille une carte. Je lis : M. le baron de... c'était un nom allemand (Je me rappelle seuement qu'il avait un hôtel faubourg Saint-Honoré). Enfin nous arrivons à Paris. Je quitte ce Monsieur (un des rares hommes vraiment serviables que j'ai rencontré dans ma vie); il me souhaite un bon voyage. Je le remerciai de nouveau et l'assurai que sous peu il recevrait une lettre de mon père.

Je repartis aussitôt pour le Havre. On se rappelle que j'ai déjà fait cette traversée remontant la Seine. Cette fois c'était en descendant. Je revis donc passer devant moi ces rives si jolies, mais mon état d'esprit n'était plus le même, je n'avais plus mon compagnon Gauget!... que de choses s'étaient passées depuis ce temps-là!...

Le voyage me parut long; j'appréhendais mon arrivée. Nous passons devant Honfleur; de loin j'aperçois les

côtes du Havre. Un long soupir m'échappe. Dans une
heure, dis-je, je vais revoir mon père, ma bonne mère
et mes frères; ils ne m'attendent pas; comment vais-je
être accueilli? Allons! du courage. Je redoutais la froideur de mon père, son calme plus que sa colère; va-t-il
croire ce que je vais lui raconter?

Le bateau à vapeur approchait toujours; nous entrons
dans la jetée, nous passons devant la tour François Ier
(elle existait encore), nous approchons du quai. Personne de connaissance. -- Pourvu que l'on ne me reconnaisse pas en route, me disais-je; je veux réserver mon
premier sourire pour ma mère, pour mon père, — hélas!
et s'ils ne veulent pas me recevoir?

Rien ne vint me contrarier. J'arrive à Ingouville,
dans la rue où demeurait mon père; il habitait toujours
le troisième étage et avait encore ses bureaux et son dépôt de fontes au rez-de-chaussée. — Pourvu que je ne le
rencontre pas dans l'escalier. — Je me lance quatre à
quatre et me voilà à la porte de l'appartement. Rien
n'était changé. La bonne était dans la cuisine, je l'avais
aperçue par un petit carreau qui donnait sur l'escalier.
Je me dis : ma mère est dans sa chambre. Je frappe à
une porte de l'escalier qui y conduisait. J'entends qu'elle
dit : Tiens, qui frappe-là!

Elle ouvre. Surprise elle dit :

— Comment! c'est toi, Constant!

— Mais oui, maman.

Je lui saute au cou, je l'embrasse.

— Tais-toi, me dit-elle, ton père est là; rentre par ici
et ne fais pas de bruit.

Elle me conduit dans sa chambre. Mon père était dans
la salle à manger. Je lui dis : Mère papa est-il toujours
en colère; j'ai reçu une lettre qui ne m'encourageait
pas à venir, mais, vois-tu, je n'y tenais plus, il fallait
que je vous revoie.

— Mais comment es-tu là? on t'attendait, mais dans
trois jours.

— Comment ça? Je ne comprends pas pourquoi dans
trois jours.

— Mais où as-tu eu de l'argent pour faire ton voyage?

— Ah! tiens, maman, ce serait trop long à te raconter... Puis-je voir papa.

— Je ne te le cache pas, Constant, je crains, il ne va pas s'expliquer ton...

— Dis-lui que je suis là, que je demande à le voir.

Enfin, ma pauvre mère se décida.

Mon père avait l'habitude de parler un peu haut. J'entendis : Il a encore fait quelques tours de sa façon; je te le dis, il n'y a rien à espérer de ce garçon-là! Je n'aurais pas dû te céder, il était bien où il était.

— Mais enfin, dit ma mère, veux-tu le recevoir?

— Qu'il entre...

Je veux l'embrasser; il fait un geste de la main qui m'arrête.

— Que viens-tu faire? me dit-il, tu ne parais pas bien malade; tu as gagné assez rapidement tes galons de fourrier, j'ai vu cela avec plaisir, mais je ne m'explique pas ce congé, et comment même tu as pu l'obtenir, c'est d'ailleurs nuire à ton avancement, je ne t'encouragerai pas dans cette voie.

— Mais, papa, je voudrais t'expliquer...

— Trêve d'histoires! tu sais que je n'ai pas de temps à perdre.

— Mais encore...

Je tenais le petit livre qui m'avait été donné, et j'en retire la carte du baron.

— Regarde cette carte.

— Eh bien!

— Eh bien, je ne pouvais accepter les services de ce Monsieur... tu m'aurais sûrement blâmé...

— Ah ça! qu'est-ce que tu me contes là?...

Alors je lui raconte l'effet de sa première lettre (il ne se rappelait plus sa date) où il me disait de ne pas me déranger.

— Cette lettre, lui dis-je, m'a complètement découragé, je n'avais qu'un désir, revoir le pays, ma famille, et je n'y résistais pas. Alors les camarades se sont cotisés pour me faciliter mon voyage. Pendant ce voyage il m'est arrivé toutes sortes d'aventures.

Et je lui montre mon nez. Etait-ce intentionnellement,

il ne me répondait rien. Enfin je lui raconte toute l'histoire... J'eus bien de la peine à finir ; je voyais son impatience.

— Tout cela, me dit-il, sont des contes à dormir debout ; en voilà assez ; je n'en crois pas un mot.

— Mais cependant, comment aurais-je pu faire le voyage, je n'avais pas un sou ?

— Mais je t'ai envoyé 75 francs.

— Comment 75 francs ? mais je n'ai rien reçu ?

Alors il fait le calcul et il reconnaît que, en effet, sa deuxième lettre n'a pu me parvenir.

— Alors ? me dit-il.

— Alors, j'ai promis au baron que tu lui enverrais l'argent qu'il me donnait ; que je l'acceptais à titre de prêt, je connais ta susceptibilité sur le point d'honneur, et quand même j'aurais eu l'idée de le carotter, je n'aurais pas voulu te mêler à ces farces si communes et dont on se vante au régiment sans y attacher d'autre importance que de s'être moqué du pékin. Mon père, je n'ai jamais eu l'idée de faire de ces farces-là et je n'en ferai jamais. J'ai remercié ce Monsieur, que ma jeunesse intéressait probablement, et je lui ai dit : mon père vous remboursera ; c'est à cette condition seule que je puis accepter. Sur ce il me remit l'adresse que voilà.

— Allons, me dit mon père, je saurai bien si c'est vrai.

— Tu n'as qu'à lui écrire, je ne crains pas la réponse.

— C'est bien, dit-il, vois ta mère.

Je vis bien que le moment d'un rapprochement n'était pas encore venu.

Ma mère me dit :

— Tu vas aller dans la chambre en haut, tu trouveras tout ce qu'il te faut ; ne tourmente pas trop ton père, il a de grands ennuis ; laisse-le revenir de lui-même.

— C'est bien, maman, laisse-moi t'embrasser encore, je t'ai causé bien de la peine.

Je vis une larme dans le coin de ses yeux.

— Allons, me dit-elle, va-t-en, mauvais sujet.

Hélas ! c'est bien là toutes les mères... je n'ai pas

besoin de vous dire que je trouvai dans ma chambre tout ce qu'il me fallait; les soins et les attentions d'une mère avaient passé par là; ça contrastait singulièrement avec la caserne. Heureux frères, disais-je. C'était un peu ma faute. Cela me rappelait un mot de ma mère, qu'elle me disait souvent : « Tu as une tête qui te fera mal aux jambes. » Me voilà installé.

Mon père reçut une lettre du baron qui confirmait très exactement tout ce que je lui avais raconté : l'accident de la diligence, etc., etc... Un seul point dont je n'avais pas parlé à mon père y figurait : « la perte de ma bourse ». Il n'y attacha pas d'importance et ne m'en parla pas, j'en fus content; j'avais ce petit mensonge sur la conscience. Je me rappelais ce précepte de ma jeunesse : « Un menteur est pire qu'un voleur ». Chose singulière, ceci m'est resté; j'ai toujours eu en horreur le mensonge, et mon père, cependant, ne me croyait jamais alors qu'il se fiait à mes frères, que je valais bien. Cela m'irritait parce que je n'avais donné aucun motif sérieux de me juger ainsi, mon caractère, au contraire, un peu trop franc et vif m'attirait de la part de mon père souvent des sévérités très dures... Depuis ce moment, tout alla mieux pour moi à la maison; je ne mangeais plus à la cuisine, en compagnie de la bonne... ce n'est pas que cela m'eût déplu en un autre moment, mais les choses étaient devenues trop sérieuses pour rire et plaisanter. Mon père me reçut donc à sa table...

Voyons ce qui s'était passé à la maison pendant mon absence. Nous sommes en 1845. Environ deux ans s'étaient écoulés.

Au premier abord je n'avais aperçu aucun changement dans le train de maison; mon père avait toujours ses habitudes du cercle. Il m'y conduisit plusieurs fois, me présentant à ses amis; il paraissait fier de mes galons de fourrier. La compagnie de ces gros bourgeois me plaisait peu, j'aurais voulu m'en aller mais, de peur de contrarier mon père, je restais.

A cette époque, les hommes de l'âge de mon père s'occupaient beaucoup de politique, mais non pas la jeunesse. Je me rappelle une discussion assez chaude qui eut lieu entre deux contradicteurs, et lui, qui était royaliste constitutionnel. Mon père avait une grande admiration pour la politique de Louis-Philippe qu'il appelait « le roi bon enfant » et il était de ceux que la mort du duc d'Orléans avait beaucoup affligé. Il n'aimait pas trop le duc de Nemours. A ce moment quelques scandales pointaient à l'horizon (1845). On sentait la fin d'un règne, les carlistes se remuaient fortement... Ces deux adversaires étaient de ce parti.

— Voyons disait mon père, je ne vous comprends pas, vous êtes de la roture tout comme moi, vous bénéficiez des libertés-acquises par la Révolution tout comme moi, vous n'êtes pas plus républicains que moi... Nous trouvons un Roi de race... qui se fait bourgeois et peuple tout à la fois ; qui laisse à notre propre initiative le soin de devenir les fils de nos œuvres, et vous accusez cette monarchie de n'être pas légitime ; on croirait, à vous entendre, que depuis que vous vous êtes enrichis, vous vous croyez ennoblis. Il est plus facile au Roi de descendre jusqu'à nous que nous de monter jusqu'à lui : nous sommes peuple, restons peuple.

— C'est très beau cela, dit l'un, mais c'est un état de chose qui n'offre aucune stabilité.

—Je crois bien, vous faites tout ce que vous pouvez pour renverser l'ordre établi.

— Etabli sur du sang !...

— Vous faites le jeu des républicains disait mon père ; voilà tout ce que vous y gagnerez ; nous avons un Roi constitutionnel, gardons-le, c'est une république à la couronne près. Ce semblant de monarchie suffit à nos voisins et, en somme, nous avons la paix. Voyez l'Angleterre, sa prospérité vient de là ! Dans ce pays, les affaires passent avant toute chicane de parti, c'est sage, et je crains bien que nous, nous ne nous en apercevions trop tard.

De cette conversation, je me rappelle surtout ces paroles, presque prophétiques : « Napoléon a voulu conquérir l'Angleterre par le canon, je crains bien qu'elle ne nous conquière par l'argent. » On n'entendait pas parler comme aujourd'hui du capitalisme, de la juiverie, du veau d'or, à peine d'Aristocratie d'argent; on ne voyait pas encore cela; cela commençait, cependant. Mais on avait une grande admiration pour les talents... Arago, Daguerre, Newcommen, etc., étaient des demi-dieux; la fortune n'entrait pour rien dans cette admiration du génie; on ne s'extasiait pas sur un tableau ayant atteint la valeur d'un million, ni sur une actrice gagnant 100 000 fr. par an; mais on était tout entier à l'art, et l'art de ces temps était autre chose que ce qu'il est aujourd'hui.

« Bien des fois il m'arrive, devant les longues luttes « de mon existence, de rapprocher ce temps de celui que « nous traversons, je reste toujours saisi de la corrup- « tion graduelle en toute chose dont j'ai été témoin, à « tel point qu'aujourd'hui, n'ayant pas suivi ce mou- « vement, je me trouve comme transporté dans un « autre monde; cela me produit l'effet de deux exis- « tences passées dans deux mondes différents : Dans le « premier, j'aurais été acteur, et dans le second je reste « spectateur. La triste expérience, que j'ai payée si cher, « ne me cache plus rien; je devine, dans le maintien, « dans les actions des hommes, ce qu'ils sont; et je lis « dans leur cœur comme dans un livre ouvert. Triste « avantage, que cette expérience me direz-vous? lors- « qu'on n'a pas la pensée intéressée d'en user pour ex- « ploiter les autres. C'est vrai puisque le monde n'a « d'admiration que pour ceux qui se moquent et abusent « de lui. »

Mais revenons à notre sujet. On sait que les fonde-ries de mon père étaient en dehors de la ville, côte à côte avec les ateliers de Michel frères. Mon père me dit :

— Tu pourrais rester quelques jours avec tes frères; va à la fonderie, tu y trouveras une chambre et tout ce qu'il te faut, ça me fera plaisir.

— Bien, papa, lui dis-je, demain j'irai.

Depuis mon retour, j'avais peu communiqué avec mes frères; leur étonnement de me revoir, passé, on rede-vint comme autrefois : indifférents. Ils étaient occupés à la fonderie; je ne les voyais guère qu'aux repas. Mon

frère aîné était peu communicatif. Plus âgé que moi
de huit ans, il me regardait un peu comme un gamin ;
il ne me disait rien des affaires, mais je m'apercevais
cependant qu'il allait moins souvent à la ville qu'autrefois, qu'il faisait moins usage de la voiture, qu'il allait
moins souvent au théâtre ; lorsque je l'interrogeais sur
les affaires de la savonnerie de mon père, il ne me répondait pas ou vaguement, changeant le sujet de la conversation ; mes autres frères semblaient être ignorants
sur ce chapitre ; je n'insistai plus. Tout paraissait très
bien aller à l'usine ; j'avais même aperçu quelques
agrandissements dans le matériel. Je me dis : il n'y a
rien de changé. Un jour mon père me fit appeler ; il voulait me parler. Je me rendis à son invitation. Il était
dans son cabinet.

— Assieds-toi là, j'ai à te parler très sérieusement. Tu
te rappelles Sins, le courtier, et Purrin, le savonnier,
tu te rappelles aussi de l'établissement de Graville, tes
frères t'en ont peut-être dit quelque chose.

— Non, lui dis-je, je ne sais rien, absolument rien.

— J'ai eu à faire à deux coquins et aujourd'hui « je
suis ruiné ».

Cet aveu de mon père, que je savais si circonspect,
m'interdit. Il s'en aperçut.

— Je n'ai plus rien, continua-t-il, mais j'ai des amis,
et j'ai du crédit. Tout, j'espère, n'est pas perdu.

— Oh ! père, lui dis-je, et moi qui vient encore sur-
charger la maison, je ne savais pas ! je ne savais pas !...
sans cela je ne serais pas venu. Je vais repartir tout de
suite.

Y a-t-il longtemps que tes affaires vont mal, lui demandai-je ?

— Quelque temps après ton départ.

— Oh père ! combien j'ai dû te causer de peine, tout
s'explique à présent ; ah ! si j'avais su !...

— Tu étais trop jeune pour que je te confie cela. Ta
mère l'a longtemps ignoré, ton frère aîné seul en était
instruit. J'ai été bien heureux de le trouver, me dit-il.
Il m'a bien aidé à supporter ce malheur. Ah ! si j'étais
plus jeune !... j'aurais bientôt réparé cette perte. Dans

la vie tout n'est qu'heur et malheur, il ne faut jamais se laisser abattre.

— Mais je vois que je t'afflige. Ecoute Constant : Tu as eu bien des torts, mais beaucoup tiennent à ton caractère un peu entier... Moi aussi j'ai eu des torts envers toi, « je ne t'ai pas compris, » je ne t'ai pas assez étudié, je le vois aujourd'hui ; donne-moi ta main et embrasse-moi. Tu n'as pas l'air très satisfait de ton nouvel état, que t'est-il arrivé ?... ne me cache rien.

— Père, lui dis-je, je ne veux pas augmenter tes peines. Aujourd'hui je suis résolu, je pars rejoindre mon régiment.

— Je veux savoir, me dit-il, et si je puis y faire quelque chose, je le ferai. Parle !

Je lui raconte brièvement ce qui s'était passé avec mon sergent-major ; ce que je craignais encore et le dégoût surtout qui m'en était survenu. Mais tout cela, devant tes malheurs, ce n'est rien, lui dis-je, je vais partir afin de ne pas nuire à mon avancement.

Il parut comprendre toute la gravité de la situation.

— Il faut de la patience, beaucoup de patience, Constant ; je te comprends, tu aurais voulu...

— Oh non, plus maintenant mon père ; ne parlons plus de cela. Je tâcherai de changer de compagnie ; je suis bien aimé de tous mes camarades et, sauf cela, je ne suis, en somme, pas malheureux.

— Allons, me dit-il, je vois que tu es un brave garçon, que j'ai eu le malheur de ne pas étudier assez ; ce sont mes regrets.

— Ne parlons plus de cela, père, lui dis-je ; avant de partir veux-tu me pardonner toute la peine que je vous ai causée... cela me donnera du courage pour supporter mes ennuis.

Il me tend les bras ; je vis des larmes dans ses yeux ; mais réagissant :

— « Tu m'attendris, dit-il. » Ecoute Constant, tu entres dans la vie. Je ne crois pas que tu restes militaire, mais, quoi qu'il arrive, reste honnête, ne suis pas le mouvement du siècle, dont je ne vois que trop les tendances. Je créais ces établissements pour vous mettre à l'abri, non du travail, l'homme oisif est le pire des hommes, mais pour vous faire une situation dans le monde puisque je le pouvais. Je n'ai pas réussi, mais je vous ai à tous laissé un état dans les mains ; ce n'est pas une fortune, mais c'est un sûr garant contre la misère. Si je puis me relever, tant mieux pour vous tous, mais agissez comme si vous n'aviez, pour lutter, que votre courage et votre intelligence. Je vous ai, du reste, tous les quatre, élevés dans cette idée : que tous, riches ou pauvres devraient avoir « un métier *honorable et de première utilité* dans la main. » Je suis heureux de l'avoir fait. Souviens-t-en !

Je quitte mon père. Cet entretien nous avait fait du bien à tous les deux. Je retournai vers mes frères plus content, j'aurais voulu travailler comme eux. Pourquoi ne puis-je le faire, me disais-je. Et les vilaines images du régiment me revenaient à l'esprit.

Quelques jours se passèrent et je me disposais à partir. Dans cet intervalle il arriva un accident qui affecta beaucoup mon père.

On sait que M. Michel aîné était son intime ami (à cette époque on croyait encore à l'amitié et au dévouement). On sait aussi que mon père approuvait beaucoup la politique de Louis-Philippe, qu'on appelait dans ce temps-là : la paix à tout prix. On se rappelle les événements de Pologne, beaucoup de réfugiés polonais fondirent comme une vraie nuée d'oiseaux sur la France (toujours hospitalière et si souvent mal récompensée). Il en vint quelques-uns au Havre, qu'on s'empressait de placer dans les maisons de commerce et d'industrie. Mon père dit à ce moment à son ami (ils étaient encore associés). Prenons-en un. Il s'appelait Poloska c'était le frère d'un professeur d'économie politique au conservatoire des Arts et Métiers, qui devint ministre sous Louis-Philippe ou sous l'Empire. On se rappelle que M. Michel aîné avait de grandes capacités pratiques, mais il ne réussissait pas comme homme d'affaires, que c'était mon père qui avait préparé l'avenir de ces grands établissements qui existent encore aujourd'hui sous un autre nom.

Lorsque mon père eut compromis sa fortune dans sa dernière et malheureuse entreprise, il ne trouva pas dans M. Michel aîné l'ami qu'il croyait, et dont par suite, il dépendait, malheureusement, pour la fourniture des fontes. Le polonais, dans cette triste affaire, jouait un rôle qui n'échappait pas à mon père. Il connaissait le caractère facilement suggestif de Michel aîné et sentait l'influence pernicieuse de cet étranger, doublement ingrat. Cette situation devenait de plus en plus tendue... ça le touchait d'autant plus qu'il craignait que ses adversaires profitassent de ses malheurs, pour avoir à bon compte des établissements voisins des leurs.

Mme Michel aîné était une femme assez fière qui ne dédaignait pas les honneurs, la gloire et la fortune. Le polonais, si humble en arrivant, prit peu à peu de l'importance : d'abord simple commis aux écritures il devint, à mesure que les établissements prospéraient, un personnage important. Protégé par son frère de Paris, qui l'introduisit dans les ministères, il remplaçait mon père. que M. Michel aîné n'osait écarter, mais qu'il cessait peu à peu de le voir, prétextant de grandes occupations. Sans jamais en parler, par cet abandon, il faisait déjà sentir à mon père la perte de sa fortune, lui montrant que, n'étant plus indépendant, il craignait qu'il ne pût suivre les perfectionnements apportés chaque jour dans l'industrie métallurgique, etc. Mon père ne voyait que trop clair dans ce jeu, l'avenir le montrera. Finalement cette triste comédie où l'égoïsme se montrait dans toute sa hideur (fait aujourd'hui si commun qu'on a l'air presque ridicule de s'en étonner) faillit se terminer tragiquement. Une rencontre, à la suite d'une altercation entre mon père et le polonais s'en suivit. Le duel, à cette époque, était plus sérieux qu'aujourd'hui; il était moins fréquent, mais on ne se battait pas pour la galerie. C'étaient des duels du temps d'Armand Carrel.

Lorsque j'appris cette triste affaire, je songeai à me battre pour mon père, son adversaire étant beaucoup plus jeune que lui. Mon père me dit :

— Je suis le provocateur, c'est mon affaire.

Ce qui froissait le plus mon père, c'était l'attitude de

son ancien ami. Il voyait poindre une ingratitude qu'il ne pouvait fléchir.

Un matin, quelques jours après cette affaire qui ne paraissait pas aboutir, la bonne de mon père vint sonner à notre porte; il était six heures environ; la concierge ouvre et nous apprend que mon père s'était trouvé mal dans la nuit; qu'il était bien malade; qu'il fallait tous venir de suite. Mon frère aîné fait atteler la voiture et nous voilà en route pour Ingouville... Nous montons; mon père était couché et le médecin était à son chevet. Il ne pouvait parler; son regard un peu fixe semblait ne pouvoir se diriger; le silence le plus complet indiquait que le mal était grave ; enfin le médecin sort de la chambre et mon frère aîné lui demande ce qu'il fallait penser de cette maladie.

— Très grave, dit-il. Paralysie complète du côté gauche et congestion très accentuée vers le cerveau. C'est une apoplexie séreuse qui laisse peu d'espoir.

Nous étions tous anéantis... Rien ne faisait présager un pareil malheur; ma mère était au désespoir.

— Que vais-je devenir seule avec mes quatre enfants, disait-elle, je ne connais absolument rien aux affaires.

— Mais, ma mère, espérons, tout espoir n'est pas encore perdu, lui disions-nous.

— Oh ! je ne me trompe pas, dit-elle!...

Six jours se passèrent dans cette anxiété; le mieux n'apparaissait pas et l'heure fatale ne tarda pas à sonner.

— « Il a vécu » vint nous annoncer un de nos oncles, un frère de ma mère.

N'ayant pas recouvré la parole et toujours paralysé notre père n'avait pu rien arrêter sur ses affaires ni sur ses volontés. Je n'ai pas besoin de dire que cet événement changea tout à fait mes projets. Il me restait encore environ trois mois de congé... Je les employai à suivre la liquidation des affaires de mon père et savoir quel parti on allait prendre. On forma un conseil de famille il y avait un mineur. Mon frère aîné se chargea de la cérémonie funèbre. Mon père était très connu et aimé au Havre; un nombreux cortège accompagna ses restes mortels.

— Que je me loue, dans mon malheur, me disais-je,

d'avoir suivi mon intuition, je n'aurais jamais revu mon père, et c'eût été le chagrin de toute ma vie. « Faut-il donc croire aux pressentiments? »

Quelques semaines se passèrent et enfin on réunit le conseil de famille :

Un de mes oncles, le tailleur dont j'ai parlé et qui ne me pardonnait pas d'avoir introduit dans sa clientèle le goût de la coupe parisienne, dit, prenant un air d'importance ;

— Comme doyen de la famille, on m'a prié de m'occuper des affaires de la famille Lepage. Louis (mon frère aîné), très au courant des affaires de son père, malheureusement bien compromises, est le seul qui puisse continuer. Il m'a aidé à établir la situation réelle afin de voir s'il y a possibilité de relever, de sauver la situation, seul espoir de la famille menacée d'une ruine complète s'il n'y avait pas entente entre la veuve et les enfants... Je dois dire que la seule chance est de continuer les bons rapports qui n'ont cessé d'exister entre le père et MM. Michel frères.

Vous n'ignorez pas que ce sont eux, à peu près, qui alimentent les fonderies. J'ai donc cru bon de consulter ces Messieurs, qui m'ont paru porter beaucoup d'intérêt à la famille Lepage et, après un long entretien, nous avons décidé qu'une société « Lepage aîné et Cie » était ce qui convenait le mieux.

J'étais bien jeune, mais je trouvais cela injuste.

— Pourquoi, dis-je, pas « veuve Lepage et Cie », il me semble que mon frère aîné aurait intérêt à se faire seconder par ses frères; il n'est pas d'une très forte santé. Il est vrai que, pour moi, je ne puis lui être utile tout de suite, mais je puis me faire remplacer et, après mon tirage au sort, je serai là comme les autres au travail. Nous avons tous les mêmes intérêts à sauver cet établissement qui a coûté tant de sacrifices à notre père. En attendant, n'y a-t-il pas Rémy, mon second frère, très au courant de la fonderie, qui peut aider mon frère aîné?

— Ma mère dit :

— Moi, je ne veux aucune responsabilité; jamais je ne me suis occupée des affaires de votre père.

— Eh bien alors, dis-je, formons la société « Lepage frères. »

Mon oncle hasarda :

— Oh! voilà bien Constant; il ne peut rien, puisqu'il est soldat; d'ailleurs quelle surface présente-t-il? on ne se rappelle que de ses escapades; ce n'est pas là-dessus que le crédit s'établira, et on en a besoin. Quant à Rémy, il est vrai qu'il a 24 ans, est assez bon ouvrier, mais il n'entend absolument rien à la direction; je ne parle pas d'Henry, encore mineur. Dans tous les cas, je le répète, MM. Michel frères ne peuvent continuer leur confiance qu'à cette condition, c'est formel.

Je me rappelais les inquiétudes de mon père; la politique suivie par cette âme damnée du polonais. Je me souvenais aussi de la jalousie si marquée de mon oncle... lorsqu'il voyait grandir la fortune de notre père. Ils ne partageaint pas du tout les mêmes opinions politiques : mon oncle était carliste, sa femme, tout comme la famille de ma mère, du reste, absolument cléricale. J'avais été témoin dans mon enfance de luttes sur ce terrain qui se terminaient toujours par des fâcheries que le bout de l'an raccommodait. Au fond on ne s'aimait pas. C'était toujours cet oncle qui envenimait les choses et nous l'avions appelé *l'oncle brouillon.* C'est vous dire que ma confiance en lui manquait absolument.

Je protestai énergiquement. Ma mère me dit :

— Tu seras cause de ma mort... ce n'est pas ce que tu as promis à ton père, dernièrement.

L'oncle dit :

— Laissez-le, on se passera de lui, voilà tout. Que Constant réfléchisse; ce manque d'union entre les frères non seulement peut faire du mal à tous, mais à lui personnellement s'il avait un jour besoin de se caser quelque part.

J'en avais assez.

— C'est bon, dis-je, je cède à la force.

Il n'y eut pas d'autre résistance. J'avais tout le monde contre moi, J'allais partir, mais je me ravise.

— Je consens, dis-je, mais je demande que l'on me place chez le notaire 2000 francs pour mon remplacement

(si cela me plaît). C'était mon droit, mes frères avaient
été remplacés. Ils réfléchirent un moment et, pour en
finir, ils consentirent. On met donc l'établissement aux
enchères. Il fut racheté par la nouvelle société... et les
affaires continuèrent comme par le passé. Ceci avait
amené du froid entre moi et mon frère aîné; il ne me
pardonnait pas de voir si clair au jeu qui se jouait.

J'avais plusieurs fois, avant la réunion du conseil de
famille, hasardé quelques réflexions. Je disais :

— Mais est-ce que nous ne pourrions pas soigner davantage notre clientèle du dehors et lâcher peu à peu les
voisins que je ne crois plus nos amis? Poloska continuera
sa politique contre l'établissement. Que diable! nous
sommes quatre, tous ouvriers; moi je suis mécanicien,
et nous ne saurions pas nous tirer? La machine ne fait
que commencer, disais-je, il n'y a pas que des bateaux à
construire... Laissons cette gloire à nos ambitieux voisins
et nous, plus modestement, marchons dans la voie de la
petite industrie.

J'avais l'air d'un fou aux yeux de tous parce que je
prévoyais l'avenir de la petite machine, la locomobile (1)
(J'avais même avant d'être militaire, conçu des plans
dans ce but, dont je commençai l'exécution un peu plus
tard chez mon beau-père — j'y reviendrai —). Mon frère
avait d'autres projets dans la tête. Il rêvait un mariage
avec une des demoiselles Michel (ma fiancée dont j'ai
parlé), projets qui réussissent rarement. Enfin, j'en pris
mon parti, mais convaincu que j'avais raison... Mes six
mois de congé, que j'aurais voulu pouvoir prolonger on
sait pourquoi, approchaient de la fin.

— Allons, c'en est fait de la liberté, me disais-je tristement, l'esclavage va recommencer.

On était fin juillet 1845. J'avais encore quatorze mois
à faire pour être remplacé; je ne tirais qu'en 1846.

Il s'était passé tant de choses pendant ce semestre que
j'avais presque oublié que j'étais soldat. C'était donc à

(1) Il y avait en ce moment deux courants bien distincts le
petit et le gros moteur, les petites bourses se jetèrent sur le
petit dont on commençait seulement l'étude.

recommencer (ma compagnie était à Schelestadt, depuis un certain temps; on parlait de nous envoyer à Belfort.)

Je n'ai pas besoin de vous dire la réception que les camarades me firent; j'avais entretenu avec quelques-uns une correspondance dans laquelle je leur avais parlé de mon aventure de voyage; j'avais écrit à Denivelle l'effet de ses pièces badoises et comment je m'étais tiré d'embarras, grâce à sa bonne inspiration. Ils m'avaient eux-mêmes donné des nouvelles de ma compagnie : « C'est toujours le même — parlant du sergent-major — m'écrivaient-ils : On a parlé un moment de te faire rendre tes galons de fourrier. » Tant mieux, disais-je, comme cela je serai débarrassé de ma crapule de sergent-major, mais cela ne se fit pas, malheureusement, car j'eus encore beaucoup à souffrir avec cet être-là. J'étais donc au régiment; quelques mois se passèrent ainsi; on changea de garnison et nous voilà à Belfort (février 1846).

J'étais parti du Havre avec un peu d'argent dans ma bourse; je l'économisai le plus que je pus; je savais que c'était là mon affranchissement.

On était en février; aux jours gras il y avait un bal au théâtre. Il ne me plaisait pas d'y aller, c'était trop près du deuil de mon père; je me laissai gagner; mal m'en a pris.

Nous convînmes tous, entre sous-officiers, de nous cotiser pour les costumes. Chacun choisit le sien. Je pris un marquis, culotte courte, chapeau tricorne; nous voilà bien costumés, masqués; nous faisons notre entrée dans le bal (Ici se place quelques études de mœurs militaires qui peuvent offrir quelqu'intérêt). Je fais donc une petite digression.

« A cette époque, lorsqu'un nouveau régiment entrait dans une ville d'Alsace, et Belfort se distinguait surtout par ce fait coutumier, les pékins cherchaient aux nouveaux venus des querelles qui se terminaient souvent par des duels, et la bonne harmonie régnait après entre le soldat et le pékin. Je l'ai dit, l'Alsacien aimait beaucoup le soldat, mais il aimait les braves; il fallait qu'un régiment prouvât sa crânerie. Plusieurs fois il était arrivé au théâtre de Belfort de petites provocations auxquelles nous ne fîmes d'abord pas attention. Quelques réflexions cependant nous traversaient l'esprit : on veut nous éprouver, pensions-nous. Un soir, à une représentation, pendant un entr'acte, le fait s'accentua ; nous étions cinq ou six sous-officiers aux troisièmes galeries et, de l'autre côté, en face de nous, un nombre égal de pékins, de jeunes gens, le lorgnon à l'œil, nous regardant d'un air ironique et moqueur. Un surtout, plus provoquant que les autres, s'adresse plus particulièrement à l'un de nous : Monnet, l'enfant de troupe que l'on connaît ; un vrai chauvin celui-là. Il tombait bien. Le manège continuait, nous les invitons à descendre dans la rue, et une explication eut lieu ; on en vint aux gros mots et une gifle retentit : c'était Monnet qui venait de répondre à une insolence de son provocateur. Ce fait inopiné changea la situation. Ils avaient ce qu'ils voulaient.

Il fallait, à cette époque, pour se battre, la permission du colonel qui jugeait de la gravité de l'injure. Nous fûmes le trouver en délégation ; il trouva le cas sérieux et permit la réparation. Monnet était un fier tireur, ce n'était pas son premier coup d'épée. On alla sur les remparts. Les témoins réglèrent le combat. Le pékin, comme nous l'appelions, était, à ce qu'il paraît, d'une belle force. Il fut cependant touché au haut du bras : l'honneur était satisfait. A partir de ce jour, l'alliance était faite avec le bourgeois. »

Je reprends mon récit : C'est dans ces conditions que nous fûmes au bal. Il y eut beaucoup d'entrain. Vers trois heures du matin, je me sentis mal à l'aise ; je dis à Soubireau, un collègue :

— Mon cher, je ne sais pas ce que j'ai, mais je vais rentrer.

J'avais la figure un peu décomposée.

— La fatigue, me dit-il, ça ne sera rien.

Je quittai le bal. Il y avait une heure à peu près que j'étais couché lorsque, réveillé en sursaut, je me trouve pris d'une douleur à la hauteur du mamelon, qui traversait jusque dans le dos ; la respiration devenait impossible ; je ne savais comment me tenir dans le lit ; j'étais seul dans la chambre.

— Ça va peut-être se passer, dis-je.

En effet, sur le matin, je sentais toujours la douleur, mais elle était beaucoup moins forte. Je fis mon service comme d'habitude ; vint le moment du déjeuné, je vais à la cantine, je n'avais pas faim.

— Ça ne va pas, Lepage ? me dit Monnet.

— Je n'ai pas faim et je me sens tout drôle.

— Tiens, prends un verre de vin blanc, ça va te remettre.

— Allons, tu ne vas pas être malade, peut-être ? disent les camarades.

Je traînai comme cela encore deux ou trois jours et enfin je me décide à aller voir le chirurgien. — C'était un petit bossu qu'on disait très capable. Il m'ausculta et fit une grimace. Je ne me croyais vraiment pas si malade ; je ne pouvais comprendre comment j'avais pu attraper cela.

— Rentrez, me dit-il, et ne vous amusez pas en route ; allez tout de suite à l'hôpital, ce que vous avez est très sérieux.

Je voulus cependant voir auparavant la patronne de la brasserie où nous allions très souvent ; c'était une personne très aimable qui nous plaisait généralement parce qu'elle avait toujours le mot pour rire et disons-le, qui nous faisait volontiers crédit.

— Vous paraissez malade, fourrier ?

— J'entre à l'hôpital, Madame, mais j'ai bien soif, donnez-moi donc une chope.

— Non bien sûr, je vais vous donner quelque chose de chaud.

Elle me servit du vin ; je mangeai un peu. Puis, je me présentai à l'hôpital, qui était en face. Mal m'a pris de ne pas avoir écouté strictement les conseils du médecin ; j'avais pourtant peu mangé.

Dans la nuit, me voilà pris de douleurs impossibles dans la poitrine, dans les reins ; je n'y tenais plus. Il y avait un infirmier de service. Je l'appelle, il ne me répond pas. Je me lève, je vais jusqu'à son lit ; il ronflait, je le secoue.

— Quoi. Qu'est-ce qu'il y a ?

— Je souffre.

— Voulez-vous aller vous recoucher.

— Je vous ai appelé et vous ne répondez pas !

— Allez vous coucher...

— Je n'y tiens plus, lui dis-je ; allez chercher le chirurgien de garde, ou j'y vais.

Il eut peur et m'aida à regagner mon lit, promettant d'y aller.

Le carabin de service arrive, car c'était un élève, et avec un sang-froid imperturbable il me dit :

— Ce sont les noces qui se paient !...

— Les noces ? lui dis-je, souffrant comme un damné ; je n'ai pas fait de noces.

— Asseyez-vous !

Et, armé d'un instrument qui était en usage dans ce temps-là pour ausculter, il me travaille toute la poitrine, le dos, recueille des notes, tâte le pouls, etc. Je lui dis :

— Mais vous ne me donnez rien ; je n'y tiens plus !...

— Ah ! dit-il, je sais bien ce qu'il vous faut, mais je ne puis rien faire, il faut attendre la visite.

— Mais je n'y tiens plus, je n'irai pas jusque-là.

Avec beaucoup de calme, il répond :

— Si fait, si fait. calmez-vous. Ne réveillez pas vos camarades.

— Ce que j'ai souffert, jusqu'à la visite du médecin, je ne saurais le dire ; je crois que si l'on m'eût arraché tous les membres ça n'eût pas été pire.

Enfin la visite arrive. J'entends :

— Où est le malade ?

En un clin d'œil je suis entouré de carabins ; une religieuse se place à côté de moi et le médecin, sans me rien dire, tâte, écoute et dit :

— Apportez des cuvettes.

On me saigne aux deux bras, on me place des sangsues au point de côté et de grands vésicatoires dans le dos et sur la poitrine. J'étais littéralement réduit ; la religieuse veut me retourner, je m'aide un peu et voilà que je tombe dans une syncope qui a duré, à ce qu'on m'a dit, plus d'un quart d'heure. On me croyait passé ;

j'ouvre les yeux ; un bien-être extraordinaire en survient, je ne souffrais plus, mais, comme vous le pensez, j'étais loin d'être guéri, réduit à un état de faiblesse extrême ; pendant neuf jours je fus entre la vie et la mort ; les forces ne revenaient pas et j'avais des crises dont le terme devait être fatal, faut croire, car, malgré mon extrême faiblesse, on me porta dans la salle des expirants... Je ne m'aperçus que vaguement de ce transport ; lorsque vint la nuit, je sommeillai et j'entendis expirer deux moribonds placés à côté de moi ; l'idée de ma situation me vint à l'esprit : Je suis perdu, me disais-je... Je voyais le scalpel du carabin, ça me faisait froid ; j'avais vu, en d'autres temps, comment ça se pratiquait sur les dalles de l'amphithéâtre.

— Est-ce drôle, me disais-je, pourquoi m'ont-ils mis là ? Il me semble cependant que j'ai encore de la vie...

Enfin vint le matin. Je vis qu'on s'approchait de moi ; on m'examine ; j'étais très faible ; je fis un mouvement. Le médecin dit :

— Il faut remettre ce malade dans son lit, ça va mieux.

On me tira de là et je me retrouve à côté de mon camarade de lit d'hôpital.

— Tiens, vous n'êtes pas mort ? me dit-il.

La religieuse vint près de moi et me dit :

— Et bien ! *Trompe-la-Mort*, il faut être raisonnable et bien faire ce que je vais vous dire et on va vous tirer de là... mais pas d'imprudence !...

— Oui ma sœur, lui répondis-je tout bas.

Quelques jours suffirent pour me donner un peu de forces et je fus bientôt hors de danger. La convalescence fut un peu longue ; enfin le moment approchait de ma sortie de l'hôpital.

A mesure que ma santé revenait, je réfléchissais au moyen que je pourrais trouver pour prolonger mon absence au régiment, car rien n'était changé et je savais trop ce que j'avais à souffrir de mes rapports avec mon sergent-major. Si je parlais au médecin ? me dis je. — Je n'étais plus dans les mêmes conditions qu'à Strasbourg, mais je sortais d'une maladie très grave, j'étais une vraie cure pour lui. Je me hasarde à lui demander s'il pourrait m'obtenir un congé de convalescence ; il me dit :

— Voulez-vous aller en Corse ? aux bains de Guagno ? Vous achèverez là de vous rétablir de votre maladie de peau.

— Je veux bien, dis-je, cachant ma joie.

Il m'aurait envoyé aux Indes que j'y serais allé !... Ce fut entendu, et, quelques jours après, je quittais Belfort.

Avant de partir, je vis quelques camarades qui me dirent en riant :

— Mon cher, nous nous préparions à te rendre les honneurs funèbres, tu sais comme à ce pauvre Stoki !... Enfin, tant mieux, tu as de la veine dans ton malheur, tu vas faire là un beau voyage.

— A propos, tu sais, Guérin (le sergent de la frontière) me dit Soubireau, il a eu son congé, il est à Avignon, il parlait souvent de toi ; tu y passes, va donc le voir.

— J'irai, mais tu sais, le médecin, m'a fait la leçon : pas de noces, pas de bêtises. Allons, au revoir, mes amis...

— Bon voyage.

A propos de noces, il est peut-être intéressant que je vous raconte l'histoire macabre de ce pauvre Stoki, à laquelle les camarades faisaient allusion.

« On était dans les grandes chaleurs ; il venait de passer par Belfort un sergent-major de zouaves, venant d'Afrique. On arrêta, que tous les officiers du bataillon lui feraient une réception ; une délégation se rendit à la brasserie ; nous avions la permission de dix heures.

Nous voilà réunis dans la cour de la brasserie, sous les marronniers. Une grande table dressée à cet effet nous rassemblait tous dans une commune pensée : Honorer un brave qui avait à son actif plusieurs campagnes d'Afrique. On sait quelle réputation ces *durs à cuire*, comme on les appelait, s'étaient faite ; aucun de nous n'avait encore essuyé le feu de l'ennemi, il fallait voir quelle admiration on avait pour ce vieux soldat, car il était chevronné.

Comme on le pense bien, tout alla à merveille ; les chansons, les récits, les chœurs. Il y en avait parmi nous qui chantaient très bien, Soubireau, par exemple. Monnet, Gauget chantaient très bien, aussi ; enfin ce pauvre Stoki, dont vous allez connaître la triste histoire, se tirait à ravir des chansons comiques. Après avoir bien dîné et bu quelques bouteilles de vin, pris le café, pousse-café, etc., selon l'habitude, on faisait venir un petit tonneau de bière (et l'on sait l'excellente bière de ce pays).

Stoki était un grand buveur de bière ; une vingtaine de chopes successives ne lui faisaient pas peur (les chopes contenaient presqu'un demi-litre). Il devait être victime de cette intempérance. Nous rentrions tous à la caserne, chaque groupe de sous-officiers rejoignit sa chambre. Le sous-officier d'Afrique couchait dans la mienne où il y avait quatre lits : un pour mon sergent-major, un pour moi, un pour Stoki et un pour Soubireau, son fourrier ; le zouave, pour lequel nous avions organisé un lit, couchait au milieu, entre Stoki et Soubireau. La fenêtre était restée toute grande ouverte ; on ne l'avait pas fermée à cause de l'excessive chaleur et, peut-être aussi avait-on oublié. Le long de cette grande et large croisée se trouvait une table de caserne, très solide. Tout le monde ronflait : Ce pauvre Stoki, réveillé probablement par un pressant besoin, monte sur la table qui effleurait le bas de la grande fenêtre. On suppose qu'étourdi par suite de trop copieuses libations il perdit l'équilibre. Je suis réveillé en sursaut par un bruit semblable à un coup de canon ; revenu à moi je cours aux lits ; on était presque dans l'obscurité ; j'en trouve un de vide : c'était celui de Stoki. Immédiatement je m'habille, je réveille les collègues qui n'avaient rien entendu. Je leur dis : Stoki vient de tomber par la fenêtre. On était au deuxième étage. Pendant qu'ils s'habillaient, je me penche sur la table pour écouter et je vis (c'était probablement une hallucination), autour d'une masse noire, quatre homme qui dansaient en rond ; je descendis l'es-

calier quatre à quatre, les autres me suivirent bientôt ;
je ne vis plus rien que le malheureux sans mouvement,
ne donnant plus signe de vie. Nous le rentrons dans
une chambre du rez-de-chaussée et le plaçons sur un lit
en attendant la visite du chirurgien qu'on était allé
chercher ; il ne bougeait toujours pas. Il est mort, pensions-nous. Enfin le chirurgien arrive, il l'examine et
constate une rupture de la colonne vertébrale : la mort
avait été instantanée. Était-ce un accident, était-ce un
suicide ? Cela fit un moment une difficulté pour l'enterrer. Le curé s'y refusait. Cependant devant nos explications il s'exécuta... Les funérailles terminées, on con-
vint tous de se réunir le soir à la brasserie. Ici se place
une petite scène de mœurs militaires : Sous l'influence
d'une tristesse bien naturelle, il s'agissait de réagir et,
avec un stoïcisme un peu sauvage, braver la mort qui
nous enlevait aussi sournoisement un brave compagnon.
On plaça sur un tabouret un tonneau plein de bière ; on
mit le schako du défunt dessus, et en trophée son sabre,
ses épaulettes, etc. Et, absolument comme s'il était encore là, on recommence les libations de la veille. Quelques allocutions, assez bien senties, furent dites en faveur
du soldat et du camarade. Le zouave exprima d'une
façon touchante et avec une émotion visible le regret
d'être témoin, presque cause, d'un aussi grand malheur.

— J'ai vu, dit-il, la mort de près ; bien des fois sans
crainte mais ici, mes amis, l'émotion m'empoigne et,
malgré moi, je sens une larme que je ne puis chasser.

— Vive la France ! Vive l'Armée !...

Ah ! c'est qu'on était chauvin dans l'âme, dans ce
temps-là !

Était-ce beau ! Était-ce monstrueux ?...

Ceci se passait il y a cinquante ans. Si l'on me demandait ce que j'en pense aujourd'hui, je serais fort
embarrassé de répondre ; ce qu'il y a de certain c'est
que nul de nous ne croyait faire acte mauvais ou même
inconvenant. Voici comment on peut expliquer cela : La
guerre est un mépris de la vie. A cette époque, quoiqu'en temps de paix, le soldat était imbu de cette idée
que « sa vie était au pays » et que pendant qu'il vivait

encore, il devait passer son temps gaîment : sept ans de service, à l'âge le plus beau de la vie, faisaient réfléchir le soldat. Beaucoup rengageaient ou remplaçaient parce qu'ils avaient perdu complètement les habitudes du citadin.

« Lorsqu'on rapproche notre temps de celui-là et que, « comme moi, on peut comparer, on trouve un grand « changement et on s'étonne moins des difficultés poli-« tiques et sociales que nous traversons : le chauvinisme « paraît avoir fait son temps ».

Je reviens à mon récit : Me voilà donc parti de Belfort pour la Corse. J'avais écrit à mon frère de m'envoyer de l'argent, une centaine de francs. Mon idée était d'arriver au plus vite à Avignon pour y retrouver Guérin. Je pris donc la diligence de Besançon.

Je regrette ici de manquer de verve pittoresque nécessaire. Certes, il y aurait pour un talent descriptif littéraire, autre que le mien, l'occasion de se développer.

Un peu artiste sans le savoir, la vue de la belle vallée du Jura m'empoignait ; je me surprenais rêveur, en face de cette luxuriante nature. Il y avait longtemps déjà que nous longions les montagnes et je ne me lassais pas de voir se dérouler devant moi ces paysages variés dont la Normandie ne m'avait offert aucun exemple. C'était tout autre chose. Aussi fus-je surpris d'approcher de ma destination en admirant toujours sans la moindre fatigue. Nous montions depuis un moment une grande côte d'où, de loin, on apercevait Besançon : Déjà ? me dis-je. Le temps m'avait paru d'autant moins long que j'avais fait ce voyage avec une jeune personne charmante, très causeuse, qui aurait pu détourner mon attention et me faire oublier les préceptes du médecin, si un paysan, qui semblait faire exprès de dormir dans son coin, n'avait été là pour tempérer mes hardiesses. Bien m'en a pris, du reste, car arrivé à Besançon il me dit :

— Vous ne connaissez pas cette fille ?

— Non, lui dis-je, vous la connaissez ?

— Elle est d'une maison de Besançon où elle se rend.

— Voilà, dis-je, comment on se trouve pincé, je ne

m'en serais jamais douté ; merci du service « je n'avais
pas encore vingt ans et en ce temps on était de son âge,
on ne connaissait pas encore les jeunes vieillards ».

Je restai une journée à Besançon, le temps de voir un
peu la ville, et je repartis le lendemain, directement
pour Lyon. Cette fois le voyage fut plus long.

Mon aventure m'avait un peu effarouché, je songeais
aux risques matériels que j'avais courus, j'avais hâte
d'arriver à Avignon retrouver l'ami Guérin. J'en avais
à lui raconter ! A Lyon je restai peu de temps ; je pris
le bateau à vapeur qui descendait le Rhône et m'arrêtai
en passant à Avignon.

On se rappelle mon voyage en bateau à vapeur sur la
Seine, entre le Havre et Paris. Ces rives de toute beauté
m'avaient laissé un trop charmant souvenir pour que je
ne fisse pas une comparaison. Le Rhône me laissa une
toute autre impression. Etait-ce dû à une disposition
particulière d'esprit ? je n'éprouvai point le même
charme, rien ne m'est resté. Je vis passer devant moi
Valence, Montélimart, Pont-Saint-Esprit, et enfin Avignon. Ce qui m'a le plus surpris, c'est le changement
presque subit de temps et de température en arrivant à
Avignon. J'étais parti de Belfort, encore en hiver et
j'arrivai à Avignon en plein été ; cela ne me déplut pas.
Je descendis du bateau et je me rendis directement chez
Guérin dont j'avais l'adresse. Il n'était pas là, ce fut son
père qui me reçut ; j'avais quelques jours devant moi,
grâce à la diligence et au bateau, j'en profitai pour me
remettre un peu de la fatigue du voyage. Sans être malade je n'étais pas encore bien fort. M. Guérin père,
auquel j'eus le bonheur de plaire, m'avait offert l'hospitalité, en sorte que je me trouvais comme en famille.
Je pus donc, un moment, oublier toutes mes misères et
me laisser aller au charme des impressions de mes vingt
ans. « J'en ai soixante-quinze aujourd'hui et ces quelques jours passés en famille, (jours que j'ai si peu connus)
charment encore ma vieillesse » ; mais il n'est pas de
médaille sans revers : nous allons le voir.

Le père Guérin était un des bons commerçants de la
ville. Il avait deux fils : l'un, l'aîné, qui lui avait donné

beaucoup de satisfaction ; quoique jeune il occupait une place importante à Lyon dans un grand commerce de soieries ; son second fils s'était engagé ; il avait fait sept ans, il était rentré chez son père.

Guérin n'avait pas achevé ses études mais il en était très près au moment où il s'est engagé. Il faut savoir qu'après sept ans de métier de soldat on est propre qu'à faire un soldat. Quand on sortait de là, on ne se sentait plus bon à rien et si on avait atteint un grade on ne souffrait plus être commandé. Il fallait donc un emploi où l'on eût à commander les autres et, par habitude, on traitait ses subordonnés un peu comme des soldats, ce qui ne réussissait pas toujours. Il ne savait donc trop quelle carrière embrasser. Guérin était donc à la recherche d'une position sociale, ce qui allait bientôt être mon cas aussi. Son père voulait à toute force, bien que je fusse plus jeune, me voir plus raisonnable que son fils. Il comptait sur moi pour le moraliser ; je m'y pris de mon mieux, mais c'était bien difficile.

— Qu'est-ce que tu veux que je fasse ? me disait Guérin, j'ai manqué mes études ; à présent c'est fini.

Je ne pouvais pas lui dire : prends tel ou tel métier, il n'en avait pas. Je pensais à mon père qui nous avait mis à tous un état dans les mains. Moi je ne serai pas embarrassé, me disais-je à part, n'importe où je trouverai à m'occuper.

— Tu as de la chance toi, me disait-il, tu as un métier. C'est bien triste, va, d'être à la charge de sa famille à vingt-six ans et ne savoir comment faire pour se tirer soi-même d'affaire ; tiens vois-tu, Lepage, on a bien de la misère au régiment, eh bien, je voudrais encore y être, je ne suis bon qu'à cela ; te rappelles-tu Wissembourg ? nos escapades ?...

Et nous voilà partis. Nous en avions à dire !...

— Tu n'as pas eu de chance toi, me dit-il, avec ta crapule de sergent-major, mais, à part cela on a passé de bons moments, hein ! Veux-tu que je te dise : eh bien je m'ennuie, je ne manque de rien pourtant, mon père est bon pour moi, trop bon peut-être je lui ai fait assez de peine ; mais comment sortir de là ? Je sens ma

nullité et, tu me connais, je ne suis pas méchant ; j'ai
contracté au régiment des habitudes de paresse, d'oisi-
veté ; je ne pourrai jamais m'astreindre à la vie de bu-
reaucrate, et puis, à l'âge que j'ai je suis déjà vieux pour
n'être qu'un petit commis débutant. Je te souhaite mon
cher, plus de chance qu'à moi car tu m'as dit, je crois
que tu allais te faire remplacer.

— Oui, mais je ne sais pas non plus le sort qui m'attend ; jusqu'à présent, pas grand'chose ne m'a réussi...
Tu as de la chance d'avoir ton père, toi, et il a, en
somme, une certaine fortune, tu es toujours sûr de ne
pas connaître la misère, tandis que moi, même avec
mon métier, je n'ai pas cette sécurité. Je crains que la
misère, malgré mon courage, ne montre ses haillons
plus d'une fois à ma porte. Et puis il y a une chose que
tu ne vois pas toi, parce que cela ne t'a pas atteint, que
l'on ne voit pas quand on a été élevé dans l'aisance,
qu'on a été habitué à être considéré (à cause du papa,
je veux bien) comme un petit personnage : on a beau
faire, on souffre sans trop savoir pourquoi : du dédain
des uns, de la commisération des autres ; j'ai éprouvé
cela aussitôt après la mort de mon père, dans mon
propre pays et, souvent, de la part de ceux qui se disaient mes amis. Aussi je ne vois point, mon cher Guérin, mes misères finies.

— Tiens, mon cher Lepage, ne parlons plus de ça...
tu n'as que quelques jours à rester avec moi, il faut les
passer gaîment ; au diable soient les soucis. Ai-je raison ?

Cela me parut très éloquent. Il n'en fallut pas plus :
Notre moraliste de vingt ans était vaincu.

Le pauvre père Guérin ne se doutait pas de ce qui se
passait.

Il s'était bien plaint à moi du désœuvrement de son
fils, mais pas de sa conduite.

Un jour nous n'étions pas rentrés de la journée (jusqu'alors nous n'avions pas manqué un seul repas). Le
soir nous rentrons dans un certain état d'ébriété, Guérin
plus que moi. On avait fait la noce, quoi ! — J'avais
complètement oublié les conseils du médecin. — On ne

nous dit rien d'abord ; mais le lendemain le père Guérin me fit causer, il voulut savoir ce que nous avions
fait, où nous étions allés. Mme Guérin, une brave et
digne femme qui ne disait pas grand'chose, se trouvait
là et pleurait. Vous devinez mon embarras : quoi dire ?
En somme nous n'avions rien fait de mal que ce que
des jeunes gens en goguette peuvent faire à cet âge. Je
tâchai d'être utile à mon ami. Je ne trouvai rien de
mieux que de dire la vérité.

— Il s'ennuie, dis-je.

— Il s'ennuie ? me répond le père, je le crois bien,
dans un pareil désœuvrement !

— Mais, ajoutai-je, c'est un bon garçon ; il est toujours ce qu'il était au régiment ; sachant se faire aimer :
« Je sens ma nullité, me disait-il hier, et j'en souffre
beaucoup, mais ce qui m'afflige le plus c'est la peine
que je fais à mon père et à ma mère. Que faire !... que
faire !... me disait-il ».

— Nous ne lui demandons qu'une chose, me disaient
ces braves gens, qu'il s'occupe, qu'il s'occupe... Il n'a
de goût à rien, cela nous désespère.

— Enfin, leur dis-je, ne lui en voulez pas pour cette
nuit, nous nous sommes entraînés mutuellement et
nous nous sommes oubliés un moment.

Je vis bien, au fond, qu'ils étaient contents de l'explication.

— Nous savons bien qu'il faut en passer à la jeunesse,
mais ce qui me désole, dit le père, c'est qu'il ne sache
que faire de lui.

Je le comprenais, moi ; *la nécessité* seule aurait pu
le guérir, mais c'était ce que je ne pouvais dire...

Guérin était rentré en grâce ; nous nous quittâmes les
meilleurs amis du monde ; il me fit promettre de m'arrêter à Avignon, à mon retour. Je fis mes adieux à sa
famille qui me dit : Lorsque vous repasserez, descendez
à la maison ; j'en fis la promesse. Je me séparai donc
momentanément de cette famille qui avait tout pour
être heureuse et qu'une plaie locale minait.

Je quitte donc Avignon, et me voilà en route pour
Marseille — Le Havre, Marseille, deux points extrêmes de

la France. — Je retrouve là une forêt de mâts, des quais remplis de marchandises, des matelots, des vrais ; un mouvement, une vie qui m'étaient familiers ; j'aurais pu me croire transporté dans mon pays si une chaleur torride, que j'avais peine à supporter, ne m'eût enlevé mes rêveries. Quelle chaleur ! on eut fait cuire un hareng-saur sur le pavé, comme disaient les troupiers. Je vais faire viser ma feuille de route à l'intendance et l'on m'en donne une autre à destination de la Corse. Là, on me confie un détachement, une vingtaine de blessés plus ou moins malades arrivant d'Afrique, se rendant comme moi aux eaux de Guagno, près d'Ajaccio.

Je restai deux jours à Marseille, ce qui me permit de visiter la ville. J'aurais beaucoup à m'étendre sur les réflexions que me suscitait cette antique cité, l'orgueil du Marseillais. Je rapprochais l'histoire de la Provence et celle de la Normandie. Mais, toujours *sans le savoir*, plus artiste qu'historien, je suivis mon penchant : Je cherche le point culminant de la ville et je monte à Notre-Dame-de-la-Garde, et, de là, je pars contempler la Méditerranée, cette mer bleue, d'un tout autre aspect que nos mers du Nord ; son air de lac me faisait sourire : ce n'est pas la Manche ça ! me disais-je ; ce n'est pas l'Océan avec ses tempêtes !... Allons ! je n'ai pas à craindre le mal de mer ! On verra cela...

Le lendemain, nous embarquions dans le bateau à vapeur (Les machines de ce bateau avaient précisément été construites au Havre dans nos ateliers. Je l'appris par le second mécanicien, un ancien ouvrier de mon père. Il m'avait reconnu). J'étais heureux de retrouver si loin du pays, un enfant du Havre). Je réunis donc mes éclopés sur le quai ; je fais l'appel et nous embarquons : J'avais conscience de ma responsabilité. Nous descendons sur le navire ; on désigne les places où devaient se tenir mes hommes ; moi, j'avais le champ complètement libre, je jouissais de tous les avantages d'un chef de détachement.

J'entendis dire à quelques marins :

— Nous allons avoir du fil à retordre ; vent debout.

J'avais bien remarqué du vent, mais dans le port, naturellement, on ne devinait rien ; je ne fis donc aucune attention à ces paroles. On lâche les amarres, et voilà le vapeur en marche. Nous atteignons bientôt la pleine mer. Ce n'était plus le lac bleu d'hier : J'avais fait plusieurs fois la traversée du Havre à Honfleur, du Havre à Caen, par des temps relativement mauvais, et je n'avais jamais été malade.

— Tenons-nous bien, dis-je, un chef de détachement doit faire bonne contenance.

Mais plus nous avancions, plus le tangage s'accentuait ; presque tous mes hommes étaient malades. Je tenais toujours bon, mais nous n'étions plus dans l'embouchure de la Seine ; là, on ne voyait plus les côtes, il me semblait qu'on ne bougeait pas de place. Je regardais toujours la figure du capitaine ; il me semblait inquiet. C'était évidemment moi qui l'étais, mais je n'aurais pas voulu en convenir. Le second, qui me voyait debout sur le pont, cherchant mon équilibre, me dit :

— A la bonne heure ! fourrier, vous tenez bon.

— J'essaye, répliquai-je !

— Tenez, acceptez ces cigares.

Et il me donne un paquet de cigares corses arrimés en forme de melon.

— Merci, lieutenant : Voilà pour moi et mes camarades.

— Il y en a un de bien malade, me dit-il, un petit zouave.

Je vais le voir (Il se nommait Ursy. Avant l'embarquement, j'avais eu le temps de causer un moment avec lui ; il avait une balle dans la poitrine, du côté du cœur ; on n'avait pu lui extraire à cause d'une trop grande faiblesse et il venait aux eaux pour se fortifier, espérant toujours pouvoir subir l'opération).

— Je l'ai vu, lieutenant, il est bien malade ; c'est sa balle qui le fait souffrir.

— Sa balle ?

— Oui, une balle qu'on n'a pu extraire et qui gêne les mouvements du cœur. En avons-nous pour longtemps de ce temps-là ? hasardais-je.

— Nous n'avançons pas, nous avons vent debout et je

vois là-bas le temps bien mauvais ; je crains une tempête et le capitaine aussi, me dit-il, car voilà qu'il prend le large, ça va danser !

En effet, le vent soufflait de plus en plus et, pour le coup, je ne me trompais pas, ce n'était plus seulement le capitaine, mais le second, tout l'équipage qui était en branle ; sans y connaître grand'chose je voyais bien le capitaine lutter contre le vent qui le repoussait vers la côte. Ne pouvant vaincre sans doute, il se décida à marcher vers Toulon, en gardant toujours le large. Il y avait quatorze heures que nous luttions contre la tempête ; je m'étais couché sur le pont, ne pouvant plus me tenir, attendant l'événement. Ma grande désolation était de ne pas savoir nager. Il y avait bien des barques de sauvetage que je ne perdais pas de vue, mais ma première crânerie était à plat... enfin, au moment où je commençais à désespérer il me sembla que les mouvements du navire se ralentissaient. On était en pleine nuit. Je me dis : c'est fini, nous coulons, la tempête ne peut pas s'arrêter comme cela, brusquement, tout d'un coup ; enfin plus rien, un calme comme sur la main ; je me relève ; je vois le second à côté de moi qui me dit :

— Eh bien, nous voilà arrivés !

— Comment, arrivés ?

— Eh oui ! dans la rade de Toulon.

Le capitaine avait relâché. Voilà tout le monde sur le pont ; les malades se raniment ; chacun se demande ce qui s'est passé et nous apprîmes tous que nous avions couru un véritable danger. Nous avons donc passé le reste de la nuit dans la rade de Toulon. Mon petit zouave seul ne se remettait pas. Comme capitaine de détachement, j'avais droit à un hamac et à la table des officiers ; il y avait peu de voyageurs. Je dis au lieutenant :

— J'ai mon petit zouave bien malade, voulez-vous me permettre de lui donner mon lit ?

— C'est bien ça, fourrier.

— Je le mettrai au-dessous de moi, dans la cabine. J'ai un peu d'argent, lui dis-je, voudriez-vous permettre qu'il vienne manger avec moi, je paierai pour lui.

— Mais, vous vous intéressez bien à ce jeune homme, fourrier, est-ce que vous le connaissez ?

— Non, lieutenant, mais c'est un brave, et puis il est blessé, il est plus avancé que moi ; je n'ai pas fait de campagnes ; et puis, il est Normand comme moi !

— Ah ! voilà !

— Le voulez-vous ?

— Allons, me dit-il, tachez que les camarades ne le voient pas.

— Il ne bougera pas de la chambre, lui dis-je...

De Toulon à Ajaccio et de Marseille à Ajaccio, il n'y a pas grande différence, en sorte que ce n'était qu'une journée de perdue.

Nous dormîmes très bien le reste de la nuit. Le lendemain matin, nous sommes réveillés par des coups de canon. En un clin d'œil tout le monde était sur le pont. C'était une escadre commandée par le prince de Joinville qui quittait aussi la rade pour se rendre en Algérie. J'ai eu l'occasion de jouir là d'un beau coup d'œil.

La tempête s'était complètement apaisée et le vapeur, en suivant sa route sur Ajaccio, me laissa le temps de suivre l'escadre jusqu'à perte de vue. Enfin j'aperçois de loin l'île de Corse, la patrie de l'Ogre, comme les Carlistes appelaient Napoléon Ier. Il y avait déjà quelque temps que nous en longions les côtes et que j'admirais ses hautes montagnes, lorsque nous entrâmes dans la baie d'Ajaccio ; un moment encore et nous étions sur le quai de débarquement.

Je rassemble mon détachement ; ils étaient tous remis du mal de mer ; mon petit zouave, le plus fatigué de nous tous, était aussi beaucoup mieux. Il me remercia des attentions particulières que j'avais eues pour lui.

— Nous nous reverrons, lui dis-je ; ne vais-je pas comme vous à Guagno.

Je vais donc à l'intendance faire viser mes papiers ; je remets mes fonctions de chef. Et on nous donne à chacun un billet de logement pour la caserne. Là, nous attendons la visite du chirurgien du régiment qui devait nous désigner à celui de l'hôpital de Guagno. Nous avions quatre jours à peu près de repos, ce qui me permit de visiter la ville. Arrivé à la caserne, je fus appréhendé par les fourriers ; l'un me dit :

— Venez avec moi.

C'était un grand et gentil garçon, sergent-fourrier de grenadiers d'un régiment de ligne. Nous faisons connaissance ; il me conduit à un café habituel aux sous-officiers et me présente aux camarades ; on fait une partie de billard. Issartier, c'était le nom de mon fourrier, avait quelques années de plus que moi ; nous devînmes bientôt intimes. Il était un pyrénéen ; son accent méridional me plaisait beaucoup ; je lui trouvais de l'esprit, j'étais heureux d'être aussi bien tombé. Il me demanda quel était mon pays. Je lui dis :

— Le Havre.

Tiens, me dit-il, nous avons un sergent-major qui est aussi du Havre, peut-être le connaissez-vous ?

— Son nom ?

— Yvon.

— Yvon, dis-je, parbleu ! je crois bien que je le connais ! c'est un camarade de collège ; j'ai connu aussi son frère, un artiste peintre (ce peintre est Yvon, le peintre de bataille, mort il y a seulement quelque temps. Il avait acquis déjà, à cette époque, une certaine célébrité) ; on commençait à parler de lui à Paris.

— C'est bien ça, mais vous saurez qu'il est un peu fier ; il est le neveu d'un général et il le sait... Il n'est pas très aimé.

— Je le regrette, dis-je. Après tout ça ne me gêne guère ; on le verra venir.

— Oui, c'est pour cela que je vous préviens.

Arrivent au café plusieurs collègues, sergents, fourriers... Issartier me présente à eux :

— Vous savez, les amis, nos habitudes quand il passe un collègue ? Demain, réunion ici.

— C'est entendu !

— Prévenez les camarades.

Allons, me dis-je, on me rend ce que nous fîmes dernièrement au bataillon de Belfort, pour un collègue venu d'Afrique (je pensais à notre pauvre Stoki).

Nous étions cinq ou six sous-officiers autour d'une
table lorsqu'arrive un sergent-major.

— Tiens, voilà Yvon, me dit bas Issartier.

— Major, je vous présente un de vos compatriotes,
un havrais ; un camarade de collège à ce qu'il paraît.

Je lui fis bon accueil, mais lui ne parut pas me reconnaître. Jusque là il n'y avait rien d'étonnant. Je lui
dis mon nom ; je lui rappelle quelques petites histoires
de collèges où il avait joué un rôle. Ne pouvant tenir
plus longtemps cette attitude qui commençait à me
froisser, il dit :

— Ah ! oui. Lepage, votre père, était fondeur.

— Oui, dis-je ; eh bien ! asseyez-vous là, nous allons
causer du pays.

Il répond qu'il attendait quelqu'un, qu'on le rever-
rait... bref, il s'esquiva.

— C'est égal, me dit Issartier, voilà qui est fort ; si
loin du pays se rencontrer et rester aussi froid.

Il est vrai, fis-je la réflexion, qu'il est sergent-major
et moi simplement caporal-fourrier.

— Je te remercie, mon cher Issartier, tu m'as épargné
une vraie douleur, car j'ai peine, quoique prévenu, à
digérer cela ; moi qui suis tout cœur. Nom d'un nom,
s'il n'avait pas été mon supérieur, je me serais...

— Allons ! allons Lepage, j'aurais mieux fait de ne te
rien dire, fit Issartier. C'est fini. Trinquons et n'en parlons plus.

Le lendemain grande réception d'un fourrier du
22º léger par les sous-officiers du 101º de ligne. Tout se
passa admirablement. « Je constatai, une fois de plus,
que nul n'est prophète dans son pays. »

Issartier me conduisit, le lendemain, voir ce qu'il y
avait d'intéressant dans la ville ; nous nous dirigeâmes
ensuite aux bords du Golfe, du côté de la grotte, où,
paraît-il, Napoléon, encore enfant, se livrait à ses rêveries ; je ne me souviens d'aucun autre détail, sinon
que les maisons étaient presque toutes peintes et trom-
paient admirablement l'œil. Entr'autre une fenêtre
dont la jalousie était entr'ouverte par un personnage.
C'était si bien imité, que j'y fus pris.

— Tiens, dis-je, qu'est-ce qu'il fait là, cet individu à nous regarder comme cela ?

Issartier riait ; il y avait été pris aussi.

Il me conduisit dans un bureau de tabac ; je fus surpris de la beauté de la jeune maîtresse (pas une image cette fois) qui nous servait ; un vrai type corse. Issartier m'avait raconté plusieurs légendes sur les mœurs du pays, entr'autres une histoire de Sancta-Lucia : une vendetta terrible, suite d'une séduction que l'auteur ne voulut pas réparer et qui, de représailles en représailles, aboutit à l'extinction des deux familles.

— Il n'y a pas à rire ici avec l'amour, me disait-il.

Cette fille, très belle, charmait mon ami, d'autant plus qu'il se croyait favorisé. Lorsque je le quittai pour rejoindre les bains ; dame ! il en était fou ! Elle était enivrante ! vertueuse ! telle la voyait son imagination de méridional en feu. Pauvre Issartier !... Quel ami ! Qu'on était heureux dans ce temps-là ! Vingt ans ! « Les « misères, les peines ne m'avaient pourtant pas été « épargnées, eh bien ! tout cela n'avait pas déteint sur « mon caractère, je dirai même qu'il me fallut long- « temps encore pour croire, sérieusement, à la méchan- « ceté et à la bêtise de la généralité des hommes.

« Aujourd'hui, jeunes comme vieux, tout le monde « est fixé sur ce chapitre. Mais, par pudeur, on rougit de « l'avouer : Nous en sommes, me dira-t-on ? En mé- « prisant les autres, on se méprise soi-même, il vaudrait « mieux se taire, il y a des exceptions ; sans doute, fort « heureusement, mais l'exception confirme malheureu- « sement la règle, il n'en est pas moins vrai que les rap- « ports des hommes entre eux sont loin aujourd'hui « d'être ce qu'ils étaient en ces temps-là. Il n'y a plus « de jeunes garçons ; il n'y a plus de jeunes filles ; on « pourrait presque dire, selon la formule ressassée : « Il n'y a plus d'enfants. » C'est triste, sans doute, mais, « aux yeux d'un homme comme moi, qui a traversé ce « soi-disant progrès sans le suivre ; qui suis resté lon- « temps, sans le savoir, un vrai philosophe, même « quand j'avais vingt ans ; qui me suis trouvé garanti « précisément par ma très grande franchise, cause,

« d'un autre côté, de toutes mes luttes sociales, dont
« vous ne connaissez encore que le début ; que puis-je
« penser aujourd'hui, moi vieillard ?

« Est-ce moi qui ai mon bon sens, Ou bien faut-il
« que je me croie entouré de fous ? Ou tout au moins de
« malheureux malades, névrosés, ayant perdu la cons-
« cience d'eux-mêmes, ne vivant plus que sous une
« excitation factice continuelle du système nerveux,
« paquets de nerfs jouissants ! » comme dit Renan.
« Sans doute, c'est triste d'être dupé, mais c'est plus
« triste encore de ne plus croire à rien, surtout quand
« on est jeune ; manquant d'expérience pour pouvoir
« discerner, on risque de tomber dans la veulerie !
« Voilà pourquoi je plains la jeunesse d'aujourd'hui ! »
Mais revenons à notre sujet :

Je quitte donc la ville pour m'engager dans les montagnes. Je choisis pour compagnons de route, Ursy, que
je n'avais pas perdu de vue, et un chasseur à cheval
qu'Ursy avait choisi comme camarade. Nous nous
mîmes en route de très bon matin. Issartier nous fit un
bout de conduite et, en me quittant, promit de m'écrire
de longues lettres.

J'allais à Guagno pour six mois.

Le pays était très beau ; nous avions deux étapes à
faire, presque tout le temps nous longions le bord de la
mer ; d'un côté, la Méditerranée à perte de vue, de
l'autre des accidents de terrains qui annonçaient de
proches montagnes ; de temps à autre, on rencontrait
des troupeaux de chèvres gardés par de petits pâtres
vêtus, malgré la chaleur, de peaux de chèvres ; des
paysans en costume du pays, à l'aspect un peu sauvage
et toujours armés d'un fusil (Ce n'était pas comme en
Bretagne des histoires de revenants qui nous hantaient,
mais des histoires de brigands). « On aurait voulu en
voir un sortir d'un maquis ». Le chasseur racontait des
histoires d'Afrique et Ursy chantait des chansons de
son village ; nous avancions gaiement vers Vico, notre
première étape. Là, nous trouvons une auberge et nous
nous faisons servir à déjeûner : les camarades avaient
emporté leur pain de munition ; on s'était muni chacun

d'une gourde. Les soldats d'Afrique connaissaient la faim et dame, les pains étaient déjà bien entamés. Nous partagions en frères, il n'y avait point de grade là : Égalité devant le besoin. Naturellement, puisque j'avais partagé leur pain, ils partagèrent mon déjeûner, très frugal, du reste : une forte omelette et du Brouth (fromage très estimé dans la campagne) à volonté. Le soir on nous servit un pot-au-feu de viande de chèvre, du pain du pays, un peu noir et du petit vin, peu coloré, mais très bon. J'avais encore des cigares du lieutenant ; nous en fumâmes chacun un, en buvant un petit verre d'eau-de-vie du pays. Nous étions contents comme des dieux... J'aimais mieux ça que la vie de caserne.

La deuxième étape fut encore plus intéressante ; ce n'était plus le même aspect ; nous avions perdu la mer de vue ; nous entrions en pleines montagnes, on montait continuellement ; nous n'étions pas pressés ; nous nous laissâmes donc aller à un doux farniente.

Tout doucement, sans trop de fatigue, nous approchions de notre destination. Nous y arrivâmes enfin. L'hôpital Saint-Antoine, à Guagno, se trouve à mi-côte environ d'un monticule assez élevé. Les piscines étaient au pied de cette grande côte, dans la vallée, une petite rivière, charmante dans ses allures pittoresques et traversée par un pont conduisant de l'autre côté à un autre monticule assez élevé aussi et garni de sapins. Cet ensemble offrait une perspective de toute beauté. Il y avait un endroit d'où la vue était admirable ; j'en fis ma promenade quotidienne. Nous étions au mois de mai 1846 ; la chaleur était déjà excessive, pour moi surtout qui n'était point habitué à ce climat.

On sait que je n'étais pas bien malade, je pus donc jouir de ce séjour.

Il y avait quelque temps que nous prenions des bains, je m'en trouvais très bien. Quelques vieux restes de cette maladie de peau, que j'avais contractée à la salle de police à Strasbourg, disparurent complètement. Mon petit zouave reprenait à vue d'œil, quoiqu'incommodé toujours par sa balle. Mais, enfin, il avait repris sa complète gaieté ; j'en avais fait mon ami. Nous par-

courûmes ensemble les montagnes, causant souvent du
pays et comparant nos mœurs et la vie de nos paysans
à celles des habitants de la Corse.

Nous entrâmes, un jour, dans une espèce de ferme
qui ne ressemblait en rien aux fermes normandes. La
chèvre était la principale ressource dans ces pays de
montagnes ; son lait, les fromages qu'on en tire étaient,
avec les châtaignes, la principale nourriture. Comme
viande de boucherie, c'est encore celle de chèvre que
l'on consommait. Les habitations étaient on ne peut
plus primitives : Une grande pièce carrée, percée, au
milieu, d'un trou servant de cheminée ; tout autour, sur
des étagères, des fromages qui séchaient, pour l'alimen-
tation, un pain noir, dur et sec.

Dans la ferme où nous sommes entrés, la mère et ses
filles n'avaient pour tout vêtement qu'une longue chemise de toile écrue, allant jusqu'aux pieds : l'aînée des
filles avait bien dix-huit ans. Les hommes, au contraire,
étaient vêtus de peaux de chèvre, malgré la grande
chaleur, je l'ai déjà fait remarquer.

Ce petit peuple est hospitalier. On nous reçut très
bien dans cette ferme ; on nous offrit des châtaignes, du
lait et du fromage. Nous avions de bonnes dents, bon
appétit et dame ! nous fîmes honneur au frugal repas,
plus hygiénique, bien sûr, que les mets raffinés de la
table de nos riches. L'aînée des filles était grande et
belle et contrastait singulièrement avec son entourage,
elle me faisait l'effet d'une perle perdue dans un fumier ! Plus d'une fois, elle est revenue dans mes souvenirs lorsque, jeune artiste, j'étais à la recherche d'un
type accompli.

« Aujourd'hui, vieux philosophe, elle m'apparaît
« encore comme le plus bel idéal que j'aie pu rêver.
« Pure imagination ! me direz-vous, puisque je ne l'ai
« pas vue dans le simple costume d'Eve ? Peut-être !
« laissez-moi à mes rêves !!! »

Nous quittons la ferme et nous nous engageons un
peu plus loin, dans une forêt de sapins, en un lieu peu
éloigné de la route ; nous tombâmes à l'endroit où venaient s'exercer au tir les jeunes Corses. Dans le pays,

on vantait beaucoup leur adresse. Nous aurions bien voulu gravir plus haut les montagnes, mais le cordon de limite assigné aux militaires nous en empêcha; nous rentrâmes donc tranquillement à l'hôpital, un peu fatigués de notre excursion.

Peut-on causer du midi sans parler un peu des Moustiques? Je leur fais l'honneur d'une majuscule pour le souvenir de leurs embrassements fraternels; j'en fus tellement malade que l'on ne m'en a tiré qu'en mettant des cerceaux pour soutenir en voûte les draps de mon lit. J'étais rempli de cloques grosses comme des œufs de pigeon; ils ne m'ont fait grâce de leurs faveurs qu'après connaissance parfaite de mon individu. Je m'en souviens encore!...

Un aussi long séjour à l'hôpital (au milieu d'une belle et grande nature, j'en conviens), aurait bien fini quand même par me lasser, si je n'avais eu pour me soutenir, la triste perspective d'un retour au régiment. On sait que j'en avais plein le dos et pour cause; j'usais donc le plus que je pouvais le temps, attendant mes vingt-un ans pour sortir *de cette galère*.

Hélas! il fallut bien en arriver là quand même! Me voilà donc tout près de retourner en France. Je dis : En France parce que, dit-on, les Corses ne veulent pas être Français. Je leur rends bien la pareille : Je ne voudrais pas être Corse; j'aime mieux ma Normandie. Mes aïeux sont peut-être issus de barbares, mais ils ne sont pas restés sauvages : les barbares se civilisent, les sauvages jamais! Qu'ils restent dans leurs îles avec leurs vendettas!... leurs superstitions et leur orgueil insensé. Je ne suis pas de ceux qui sont fiers que des Corses aient régné sur la France. Ils ne veulent point de maître chez eux, dit M. Casabianca (1). Tant mieux! ni nous non plus. Les Corses ne nous ont point porté bonheur.

« Vive la République Française! affranchie de toute tyrannie, je n'ai pas toujours pensé comme cela, mais

(1) On se rappelle la réponse de M. Leygues, ministre, aux interpellations qui lui étaient faites sur la Corse par M. Casabianca. (19 mai 1895)

c'est ma conviction aujourd'hui. » Je me retrouve donc sur le quai d'Ajaccio à l'embarquement avec toute ma petite bande d'éclopés, la plupart guéris, mais je n'étais plus leur chef, chacun de son côté se rendait à sa destination. Issartier, comme vous le pensez, était là ; les adieux furent pénibles, cette fois on ne savait plus si l'on devait se revoir : « Hélas ! ce fut vrai ; on s'est écrit « encore quelque temps, puis je me suis marié ; d'autres « luttes ont commencé pour moi et l'on s'est complète-« ment perdu de vue sans cependant s'oublier : j'en « offre l'exemple, »

Nous embarquons. J'étais chargé de provisions. « Il y a des faits, des événements futiles qu'on n'oublie jamais. » Si la jolie fille de Guagno avait frappé mon imagination, un magnifique homard, que j'avais payé trente-cinq centimes, avait touché ma sensualité ; surtout quand je l'eus transformé, dans les réservoirs d'eau bouillante de la chaudière du bateau, en *superbe cardinal de la mer* ! « Voilà deux souvenirs de Corse que je n'oublierai jamais : Une belle fille inestimable et un beau homard pour presque rien ; je vous vois rire. » La traversée fut magnifique.

Nous voici à Marseille. Je prends aussitôt la voiture d'Avignon, et je me rends chez l'ami Guérin, accomplissant ma promesse. On se souvient que j'avais promis à son père de m'arrêter quelques jours à Avignon. Ce point d'honneur faillit me coûter cher. Je n'avais pas la bourse bien garnie ; je ne voulais pas que Guérin payât toujours et, dans l'entraînement je me trouvai, au bout de huit jours, littéralement sans le sou. Guérin m'avait dit : Je vais t'en prêter, tu me le rendras rendu chez toi. C'était entendu. Mais il comptait probablement sur son père et, dame ! au moment du départ il ne trouva rien. Il m'était impossible de faire la route à pied et d'arriver à temps à Strasbourg. Ce qui pouvait m'arriver de moins fâcheux, c'était de perdre ma solde, et, de plus grave, la désertion si j'arrivais plus de trois jours en retard. Comment faire ? Guérin était aux cent coups ; il s'accusait. Comme il avait été militaire, il connaissait toute la gravité du cas où je me trouvais.

— Ecoute, dit-il, je vais te payer le bateau à vapeur d'Avignon à Lyon.

Comme on remontait le Rhône, le prix n'était pas élevé.

— Arrivé à Lyon, me dit-il, tu iras voir mon frère avec cette lettre, il te donnera ce qu'il te faut pour le reste de ton voyage. Vas-y de confiance !

Je vis bien qu'il faisait tout ce qu'il pouvait.

Le voyage en remontant le Rhône, dont on sait le courant très rapide, était très long. Mon ami achète du pain, des pastèques, de la charcuterie, me fournit de vin, etc., pour la journée, car je devais arriver tard à Lyon.

— Allons ! bon voyage ! me dit-il, bonne chance ! compte sur mon frère, adieu !

Le bateau se met en marche. J'aperçois encore Guérin me faisant un adieu de la main, et puis plus rien... Je ressentis un véritable vide. C'était le meilleur enfant que j'aie connu... « son malheur était de n'être « pas travaillé par l'aiguillon de la nécessité. Il eût « fallu qu'on le contraignit, — l'initiative individuelle « lui répugnait. Il y avait là un vice d'éducation du « temps dont beaucoup de jeunes gens de famille étaient « atteints. De là, tous ces engagés volontaires que cette « époque fournissait. » Arrivé à Lyon, je vais donc tout de suite chez le frère de Guérin que je ne connaissais pas. Il lut la lettre, me dit de m'asseoir et me reçut très bien. Me voilà sauvé, me dis-je. Mais, pas du tout !

— Je comprends votre embarras, me dit-il, mais je ne puis payer que les arrhes jusqu'à Belfort, la destination de la diligence.

Dame ! il n'y avait pas à hésiter, ce voyage me faisait gagner quatre à cinq jours de marche : le reste, me dis-je, je le ferai à pied (on sait que je me rendais à Strasbourg). Je partirai de Lyon vers dix heures. Guérin me dit :

— Venez déjeuner demain matin et je vous conduirai à la voiture; je connais le conducteur, j'arrangerai cette affaire-là.

Je vais donc déjeuner avec lui ; nous causons particulièrement de la famille, de son frère qu'il paraissait aimer beaucoup, et qu'il plaignait fort à cause, disait-il, de son caractère.

— Il ne sait trop ce qu'il veut, me dit-il. Peut-être aurait-il mieux fait de continuer sa carrière militaire ?

Je lui en ai dit quelques mots qui parurent le faire réfléchir.

— C'est triste, sans doute, mais puisqu'il avait tant fait. Que faire après ? Comment le caser ? Il s'est mis dans une fausse position.

Je pensais à moi.

— C'est un brave et digne garçon, dis-je.

— Oui, il n'est pas méchant. Alors, me dit-il, vous allez vous faire remplacer ?

— Oui.

— Et qu'allez-vous faire ?

— Je ne sais trop : poursuivre probablement la carrière que j'ai laissée en entrant au service.

L'heure approchait ; nous n'avions que le temps de nous rendre à la voiture. Il paie, comme il l'avait promis les arrhes au conducteur, s'entretient quelques instants avec lui, puis il me dit :

— Je suis pressé ; au revoir, bon voyage et bonne chance.

— Merci, merci.

Montait avec moi un jeune enfant de neuf à dix ans, le fils d'un officier. Comme j'étais sous le costume militaire le père me dit :

— Fourrier, je vous le recommande, on viendra le prendre à la voiture à Besançon.

— Bien, dis-je, capitaine. J'en aurai soin.

— J'avais pensé que Guérin m'aurait donné quelque chose pour le voyage ; je n'osai pas le lui demander en sorte que je partis absolument sans le sou... et je n'arrivais à Belfort que le lendemain, dans l'après-midi ! Je pensais à mon baron allemand : Comment vais-je me tirer de là ! me disais-je ; presque vingt-quatre heures sans manger ! mon petit protégé, très gentil du reste, causait toujours et ne me laissait guère le temps de réfléchir. La diligence allait son train. Parmi les voyageurs se trouvait un nègre qui paraissait être un domestique de grande maison. Il baragouinait quelques mots de français ; je crus comprendre qu'il venait du Maroc, qu'il était chez un Pacha : cela amusait beaucoup mon petit protégé ; il jouait avec lui et bientôt ils devinrent les meilleurs amis du monde ; on voyait que ce nègre était civilisé. La voiture s'arrêta un moment, tout le monde descendit, j'y restai seul. Le nègre me dit, en mauvais français, quelque chose que je ne compris pas, il fit le geste avec la main « prendre un petit verre », je réponds avec la main aussi « merci » mais il me tire ; il fallut en passer par là. Vous jugez de mon embarras, je n'avais pas besoin d'apéritifs et puis, comment rendre ?... Mon gamin voulait boire aussi, je lui fis servir du vin très doux et nous trinquons tous trois. Le nègre veut payer, mais voilà mon petit protégé qui tire sa petite bourse et qui dit :

— J'ai de l'argent aussi, c'est moi qui paie.

Naturellement, je ne voulais pas. Le nègre paya. J'étais embêté... Jamais de la vie je n'ai peut-être tant reconnu la valeur de l'argent et la honte de ne pas en avoir ! Je me promis bien de ne plus m'y laisser prendre. On ne trouve pas toujours des barons allemands, dis-je.

Nous remontons en voiture. Un point m'embarrassait : Comment vais-je faire pour payer la voiture en arrivant à Besançon ? Pour manger, dans le cas où il ne m'arriverait pas meilleure aubaine, j'avais un piètre moyen, mais enfin ça me sauvait de la faim.

On se rappelle que, partant d'Avignon, Guérin m'avait donné des victuailles à en rassasier deux comme moi et j'avais pourtant bon appétit. J'avais deux repas à faire et j'avais tout avalé ! dame ! le grand air... le pain seul avait été épargné. En approchant de Lyon je me dis : je vais m'en débarrasser. Je me disposais à le jeter sournoisement dans le Rhône, cela dis-je, fera l'affaire des poissons, lorsque je me ravisai. Ma vieille grand'mère Lepage me disait souvent, quand j'étais enfant. « Vois-tu, Constant, il ne faut jamais jeter le pain, il y en a tant qui en manquent... c'est un crime, tu entends ?

Ceci m'était resté. J'avais donc ouvert mon sac; je
l'avais vidé et j'avais mis mon pain tout au fond, mes
souliers de route par dessus et tout le bataclan ; le tout
bien bouclé, pensant à ce moment ne le rouvrir qu'au
régiment. Bien m'en prit, on va le voir : La voiture
approchait toujours de Besançon; encore deux ou trois
lieues et on y était.

La faim me travaillait depuis longtemps déjà... Vous
voyez mon embarras; je n'osais pas tirer ce morceau de
pain de mon sac, d'autant plus que je ne savais pas son
état de propreté ; ensuite il devait être dur : Quelle
figure aurais-je fait en mangeant cela? Je voyais le
gamin faire des yeux et l'étonnement du nègre; hélas!
je me résignai; j'attendis que nous fussions à Besançon.
Habitué à la bonne fortune, je conservais encore l'espoir
de faire un repas meilleur que ce dur et peu ragoûtant
pis-aller. J'ai eu la garde de ce petit garçon, me disais-
je, ça vaut bien au moins une politesse; j'avais donc
deux raisons pour ne pas toucher à mon pain : Orgueil
et Gourmandise.

Enfin mon sort va se décider. On arrive à Besançon;
le conducteur dit : Les voyageurs pour Belfort, dans une
heure. Tout le monde descend. On attendait bien mon
petit protégé. Il ne manqua pas de dire, en me désignant:
C'est un fourrier à qui papa m'a confié, je ne me suis
pas ennuyé du tout, nous avons ri tout le temps. On m'a
remercié très poliment, mais ce fut tout. J'avais pensé
qu'un parent serait venu le chercher, qu'il m'aurait offert
quelque chose, j'aurais alors demandé une tasse de chocolat au lait et, avec cela, j'étais à peu près tiré d'affaire
jusqu'au lendemain, mais rien! absolument rien!!!
c'était trop peu, vu la circonstance. Je reste donc au
fond de la voiture; j'étais seul, je déboucle mon sac et
j'en tire mon morceau de pain sec; on n'y voyait pas du
tout (il était alors onze heures du soir); je sentais bien
qu'il était dur mais je ne voyais pas s'il était sale, il ne
faut pas être trop difficile dans ces circonstances, me
dis-je philosophiquement; j'essaye de mettre la dent
dessus, je sens le gravier et puis, manger sans boire...
Je descends avec mon morceau de pain que je cache

sous ma capote et je me faufile dans une ruelle qui conduisait à la cour de la diligence; je fais bien attention par
où je passe pour ne pas me perdre; j'écoute si je n'entends pas le bruit d'une fontaine. O bonheur! j'entends
l'eau couler. Je suis sauvé!

Je me dirige alors, à tâtons, dans la rue environnante
et j'arrose mon pain à la bienheureuse fontaine qu'une
faible lueur de réverbère éclairait. Il s'amollit. Quelle
soupe!... Enfin ça l'a toujours rendu propre! me
dis-je. Allons-y, et j'avale mon pain. J'en garde cependant un peu, que je n'avais pas trop mouillé pour le
lendemain car je ne devais pas arriver de bonne heure
à Belfort.

On ne voyait pas un chat dans cette rue ; je retrouve
la ruelle qui conduisait à la cour où se trouvait la diligence, je reprends mon coin, attendant patiemment le
départ. Au bout d'un moment, je ne pensais plus à mon
triste repas, n'avais-je pas le ventre garni, n'est-ce pas tout
ce qu'il fallait? A vingt ans!... Mais le point le plus embarrassant existait toujours : comment payer ma place,
à Belfort? Je n'avais plus mon petit gamin pour me
distraire, ce souci me revenait. j'y réfléchis sérieusement,
le cas était grave, surtout pour un militaire. Un espoir
me vint.

On se rappelle M\ue Lux, la propriétaire de la brasserie
où nous allions faire nos parties de sous-officiers. —
Voilà, me dis-je, ma Providence! Elle avait été bien des
fois dupée par quelques-uns de nous, la pauvre femme,
mais je me rappelais que je lui inspirais assez de confiance. — Ma foi, je lui dirai franchement la vérité et,
dans ma naïveté de jeune homme, j'eus confiance. On
va voir si je me suis trompé. L'esprit plus tranquille, la
nature reprit le dessus et j'eus, de nouveau, recours à
mon morceau de pain. Je choisis un moment où j'étais
seul, je faillis étouffer; je demandai un verre d'eau à
l'auberge où on était arrêté et je le bus avidement; cela
me sauva. Il fallait encore environ trois heures pour
atteindre Belfort, je ne voyais pas arriver le moment de
descendre; j'étais fatigué, ayant peu dormi et mal nourri
comme vous le voyez, il était temps que ça finisse! La

diligence allait bon train. Enfin nous voilà arrivés. La voiture ne stationnait pas loin de la brasserie. Je descends de voiture et dis au conducteur :

— Vous connaissez Mme Lux ?

— Oui, me dit-il.

— Je vais la voir, je reviens de suite.

Je la trouve, heureusement! elle était à son comptoir.

— Tiens, fourrier Lepage! s'écria-t-elle. Vous voilà de retour... Quelle bonne mine ! Asseyez-vous donc!

Je m'informe de son mari.

— Tout va bien, me dit-elle. Où allez-vous ?

— J'ai quelque chose de très pressé à vous dire confidentiellement, madame Lux !

Nous passons dans une pièce à côté. Je lui explique mon affaire.

— Ce n'est que cela! me dit-elle, ah! tant mieux, vous m'aviez effrayée!!! Votre air de mystère...

— Que vous êtes bonne! lui dis-je. Merci.

Et elle alla à son tiroir, me remit, je crois, vingt ou vingt-cinq francs.

— Payez et revenez, me dit-elle, nous causerons un peu.

— Volontiers, à tout à l'heure.

Je vais tout fier payer ma voiture, j'emporte mon sac et me voilà encore une fois tiré d'embarras.

— C'est de l'étourderie tout cela, me dit Mme Lux, mais vous êtes si jeune!...

C'était une mère! et les mères, les bonnes bien entendu, sont toutes comme cela. Elle n'avait vu, la brave femme, que le mauvais cas où je m'étais mis, et au moment d'être libéré... Peut-être pensait-elle à son fils!... qui, lui aussi, servait.

— Il faut rejoindre votre bataillon tout de suite, dit-elle.

— Ah! j'ai encore quelques jours! j'aime mieux les passer à Belfort qu'à Strasbourg.

Je partis juste pour arriver à temps. Mme Lux m'avança encore un peu d'argent. J'écrivis de suite à mon frère que j'étais décidé à me faire remplacer, qu'il m'envoie cent francs en attendant la somme définitive que je ne pouvais encore fixer. Je les reçus presque aussitôt, ce qui me permit de m'acquitter de toutes mes dettes d'Avignon, Lyon, Belfort.

Il faut vous dire qu'avant de partir pour la Corse et en prévision d'un bon retour, j'étais entré en pourparlers avec un sapeur qui devait me remplacer pour neuf cents francs, afin de terminer mon engagement de sept ans dont j'avais trois ans et demi de fait. Je le retrouvai dans les mêmes dispositions.

En six mois il se passa beaucoup de choses au régiment. Lorsque les camarades me surent revenu, ils vinrent me trouver; la conversation dura pas mal de temps sur mon sujet. Vous devinez que je les intéressais par mes aventures. Je donnai des nouvelles de Guérin à ceux qui l'avaient connu, et enfin on parla du régiment.

— Tu sais probablement, mais je pense que ça t'es égal, me dit Soubireau devenu sergent-major, que...

— Quoi donc?

— Eh bien, ils t'ont enlevé tes galons, ils t'ont remis chasseur.

Ça me fit tout de même quelque chose. Il s'en aperçut.

— Ah! fis-je, je n'en ai plus besoin, dans un mois ce sera fait. Dans quelle compagnie suis-je?

— Dans la deuxième, avec Nasy comme sergent-major et Ménessier pour capitaine, me dit-il.

Nasy, je le connaissais, nous avions été fourriers ensemble. Soubireau me dit :

— Nasy fait bien la noce; on craint quelques bêtises...

— Ah!... c'est malheureux...

— Qui donc est colonel? demandai-je, j'ai appris ce changement.

— Poisson, un vieux brave d'Afrique.

— Est-il bon garçon?

— Oh oui! il est moins dur que l'autre. Je n'en reviens pas de ce que tu m'apprends de Nazy, c'était un bon camarade.

— Garde ce que je vais te dire pour toi, me dit Soubireau; mais je crois qu'il s'est découragé; il est criblé de dettes; on craint... tu me comprends? — Je voulais te dire aussi, tu sais, ton caporal de route... et bien, nous l'avons dégradé, il est passé en conseil de guerre ; il a été condamné à cinq ans de boulet pour détournement d'habillement.

— Quel malheur !

— Tu connaissais Patat ?

— Oui.

— C'est lui qui t'a remplacé. Il n'y avait pas quinze jours qu'il était avec ta canaille de Germain qu'il attrape quinze jours de prison ; il y a pris mal et il est mort à l'hôpital.

— Pas de chance, les fourriers, dans cette compagnie. Tu ne sais pas autre chose ?

— Oh si ! Monnet, tu vas le voir du reste, se rappelle toujours de Laxcigue — chaque fois qu'on causait de toi : « Ah ! oui, l'ami Lepage ; il m'a sauvé la vie ; sans lui, mes amis, je ne trinquerais pas avec vous, mon fusil était chargé.

« — Eh oui ! il venait d'être victime d'une grande injustice de la part de l'adjudant que vous connaissez. Voici l'histoire : Il le mit en joue, je courus sur lui et arrivai à temps pour l'empêcher de tirer. — Laisse-moi, me dit-il, ou je vais faire un mauvais coup. — Mieux vaut un autre que celui-là, lui dis-je, et je me défends à mon tour contre lui. L'adjudant Laxcigue n'avait rien vu, rien entendu, ni d'autres ; moi seul était témoin ; il en fut quitte pour six jours de salle de police pour refus d'obéissance. C'est moi qui le conduisis à la salle de police pour qu'il ne fît pas de nouvelles bêtises ; je n'ai été tranquille sur son compte que lorsqu'il fut enfermé.

Il n'était pas ivre, mais c'était un caractère emporté à l'excès ; on le verra plus tard dans la suite de ce récit. »

« Pauvre Monnet ! à quoi tiennent nos destinées ! » Nous le retrouverons plus tard capitaine, décoré de la Légion d'honneur.

Mes questions ne tarissaient pas :

— Qu'est devenu le lieutenant d'instruction Lecomte ?

— Il est passé capitaine, me dit Soubireau, oh! il fera son chemin cet officier. Il t'aimait bien, toi, parce que tu dessinais bien.

— Oui, c'est vrai, le régiment perd en lui un brave officier (Il devint général ; sa destinée fut triste : C'est lui qui fut tué avec Clément Thomas pendant la Commune).

J'étais orienté. Je rentre donc à la caserne. Incorporé chasseur à la 2ᵉ compagnie, je fais découdre mes galons et me voilà redevenu simple soldat... Je vous ai dit que mon nouveau sergent-major, Nasy, était un ancien collègue ; il me préserva de bien des humiliations. Heureusement que le terme de cette fausse situation approchait. J'obtins par lui le privilège de continuer mes repas à la cantine, en payant bien entendu. Je me faisais remplacer pour les corvées de quartier et autres, excepté pour la garde, mais cela ne me gênait pas : Cette vie dura environ un mois. Un jour, à l'appel d'onze heures, le colonel me fit appeler :

— Fusilier Lepage, me dit-il, je connais ce qui vous est arrivé sous mon prédécesseur. Pareils faits ne sauraient se renouveler. Vous n'avez en somme rien dans votre service qui entache votre honneur militaire, je veux vous rattacher au régiment ; vous êtes tout jeune, engagé volontaire, la carrière s'ouvre devant vous pleine d'espérance comme pour tous vos camarades. Allons ! vous aurez, j'en suis certain, bientôt reconquis vos galons...

— Mon colonel, lui dis-je, je vous remercie de vous intéresser à moi ; je sais que je n'ai pas démérité, mais j'ai tellement souffert moralement, j'ai été si malheureux dans mes rapports avec mes *chefs*, j'ai été si près du suicide et du déshonneur que je n'ose pas recommencer. Braver l'ennemi n'est rien, repris-je, mais subir, comme il m'est arrivé, les grossièretés et les injustices, je ne peux plus m'y exposer.

Il vit bien que ma résolution était définitive, aussi ne me parla-t-il plus de cela.

J'écrivis donc chez moi de m'envoyer le prix de mon remplacement, plus deux cents francs pour ma route et différentes petites dettes à payer. Bien m'en pris de demander plus que moins, car je pus encore sauver un camarade de l'infamie.

Nazy avait ce qu'on appelle mangé la grenouille ; il comptait recevoir de l'argent de son oncle qui, probablement fatigué d'en envoyer, refusa net. C'était un ancien officier, pouvait-il lui faire l'aveu de sa faute? C'était inutile ; il n'y avait plus moyen pour lui de s'en tirer. D'ailleurs, il fallait qu'il rendît ses comptes dans la matinée. « Lepage ne me refusera pas ça, s'était-il dit, devant le malheur qui me menace : Pourvu qu'il le puisse. »

Il était pâle, tout défait ; je le vois encore...

— Je suis perdu ! me dit-il. Voilà ce qui m'arrive ; peux-tu me sauver?

— Combien te faut-il ?

90 francs, mon cher ami ; mon oncle sûrement va m'envoyer ce que je lui demande, mais ce sera trop tard. Voilà ma situation !

Et il se lamentait. « Sans doute c'était mal. Cette action, je ne l'aurais pas commise, mais les conséquences en étaient si graves que je m'en serais voulu d'avoir laissé déshonorer ce garçon-là. »

— Tiens ! lui dis-je, voilà 90 francs, mais je crois que la leçon sera bonne !

— Oh ! merci, me dit-il, merci ! tu me sauves !...

Ce fut ma sortie du Régiment. Je réglai mon remplacement avec Merlin le sapeur, qui était aussi content de recevoir que moi de donner.

Je ne suis plus soldat.

APPENDICE

—

Pour bien saisir cette première partie de mon histoire, il faut se reporter aux temps où ceci se passait, c'est-à-dire sous le règne de Louis-Philippe et à la fin de ce règne.

L'éducation que recevaient alors les enfants des bourgeois ne ressemblait en rien à celle qu'ils reçoivent généralement aujourd'hui.

Soit dans la famille, soit dans les collèges, soit dans les écoles libres, les enfants étaient traités avec une grande sévérité. Celui qui, comme moi, peut rapprocher ces deux périodes : 1830 à 1848 — 1848 à 1898, et comparer, reste saisi de leur grande différence. En ce temps, gâter les enfants était une exception, aujourd'hui, c'est la règle : « on sait les conséquences ».

Aussi, beaucoup d'hommes de mon âge ne s'étonnent guère de ce qu'ils voient, de ce qu'ils entendent; ils l'expliquent très bien :

La période de 1830 à 1848 a formé beaucoup d'hommes de ma catégorie, fils de citoyens honnêtes que 1789 avait émancipés, livrés à leur propre initiative, ne trouvant plus d'entraves dans les privilèges, toutes les situations leur étant ouvertes, ils prirent au sérieux les principes de la Révolution et mirent l'honneur, la parole donnée, le respect pour la vieillesse, l'admiration pour les talents, le courage, l'héroïsme, la vertu de la femme, etc., au-dessus de tout intérêt personnel. C'est cette éducation qui dominait dans les familles à cette

époque, on avait, en un mot, détruit la noblesse des
privilèges, mais on reconnaissait *la noblesse du cœur;*
l'égalité consistait dans la liberté individuelle que l'on
regardait comme absolue. « Là était l'erreur de la
bourgeoisie honnête : A cette époque, la majorité ne
paraissait pas se douter que cette liberté sans limite, si
voisine de l'anarchie, y conduirait fatalement ; et que
sur ce principe avec les lois existantes s'édifierait une
féodalité plus puissante que celle que venait d'anéantir
la Révolution française. »

Le bourgeois de cette époque était travailleur et honnête ; beaucoup s'émancipaient par une sage économie
et une grande droiture dans les affaires ; ils répugnaient
généralement à tout charlatanisme. « Bonne renommée
vaut mieux que ceinture dorée » était la devise de ces
braves cœurs, de ces vrais patriotes. On conçoit que si
de tels hommes avaient formé les classes dirigeantes de
cette époque, ils auraient prouvé que la Révolution, en
affranchissant le peuple et en proclamant la liberté individuelle et la propriété privée sans limite sous la protection de l'Etat-peuple, était bien réellement l'émancipation de l'humanité.

Malheureusement, il n'en fut pas ainsi : Le pouvoir,
livré au hasard, devint bientôt la proie des intrigants,
et l'on vit cette classe honnête de travailleurs, de prolétaires parvenus, se diviser en partis politiques, et
oublier bientôt les principes essentiels de la Révolution
française qu'étaient surtout la Réforme sociale.

La majorité des citoyens et citoyennes en France,
prise dans toutes les classes de la société, était, à ce
moment, honnête, loyale et de mœurs libérales. Point
de rouerie chez elle. La fusion des différentes classes du
peuple, œuvre de notre immortelle Révolution, n'avait
pas encore tourné à la corruption ; le peuple en masse
n'en était pas encore atteint.

Néanmoins, déjà à mon époque (1843), cela s'annonçait et n'échappait pas aux penseurs de ce temps.
L'*enrichissez-vous,* de Guizot, étendit, précipita cette
corruption et porta, dans cette bourgeoisie encore honnête, le dernier coup, ouvrant passage à l'égoïsme per-

sonnel qui devint la plaie en même temps que la formule sociale.

C'était le moment où la science commençait à doter l'Industrie et le Commerce d'éléments nouveaux, d'activité et de prospérité; tout le monde s'y lança. Les uns, c'était le petit nombre, sous la garantie de l'honneur et de la loyauté; les autres, le plus grand nombre, sous le masque de l'hypocrisie, de l'imposture; on commençait déjà à jouer, non au plus loyal, mais au plus roué, au plus trompeur, au plus déloyal; la parole n'était déjà plus rien, l'écrit était la seule garantie, et la politique astucieuse la condition du succès. On ne connaissait pas encore à cette époque *le roublard*, on le nommait l'intrigant; le fait est qu'il n'était encore que cela. Cependant on sentait qu'il allait entrer dans les mœurs car « l'Auberge des Adrets, Robert Macaire et Bertrand » offusquaient les classes dirigeantes de ce temps. Hélas!... qu'est-ce que c'est aujourd'hui ?

Tant que les affaires purent se conduire encore par l'intrigue, c'est-à-dire par l'adresse et l'habileté, mon père suivit ce mouvement. C'était évidemment se placer sur la pente glissante... mais quand sa fortune fut compromise, il préféra la ruine à des combinaisons louches.

On sait qu'il était orléaniste, *mais orléaniste honnête...*

J'ai expliqué comment il comprenait ce gouvernement quand Guizot lança son fameux « Enrichissez-vous »; il n'eut pas voulu lire entre les lignes « A bon entendeur salut », ça ne lui plaisait qu'à moitié. « Un gouvernement ne devrait pas lancer une formule aussi équivoque dans le peuple, disait-il. Je crois très sincèrement qu'il y a plus d'honnêtes gens que de fripons, mais enfin il valait mieux se taire ! » Nous savons aujourd'hui s'il avait raison...

Mon père appartenait à la classe des libéraux honnêtes, les seuls qui pussent, à cette époque, justifier de la valeur pratique des principes de la Révolution française. Les idées socialistes n'avaient rien encore pour s'appuyer; elles échouaient devant des caractères comme celui de mon père, dont on se rappelle les maximes. Qu'on me passe de les répéter ici, elles sont la caractéristique de la majorité de la bourgeoisie de ce temps là; elles contrastent singulièrement aujourd'hui, car elles feraient rire même des enfants :

« Les hommes ne sont que ce qu'ils se font. » Lisez : *Ce qu'on les fait.*

« Est honnête qui veut, voleur qui veut. » Lisez : *Honnête qui peut.*

« Que le mensonge ne souille jamais ta bouche, un menteur est pire qu'un voleur. » *Hélas ! que de voleurs !*

« Travaille et tu trouveras ta récompense. » Lisez : *Fais travailler les autres.*

« L'homme de mérite (consciencieux et honnête), finit toujours par percer. » *Ses culottes.*

« Conduis bien ta barque, *reste honnête* et le succès est au bout. » — *Affreux mensonge.*

On ne disait pas comme aujourd'hui : Les affaires sont les affaires, et devant les affaires tout doit s'incliner : Ni père, ni mère, ni femme, ni enfant, ni famille, ni religion, ni morale, ni patrie, ni humanité. Tout doit plier devant la pièce de cent sous ; les sentiments passent après, si on a le temps, parce que le *temps c'est encore de l'argent* « Times is money »...

On voit la différence...

Il était utile que je présentasse ce parallèle pour bien faire comprendre la naïveté de ma première jeunesse et ce qui va suivre.

1848 à 1852 a été un moment d'indécision où tous les citoyens consultaient leur conscience *pour savoir s'ils devaient jeter le bonnet par-dessus les moulins, ou rester honnêtes.*

L'Empire donnera la réponse.

FIN DE LA PREMIÈRE PARTIE

DEUXIÈME PARTIE

De 22 à 30 ans

INTRODUCTION

Le lecteur peut, s'il lui plaît, lire cette partie de la vie de notre héros sans être obligé de connaître la première. Il lui suffit de savoir qu'on vient de parcourir son existence de 14 à 21 ans ; que, sorti de l'école à 13 ans environ, tour à tour apprenti, jeune ouvrier, soldat engagé volontaire et remplacé il subit des luttes, de trop fortes luttes pour la psychologie de cet âge.

Je ne veux ni l'excuser ni le blâmer, je crois seulement que notre organisation sociale entre, pour une grande part, dans ces malheurs quotidiens qui jetaient déjà dans son jeune temps et jettent encore en si grand nombre aujourd'hui tant d'hommes de valeur sur le pavé de Paris. A tel point qu'on croirait qu'il y a trop d'intelligences au monde et que pour avoir le droit de vivre, il faut être un imbécile ou un coquin.

Notre héros (75 ans), qui vit encore au moment de l'impression de ce livre, appartient toujours à cette catégorie de citoyens qu'on nomme des déclassés.

Fils d'un bon et honnête bourgeois, un parvenu de 1830, qui perdit sa fortune en 1848 et mourut peu de temps après il fut, par suite, dès l'âge de 15 ans, livré à sa propre initiative.

Il entre dans la vie civile où nous allons le voir toujours aux prises avec les tendances corruptrices dont cette société est remplie, tendances qui semblent un défi jeté à la dignité, à l'honneur et à la vertu !...

Je le laisse parler.   X....

CHAPITRE PREMIER

ENTRÉE DANS LA VIE CIVILE. MON MARIAGE. CONTRE-MAITRE
PETIT COMMIS. EMPLOYÉ
DIRECTEUR D'USINE. INGÉNIEUR CIVIL

Avant de quitter les camarades, je leur donne rendez-vous à la brasserie et nous voilà tous réunis pour la dernière fois. Hélas! parmi eux il y en aura nombre que je ne devrai plus revoir.

Mon régiment, le 22me léger, fit la campagne d'Italie sous Napoléon III et fut presque décimé sous les murs de Sébastopol; de tous ceux avec lesquels je vous ai fait faire connaissance, Monnet, Gauget et Denivelle sont les seuls que j'ai revus.

Monnet est devenu capitaine, décoré de la Légion d'honneur.

Gauget est rentré dans la vie civile après ses sept ans et est mort peu de temps après. J'ai retrouvé Denivelle, l'homme aux louis d'or, commis-voyageur en pipes, faisant bien ses affaires. Soubireau est mort sous-lieutenant à Sébastopol. Je ne sais ce qu'est devenu Roulleau, mon caporal de route. Nasy a mal tourné. Mon crapuleux sergent-major est passé sous-lieutenant d'instruction, ça été son bâton de maréchal; l'alcool fût sa vie. Je termine cette liste par deux grosses têtes avec lesquelles on a fait connaissance : Le colonel Poisson, qui avait succédé au colonel Raideviler et le lieutenant Lecomte des Ecoles du régiment.

Le colonel Poisson est mort en brave en Italie ; quant au lieutenant Lecomte, devenu général, sa fin fut plus triste ; il est mort sous la Commune, fusillé avec Clément Thomas au pied de la Butte Montmartre.

Je n'ai plus entendu parler d'Issartier. Yvon, sergent-major, est mort de maladie peu de temps après mon départ de Corse. Son frère, le peintre de batailles sous Napoléon III, est devenu célèbre. Il est mort il y a deux ou trois ans ; nous eûmes l'occasion de nous retrouver au salon de 1865 et 1867. Il a été mêlé un moment à ma vie d'artiste. Mme Lux vivait encore il y a quelques années. Son établissement avait beaucoup souffert pendant la guerre. Pauvre dame, elle a dû être bien heureuse de la remise de Belfort à la France ; c'était une vraie patriote celle-là. J'ai retrouvé Ursy à Caen, marié ; on lui avait enfin extrait sa balle.

Il m'en reste encore un à nommer, c'est Guérin. Qu'est-il devenu ? un bon bourgeois, vivant de ses rentes probablement.

Adieu ! et au revoir à ceux qui m'ont aimé et un bon coup de torchon sur le nom de ceux qui m'ont fait souffrir, oublions jusqu'à leur souvenir.

En route pour mon Pays.

Hélas !... J'étais en pleine jeunesse alors ; à cet âge où les blessures morales se cicatrisent rapidement.

Me voilà donc sur mon départ. Les camarades me reconduisirent à la diligence, la même qui, une année auparavant, avait été l'objet des aventures qu'on courait ; mais cette fois j'avais la bourse bien garnie. (On ne trouve pas toujours sur sa route des barons allemands secourables).

— Allons ! adieu mes amis, bonne chance ; je vous

souhaite à tous bonheur, prospérité et un avancement rapide.

— Merci ! Merci ! . . . .

Les poignées de main pleuvaient, mais les coups de fouet du postillon mirent bientôt fin à cette effusion de bonne camaraderie . . . .

. . . .

Je prends place dans la diligence qui allait de Strasbourg à Paris.

Je vais revoir ma Normandie, me disais-je tout seul dans un coin de la voiture. Je venais de perdre mon père, ma triste situation me revenait à l'esprit. Quel malheur !... me disais-je.

Qu'est-ce que je vais faire ?

Mon frère aîné était resté seul maître de la situation qu'avait laissée mon père ; nous n'étions pas très bien ensemble à cause des résistances que j'avais apportées dans les arrangements de famille, aussi je ne pouvais guère espérer qu'il me ferait une position à côté de lui. Il fallait donc que je me tire d'affaire moi-même.

Ah ! bast ! je travaillerai de mon métier, voilà tout... Je ne suis qu'un ouvrier, après tout ; je n'ai pas eu le temps de perdre, je m'y remettrai vite. J'avais beaucoup souffert de mes chefs au régiment : C'est égal, murmurai-je tout bas, ce n'était pas la peine de m'engager, d'aller chercher tant de misères, pour revenir, après trois ans et demi, exactement au même point.

N'ayant plus mon père, je sentais ma faiblesse: Conduire probablement des machines, m'abrutir, comme disaient les ouvriers, et cela douze heures par jour!... Ce n'est pas gai. Et puis le contact familier de la coterie, la perspective du cabaret, des petits verres à payer et surtout à boire pour avoir l'air d'un luron, tout cela me donnait à penser : je trouverai bien un moyen de m'affranchir de cet esclavage, me disais-je, je sais dessiner, je trouverai bien un joint.

La diligence marchait bon train ; nous ne mîmes pas longtemps à arriver à Paris.

A Paris je m'arrêtai quelque temps ; le désir de revoir un ami de pension et de première communion, un artiste en herbe, Edouard Monin. Il était en ce moment chez Philippon, éditeur de revues illustrées. Dans cette maison se formaient de jeunes artistes dont un, plus que les autres, devait s'illustrer : Je parle de Gustave Doré... Gustave Doré avait environ quatre ans de moins que nous.

— Il faut que je te montre ce que fait ce gamin là, me dit Monin.

Il me fit voir une scène de village (pendant la fête). C'était un dessin au trait ; on y voyait des joueurs de boule, M. le curé passant dans la foule empressée à le saluer, la fameuse tarte traditionnelle portée par une femme, sur sa tête, un chien enragé poursuivi, des chevaux de bois, quelques saltimbanques, etc., etc. Sans doute, ce travail décelait quelque chose ; l'auteur avait quinze ans, et déjà il faisait merveille.

Monin, lui, était plus sérieux ; il visait plus haut ; il cherchait plutôt le type, le caractère. Philippon exploitait à son profit ces deux jeunes talents qui devaient un jour illustrer beaucoup de romans à un sou la livraison, nouveauté qui ne faisait qu'apparaître mais qui faisait déjà fureur. Si je parle de cela, c'est que ce nouveau genre de publications illustrées n'est pas pour un peu dans le changement qui s'est opéré dans les mœurs, dans les arts, les lettres et le théâtre. Je n'étais déjà plus de mon époque et, bien innocemment, je l'avoue, je critiquais cette tendance à sacrifier, quand même à ce goût du public. Il semblait que je pressentais l'abus qui devait nous conduire jusqu'à l'illustration des causes criminelles (1). J'avais avec Monin, à ce sujet, des prises de bec à tout casser.

— Tu aurais dû te faire curé, me disait-il, tu prêches toujours.

J'admirais leur talent de dessinateurs mais, chose qui m'étonnait, ils m'avouaient leur incompétence de la perspective : C'était mon fort.

— Ah ! me disait Monin, si je savais la perspective comme toi !... mais je ne peux pas me fourrer ça dans

(1) C'était la célébrité du crime (Cartouche imperator).

la tête ; ce qui me console, c'est que Doré est comme moi. Il faudrait que tu nous donnes des leçons. Mais parlons de toi : Qu'est-ce que tu vas faire ?

— Je n'en sais encore rien.

— Tu vas reprendre ton ancien métier.

— Peut-être...

Il regardait ma tête depuis un moment.

— Tiens, me dit-il, pendant que tu es encore en militaire il faut que je fasse ton portrait ; ne bouge pas.

Et en quatre coups de crayon il esquisse mes traits sur une feuille de dessin.

— Tu es heureux, mon cher Monin, d'avoir un pareil talent.

— Tu te moques de moi, me répond-il gentiment. Puis il ajoute : A propos tu connais Follin ?

— Parbleu ! nous avons assez joué ensemble.

— Eh bien, il vient d'être reçu docteur.

— Encore un bon, celui-là ! Tu le vois quelquefois ?

— Je crois bien, il est interne à la Charité ; va lui faire une petite visite, tu verras des dessins de moi sur les murailles du réfectoire... tu sais, c'est un chercheur ; il faut le voir, entouré de ses microscopes et de ses bouquins ! Il arrivera !...

— Comme toi avec tes dessins ; je ne suis pas jaloux : Bonne chance, mon cher. Mais moi je ne vois pas si clair que ça dans mon affaire. Vois-tu, Monin, je ne voudrais pas t'attrister, mais, tu sais sans doute...

— Oui, mon ami, ton père est mort et votre fortune est bien compromise... (continuant toujours mon portrait)... mais ton frère a repris, on dit même qu'il marche très bien.

— Ah ! tant mieux ! je ne sais rien moi, mon cher.

(Me montrant mon portrait) :

— Tiens, regarde cela ; je peux le finir maintenant tout seul.

Il était ma foi parfaitement réussi : le bonnet de police sur l'oreille me donnait une certaine crânerie...

Tu m'en fais cadeau ? lui dis-je.

— C'est entendu, mais je te l'enverrai fini. Nous sommes gens de revue.

— Allons, au revoir, mon cher Monin, continue... et bonne chance. Demain à cette heure je serai sur la route du pays.

— Merci ! Tu sais : le bonjour à tous les camarades du Hâvre...

Cette visite m'avait fait du bien ; je ne me voyais plus aussi abandonné.

Je pris donc la diligence de Paris à Rouen, mais je m'arrêtai à Gisors pour visiter une tante, religieuse, que j'avais toujours eu un grand désir de voir.

Ma tante était la supérieure de l'hôpital de Gisors. Elle ne m'attendait pas et elle ne pouvait me reconnaître ; j'étais un enfant quand elle quitta la famille, mais moi je me souvenais parfaitement d'elle.

J'irai voir ma tante, m'étais-je dit ; je me présenterai à l'hôpital avec ma feuille de route qui me donnera entrée, au moins pour lui parler.

Je demande donc Madame la Supérieure (je ne me rappelle pas son nom de religieuse). On me demande ce que je lui veux. Je suis bien fatigué, dis-je, et puis elle est ma tante ; montrez-lui cette feuille de route, mon nom suffira.

J'attends un moment au parloir. Je la vois venir ; je ne dirai pas que je l'ai reconnue, mais sa ressemblance avec son plus jeune frère, l'oncle Eugène, me fixa. Elle hésitait à m'embrasser... ma foi moi je lui saute au cou et je l'embrasse de tout cœur.

— Etes-vous bien mon neveu ? dit-elle.

J'étais assez embarrassé. Je ne pouvais lui donner des nouvelles de la famille, de sa sœur Clarisse, ma mère, puisque j'allais les voir.

Je lui parlai de son frère aîné, Constant V., capitaine au long cours, mon parrain, de son autre frère Alexandre ; elle vit bien tout de même qu'il ne pouvait y avoir supercherie.

— Entre par ici ; nous causerons mieux. Je ne savais pas, me dit-elle, qu'il y eût un fils Lepage soldat. Tu es le cadet ou le troisième ?

— Le troisième... Constant Lepage.

— Mais tu as l'air tout jeune ?

— Je me suis fait remplacer et je rentre au foyer.

— Tu t'étais donc engagé ?

— Oui.

— Une folie !... Ecoute ! Constant : Tu parais assez fatigué, repose-toi ici quelques jours.

— Ce n'est pas de refus, ma tante.

— Je vais te faire un petit cadeau, mais promets-moi de le conserver !

Elle tira de son cou une petite médaille de la Vierge et me la passa au mien en me disant :

— « Elle veillera sur toi ». Je vais te faire conduire à ta chambre, tu n'as pas besoin de t'inquiéter, on te donnera tout ce qu'il te faut. Tu es mon prisonnier, me dit-elle en riant (mais quelle douce prison !...). Tu iras aux offices. Voilà un livre... prie ; si tu n'en as pas l'habitude, tu t'en trouveras bien.

La dévotion ne m'étouffait pas ; on sait que mon père était voltairien et ma mère dévote ; cette fusion avait provoqué chez moi plutôt de l'indifférence que de l'irréligion.

Je comprenais très bien tout ce qui touchait à la morale, mais je ne voyais pas sérieuses les pratiques cléricales. J'obéis par respect pour ma tante...

Me voilà donc installé à Gisors pour quelques jours. Ma tante fit bien les choses : j'ai même pu m'apercevoir que l'on n'était pas malheureux en la société monastique.

Une jeune nonne venait m'apporter tous les jours mon déjeuner et mon dîner dans ma chambre et j'étais servi comme on n'a pas l'habitude de l'être au régiment. Je ne m'ennuyais que d'une seule chose : c'était d'être seul à table, mais la règle réclamait cette tenue; ma tante venait me voir quelquefois, elle m'avait laissé des livres que je ne lisais pas souvent, je préférais me rappeler le passé, et puis le souci de l'avenir me talonnait un peu : Jusque-là, me disais-je, ce sont des aventures, mais le chiendent va commencer.

« Je n'ai point regretté ce court instant de mon existence : il a même eu sur moi une influence qui n'a probablement pas été ce que ma tante eût voulu qu'elle fût, mais qui n'en a pas moins été très puissante comme on le verra plus tard ».

Ma tante ne voulut pas que je partisse sans qu'elle m'eût présenté aux ecclésiastiques du pays. Elle invita à un splendide déjeuner deux messieurs prêtres dont je ne me rappelle plus le nom, fort aimables du reste. L'un était d'un certain âge. Après le *Benedicite* la conversation s'anima ; on me fit causer, naturellement, et il faut croire que ma conversation ne déplut pas car je vis sur les visages une certaine animation qui nous mit tous à l'aise, et, ma foi, je gardai de cette réunion un très bon souvenir.

Je n'étais point sorti dévot de là, mais je n'étais déjà plus indifférent. « Lorsque le prêtre se renferme dans son rôle social, qu'il comprend ce qu'il doit être, c'est-à-dire franc et loyal toujours avec un très grand tact, il trouve sa place dans la société et peut rendre de grands services. Il doit instruire, consoler, soulager, sans que celui qui en est l'objet le sente trop ; tout est là !... Voilà la vraie charité. C'est aussi le véritable esprit démocratique, celui que Jésus pratiquait « Il allait faisant le bien ». Je sais ce que répondent les libre-penseurs : « Voilà le piège ». Possible !... Mais malheur aux prêtres qui emploient hypocritement ces moyens pour ramener au bercail la brebis égarée ! C'est le rôle de Satan, cela. Mais Jésus n'avait pas pour maxime « La fin justifie les moyens ». On verra du reste par ce qui va suivre, l'effet de cette tactique sur les âmes libres et indépendantes. Quelles que soient les vues qui ont dirigé ma tante et ces messieurs, j'aime mieux, même encore aujourd'hui, croire ces vues bonnes plutôt que mauvaises. Contentons-nous donc pour le moment de leur résultat immédiat « je n'étais plus indifférent ».

Je quitte donc ma chère tante la religieuse et me voilà en route pour le Hâvre.

Les fonderies étaient à peu près dans l'état où je les avais quittées lorsque j'étais retourné au régiment. On travaillait cependant à un grand fourneau à réverbère, utile, disait-on, pour répondre aux commandes des voisins. Je ne fis pas de réflexions. On sait que la maison avait pris le nom Lepage aîné et Cie. Mes trois frères étaient tous occupés dans les ateliers : l'aîné, Louis, était le patron, et les deux autres ses employés... Je n'ai pas besoin de vous dire qu'il n'y avait pas place pour moi.

Ma mère était en ce moment atteinte de fièvres intermittentes, communes à cette époque à Graville, surtout du côté où étaient nos ateliers ; c'est en habitant là qu'elle avait contracté ces mauvaises fièvres. On l'avait donc envoyée aux environs, à Montivilliers, pour la changer d'air... Mon frère le cadet était avec elle. Il avait eu quelques difficultés avec mon frère aîné et cela n'allait plus bien.

Je ne vis pas une grande différence dans le train de maison : Louis, en tout cas, n'avait rien changé à ses habitudes, la voiture et le cocher étaient à sa disposition tout comme autrefois, mais pas à la nôtre. J'aurais voulu me faire conduire à Montivilliers voir ma mère, mais on me fit sentir toutes sortes d'obstacles : on ne peut plus faire comme autrefois, me fut-il dit ; le cocher est occupé, etc. ; je vis bien ce qui en était. Faut croire cependant que mon frère a réfléchi ; car il m'y conduit tout de même, mais je compris bien qu'il ne fallait pas y revenir.

Je vis donc ma mère ; je la trouvai bien changée. Elle était cependant restée ce que je l'avais toujours connue même pendant la prospérité de notre maison : humble et simple ; mais il ne m'échappa pas qu'elle souffrait bien plus des différends qu'elle pressentait devoir s'élever entre nous, que des privations et de l'isolement, isolement auquel, du reste, elle s'astreignait volontairement depuis la mort de mon père. « L'isolement coûte peu à qui n'a jamais aimé le monde. »

Je vis bien que la dévotion serait un jour ce qui l'absorberait entièrement : Tant mieux! me disais-je en pensant à ma tante la religieuse.

— Ah ! te voilà Constant ! me dit-elle. Tu dois me trouver bien changée, je vais cependant un peu mieux. Tu as vu tes frères?

— Mais oui, mère, je les quitte il y a un moment.

Et je l'embrasse à plusieurs reprises.

— J'ai vu ta sœur, lui dis-je...

— Ma sœur? Laquelle?

— Eh bien, Caroline!

— Caroline! Quelle idée!... Tu sais bien qu'elle n'aime pas qu'on la dérange.

— Elle a été très contente. Voilà ce qu'elle m'a donné. Et je lui montre la médaille. Cela la calma.

— Mais quelle idée! En militaire...

Je lui raconte ma réception; elle était très contente.

— Tu as bien fait, me dit-elle.

— Que veux-tu, mère, j'avais idée de la voir.

Je sors un moment avec Rémy, mon frère cadet, et nous causions sérieusement des affaires de la fonderie (On se rappelle le désastre subi par mon père et que mon frère aîné cherchait à réparer).

— Comment! lui dis-je, tu n'es plus à la fonderie.

— Oh!... Momentanément, me dit-il.

— Mais encore?...

— Ecoute, Constant, je vais te parler franchement : Louis est ambitieux, il croit pouvoir relever la maison, mais il veut tout pour lui seul; nous le gênons, moi surtout. Henri est plus jeune, il le supporte encore. Quant à toi, ne compte pas être occupé à la fonderie.

— Je l'ai bien vu, me disais-je à part. Aussi ai-je d'autres idées...

— Qu'est-ce que tu vas faire, mon cher?

— Travailler de mon état...

— Mais pas au Hàvre... si tu savais!...

— Je comprends tout ce que tu dois souffrir dans ton amour-propre, mon cher Rémy, mais tu peux t'en affranchir comme moi puisque tu as un état dans la main.

— Mon cher Constant, écoute-moi : tu étais encore bien jeune au moment de la liquidation des affaires de notre père, tu l'es encore aujourd'hui, mais combien tu avais raison de ne pas vouloir de l'arrangement qui a eu lieu. Maman, tu le sais, s'est laissée endoctriner par son beau-frère (l'oncle Brouillon, comme nous l'appelions, parce qu'il mettait la zizanie partout). Oh! il est très bien avec Louis; je ne sais au juste ce qu'ils convoitent ensemble, mais tu sais, ta fiancée, Mᴸˡᵉ Michel aînée, je crois bien qu'ils visent de ce côté-là pour un mariage. Alors tu comprends : Moins il y aura de Lepage dans la maison...

— C'est possible, mais malheureusement ce pauvre Louis n'a pas beaucoup de santé ; je crains bien que cela ne se fasse pas...

— Tu crains ? Mais c'est fini pour nous après : On nous remboursera les quelques mille francs que nous commanditons et puis... bonsoir.

— C'est vrai, mais l'établissement de notre père sera sauvé ! N'est-ce pas à cela qu'on a eu l'air de penser au moment de la fameuse liquidation !

— Tu te moques ?

— Non ; mais ce qui est fait est fait ; il n'y faut pas revenir. Je te le dis : mon parti est bien pris, je travaillerai ailleurs. Si notre frère Louis devient riche, tant mieux pour lui : Mais pour moi je vois tout autre chose ; je reste convaincu que tout cela est ruse de la part des Michel ; ce qu'ils convoitent, eux, ce sont nos fonderies, les événements les favorisent trop, pour qu'ils laissent échapper cette occasion qui a une grande importance peur eux ; l'avenir nous dira cela. A bientôt.

Me voilà donc livré à ma propre initiative. Par où vais-je commencer ? Je n'avais que de tristes protections ; des gens qui désiraient surtout se débarrasser de moi au plus tôt — cela me servit pourtant. Louis me dit :

— J'ai parlé de toi à M. Michel aîné ; je lui ai parlé de tes intentions de reprendre ton ancien métier. Il se propose de te présenter à M. Noore, mécanicien-fondeur à Caen qui lui demande un contre-maître. Ça t'irait-il ?

— Oui, c'est un début.

— Eh bien, il va demain à Caen, il te présentera.

Me voilà donc parti pour Caen. On se rappelle le rôle important que les Michel avaient eu sur ma destinée avant la ruine de mon père.

C'est à M. Michel aîné que je devais, hélas ! de n'être pas entré à l'Ecole centrale. Il partageait les vues de mon père, et pour ses fils il fit cependant le contraire. « Est-ce pour cela que je voyais clair dans leur jeu ? » Peut-être.

Enfin je me laisse introduire dans la maison de Caen.
Nous prîmes le bâteau par un beau temps et fîmes une
belle traversée. M. Michel aîné emmenait avec lui un de
ses contre-maîtres, un juif (bien nommé). C'était un
modeleur qui ne pouvait pas me souffrir. Lorsque
j'étais dessinateur, ma jeunesse et le rôle important que
je remplissais, qui n'était pas de mon âge, l'offusquaient.
Comme on le voit, je n'étais pas précisément avec des
amis.

M. Michel aîné, qui m'avait pourtant connu tout gamin, ne me tutoyait plus. Il me dit :

— M. Constant, je vais vous présenter chez un de
mes amis, M. Noore. Il était aussi l'ami de votre père,
il vous a vu tout enfant, mais je crois que vous ne vous
souvenez pas de lui ; vous n'êtes donc pas tout à fait un
inconnu. M. Noore a une fille, je dois vous dire
d'avoir...

— Mais, Monsieur, est-ce que...

— Non, mais enfin un militaire... On a quelquefois
vite oublié les convenances. Mme Noore est excessivement
rigide sur le « comme il faut ». Ne vous formalisez pas
si je vous parle ainsi, je le dois, mais je suis bien sûr
de ne pas avoir à regretter ce que je fais pour votre
avenir.

Je vis bien que les fiançailles étaient passées, comme
le reste. C'est bien, me dis-je, tout s'explique. Je suis
averti.

Nous voilà arrivés à Caen.

Je connaissais déjà l'établissement Noore. Avant mon
engagement, dans une de mes escapades, j'y avais travaillé un mois comme ajusteur.

M. Noore ne m'avait pas reconnu, du moins il ne le
parut pas, car il ne me dit rien à ce sujet.

M. Michel me présenta donc.

— Ah ! dit M. Noore, le fils de M. Lepage. J'ai bien
connu Monsieur votre père me dit-il en me donnant la
main.

— Il revient du régiment, continue M. Michel, vous
pourriez l'occuper, il dessine très bien et est très bon
ouvrier.

— Je le crois, mais il est bien jeune pou. faire un contre-maître, dit M. Noore.

— J'étais fourrier, lui dis-je, et je sais commander.

— Allons ! c'est bien, nous arrangerons cela.

Ils en avaient déjà causé ensemble ; je les laissai.

— Monsieur Lepage, me dit M. Noore, nous vous attendons pour dîner ce soir à 6 heures, je compte sur vous.

— Merci ! Monsieur. Je serai exact.

« Ces quelques paroles, sans que je m'en doutasse, naturellement, étaient le prélude de trente-neuf années d'une lutte acharnée et opiniâtre pour l'existence et devaient décider du sort de toute ma vie. On va en juger : »

J'étais dans ma 21° année ; c'était en octobre 1846.

Je me rends donc à l'aimable invitation de M. Noore. Nous étions six personnes à table : M. Michel aîné, M. et Mme Noore et leur demoiselle, le juif et moi. On m'avait placé à côté de Mademoiselle.

La conversation roulait sur le grand progrès des machines à vapeur dont l'application à l'outillage commençait à se faire partout. M. Noore venait de faire l'acquisition d'une machine à raboter et d'un tour parallèle... Que deviendront les ouvriers avec toutes ces machines là, dit-il. J'ose à peine les introduire chez moi, j'ai déjà eu des désagréments à leur sujet, c'est pour cela qu'il me faut quelqu'un pour mettre au courant quelques ouvriers et soigner l'outillage. M. Lepage, dit M. Michel, fera votre affaire ; il est jeune, c'est vrai, mais il a suivi avec moi les commencements de la machine et il la connaît. Il sait qu'il faut former des hommes nouveaux, les vrais ouvriers ne veulent pas y mettre la main. — Je le ferai, dis-je, mais je le ferai moi-même jusqu'à ce que j'en aie formé quelques-uns.

On approchait du dessert. Mme Noore m'offre une grosse poire, magnifique d'apparence.

— Elle est trop grosse, dis-je.

— Partagez avec ma fille.

— Mademoiselle, dis-je à celle-ci, voulez-vous me permettre de vous offrir...

La poire était un peu gâtée ; elle voulut prendre la partie endommagée.

— Celle-ci, lui dis-je, je ne souffrirai pas...

Elle me fit un sourire si aimable que je me sentis pénétré sans me rendre bien compte de ce que j'éprouvais... Je crois que Mme Noore s'en aperçut car elle me dit :

— Vous vous êtes coupé ?

— Oh ! non, Madame... C'est cette poire, c'est fâcheux ; dis-je, qu'elle soit gâtée, elle est excellente.

Les deux industriels continuaient à causer machines, des progrès que l'agriculture devait faire.

— Il faudrait, disait M. Noore, la venue du petit moteur transportable.

— J'y ai déjà songé, dis-je ; j'ai même quelques idées très arrêtées.

— Nous verrons cela, répond-il.

Depuis l'incident de la poire je n'osais plus lever les yeux sur ma voisine, il me semblait que sa mère me regardait toujours ; il me venait sans cesse à l'esprit ce que m'avait dit M. Michel aîné dans le bateau. Quelle coïncidence ? me disais-je. Non. C'est impossible. On sait qu'au régiment je n'avais pas mes yeux dans ma poche, mais là, ce n'était plus la même chose. Une véritable timidité respectueuse me saisissait. Je n'avais encore jamais éprouvé pareille émotion. Je m'aperçus bien de quelque chose de semblable chez Mlle Noore, mais toute fatuité était écartée en ce moment, je restai donc avec cette impression, laissant au temps de m'en donner l'explication... ce qui ne se fit pas longtemps attendre.

On se sépara. Il fut convenu que je commencerais mon travail le surlendemain.

J'entrai donc dans mes fonctions. Il me fallut très peu de temps pour me remettre au courant. M. Noore me mit en rapport avec l'ingénieur des ponts et chaussées, chargé de la direction des travaux importants pour la ville et dont M. Noore avait l'entreprise. Je fus chargé d'exécuter sur plans de nombreux travaux.

Au bout de quelques mois M. Noore vit bien que je

faisais son affaire ; il devint avec moi plus amical. Un jour il me dit :

— Vous m'aviez parlé d'une petite machine transportable, montrez-moi donc vos idées à ce sujet.

— Je n'ai pas de plans tout faits, mais j'ai quelques croquis bien suffisants pour me faire comprendre.

— Voyons ?

— Je vais les chercher. Je lui développe mon système.

— J'examinerai cela, me dit-il, et vous rendrai réponse.

— Bien, Monsieur, quand vous voudrez.

Il se passa comme cela encore quelques mois ; dans cet intervalle il m'arrivait bien des fois de rencontrer Mlle Noore ; elle allait généralement au jardin, quelquefois à la promenade avec sa mère. « Je ne dirai pas des signes d'intelligence, mais cette correspondance muette qui dit plus que toutes les paroles et tous les écrits, s'établissait entre nos deux âmes. Ces préludes d'une véritable amitié, où l'amour n'osait se montrer, comme il arrive toujours dans les amours libres, vraies et désintéressées, me laissaient songeur : Je vis bien que j'étais pris ».

Plusieurs fois, dans des conversations entre jeunes gens, il nous était arrivé de nous demander à quelle marque, à quels signes on pouvait reconnaître la femme que l'on aime véritablement, celle qui doit devenir la compagne de notre vie. On était encore très sincère à cette époque.

En général les mariages, je dirai plus, même les amours libres dans le sens propre du mot, étaient exempts de spéculations. C'était une union d'âmes, une sympathie, une amitié que l'on voulait ; le sexe ne semblait ajouter à cet inaltérable sentiment qu'un attrait de plus. En un mot, c'était surtout une amie, une compagne fidèle que l'on cherchait.

J'étais de ceux-là et il m'arrivait souvent de dire : Moi je ne me marierai pas. — Pourquoi ? disaient les autres. — Parce que je veux aimer et être aimé. — Le mariage n'empêche pas me répondaient-ils.

— Mais on aime, ou on croit aimer du moins, toutes

les femmes, dit celui-ci. — Jusqu'à présent, dis-je, cela m'est arrivé, j'en conviens, mais il me semble que *l'union* de l'homme et de la femme est autre chose que cela. — Rêves ! disait celui-là.

Rêves tant que vous voudrez, mais je ne me marierai que lorsque j'aurai ressenti ce que je devine intuitivement ; je trouve le cas trop sérieux pour me lancer aussi légèrement.

« A cette époque, les jeunes gens n'étaient pas instruits sur les conséquences de leurs folies comme ils le sont aujourd'hui ; on entendait dire aux parents, lorsqu'un jeune homme s'amusait : « Il faut bien que jeunesse se passe, c'est l'école des bons maris », et l'on dépensait son cœur en folies qui coûtaient souvent bien cher à la bourse et à la santé. Aujourd'hui c'est encore la même chose, me dira-t-on ? Oui, au cœur près, parce qu'il n'y en a plus. Dans ce temps on aimait sérieusement, même ses maîtresses, qu'on idéalisait ; on dépensait avec les grisettes au cœur d'or, ce qu'une femme aimée et aimante désire le plus, une fois mariée : Du cœur ! — Chose si rare aujourd'hui que c'est une vraie joie pour moi lorsque, dans un ménage, je peux la rencontrer ».

« Vous connaissez, mon cher monsieur Paul, mes idées sur *l'union libre* ; elles sont nées de ma triste expérience : J'ai rencontré, pendant toute la durée de mon existence tant de femmes esclaves, martyres silencieuses, aspirant au besoin d'être aimées, que j'ai eu pitié d'elles en m'associant à ces idées libérales qui doivent les affranchir. J'ai conçu mon livre *Le Mal Social* (1) pour les délivrer à tout jamais de ces lois iniques qui, depuis si longtemps, donnent à tous ces tyrans, qui regardent la femme comme une propriété dont ils ont droit de

---

(1) Ici l'auteur fait allusion a un livre qu'il a publié, il y a trois ou quatre ans, signé de son nom... Les ennuis qu'il a eus pour ce livre à cause de sa qualité de fonctionnaire dans l'enseignement l'ont obligé à ne plus s'exposer. Il m'a raconté sa vie et j'ai pensé qu'au milieu de tant de romans où l'imagination a la seule part une histoire vraie d'un simple citoyen pouvait trouver sa place.   X...

disposer à leur gré, un pouvoir presque absolu ; sans songer au dégoût que suscite leur indifférence, leur lâche conduite et leurs brutales amours. »

On m'a quelquefois répondu : mais la mère n'a-t-elle pas pour se consoler ses enfants... Oui, mais là encore elle est trahie, son dévouement pour eux est sans bornes, et à son tour l'égoïsme et la tyrannie de l'enfant à mesure qu'il grandit vient s'ajouter à l'indifférence du mari. Vienne l'âge de retour : La femme ouvertement et souvent cyniquement délaissée par tous, reste seule avec ses tristes pensées, à la charge d'un mari qui souvent la dédaigne, et d'enfants précoces qu'elle gêne déjà : Elle le sent... Que d'existences passées ainsi sans avoir trouvé un seul élan de pure et sainte amitié partagée !...

On a dit que la femme était tout l'un ou tout l'autre : Vice ou vertu : Peut-il en être autrement ?

La société ne lui offre que ces deux extrêmes, *comprimer ou exalter* ses passions ; le moindre élan du cœur est une légèreté coupable que le monde ne pardonne pas, et, si trop comprimé le cœur cède à la nature c'est le déshonneur... Que d'infanticides ont pour cause cette impasse à rendre folles les plus sages.

Femmes qui que vous soyez, soyez indulgentes les unes pour les autres : l'extrême vertu comme l'extrême vice, au milieu de ces luttes, est le fait d'une monstruosité sociale !

La nature ne demande pas tous ces drames où sombre la Liberté.

Je voulais donc *aimer* et être *aimé*.

Maintenant que je me suis expliqué, vous voyez, mon cher monsieur Paul, quel était intuitivement à ce moment *l'état de mon esprit*. Ceci doit jeter sur toute ma vie un jour qu'éclairera bien des points, qui seraient restés obscurs, sans cette explication, tellement les idées courantes sont éloignées de cette manière de voir. »

Je reviens à mon sujet : M. Noore, mon patron, était enchanté. Je lui avais expliqué sur des plans achevés alors, les avantages que je pensais tirer du petit moteur transportable. Il me dit :

— Eh bien ! il faut l'essayer... sans nuire aux travaux pressés bien entendu...

Cette confiance m'enhardit un peu. On sait que je n'avais pour toute richesse que ma bonne mine, mon marteau et mon crayon.

Le mariage me trottait dans la tête et comme mes intentions étaient bonnes, que rien ne forçait cette union, je me laissai aller à mon doux penchant.

Je ne perdais aucune occasion de voir Mlle Noore, et dois-je le dire, elles se présentaient plus souvent qu'auparavant ; était-ce un effet d'hypnotisme ? (mot qu'on ne connaissait pas dans ce temps là) c'est probable, en tous les cas c'était pour moi un signe certain (que je pressentais avant de l'avoir connu) *du véritable rapprochement des sexes.* C'est avec intention que je ne prononce pas *ici* ni le mot amour ni le mot amitié.

« Ce que nous éprouvions, ce que nous ressentions et qui faisait notre bonheur en ce moment ne peut se nommer. Si j'essayais d'en faire la définition, je dirais que c'était l'union des âmes dans l'infini : Ce que plus tard celle qui est devenue ma femme et moi, nous appelions les jouissances du Paradis.

Malheureusement sur cette terre la durée de ces instants est toujours éphémère. Heureux qui sait les saisir au vol ! Il n'y a point d'âge pour cela ni de sexe. Ne serait-ce point cela, cette fraternité universelle dans laquelle Jésus, *tout amour* voulait fondre l'humanité ! Quand il disait : « Aimez-vous les uns les autres ». O Solidarité, Soleil de l'Avenir !... C'était donc décidé, Mlle Noore serait ma femme. Mes assiduités, mon air, que sais-je, des choses qui n'échappent jamais à la curiosité toujours éveillée de tous, firent transpirer dans les ateliers le mot mariage... Mme Noore, qui probablement en avait eu vent, m'accosta dans la cour et me dit :

— Monsieur Lepage. Je trouve très impertinent la manière dont vous regardez ma fille et je me verrais obligée, si cela continuait, d'en prévenir M. Noore. Pensez aux conséquences !...

C'était clair.

Je vis bien qu'il était temps de se prononcer.

Une circonstance fâcheuse pour moi et qui faillit même être très grave, précipita les événements... Je venais de me faire prendre les doigts dans un engrenage où la main infailliblement et peut-être le bras eût passé si la courroie de la machine-outil n'avait glissé sur sa poulie.

Le bruit d'un homme blessé arrive jusqu'à la maison ; on demande à M¹¹ᵉ Noore du linge, de la charpie...

Qui est blessé ! qui est blessé ! dit-elle...

Par instinct l'ouvrier ne voulut pas dire le nom.

— C'est M. Lepage dit M¹¹ᵉ Noore.

Et elle se trouva mal. J'ai su plus tard que, revenue à elle, sa mère lui avait dit :

« Tu aimes cet homme !... (Il y a peut-être dans ces quelques mots toute l'explication de cette énigme que j'ai tant cherché à déchiffrer toute ma vie pour expliquer l'étrange aberration dans laquelle est tombée celle qui est devenue ma belle-mère, et qui a fait le malheur de toute notre vie. « Dieu ! lui pardonne ».)

J'étais blessé assez sérieusement pour aller à l'hôpital. Je m'y rendis donc. Après le premier pansement fait avec beaucoup d'habileté par Mᵐᵉ Noore elle-même. Je la remerciai de grand cœur ; elle parut touchée. Ce n'était pas la première fois qu'il arrivait de pareils accidents et Mᵐᵉ Noore était connue pour sa grande sollicitude et son empressement à soigner et même à visiter les pauvres diables qui se trouvaient victimes d'accidents.

Il y avait quelques jours que j'étais à l'hospice ; j'avais une chambre à part. Il m'arrive une visite, c'était la concierge de l'usine qui m'apportait un magnifique bouquet de roses.

— De la part de Mᵐᵉ Noore, me dit-elle.

— Ah ! merci, lui dis-je, je suis bien reconnaissant ; vous présenterez bien mes respects à ces dames.

— Vous n'avez besoin de rien, vous êtes bien soigné ? C'est Mᵐᵉ Noore qui m'a chargé de cette commission.

— Vous la remercierez de nouveau.

Tout va bien, me disais-je.

On sait que ma tante la religieuse m'avait donné une

médaille de la Vierge ; je l'avais encore. La religieuse qui me soignait, qui pansait ma blessure, l'avait aperçue.

— C'est bien, me dit-elle un jour ; cette dévotion à la Vierge vous portera bonheur.

— Oh ! je ne suis pas bien dévot lui dis-je, c'est un souvenir que je garde de ma tante que j'aime beaucoup, une religieuse comme vous.

La fenêtre de ma chambre donnait sur le jardin de la fonderie. Il y avait assez loin de l'hôpital à cet endroit, mais à l'aide d'une lorgnette je pouvais voir Mlle Noore sans qu'elle s'en aperçût. Est-ce encore de l'hypnotisme ? Mais plusieurs fois il m'a semblé que ma volonté la faisait regarder de mon côté... Elle ignorait où était ma fenêtre, m'a-t-elle dit plus tard.

Un jour Mme Saint-Dominique, c'était le nom de la religieuse, me surprit ; elle sourit... Je crois bien qu'elle avait compris... Mme Saint-Dominique était de ces religieuses qui savaient se faire aimer ; elle attirait la confiance, et, sans pruderie, imposait le respect ; elle était si bonne que bientôt je lui fis ma confidence... elle vit bien que c'était un amour naissant.

— Vous êtes bien jeune, me dit-elle. Avez-vous bien réfléchi aux conséquences et aux responsabilités du mariage (j'avais vingt-deux ans).

— Ma foi non. Je me marie parce que j'aime, voilà tout.... et j'ajoutai : je me crois aimé...

— Je voudrais me tromper, me dit-elle, mais votre caractère ouvert et franc vous vaudra de biens terribles luttes dans le monde, que vous pourriez éviter. Il faudra que je vous envoie notre chapelain ; il vous plaira j'en suis sûre.

Merci ! ma sœur.

En effet, quelques jours après le chapelain vint me faire une visite et m'apporta un livre ; de son côté, Mme Noore, craignant sans doute que je m'ennuyasse, m'avait confié Chateaubriand. On sait que je ne connaissais que Voltaire ; Chateaubriand était à ce moment le grand écrivain de l'époque, on ne parlait que de lui. Je me mis à le lire, un peu prévenu qu'il était légitimiste et dévot.

— Vous lisez Chateaubriand? me dit le chapelain.

— Je n'ai encore lu que peu de chose.

— C'est un ouvrage qui n'est pas sans danger pour la jeunesse.

— Comment cela? Je croyais...

— Oui, sans doute, mais il n'est pas saint. Chateaubriand est un poète. Tenez, lisez ceci, c'est plus sérieux...

— Merci, Monsieur l'abbé... je vous dirai mes réflexions.

Il causait assez bien.

— Je reviendrai vous voir, me dit-il.

— Quand vous voudrez, Monsieur l'abbé.

Ai-je besoin de vous dire que Chateaubriand eut le dessus; l'autre était un livre insignifiant dont je ne me rappelle ni le titre ni le nom de l'auteur.

La lecture du *Génie du Christianisme* fit une impression sérieuse sur moi.

Je ne possédais pas à ce moment une instruction philosophique suffisante pour juger bien à fond cette œuvre, mais j'en comprenais toute la portée idéale. Le côté pratique, en effet, comme l'avait craint l'abbé, me séduisait sans me rendre pour cela plus dévot.

« L'ironie de Voltaire que je connaissais bien, plus que le fond même de son esprit (à cette époque la moquerie était la grande arme bourgeoise contre le cléricalisme) ne brillait pas... je trouvais les sarcasmes de Voltaire bien faibles à côté des développements de l'illustre écrivain catholique. Je ne doutais plus que l'on pût élever très haut l'idée chrétienne... Ce n'était plus dans mon esprit ce ratatinement moqueur, un peu bête, que j'entendais autour de moi. La religion se présentait à ma jeune imagination, non comme elle était, mais comme elle aurait dû, comme elle devait être; aussi tout en n'admettant pas les usages qui m'en paraissaient plutôt démodés que ridicules, j'étais disposé à braver le respect humain pour la grandeur de la chose. »

Ce que je fis : C'était donc une vraie conversion au sens propre du mot, mais pas complète au fond. Il fallut qu'un peu plus d'expérience passât là-dessus... Mais j'étais sincère : Mme Saint-Dominique et l'abbé me tenaient. Il y avait, chez l'une du moins, une vraie conviction que je n'affirmerais pas chez l'autre ; leur apostolat n'était du reste point le même ; l'une était toute charité, l'autre un peu pédant, très superficiel, instruit cependant, cherchait à persuader.

Ce n'est point le prêtre qui me fit me résigner à braver ce qui me déplaisait dans les rites catholiques. C'est la sœur... et je ne lui en sais pas mauvais gré. Elle m'a montré ce que c'était que le pouvoir de la volonté. Je n'avais, dans ma vie déjà bien accidentée, jamais eu l'occasion de constater cette force sur soi-même ; sans le savoir, j'avais remporté sur moi une grande victoire. On le verra plus tard.

Mᵐᵉ Saint-Dominique voulait absolument faire de moi un prêtre ou un moine. Sa foi... car elle était véritable chez elle, m'avait gagné un moment.

J'étais donc placé entre le mariage et le célibat (le vrai célibat alors).

Je réfléchissais à ce qu'elle m'avait dit : Vous êtes bien jeune, avez-vous bien réfléchi aux conséquences et aux responsabilités du mariage.

« J'étais déjà plus sérieux qu'au régiment, mais certainement moins nature : les influences corruptrices de notre belle société commençaient à se faire sentir. » De tristes réflexions me traversaient l'esprit : Je suis pauvre, je ne suis qu'un ouvrier ; il est vrai que par le mariage je retrouve une famille, une position chez mon beau-père ; Mᵐᵉ Noore semble m'attirer ; je ne lui déplais pas. Quant à Mademoiselle, je ne doutais pas de sa sincérité.

Il me semblait que là était le bonheur !... Et sentant l'isolement du côté de ma propre famille ; je ne pouvais pas hésiter : Qu'on se fasse moine ou prêtre, me disais-je, je le comprends ; l'apostolat c'est beau, mais quelle abnégation il faut ! Ce n'est plus la misère qu'il faut vaincre là, c'est son propre tempérament, le pourrais-je ?

Chateaubriand m'avait édifié sur ce chapitre, j'avais lu *René, les Martyrs, Atala et Chactas. René*, surtout, m'avait frappé ; je vis bien que je n'étais pas un saint, et que les vertus du mariage pouvaient, aux côtés d'une

femme aimée, avoir quelques chances de triompher de
ma nature indépendante.

Je l'ai dit plus haut, cette éducation de la jeunesse :
« Il faut que jeunesse se passe » est très pernicieuse au
moral comme au physique ; je veux bien croire que
pour beaucoup de maris le mariage soit le tombeau des
amours libertines quand elles ne continuent pas dans la
propre couche nuptiale. Mais on conviendra que beaucoup aussi ne peuvent se débarrasser de l'énervement
contracté dans leur jeunesse par le libertinage. On se
retrouve là en face d'un abus comme celui de l'alcoolisme : « Qui a bu boira ». Toute réflexion faite, comme
on en peut faire à 22 ans, je me dis : Va pour le mariage.

Mes blessures allaient mieux ; j'étais toujours l'objet
des prévenances de Mme Noore. Un jour elle vint me
voir et me fit promettre pour elle ma première visite...

— Elle vous est due légitimement, dis-je.

— Vous accepterez à déjeuner avec nous, nous vous
attendons jeudi.

J'étais au comble de la joie.

— Merci, Madame. Oserai-je vous demander comment
se porte votre demoiselle ?

— Très bien.

Je me rends donc à l'aimable invitation ; j'avais le bras
en écharpe. C'était la deuxième fois que j'étais invité. Je
me trouvai un moment en tête-à-tête avec Mlle Noore ;
j'en profitai pour causer. Je hasarde quelques mots un
peu significatifs ; je vis bien que je ne déplaisais pas.
Pendant le déjeuner Mme Noore, très empressée auprès de
moi, me demande si j'étais bien soigné, bien nourri à
l'hospice, elle m'offre toutes sortes de gâteries, confi-
tures, gâteaux, enfin j'étais si bien accueilli et me trouvais si heureux que je me décidai à faire une proposition
de mariage. M. Noore était en voyage.

— Mes parents, vous le savez, ne sont pas ici, dis-je,
mais vous me recevez si amicalement que je ne crois
pas devoir plus longtemps vous laisser ignorer le plus
grand désir de mon cœur. J'aime votre demoiselle et vous
la demande pour épouse.

— Cette franchise me plaît, me dit Mme Noore. J'en parlerai à mon mari. Je vous trouve un peu jeune l'un et l'autre, mais enfin votre situation étant ici vous serez un enfant de plus dans la maison.

— Vous me comblez, Madame.

L'heure de ma rentrée à l'hospice approchait, je quittai ces dames dans le plus complet bonheur.

Je me trouvais soulagé. Maintenant, me disais-je, je saurai quelle contenance tenir. J'attendais avec impatience une nouvelle entrevue.

La concierge de la fonderie, qui me fournissait de bouquets, m'en apporta un plus beau encore que tous les autres, de la part de Mme Noore en disant : On vous attend ce matin avant 11 heures.

Enfin mon sort va se décider. Je me présente. Toute la famille était là. Après quelques observations sur notre jeune âge, M. Noore me dit :

— Eh bien, Monsieur Lepage, vous voulez vous marier ? Il ne me déplaît pas de vous donner ma fille.... Vous avez su vous rendre utile dans mon établissement, vous trouvez chez moi une position toute faite et ce qui nous plaît, c'est de ne pas nous séparer de notre enfant. J'ai connu Monsieur votre père, nous étions même avec M. Michel aîné de bons amis ; toutes ces raisons plaident en votre faveur, votre caractère doux avec les ouvriers la manière dont je vous ai vu diriger mes travaux m'assurent et vous assurent des jours heureux. J'ai su le malheur qui était arrivé à votre père, la perte de votre fortune, vous pouvez retrouver ici le moyen de la refaire... Voyez donc Madame votre mère et votre frère aîné que je connais beaucoup et terminons cette affaire au plus tôt.

Quand pensez-vous reprendre votre travail ?

— Le médecin m'a parlé de huit ou dix jours.

— C'est bien. Voyez...

Je fis donc un voyage au Havre, j'expliquai à ma mère ce qui se passait, je lui fis un portrait si charmant de Mme Noore qu'elle me dit :

— Tu ne m'as jamais aimée comme cela !

— Démonstrativement peut-être, maman, mais au fond je ne fais pas de comparaison.

— C'est singulier... Ce qui ferait tant plaisir aux mères on le réserve pour les étrangères !

— Oh ! mère.

— Oh !... je ne suis pas jalouse.

— Tant mieux.

— Mais mon pauvre enfant, je te trouve bien jeune pour te mettre en ménage : Vingt-deux ans ! Tu sais bien que nous n'avons plus de fortune ; tu n'as que tes bras. Je ne doute pas de toi... Je sais que tu es courageux et honnête, tu te tireras toujours d'embarras, mais la famille vient, et avec elle, souvent la gêne ; c'est une entrave pour se faire une position.

— Mais maman, c'est une nouvelle famille que je retrouve ; comme dit Mme Noore : « Je suis un enfant de plus dans la maison ».

— Enfin !... tu es bien décidé ?

— Oui, ma mère, j'aime Mlle Noore et suis convaincu d'en être aimé aussi ; ce n'est point un mariage de convenance ni d'intérêt que je fais et tout m'assure qu'il en est de même de son côté ; elle sait que je n'ai rien...

Ces unions me plaisent, dit ma mère, à cause de leur sincérité, mais il faut cependant penser à l'avenir.

— Aussi te laisserai-je le soin des détails d'intérêt auxquels je ne veux pas me mêler ; je n'achète ni ne vends...

— C'est beau tout cela, j'ai connu cela aussi... mais le temps s'en passe. Enfin je vais en parler à ton frère aîné, c'est lui qui se chargera de toutes les formalités... car depuis mes fièvres, je me remets bien difficilement ; je te souhaite beaucoup de bonheur, Constant.

Ce fut décidé : on prit rendez-vous pour le dimanche suivant.

Je repris donc le bateau immédiatement et me rendis à Caen où je fis part de ma démarche auprès de ma famille. Je fus non seulement très bien accueilli mais Mme Noore me montra encore plus de tendresse ; sa fille ne put cacher un sincère mouvement de son cœur qui me rassura en tous points sur les inquiétudes de ma mère.

C'est une vraie famille, me disai-je, que je retrouve... Et après toutes les misères que j'avais subies au régiment, jugez si je me trouvais heureux. . . . .

Hélas ! qu'était-ce que ces misères à côté de celles qui m'attendaient...

CHAPITRE II

MON MARIAGE

Mon frère Louis, chef des usines du Havre et ma mère vinrent donc à Caen pour demander officiellement la main de Mlle Noore pour moi. Ma mère dit :

— « Mon fils est bien jeune, c'est encore un enfant ». En se mariant il ne pense sans doute pas à toutes les charges qu'il se crée ; j'avoue qu'avant de lui voir une position faite, je n'aurais jamais consenti à son mariage, mais il m'a fait de sa nouvelle famille, comme il dit, de tels éloges que je n'ai plus fait de réflexions.

— Madame, répond Mme Noore, nous n'aurions pas consenti à ce mariage si nous avions dû nous séparer de notre fille. C'est même une condition que je suis bien aise de demander — non d'imposer — à M. Lepage de continuer, comme par le passé, ses relations avec nous, désir que je ne pouvais exprimer plus simplement qu'en disant :

« C'est un enfant de plus dans la maison. »

— Où pourrais-je me trouver mieux, répondis-je ? N'êtes-vous pas pleine de bontés pour moi ?...

— Et mon fils, reprend ma mère, en est tellement heureux et l'exprime si franchement que ce serait à rendre jalouse la meilleure des mères...

On connaît ma délicatesse au sujet des choses d'intérêt ; d'ailleurs je n'y entendais absolument rien ; je ne demandais rien à Mlle Noore et j'étais bien convaincu qu'elle aussi ne m'en demandait pas davantage.

Elle avait une confiance absolue dans ses parents : « Ils m'ont toujours rendue heureuse, disait-elle ; je suis leur fille unique, n'y aurait-il pas honte à s'occuper de cela. » Et moi je pensais de même.

La famille arrangea les affaires et je fus tout surpris de voir figurer une dot sur le contrat de mariage.

Que s'était-il passé? Je n'en sais rien, ce que je sais c'est que lorsqu'on me lut le contrat, je dis : Je ne demandais rien (j'aurais cru faire injure à ma femme en l'achetant); il vous a plu de donner cela, je vous en remercie pour elle. Ne suis-je pas chez vous? C'est tout ce que je vois et je me trouve heureux comme cela...

« Ce que je dis là est littéralement exact: J'avais, quoique jeune, des idées bien arrêtées là-dessus. »

Le mariage fut donc fixé au 10 septembre 1847, quelques mois après la demande en règle.

Dans cet intervalle j'étais reçu chez mes futurs parents absolument comme le futur enfant de la maison.

Mᵐᵉ Noore continuait d'avoir, pour moi, de ces petites attentions qui donnent tant de charmes à la vie. Le bonheur de voir ma future épouse, de lui parler sans autre contrainte que le respect naturel à deux êtres qui s'aiment en attendant l'heureux moment d'une union plus intime, donnait à mon existence un charme que je ne connaissais pas encore. Je voyais avec joie ce charme partagé.

— Soyez heureux, mes enfants, dit un jour ma future belle-mère, vous passez le plus beau moment. « Ça ne dure pas toujours !... (sic).

— Quelle triste note !... me dis-je. Pourquoi troubler cette harmonie toute de sincérité, lui dis-je en riant. Vous si bonne et qui paraissez si heureuse de nous voir heureux.

Elle ne répondit pas... Je continuais à être l'objet de ses tendresses...... Elle jouait avec moi comme avec un enfant ; je répondais à ces caresses de mère avec une joie toute naïve; enfin jusqu'au jour du mariage ce fut un vrai bonheur.

Mon futur beau-père n'était guère à la maison que

pour les repas ; il n'était donc nullement témoin de cette amitié. D'une bonne nature, mais assez indifférent, il laissait sa femme entièrement maîtresse à la maison.

Je continuais à leur plaire ; tout semblait donc au mieux pour le bonheur de tous.

Cependant un fond de tristesse se lisait sur le visage de Mlle Noore (je m'en aperçus bien qu'elle fît tout pour me le cacher. Nous en saurons plus tard la raison).

J'attribuais ceci à l'inquiétude bien naturelle d'un changement complet dans l'existence de la jeune fille, tombant tout d'un coup en pouvoir de mari.

Nous approchions du terme fixé.

Un jour Mlle Noore me dit :

— Nous avons projeté pour demain une petite partie de campagne à Montaigu (1). Vous en êtes ? Nous pouvons compter sur vous ?

— Avec grand plaisir, Madame.

— Venez me prendre à dix heures, demain matin ; nous y passerons la journée.

Une quinzaine de jours environ, à ce moment, nous séparaient de celui fixé pour le mariage... On nous laissa, à ma future et à moi, une plus grande liberté que d'habitude ; nous pûmes donc entrer plus avant dans nos confidences.

Je commençai par aller cueillir un bouquet à l'intention de ma bien-aimée et je m'empressai de le lui apporter ; elle fut enchantée de cette attention galante, apercevant un souci parmi les fleurs.

— Oh ! me dit-elle, du souci !...

J'avoue mon ignorance. (Je ne connaissais point encore à ce moment le langage des fleurs).

— Quoi ? lui dis-je.

— Otez ce vilain souci... dit-elle.

Sans trop deviner, je le jette à terre.

— Je n'ai pas de chance, me dit-elle très gentiment

(1) Montaigu était une assez jolie propriété avec grand jardin près d'un petit bois peu éloigné de Caen. Il y avait peu de temps que M. Noore en était propriétaire.

en me regardant : Nous avons partagé, la première fois que nous nous sommes vus, une poire véreuse, et voilà maintenant un souci... Oh ! je vois bien que vous vous êtes trompé... Mais cela me rend malgré moi rêveuse...

— Douteriez-vous... êtes-vous superstitieuse ?

— Oh ! non ! vous avez l'air si doux ! Et je crois sincèrement que vous m'aimez.

— Mademoiselle, pourriez-vous me dire pourquoi ce fond de tristesse que je remarque depuis quelque temps en vous ?

Je vis une larme couler de ses yeux...

— Vous vous en êtes aperçu ? Je ne m'en rends pas bien compte, mais il me semble que ma mère, à mesure qu'approche notre mariage, change à mon égard.

— Mais elle est toujours aimable avec moi !...

— Oh ! oui ! Je crois qu'elle vous aime beaucoup... Je me trompe probablement. Ne parlons plus de cela...

— Oh ! vous avez raison, Mademoiselle ; quoi qu'il arrive ne gâtons pas par des *soucis imaginaires*, un bonheur si rare et que je souhaite si sincèrement de voir durer toujours.

D'abord, lui dis-je en m'approchant un peu plus près d'elle... Une femme pour moi doit être, avant tout, une amie... pour son mari.

— Et réciproquement répond-elle.

— Il ne doit pas y avoir de maître... ni de maîtresse...

— Nous nous entendons... Mais c'est bien sérieux, Monsieur, ce que vous me dites-là. Si nous devinions des rébus.

— Je ne suis pas fort... vous allez m'apprendre ; je serai si heureux d'être votre élève.

Nous nous mettons à deviner des rébus. Quelquefois nos doigts se rencontraient fortuitement ; on riait... Mais, dis-je, c'est charmant ça, les rébus, on y passerait une journée sans s'ennuyer. Une bonne idée que vous avez eue là, Mademoiselle. Elle riait de si bon cœur que sa mère nous entendit... Elle arrive...

— Allons ! ne vous gênez pas !... Venez déjeuner, vous reprendrez cela une autre fois.

— Est-ce que votre mère est fâchée ? dis-je à ma fiancée.

— Oh non !

Nous allons déjeuner... Il se trouvait là comme invité, un cousin du côté de Mme Noore (nous le retrouverons jouant un rôle d'une certaine importance). Ce cousin était un grand ami de la maison.

— Monsieur Lepage, me dit Mme Noore, je vous présente M. Delaporte, un de nos meilleurs amis Monsieur Delaporte, je vous présente M. Lepage, notre futur gendre...

Ce Monsieur me fit assez froide mine et se retournant du côté de Mlle Noore :

— C'est donc décidé, tu te maries.

— Oui, mon cousin.

Jean Delaporte était un homme de 45 ans environ ; il était père de deux garçons. Son mariage n'était pas des plus heureux, j'entendais qu'on le plaignait ; il avait connu Mlle Noore enfant ; il la tutoyait.

— Tu sais, dit-il à ma future, je garde ton portrait, c'est la seule chose qui va me rester...

Mme Noore dit :

Oh non ! vous me le rendrez ; je n'en ai pas, moi...

C'était un daguerrotype...

— Je le garde ; vous le verrez quand vous viendrez à la maison...

— Je ne savais pourquoi, ça ne me plaisait pas qu'il eût cet unique portrait.

J'entendis qu'on l'invitait à la noce ; il s'excusa d'abord puis enfin il promit d'y venir.

Lorsque nous nous trouvâmes seuls, ma fiancée et moi, je lui demandai quel était ce cousin...

— C'est un grand ami de mon père, me dit-elle ; il vient tous les ans aux vacances, passer quelque temps à la maison ; je le regarde comme mon père, il m'a connue tout enfant... Il a de l'esprit, n'est-ce pas ?

— Oui, mais il est un peu froid...

— C'est qu'il ne vous connaît pas encore. C'est un charmant homme en lequel nous avons la plus grande confiance...

Après le déjeuner on propose une promenade. M. Delaporte prend le bras de M{{lle}} Noore et moi j'offre le mien
à ma future belle-mère. Il y avait quelque temps que
nous marchions sans avoir encore trouvé grand'chose
à nous dire lorsque, me montrant sa fille qui était à une
certaine distance de nous, M{{me}} Noore me dit :

— Voilà le moment de votre union qui approche;
c'est toujours une inquiétude pour une mère qu'un
moment comme celui-là : Etes-vous bien sûr d'aimer
ma fille et de la rendre heureuse? c'est une enfant qui est
habituée à une douce et tranquille existence... on ne la
contrarie jamais; son père la gâte beaucoup... un
changement à ses habitudes pourrait la rendre malheureuse et je crois, ajouta-t-elle, que si vous en
étiez la cause, je vous en voudrais toute ma vie... (sic).

Je riais un peu, croyant à une épreuve de mes sentiments.

— C'est très sérieux, me dit-elle assez sévèrement.

— Mais, lui dis-je, notre bonheur dépend de vous...
puisque je reste chez vous ; ne suis-je pas toujours un
deuxième enfant pour vous? Allons! madame Noore,
qu'est-ce que ces paroles veulent dire... ne suis-je pas
toujours le même?... Je comprends vos inquiétudes,
elles sont toutes naturelles ; mais croyez que je ne
ferai jamais rien pour les justifier.

— Allons! c'est bien, me dit-elle. Causons maintenant d'autre chose.

Je les reconduisis jusqu'à la fonderie et, de là, me
rendis chez moi, rue des Carmes, dans une petite maison
à côté de l'église Saint-Jean. Cette conversation me
tourmentait un peu. Est-ce un revirement? me disais-
je.

Je pensais un moment au cousin ; je ne lui plaisais
peut-être pas, il aura donné une impression défavo-
rable de ma personne.

Ah bath ! Tout est fixé, on va publier les bans, on
ne peut revenir là-dessus ; après tout ce sont des idées
peut-être que je me fais ; n'y pensons plus.

Le lendemain, une meilleure impression changea mes
idées ; je vis passer, de ma fenêtre, M{{lle}} Noore et sa mère

qui se rendaient à la messe à Saint-Jean ; un regard furtif mais très significatif de ma future me rassura.

Nous voilà arrivés au grand jour. Toute ma famille, venant du Havre, était là. On avait fixé l'heure de la cérémonie religieuse à minuit, après le repas de noce. C'était l'idée de Mme Noore ; elle s'était, disait-elle, aussi mariée à minuit.

Le mariage se faisait à l'église Saint-Gilles à Caen. C'était le 10 septembre 1847.

Dans la matinée on se rendit à la mairie ; on était tous réunis. Mme Noore dit d'un air sec, en s'adressant à moi et à sa fille : « Il est encore temps. » Cette sortie fit un singulier effet sur toute l'assemblée ; personne ne répondit Mlle Noore et moi nous nous regardions :

Je vis dans ses yeux une expression de peine. Je compris qu'il fallait laisser faire. Enfin on nous marie : Le *Oui* sacramentel fut prononcé. Je ne sais si c'est cette sortie de ma belle-mère qui avait produit mauvais effet sur la société, mais la gaieté ne brillait pas ; le cousin eut beau faire appel à son esprit, ça ne prenait pas... Ça ira mieux, me disais-je, au repas du soir.

Le repas se faisait chez ma belle-mère à la fonderie. Nous étions douze personnes. Dans l'après-midi une délégation des ouvriers de l'établissement vint, avec un oranger enrubanné présenter ses hommages aux nouveaux mariés et à la famille.

« Ce souvenir m'est encore agréable aujourd'hui et me fait regretter le temps où, comme je l'ai dit dans la première partie de ce récit, les ouvriers étaient animés d'un très bon esprit envers le patron (1) ». Mon beau-père les récompensa généreusement. On établit une grande table dans la fonderie même, et le vin coula à

_____

(1) Ce bon esprit n'est plus possible aujourd'hui ; le capitalisme international a tué le patronat, en même temps qu'il a tué l'ouvrier.

Il n'y a plus que des spéculateurs et des manœuvres, l'offre et la demande.

Étonnez-vous des grèves... qui seront bientôt générales.

plein verre... les toasts, les souhaits ne manquèrent
pas...

Quel contraste avec ce qui se passait chez mon beau-
père. La table était pourtant richement servie; on n'avait
rien épargné... on eut beau faire pour amener la gaieté,
la froideur mal dissimulée de ma belle-mère et sa sortie
du matin, revenant probablement à l'esprit des convives
donnaient à cette fête la figure d'un véritable repas après
un enterrement ; heureusement que minuit approchait
pour mettre fin à cette position gênante pour tous et
surtout pour nous, les mariés. On attela deux voitures
et nous voilà partis pour Saint-Gilles.

La cérémonie ne fut pas longue ; vous dire si quelqu'un avait envie que tout cela fût fini ! C'était bien
moi.

On rentra à la fonderie et chacun se retira.

Qu'est-ce que tout cela cachait? On va bientôt le savoir:

CHAPITRE III

ME VOILA DE NOUVEAU BOURGEOIS

Ai-je besoin de le redire : ma femme et moi étions d'une franchise à toute épreuve et d'une grande loyauté, nous avions la plus grande confiance dans nos parents réciproques... nous ne soupçonnions même pas qu'il fût possible de troubler notre union. Aussi avons-nous été, l'un et l'autre, pendant longtemps à ne rien comprendre à ce que l'on va lire, craignant même de nous communiquer nos impressions de peur de troubler notre bonheur.

On sait comment se passa le repas de noce. Ma première nuit fut aussi peu gaie.

Notre chambre était à côté de celle de mes beaux-parents qu'une simple cloison séparait ; une tapisserie se développait sur la porte de communication. Il y avait un moment que nous étions au lit quand j'entendis ouvrir discrètement la porte derrière la tapisserie.

Je me lève pour aller la fermer, mais ma femme me dit :

— Restez... Je connais maman, elle se fâcherait.

— Mais, lui dis-je, cela ne se fait pas !

— Oh ! elle ne va pas entrer.

Oui, mais quelle nuit ! Faut-il donner d'autres explications ? Le matin elle entre dans notre chambre ; j'étais levé et faisais ma toilette. Elle va à sa fille et lui dit très sèchement :

— Est-ce... (sic).

Je me retournai et je vis ma femme rouge jusqu'aux oreilles...

— Mais Madame, lui dis-je...

— C'est toujours ma fille, me dit-elle très gentiment, vous ne pouvez vous plaindre des soins d'une mère.

— Oh Madame !...

— Pourquoi ne m'appelez-vous plus votre mère, n'êtes vous plus mon enfant ?

— Ah ! pardon...

— Allons ! allez à votre travail, la cloche des ouvriers est sonnée. Vous reviendrez, quand vous voudrez, voir votre femme, mais il ne faut pas trop la fatiguer ; laissez là reposer...

D'ordinaire, on donne toujours une semaine aux jeunes mariés pour se reconnaître ; j'avais bien réclamé, mais on me fit valoir que des travaux, excessivement pressés, nécessitaient ma présence ; que M. Noore d'ailleurs était obligé de s'absenter pour les affaires une huitaine de jours ; on verrait après, cela ne pouvait tarder.

On ne saurait croire combien cette mesure, intentionnelle du côté de ma belle-mère, m'a été funeste ; j'étais contrarié mais n'en apercevais pas encore toutes les conséquences.

Déjà, à cette époque, le fameux « les affaires avant tout » commençait à dominer sur toute chose ; je ne vis pas d'autres motifs à cette infraction aux usages.

Je n'y pensais plus, j'avais repris le courant de mes travaux, redoublant de zèle, *si possible*, j'ajoute ces mots car ma nature désintéressée était toujours la même. Que je trouvasse ou non un intérêt direct ou indirect j'aimais le travail pour le travail et j'étais heureux quand ma tâche avait été bien remplie : c'était ma récompense... On sait que je n'avais pas été élevé à aimer l'argent et la première fois que j'ai reçu, étant ouvrier mon salaire dans la main, j'en ai rougi jusqu'aux oreilles. Ce n'était pas par orgueil froissé ; je ne m'expliquais pas ce que j'éprouvais. « Aujourd'hui j'en donnerais très bien l'explication. »

Je me rends donc au premier repas, en famille... Mon beau-père était absent. Je m'apercevais, sans toutefois pouvoir l'affirmer, d'un léger changement sur les allures de ma belle-mère... elle devinait, sans doute, que mon esprit pouvait s'y arrêter, car elle me dit :

— On ne peut pas toujours vous gâter.

— Je le regrette, dis-je, mais je le comprends...

Ma femme, gaie d'ordinaire, perdait chaque jour de sa gaieté, je ne la trouvais plus ce qu'elle avait été. Plusieurs fois je l'avais surprise les yeux rouges... Elle a pleuré, me disais-je ; qu'est-ce qui se passe donc ? Je n'obtenais d'elle que de froides caresses. Il semblait que j'offensais sa pudeur... Parfois elle semblait me demander de l'épargner... Ses yeux, remplis d'amitié, touchaient mon cœur... je cédais... mais cette contrainte pouvait-elle durer longtemps ? On pense combien j'attendais avec impatience les fameux huit jours promis. Mon beau-père était rentré et on n'en parlait pas.

On comprend ma situation et on devine toutes les précautions qu'il me fallut prendre pour éviter des torts de mon côté et des froissements de l'autre.

Enfin ce jour arriva : Je vais peut-être connaître ce qui se cache là-dessous, pensais-je ?

Nous étions tous deux dans un état de contentement très marqué et nous ne voyions ni l'un ni l'autre aucune raison de le cacher. D'ailleurs, la dissimulation nous était complètement inconnue.

— Vous êtes bien heureux de vous en aller, dit ma belle-mère. Vous ne savez même pas cacher votre joie. Mais vous savez la convention, dit-elle en me regardant, vous ne devez pas me séparer de ma fille.

Mon beau-père, qui se trouvait là, dit :

— Mais est-ce qu'il y songe seulement... tu es folle, tu finiras par le dégoûter du mariage...

Oh ! dis-je, non, je ne crois pas Mᵐᵉ Noore capable de cela ; elle sait bien que tout notre avenir est ici... et que ma mère n'a consenti au mariage qu'à cette condition... Nous n'avons donc rien à craindre.

Elle ne dit plus rien... Mais son visage ne me rassura pas, j'y vis une méchanceté qui me fit peur :

— Qu'est-ce que tout cela va devenir ?...

J'avais hâte d'être sur le bateau... Ma belle-mère nous y conduisit et les larmes coulèrent de ses yeux, comme si nous allions faire un voyage en Amérique !

Ce mélange d'une tendresse, qui me paraissait outrée, avec cette méchanceté calculée jetait, dans mon jeune esprit, une confusion que je ne savais débrouiller : Pourquoi ce changement ? me disais-je. Qu'ai-je fait pour cela ?

Le moment de se séparer arriva. Ma belle-mère dit à sa fille :

— Tu sais : huit jours... pas un de plus...

Nous descendîmes dans le bateau et nous voilà en route pour le Havre, longeant l'Orne.

Avant d'arriver à la mer il y avait bien une heure de rivière à descendre ; nous pûmes causer tranquillement.

— Es-tu contente de te trouver seule avec moi ? dis-je à ma femme.

— Oui.

— Ne trouves-tu pas ta mère changée à notre égard depuis que nous sommes mariés ?

— Ça commençait déjà avant, me dit-elle.

— Je ne la comprends pas... il me semble pourtant n'avoir rien fait pour lui déplaire ?

— Je le sais bien.

— Que crois-tu qu'elle a?

— Je n'en sais vraiment rien.

— Elle ne voit pas ce voyage avec plaisir, n'est-ce pas. Pourquoi ?

— Je ne sais moi... qu'est-ce que tu veux que je pense ?

C'est à peu près tout ce que je pus obtenir de ma femme tout le long du trajet... Je n'y revins pas... Nous quittons la rivière.

La mer était assez houleuse, cela fit diversion ; jusqu'au Havre je ne fus occupé qu'à prendre soin de ma femme qui était malade ; je n'étais, moi-même, pas très à mon aise. Je me maintins cependant (Mais je n'étais plus l'insouciant chef de détachement pour la Corse (1).

(1) Voir première partie.

Hélas ! il s'était déjà passé bien des événements depuis ce
ce moment... Mes conversations avec Guérin me traversaient l'esprit) (1)... Bath ! me disais-je. J'ai mon avenir assuré à la fonderie de mon beau-père. Ne suis-je
pas marié... ma femme est fille unique... Je ne crains
rien... Sa mère est un peu originale, il est vrai, mais ça
se fera, elle aime trop sa fille pour la rendre malheureuse. Mon affaire est là et j'y resterai. Je trouvais ce
voyage bien long ; il ne finissait pas. Ma femme était
toujours malade. J'aperçois enfin les côtes du Havre.

Nous approchons dis-je à Octavie (c'était le petit nom
de ma femme) ; elle me donne la main, mais elle avait
été si secouée qu'elle ne pouvait me répondre. Elle
n'était point la seule, du reste, les petits baquets
avaient fait leur office.

Enfin nous entrons dans les jetées du Havre ; bientôt
nous débarquons ; mon frère avait envoyé son cocher
avec la voiture, ce qui nous aida à transporter nos bagages et nous voilà en route pour la fonderie.

— Allons-nous être plus heureux chez mon frère ?
me disais-je. Ma mère habitait toujours Montivilliers.

Je présente ma femme à mon frère aîné qui l'avait
peu vue ; son accueil, sans être précisément froid, n'était
pas non plus très empressé... La bonne nous conduisit
dans notre chambre... et nous voilà enfin installés
« chez nous ».

On sait que je n'avais pu obtenir de ma femme aucune
explication sur la façon d'agir de sa mère à notre égard ;
je vis bien que je n'en saurais pas davantage si j'insis-
tais... Je pris donc le parti de ne rien dire à ce sujet et
de jouir de nos huit jours avec le plus de bonheur possible. J'avais raison.

Mon frère aîné montra son indifférence ; il prétexta
qu'il était très occupé, demanda qu'on n'y fît pas attention ; et il nous laissa entièrement seuls. C'était, au fond,
ce que je désirais le plus. Mon frère Rémy était toujours
avec ma mère, et Henri le plus jeune, était occupé à la
fonderie ; on ne se voyait guère qu'au moment des
repas.

(1° Voir première partie.

Ma femme ne connaissait pas le Havre. Je consacrai les deux premiers jours aux visites de famille, oncles, tantes, cousins et cousines.

Je recevais, comme d'usage, des compliments de tous côtés... Vint le tour de quelques amis et connaissances; quelques-uns me trouvèrent très adroit : « Pensez! après avoir été ruiné, faire un tel mariage ! » Cela me touchait peu... Sortis de ces fatigues, je dis à ma femme :

— Demain je te conduirai à Sainte-Adresse, nous y mangerons des huîtres (Je savais qu'elle les aimait beaucoup). Nous avions bon pied, bon œil, comme on dit, nous partîmes donc le lendemain de bon matin et nous voilà en excursion : Il y avait presqu'un mois que nous étions mariés et nous étions encore, vis-à-vis l'un de l'autre, presque comme si on ne se connaissait pas avec une sorte de contrainte en plus, par conséquent moins confiants, moins heureux bien des fois qu'avant notre mariage... il y avait là quelque chose d'anti-naturel. Il faut, me dis-je, que je refasse la conquête de ma femme ; je n'étais pas homme à me contenter de la soumission conjugale.

Je n'eus pas beaucoup de peine à y *arriver*, je vis bien ce qu'elle craignait le plus, c'était que je lui parlasse de sa mère; lorsqu'elle fut assurée que je n'y pensais plus, elle devint plus gaie... Je retrouvai à peu près son sourire d'autrefois.

Nous arrivons à Sainte-Adresse et nous entrons dans un petit chalet. Nous avions tous deux bon appétit, comme on a généralement au bord de la mer et que l'on se porte bien ; nous nous fîmes servir un bon déjeuner ; le temps était magnifique et, de la petite salle que nous occupions, on apercevait une étendue de mer à perte de vue ; sur la gauche les côtes du Calvados se perdaient dans la mer.

— C'est là que se trouve Caen, dis-je à ma femme, en désignant ce côté du doigt.

Il s'échappa un soupir de sa poitrine...

Il y avait quelques heures que nous étions là. Je regardai à ma montre.

— Quatre heures !...

— Déjà ! me dit-elle. Nous sommes si bien...

— Nous y reviendrons encore une fois avant de partir... ma chère amie.

Et elle m'embrassa. Enfin ! L'espoir me revenait.

Le lendemain nous formâmes le projet d'aller à pied voir ma mère ; bien qu'il fût un peu plus long, nous prîmes le chemin du bois, emportant notre déjeuner afin de ne pas trop nous presser.

Le beau temps continuait, en sorte que tout le long de la route parsemée de fleurs et de verdure, c'était à qui ferait le plus beau bouquet... cela nous rappelait le bouquet de Montaigu...

— Il n'y a pas de souci dans ceux-ci, me dit ma femme un peu triste.

Je l'embrassai.

— Et les rébus... Te rappelles-tu, Octavie, étions-nous heureux ! hein...

— C'est vrai ; comme hier, comme aujourd'hui, comme je voudrais que ce fut toujours...

— Mais pourquoi pas, ma bonne amie ? lui dis-je en lui serrant la main...

— Js ne sais, me dit-elle tristement.

— As-tu faim ? dis-je, pour rompre avec les mauvais pressentiments que je sentais poindre. Entends-tu ce petit ruisseau, écoute... Si nous déjeunions là.

Et nous tirons, de notre panier, un petit poulet que la bonne nous avait fait rôtir... Notre appétit n'était pas moindre que la veille ; nous n'avions plus la belle vue de la mer, mais nous avions la fraîcheur du bois avec tous ses mystères ; nous en profitâmes... Cette journée fut décisive. « Conquérir une femme ! est plus rare qu'on croit en ces temps de civilisation. Le mariage est plus souvent une association qu'une union, particulièrement dans les familles aisées, ces intérêts qui, par le mariage, vous lient aux familles, les droits de parenté, sont plus souvent des causes de peines que des causes de joie... Il n'est point rare de constater que, dans la vie, on doit plus aux étrangers, pour service rendus, qu'à sa propre famille surtout lorsque l'infortune vous frappe... j'en suis un trop éclatant exemple. »

On verra, plus loin, toute l'importance de cette journée passée en plein soleil, en pleine nature et dont l'événement devait, toute notre vie, être un gage d'amitié. Fortifiant ainsi, dans la lutte pour l'existence, deux êtres sans défense, jetés sans pitié dans la machine sociale !

J'avais donc reconquis ma femme.

« Jeunesse sceptique (qui lirez peut-être ces lignes) qui ne voyez, dans la femme, qu'un objet de plaisir, charmant jusqu'au jour de la lassitude ; qui faites peu de cas des sentiments du cœur ; qui placez le brutal intérêt au-dessus de toute chose...

Ne riez pas !

Votre or pourra vous donner l'objet *matériel* de vos convoitises animales répétées tant qu'il vous plaira, mais la femme, cet être tout amour et tout amitié, que votre société effarouche ou corrompt... vous ne l'aurez jamais. Rusée, elle vous trompera, elle vous rendra ridicule sans que vous vous en aperceviez ; martyre, elle sera votre juge ; son silence, sa dignité sera votre honte devant les hommes, devant vos pareils, même devant vos propres enfants, enfin devant vous-mêmes !

Ne riez pas !

C'est dans la femme que l'homme trouve sa force pour lutter ; n'oublions pas que notre sort est dans ses mains... Gardez-vous donc de la corrompre .. et n'oubliez jamais qu'elle ne demande qu'une chose : Etre aimée ! »

Ma mère nous attendait. Elle nous reçut avec tendresse ; nous nous gardâmes bien de lui faire apercevoir la moindre chose. C'était d'autant plus facile que notre état d'esprit était complètement changé.

Nos huit jours touchaient à leur fin ; il fallut songer au retour à Caen. Nous avions tous deux complètement oublié nos inquiétudes. C'était dans notre esprit comme un mauvais rêve. Nous retournâmes encore une fois à Sainte-Adresse, ce qui nous fit tout oublier définitivement.

Après avoir fait nos adieux à toute la famille nous nous rendons au bateau pour notre départ. La mer était calme, nous eûmes un temps superbe ; la gaîté nous accompagna aussi tout le long de notre petit voyage.

Octavie me parlait de sa mère, de son père comme si de rien n'était. Moi aussi... Nous étions presque pressés d'arriver. Je pensais à reprendre mon travail. Une vie de bonheur s'annonçait, on se connaissait mieux enfin.

Nous voilà arrivés à Caen, à heure fixe montre en main. Ma belle-mère nous attendait.

— Ce n'est pas trop tôt... dit-elle d'assez mauvaise humeur à sa fille.

Nous n'y fîmes ni l'un ni l'autre attention... On nous conduisit à la fonderie. Mon beau-père était à la grande porte.

Il revit sa fille avec plaisir, ça se voyait. Il s'entretint avec elle pendant quelques instants ; quant à moi il ne me dit pas grand'chose... C'était le moment du déjeuner... De notre voyage nous racontâmes tout ce que nous pensions pouvoir faire connaître. Je vis bien que, sans nous être entendus à cet égard, ma femme et moi, nous pensions de même sur ce point.

— Et la fonderie là-bas, ça marche bien ? dit mon beau-père.

— Oui, lui dis-je, elle s'agrandit toujours.

— C'est un garçon bien actif que Louis, il réussira.

— Oui, dit ma belle-mère en me regardant, il a surtout *un gros bon sens* (sic).

Encore une petite pierre dans mon jardin, me dis-je.

Le lendemain je repris mon travail... je fis tout ce que je pus pour ne mériter aucun reproche. A la cloche du matin, six heures, j'étais dans les ateliers ; je distribuais à chacun son travail et, hors de ma surveillance, je dessinais des plans pour l'exécution de nouveaux travaux en chantier. Tout allait au mieux depuis quinze jours. Je ne retrouvais pas les attentions d'avant mon mariage mais je n'en souffrais pas trop, quoique je ne détestasse pas les petites prévenances ; j'étais moi-même assez expansif lorsqu'on ne me rebutait pas. Tout allait donc aussi bien que possible. Ma femme, toujours très gâtée par sa mère, était souvent en promenade avec elle; elles paraissaient très bien ensemble.

Ça va bien, me disais-je, tant mieux... Je ne trouvais pas, il est vrai, souvent le moment d'être seul avec ma femme dans la journée, mais nous avions la nuit pour causer... Une fois elle me dit :

— A certains signes je crains d'être enceinte.

— Tu crains ? Qu'est-ce que cela veut dire ?

— Ne te fâche pas, ce n'est pas pour toi, mais je n'ose le dire à ma mère.

. . . .

— Je ne comprends pas ?

— Elle n'aime pas les enfants et prétend qu'avec toi j'en aurai tous les ans...

— Mais enfin on est marié pour cela tout de même...

Il se passa encore quelque temps sans qu'elle en parlât à sa mère, mais celle-ci s'en aperçut enfin...

— Tu es bien pressée, lui dit-elle... tu sais, ne t'attends pas à ce que je torche tes mioches.

Et elle continua en lui disant des choses qui font encore rougir une jeune femme.

Depuis cette découverte, des scènes de tout genre se renouvelaient très souvent, ma belle-mère cherchait toutes les occasions de froisser sa fille en ma personne. Un jour qu'elles sortaient en ville pour des visites, c'était l'hiver, ma femme mit le châle traditionnel que lui avait donné ma mère ; c'était un très beau châle.

— Tu ne vas pas mettre ce châle, peut-être ! il te va affreusement : quelle idée de donner un châle long à une jeune femme, tu as l'air d'une vieille !

— Mais, maman, Constant va être froissé s'il ne me le voit pas mettre. Je ne puis m'en dispenser.

— Eh bien ! échange-le pour un simple, le marchand ne demandera pas mieux ; dis à ton mari d'en parler à sa mère.

— Je n'oserai jamais ! quelles raisons puis-je lui donner ?

Ces scènes se renouvelaient sans cesse...

Je recommençais depuis quelque temps à lui voir les yeux rouges.

— Tu pleures ! lui dis-je un jour. Qu'est-ce que tu as ?

— Rien.

Elle ne me fit ces aveux que bien plus tard...

On comprend l'état d'énervement dans lequel était ma femme; travaillée entre deux affections qu'elle voulait ménager. Cet état de chose ne pouvait durer longtemps.

Ma belle-mère suivait assidûment l'effet moral de sa machination. On sait que notre chambre à coucher était voisine de la sienne.

Une nuit, la veilleuse que l'on avait l'habitude de tenir allumée s'étant éteinte, je me lève pour la rallumer. Je ne sais comment cela se fit, mais dans l'obscurité je pousse la table de nuit qui se renverse en faisant un bruit inusité.

Aussitôt ma belle-mère arrive, un bougeoir à la main, voit le désordre occasionné par cet accident. Elle court à sa fille :

— Malheureuse enfant, il t'a battue... Oh ! le monstre !... Viens ! ne reste pas là un moment de plus. Monsieur Noore !... Monsieur Noore !... Dans quel état est ma fille !...

Mon beau-père arrive.

— F... moi le camp ! je n'ai plus de paix depuis ce fo... mariage etc...

— Mais, maman, il n'y a rien du tout, disait ma femme qui ne pouvait pas placer un mot. Constant ne m'a pas battue.

— Ah ! malheureuse, tu l'aimes donc bien ce monstre que tu l'excuses !...

— Mais je l'assure, maman...

— Je ne te crois pas !...

— Mais enfin, dis-je, écoutez votre fille... il n'y a rien de tout cela, c'est...

Sans vouloir m'entendre davantage, elle prend sa fille par le bras, la fait passer dans sa chambre, ferme la porte à clef et me laisse seul, à moitié ahuri.

C'était la première scène violente depuis mon mariage... Hélas ! ce ne fut point la dernière...

Quelque temps plus tard, la conversation tomba sur le sujet qui paraissait occuper le plus ma belle-mère et dont, paraît-il, elle entretenait souvent sa fille (Les mânes de Malthus devaient en tressaillir de joie)...

« Je ne me doutais guère, en ce temps-là, que des conversations de ce genre seraient un jour à la mode et n'effaroucheraient presque personne... Aussi faut-il se reporter à cette naïve époque pour me comprendre ; je ne sais pourquoi je me plaignais... ma belle-mère était d'un demi-siècle en avance !... »

— Quoi ! lui dis-je, c'est ainsi que vous comprenez le mariage... mais le langage que vous tenez là, Madame, est celui du libertinage, et je ne comprends pas qu'une mère puisse parler ainsi à ses enfants.

Elle se mit à rire...

— L'homme naïf ! dit-elle, ne voudrait-il pas me faire croire qu'on lui apprend quelque chose...

— Madame, je suis comme beaucoup de jeunes gens, je n'ai jamais affecté devant personne des vertus hors ligne, mais je vous avoue franchement que je ne sais pas, que je ne suis pas instruit comme vous le supposez...

— Il vous faudra l'apprendre...

C'était trop d'aplomb. Je lui réponds, devant sa fille qui aurait voulu être je ne sais où.

— A vos leçons, sans doute !

Elle m'envoie une gifle !...

— Demandez à votre beau-père...

Je ne perdis pas mon sang-froid... Je lui dis, en montrant l'autre joue :

— Voici l'autre...

La bonne, qui était d'un certain âge, entrait en ce moment ; elle avait vu la scène et probablement tout entendu car lorsque je sortis, elle me dit :

— Comme vous devez souffrir, Monsieur !...

Les choses n'étaient plus tolérables.

Le plus malheureux, c'est que ma belle-mère gagnait toujours du terrain dans l'esprit de ma femme qu'elle semblait fasciner (Aujourd'hui on dirait hypnotiser). Une dernière scène devait mettre fin à cet état de choses.

On était à table : Comme il arrive toujours lorsque les esprits sont tendus par une suite de scènes irritantes, la moindre chose fait déborder le vase de fiel. Mon beau-père me faisait le reproche de ne pas avoir, dans un récent travail, pris assez de précautions dans certaines mesures qu'il avait heureusement rectifiées et qui, sans cela, auraient pu causer des pertes sérieuses : Il s'agissait d'échelles en fonte et fer à l'usage d'un nouveau bassin qu'on creusait à Caen et qui devait communiquer avec le canal existant aujourd'hui.

— Comment ? lui dis-je. A moins que l'ouvrier qui m'aidait ne m'ait trompé (c'était un ouvrier capable) en me donnant de fausses mesures, et ce ne peut être que parmi celles que je ne pouvais pas prendre moi-même : Je suis sûr de moi.

— Oui, encore un ennemi, dit ironiquement ma belle-mère, vous en voyez partout.

— Ne mettez pas votre étourderie sur le compte des autres, dit mon beau-père.

— Vous voulez vous débarrasser de moi, dis-je, je le vois maintenant clairement...

Et je me lève pour sortir. Aussi vite, mon beau-père me lance avec colère une bouteille à la tête ; elle ne m'atteignit pas, heureusement, car elle alla se briser sur la muraille...

— Vous ne pouvez plus rester ici, me dit-il. Faites vos malles et disparaissez.

Ma femme pleurait... elle avait l'air de ne rien comprendre à tout ce qui se passait ; je vis bien que nous étions dans la plus mauvaise voie possible :

Rêves, avenir, tout était brisé !...

« J'avais bien souffert au régiment, mais j'étais parvenu à parer la méchanceté de mon sergent-major et de mon capitaine. Hélas ! tout cela n'était que des roses à côté de ce que je subissais en ce moment ; je n'étais plus seule victime, il y avait ma femme et bientôt il y aurait un enfant : trois victimes sacrifiées à la haine d'une belle-mère ! On écrivait déjà, on a beaucoup écrit depuis sur les belles-mères, mais hélas ! où trouver un modèle réussi comme celui-là ? »

CHAPITRE IV

LE PROLÉTARIAT. — A LA RECHERCHE D'UNE POSITION SOCIALE

« Qu'est-ce qu'un prolétaire? Ouvrez un dictionnaire, il dit : « Celui qui appartient à la dernière classe de la société ». Or, qu'est-ce que c'est que la dernière classe de la société, à l'époque où nous vivons. Ce n'est pas le voleur, l'assassin, ils ont une sécurité dans les prisons, mais c'est l'homme pauvre, honnête, qui vit au jour le jour (quand il peut, ce qui n'est plus guère facile) et qui, s'il a du cœur, ne demande rien à personne... que du travail.

Ce malheureux est un paria... S'il est fils de bourgeois, tout le monde le fuit, même, je pourrais presqu'ajouter surtout sa famille, de peur qu'il ne tombe à la charge. S'il est instruit, c'est un déclassé; s'il est ignorant, c'est une brute. Dans les deux cas, on le craint plus qu'un voleur. Il ne peut se placer nulle part sans de grandes références; s'il n'en a pas, et c'est souvent son sort... comme il ne peut attendre, seules les maisons des fripons lui sont ouvertes et encore... C'est là que les déboires commencent.

J'étais donc jeté sur le pavé avec ma femme ayant un enfant dans son sein; on était en l'année 1848 : il n'y avait encore que quelques mois que la Révolution avait éclaté à Paris.

Le moment était vraiment bien choisi pour abandonner deux êtres dont tout le tort, en face de la famille, était d'avoir de la dignité.

J'avais donc fait ma malle; un ouvrier de la fonderie, domestique au besoin, devait m'aider à la porter au bateau. Nous étions en route lorsqu'au détour d'une rue, une femme, jeune encore, me dit :

— Monsieur Lepage « ne partez pas encore ». Puis, s'adressant au domestique : Vous, retournez à la fonderie et surtout le plus complet silence.

Elle prend l'un des côtés de la malle et me dit : Je vous conduis chez moi.

— Suivez-moi, je m'expliquerai tout à l'heure.

J'avais vu plusieurs fois cette demoiselle chez mon beau-père, mais je lui avais peu causé; c'était la repasseuse de la maison, elle venait toutes les semaines. Ma femme, qu'elle avait vue très jeune, l'aimait beaucoup. Mme Noore en faisait beaucoup de cas... Elle me dit d'un air si bon et si persuasif « Ne partez pas encore » que je me laissai faire. Elle me conduisit chez elle, m'offrit une chaise et me dit : Maintenant causons.

— Je sais, me dit-elle, par Joséphine (la bonne de la maison) tout ce qui se passe chez votre beau-père. Je sais votre patience et votre courage à souffrir les méchancetés de Mme Noore (ce que je ne peux comprendre, car elle adorait sa fille), mais il se passe là quelque chose qui doit faire votre malheur et celui de cette pauvre demoiselle Octavie, c'est pour cela que je vous ai dit : Restez, parce que je ne puis croire que cela ne s'arrange pas. Vous vous aimez trop tous les deux. Attendez un jour ou deux, je vais suivre l'affaire et je vous préviendrai de l'opportunité d'un retour. Cela ne peut tarder... Je connais Mlle Noore, elle vous aime trop pour se séparer de vous.

Puis elle ajouta en riant :

— Seulement vous êtes mon prisonnier. Je vous apporterai tout ce qu'il vous faut, mais il ne faudra pas sortir.

Mlle Modeste, c'était son nom, me mettait au courant de tout ce qui se passait, mais les deux jours étaient écoulés; et le moment attendu n'arrivait pas.

— Pauvre demoiselle Octavie! disait-elle. Elle qui a été si heureuse jusqu'à ce jour, qui était si gaie, si bonne! Quel malheur vient la frapper!... Car je le vois trop, malheureusement, il faut qu'elle choisisse entre sa mère et vous.

— Et moi?... Peut-elle hésiter?

— Elle fera son devoir, tout son devoir, je la connais.

— Son devoir? dites-vous... ce n'est pas ainsi que je l'entends. Cela ne me suffit pas; je ne veux pas d'une victime : je veux ma femme!... Du reste je vais lui écrire...

— Attendez encore jusqu'à demain; je vous en prie pour votre femme.

J'attendis, mais sans obtenir le résultat sur lequel comptait cette brave ouvrière si dévouée.

— Elle est inflexible, me dit-elle, en parlant de ma belle-mère.

— Et son père?

— M. Noore, lui, a dit plusieurs fois en voyant le chagrin de sa fille : — « C'est ta faute, tu n'as rien fait « pour retenir ce garçon-là, et aujourd'hui tu le brises « contre une affection que tu ne pourras pas étouffer : « ta fille l'aime. — Comment peut-elle aimer un monstre « pareil... qui est venu dans une famille tranquille jeter « le malheur... Oh! quelle mauvaise chance le jour où « tu l'as introduit dans ta maison. — Tu es folle, lui « dit-il... en somme ce garçon m'était utile; si tu ne « t'entendais pas avec lui... il pouvait prendre un lo- « gement en ville et tu ne l'aurais pas vu. — Non! ré- « pondit-elle d'un ton de colère... Que ma fille choi- « sisse entre lui et moi, mais si elle part d'ici, c'est fini, « je ne veux plus en entendre parler... ma fille sera « morte pour moi (sic). »

A ce triste récit, je vis bien qu'il n'y avait plus d'espoir.

Toutes ces affaires avaient altéré ma santé. Mlle Modeste vit bien qu'il fallait prendre un parti. Elle me dit :

— J'y renonce... J'ai fait ce que j'ai pu pour empêcher un grand malheur... le temps seul peut-être arrangera cela quoique j'en doute ; je soupçonne que votre belle-mère vous en veut jusqu'à la mort.

Elle dit cela d'un air qui ne me rassurait pas.

— Mais enfin que lui ai-je fait ?

— Elle dit « que vous lui avez ravi sa fille » et qu'elle ne vous pardonnera jamais. « Quand on est cause de pareil malheur, a-t-elle ajouté, on ne fait pas souffrir les gens, on va se jeter à l'eau. »

— Elle est insensée !... vous le voyez !...

— Je vous plains, mon cher Monsieur, vous qui aimez tant votre femme !...

— Merci, Mademoiselle, pour votre dévouement. Je vais partir sans avoir rien compris à ce qui se passe et je suis bien certain qu'Octavie est comme moi, c'est son excuse à mes yeux ; je vais malgré cela lui écrire aussitôt mon arrivée au Havre... cette lettre fera peut-être, sur sa mère, l'effet que j'en attends... elle n'osera peut-être pas pousser jusqu'au bout ses extravagances... dans la situation où est sa fille, elle craindra peut-être de compromettre sa santé, sa vie peut-être... je ne puis croire qu'elle aille aussi loin.

— Espérons !

Je pars donc pour le Havre.

Il me trottait dans l'esprit toutes sortes de vilaines choses... « Elle vous en veut jusqu'à la mort » et peut-être, me disais-je malgré moi, à tout ce qui vient de moi. Je me rappelais ses théories malthusiennes : Qu'on me pardonne ! C'est épouvantable mais dans ces moments l'imagination déborde ! Oh ! non, me dis-je, ça ne peut pas aller jusque-là, elle aime trop sa fille... mais j'avais beau chercher à chasser ces idées, elles m'obsédaient malgré moi.

Afin qu'on ne me vit pas partir par le bateau dont la station était voisine de la fonderie, je pris la voiture d'Honfleur et, de là, je fis la traversée pour le Havre.

Malgré toutes mes précautions pour ne pas être vu, je le fus tout de même et bientôt ma belle-mère sut que j'étais resté toujours à Caen ; elle se servit de cela pour gagner entièrement sa fille et influer sur sa décision.

— Où a-t-il été pendant ce temps ? disait-elle. Dans quelques mauvaises maisons...

J'étais au Havre depuis quelques jours et je venais de recevoir une lettre de Mlle Modeste qui me donnait des renseignements. « Une scène décisive vient d'avoir lieu » m'écrivait-elle. Ma lettre à ma femme était partie et avait dû arriver heureusement au moment de cette scène ; elle dut modifier l'état d'esprit de ma femme car mon frère aîné reçut une lettre de mon beau-père qui lui disait de venir tout de suite à Caen chercher sa belle-sœur... Que je ne pouvais pas remettre les pieds dans sa maison à cause de la gravité des choses qui s'étaient passées, que du reste il lui en donnerait l'explication.

On sait dans quels termes j'étais avec mon frère aîné. On se rappelle que c'est lui, avec M. Michel aîné, qui m'avait mis en relations avec M. Noore ; on se souvient aussi du mot de M. Michel aîné « Surtout Constant, pas de bêtises ». Il était évident que, arrivé du régiment, on ne songeait qu'à une chose, m'éloigner.

Mon frère n'était point prévenu de mon arrivée. Il fut surpris :

— Te voilà ! me dit-il. Qu'est-ce qu'il y a donc encore ? (Il me voyait arriver avec ma malle) Tu as l'air malade ?...

— Je suis ennuyé.

Et je lui raconte ce qui s'était passé à Caen.

— C'est l'affaire de quelques jours, me dit-il, ça ne sera rien...

Il était peu causeur et assez indifférent à tout ce qui sortait des affaires ; on n'en parlait plus. C'est à ce moment qu'il reçut la lettre en question.

— Ah ça mais !... me dit-il en me la montrant, qu'est-ce qui s'est donc passé avec ta belle-mère ? ça paraît plus sérieux que je ne le croyais... on me dit d'aller chercher ta femme, qu'on me donnera des explications... mais quelles explications ?

— Je t'ai tout dit, tu n'as pas paru y faire attention.

— Mais enfin qu'est-ce que tu as fait à ta belle-mère ?

— Moi ! rien ! C'est elle qui m'a fait...

— Mais dans tout ce que tu m'as raconté il n'y a pas

de quoi fouetter un chat... Si vous ne vous entendez pas
eh bien, vous n'avez pas besoin de rester ensemble...
Mais ce n'est pas une raison pour que tu quittes la fonderie puisque, comme tu me le dis, ton beau-père n'a
pas à se plaindre de toi. Affaire de femmes... J'ai pourtant bien peu de temps à dépenser. Allons ! je vais arranger ça, tu n'as pas besoin de causer de tout cela à notre
mère ; attends que je sois revenu.

Ma mère était reprise de ses fièvres et elle était retour-
née à Montivilliers. C'était donc bien facile de ne rien lui
dire.

J'attendais avec impatience le retour de mon frère... La
lettre, que j'ai écrite à ma femme, aura sans doute fait son
effet, me disais-je. Octavie va venir. Voici les termes de
cette lettre :

Avril 1848.

« Ma chère Octavie,

Je crois que, comme moi, tu ne peux pas comprendre
grand'chose à ce qui se passe ; si tu veux bien te rappeler les huit jours que nous avons passés ensemble au
Havre, tu auras la mesure de ce que l'avenir te réserve
avec moi ; je crois que tu ne peux douter au moins de
mon amitié, car la patience que j'ai eue depuis six mois
à supporter ce qui s'est passé et les pleurs continuels que
je t'ai vu verser en auraient démoralisé bien d'autres.

» Sans doute la détermination que l'on t'oblige à prendre
est pénible, il faut que tu choisisses entre ta mère et
moi !... je n'ai pas l'intention d'user de mes droits de
mari, je te veux non par devoir, mais franchement et
librement.

» En quittant ton père et ta mère, tout notre avenir
est brisé... C'est une vie de lutte qui nous attend, mais
aie confiance !...

Celui qui t'aime pour toute la vie.

C. Lepage.

Mon frère arrive donc ; il accompagnait ma femme. J'étais en ce moment à la fonderie.

— Nous n'avons point usé notre langue en voyage, me dit-il. Voilà ta femme que je te ramène, reprenez la chambre que vous avez déjà occupée. Pour moi, je vais à mes affaires. A tantôt.

Nous montons à la chambre. Octavie y déposa quelques paquets qui l'embarrassaient.

Toutes ces secousses l'avaient énormément fatiguée... je la trouvais bien changée ; moi je m'étais un peu remis... Comment cela va-t-il tourner ? me disais-je... je ne savais par où commencer... l'embrasser ! me direz-vous, ça avait déjà été fait, mais c'était pas ça le plus difficile. C'est à recommencer, me disais-je : Il me faut reconquérir ma femme une troisième fois.

J'avais bien envie de lui demander ce qui s'était passé à Caen, mais je me dis : Il vaut mieux que je vois mon frère aîné avant. Justement l'occasion s'en présenta peu de temps après.

— Dis-moi, Louis, je voudrais te parler. As-tu un moment ?...

— Tu veux savoir ce qui s'est passé là-bas ? je ne crois pas que ta femme te le dises tout de suite, mais pour moi voilà mon opinion : c'est l'affaire de quelques jours. Ta belle-mère est à moitié folle et M. Noore est un homme qui ne porte pas les culottes... Quant à ta femme elle est ahurie... mais tout ça s'arrangera sous peu.

— Tu crois ?

— J'en suis convaincu. Tu n'as qu'à attendre.

Il fallut bien au moins trois ou quatre jours pour qu'Octavie commence à s'épancher. J'attendais ce moment.

— Mon ami, me dit-elle en me tendant la main... je t'ai fait bien souffrir.

— Ma chère amie !

— Oh ! je le sens, ta lettre m'a donné du courage... mais j'étais si malheureuse !...

— Ne parlons plus de cela puisque tu m'es revenue.

— Oh ! si tu savais, Constant, combien j'en ai sur le cœur.

— Confie-toi à moi, ne suis-je pas ton ami ? cela te soulagera...

Et elle se mit à pleurer.

— Je ne puis comprendre ma mère, me dit-elle lorsque ses pleurs cessèrent. Elle qui m'aimait tant, moi qui étais si heureuse auprès de mes parents et qui pensais ne jamais me séparer d'eux... Car je le sais, Constant, tu aurais tenu ta parole... Nous obliger, nous réduire à cette extrémité !

— Cela s'arrangera peut-être, ma chère amie ?

— Il n'y faut pas compter, me dit-elle avec un soupir... Je pourrai la revoir, moi... mais pour toi mon pauvre ami, elle a prononcé le mot *jamais*... Oh ! elle est toujours bonne pour moi ; elle m'a fait promettre d'aller faire mes couches près d'eux, mais tout cela ne me fait plus l'effet d'autrefois... Je sens qu'il me manque quelque chose : Toi... Oh ! aime-moi bien... malgré toutes les belles promesses de ma mère je sens bien que je n'ai plus que toi...

Ce dernier mot fut dit dans un regard si rempli d'amour et d'amitié... que j'étais vaincu. Quel sacrifice elle me faisait !...

Allons ! du courage, me dis-je ; je vois que je ne puis compter que sur moi-même, je travaillerai, il n'est pas possible que l'homme de bonne volonté ne réussisse pas... Changeant la conversation, je lui dis :

— Et mon frère Louis, qu'en dis-tu ? Avez-vous causé ensemble ?

— Il n'est pas très causeur, me répondit-elle. Du reste je n'étais pas non plus bien avenante.

En rapprochant de cet entretien ce que m'avait dit mon frère je cherchai à comprendre quelque chose dans ce qui s'était passé, mais ce ne me fut pas possible, tous deux, en somme, ne m'avaient donné aucun détail. Je le saurai, dis-je, par Mlle Modeste.

En effet, quelques jours après, je reçus une lettre qui me donnait des détails :

« Soyez fier de votre femme, m'écrit-elle ; « elle a soutenu contre sa mère une lutte bien dure (pour une fille qui l'aimait par dessus tout) et, je dois le dire, qui

eut été ingrate autrement, car sa mère a toujours été
remplie d'attention, de tendresse et de soins pour elle.
C'est toujours une chose que je ne puis comprendre,
que ce qui se passe. Vous ne sauriez croire, M. Lepage,
combien il m'est pénible d'entrer dans tous ces détails.

» Mme Noore a employé tous les moyens possibles pour
étouffer l'amitié que votre femme a pour vous :
« Quelle position a-t-il à t'offrir ? Celle d'ouvrier et
encore sans travail ! où va-t-il aller ? que va-t-il faire ?
Son frère même n'en veut pas. Toi qui es habituée à
une certaine toilette, toi de qui nous avons pris tant de
soin pour qu'il ne te manque rien. Oh ! ce n'est pas
possible, tu ne quitteras pas ta mère pour un monstre
pareil ! » (Vous savez c'est son expression).

» Et votre pauvre femme pleurait, mais ne répondait
rien. Fatiguée, votre belle-mère lui dit : « Il faut en
finir : choisis entre nous ou lui. » Le grand mot était
lâché ! Avec le plus grand calme votre femme lui répond : « Je comprends toutes les conséquences de cette
séparation, mais puisque vous n'avez rien su trouver
pour arranger cette triste affaire : Je suis résignée ! Je
vais rejoindre mon mari... parce que je ne me crois pas
le droit de séparer le père de son enfant ». Furieuse...
votre belle-mère s'écrie : « Son enfant, son enfant !...
est-ce qu'il vivra avec toutes les scènes qu'il t'a fait
supporter et dont il est cause... » « Maman ! maman !
supplia votre pauvre femme, je ne voudrais pas m'en
aller brouillée avec toi... mais comprends ma situation ». « Allons ! je le vois bien, pauvre enfant, tu
veux aller au-devant de ton malheur. S'il te rend trop
malheureuse, souviens-toi que notre porte t'est toujours
ouverte ; mais pour lui, *jamais ! jamais !*... Je ne pardonne pas !... » Et elle remit sa fille à Monsieur votre
frère. Votre beau-père n'a pas dit un mot. Il est resté complètement muet pendant toute cette scène odieuse et
décisive... Chose que je ne comprends pas encore, c'est
que, dans l'atelier, tous les ouvriers savaient ce qui se
passait et Mme Noore semblait s'en réjouir.

» Je ne vous ai rien caché de ce qui s'est passé parce

que je veux que vous puissiez juger de ces tristes choses en parfaite connaissance de cause.

» Votre amie qui termine sa mission là — car Mme Noore ne me verra plus guère...

» Modeste B... »

J'étais fixé, il n'y avait pas à espérer un rapprochement.

Pendant tout ce temps : Que s'était-il passé au Havre? Mon frère Rémy va nous l'apprendre. On sait qu'il ne s'entendait pas avec notre frère Louis... Il avait cependant repris son travail de mouleur à la fonderie.

J'eus l'occasion de lui parler seul... Il m'apprit que les Michel ne se gênaient plus pour dissimuler leurs vues, qu'ils convoitaient ouvertement les fonderies; que seul mon frère aîné ne s'en apercevait pas.

— Mais le mariage? lui dis-je.

— C'est un leurre auquel je ne me laisse pas prendre; d'ailleurs, une chose que tu ignores probablement, c'est que Louis est malade; tu sais comme il toussait : Le docteur le traitait pour la poitrine et c'était une médication toute contraire qu'il lui fallait. Il est allé à Paris consulter M. Andral qui lui a dit qu'il avait une maladie de cœur; depuis qu'il suit son traitement il se trouve mieux... Il lui a bien recommandé surtout de ne pas se surmener, d'éviter les émotions et de suivre, indépendamment de la médication, un régime sévère.

— Est-ce que tu crois que c'est grave?

— Le médecin a dit qu'il était un peu tard, mais qu'il ne désespérait pas si Louis ne faisait pas d'imprudence.

— Ce serait le moment de se rapprocher de ses frères pour qu'ils l'aident? lui disais-je.

— Il ne le fera pas et les voisins ne l'y pousseront pas non plus. Mais toi, Constant : qu'est-ce qui t'est donc arrivé, ça ne va plus avec ton beau-père?

— Ah! mon cher Rémy, ce serait trop long à te raconter; mais, vois-tu, nous sommes tous deux logés à la même enseigne; notre ressource est dans nos deux bras... Seulement toi tu es seul, tandis que moi j'ai une femme et bientôt j'aurai un enfant...

— Ce que c'est... tout le monde te croyait si heureux... Qu'est-ce que tu vas faire?

— Je n'en sais rien, je n'ai pas à choisir; ce que je trouverai.

— Vois-tu, mon cher Constant, ce n'est pas une recommandation que d'être fils de maître... il semblerait que les gens lisent cela sur votre figure et ils ne veulent pas de vous.

Et puis, quel mauvais moment (1849)... Les ateliers fermés partout!... A chaque instant on déporte des milliers de pauvres diables qui se sont trouvés compromis dans les bagarres de Paris... C'est triste! bien triste va!...

Je crains bien que tout ça ne nous achève et que nous ne soyons complètement ruinés... C'est pour cela, conclut-il, que les Michel... Mais c'est cela les affaires, mon cher...

— C'est à craindre, dans tous les cas, le mieux c'est de ne pas compter là-dessus.

Un mois, deux mois s'écoulèrent sans qu'il se passât rien d'anormal. Ma femme pouvait faire la différence de l'existence de Caen avec celle du Havre. La mère et la fille s'écrivaient bien, mais il n'y avait pas surexcitation, la santé nous revenait à tous deux. Le moment approchait des couches d'Octavie, et on se rappelle qu'elle avait promis à sa mère de les faire près d'elle à Caen.

Voilà donc ma femme qui se dispose à partir. Je lui fis la conduite jusqu'au bateau, nous nous embrassons bien tendrement; et voilà le bateau parti.

Je n'étais pas sans inquiétude, non que je craignisse qu'elle ne fût pas bien soignée, mais ma belle-mère pouvait l'influencer encore... Enfin je reçus une lettre qui m'annonçait une triste nouvelle: l'accouchement avait été très pénible et l'enfant n'avait vécu qu'un moment ; c'était un garçon. La lettre me recommandait la tranquillité d'esprit, mais ne me disait aucunement de venir. J'étais étonné que ma femme ne m'eut pas demandé ; l'envie de partir me prit un moment, mais, songeant à son état et à l'effet qu'une scène qui pouvait arriver encore, pourrait avoir sur elle, je me décidai à rester. Je fis bien, car quelques jours après je reçus une lettre me disant de prendre le bateau ; que ma femme me demandait : Je partis aussitôt. Me voilà donc à Caen, dans cette maison où je ne devais plus mettre les pieds... Tout le long de la route je pensais à une réconciliation. Louis, mon frère aîné, le croyait aussi...

— Cet événement est le prétexte pour vous rapprocher d'eux, me disait-il.

— Tant mieux, j'aime mieux la paix que la guerre ; je te prouve par là que je ne suis pour rien dans tout ce qui s'est passé. Qu'est-ce que t'a dit mon beau-père, en somme, quand tu as été chercher Octavie, car tu ne me l'as jamais dit.

— Je n'en sais trop rien, mais je me rappelle qu'il me dit : « Je ne sais ce qu'il a eu avec ma femme, mais il faut croire que c'est très grave, car elle ne veut plus le voir ; elle est même malade quand on parle de lui. »

— En sorte, dis-je, qu'il ne sait rien... et il agit dans un mauvais sens tout comme s'il savait.

— C'est pour cette raison que je n'ai rien vu de sérieux dans tout cela.

Je me rendais donc à Caen plein d'espérance... C'est égal, me disais-je, si je rentre à la fonderie je prendrai un logement en ville, je veux être libre et à mon ménage.

Je n'eus pas cette peine... On me recevait à cause du monde et parce qu'on ne pouvait faire autrement ; j'appris que le médecin, qui était un ami de la maison et qui voyait ce qui se passait, insista pour que je vinsse et on n'osa pas lui refuser.

Les choses étaient, du reste, préparées pour me froisser de plus en plus, si possible. Ma femme occupait la chambre de sa mère, ma belle-mère celle de sa fille ; on connaît la disposition de ces deux chambres, une légère cloison les séparait.

Lorsque j'arrivai, mon beau-père me reçut comme si de rien n'était, sans effusion, bien entendu, mais pas froidement non plus ; il avait pris l'habitude de me tutoyer et il continuait. Il me dit :

— Ma femme est malade et couchée. Va voir Octavie en haut, dans notre chambre et ne reste pas trop longtemps, le médecin a recommandé de ne pas trop la fatiguer.

J'y allai. Elle m'attendait ; je constatai le plaisir qu'elle avait de me revoir.

— J'ai failli mourir, me dit-elle ; j'ai eu une couche terrible, le docteur craignait les suites, mais enfin je me crois hors d'affaire. Et toi, mon pauvre ami, comme tu dois t'ennuyer ?...

— Oh ! oui !... Mais, dis-moi...

— Parle bas, maman est à côté ; tu sais, on entend tout.

Je lui dis tout bas :

— Crois-tu à une réconciliation ?

— Non, mon pauvre ami... c'est toujours la même chose... J'ai hâte d'être guérie pour te rejoindre. Tous nos amis, qui ne comprennent rien à cela, ont essayé un rapprochement ; elle répond infailliblement : *Jamais ! jamais !*... Ne me parlez pas de lui, nous nous fâcherions... et les gens ne disent plus rien... Il n'y faut plus penser. Plus tard, peut-être... car je ne puis croire que sans motif sérieux une haine pareille puisse durer.

— Sans motif sérieux ! dis-je, en élevant un peu la voix. Mais que lui ai-je fait ?... Je n'accepte même pas cela... C'est elle qui nous a fait souffrir, c'est elle qui a besoin de pardon...

Je crois bien que ma belle-mère écoutait à la porte entr'ouverte derrière la tapisserie... car elle dit assez haut :

Le monstre ! il recommence ses scènes ! Il n'a même pas égard à ta situation, c'est comme cela qu'il t'aime. Qu'il parte ! qu'il parte !... Je ne voulais pas qu'il vienne, je savais bien ce qui se passerait...

— Va-t-en, me dit ma femme, va-t-en... elle va entrer.

Je compris que j'avais à ménager ma pauvre Octavie ; je m'en allai. A peine avais-je eu le temps de l'embrasser. Je n'étais pas au bas de l'escalier que j'entends :

— Tu pleures ! tu pleures ! oh ! le monstre ! Il te tuera... et tu aimes cet homme ! mais il t'a donc ensorcelée, ce n'est pas Dieu possible ! ah ! ma fille, ma fille !... Noore ! Noore !...

Mon beau-père était en train de lire son journal, attendant le déjeuner.

— Monte ! monte ! continua ma belle-mère. Ma fille se trouve mal... ah ! ah ! ah !...

Mon beau-père monte, appelle la bonne ; tout est sens dessus dessous... enfin le calme se rétablit. J'étais dans la salle à manger, un couvert était mis en face de celui de mon beau-père... Il redescends ; je lui demande ce qui est arrivé ?

— Toujours la même chose, dit-il. Quand vous êtes là le malheur entre dans ma maison... Tu n'as qu'à partir, j'en ai assez de cette vie là.

— Mais je n'ai pas tort.

— Qu'est-ce que ça me fait à moi ; je veux ma paix... Oh ! pourquoi ne l'as-tu pas battue. Il y a longtemps que vous seriez séparés (Il faisait allusion à la scène de la table renversée).

Je lui dis :

— Une séparation de corps et... de biens ?

— Ah ! de biens ! c'est fait. Je ne compris pas bien... (plus tard j'appris qu'il m'avait fait signer, dans le moment de ma grande confiance, des papiers qui reprenaient d'une main ce qu'il me donnait de l'autre. D'ailleurs avait-il à craindre... vous verrez plus loin que non).

Je me lève pour sortir : il me dit :

— Déjeune, tu partiras après.

— Oh ! non ! de suite !

Me voilà donc de retour au Havre. Quand reverrai-je ma femme maintenant !... J'avais écrit plusieurs lettres à Octavie et je ne recevais pas de réponse. On intercepte

peut-être nos lettres, me disais-je. Enfin j'en reçois une très courte qui me dit : « J'ai eu bien du mal à me réta-
» blir ; ma mère est aux petits soins pour moi, je profite
» de ce que je vais un peu mieux pour t'écrire ; ma pro-
» chaine lettre te dira, je l'espère, mon départ pour le
» Hàvre,

> Je t'embrasse bien tendrement.

> Ta femme : O. LEPAGE. »

Je fis part de cette lettre à mon frère Louis et comme il perdait complètement, comme moi du reste, son latin, à tout ce qui se passait, et qu'il craignait peut-être d'être obligé de m'occuper, il me dit :

— Vois mère, je crois qu'elle veut te donner de quoi meubler ton logement... tu vas t'entendre avec elle ; en attendant qu'Octavie soit arrivée tu continueras à manger à la maison.

Ma mère n'ignorait plus rien des choses qui se passaient ; elle en était très affligée et ne s'expliquait pas cela plus que les autres...

— Ta belle-mère t'aimait tant ! Te rappelles-tu... Mais qu'est-ce que tu lui as donc fait ?

— Bien moins qu'à toi, ma pauvre mère (faisant allusion à la peine que je lui avais causée en m'engageant).

— Je ne t'en veux pas, mon pauvre garçon, c'est passé ; j'ai oublié. Mais je te vois bien embarrassé. Et cette pauvre Octavie !... Enfin je ne peux pas faire grand'chose pour vous. Je suppose que ta femme va apporter sa chambre de jeune fille à laquelle elle tenait tant ? Je vais pouvoir vous meubler une salle à manger et votre cuisine ; je te donne le secrétaire de ton père : J'espère bien que tu ne tarderas pas à te caser au Havre ! Ecris donc à ta femme qu'elle peut venir, qu'elle trouvera son ménage tout monté, sauf sa chambre.

Pauvre mère ! disais-je, la ruine ne l'a pas aigrie, elle fait ce qu'elle peut. Je l'embrassai et la remerciai.

Puisque je n'ai rien à faire, pensais-je, je vais tout préparer pour recevoir ma bonne amie, ma chère Octavie...

Je lui écrivis, ainsi qu'il était convenu, lui donnant une petite description du logement que nous devions habiter et du jardin qui en dépendait. Je fus quelques jours sans recevoir de réponse ; enfin elle arrive.

« Je pars pour le Havre, me dit ma femme toute désolée ; ma mère garde ma chambre. Je ne sais à quoi elle pense, elle ne me laisse emporter que mon linge et le tien. Ma petite bibliothèque, mes livres, toutes mes lettres, mes souvenirs de jeune fille, elle garde tout cela. Elle dit : Ils ne sont pas perdus, tu les retrouveras quand tu viendras nous voir... Je ne puis comprendre cela de ma mère, elle qui, autrefois, aurait tant craint de me voir souffrir !... Je serai lundi près de toi ! Au revoir, mon cher Constant... Je suis toute honteuse...

» Remercie bien ta mère pour moi de toutes ses bontés...

» Ta femme chérie : O. LEPAGE ».

Il n'y a pas de drame, aussi sombre fût-il, qui ne donne lieu à rire...

Ma femme arrive avec toutes ses malles et comme ma belle-mère savait que nous allions définitivement nous mettre en ménage... elle avait fait une grosse caisse bien plus lourde que toutes les autres : des citrouilles et autres gros légumes tenaient une grande place, puis des pommes de terre, des oignons, des carottes, des choux etc... de quoi suivre un vrai régime végétarien, quoi ! Vous voyez d'ici ma figure... lorsque je vis déballer tout cela, pendant qu'elle retenait le plus utile et le plus coûteux... Elle est folle ? me suis-je dit. C'est se moquer complètement de moi... Je ne pus m'empêcher de rire de ces attentions minutieuses. Ma femme le vit bien... Elle me dit :

— Tu dois bien penser que j'étais bien embarrassée, je ne voulais pas me fâcher tout à fait. S'ils ne nous payaient plus notre petite rente !... Vois notre embarras. Je pensais à notre situation, mon pauvre ami... J'ai bien senti comme toi son ironie... Tu ne m'en veux pas, n'est-ce pas ? si j'avais pu flanquer ça à l'eau, va, je l'aurais fait...

— Tu aurais eu tort, lui dis-je en riant, ça va nous faire faire des économies ; c'est pour t'apprendre à être ménagère...

— Tu te moques ! Constant ; tu me fais de la peine, me dit-elle gentiment... moi qui suis si malheureuse.

N'en parlons plus, ma bonne amie, lui dis-je en l'embrassant, soyons entièrement à nous.

Je voyais bien qu'elle n'était pour rien dans tout cela !... Je lui fis un nouveau baiser... et tout fut fini... « C'est beau d'avoir vingt ans ! »

Je vais voir ma mère et je lui raconte ma mésaventure. Elle fit très bon accueil à Octavie et dit :

— Ça me gêne un peu mais on va réparer tout cela.

Et elle nous garnit une chambre.

— Que ta mère est bonne... me dit Octavie en soupirant.

Nous voilà enfin dans notre ménage. Octavie avait été très bien élevée, je dois rendre cette justice à sa mère ; indépendamment d'une certaine instruction qu'elle avait reçue au couvent de la Délivrance où elle se trouvait en fréquentation avec des jeunes filles de famille riche, sa mère, depuis deux ans qu'elle en était sortie, en avait fait une femme de ménage... Elle n'était donc pas embarrassée de tenir sa maison, seulement elle avait l'économie des grandes maisons... chez sa mère on ne gâchait pas, mais on ne se privait de rien ; il y avait même un certain raffinement dans la nourriture que je ne connaissais pas chez mes parents où elle était certainement confortable, mais sans aucune espèce de raffinerie ; d'abord nous étions quatre garçons ayant un fort appétit, tandis qu'Octavie était seule. En plus j'avais passé par le régiment. Je devais donc personnellement beaucoup moins souffrir que ma femme de la gêne qui nous attendait.

Je laissai donc à ma ménagère l'entière direction de l'intérieur de notre petite maison. Mon rôle, me disais-je, est d'y apporter le plus de bien-être possible. « Hélas ! je ne le croyais pas, mais quelle rude tâche que cela pour l'homme sans fortune et qui veut rester honnête !... »

J'avais toujours entendu dire jusqu'alors : « Il n'y a que les fainéants et les gens malhonnêtes qui ne prospèrent pas, l'argent gagné par des moyens louches ne profite jamais ; la misère est leur lot. »

Je n'étais point fainéant, je ne recherchais pas les métiers faciles et j'étais foncièrement honnête ; je devais donc réussir.

On verra, par la suite, ce qu'il faut penser de ces vieux dictons, démodés sans doute.

Nous voilà donc tous les deux jetés, sans autre défense que notre loyauté, dans ce monde encore en désarroi (1849) et qui ne devait plus s'amender...

Nous passâmes l'hiver dans notre petite maisonnette sans trop souffrir matériellement, je parle surtout de ma femme ; sans doute c'était un grand changement pour elle, mais enfin elle savait s'organiser pour ne pas faire de dettes étant donné notre petit budget (On sait qu'à cette époque tout était quatre fois meilleur marché et de meilleure qualité qu'aujourd'hui). C'était encore possible.

Je voyais cela avec plaisir. C'est bien le moins, disais-je, si je ne gagne pas 1000 francs par an. Si le beau-père continue à nous payer la petite rente, nous ferons certainement quelques économies...

Et nos vingt ans reprenaient le dessus sur nos soucis. Nous nous trouvions heureux... donc nous l'étions ; nous nous aimions d'ailleurs et c'est là le secret du bonheur. Ma situation ne changeait toujours pas. Les personnes qui me recommandaient ne me trouvaient rien et je ne trouvais rien non plus. Octavie en instruisait sa mère, montrant la difficulté de se caser en ces moments, lorsqu'elle reçut une lettre de celle-ci qui lui disait : Ton mari se complaît dans cet état, il n'est pourtant pas d'âge à vivre de ses rentes, qu'il cherche ; il ne faut pas qu'il compte sur nous parce que le travail s'est ralenti et que nous sommes nous-mêmes gênés.

C'est vrai que le travail ne marchait pas du tout, et c'est pour cela que je ne trouvais pas d'ouvrage, mais mon beau-père n'était pas à ça près de nous payer la rente légitimement due. Il y avait là une intention méchante de ma belle-mère. Il nous vint à l'idée d'écrire à une de nos tantes de Montpellier, une sœur de ma

belle-mère, celle qui était venue à notre noce. Je lui dé-
peins notre situation.

Elle aimait beaucoup sa nièce et connaissait le caractère de sa sœur. Elle répondit : « Venez. Je vois bien
que plus vous serez loin de vos parents, mieux cela
vaudra pour vous. »

Cette lettre nous décida : Toutes les caisses, toutes les
malles étaient prêtes, lorsque ma femme reçut une lettre
de sa mère, instruite du projet (je ne sais par qui).
« Vous êtes fous... écrivait-elle, c'est encore un tour de
ton mari pour l'éloigner de nous ; sa jalousie est au
comble... si tu ne l'empêches pas de faire cette sottise...
c'est fini entre nous... *Je n'ai plus de fille* » (sic).

Une autre lettre accompagnait celle-là... Elle était du
cousin Delaporte que l'on connaît, celui qui « avait plus
d'esprit dans son petit doigt que moi dans toute ma
personne ».

Cette lettre disait : « Je me suis occupé de ton mari ;
j'ai une position à lui offrir à Paris, il faudrait venir de
suite. *C'est certain ;* ne pas faire attendre. » Ma belle-
mère appuyait et nous disait : « Puisque ton mari ne
trouve rien au Havre, qu'il aille à Paris puisqu'il a une
place. » Nous voilà dans un grand embarras. Ma femme
me dit : Qu'en penses-tu, tout de même ? Ma mère a
peut-être raison ; en somme nous allons à Montpellier à
l'aventure. Puisqu'on t'offre une place à Paris va voir
ce que c'est.

J'y allai, mais à regret... mon instinct ne m'y poussait pas...

Je pars donc pour Paris. Je vois mon cousin, il me
reçoit très bien ; il me conduit dans un établissement de
papiers peints et me présente au patron. On y faisait
l'essai de presses nouvelles, presses mécaniques appelées,
disait-on, à un grand avenir. Il fallait un mécanicien
contre-maître pour en construire et réparer au besoin
celles qui fonctionnaient déjà.

Tout cela paraissait très sérieux, on m'offrait 1 500 fr.
pour commencer et, plus tard, un bénéfice sur les
affaires si on était content de mes services... Rien de
mieux. Je regrettai un moment d'avoir eu quel-

ques mauvaises pensées sur ce cousin. Il me dit :

— Vous voilà casé! Eh bien, il faut faire venir Octavie tout de suite... il y a au-dessus de moi, au sixième, un petit logement pas trop cher, on y entend peter les anges me dit-il en riant (on sait qu'il passait, surtout aux yeux de ma belle-mère, pour un spirituel).

Tout va pour le mieux, me disais-je.

— Allons! je vais écrire à ma femme de venir.

Le cousin ajoute un mot dans la lettre. Nous fûmes bientôt réunis encore une fois. C'était rue Saint-Jacques, près du Panthéon.

Le piège le plus infâme nous était tendu! Une véritable forêt de Bondy!

Ils étaient deux associés dans cette maison : un juif et un commerçant retiré qui voulait s'occuper. Ce dernier paraissait peu, c'était au juif que j'avais affaire. Il y avait deux mois environ que j'étais dans cette maison ; j'étais parvenu, avec beaucoup de peine, à réparer les machines que j'avais trouvées dans le plus mauvais état. Demeurant loin de l'imprimerie j'avais bien une heure et demie de chemin en marchant bien. Je partais de très bon matin et je rentrais vers huit heures du soir pour dîner ; je prenais un repas dans une gargotte d'ouvriers aux environs de l'atelier.

Un jour je fus témoin d'une querelle entre les deux associés ; ils se disputaient comme deux portefaix. On ne me payait déjà plus régulièrement. Je dis à mon cousin :

— La singulière maison où vous m'avez placé ; ils se battent les deux associés !

Il fait l'étonné.

— A votre idée, qu'est-ce qui a raison, me dit-il.

— Je n'en sais rien.

(C'était au juif qu'il m'avait recommandé).

— Voyez-vous... me dit-il, je connais cette affaire là ; elle est très bonne, mais il faudrait un homme comme vous pour la faire marcher ; ils ne sont ni l'un ni l'autre mécaniciens... Votre affaire est de ne rien dire, de laisser faire... ils vont probablement se séparer. Le juif est très capable pour les affaires, vous vous associerez et ce sera une position pour vous.

Je comprenais, en effet, la nécessité d'un mécanicien intéressé dans la maison... Ils ne s'entendent pas, voilà tout...

Un jour le juif me fit venir à son cabinet et il me proposa cette association. Je lui dis :

— Mais je n'ai pas d'argent !

— Oh ! votre beau-père en a, je le connais ; je sais ce qui vous est arrivé... C'est un homme qui veut sa tranquillité, il fera tout pour vous caser... Vous ne pouvez plus retourner chez lui. Voyons réfléchissez... Voyez Jean Delaporte (Jean c'était le cousin, nous l'appelions par son petit nom). Quant à moi je ne puis durer avec mon associé ; si ce n'est pas vous ce sera un autre...

Rentré chez moi je raconte le tout à ma femme.

— Tiens, lui dis-je, je vais me décider; on voit partout les ateliers se fermer, le moment est très mauvais, ma foi il faut saisir l'occasion. Qu'en penses-tu ?

— Mon Dieu, Jean ne peut nous tromper, revoyons-le; s'il trouve que c'est bien ce qu'il te faut... Descendons, il est là ; il faut terminer ça tout de suite.

Je répète au cousin les propositions du juif. Il me répond :

— Très bien ! mais il ne sait pas ce qu'il dit : M. Noore ne peut pas avancer d'argent, il n'en a pas de trop pour faire marcher son affaire ; 70 ouvriers ce n'est pas rien. Mais vous, si j'ai bonne mémoire, vous avez quelque chose qui vous revient de votre père ?

— Moi? Rien... Mon père était ruiné lorsqu'il est mort.

Encore bien que je n'eusse pas de garanties matérielles à lui donner, mon juif accepta néanmoins l'association, d'abord parce qu'il avait besoin de moi pour maintenir les machines en bon état et ensuite parce qu'il comptait sur la situation de ma famille et celle de ma femme pour leur forcer la main, à un moment donné, ce que je ne soupçonnais pas alors.

On m'associa donc. Me voilà Patron.

Il y avait quelque temps que je m'occupais de mon affaire. M. Block, c'était le nom de mon juif, me laissait faire, il s'occupait de l'extérieur; mais je ne le voyais

toutefois pas bien actif... Un jour je réclame deux cents
francs qu'il me fallait pour mon loyer et les besoins de la
maison... — Je m'étais aperçu que lui ne se gênait pas...
— Il me dit :

— Je n'ai rien en caisse... J'irai chercher des fonds
demain.

— Mais je suis absolument à sec et pris de court...
Donnez-moi toujours vingt francs.

— Je n'ai pas un sou.

Un autre jour, je sonne à sa porte ; la bonne était
seule.

— M. Block n'est pas là, me dit elle en mauvais français (C'était une Allemande).

— Ni Madame non plus ?

— Je voudrais bien vous parler. Vous êtes un honnête
homme, mais Block canaille, Jean canaille, tous ca-
nailles.

— Qu'est-ce qu'il y a ?... lui dis-je.

— Payent pas leurs dettes, Block me doit cinq cents
francs qu'il m'a volés... tenez, voyez ce papier timbré.
Vous êtes pris aussi...

Je vis bien que j'étais engrené...

Je connaissais, depuis peu de temps, un monsieur X...
avocat à la cour d'appel. Je fus le consulter et il se trouva
qu'il connaissait parfaitement mes gens.

Il n'hésita pas à me dire que je ne pouvais être plus
mal tombé.

— Il faut vous tirer de là tout de suite, me dit-il, non
seulement c'est votre ruine présente, mais l'impossibilité
peut-être de jamais vous relever. Il vous croit sans doute
quelque bien et il ne vous lâchera pas qu'il n'ait tout
mangé, et le pis c'est qu'il est criblé de dettes ! Il
n'y a pas à hésiter un moment, il faut couper court à
cela immédiatement.

Par instinct, je le sentais ; il acheva de me confirmer
dans mon intention.

Il fit tout ce qui était nécessaire pour me garantir de
ce rastaquouère ; mais j'étais de nouveau sur le pavé.

Enfin j'étais affranchi de ce coquin !

Lorsque ma femme apprit cela ;

— Quel piège infâme ! s'écria-t-elle. Jean ! un ami de la maison en lequel j'avais tant de confiance ! C'est à n'y pas croire !... Mon pauvre ami... Qu'allons-nous devenir ?

— Je travaillerai.

— Mais puisque tu ne trouves d'ouvrage nulle part !

— Je remuerai ciel et terre ! Que veux-tu ?...

C'était une année très malheureuse, le choléra chassait les étrangers, et les parisiens bourgeois désertaient dans les provinces.

Je n'ai pas besoin de le dire, ma femme ne voulait plus retourner chez son cousin... Il fit l'homme qui ne savait rien... mais, ne nous ayant pas vus depuis quelques jours, il envoya son jeune fils voir si l'on était malade.

Il faut vous dire que pour nous rapprocher de mes occupations, j'avais quitté la rue Saint-Jacques. Nous habitions alors la rue Poissonnière qui nous rapprochait de mon travail.

— Tiens, te voilà Francis, dit ma femme à son petit cousin. Qui t'amène ?

— Papa m'a envoyé voir si vous étiez malades.

— Tu diras à ton père qu'il peut se passer de notre visite, et si c'est pour renseigner mes parents qu'il t'envoie, qu'il leur dise que je suis on ne peut plus malheureuse, *par sa faute*. Va, mon ami, va !...

Quelque temps après cette triste affaire, ma femme recevait de son père une lettre ainsi conçue : « Je sais tout ce qui se passe à Paris, ton mari s'est fait rouler, lui qui se croit si *fort* et du même coup il s'aliène son frère Louis, Jean et nous. Tu accuses Jean... c'est pour le remercier de s'être occupé de vous. Vous voilà bien maintenant ! Sans ressources !... Tu vas commencer à t'apercevoir de ton tort de ne pas avoir écouté ta mère » (ces derniers mots soulignés).

Je ne sais pas si l'on pouvait pousser la perfidie plus loin ; ma femme en était atterrée ; cette lettre la rendit malade...

— Ce n'est pas possible, disait-elle, qu'il puisse y avoir connivence entre tout ce monde pour nous faire tant de mal. M. Block, cela s'explique, c'est un voleur.

Mais Jean !... Oh ! il me vient à l'esprit toutes sortes de soupçons que ces événements éveillent. Ecoute, je ne veux rien te cacher. Tu vas comprendre, du reste, que je ne pouvais pas attacher à cela aucune importance, avant toutes ces affaires...

J'avais 15 ans ; aux vacances, à la sortie du couvent, ma mère se faisait une fête de mon arrivée, tout était sens-dessus dessous. Jean qui, comme tu le sais, était et est encore professeur dans un grand établissement de Paris, venait passer ses vacances chez mon père. Ils étaient déjà de grands amis... moi je le regardais comme un second père ; je ne me gênais pas avec lui : Un jour qu'il m'embrassait (je ne le trouvais pas comme d'habitude) il cherche à me persuader qu'il m'aimait. — Je le sais bien, lui dis-je en riant. Mais qu'est-ce que vous avez, je ne vous ai jamais vu comme cela ? Sans répondre il me serra contre sa poitrine. Instinctivement je lui dis : Mais vous me faites peur... Et je lui échappai. — Octavie ! Octavie ! me dit-il. Surtout ne dis rien de ce qui s'est passé à ta mère !... Je n'avais rien de caché pour ma mère... Elle me dit : — Tu es une sotte, Jean t'aime comme nous, comme sa fille... Je ne sais si ma mère lui dit quelque chose à ce moment, mais elle me dit à moi : Surtout n'en parle pas à ton père ! C'est inutile, tu m'entends, en accompagnant ces paroles d'un regard qui m'enleva toute idée de parler. Depuis, pareille aventure ne s'est plus représentée. Mais rien n'était changé dans la maison, ma mère continuait à voir le cousin comme auparavant. Lui, était resté le même avec moi, comme avant cette scène. Je n'y pensais donc plus, et jamais probablement, n'y aurais-je pensé si une autre circonstance ne s'était présentée qui, jointe à ce que je viens de te dire et à tout ce qui nous accable, y jette une certaine lumière...

J'écoutais avec attention.

— Mon pauvre ami, pendant que tu t'échinais sous les machines à travailler comme un mercenaire...

— Cela n'est rien, ma chère...

— C'est beaucoup au contraire, tu mérites un sort meilleur. Mais écoute et ne me fais pas perdre le fil de ce que j'ai à te dire. Pendant ton absence, il venait souvent me voir, rue Saint-Jacques. Il est vrai qu'il avait plusieurs prétextes ; c'était au moment où Mme Knoc (1) était atteinte du choléra...

— Oui, je sais, et tu t'exposais pour la soigner.

— Un jour donc il me dit : Tu ne connais pas encore les usages du monde chic de Paris : *Ma chère c'est bourgeois de ne pas avoir d'amant.* Vous riez sans doute, lui ai-je répondu (Il me conduisait pour une course que j'avais à faire dans Paris, c'était son chemin m'avait-il dit). En chemin il me serrait le bras. Je n'étais plus la fillette de 15 ans, je compris... Dois-je le dire à Constant ? me disais-je. Non ! Je ne sortirai plus avec lui et cela s'arrêtera là probablement ; d'autant plus que, depuis cette époque, j'évitais toute occasion de me trouver seule avec lui.

Elle ajouta : C'était une situation qui me gênait beaucoup : je m'étais habituée à l'aimer comme un père, il m'avait connue toute petite fille !

En disant cela, ma femme soupira et était presque honteuse en me racontant tout cela. Enfin elle termina cette longue confession en me disant douloureusement :

— Même en te racontant cela, mon pauvre ami, je ne puis croire à tant de noirceur de sa part. Il est vrai que la jalousie...

— La jalousie ? Oui, elle date chez lui du jour qu'il apprit notre mariage (On sait qu'instinctivement cet homme m'était antipathique).

Je continuai :

— Tu te rappelles combien ta mère était furieuse, un jour qu'on parlait de lui ; je ne sais trop ce que j'avais dit. Ah !... « Qu'il cherchait toujours à faire de l'esprit. » Froissée, je n'ai jamais su pourquoi, ta mère répondit sèchement : « Il a plus d'esprit dans son petit doigt que vous dans toute votre personne. » Si tu te le rappelles, depuis ce temps là elle ne fut plus la même.

_____

(1) Mme Knoc était la sœur du Block, et quand le cousin eut perdu sa femme, il la prit comme gouvernante de sa maison et de ses enfants.

— Je n'y fis pas bien attention.

— Sans doute ; moi non plus, mais tout ce qui arrive en ce moment semble s'y rattacher ; ne trouves-tu pas ?

— Oui. Que faut-il faire ?

— Eh bien, ma chère amie, tu as pris le devant : ne l'as-tu pas congédié par son fils.

— Oui !

— Eh bien ! n'en parlons plus, il ne reviendra pas, va !... Quant à ton père, tu n'as rien à lui répondre, attendons... Il n'est pas possible que je ne retrouve pas à m'occuper d'ici peu. J'irai de porte en porte, mendier du travail mais tu ne souffriras pas... je ne le veux pas.

— Eh ! oui. C'est le mot de ma mère : « Qu'il aille de porte en porte. » C'est comme une malédiction !

« Je n'étais pas encore socialiste à ce moment, mais déjà je réfléchissais : Je ne trouve pas de honte à travailler, me disais-je, mais je trouve honteux... d'être obligé de mendier son travail. »

Un matin je partis de très bonne heure ; j'allai à la porte d'un grand atelier (chez MM. Cavé, mécaniciens), il y avait encombrement d'ouvriers. J'avais mis ma blouse de travail. J'entends dire dans les groupes : « On n'embauche pas... Il y a plutôt de l'ouvrage dans les petits ateliers que dans les grands ».

Je descends le faubourg Saint-Denis et je m'arrête à divers ateliers, sur les portes desquels on voyait écrit « On n'embauche pas ». Partout c'était de même. Ceux qui se rappellent la triste époque de 1848 à 1850... ne s'étonneront pas de cela.

Je descendais le faubourg et j'atteignais les grands boulevards quand je vis une grande foule rassemblée sur tout ce parcours jusqu'à la chambre des députés. C'était Blanqui qui venait de s'échapper par les fenêtres du Conservatoire des Arts et Métiers où il était retenu pour empêcher une manifestation ouvrière marchant vers les Chambres pour protester... Toutes les troupes étaient sur pied ; on s'attendait à des troubles sérieux.

Je voyais des généraux, Canrobert, Changarnier, traverser le boulevard ; les boutiques se fermaient ; tout annonçait une révolution si elle n'était conjurée à temps...

La manifestation avorta. Paris conserva néanmoins, pendant quelques jours encore, la physionomie révolutionnaire : De grands groupes se formaient aux alentours des portes Saint-Denis et Saint-Martin. Il y avait des postes dans les principales rues, des patrouilles de tous côtés... C'était la première fois que je voyais cela... J'avais entendu dire qu'il ne fallait pas être trop curieux dans ces moments-là.

Je rebroussai donc chemin pour rentrer chez moi au plus vite. Au détour d'une rue je fais la rencontre d'un ami dont j'avais perdu l'adresse : Monin l'artiste (On a déjà fait connaissance avec lui). C'est lui qui m'aperçut le premier.

— Tiens, Lepage ! Par quel hasard ? Tu n'es donc plus au Havre ? Te rappelles-tu la dernière fois que nous nous sommes vus...

— Oui. C'était l'année dernière, aux fameux banquets de 48... sur la place de la Comédie ; j'étais avec ma femme, tu étais avec Barbizot, l'artiste. Tu m'aperçus dans la foule et, deux verres en mains, tu me dis : Trinquons ! Vive la République !

— Oui.

— Et après le banquet, continua-t-il, nous défilâmes tous en chantant : Mourir pour la Patrie ! Mourir pour la Patrie !... Eh bien, mon cher, tu sais, ça va mal... je crains bien pour notre pauvre République... Mais, tu sais, ne parlons pas trop haut, on est entouré de mouchards... Dis-moi qu'est-ce que tu fais ici ?

— Ah ! mon cher, c'est tout un roman à te raconter... et des plus tristes : tu me vois en blouse ; je cherche de l'ouvrage et je n'en trouve pas.

— Mais je te croyais heureux, j'avais entendu dire que tu avais fait un beau mariage ?

— Hélas ! mon cher, je suis fatigué de me plaindre : je te dirai cela une autrefois.

— Tu te rappelles Gillette ? un camarade de collège.

— Oui. Lequel ? ils étaient deux.

— L'aîné ; je ne sais ce qu'est devenu l'autre. Il pourrait peut-être te caser. Tu écrivais bien, toi, je me le rappelle.

— Ce n'est pas mon état, dis-je, mais dame ! quand il faut manger il n'y a pas à choisir.

— Je crois qu'il peut te caser comme commis aux écritures, il a beaucoup de connaissances dans le commerce.

— Merci ! mon vieux, Merci !...

— Je vais le voir et je t'écrirai aussitôt que je saurai quelque chose (Regardant autour de lui). Rentrons, je crois qu'il est temps. « Au revoir. Ça ne me plaisait guère d'être commis, mais ma foi, il faut manger. » Je rentre chez moi : ma femme m'attendait, inquiète. On disait dans le quartier qu'on se battait dans Paris... J'étais parti depuis le matin...

— Eh bien me dit-elle, rapportes-tu quelque bonne nouvelle !

— Oui et non. Du travail il n'y en a pas. Mais figure-toi que j'ai rencontré Monin : il m'a engagé à aller le voir, avec toi bien entendu, il s'est marié tout dernièrement, il demeure rue des Marais et est provisoirement chez son beau-père. Il a promis de parler de moi à ses amis, entr'autres à Gillette ; tu ne le connais pas, c'est un camarade de collège ; il a quelqu'espoir qu'il me fera caser.

Puis changeant de conversation :

— Il n'y a rien de nouveau ? lui demandai-je.

— Si... ce papier.

Et elle me montra un papier qui était sur la table. C'était encore du papier, et du timbré encore ! qui m'arrivait toujours pour cette sale affaire Block...

Depuis quelque temps ma femme recevait des lettres de son père ; il se plaignait que les affaires n'allaient pas, qu'il perdait de l'argent, etc... Il n'avait pas encore envoyé la petite rente habituelle et nous étions près d'être à sec, le terme approchait; comment allions nous faire? J'avais bien entendu parler du Mont-de-piété, mais je regardais comme une honte d'y aller... Hélas ! c'est le premier pas qui coûte ! J'y fus bien obligé... car nous reçûmes une lettre du beau-père disant qu'il ne pouvait nous envoyer d'argent. Faut-il vous dire ce que cette démarche m'a valu d'humiliations ! « On rirait de ma simplicité aujourd'hui » : Qui ne connaît pas le Mont-de-piété. Je commençai par ma montre de mariage ; quelques couverts d'argent qui me venaient de ma mère suivirent, etc. Pourvu que les bijoux de ma femme n'y passent point, me disais-je. Cela me tourmentait au dernier point. Heureusement je reçus un mot de Monin qui me disait : « Gillette m'écrit : Que Lepage se présente demain matin chez M. Penou, chocolatier, rue Vivienne. »

— Ah ! enfin... dis-je. J'embrassai ma pauvre Octavie... J'étais heureux !... Je vais donc être un homme !... car, vrai, je suis honteux de mon impuissance et de mon inutilité.

— Ah ! mon pauvre ami, dit ma femme, je vais donc pouvoir débarrasser mon cœur !...

— Quoi donc ?...

— Je n'osais te le dire : Je sais bien que tu vas être heureux. Tu me pardonnes ?...

— Mais quoi donc ?

— Je suis enceinte...

— Eh bien bravo ! je n'en aurai que plus de courage... Habille-toi, nous allons aller remercier Monin ce soir...

La joie était revenue à la maison... « On a vite oublié la misère quand on est jeune parce qu'on ne connaît pas tous les aléas de la vie. « Heureusement ! Sans cela il n'y aurait jamais un seul instant de bonheur complet. Ne mûrissons donc pas trop vite la jeunesse ; chaque âge doit avoir sa psychologie bien marquée. » J'étais donc de mon âge.

Nous voilà à chanter...

— Tiens, ma chère, nous allons boire du vin aujourd'hui ; il y a assez longtemps que nous buvons de l'eau du D^r. Fèvre (Cette boisson était faite avec de petits paquets d'une poudre blanche que l'on mettait dans un litre d'eau ce qui faisait, instantanément, de l'eau gazeuse).

Nous fîmes un déjeuner d'amoureux.

« Eh bien ! voilà de ces jours qu'on n'oublie pas dans sa vie !... Comme il faut peu de chose pour être heureux !... »

Après dîner, nous allons chez Monin. On sait qu'il travaillait avec Gustave Doré, chez Philippon. Il était très content, réussissait bien... Je voyais souvent de ses dessins dans les publications illustrées beaucoup plus rares à cette époque qu'aujourd'hui.

Il nous présenta à sa femme :

— Un vieux camarade de collège, lui dit-il. Nous avons fait notre première communion ensemble. Je ne sais pourquoi il ne s'est pas fait curé, il moralise toujours.

Puis il ajouta en riant :

— Il a manqué sa vocation.

Ces dames firent connaissance. Le nouveau ménage était très gai — comme il arrive presque toujours lorsque la misère ne hante point la maison.

— Je viens te remercier, mon cher ami, lui dis-je ; j'ai reçu ton petit mot ; j'irai demain... je suis si content que j'ai voulu te voir auparavant.

— Oui, je crois que tu peux y compter, Gillette me l'a dit ; il m'a parlé de 15 à 1800 francs.

— Diable ! mais c'est magnifique !...

Et nous passons une soirée charmante.

« Le beau-père de Monin était un bon brave homme qui adorait ses enfants ; il faisait des écritures. Quoique versé dans la comptabilité et remplissant bien sa profession il avait néanmoins élevé péniblement sa petite famille car ses appointements étaient assez maigres. C'était un prolétaire instruit, d'une honnêteté scrupuleuse. Veuf depuis quelque temps il avait mis tout son espoir dans ses enfants et vivait avec eux. Il m'arriva souvent de faire la comparaison entre lui et ces rusés du siècle, que j'ai connus et qui sont devenus des millionnaires d'aujourd'hui... Les uns, les pires ouvriers d'atelier, les autres ne connaissant même pas les premiers rudiments du métier qui devait les enrichir. Il avait un fils qui avait déjà embrassé la carrière d'artiste industriel ; il était dessinateur dans une fabrique de papiers peints. Nous allons suivre parallèlement l'existence de mon ami d'enfance et la mienne, afin de jeter un jour sur la période sociale traversée par le second Empire; on verra les luttes pour l'existence et l'influence funeste que le capitalisme, déjà puissant, exerçait sur les meilleures natures. »

Je me rends donc chez M. Penon. Un petit homme tout dodu, figure en poire, comme Louis-Philippe, assez commun d'aspect, avec des joues rouges, rappelant un peu le bon paysan normand, à l'air chien et rusé !

— Ah !... c'est vous qui m'êtes recommandé par M. Gillette.

— Oui, Monsieur.

— Asseyez-vous. J'ai besoin d'un second commis... Ma maison prend tous les jours de l'importance, j'ai une fabrique rue Popincourt qui m'occupe beaucoup, j'ai besoin d'être sérieusement secondé... on m'a dit que vous étiez très actif, marié, désirant vous faire un avenir, je comprends cela. — Vous avez des enfants ?

— Non, Monsieur, mais je suis pour en avoir un prochainement.

— Très bien. Et bien voyons : Je vous offre 1000 francs... 85 fr., 35 par mois... Est-ce entendu ? (sic).

Puis il ajouta en souriant.

— C'est un commencement, nous n'en resterons pas là...

Et comme il me voyait réfléchir...

— C'est entendu, n'est-ce pas ? répéta-t-il.

— Mais, Monsieur, Gillette m'avait parlé de 1500 à 1600 francs !

— Ah ! ce brave Gillette, il croit qu'on gagne des mille et des cents. Réfléchissez... c'est sur sa recommandation.... Vous devez penser que ma maison est assez connue pour...

— C'est bien, Monsieur, j'accepte.

Il me conduisit dans un bureau où était le comptable.

— Voici votre place, vous pouvez commencer.

S'adressant au premier commis.

— Je vous prie de mettre Monsieur au courant.

Puis, se retournant vers moi :

— Vous suivrez bien les ordres de Monsieur.

CHAPITRE V.

Il n'y avait pas à hésiter... C'était ça ou la misère noire; le choléra faisait encore de nombreuses victimes ; on recommandait partout de l'hygiène... la misère, me disais-je, n'est pas hygiénique, j'ai bien fait d'accepter. Mon bureau était encore assez loin de ma demeure ; j'avais une heure et demie pour déjeuner; je marchais vite à cette époque. J'arrive à la maison à demi-content... Ma femme le vit bien, malgré tout ce que je faisais pour me contenir.

— Tu n'es pas enchanté ? me dit-elle.

— Oh ! ma chère, je suis un peu déçu ; pense donc : 1000 francs !... et 400 francs de loyer ? et tout mon temps pris depuis le matin jusqu'au soir. Il est vrai qu'il m'a dit que ce n'était que pendant la saison du jour de l'an que l'on était aussi occupé, à cause de la presse ; c'est de même, dit-il, dans toutes les confiseries...

— S'il n'y avait encore que cela, répond ma femme... mais ce sont toujours de nouveaux métiers qu'il faut que tu apprennes ; tu te tues... mon pauvre ami !

— Mais qu'y faire ? *il faut manger*.

— C'est vrai ; pauvre ami pardonne-moi ; je t'ôte ton courage.

— Non, je pense à toi et à notre enfant. Tu n'as pas été habituée aux privations, à la misère; je voudrais que tu aies le confortable. Et puis il m'a dit que je n'en resterais pas là.

Me voilà donc en fonctions : Je faisais tout là-dedans, les écritures, les courses, les paquets, j'aidais aux demoiselles de magasin à emplir de bonbons les boîtes, les sacs, etc. ; ça ne cessait pas... Il y avait un mois déjà que je faisais ce commerce lorsqu'un matin, en prenant ma place sur une petite table qui m'était destinée, je trouve *85 francs 35* sur un petit carré de papier blanc bien coupé.

— Ce sont vos appointements, me dit le premier commis...

Je n'aurai pas à rougir, me dis-je, il ne me les a pas mis dans la main... Quelle délicatesse !... J'empoche philosophiquement 35 fr. 35, c'est peu de chose, me disais-je, mais c'est précieux par le temps qui court. Il faut croire que je faisais bien l'affaire et qu'on était content de moi, car quelquefois la contre-maîtresse me donnait un petit sac de bonbons. Ce jour-là il était un peu plus fort que d'habitude ; je dis à ma femme : Nous allons l'emporter ce soir avec nous chez Monin.

Nous arrivons, Monin était en train de dessiner. Je pose le sac de bonbons sur la table ; Mme Monin l'ouvre et dit :

— Des bonbons !...

— Bravo ! dit Monin, nous allons les jouer... où est le ton-ton...

On dégagea la table et nous voilà tous à jouer les bonbons... On était heureux !... La partie terminée on reprend le dessin.

— Tu m'excuseras, Lepage, me dit Monin, ça n'empêche pas de causer. Tu vas philosopher avec père, et moi je vais finir ce travail qui presse un peu. Mais, au fait, pourquoi ne dessinerais-tu pas ? on essaye...

— Oh ! le dessin de machine, d'architecture, je ne dis pas, mais ce dessin technique n'est pas intéressant pour tout le monde... C'est bon, toi... tu es un artiste. C'est comme Doré : Vous irez loin tous les deux... Moi, vois-tu, je n'ai pas à choisir... je fais ce qui me fait vivre...

— C'est égal ; tiens, dessine ce paysage-là.

Et il me présente une image du *Magasin pittoresque*: j'essayai ; on riait. Nous passâmes ainsi quatre mois tranquilles, je commençais à ne plus penser à nos misères ; on approchait de la Noël ; lorsque nous reçûmes une lettre de mon beau-père. En voici les termes :

« Je suis à fin de bail ; les propriétaires MM. de B. et de F. veulent augmenter mon loyer ; les affaires sont si mauvaises que je ne suis pas disposé à renouveler dans ces nouvelles conditions, j'aurais plutôt demandé à ce qu'on me le diminuât. Par ce fait je me trouve dans le plus grand embarras ; on va tout me vendre et je me vois obligé de chercher un emploi pour vivre moi et ta mère »...

Voilà ma femme toute désolée...

— Ce pauvre père ! disait-elle, à l'âge qu'il a, être obligé de travailler chez les autres ; comprends-tu Constant ? Il ne veut sans doute pas toucher à notre capital... si tu veux laissons-le-lui, je vais le lui offrir en une lettre...

— Ma bonne amie, ta lettre ne signifiera pas grand'-chose, lui dis-je. Tu ne te rappelles donc pas le mot de ton père... à propos de notre séparation qu'il regrettait n'avoir pas eu lieu. « Ah ! de biens c'est fait ! » Fais donc ce que tu voudras.

— C'est peut-être, Constant, une occasion de rapprochement ; en voyant notre désintéressement ? Je ne puis croire que cela dure toujours, le malheur rend plus juste souvent.

Je la laissai dire et la laissai faire, mais je n'y croyais pas... On verra que j'avais bien raison.

Nous voilà arrivés à Noël... il y avait quelque temps que nous n'avions vu les Monin, toutes mes soirées étaient prises chez mon chocolatier ; on était au moment des grandes livraisons dans toutes les provinces... Je me donnais beaucoup de peine et je n'en étais pas payé davantage.

— Oh ! tu vas avoir quelques jours de congé après Noël ? me dit ma femme.

— Oui, cinq ou six jours ; on en parle au magasin.

Je me rendais donc comme d'habitude à mon bureau.

Qu'est-ce que je trouve sur ma table : 85 francs 35 sur un papier, et sur celui-ci les mots suivants : « Monsieur, votre inexpérience commerciale m'oblige à vous remercier, je le regrette beaucoup ». J'étais atterré ! Je dis au premier commis :

— Qu'est-ce que j'ai donc fait ?

— Je ne sais, me répondit-il.

Je vis bien qu'il n'y avait rien à faire. Quelle nouvelle ! dis-je ; comment vais-je annoncer cela à ma femme ! Je pris toutes les précautions pour éviter de violentes secousses morales.

— Oh ! me dit-elle, mais tout nous manque à la fois !...

Voilà le souci rentré en plein dans la maison. Je me remets en quête d'un ouvrage quelconque, mais je n'aboutis pas... Il y avait trois semaines que je chômais...

Nous avions en face de nous une voisine qui occupait la même cour ; ma femme la voyait tricoter des fichus de laine.

— Tiens, me dit-elle, je saurais bien faire cela. Il faudra que je lui demande si elle peut m'occuper à ce travail. Elle avait l'air d'une brave et digne femme... Son mari semblait inoccupé aussi ; ils avaient un fils d'une dizaine d'années.

— Tu veux travailler ?... dis-je à ma femme.

— Que veux-tu ! puisque tu ne trouves pas d'ouvrage.

Cela m'ennuyait bien. Je lui dis :

— Attends encore un peu.

Mais elle avait ça dans la tête. En mon absence elle alla chez la voisine ; les deux femmes causèrent ensemble et cette brave dame lui dit :

— Je n'ai de travail que pour moi. Il faudrait un peu d'avance pour acheter la laine, je n'en ai pas et c'est pourquoi je n'en puis faire davantage.

Ma femme me redit cela. Je la voyais contente de pouvoir travailler. La voisine savait où écouler ; il ne s'agissait donc plus que de produire.

— Eh bien, associez-vous, dis-je.

Nous avions là 80 francs, quelques économies.

— Risquons-les...

On achète de la laine et on fabriqua des fichus, ça allait assez bien ; ma femme gagnait peu, elle était payée tant par fichu, mais enfin cela alimentait un peu la maison ; l'hiver s'avançait et ce travail devant cesser avec lui, elle ne perdait point de temps.

Le moment approchait aussi de l'accouchement ; on était en mars, et ma femme attendait son enfant vers le 15 ou le 20... Monin et sa femme étaient venus plusieurs fois nous voir. Voyant notre embarras, il me dit :

— As-tu un médecin ?

— Non.

— Tu sais, Follin, un camarade de pension, je l'ai vu dernièrement ; je lui ai parlé de toi et, de ton embarras, si tu veux, il accouchera ta femme... Il vient d'être reçu docteur.

— Je te remercie, mon cher Monin, d'avoir pensé à cela, le fait est que j'étais rudement embarrassé.

— Va le voir, ça lui fera plaisir. Je lui ai parlé de toi.

J'y fus en effet et ce fut décidé. J'étais donc tranquille sur ce point ; je me disais : Avec les 80 francs de l'association je vais subvenir aux soins nécessaires ...et puis d'ici là, dame ! bien sûr, je trouverai quelque chose.

Je continuais mes courses vagabondes à la recherche pas même d'une position sociale comme Jérôme Pâturot ; ce déclassé était encore d'un degré au dessus de moi, mais bien de mon pain quotidien. « Je n'étais déjà pas le seul, mais combien il y en a aujourd'hui ! »

Dans mes courses je fis la rencontre d'un vieux camarade que nous connaissons déjà : Ferdinand Bernard, le ténor. Je le retrouve au 113, Palais-Royal (un des premiers cafés-concerts établis à Paris).

Il commençait sa bohème. Je le rencontre au détour d'une rue cernée par des agents de police. Toute la troupe était encore ce jour-là sur pied. Il me dit, en mangeant un œuf dur et un petit pain.

— Tiens, voilà mon déjeuner. Toujours dans la dèche, mon cher, et dire que mon père est le premier horloger du Havre, qu'il a une maison, rue de Paris, qui vaut plus de cent mille francs...

Et il dévorait son œuf. Puis il ajouta :

— Hein ! quand est-ce qu'on se paiera Tortoni ?

— Il y a donc encore du désordre, lui dis-je.

— Je viens des Champs-Élysées et j'ai vu un régiment de cavalerie arrivant au grand galop ; je ne sais pas ce qu'il y a ; ça finira mal ; tout le monde crève de faim.

Hélas ! j'en savais quelque chose... Nous voulons franchir le boulevard, impossible de traverser, on ne laissait passer que les femmes et les enfants. Il nous fallut faire un immense détour pour rentrer chez nous... Ce n'était encore rien : Une panique, comme disaient les parisiens ; on cherche une émeute et on la trouvera.

— Mais toi, Lepage, me dit mon ami, qu'est-ce que tu fais ?

— Rien.

— Tu vis de l'air du temps, alors ? mais tu es marié, il me semble ? Et ta femme ?

— Elle est ici.

— Ah ! bien, viens me voir au 113. Tu verras, mon cher, *un vrai succès !* Je chante la *Vengeance du Corse*, une création de ton vieux camarade de collège, celui dont tu faisais les devoirs, te rappelles-tu ?

— Oui, mon vieux, mais je te quitte ; nous recauserons de cela.

— Je compte sur toi lorsque cette bagarre-là va être finie. Au revoir.

— En voilà encore un qui tire le diable par la queue, me dis-je. Après tout, il n'a pas l'air d'en souffrir beaucoup ; c'est vrai qu'il n'a pas femme et enfant, lui...

Allons !... rentrons déjeuner... Toutes sortes de réflexions me passaient par la tête. Ma pauvre Octavie est bien économe, me disais-je ; je ne sais pas comment elle fait... je trouve toujours la table servie quand j'arrive. En fait de boustifaille, dame ! ça n'est guère plus cossu que le déjeuner de Bernard, mais ça a un petit cachet... Et je précipite le pas, heureux d'embrasser ma meilleure amie...

Pourquoi n'ai-je pas une bonne nouvelle à lui apprendre ? Nous serions si heureux !...

J'entre donc chez moi, un peu essoufflé d'avoir monté six étages quatre à quatre... Ma femme était allée dans le quartier.

« Je reviens tout de suite », avait-elle écrit sur un bout de papier

Une lettre était à côté. Tiens ! dis-je, du nouveau... Qu'est-ce que c'est que ça ?

J'ouvre cette lettre ; voici son contenu :

« Monsieur,

« Il s'agit d'une affaire vous concernant personnellement, relative à la fonderie de votre beau-père. Veuillez passer à mon bureau.

» Recevez, etc... A. avoué ».

Ma femme rentre : Elle avait pris connaissance de cette lettre.

— Que penses-tu de cela ? me dit-elle.

— Je ne sais trop, j'irai voir. Ça ne peut pas être du mauvais ?... Attendons...

Je lui raconte l'histoire de Bernard.

— C'est pour cela que tu es en retard. J'étais inquiète par ces temps.

— Ces vélléités continuelles de révolutions, dis-je, n'avancent pas nos affaires.

Le beau-père de Monin m'avait donné quelques écritures à faire à la maison ; le peu que cela avait duré avait aidé à subvenir à nos premiers besoins. La saison des lainages était passée et ma femme avait, à mon insu, trouvé du travail de feston dans une maison voisine. Elle gagnait cinquante centimes par jour en dehors de moi. J'étais absent une partie de la journée, ce qui lui permettait de travailler en cachette. C'était du travail qu'elle venait de porter quand j'arrivai. Douée de beaucoup de délicatesse, elle savait que j'étais honteux de ne pouvoir suffire à la maison... Souvent, elle m'avait entendu dire : « Ce n'est pas l'affaire d'une femme d'avoir le souci de la subsistance, elle a assez d'élever ses en-

fants et de tenir avec économie et propreté son ménage. Nous étions faits pour nous entendre. « Mais notre
admirable conception sociale se préoccupe peu de ces
détails-là... »

Le lendemain, je me rendis chez l'avoué en question.

— Vous êtes bien monsieur Lepage, gendre de
M. Noore? me dit-il.

— Oui, Monsieur.

— J'ai une commission à vous faire de la part de
MM. de B. et de L., propriétaires des fonderies
qu'exploite votre beau-père. Il vient de finir son bail
qu'il n'a pas voulu renouveler, et il s'établit à Vaucelles.

Ces Messieurs ont su que vous aviez été contre-maître
chez M. Noore avant d'être son gendre; ils ont su que
vous n'étiez plus bien ensemble. Voudriez-vous prendre
la suite de cet établissement, on vous donnerait toutes les
facilités; vous en seriez du reste le directeur.

Puis il ajouta :

— Je comprends que ceci vous demande réflexion...
si vous vous décidez, rendez-vous après demain, dans la
matinée, chez M. de B., rue Cassette. Vous pourrez
causer avec ces Messieurs, si on ne vous voit pas, c'est
que vous renoncez à l'affaire.

J'avoue que j'étais dans un certain embarras. Qu'est-
ce qu'il y a encore là-dessous? me disais-je.

Nous eûmes beau nous casser la tête, ma femme et
moi, pour trouver quel intérêt ces Messieurs pouvaient
avoir à me rechercher, et quel rôle jouait mon beau-
père là dedans, nous n'y arrivâmes pas. Nous eûmes
bientôt l'explication.

Je me rendis chez M. de B.; un valet, en livrée rouge,
m'introduit dans un salon superbe et bientôt arrive le
haut personnage... Il m'examine un moment, parut satisfait.

— M. Noore est votre beau-père, n'est-ce pas?

— Oui, Monsieur.

— Il nous manque... Voulez-vous le remplacer?
Nous avons eu sur vous tous les renseignements dési-
rables.

— Que faut-il faire pour cela ?

Vous rendre d'abord à Caen auprès de notre avoué, vous entendre avec lui... et à votre retour nous termi-nerons ici nos arrangements.

De plus en plus obscur, me dis-je.

Rentré à la maison nous convenons, avec ma femme, que j'irais à Caen. Le Mont-de-piété me revit encore une fois...

Je partis donc pour Caen avec un mot de M. de B. pour son homme d'affaires... Là, les choses s'expli-quèrent tout à fait.

J'étais bien jeune pourtant, mais je découvris facile-ment les ruses courantes de ce monde des affaires... Je vais vous en donner l'explication :

Les propriétaires de la fonderie élevaient leurs préten-tions et mon beau-père, au contraire, voulait bien renou-veler le bail, mais à des conditions plus douces. Les choses en étaient là et comme aucune entente n'avait pu avoir lieu, mon beau-père fit vendre aux enchères tout ce qui lui appartenait du matériel pour faire croire à une déconfiture, fit racheter ce qui lui convenait le mieux par un tiers et s'établit sous le nom de ce dernier à Vaucelles, dans une petite fonderie de peu d'impor-tance. Les propositions qui m'étaient faites avaient pour but de me rapprocher de mon beau-père et de lui faire la menace de me donner la direction s'il ne s'arrangeait pas selon le désir des propriétaires.

Il est certain que si mon beau-père avait eu l'inten-tion de nous faire du bien c'était le moment. Quels que fussent ses projets, je ne pouvais que lui être utile. Il suffisait de s'entendre, évidemment je ne venais pas lui faire concurrence, ce n'était pas dans mon esprit, pas plus que dans celui des propriétaires. Il ne le voulut pas.

J'en fus pour mon voyage... Et rien de changé dans ma situation. C'était un parti-pris chez ma belle-mère ; *elle voulait notre malheur.* Je continuai donc à m'en-ferrer de plus en plus. Que va penser ma femme de toutes ces roueries dont nous sommes le jouet ? me disais-je.

Ce voyage nous fixa sur un point. Nous acquîmes la certitude que mon beau-père s'était moqué de nous en nous annonçant sa ruine. Quelque temps après, il traitait à nouveau avec ses propriétaires et ce dans les conditions qu'il voulait : C'était ce qu'on appelle bien joué. Heureusement que je m'étais aperçu du jeu qui se tramait car, si j'eus accepté les offres qui m'avaient été faites, je donnais, sans le savoir, des armes à ma belle-mère qui, aux yeux du monde, cherchait toujours à justifier sa conduite à notre égard. Vous voyez, aurait-elle dit, ils veulent notre ruine... il venait nous faire concurrence...

Avec tout cela je continuais à m'enferrer de plus en plus. Me voilà donc de retour à Paris. Je raconte ce qui s'est passé. Ma femme me dit :

— Je suis contente que tout ce soit passé comme cela, car je n'aurais pas eu confiance à un retour de ma mère ; il m'eut été pénible d'aller vivre près d'elle dans les conditions où nous sommes avec mes parents. Mais, quelle rouerie de leur part hein ! de nous dire qu'ils sont ruinés. Ils veulent donc nous torturer ? A quoi songent-ils ?...

Un profond découragement nous saisit.

Le moment de l'accouchement de ma femme était proche. Follin vint comme il me l'avait promis et quelques jours après ma femme mit au monde une fille ; sa couche heureusement ne fut pas trop laborieuse ; elle se rétablit assez vite.

Ce fut une joie !... mais aussi un souci !... comment l'élever !...

Notre première pensée à tous deux fut celle-ci : Si cette enfant pouvait être la cause d'une réconciliation, si elle provoquait un bon mouvement. — C'est notre devoir de le tenter me dit ma femme.

— Ecris à ta mère, nous n'avons plus de raisons pour les ménager. Demande leur carrément qu'ils nous paient notre rente. C'est la seule chose possible pour le moment présent qui puisse nous tirer d'embarras, nous ne pouvons rester comme cela plus longtemps ; il me semble qu'ils n'oseront pas nous rejeter avec cette enfant sur les bras...

— Que c'est triste, dit-elle, de demander toujours !...

— Est-ce un reproche ? lui dis-je.

— Mon ami, peux-tu l'entendre ainsi !... Ah ! pardonne-moi, Constant. Quelle triste chose que la misère ! comme elle avilit les âmes, comme cela aigrit les caractères ; je ne me reconnais plus. Il y a des jours où il me passe toutes sortes de vilaines choses par la tête...

Ma femme s'arrêta un moment, puis elle reprit en soupirant :

— Monin est bien heureux, il a tout pour lui : talent, argent, union dans la famille... Mais je vois bien que je te fais de la peine, mon pauvre ami... Tiens, embrasse-moi.

— Ecris ! lui dis-je. Ecris !...

Cette lettre eut son effet. Les beaux-parents envoyèrent 100 francs mais accompagnés de force sottises à mon adresse. Cela nous tira d'embarras. Peu après il me vint de nouvelles écritures à faire, heureusement, car ma femme ne pouvait plus travailler : soigner son enfant qu'elle nourrissait était, avec son ménage, tout ce qu'elle pouvait faire ; *d'ailleurs je ne le voulais pas.* Trois mois se passèrent comme cela lorsque notre petite fille tomba malade.

J'étais allé voir Follin, mais il demeurait très loin. Il me dit :

— Je ne pourrais te promettre d'apporter à ta malade tous les soins qu'elle réclame, mais je vais te donner l'adresse d'un de mes amis, M. Devosse, qui habite tout près de chez toi, tu lui remettras ce petit mot. Au revoir mon cher ami.

Je fus donc chez le médecin qui vint de suite à la maison. Il me dit : — C'est assez grave ! Faites bien ce que je vais vous ordonner, je crains une méningite.

C'était malheureusement vrai ; nous perdîmes presqu'aussitôt notre enfant. Voilà encore une douleur à ajouter aux autres : Ceux qui ont perdu des enfants, seuls pourront comprendre ce que nous avons souffert moralement. Elle était notre espérance vis-à-vis des grands-parents ; ce triste événement apporta tout un changement dans notre situation.

J'écrivis aux parents la mort de cette enfant. Ils ne répondaient pas. Ne comprenant pas cela ma femme se disposait à récrire ; elle avait déjà fait sa lettre et j'allais la déposer à la poste lorsque Bernard, mon ami le chanteur entra, venant me voir. Je lui dis : je vais à deux pas faire une commission, je remonte tout de suite ; assieds-toi. J'étais à peine sorti qu'un violent coup de sonnette retentit à la maison.

— Qui est-ce qui peut sonner comme cela ? dit ma femme.

— Voulez-vous que j'aille ouvrir ? dit Bernard.

— Non, j'y vais.

Elle ouvre... C'était sa mère !...

— Est-ce bien là ma fille ! (sic). Telle fut son entrée... Saisie, Octavie en était toute pâle.

— Comment, c'est toi maman !

— Sans doute . Tes lettres sont si singulières que j'ai voulu voir par moi-même comment vous viviez et je ne l'aperçois que trop : *Tu manques de tout.* Quelle figure !... Tu ne peux pas rester comme cela, il faut me suivre.

— Mais... dit ma femme.

— Mais quoi ? ton mari ne peut pas te nourrir... Eh bien ! suis ta mère ; quand il aura une position convenable à t'offrir tu le rejoindras...

— Mais c'est impossible ! répond ma femme ; c'est toujours la même chose ; je ne peux pas quitter mon mari. Constant n'est pour rien dans tout cela, il fait tout ce qu'il peut.

— Ce n'est pas cela, reprit sa mère : Veux-tu me suivre, oui ou non ? Ton père t'attend. Il ne veut plus pour toi d'une vie pareille et ne peut vous envoyer d'argent.

— Alors ! dit-elle : qu'il occupe mon mari ; nous sommes plus malheureux que le dernier de ses ouvriers !

Be.nard en avait assez entendu, — il était resté dans la salle à manger. — Voyant quelle tournure ça prenait, il était parti.

— Qu'est-ce que c'est que ce jeune homme-là ? dit ma belle-mère à sa fille.

— Un ami de Constant.

— Ils sont bien ses amis ! Il a l'air d'un cabotin... Je suis chez Jean, ajouta-t-elle, si tu pars c'est tout de suite.

— Mais il faut que j'avertisse Constant. Vient-il avec nous ?

Il me semble qu'il ferait mieux de rester ; qu'il ne compte pas rentrer à la fonderie, ton père en a assez. Qu'il aille chez son frère... ou qu'il trouve ailleurs, c'est son affaire. Mais pour toi tu resteras avec nous jusqu'à ce qu'il ait trouvé quelque chose d'assuré. Décide ton mari...

Et elle sortit...

Cette scène s'était passée très rapidement, aussi je ne la connut que par le récit que m'en fit ma femme lorsque je fus de retour. Elle me raconta donc tout ce qui venait de se passer : Qu'est-ce que tout cela ? me dis-je.

— Que penses-tu de cette avalanche ? me dit ma femme.

— Je ne sais pas. Mais quel malheur que je n'aie pu trouver quelque chose sur quoi on puisse compter.

— C'est bien triste de végéter comme cela.

Je n'osais répondre, cette lamentable situation durait déjà depuis si longtemps... et je voyais si peu d'issue...

— Mais enfin, lui dis-je, est-ce un rapprochement.

— A moitié. Mais elle ne veut pas que tu rentres à la fonderie. Attendre pour attendre, m'a-t-elle dit, il vaut mieux que vous soyez à la maison qu'à Paris, c'est ruineux...

— Alors, tu es d'avis de partir ?

— Elle veut n'emmener que moi...

— Oui... c'est toujours la même chose... Nous séparer...

— Mais que faire... Constant.

C'est vrai, ma bonne amie : Faut-il que j'en sois réduit là.

— C'est qu'il faut partir tout de suite... Elle m'a dit ; Viens, ton mari viendra te rejoindre : Mais, tu sais, je n'ai pas confiance. Il faut que tout soit prêt pour demain, pour que tu partes avec nous.

Ce qui fut dit fut fait. Je courus chez un emballeur ; nous emportâmes tout sauf la literie, sa mère lui ayant dit : Tu peux la vendre, je te la remplacerai. Ça nous fit un peu d'argent, on en avait tant besoin !...

Nous voilà donc en route pour Caen. Ma belle-mère avait pris le coupé de la diligence ; nous n'étions que tous trois, elle était entre nous ; on fut très longtemps sans dire un mot... enfin elle se décida à parler à sa fille. Elle lui dit :

— Nous ne demeurons pas encore à la fonderie où nous étions autrefois, nos affaires sont encore rue Basse, c'est là que vous demeurerez ; ton père prend ses repas à Vaucelles, vous serez donc seuls... Seulement le matin je fais là le petit déjeuner, mais ça ne dérange rien, tu trouveras tout ce qu'il te faut pour la cuisine.

— C'est bien maman, dit Octavie, je ne connais pas cette maison.

— Oh ! elle est très grande, il ne faudra pas avoir peur ; c'est dans la petite ruelle qui conduit à l'église où tu t'es mariée.

— Ah ! oui, derrière Ramou... tu sais, le marchand de tripes.

— C'est cela.

— Oh ! c'est bien isolé, dit ma femme.

— Nous n'avons trouvé que cela pour mettre nos affaires ; aussi est-ce un peu en désordre... Ton père s'étant arrangé avec M. de B., dans quelque temps nous serons mieux. La diligence marchait bon train.

Nous arrivons à Saint-Pierre. Là on prenait le chemin de fer jusqu'à Caen. On cramponna la diligence à un grand treuil et nous voilà suspendus, puis on nous redescendit sur un chariot-wagon... Pendant longtemps encore on voyageait comme cela, tantôt en chemin de fer, tantôt en voiture. C'était très fatiguant... En chemin de fer, comme nous n'étions pas seuls, on arriva à Caen sans que j'aie dit un mot. La conversation que j'avais entendue me réjouissait peu. Comment cela va-t-il finir ?... Comment vais-je échapper à la tyrannie de ma belle-mère ? me disais-je... car je vois bien rien n'est changé.

Je ne voyais pas d'issue, je me sentais pris ; je n'osais faire part à ma femme de toutes mes inquiétudes ; qu'y pouvait-elle plus que moi ? Rien... Montpellier me revenait à l'esprit : pourquoi n'ai-je pas suivi mon instinct...

Je regrettais sérieusement de ne pas y être allé. Je me rappelais ces paroles de la tante Elisa : « Plus vous serez loin de votre belle-mère, mieux ça vaudra » et fatalement j'y retombais !... Nous voilà donc installés rue Basse... Notre chambre était séparée de celle de ma belle-mère, par un petit escalier droit. Ce détail n'est pas inutile à faire connaître, on va le voir. Ma belle-mère parlait quelquefois à sa fille, mais à moi, jamais. Mon beau-père allait et venait, sans non plus me dire un mot. Cela dura ainsi six semaines, ma femme trouvait tous les matins deux francs sur la cheminée pour la journée ; fallait s'arranger avec cela.

Un jour je reçus une lettre de mon frère Henry. Elle disait : « Louis (notre frère aîné), est très malade, maman me dit de t'écrire de venir de suite. Si rien ne t'en empêche arrive. »

Mon beau-père causait avec sa fille en ce moment. Je dis : Octavie, il faut que je parte ; il paraît que Louis est très malade. — On savait depuis quelque temps que la maladie qu'il avait devait l'emporter. Mon beau-père hasarda un mot :

— Ça va faire l'affaire de MM. Michel.

— Et pas la nôtre ! répondis-je.

— Parce que vous vous êtes laissés rouler par votre frère aîné, ajouta-t-il.

Et il partit.

Cet événement ne changeait rien à notre situation ; on sait que mon frère Louis nous avait tous écartés et les MM. Michel, s'attendant à un dénouement proche avaient pris leurs mesures. C'est une croix qu'il faut mettre là-dessus, dis-je intérieurement. Je partis donc pour le Havre assez à temps pour voir, encore une fois, mon pauvre frère qui mourut, peu après, victime de son entêtement. Il s'était, en effet, trop surmené pour sa mauvaise santé, nous payâmes cela cher, car lui aussi était ruiné. C'était donc fini pour nous des établissements qu'avait fondés mon père.

En effet, peu de temps après, on vendit aux enchères usine et matériel, mais, en raison des temps troublés, il ne se trouva pas d'autres amateurs que les Michel qui profitèrent de cette circonstance et s'en rendirent acquéreurs à bon compte. Il en résulta que le prix de l'usine, joint aux sommes dues par les clients, fut insuffisant pour désintéresser les créanciers commerciaux — ils ne réclamèrent pas, plus tard le surplus de leurs créances en raison, probablement, des malheurs successifs qui étaient venus nous accabler. Par suite nous ne fûmes pas remboursés des sommes que nous avions laissées dans l'établissement. Nous fûmes donc complètement ruinés.

Heureusement pour ma mère qu'elle fut un peu moins mal traitée. Elle et mon père avaient vendu, à la ville du Havre, des terrains dont ils s'étaient réservé l'usufruit jusqu'au dernier vivant. Si les créanciers d'alors avaient été aussi féroces que ceux d'aujourd'hui, les nôtres auraient certainement fait vendre cet usufruit pour en toucher le prix ; fort heureusement ils n'étaient pas si âpres au gain, aussi le laissèrent-ils à ma mère qui, ayant loué ces terrains, put en toucher les revenus jusqu'à sa mort.

Ce fut pour nous une grande consolation de savoir que notre mère était au moins à l'abri du besoin. Quant à mes deux frères ils étaient, par ce fait, sur le pavé, tout comme moi. M. Michel aîné qui, on le sait, avait été un grand ami de mon père, ne voulut pas qu'on l'accusât d'avoir abusé de la situation. Pour faire taire les langues toujours prêtes à marcher, il conserva à mon frère Henry, le plus jeune, sa situation à la fonderie ; quant à mon autre frère, Rémy, il n'y rentra pas.

Je revins donc à Caen, après toutes ces affaires terminées.

Je trouve ma femme toute désolée.

— Je ne sais ce que ma mère a, me dit-elle, elle est pis que je ne l'ai jamais vue. J'ai vu Modeste ces jours derniers ; cette pauvre fille est toujours la même... tu la connais ; sans nous le dire elle est allée trouver l'abbé

Dignard et lui a parlé de nous : il a promis de s'occuper de toi ; il faudrait aller lui faire une visite...

— Ah ! répondis-je, quand donc va finir cette situation ? Je n'y tiens plus.

— Mon pauvre Constant, je t'en prie, prends patience !

J'étais à bout.....

Enfin cette triste situation devait se terminer. Encore une fois nous échappions aux persécutions de ma belle-mère ! Mlle Modeste vint nous annoncer que je n'avais qu'à me présenter chez MM. T... frères, marchands de bois du nord ; qu'une position m'y attendait... J'y fus : il s'agissait de faire un stage d'un mois chez eux, dans leurs bureaux et, si je répondais à leur attente, d'avoir la direction d'un dépôt de bois du nord, qu'ils avaient aux environs. Je rentre rue Basse tout joyeux, annonçant à ma femme la bonne nouvelle.

Il venait de se passer une scène entre elle et sa mère, scène qui l'avait rendue malade ; je la trouve couchée.

Sa mère venait de lui dire qu'il fallait déménager, que nous ne pouvions rester là parce qu'on allait vendre tout ce qui était dans la maison, que nous n'avions qu'à enlever ce qui était à nous, parce que, autrement, tout serait vendu. — Cela voulait dire ne restez pas plus longtemps. — Mlle Modeste, notre providence, en ce moment, nous trouva une petite chambre garnie, à côté d'elle pour cinq francs par mois... Ma femme était plus malade que je ne le croyais ; elle eut bien de la peine à gagner cette chambre où elle garda le lit pendant une semaine ; de grandes pertes, suite de toutes ces scènes, l'affaiblissaient énormément et mettaient ses jours en danger... le médecin était venu et avait dit qu'il fallait une bonne nourriture, du bon vin pour la remettre, et surtout pas de fatigue ni d'émotions. A cette époque on ne parlait pas encore des ferrugineux ; qu'il lui faisait prendre, sous forme d'eau ferrée ; il ordonna aussi du quinquina comme reconstituant.

« Tout cela était, comme il arrive toujours lorsque la misère entre dans une maison, ce qu'il y avait de plus difficile à se procurer : Bonne nourriture ! bon vin !

et pas d'argent ! — et surtout pas d'émotions !... Arrangez cela ? Pas d'émotions ? et être sous le coup d'une inquiétude continuelle, énervée par une lutte incessante et toute la journée seule avec sa misère, telle était la situation... Un seul espoir s'ouvrait : Dans un mois nous serions loin de ce Caen où nous étions si humiliés, si froissés dans notre amour-propre, si embarrassés de répondre à tous les importuns qui, d'un air de commisération, nous disaient : « Je vous croyais si heureux ! »

C'était, avec tout cela, qu'il fallait que ma pauvre femme se rétablisse. Modeste, l'ouvrière, la bonne et digne fille (Je suis heureux de lui rendre ici le tribut d'éloge qu'elle mérite) *était une dévote, mais une bonne, celle-là, une vraie chrétienne.* Voyant notre embarras, s'en fut chez une dame très riche où elle allait en journée, Mme la Comtesse de la Ch... une belle créole — je la vois encore. Elle vint voir ma femme qui, ne s'attendant à rien, fut tout étonnée de cette visite. M. de la Ch... connaissait un peu mon beau-père.

Avec toute la délicatesse possible et dans des termes les plus ménagés, Mme de la Ch... dit à ma femme :

— J'ai appris votre situation par Mlle Modeste qui m'avait bien des fois parlé de vous lorsque vous étiez demoiselle ; elle me disait tant de bien de votre charmant caractère et de votre grande affection pour votre mère... que souvent, depuis votre mariage, je m'informais de vous... je vous croyais bien heureuse, votre mère vous aimait tant... Jugez de mon étonnement quand hier Mlle Modeste me dit... Mais pardon, Madame, je comprends... ceci réveille votre douleur... Je vais donc arriver de suite au but de ma visite : Me permettez-vous, en amie, de vous offrir d'abord ce panier de vin (qu'un domestique venait d'apporter) et je pense, puisque nous sommes presque voisines, que vous voudrez bien me permettre de vous envoyer ma bonne... ne vous gênez pas ; faites lui faire toutes les courses dont vous pourriez avoir besoin...

Mme de la Ch... s'arrêta un moment puis elle reprit :

— Mon Dieu ! Madame, c'est un triste passage de votre vie, mais Mlle Modeste m'a dit que M. Lepage, que je n'ai pas l'honneur de connaître, allait entrer dans quelque temps dans la maison T... frères. Vous voyez, ce n'est plus que quelques mauvais jours à passer ; prenez courage, nous vous aiderons ; soignez vous bien...

— Merci beaucoup, Madame, de toutes vos bontés pour nous, lui répondit ma femme encore tout émue.

Je venais de commencer mon stage chez les T... Je n'ai pas besoin de vous dire dans quelle mortelle inquiétude j'étais et tout le sang-froid qu'il me fallut cette première journée pour bien écouter et faire ce que l'on me commandait.

Ma besogne consistait surtout à cuber des poutres, mesurer des madriers, en un mot à calculer tout le temps... Vous pouvez juger de mon état d'esprit... Quelle torture !... Enfin je m'en acquittai assez bien, il faut le croire, car le commis me dit : Oh ! vous serez vite au courant...

Je rentre donc à midi pour déjeuner ; j'embrasse ma chère Octavie. Je la trouvais plus gaie, malgré un fond de tristesse qui prenait toujours le dessus...

— Ça va mieux ? lui dis-je.

— Oui... grâce à Modeste...

— Cette bonne demoiselle... Qu'est-ce qu'elle a fait encore ?...

— Tiens, regarde : du vin vieux !...

— Oh ! ça, je ne veux pas, lui dis-je... elle travaille. Non ! je ne veux pas.

— Mais non... c'est une dame...

— Quoi, une aumône !

— Pas davantage... Mais écoute, écoute je t'en prie... Et elle me raconte ce qui c'était passé.

— C'est au moins très noble ! et je saurai le reconnaître... dis-je.

Cela fait du bien de rencontrer quelques bons cœurs.

« On se rappelle que ma belle-mère nous avait fait vendre notre literie à Paris ; elle s'en souvenait certainement ; malgré cela elle ne songeait nullement à nous la remplacer bien qu'elle nous l'eut promis ; nous n'en avions pas besoin en ce moment, puisque nous habitions une chambre garnie, mais à la fin du mois nous n'allions pas pouvoir nous en passer. J'avais été obligé d'avoir recours à un ami, pour déposer nos meubles dans un grand cellier fermé qu'il avait au fond de sa cour ; ils étaient là depuis quinze jours. Je dis à ma femme :

— Il faudrait nous occuper de notre literie, tu ne sais pas à qui j'ai pensé pour cela, à Joséphine M... Tu sais qu'elle est toujours restée neutre dans nos affaires de famille. Je la crois une excellente personne, elle se figure toujours qu'elle va nous raccommoder avec tes parents : Laissons-la faire. Eh bien, va la voir et dis-lui notre embarras. Elle voit souvent ta mère, dis-lui de lui rappeler sa promesse.

Elle y fut et Joséphine promit d'être notre interprète auprès de ma belle-mère. La réponse ne fut pas bonne...

— « Puisque son mari a une bonne place il peut bien se fournir de tout. D'ailleurs nous n'avons pas de literie en trop à la maison et puis du reste je ne sais pas pourquoi vous me parlez de *ces gens-là*. Je n'ai plus de fille. »

Nous connaissions cette rengaine. Mais ce que nous n'avions pas encore vu, c'est le mépris poussé à ce degré : Un jour ma femme croise son père sur le trottoir et il ne lui cause pas, il ne la regarde même pas. Une autre fois c'est sa mère qui affecte un dédain superbe en passant devant elle...

Les émotions qu'elle ressentait de cette ignoble comédie à laquelle elle attachait trop d'importance sans doute la brisaient, l'anéantissaient...

— Que ce mois me semble long ! me disait-elle ; mais comment allons-nous faire pour cette literie ?

J'écrivis à ma mère ; ce fut elle encore qui vint à notre secours en ce triste moment. « Je suis honteuse de mes parents, » me disait ma femme en pleurant... Heureusement le moment approchait de notre installation à Bayeux. J'eus la chance d'être payé de mon premier mois, ceci me permit de rembourser Mlle Modeste, mais elle ne le voulut pas : Vous en aurez besoin plus tard, dit-elle ; quand vous serez bien installés j'irai vous voir. C'était une fille du peuple mais elle lui faisait honneur...

Nous allâmes faire nos visites d'adieu ; d'abord à Mme de la Ch... que nous avions déjà vue pour la remercier de sa généreuse intervention, puis au médecin, celui qui avait accouché ma femme de son premier enfant et qui était resté toujours neutre dans toutes nos affaires de famille ; et enfin à diverses autres personnes.

Lorsque nous fîmes part au médecin de mon entrée chez MM. T... frères il dit :

— Vous n'avez pas de chance, c'est la pire maison de Caen...

— Nous ne pouvons pas choisir, lui dis-je. Ceci nous sauve pour le moment présent et puis Mme T... la jeune, est une amie de couvent de ma femme, cela fera peut-être quelque chose.

— Je le désire, dit-il. Vous avez déjà été si éprouvés ! Enfin Mme Lepage est maintenant bien rétablie, l'air de la campagne va achever de la guérir... Bonne chance, mes enfants, bonne chance.

— Merci, Monsieur.

Lorsque nous fûmes sortis, Octavie me dit :

— Tu sais, il n'aime pas les dévots... moi je n'ai jamais entendu dire rien des T...

— Espérons. Ce serait vraiment ne pas avoir de chance...

— L'abbé Dignard ne t'aurait pas placé là, dit ma femme.

Nous en étions là... lorsque nous quittâmes Caen. MM. T... nous avaient prêté une voiture pour notre déménagement et un charretier pour nous aider...

Nous prîmes la voiture publique afin d'arriver quelques heures avant nos meubles et nous voilà installés, définitivement, dans une maison juste en face les chantiers...

CHAPITRE VI

ME VOILA DIRECTEUR D'UN CHANTIER DE BOIS

J'avais là une certaine responsabilité : des hommes à diriger, une clientèle à refaire. Un avenir semblait se dessiner devant moi.

C'était le début d'une position sociale ; cela me convenait. Mes arrangements avec MM. T... étaient ceux-ci : 1000 francs par an et logé. Je ne devais pas garder plus de 1000 francs en caisse. Ils me promirent de me faire une position sérieuse si j'arrivais à un certain chiffre d'affaires. Comme on le voit, j'étais accommodant, ça me rappelait mon chocolatier. Ils me recommandèrent de ne jamais faire un crédit de plus de cent francs sans les consulter et de tenir une comptabilité facile à vérifier, de faire un inventaire toutes les fins d'année et d'éviter le rebut le plus possible.

J'avais affaire pour le début à un M. Duperrey qui leur avait cédé son chantier, mais avait gardé sa scierie mécanique. MM. T... me dirent qu'ils comptaient bien que je ferais tout mon possible pour conserver de bonnes relations avec lui, je devais tenir compte du sciage mécanique. Mais ces Messieurs se chargeaient, disaient-ils, du règlement. Comme vous voyez, tout était parfaitement prévu ; il n'y avait plus qu'à marcher.

Une fois installés, Paris nous revint en mémoire ; nous ne voulions pas perdre nos relations.

On se rappelle comment nous l'avons quitté... je n'avais eu le temps de voir personne.

Depuis la mort de notre petite fille nous n'avions pas revu les Monin. Je leur écrivis donc ainsi qu'à quelques autres amis, ma nouvelle position... Directeur ! vous pensez : ça me posait... je recevais des félicitations de tous côtés... moi seul je connaissais le revers de la médaille. « Il vaut mieux faire envie que pitié, » disait-on dans ce temps-là. Il y avait assez longtemps que l'on faisais pitié ; donc... motus sur les émoluments...

On sait que le Mont-de-piété avait fait notre connaissance. La première chose que nous fîmes, lorsque nous pûmes avoir quelque argent d'avance, fut de retirer le plus de choses possible et de renouveler pour le surplus. Cela dura plus d'un an, enfin nous nous remîmes en possession de nos affaires ; ce furent là que passèrent nos premières économies.

Malgré toutes les misères que nous y avions subies, Paris avait laissé à ma femme une impression agréable. Ce mouvement, cette vie active, et, disons le mot, cette grande liberté d'allures que les gens de province ont du mal à comprendre et je crois bien ne comprendront jamais, tout cela lui plaisait et contrastait singulièrement avec la vie que nous menions sur cette grande route. Nous n'étions point gens à changer nos habitudes ; aussi concluait-on que nous ne devions pas être mariés... Hélas !... Peut-être cela eut-il mieux valu !... Pour nous consoler, nous établîmes une correspondance suivie avec les Monin qui nous regrettaient beaucoup. — C'est par leur intermédiaire que se faisaient les transactions avec le fameux Mont-de-piété. Quel est le parisien, riche ou pauvre, qui n'a pas connu au moins une fois *ma tante*?... Ma femme regrettait donc son Paris.

Notre solitude, à moi ne me déplaisait pas. J'aimais beaucoup, de Paris, son intelligence, mais son bruit, son fourmillement m'abrutissaient ; je le trouvais déjà petit. Sur ma grande route, au moins, je n'étais point coudoyé, sans cesse occupé de me garer des voitures, je pouvais penser sans craindre de me cogner contre un piéton portant une planche ou un panier.

Ce que je regrettais sérieusement c'étaient mes luttes philosophiques, religieuses et déjà sociales avec le père Pastolet, le beau-père de Monin. On ne parlait pas encore, à cette époque, de la lutte pour l'existence. Le fameux Spencer n'avait pas encore découvert la doctrine de la sélection appliquée à la sociologie. On ne parlait pas encore de Collectivisme, d'Individualisme. Un peu de Communisme ; voilà tout. Les théories de Fourier semblaient impraticables, à ce moment où la machine n'avait pas encore dit son mot ; et c'était vrai. Le père Pastolet, comptable très capable, d'une honnêteté scrupuleuse, était arrivé à élever sa petite famille, deux enfants, et à leur faire donner une assez bonne instruction. Mais il n'avait pas sa vieillesse assurée et cela le désolait.

Vous allez juger comme moi — par ces quelques lignes qu'il m'écrivait en 1850 — de la souffrance morale de cet *honnête homme* dans toute l'acception du mot. — Il venait d'être séparé de ses enfants par des nécessités sociales :

« Je pense, nous écrit-il, que je ne vous suis pas indifférent et cela me donne patience à recevoir vos lettres.

Mes enfants sont toujours à Londres et s'y trouvent bien ; il n'en est pas de même pour moi qui m'ennuie beaucoup de leur absence, cela se conçoit facilement, je suis vieux, isolé, dans un état de santé peu satisfaisant, et, rien que pour satisfaire aux exigences les plus modestes de la vie, *je suis obligé de travailler comme un jeune homme.* Je n'ai plus de distractions ; le spectacle et le café m'ennuient. *Vous voyez que c'est moi le plus malheureux !* Pour eux, ils sont jeunes, ils s'aiment ; devant eux se déroule un avenir séduisant ; à bien compter ils ont la meilleure part, bien que je sache pertinemment qu'ils me regrettent et qu'ils désirent ardemment de vivre avec moi !... »

« Y a-t-il quelque chose de plus navrant que cette plainte de la vieillesse restée honnête, exploitée jusqu'à extinction et s'étant toujours mise à l'abri des corruptions du siècle ? »

J'étais bien jeune, mais ces paroles jetées dans mon

cœur avec tant de sincérité, de confiance par ce vieillard
me donnaient une vraie force pour soutenir les épreuves
de la vie : Que c'est beau, me disais-je, d'être honnête
au milieu de ce tourbillon d'hommes lâches et sans honneur (Et vous savez si jen avais déjà vu...)

Se rappelant nos dissertations philosophiques où il
brillait, il ajoute :

« La philosophie est une bonne chose, mais elle est
dure à exercer quand elle est accompagnée forcément de
la résignation. Il y a des moments où l'âme se révolte et
regimbe contre la nécessité. Quant à moi, qui suis né
sensible et aimant, je suis philosophe quand je ne peux
faire autrement et je préfère les *joies* de la famille à
toutes les philosophies du monde! La religion seule
m'offrirait de plus larges compensations ; mais incertain
sur beaucoup de choses accessoires qui, aux yeux des
dogmatiques, sont fort importantes, je trouve qu'il me
suffit de croire à un Dieu, bon, indulgent, à un maître
de l'univers que nous devons aimer sur toutes et avant
toutes choses. »

« Il y a plus de quarante ans que cette lettre est
écrite ! En la recopiant je suis navré encore ; j'ai tant
vu de scélérats, sur ma route, arriver aux honneurs, à
la fortune ; j'ai tant vu d'âmes honnêtes se corrompre à
leur funeste haleine que le rouge me monte au front quand
je compare ce temps-là — où ces hommes d'honneur
n'étaient pas rares, — avec celui-ci — où ils sont la
risée de la jeunesse et la bête curieuse de l'âge mûr !
Passons sur ce triste parallèle... »

J'étais donc privé des douces instructions que je recevais de cet apôtre chrétien qui devinait où allait son
siècle et augurait bien du nouveau... car le xxᵉ siècle
s'ouvrira, je le crois, sur ses dernières paroles... *La
religion seule m'offrirait de plus larges compensations ;
mais, incertain sur beaucoup de choses accessoires, qui
sont fort importantes aux yeux des dogmatiques* » m'arrêta. « Il me suffit de croire à un Dieu bon, indulgent...
C'est bien là *le refuge de l'avenir*, lorsque les esprits
éclairés, sentant leur corruption, s'affranchiront et affranchiront leur siècle de toute la vermine qui le dévore. »

Cette lettre était le chant du Cygne. Quelque temps après, je recevais de Paris une lettre de ses enfants dans laquelle ils me disaient : Père... est mort frappé d'une congestion ; il est tombé sur le trottoir, heureusement pas très loin de sa porte.

Un rapprochement : Au moment où ce vénérable vieillard me faisait part de ses douleurs morales — à moi, jeune homme de 23 ans — il me revenait en mémoire un fait qui s'était passé quelque temps auparavant à Caen : Obsédé par la tyrannie de ma belle-mère, ne pouvant aboutir à rien... avant de prendre une résolution *extrême*... qui me hantait souvent, j'avisai de m'adresser à un vieillard qui faisait sa promenade habituelle sur le cours la Reine. J'étais pris d'un réel besoin de m'épancher... L'air grave et réfléchi, la physionomie sympathique de ce vieillard, tout contribuait à m'enhardir. Un jour je me décidai et, ôtant ma casquette, — j'étais vêtu très proprement, — je lui dis, m'approchant de lui :

— Monsieur, je suis bien malheureux, je sens qu'il me faudrait les conseils d'un homme d'expérience, je m'adresse à vous ; mon cœur est ulcéré!... Ne feriez-vous que m'écouter que j'en éprouverais déjà un grand soulagement...

Il s'arrête un moment :

— Je suis nouvellement marié, continuai-je, et je subis depuis la tyrannie de ma belle-mère...Ma femme.... il ne me laissa pas achever.

— Assez ! Assez! Je n'ai pas à entrer dans toutes ces choses-là... *Passez votre chemin...*

— Mais... Monsieur, je n'ai pas d'emploi et n'ai personne pour me recommander...

— Passez votre chemin ou... dit-il d'un air de menace.

— Oh! Monsieur!... Pas même une consolation... il faut donc mourir. « Aujourd'hui des idées comme celle-là ne viendraient pas à la jeunesse. Mais à moi vieillard elles suscitent de bien tristes réflexions!... »

Voilà bien notre état social ! Pour tout *être pauvre et digne*, qu'il soit jeune ou vieux : « Passez votre chemin... ou mourez ! » Hélas ! j'avais déjà assez de fois passé mon chemin... *J'étais encore trop jeune pour mourir.* »

Retournons sur ma grande route. Tout allait pour le mieux : Pendant deux ans je n'ai rien de particulier à signaler ; nous jouissons d'une véritable paix. Une enfant était née le 29 juillet 1851, plus heureuse que celle qui l'avait immédiatement précédée (pauvre petite parisienne ! née sous la tourmente). Mlle Modeste, comme elle l'avait promis, était venue soigner ma femme et ne la quitta que lorsqu'elle fut bien rétablie. C'était toujours la même bonne personne, son dévouement ne se lassait pas. Nous reçûmes une lettre de félicitations de Mme de la Ch... Mme T... l'amie du couvent que l'on connaît, écrivit à ma femme et l'invita à aller passer quelques jours à Caen avec sa petite fille. Ma femme s'était habituée à sa maison, depuis qu'elle avait cette enfant ; enfin tout allait pour le mieux ; la santé marchait de pair, on était heureux ; nous chantions souvent tous les deux... et nous avions déjà oublié toutes nos misères passées...

— MM. T... me disait ma femme, ne te laisseront pas à ces appointements, tu peux aujourd'hui leur prouver que le chantier prospère.

— J'attends la fin de l'année, lui dis-je ; j'ai fait des résumés qui prouvent clairement les bénéfices que je réalise ici. Devant ces résultats ils ne peuvent faire autrement que de tenir leurs promesses.

Ma femme alla donc à Caen passer une semaine. Emilie, c'était le petit nom de son amie, avait été charmante ; Octavie était revenue pleine d'espérances. Depuis mon installation je ne m'étais pas plaint, j'attendais de pouvoir prouver et j'avais hâte de le faire parce que, depuis le coup d'Etat, tout avait augmenté et augmentait chaque jour. Nos mille francs devenaient bien courts. J'aurais certainement mieux aimé que MM. T... prissent le devant... J'avais bien déjà fait allusion plusieurs fois à une augmentation, mais on ne me répondait pas. Ma femme me poussait :

— Il faut demander... en somme ils l'ont promis ?

Celui qui ne demande rien n'a rien.

Je craignais tant un refus! Enfin je me décide :

M. Léon T... le plus jeune des frères — c'était à lui que j'avais affaire — était venu au dépôt précisément pour vérifier les comptes; je lui présente mes résumés et lui montre les bénéfices de l'année précédente, ils constataient que mon dépôt prospérait réellement.

Il n'y fit pas grande attention...

— J'aurais pu faire mieux encore, lui dis-je, si vous m'envoyiez de meilleure qualité de bois ;... pour satisfaire ma clientèle j'ai recours au débit, ce qui me fait un peu de déchet, mais je garde ainsi ma bonne clientèle.

— Trop de déchet, me dit-il. Il ne faut pas procéder ainsi.

— Mais, je vous le dis, monsieur T... avec une meilleure qualité de bois, je n'aurais pas besoin d'avoir recours à ce moyen.

— J'ai bien compris, Monsieur, mé dit-il un peu sèchement.

Alors je me risque à lui demander d'augmenter mes appointements. Je lui dis donc :

— Je profite de ce que vous êtes là, monsieur Léon, pour vous demander si vous croyez pouvoir me donner une augmentation, ou peut-être m'intéresser, comme vous me l'aviez dit à mon entrée dans votre maison ; c'est incroyable comme tout augmente et, avec ma petite famille, je dois songer à l'avenir ?

Il fit une grimace.

— Nous ne nous attendions pas à cela, me dit-il ; d'ailleurs je ne suis pas seul, il faut que j'en parle à mon frère, je ne crois pas qu'il accueille votre demande favorablement ; on trouve facilement des employés et même de moins exigeants ; je ne puis donc rien vous promettre en ce moment. Déjà à Paris j'avais subi l'exploitation du chocolatier. On sait que, pour m'avoir à meilleur compte (ce qui n'était pas difficile la faim aidant), il ne m'avait pas dit qu'il ne me prenait que pour un moment de presse ; et on se rappelle que, ce moment passé, il me renvoyait pour *inexpérience com-*

merciale ? Là, c'est plus fort, c'est le cynisme brutal de *la loi de l'offre et de la demande* que ces faux dévots me jettent à la face — car ils affectaient des dehors religieux.

« On trouve facilement des employés et même de moins exigeants ». Passez votre chemin ou mourez... Ces paroles revenaient sans cesse à mes oreilles... Comment sortir de là ?... où irai-je ? Je songeais à ce que m'avait dit notre médecin : « C'est la pire des maisons de Caen ». Ma femme s'inquiétait...

— Voilà deux ans, dis-je à ma pauvre Octavie, que nous sommes heureux. J'avais l'espérance, je croyais à quelque considération de la part du mari de ton amie de pension...

— Elle n'y est pour rien, Constant, me dit-elle. J'en suis sûre.

— Mais enfin c'est la même chose... et maintenant tout croule ; c'est donc un crime que de vouloir améliorer sa situation, de rêver un peu d'aisance, de songer à l'avenir de ses enfants... Oh ! les patrons ! les patrons !... murmurais-je. Nous avons eu tort de toucher cette corde là... ma pauvre amie. C'était une pierre de touche. Le frère de M. Léon, l'hypocrite — tu te rappelles, celui qui me mettait un livre de messe dans la main en me disant « il faut aller à la messe, il faut aller à la messe » — ne pardonnera pas qu'on l'ait découvert...

— Je déteste ces gens-là ! me disait-elle.

— Te rappelles-tu ses paroles, de M. Léon, un jour qu'il déjeunait chez nous ; la question roulait sur les enfants...

— Comme il m'a déplu ce jour-là, interrompit ma femme.

Je croyais qu'il plaisantait. Il était très sérieux. — « Il n'y a que les miséreux, disait-il, pour avoir des nichées d'enfants. On devrait, comme en Chine, permettre de s'en débarrasser, c'est autant de vauriens à la charge des hommes solvables » (*sic*). Indignée, mais retenant mon humeur, tu sais, je lui répondis avec une très grande vivacité : « Il n'y a aussi que les miséreux pour aimer leurs enfants et c'est là que se trouvent les vraies mères...

Si cette liberté passait, je crois que ceux qui en abuse-
raient seraient plutôt les riches... Car sous une autre
forme ils s'en débarrassent déjà en ne les élevant pas à
la mamelle et en les internant à peine sont-ils sortis de
de l'enfance... les mauvaises mères ne sont pas de notre
côté ! . . . .

. . . .

Je le vois encore : Il prit un air riant et, cherchant à
faire disparaître le froid que son intempestive franchise
— réelle, celle-là, — avait jeté dans la conversation, il
dit :

— Oh ! ce n'est pas pour vous que je dis cela.

Mais le coup avait porté. Il venait, en nous frappant,
de raviver la plaie.

— Attendons ! Attendons !... Soyons prudents !

Ma femme serrait sa petite fille dans ses bras... comme
pour la garantir de la méchanceté des hommes.

Qu'est-ce que tout cela va devenir ? me disais-je.

— Je ne sais si mes beaux-parents étaient instruits de
ce qui se passait. Mais leurs mauvais desseins arrivaient
toujours à point. Il y avait cinq ou six mois que ces
mauvaises choses étaient passées et je n'entendais plus
parler de rien. MM. T... venaient moins souvent. Ils ne
tinrent aucun compte de ce que je leur avais dit dans
l'intérêt de leur dépôt, au contraire, ils me laissaient
manquer de bois. Ils attiraient ma meilleure clientèle à
Caen par des avantages qu'ils offraient, en sorte que
mes affaires périclitaient à vue d'œil. J'eus l'énigme de
cette situation par M. Levallois, propriétaire de la scierie,
qui ne faisait presque plus de débit et qui avait fait avec
eux un marché qu'ils ne remplissaient plus. Ceci amena
quelques confidences entre nous. Ce Monsieur était un
homme beaucoup plus âgé que moi ; il touchait à la
vieillesse. Nous devînmes bientôt les meilleurs amis.

— Nous sommes joués tous les deux, me dit-il un
jour. Ces gens-là n'ont pris mon dépôt que pour le dis-
créditer, pour empêcher une concurrence de s'établir...
Ils font comme cela dans tout le département pour tout
centraliser à Caen.

« J'étais jeune et je ne connaissais pas encore toutes

les roueries de cette *caste capitaliste* qui devait, cinquante ans plus tard, être la maîtresse du monde... Je compris seulement qu'il n'y avait là pour moi aucun avenir. »

De ce jour, je pris un parti : Sans négliger les affaires du chantier, mais trouvant plus de temps disponible par suite de leur ralentissement, je me mis à dessiner. M. Levallois était inventeur ; c'est lui qui avait construit les plans de sa scierie d'après un nouveau système. Il me savait mécanicien et, comme c'était mon ancienne profession, nous prîmes plaisir à causer ensemble. L'imagination ne me manquait pas non plus ; nous nous entendions très bien. Nous fîmes ensemble le projet d'un vélocipède (1853) : Nous balancions entre un bicycle ou un tricycle, ce dernier l'emporta. Bientôt on ne vit que nous sur la grande route (Étions-nous les premiers inventeurs de la fameuse bicyclette qui, cinquante ans plus tard, devait révolutionner le monde, je ne sais, mais dans tous les cas nous l'ignorions. Nous allâmes même plus loin. Je fis les plans d'une petite voiture très légère, à deux personnes, devant marcher par la vapeur. — On verra plus tard ce que, à Paris, ces plans m'ont valu. — Ce problème était plus difficile à résoudre en ce moment, on ne connaissait pas encore le pétrole à bon marché ! — Tout allait bien : et nous allions faire nos essais : la machine, la chaudière étaient construites. Mais tout fut arrêté par un événement auquel nous étions loin de nous attendre.

Je ne prévoyais absolument rien lorsque je reçus une lettre du fameux Block, on se rappelle mon Juif de Paris.

— Qu'est-ce que cela ?

C'était : La lutte infernale de Paris qui recommençait ! Il me menaçait de me chercher chicane si je n'entrais pas en composition avec lui. Me revoilà aux prises avec mon Juif duquel je croyais m'être débarrassé ; il me menaçait de mettre arrêt sur mes faibles appointements. D'où me venait ce coup de foudre ?

— Depuis près de trois ans que je n'entendais plus parler de cette affaire ?... et cela m'arrive juste au moment de mon embarras avec les T... — J'ai su plus tard que c'était encore un tour de ma belle-mère qui voulait me faire peur, et me faire déguerpir. Son infernal projet de séparation la hantait toujours !

— Est-ce assez machiavélique ? Me voilà avec une épée de Damoclès sur la tête ! une arme dont les T..., disais-je, ne manqueront pas de se servir.

J'en étais malade ; je dépérissais à vue d'œil... Un jour, pendant une vente de bois du pays — où les patrons assistaient — j'étais obligé de rester, deux heures durant, en plein air sans bouger à écrire sur une petite table — l'hiver était très rigoureux cette année là — je me sentis une douleur dans les reins qui m'obligea à quitter mon poste. Rentré à la maison la fièvre me prit et, quelques jours après, une fièvre muqueuse suivie d'un commencement de pneumonie me réduisait à rien... Tous les malheurs fondaient sur nous... M. Levallois venait souvent me voir ; il m'aidait dans mon travail le plus qu'il pouvait — car cette fièvre lente qui me minait, je la portais debout. — On vint à parler de notre famille, car jusqu'alors je m'étais tenu dans la plus grande réserve.

— Mais je connais votre beau-père, dit-il ; j'ai fait des affaires de fonte avec lui... si vous voulez, je pourrais tenter un rapprochement, ce n'est pas possible qu'il vous laisse comme cela...

— Je crains bien que vous ne réussissiez pas, lui dis-je...

— Laissez-moi essayer...

Il tenta, mais inutilement. Il fallut se tirer de là tout seul. J'allais un peu mieux ; le printemps achevait de me rétablir.

Une lettre de Londres de Monin m'avait appris que Capelle, — c'était un jeune dessinateur de chez MM. Michel, du Havre — avait trouvé à Londres un bon emploi de dessinateur chez un constructeur de machines. Je me dis : si j'écrivais à Monin de lui demander s'il ne connaîtrait pas un emploi vacant en Angleterre.

J'écrivis donc, et Monin me répondit que j'envoie des specimens de mon savoir. Je lui envoyai quelques plans, dessins, descriptions, etc... J'attendis plusieurs semaines; rien n'arrivait. Il faudra retourner à Paris, me disais-je, je ne vois que cela. On approchait de l'Exposition de 1855; le travail reprenait : Je retrouverai certainement quelque chose. Nous nous concertions avec ma femme depuis longtemps sans pouvoir nous décider.

Mes patrons... laissaient aller... et, comme je ne demandais plus rien, tout allait bien de ce côté; le chantier périclitait de plus en plus, mais malgré cela — ou plutôt à cause de cela — je ne recevais pas de reproche... J'étais donc bien fixé sur le sort qui m'attendait.

Il me vint une idée; une dernière tentative : Si je faisais le commerce des bois du pays? J'en parlai à M. Levallois qui me dit :

— Bonne idée ! Je vous cède pour vos débuts mon terrain et mon hangar à côté du chantier.

Dans son marché avec les T... il en avait fait la réserve.

— Je débiterai votre bois, ajouta-t-il.

— Reste à savoir si MM. T... s'accommoderont de cet arrangement, lui fis-je observer.

— Oh ! moi je suis libre, me répondit-il, ma scierie est à moi, et je ne suis nullement engagé avec eux... Mais vous?...

— Moi ?... Puisqu'ouvertement ils ne se gênent plus de montrer leur but... en gardant ce dépôt qui devient inutile... que je suis très peu occupé, qu'est-ce que ça peut leur faire que je vende du bois de pays, puisqu'ils n'en font pas le commerce?... Cela devra leur aller, au contraire. On ne parlera plus d'augmentation de traitement.

Il me dit :

— Après tout, vous pouvez tenter.

J'avais quelques économies, grâce à la bonne direction de ma femme dans son ménage; nous convenons de frapper le coup définitif.

M. T... jeune, était dans mon bureau en train de regarder les livres; il me dit :

— S'il vous arrivait de fortes commandes, envoyez-nous-les directement à Caen... nous vous épargnerons ainsi des écritures et des responsabilités dont nous voulons débarrasser nos dépôts... C'est entendu, n'est-ce pas ?

— Oui, Monsieur. Voilà bientôt dix-huit mois que vous m'y habituez ; je n'ai pas à m'occuper de votre administration... mais j'ai pensé que je pourrais raisonnablement vous faire une demande : Puisque mon travail diminue, je n'espère pas d'augmentation, bien entendu, mais, en compensation vous pourriez me donner le droit de vendre du bois de pays. M. Levallois me céderait, pour cela, son terrain voisin et son hangar, ceci servirait vos combinaisons et me créerait une petite situation. Il me semble que tout irait ainsi pour le mieux ?

— Pas mal trouvé ! pas mal. Mais je crois que vous me prenez pour un autre.

— Alors, Monsieur, lui dis-je, tenez votre promesse... j'ai une femme et un enfant ; je ne puis rester dans la condition où vous me laissez.

— Quelle ingratitude ! me dit-il. Lorsque le vénérable abbé Dignard vous a recommandé *à notre maison*, il implora notre pitié pour vous... vous étiez dans le ruisseau (*sic*) et c'est parce que votre femme connaissait la mienne que nous avons consenti à vous prendre, car vous ne plaisiez pas à mon frère... D'ailleurs, de quoi vous plaignez-vous ?... nous vous donnons l'existence, n'est-ce pas tout ce que nous vous devons ? Nous ne sommes pas obligés de nourrir votre femme ni vos enfants qui peuvent devenir très nombreux (*sic*). Nous interprétions mal votre silence ; mon frère me disait : Ceci se terminera par la plus noire ingratitude ; tu verras, il ne se trompait pas. Et, prenant un air dédaigneux, il ajouta :

— Non, Monsieur ! D'ailleurs vous tenez notre caisse et nous ne voulons pas que notre argent serve à faire vos affaires.

— Ah ! c'est assez, Monsieur ! lui dis-je.

Je le prends au collet et je le flanque à la porte de mon bureau... M. Levallois qui, de son bureau, voyait cette scène, riait dans sa barbe et ne bougeait pas. M. T... vociférait :

— C'est trop fort !... Nous verrons cela !...

Je m'étais enfermé au verrou.

C'était fait... J'étais encore une fois sur le pavé. Block, mon juif, peut maintenant me faire un procès, disais-je en pensant au papier timbré ; ce sera le bouquet ! Mais on sait d'où ça partait. Ma belle-mère avait ce qu'elle voulait : elle croyait tenir sa fille... Tout s'arrêta là...

Léon T... s'éclipsa. Je sortis de mon bureau et traversai la route. Je dis à ma femme :

— C'est fait. Nous partons pour Paris.

Je lui raconte ce qui s'est passé.

— C'est peut-être un bonheur, me répondit-elle...

Quelques jours après je recevais une lettre du frère aîné ainsi conçu :

« Monsieur,

» Après l'agression dont vous vous êtes rendu coupable sur la personne de mon frère, vous ne pouvez rester chez nous. Nous vous accordons huit jours pour mettre vos comptes en ordre, et nous les rendre. Vous aurez soin de nous laisser votre adresse, car vous êtes toujours *responsable* envers nous de toutes vos opérations.

» T... frères. »

Ils envoyèrent quelqu'un pour recevoir mes comptes et bientôt Paris nous revit, son aspect avait bien changé ; on démolissait de tous côtés et de nouvelles constructions commençaient à s'élever sur le sol, partout encombré de débris...

Vais-je y être plus heureux ?... cette fois !...

CHAPITRE VII

Quelque temps avant toutes ces affaires nous avions eu l'occasion de rendre service à deux braves demoiselles, la tante et la nièce, Mlles Lecomte, établies marchandes de blanc à Caen. Elles avaient été dans une bonne situation, puis leur avoir s'était trouvé compromis dans des affaires malheureuses. On leur avait vendu tout, jusqu'à leurs effets.

Il y avait cinq à six mois qu'elles végétaient à Caen attendant quelque chose... la tante, âgée, avait connu ma femme enfant ; elle savait ce qui se passait dans notre famille... son seul espoir était que sa nièce, Mlle Victorine, trouve une situation comme caissière à Paris dans quelque grand magasin. Elles s'étaient recommandées d'un médecin homéopathe d'une grande renommée, M. Kery ; on venait de lui écrire que Mlle Victorine pouvait venir à Paris, qu'une place de caissière lui était acquise, qu'elle apporte avec elle sa plus belle toilette ; la robe de soie noire était de rigueur. Nous étions en ce moment à Caen... Ma femme était allée la voir.

— C'est navrant, me dit-elle, Mlle Victorine peut manquer cette place faute de toilette. Je lui ai placé 100 frs. sous son traversin pour ne pas l'humilier... tu connais leur délicatesse ; elle nous les rendra lorsqu'elle sera placée...

— Tu as bien fait, lui dis-je. Mais ça tombe mal...
pourvu que nous n'en ayons pas besoin à notre tour.

Ces demoiselles partirent pour Paris et quelques jours
après nous recevions une lettre d'elles, avec un reçu :
C'est à vous, disait Mlle Victorine, que je dois d'être bien
casée rue Saint Fiacre à Paris, chez un négociant en
dentelles... Combien ma tante et moi, vous en sommes
reconnaissantes... Et elle donne en même temps leur
adresse.

Il faut bien s'entr'aider les uns les autres...

... « Aux bons cœurs il faut un très longtemps et
être bien des fois trompés pour croire à la méchanceté
des hommes !... »

C'était notre tour de nous trouver dans l'embarras,
pas précisément d'argent, mais de savoir où aller en attendant que je trouve quelque chose. J'écrivis donc à
ces demoiselles ce qui se passait avec les T... Elles me
répondirent tout de suite : Arrivez et apportez des dessins,
je vous présenterai à M. et Mme Kery médecin homéopathe, il a tellement de connaissances que je crois que
vous ne serez pas longtemps sans vous caser ; nous vous
attendons et nous comptons bien que vous descendrez
chez nous... Allons ! me disais-je, un bienfait n'est
jamais perdu... Ceci nous détermina : Nous voilà donc
en route pour Paris ; nos affaires nous suivaient en petite vitesse... nous étions en octobre 1854. Nous descendons rue de Bondy près du cabinet de consultation
populaire du médecin homéopathe. Ce médecin avait
également un cabinet faubourg Saint-Germain, pour la
haute société et il demeurait Chaussée d'Antin. Ces demoiselles nous présentèrent à M. et Mme Kery.

— On ne parlera de rien aujourd'hui, me dirent-
elles.

Et, après avoir causé un moment, M. Kery nous
quitta. Sa dame passait pour une très forte pia-
niste ; elle avait un garçon et une fille : deux petits
phénomènes, qu'on disait musiciens jusqu'au bout des
ongles, comme Mozart. Ils improvisaient déjà (dix ans
plus tard ils avaient quelques succès à Paris mais ne
donnèrent pas tout ce qu'ils semblaient promettre : On

était à l'époque des petits phénomènes, qu'on usait avant leur développement... Depuis je n'en ai plus entendu parler).

Qu'étais-je ? à côté de tant de talents, et qu'est-ce que ces gens peuvent me trouver?... J'attendais depuis quelque temps, rien n'arrivait. Ne voulant pas abuser de l'hospitalité qui nous était offerte nous prîmes un logement rue Paradis-Poissonnière. Il y avait quelques jours que nous étions installés lorsque je reçus une lettre qui me disait de me rendre rue de Bondy, à l'heure de la consultation, que j'y trouverais quelqu'un qui me renseignerait sur ce que j'avais à faire.

Je m'y rendis donc. Une queue comme au théâtre tenait tout un long corridor; ayant une lettre je voulais passer; je ne pouvais traverser la queue... Je dis à mon voisin :

— Je ne me trompe pas? c'est bien ici M. Kery, médecin ?

— Oui, Monsieur.

— Que de monde? lui dis-je.

— C'est comme cela tout le temps de la consultation jusqu'à 4 heures, me dit-il.

Je me disais : Ils n'ont pas l'air bien malades tous ces gens-là... après ça c'est peut-être des gens venus, comme moi... Enfin mon tour arriva. Je présentai ma lettre.

— Ah ! bien, Monsieur ; passez par ici.

Et on m'ouvre une porte. Je me trouve tête à tête avec un Monsieur qui me dit :

— Vous êtes monsieur Lepage ?

— Oui, Monsieur.

— M. Kery vous envoie à moi pour causer d'affaires qui vous concernent...

Et il m'examinait.

— Je sais de quoi il est question, continua-t-il ; rendez-vous demain à la préfecture de police, vous demanderez...

— Assez ! Monsieur, assez ! lui dis-je avec vivacité ; je ne veux pas être agent de police !

— Vous ne comprenez pas.

— Oh! si, Monsieur; je comprends trop... adressez-vous ailleurs...

Je pris mon chapeau et je cours encore... Sorti de là, je vais chez les demoiselles Lecomte, je savais y trouver ma femme.

— Ah! Mesdemoiselles, dis-je, je sais que vous n'êtes pour rien là dedans, mais quelle déception! J'en suis tout honteux... je n'ose vous le dire.

— Quoi donc?

— La place que l'on m'offre est celle d'agent de police...

— Secrète? demande ma femme.

— Pensez ce que vous voudrez...

— Oh! ce n'est pas possible! dit la tante...

— Je n'y retourne plus... j'en ai assez de ces protections là...

Allons! m'écriais-je, décidément jusqu'au bout il faut que la malédiction de ma belle-mère s'accomplisse!... « Qu'il aille de porte en porte... » J'irai... c'est triste de mendier son travail, mais j'aime encore mieux cela... mouchard! mouchard!... faut-il être assez malheureux!... Je m'arme de courage. La première porte où j'allai frapper fut chez un preneur de brevets, Le Bègue, un professeur de dessin, celui chez lequel mon père m'avait mis en pension; avant que je m'engageasse, il me semblait que je trouverais là, plus sûrement qu'ailleurs, m'ayant connu. Sa maison avait prospéré et il occupait pas mal de dessinateurs. Bien que cette démarche m'humiliait un peu, il m'avait connu le fils d'un riche bourgeois de cette époque et aujourd'hui, qu'étais-je? *un prolétaire* dans l'acception littérale du mot, j'appartenais à la dernière classe de la société : « J'avais faim ». (On a pu voir qu'on ne se gênait pas de me le faire sentir). Je serai peut-être mieux considéré là, me disais-je.

« Hélas! Je devais encore avoir la preuve de ce que valent les hommes... même instruits. »

Je sonne donc à cette porte; je remets ma carte à la bonne, on me fait entrer dans le cabinet d'affaires de Monsieur. Il était à son bureau... Il fit d'abord l'homme qui ne me connaissait pas ; j'avais à la main un rouleau de dessins.

— Vous venez pour un brevet ?... Monsieur.

— Non... Monsieur ; mais monsieur Le Bègue, vous ne reconnaissez pas votre ancien élève ?... C. Lepage.

— Ah ! oui... votre père était un brave homme qui s'est fait rouler par les Michel du Havre. Eh bien ?...

C'est bien dur ! ce que vous me dites-là, monsieur Le Bègue.

— Je n'ai pas beaucoup de temps à perdre... Quel est l'objet de votre visite ?

— Je croyais pouvoir me recommander à vous pour un emploi... ou même, si vous le pouviez, pour du travail... Vous savez ce que je sais faire...

Et je déroulai mes dessins :

— ... Je n'ai pas perdu ce que je savais...

— C'est vous qui avez fait ce lavis d'architecture et ces dessins de machines ?

— Oui, Monsieur.

— Vous êtes trop fort pour moi... je n'occupe que de tout jeunes gens... d'ailleurs je n'ai pas de place pour vous...

— Mais vous pourriez...

— Ne comptez pas sur moi.

Et il ouvre la porte. Encore !... me disais-je. « Passez votre chemin ou mourez. »

Je n'étais plus M. Constant, le fils du riche industriel, J'étais un paria...

De tristes réflexions traversaient mon esprit... Prends la blouse, espèce d'orgueilleux, me disais-je et va tout bonnement chercher de l'ouvrage dans les ateliers. Ils ne sont plus fermés aujourd'hui !...

On sait ce qui m'éloignait de l'atelier : Ce n'était pas d'être ouvrier, j'en étais fier ; mais c'était la machine et aussi, faut-il le dire, le contact fatal de certains ouvriers de cette époque, braves gens je le veux bien, mais pochards, ivrognes. Les coteries existaient encore en plein à ce moment et malheureux était celui qu'elles ne reconnaissaient pas pour être des leurs. On verra plus loin à quels signes les ouvriers se reconnaissent.

J'avais déjà subi cela, en sortant d'apprentissage, dans les ateliers où j'avais travaillé, mais à cette époque je n'étais pas marié... c'eut été plus grave en ce moment si je m'étais laissé entraîner.

Je fis donc encore quelques tentatives avant d'aller frapper à la porte des ateliers. J'allai chez M. A... un autre preneur de brevets, celui-là ne me connaissait pas : Je fus bien accueilli; mon air lui plut. Je lui présentai mes dessins. « Quand on a perdu sa fortune on croit trouver bon accueil parmi ceux qui vous ont connus même intimement; on compte sur la famille, par exemple; erreur profonde : Le premier étranger venu vous sera plus serviable et moins froissant. »

On se rappelle qu'au chantier de bois, dans les derniers temps, à mes moments perdus j'avais fait beaucoup de dessins; j'en avais envoyé quelques-uns à Londres à Monin, qui les avait toujours ; j'avais gardé, heureusement, notre projet de vélocipède à vapeur. C'était un dessin au tire-ligne, avec ombres. M. Le Bègue l'avait bien vu, je crois même que c'est ça qui le mit de si mauvaise humeur... M. A... ne fut pas de même : Il me félicita.

— Connaissez-vous la construction ? me dit-il.

— Oui, Monsieur. J'ai fait mon apprentissage chez MM. Michel frères du Havre, où j'ai été ouvrier et dessinateur.

Et je lui montre mon livret et une lettre.

— Très bonne recommandation, me dit-il. Eh bien, monsieur Lepage, gardez toutes ces références et aussitôt qu'il se présentera quelque chose je vous écrirai.

— A la bonne heure! me dis-je, voilà au moins une porte qui ne se referme pas sur moi. Allons! du courage! Tout joyeux je rentre à la maison; ma femme et ma chère petite fille Marie (la petite paysanne) m'attendaient pour déjeuner...

— Ça va bien, dis-je en entrant; nous allons sortir de là!

Un architecte du voisinage, chez lequel je m'étais présenté, avait apporté quelques calques et quelques copies à faire qui alimentaient la maison; mais le terme, le redoutable terme approchait et comment faire ?

Je piochai donc, confiant dans ma dernière visite ; M. A... m'avait paru sérieux.

Quelque temps après, je reçus la lettre suivante :

» 25 décembre 1854.

« Monsieur,

» Voulez-vous bien venir me parler à mon cabinet, j'aurais à vous entretenir d'une position qui pourrait vous convenir.

» Agréez, Monsieur, etc... A... »

« P. S. Munissez-vous de tous vos certificats Michel et autres documents. »

Je me rendis chez M. A...

— C'est, me dit-il, pour entrer chez un Monsieur, constructeur de presses typographiques. Il lui faut un dessinateur pour le remplacer quand il n'est pas là... Voyez-le, je crois bien que c'est ce qu'il vous faut.

J'y vais. Je parais lui convenir ; il m'offre 200 francs par mois et mieux, si je fais son affaire.

Bravo ! me disais-je. Nous voilà sauvés !... Nous étions près du terme, mon premier mois servit à le payer et je déménageai illico-presto. Nous voilà installés rue Babylone, où étaient les ateliers de mon nouveau patron.

Il se nommait Normart. C'était un grand, bel homme, jeune encore, ayant toute sa barbe, noire comme du jais, un air moqueur ce qui lui donnait un air un peu satanique, décoré de la légion d'honneur. Diable ! me dis-je, ce n'est pas de la petite bière. Il y avait quelques jours que j'étais installé. Je fus bientôt au courant du travail qu'il réclamait de moi. Il était en train d'étudier un receveur de feuilles mécaniques pour adjoindre à ses presses ; il me confia ses idées à ce sujet et je combinai le moyen de les rendre pratiques. Il fut très content de moi. Je succédais à un contre-maître qui l'avait quitté pour s'établir un peu plus loin. Il m'en parlait quelquefois et me disait : Ayez des employés pour vous faire concurrence. Il fait absolument les mêmes machines que moi.

Ceci l'avait rendu méfiant, aussi tenait-il ses plans sous clef. Tout allait pour le mieux. Je paraissais lui convenir tout à fait. Il m'avait invité plusieurs fois à passer la soirée chez lui avec ma femme et ma petite fille ; nous avions ainsi fait connaissance avec sa femme et sa fille, car il était marié aussi. Dans l'atelier on le disait millionnaire, rien pourtant n'annonçait ça. Sa maison était confortable, mais n'avait aucun luxe dépassant le train ordinaire d'une modeste maison bourgeoise. Je venais de terminer les plans de son receveur, et j'avais trouvé un agencement qui le complétait. Il parut satisfait ; je fis donc exécuter ce receveur.

Il y avait déjà quatre mois et demi que j'étais chez lui ; on approchait de l'ouverture de l'exposition (1855) qui avait lieu aux Champs-Elysées. On sait que le succès de cette Exposition dépassa les prévisions, on fut obligé de construire une *annexe d'une grande longueur*, encore était-elle trop petite. Tout pouvait me laisser supposer qu'enfin j'avais trouvé une place durable.

Un soir que nous étions réunis, sa famille et la mienne, autour d'un thé richement servi... il entre dans des confidences qui me gênaient un peu. Il s'agissait d'un procès (avec son cousin) qui le tourmentait, et il lui fallait un prête-nom (un homme de paille, vulgairement dit). C'était clair, mais je fis comme si je ne comprenais pas... Il ne m'a pas pris que pour le travail, me dis-je. Je dois lui être utile pour autre chose... Mauvaise affaire !... Je voyais ma femme me faire des signes d'intelligence... il n'insista pas et, très adroitement, amena la conversation sur un autre terrain qui me fit croire que je m'étais trompé... Il redoubla d'amabilité, nous fit reconduire dans sa voiture jusqu'à notre porte, et, le lendemain, je reprenais mes fonctions au bureau de dessin.

Un mois se passa sans que rien de nouveau ne parût. Ma femme était redevenue plus tranquille, — car un moment nous ne présagions rien de bon de cette soirée. Normart me paya mon mois comme d'habitude et ne me fit aucune observation. Ça va bien, me disais-je. De son côté, ma femme croyant à un peu plus de sécurité, disait : Pour l'exposition, nous allons nous requinquer un peu ; —c'était son mot. Et tout joyeux, nous énumérons : Toi tu as besoin de ça et ça ; moi... je me contenterai d'un chapeau et d'une robe, tout ce qu'il y a de plus simple ; la petite, elle, a besoin de peu de chose...

Peut-être, continuait-elle, auras-tu une carte pour entrer à l'Exposition, ça sera toujours ça... Ce doit être beau une Exposition universelle ?

— Oui... c'est très grand, il y a une galerie à perte de vue... Oh !... c'est bien autre chose que celle de 1845 : elle tient tous les Champs-Elysées en longeant la Seine.

Hélas ! nous nous réjouissions trop tôt... on va le voir.

Nous nous étions bien aperçus que le patron ne nous invitait plus à ses soirées, mais nous n'y faisions pas attention ; après tout, m'étais-je dit, j'aime mieux cela, on est toujours gêné avec ses patrons... J'avais terminé les études que le patron m'avait confiées ; on était au mois d'avril et l'Exposition ouvrait en mai.

Depuis huit jours environ, j'apercevais un changement gradué dans les allures de M. Normart; à tout propos il me froissait, me vexait. Lorsqu'il me parlait, il me toisait des pieds à la tête, avec un air ironique et ricanant qui allait à sa figure. Cette comédie durait depuis trois semaines environ. Voyant que ça ne prenait pas, il me froissa en plein atelier et devant les ouvriers. Ma patience était à bout. Rentré chez moi je dis à ma femme :

— Ça va mal, M. Normart n'est plus le même ; son humeur est massacrante et a l'air de se porter sur moi intentionnellement.

— C'est peut-être une idée que tu te fais... Il peut avoir des contrariétés ; il ne faut pas toujours tout rapporter à soi.

— C'est bien désagréable en tout cas.

— De la patience... mon pauvre ami, tu es bien payé

là ; nous vois-tu encore une fois sur le pavé !

Allons ! je me trompe peut-être, me disais-je ; patien-
tons...

Quelques jours encore se passèrent, et les vexations
s'accentuaient.

— Allez porter cela à la poste, me dit-il un jour, me
présentant une lettre, comme s'il s'adressait à un gamin.

Je me dis : J'userai son humeur : j'y allai sans rechi-
gner... Il ne savait plus qu'imaginer pour me froisser ;
son cynisme devenait révoltant. Je me contenais avec
peine, je l'avoue...

Enfin un matin, en me toisant encore plus insolem-
ment que d'habitude, il me dit :

— Mais vous ne voyez donc pas que vous me déplai-
sez ! (sic). Vous ne sentez donc rien !... Qu'est-ce qu'il
faut donc faire pour que vous vous en alliez ?...

— Me donner mon compte, Monsieur, et tout de suite ;
vous croyez que je suis dupe de votre manière d'agir ; je
sais pourquoi *je vous déplais* : C'est que je n'ai pas
voulu servir vos mauvais desseins. Ce n'est pas un honnête ouvrier qu'il vous faut : c'est un compère.

Il ricana d'un air sardonique. d'un air de dire : « Où
l'honnêteté va-t-elle se nicher ? » crève-faim, va !.... Et
sans autre raison il alla à son coffre-fort, prit deux cents
francs et me paya. Ce fut fait. « Passez votre chemin, ou
mourez !... »

Me voilà encore une fois sur le pavé.

J'en ai assez des patrons ! disais-je ; je vais essayer de
sortir de misère par ma propre initiative... Mais, comment m'établir sans un sou...

· · · · · · · · · · · · · · ·

CHAPITRE VIII

ESSAI D'INITIATIVE INDIVIDUELLE

Nous n'étions pas complètement sans ressources, ma femme très économe, avait su faire une petite réserve... Mais nos projets de toilette étaient renfoncés au cinq-sixième dessous... Il n'y fallait plus songer.

Qu'est-ce que je vais faire ? me disais-je : m'établir porteur d'eau, charbonnier, commissionnaire, marchand ambulant... Nous riions jaune, comme on dit ; « mais, même encore pour cela, il faut de l'argent et des protections. »

— Soyons sérieux, dis-je à ma femme. Le métier où le matériel est encore le moins coûteux et où le fond de roulement est le moins élevé, c'est mon métier de dessinateur : un crayon et une feuille de papier, voilà le matériel ; le fond de roulement, *c'est de manger*. Rien n'est plus simple, seulement... oh ! il y a un seulement : *Il faut trouver de l'ouvrage*... et ce n'est pas à une porte qu'il va falloir frapper, c'est à cent portes, à mille portes... c'est embêtant ; mais voilà, si je réussis, je suis mon maître et nous serons indépendants. Qu'en penses-tu, Octavie ?

La petite Marie riait de tout son cœur, elle croyait que je jouais ; son rire d'enfant, si naturel et qui contrastait si singulièrement avec le fond de notre esprit à tous les deux, déjà si découragés, dérida ma femme.

— Pauvre ami ! me dit-elle : tu en as du mal pour nous !...

— Pour nous ! je ne veux pas que tu dises cela ! Est-ce que tu ne paies pas la dette au ménage en élevant la fille, en apportant l'économie et, en somme, le bien-être à la maison ? Je sais t'apprécier ; tu te prives volontairement de toutes les satisfactions de la femme. Oh ! je ne te confonds pas avec toutes ces femmes égoïstes qui poussent leurs maris dans toutes sortes d'intrigues et de besognes malpropres... se plaignant sans cesse : Que ce n'est pas une vie de végéter comme cela, privées de tout, sans pouvoir se donner aucune satisfaction comme les autres femmes ; de ne pouvoir aller nulle part faute de toilette etc., etc.

Et elle me donnait la main...

Le courage me montait au cœur. Allons ! me dis-je, si je ne peux pas apporter l'aisance à la maison, chassons au moins la misère, et surtout *que la misère noire* n'y entre jamais...

Mon parti était pris : plus de patrons... Nous étions en pleine Exposition, le moment me semblait favorable ; je louai un Bottin (Recueil des adresses de tous les commerçants, — que tout le monde connaît aujourd'hui) et me mis à l'œuvre pour découvrir toutes les maisons où je pouvais avoir chance de trouver du travail de dessinateur.

La première maison où je m'adressai fut celle de M. Edgard, dessinateur, graveur sur pierre (de cartes de géographie)... Je vais chez lui avec le dessin de mon vélocipède à vapeur ; il le trouva très bien fait et me dit :

— Ce n'est pas ma spécialité, mais vous réussiriez, je crois, la gravure sur bois pour les ouvrages scientifiques illustrés. C'est, ajouta-t-il, quelque chose qui commence, je crois qu'il y a là de l'avenir. Voyez Gagniet, un artiste dans le genre.

Et il me donna son adresse.

Je vais donc voir M. Gagniet, de la part de M. Edgard... C'était un dessinateur qui faisait la partie industrielle et scientifique au *Magasin pittoresque*... Il travaillait aussi pour M. Ganot, alors professeur de physique qui préparait le baccalauréat et qui faisait, en ce moment, un ouvrage de physique, illustré de gravures sur bois... Il me dit :

— Qu'est-ce que vous savez faire? Tenez, feriez-vous cela ? (Me montrant un dessin sur bois qu'il était en train de faire.)

— Je le crois, lui dis-je.

— Eh bien! sans spécimen à présenter, vous ne pourriez arriver; faites quelque chose d'un peu difficile et apportez-le moi, je vous dirai si vous avez quelque chance de réussir.

Gagniet était un artiste de cette époque, sentant un peu la bohème.

— Tenez! me dit-il, prenez une pipe au râtelier et fumons une bouffarde. On peut causer en travaillant; asseyez-vous là et ne vous gênez pas. Je connais ça, vous êtes comme les camarades, dans un moment de dèche... Oh! ça se voit, ça, tout de suite...

Allons! me dis-je, voilà encore un type que je ne connaissais pas...

Je prends une pipe et bien que je n'en eusse plus l'habitude — j'avais fumé et même culotté plus d'une pipe au régiment — je m'en tirai convenablement.

— Vous êtes marié? me dit Gagniet au bout d'un moment.

— Oui ; j'ai aussi une petite fille.

— Si vous comptez sur ce travail-là pour subvenir à tout ça, vous n'y êtes pas ! mon cher.

Je ne lui dis pas quels étaient mes projets. « J'avais remarqué, à l'Exposition ouverte depuis peu, que les Anglais, les Américains distribuaient des catalogues illustrés remplis de dessins gravés, représentant leurs machines. « Voilà ce qu'il faut créer à Paris, me dis-je, on n'en voit pas encore. »

Je dis à Gagniet :

— Oh !... je fais autre chose...

— A la bonne heure ; autrement il n'y aurait pas de quoi se mettre sous la dent.

Je lui demande où me procurer un bois pour mon

essai. Il me donne l'adresse d'un marchand connu pour cette spécialité, rue du Jardinet. Je remets ma pipe au râtelier et je lui dis :

— Dans quelques jours je vous apporterai mon essai.

— Allons ! bonne chance ! me répondit-il.

Je vais de suite chercher un bois pour essai ; le marchand m'en donne un tout préparé qui convenait pour le dessin que je voulais faire.

Ce premier dessin m'a demandé beaucoup de peines et de temps ; enfin j'en suis venu à bout. Il représentait une scie mécanique à mouvement direct (J'ai encore ce bois).

Lorsque je le portai à Gagniet il me dit :

— C'est très bien ; vous pouvez vous présenter partout avec ça.

Je vais voir M. Ganot ; il me donne un petit dessin à faire : la machine pneumatique oscillante de Bianchi... Il la fit graver ; le résultat fut bon. Il me dit :

— Je vais faire une édition nouvelle et il me faudra des bois, je penserai à vous.

J'étais loin d'avoir assez de travail pour m'occuper. Heureusement je venais de trouver chez un industriel de l'ouvrage ; il s'agissait de faire, à l'Exposition, les plans d'une locomobile sur un modèle anglais... les croquis devaient être faits sans qu'on s'en aperçut, il était défendu de copier devant l'objet. C'était donc de souvenir et d'appréciation, car on pouvait encore moins prendre des mesures.

Je trouvai dans cette maison environ deux mois de travail. J'étais devenu très habile, et je crois avoir contribué, pour ma part, à l'introduction de ces machines dans notre pays. On se rappelle que, chez mon beau-père, j'avais conçu le projet et commencé même les plans d'une machine semblable.

Faut-il, me disais-je, donner mon talent à des étrangers qui m'exploitent le plus qu'ils peuvent, qui vont peut-être s'enrichir, grâce à mes plans et moi végéter tout le temps, à cause de l'inimitié de ma belle-mère ?

L'exposition approchait de sa fin et le travail ne fournissait plus beaucoup ; j'avais négligé forcément un moment le bois, n'ayant pas eu le temps disponible... Je me remis donc en route pour la recherche de bois à faire.

Quelques industriels que j'avais vus avaient bien remarqué les catalogues anglais, américains, mais ils trouvaient cela trop cher. Le moment n'était pas encore venu. Voyant cela je me donnai pour tâche d'aller voir tous les grands éditeurs.

Je commence donc par MM. Dinard. Je portais toujours avec moi mon bois dessiné et une épreuve gravée de la machine pneumatique. Je demande à parler à M. Dinard. Celui auquel on m'adressa était un des fils. Je lui montrai mes spécimens et il me dit :

Ce dessin est très joli, il dénote de certaines connaissances dans les machines.

— Monsieur, lui dis-je, je suis dessinateur de machines et j'ai travaillé dans plusieurs grandes maisons.

— Êtes-vous praticien ?

— Oui, Monsieur, j'ai fait mon apprentissage d'ajusteur au Havre, chez MM. Michel frères...

— Je l'aurais deviné, me dit-il. Ce travail le prouve, je vois bien vos vues... Me permettez-vous de vous éclairer sur les chances que vous offre la nouvelle carrière que vous voulez entreprendre ?... Vous n'aurez guère que M. Ganot pour vous occuper et quelques publications comme le *Magasin, pittoresque* et elles ont déjà leur monde : je ne veux pas vous influencer, mais il me semble qu'une bonne situation comme contre-maître dans une usine vous serait plus profitable. Je crois pouvoir vous trouver cela.

Évidemment une recommandation comme celle de MM. Dinard n'était pas à dédaigner. Je le comprenais. Mon hésitation à lui répondre, lui fit dire :

— Prenez le temps de la réflexion.

— Ce n'est pas cela, monsieur Dinard.

— Quoi donc ?

— C'est que je ne suis pas heureux avec mes places ; je les perds toujours indépendamment de ma volonté et je suis tellement dégoûté que je n'ose plus tenter...

— Mais encore...

— Mon Dieu ! monsieur Dinard, je veux bien vous indiquer les maisons où j'ai travaillé; informez-vous...

— Eh bien, c'est cela. Je vous écrirai aussitôt renseigné.

Je rentre chez moi et raconte mon aventure à ma femme...

— Ma foi ! dit-elle. C'est peut-être pour eux ! et tu sais, c'est une grande et riche maison ; et puis il te faudra encore bien du temps avant de pouvoir être assuré de travail suffisant ; je crois qu'il serait sage d'accepter.

J'étais fort embarrassé ; l'hiver approchait. Si par malheur je n'avais pas d'ouvrage, me disais-je, je m'en voudrais de voir souffrir les miens... Je n'aurai peut-être pas toujours mauvaise chance après tout : Attendons la lettre...

Elle ne se fit pas longtemps attendre. Voici son contenu :

12 décembre 1855.

« MM. Dinard ont l'honneur de saluer monsieur Lepage et de le prier de vouloir bien passer à leur bureau, aujourd'hui entre dix et onze heures.

» DINARD SAÜL. »

CHAPITRE IX

INGÉNIEUR CONTRE-MAITRE

Je me rends donc aux bureaux de MM. Dinard.

— Eh bien ! nous avons d'excellentes références, me dit M. Saül. Voulez-vous entrer dans notre maison ?

— Je serais très flatté, lui dis-je, mais...

— Je comprends. Jusqu'ici vous n'avez pas réussi, mais enfin vous êtes jeune ; il n'y a pas beaucoup de temps de perdu.

— Sans doute, mais, je ne sais pourquoi, il y a toujours quelque chose qui m'oblige à quitter mes places malgré moi.

— Je sais : Une lettre me dit que vous êtes très susceptible.

A part je me disais : *Mais qu'est-ce qu'il faudrait donc supporter ?...*

— Susceptible ? lui dis-je. Je ne comprends pas bien.

— Du reste, dit M. Saül, nous n'avons ajouté aucune importance à cela. Ce que vous aurez à faire est bien simple... et vous n'avez affaire qu'à nous. Il s'agit de mettre tout votre talent à réparer, quand ils en auront besoin, le matériel, les machines, etc., etc, de manière qu'il n'y ait nul arrêt jour et nuit. Nous avons un atelier de mécanique dont vous pourrez compléter l'outillage à votre gré, et des ouvriers, mécaniciens, charpentiers, maçons sous votre direction. Nous vous offrons

2.500 francs et un logement confortable avec un grand jardin sur la rivière avec droit de pêche ; jolie campagne. C'était, comme vous le voyez, une excellente place.

— Vous aurez, continue-t-il, à vous entendre avec notre directeur-papetier, M. Pliche, un excellent homme qui s'est distingué par des améliorations très sérieuses qu'il a apportées dans la papeterie. Vous vous entendrez bien avec lui, j'en suis sûr... Du reste, avant de rien terminer, allez passer deux jours à l'usine, je vais vous donner une lettre...

Il me présente une lettre, que je pris, puis il termina sur ces mots :

— Eh bien, monsieur Lepage, à bientôt. Vous viendrez me rendre réponse.

Je rentre chez moi et je fais part à Octavie de notre bonne fortune.

— Vois-tu, me dit-elle, je me doutais que c'était pour eux ; enfin ! voilà une position !...

— Mais toi qui aimes tant Paris, lui dis-je, ne vas-tu pas t'ennuyer ?

— N'ai-je pas ma fille me répondit-elle. Et puis nous ne serons pas loin l'un de l'autre puisque l'habitation est dans la fabrique.

— Tu es contente, alors ?

— Mon pauvre ami, c'est si triste de vivre comme nous le faisons depuis si longtemps, au jour le jour, sans sécurité du lendemain, dans des craintes continuelles d'être mis à la porte par le propriétaire, etc...

— Allons ! Eh bien je pars, je n'ai rien voulu arrêter sans t'avoir vue encore, et puis M. Dinard m'a dit de passer deux jours là-bas pour faire connaissance avec son directeur-papetier...

— Ah ! il y a un directeur...

— Oui, mais je ne suis pas sous ses ordres, je n'ai affaire qu'à MM. Dinard, c'est bien entendu... d'ailleurs je vais bien voir quel homme c'est...

Me voilà donc parti pour ma future résidence. Je reçus le meilleur accueil du directeur, il me fit visiter la fabrique en me désignant les points principaux de mon travail ; je ne vis là rien qui m'offrît de difficultés sérieuses ; je le quittai donc enchanté. Je visitai aussi le logement afin d'en pouvoir faire une description à ma femme. Tout allait pour le mieux. Rentré à Paris, je termine avec MM. Dinard ; je procède à mon déménagement et nous voilà installés dans une belle campagne...

Lorsque je fis l'examen sérieux des machines, des moteurs, turbines, roues hydrauliques, etc. je ne les trouvai pas en très bon état ; à chaque instant c'était des arrêts très préjudiciables. Il fallait les éviter, non en maintenant cet état de choses, ce qui avait été fait jusqu'alors, mais en diminuant les causes sans pour cela suspendre le travail. Ma tâche consistait donc à bien observer les pièces usées ou susceptibles de se rompre et d'en préparer d'autres semblables pour les remplacer au besoin. J'étais parvenu, au bout de deux mois, à un bon résultat qui diminuait ma peine.

MM. Dinard étaient très satisfaits et me le montrèrent en me confiant un projet de blanchiment pour lequel ils étaient brevetés. Le résultat leur paraissait certain si, m'avaient-ils dit, on pouvait empêcher la pâte de reremonter dans les serpentins refouleurs du gaz dans la cuve.

Je réfléchis longtemps au moyen d'obvier à cet inconvénient et j'y réussis : je remplaçai les serpentins percés métalliques par des serpentins en caoutchouc parsemés de petites fentes ; le gaz refoulé ouvrait les fentes qui se refermaient aussitôt et la pâte ne pouvait pas s'introduire dans le tuyau et par conséquent le boucher... Je me rappelle que M. Dinard aîné, un beau vieillard, homme fort instruit, me dit d'un air de satisfaction :

— A la bonne heure ! Voilà qui est travaillé ! Ce qu'il nous faudrait maintenant, me dit-il, ce serait des ramasse-pâtes... si vous trouviez un système simple, ce serait une excellente chose.

— Je chercherai, répondis-je.

Mon amour-propre se trouvait surexcité. J'avais affaire du reste, à d'excellents patrons. Je me trouvais très heureux chez eux, tout allait donc pour le mieux ; j'avais complété, modifié l'outillage. Hélas ! c'était trop beau, cela ne pouvait durer.... Une sourde campagne se montait, contre moi, que j'aurais peut-être vaincue, il est vrai, s'il ne s'était mêlé des choses auxquelles il n'y avait pas de remède.

Par suite de l'amélioration des machines, le travail de réparation diminuait, le personnel ouvrier devenait difficile à occuper et beaucoup se disaient : On va nous renvoyer.

— Qu'est-ce qu'il est venu faire ici, celui-là ?...

Les choses allèrent même si loin que l'on me tendit des pièges où ma vie était risquée : Une fois, je réparais une grande roue d'engrenage, elle était prête à fonctionner, j'étais appuyé sur elle pour examiner son arbre... l'embrayage fut poussé sans mon ordre et j'ai failli être emporté par elle... celui qui tenait l'embrayage loin de moi, avait cru, dit-il, entendre un commandement.

Pareille chose m'arriva dans une turbine : J'étais à examiner l'axe. On dit : Il n'y a personne dans la turbine. Je crie : Si /... je cours à l'échelle... Il était temps, les écluses étaient levées.

Il se machinait quelque chose... c'était certain... Il m'était difficile, comme on le pense, de parler de cela à MM. Dinard ; d'ailleurs qu'y auraient-ils pu faire ? Cela se faisait comme toujours, sournoisement, hypocritement, souvent par ceux qui vous flattent le plus... Devinant la cause, je cherchai à conjurer le danger ; je dis à MM. Dinard.

— Puisque vous êtes obligés d'avoir des ateliers permanents de mécanique, menuiserie, charpente, vous devriez construire vous-mêmes ces machines, moteurs, etc. ; de cette manière nous entretiendrions votre personnel réparateur.

— Mais, me dirent-ils, il y a toujours de quoi l'occuper.

— Je crains qu'ils ne s'aperçoivent que non. Je voulais éveiller votre attention sur ce point.

— Nous y penserons, monsieur Lepage.

Un mois se passa encore comme cela. Différents bruits couraient. Plusieurs femmes de la fabrique s'étaient adressées à la mienne pour des plaintes auxquelles elle apporta d'abord peu d'attention... Cela m'ennuyait. La cause de ces confidences était l'accueil que ces Messieurs me faisaient. J'allais très souvent dans leur voiture, visiter avec eux d'autres usines situées à quelques heures de là... Elles croyaient que je pouvais leur être utile près de ces Messieurs, il se passait là ce qui se passe dans toutes les fabriques où il y a des femmes.

« Pourquoi faut-il que dans ma vie il y ait toujours des choses impossibles, pour arrêter ma fortune?

Vous entendrez un peu plus loin un cynique me répondre : « Un grain de sable vous arrête ! »

Voyons ce grain de sable.

Un jour une jeune fille vint trouver ma femme.

— Je viens d'être renvoyée, dit-elle en pleurant, je suis le seul soutien de ma famille. Et cela parce que je n'ai pas voulu être « la petite mignonne » (sic) de Monsieur K... (sic). Je ne suis pas la seule, Madame, répéta-t-elle, il se passe des choses !... Toutes celles qui, comme moi, veulent se tenir, on les menace de leur faire perdre leur pain. Les contre-maîtresses, ajouta-t-elle, sont les amies de Monsieur le directeur, nous ne savons à qui nous recommander, vous êtes les seuls *mariés ici*, et MM. Dinard ont tant l'air d'aimer M. Lepage que nous espérons en lui pour nous défendre et nous protéger...

K... ce jeune homme était le protégé du directeur. Vous devinez ce qu'il dut arriver et ma fausse situation au milieu de tout cela.

Lorsque ma femme me raconta l'histoire de cette petite... je n'y fis d'abord qu'une médiocre attention : « Il n'y a pas de feu sans fumée » me disais-je ; mais laissons cela tant que ça n'ira pas plus loin. Mais dame ! ça ne fit que croître et embellir. Et bientôt le directeur me prit en grippe. La coalition des ouvriers mécontents aidant, les attaques presque insolentes du jeune homme se répétant à chaque instant, devaient amener une issue fatale. Ils pensaient me lasser. Mon insouciance apparente les lassa, au contraire. Un jour, le directeur voyant l'impossibilité d'échapper, prit les devants, instruisit à sa façon les patrons et leur mit le marché à la main.

« Les relations, leur dit-il, ne sont plus possibles entre M. Lepage et moi... il faut que l'un de nous parte. »

(sic). Un des MM. Dinard frères, que je connaissais
peu, me fit appeler à son bureau. Et d'un air de bon-
homie — il était loin d'être à la hauteur de son aîné
— il me dit :

— Eh bien, qu'est-ce que c'est que tout ce potin ?...
Est-ce que vous auriez dû vous mêler de cela ? Voyons,
vous n'êtes pas si puritain que cela, vous êtes jeune
aussi... eh bien, ce jeune homme fait des folies comme
bien d'autres, ça se passera...

Puis il ajouta en manière de conclusion.

— Faut-il qu'un établissement soit tout en émoi pour
cela ?

Je fus d'abord surpris de ce langage ; son aîné ne
m'aurait certainement pas parlé ainsi. Je trouvai difficilement ma réponse.

— Monsieur, lui dis-je posément, je n'ai point cherché
ces choses-là ; j'ai même fait tout ce que j'ai pu pour les
éviter. C'est votre directeur qui a cessé de me voir d'un
bon œil ; il aurait pu aller au-devant puisqu'il savait ce
qui se passait, et aurait pu donner à moi et à ma femme
de bonnes raisons et empêcher le retour de ces plaintes
qui n'avaient rien d'agréable... pour ma femme surtout.
Voyons, Monsieur, ce qui se passe est vrai ou est faux...
vous dites qu'il faut que jeunesse se passe, mais il ne
s'agit pas d'étourderies ici, mais de pression, d'abus de
pouvoir révoltant.

— Monsieur Lepage, me répond-il, ce n'est pas de cela
qu'il s'agit... Voulez-vous rester avec nous : Oui ou non.
Nous sommes très contents de vous... et notre directeur
nous est utile... Vous êtes le plus jeune, c'est à vous de
céder.

— Mais, Monsieur, répliquai-je, lorsque M. Saül m'a
offert un emploi dans votre maison, j'étais heureux,
j'avais lieu de croire que ma position se ferait chez vous ;
peut-être, me disais-je, serai-je plus heureux cette fois...
Ce n'est donc ni votre faute ni la mienne, c'est un concours de *circonstances malheureuses*... Je comprends
que vous avez plus besoin de votre directeur que de moi
qui ne fait qu'arriver.

Il se fit un silence. Je continuai :

— Je vous laisse cependant votre établissement dans de meilleures conditions que je ne l'ai pris... je me suis mis à dos, vous savez pourquoi, tous les ouvriers de la réparation. Ma situation chez vous est devenue fausse. « Je dois être sacrifié ».

M. Dinard ne sut que répondre. Il me dit :

— Voyez M. Saül lorsque vous irez à Paris.

Me voilà donc encore une fois sur le pavé. « Passez votre chemin ou mourez ».

Trouverais-je enfin où reposer ma tête?

Mon embarras était plus grand que jamais... Mon frère Henry, auquel j'avais écrit la situation, me répond du Havre : Tu peux trouver là, aussi bien qu'ailleurs, un emploi ; dans tous les cas envoie ta femme et ta fille. Puisque tu te trouves près du chemin de fer, envoie aussi ton mobilier et une fois ici nous aviserons. C'est plus sage, je crois, que de vous aventurer encore une fois à Paris, où les loyers sont si chers et la vie devenue si difficile. Nous vous attendons...

Je dis à ma femme :

— Il a peut-être raison... qu'en penses-tu ?

— Ah ! mon pauvre ami, me dit-elle, je ferai tout ce que tu voudras...

Je vis bien qu'elle était découragée... Je m'arrêtai à ce parti.

— Allons au Havre et là nous verrons...

Je vais donc d'abord à Paris, comme me l'avait dit M. Dinard. Je vais voir M. Saül.

— Je regrette beaucoup, me dit celui-ci, ce qui s'est passé ; il n'y a rien de votre faute. J'ajoute à vos appointements ce billet de 500 francs pour vous indemniser...
— et me présentant la main — il me dit : Meilleure chance...

Ces 500 francs m'aidèrent un peu... avec cela je pus suffire à mon déplacement et attendre quelque temps. Nous voilà partis pour le Havre. J'avais fait mon plan.

Nous voilà donc installés provisoirement chez mon frère qui était toujours employé dans la maison Michel frères.

Je lui raconte tout ce qui s'était passé.

— Oh! me dit-il : *Il faut en supporter beaucoup chez les patrons.*

— C'est pour cela qu'à tout prix il faut que je m'en affranchisse ! dis-je.

Il y avait, à ce moment, trois maisons importantes au Havre, qui pouvaient avoir besoin de catalogues illustrés : Si j'allais les voir...

Je commençai par M. David, qui avait connu mon père. C'était un fabricant de grosses chaînes, ancres, cabestans, etc., pour la marine.

Je me présente chez lui avec mon bois (la scierie mécanique) et ma petite gravure, la machine pneumatique.

— Tiens, me dit-il, c'est une bonne idée; justement j'y songeais.

— Tenez! voilà même de petites photographies de mes appareils, faites dans cette intention.

— C'est très bien fait, ce que vous me montrez là. Ce sera comme cela ?

— Oui, Monsieur, lui dis-je.

— Eh bien, emportez cela. Où êtes-vous? A Paris, sans doute ?

— Oui, je m'établis.

— Vous n'avez pas eu de chance, les fils Lepage, me dit-il. Vous avez perdu, à peu de distance, votre père et votre frère aîné. Allons ! il faut réparer cela. Courage... travaillez bien. Il m'en faudra d'autres.

Bon début, me dis-je.

Je vais chez M. Nillus, un mécanicien ; il fut content de mes dessins, promit, mais il n'était pas encore prêt.

Enfin j'essaye de MM. Michel, les anciens associés de mon père. Je montre à l'aîné la commande de M. David; il ne se décida pas tout de suite mais promit cependant sérieusement.

Arrivé à la maison je dis à ma femme :

— Je vais à Paris... J'ai de l'ouvrage. Tu sais que j'ai toujours eu l'idée que je devais réussir dans la gravure pour catalogues, je vais tenter.

Je suis le seul qui ait pensé à cela à Paris, c'est le moment.

Je confie donc ma femme et ma fille à mon frère et je vais à Paris tenter de nouveau la fortune... Je loue une chambre garnie rue de Vaugirard, en face le Luxembourg ; j'étais là à proximité des graveurs.

C'était pour moi tout un apprentissage à faire. Je connaissais celui qui m'avait gravé mon dessin du père Ganot... Je dessine donc les bois de M. David du Havre, et je vais les porter à la gravure, je demande le prix : C'est tant du centimètre, me dit-il. Ça revenait assez cher.

Enfin, me disais-je, il faut commencer ; je gagnerai peu ; après je verrai, il doit y avoir moyen de faire faire de la gravure à meilleur compte que cela... ne brusquons rien.

Ce petit travail terminé, je l'envoyai à ma femme qui le remit à M. David, lequel paya très bien le prix que je lui demandai. A côté de ma chambre il y avait un dessinateur qui faisait la carte géographique ; nous fîmes connaissance. Comme il était pressé en ce moment, il me confia quelques dessins. Je ne refusais jamais du travail, encore bien que ce ne fût pas ma spécialité ; j'étais assez habile en tout.

J'avais beaucoup de temps à moi, je le mis à profit pour voir du monde. Il me prit l'idée d'aller voir un M. Boister que j'avais connu rue Babylone, au moment de mes difficultés avec M. Normart. Comme on demeurait sur le même palier, on se rendait de mutuels services... Sa femme et lui nous avaient même demandé d'être parrain et marraine ; nous avions accepté. On s'était perdu de vue depuis toutes ces affaires. Lorsque nous les avions connus ils revenaient d'Amérique ; n'ayant pas réussi ils rentraient dans leur famille après avoir mangé les quelques sous qu'ils avaient.

Boister avait un goût particulier pour les entreprises de publicité ; il parlait toujours de faire un Album-annonce avec de magnifiques vues du nouveau Paris. Il y avait là de l'or à gagner, disait-il, mais il ne trouvait pas le capital nécessaire pour l'entreprise ; c'était en vue de l'Exposition Universelle qu'il avait fait cela.

J'allai donc chez lui, moitié intéressé, moitié curiosité. Il me marqua son étonnement.

— Vous arrivez bien, me dit-il. Qu'est-ce que vous faites ?

On leur avait écrit que nous n'étions plus chez les Dinard.

— Je fais des dessins de machines et je suis à la recherche de graveurs sur bois pour me les graver...

— Bravo ! moi aussi, mais en plus je cherche un dessinateur... Le voilà tout trouvé ; voulez-vous que nous fassions une affaire ensemble, je vais vous expliquer ça.

— Volontiers, lui dis-je.

— Je crois, reprit-il, que ça va faire notre affaire à tous les deux...

— Voyons...

— Je viens de m'associer avec un Monsieur qui a de l'argent. Nous allons prendre un local rue Monthyon. Dans une quinzaine de jours d'ici nous serons installés. Tenez ! voilà la photographie d'une vue de Paris (Notre-Dame de Paris), nous allons commencer par celle-là. Il y en a quarante comme cela à faire et d'autres bien plus petites. Puis-je compter sur vous ?

— Oui, mais pourrai-je faire cela ? C'est de l'architecture.

— Vous le ferez bien et même autre chose aussi, je sais comment vous travaillez.

— Bon.

Et il me donne un bois dans le format voulu. J'emporte la photographie et me voilà au travail.

Je mis un peu de temps à dessiner ce bois, mais j'avais réussi ; c'était bien fait.

Il le fit graver et bientôt il était muni d'un beau spécimen.

Il attendait cela pour terminer définitivement avec son bailleur de fonds...

Pendant ce temps je cherchais de la clientèle. Après beaucoup de pas et démarches, je trouve enfin à faire un catalogue (C'est le premier qui parut à Paris).

C'était pour un fabricant de machines agricoles, M. Laurent, rue du Château d'Eau.

J'eus beaucoup de peine à établir mes prix, ce Monsieur trouvait beaucoup trop cher le prix de mes gravures... cela l'entraînerait trop loin, disait-il... Il était important pour moi, au début, de me maintenir dans le possible. Je réduis un peu...

J'arrive enfin à décider mon industriel ; ce fut le point de départ de mon affaire : Ce n'est pas tout, il me fallait un autre graveur, du moins pour cette clientèle là. J'étais embarrassé.

Je m'adresse à mon marchand de bois.

— Je crois obtenir beaucoup de travaux dans l'industrie, lui dis-je, je viens vous faire aujourd'hui la commande de cinquante bois dont voici les dimensions.

— Bien, me dit-il, on va vous les préparer.

— Mais, dites-moi, pourriez-vous me donner l'adresse de graveurs ? M. P... me prend trop cher ; je sais qu'il travaille bien, mais, pour ce que j'entreprends, ce ne sont pas des gravures comme pour M. Ganot qu'il me faut.

Prévoyant une affaire, il me dit :

— Gardez cela pour vous, parce qu'ils m'en voudraient... mais ce n'est pas aux entrepreneurs de gravures qu'il faut vous adresser, c'est directement aux graveurs ; il y en a de toutes les forces, je vais vous donner l'adresse de plusieurs.

Je le savais bien...

— Allez d'abord chez celui-là, me dit-il, et dites-lui votre intention ; je crois que vous pourrez vous entendre.

Il s'appelait Manne, c'était un belge. En effet, je trouvai en lui l'homme qu'il me fallait et, sans rompre avec les autres pour certains travaux, je fis affaire avec celui-là pour ceux de ce genre-là.

Oh ! me dis-je, je crois que je vais bientôt pouvoir faire venir ma femme.

Je retournai voir Boister. Ils étaient installés, comme il me l'avait dit, rue Monthyon, près de la rue faubourg Montmartre.

Il me présente à son associé, me fait entrer dans un salon superbe, meublé de magnifiques fauteuils et canapés en velours vert. Diable, me dis-je...

Quel luxe tout d'un coup !... Il m'avait très bien payé mon premier dessin ; j'y allai de toute confiance... Il me donna encore plusieurs photographies, toujours des vues de Paris, en m'en recommandant l'exécution.

— On a trouvé très bien la Notre-Dame, me dit-il. Surpassez-vous.

— Oui. Mais puis-je compter sur une certaine quantité de travail : Je vous demande cela parce que, dans ce cas, je ferais venir ma femme et ma fille.

— Comment donc ! mais certainement ! Mᵐᵉ Boister sera très heureuse de renouveler connaissance avec Mᵐᵉ Lepage. N'êtes-vous pas le parrain et la marraine de René.

— J'allais vous demander de leurs nouvelles.

— Ils sont à la campagne, chez des parents. Eh bien, Lepage, me dit Boister, à bientôt un nouveau bois, n'est-ce pas ?

Sortant de là, la première chose que je fis, ce fut de chercher un logement à proximité de mes nouvelles occupations... J'en trouvai un faubourg Poissonnière, au sixième étage, c'est-à-dire tout en haut ; les loyers augmentaient tellement que je ne pus trouver mieux dans le prix que je pouvais mettre.

C'était un peu bas de plafond, mais il y avait un balcon et une magnifique vue, donnant sur l'hôpital Lariboisière ; on découvrait d'un côté toutes les Buttes-Chaumont et de l'autre côté la Butte-Montmartre, où se trouvait encore à ce moment le télégraphe Chappe, que je voyais très bien fonctionner de ma fenêtre.

Tous nos bagages, nos caisses étaient restés au Havre, tels que, j'avais recommandé qu'on n'y touche pas jusqu'à nouvel ordre. Je pars donc pour le Havre, on m'attendait pour aider au déménagement. Je profite d'un peu de temps, pour aller chez plusieurs clients voir s'ils m'avaient préparé des dessins. J'en emportai plusieurs avec promesse d'autres ; je ne manquais pas d'ouvrage. Je ne perdis donc pas mon temps.

Mon frère et ma belle-sœur avaient été très aimables et avaient fait tout ce qu'ils avaient pu pour qu'Octavie ne s'ennuyât pas trop de mon absence. Henry était dans une assez belle situation et ma mère et mon frère cadet Rémy s'étaient décidés à vivre ensemble. J'étais donc assez tranquille de ce côté ; on s'était habitué et on ne souffrait pas trop, matériellement, du changement de position. Quant aux parents de Caen, c'était toujours la même chose ; la naissance de Marie de la scierie la campagnarde, n'avait apporté aucun changement ; notre départ pas davantage et, sans quelques lettres banales échangées avec ma femme, c'était absolument comme s'ils n'existaient pas.

Je ne m'en plaignais point ; comme cela ma belle mère ne nous faisait au moins pas de mal.

Nous voilà donc de nouveau en route pour Paris ; arrivés nous nous installons dans notre nouvelle maison. J'étais en veine, le travail m'arrivait de tous côtés ; on m'apporte un dessin à exécuter pour le *Monde Illustré*. Ce journal venait de paraître. Allons ! Bravo ! me dis-je. Soignons ce dessin, il y en aura d'autres... Est-ce que je commencerais à être connu, me disais-je. Je pensais à mon ami d'enfance, Monin l'artiste. Il y avait quelque temps que nous n'avions reçu des nouvelles de Londres, lorsque la concierge nous apporta une lettre précisément de lui. « Elle nous annonçait que la fortune ne leur souriait pas en Angleterre, qu'ils revenaient en France. Ils avaient entendu parler d'une nouvelle publication : Le *Monde Illustré* ; Linter s'était mis en rapport avec M. Jacotet et très probablement ils seraient à Paris sous peu.

Quelle coïncidence ! me disais-je « Nous avions, ajoute-t-il, compté comme tant d'autres sur les faveurs de la Fortune, — comme disent les classiques — et nous voilà à peu près comme ci-devant. »

Au reçu de cette lettre, je mis M. Boister en rapport avec Linter, ce qui lui procura du travail en attendant son arrangement définitif avec le journal illustré. Je me disais : il faut savoir se soutenir entre travailleurs.

Mon affaire marchait toujours bien, lorsqu'un grand malheur vint me frapper : Ma fille, ma charmante petite Marie, notre consolation, notre raison d'être ; à la suite d'une rougeole, meurt d'une méningite tuberculeuse (3 mai 1857). C'était le troisième enfant que nous perdions.

« Il se place ici un triste épisode : Surpris par cette terrible maladie, je cours chez le médecin le plus proche de chez moi, je tombe justement chez M. D... celui que mon ami Follin m'avait recommandé, et qui avait soigné ma première petite fille... Il n'était pas là. Je remets ma carte à la bonne en la priant de dire au médecin de passer de suite. Il est vrai que depuis ce moment il s'était passé quelques années et qu'il pouvait très bien ne pas se souvenir de moi ; mais, le fait que je vais raconter n'en reste pas moins ce qu'il est...

Il vient, demande à la concierge M. Lepage. — Au sixième lui répond-on... Ce Monsieur ne voulut pas monter. Ne comprenant rien à ce retard, je descends chez la concierge et lui demande s'il ne serait pas venu un médecin.

— Oui, me dit-elle ; un Monsieur décoré.

— Non, lui dis-je, il n'est pas décoré.

— Si, si, mais il n'a pas voulu monter, il a trouvé que c'était trop haut (sic).

— Ce n'est pas possible, me dis-je ; ce n'était pas un homme comme cela ?...

J'y retourne, je le trouve ; il s'excusa disant qu'il ne savait pas que c'était moi...

— Mais, lui dis-je, ma petite est très malade, ce retard peut la perdre. Venez de suite, monsieur D... Je vous en prie.

— Mon cher Monsieur, je ne puis ; tenez voici l'adresse d'un de mes meilleurs amis, voyez-le...

Et il m'éconduit.

Je m'étais retenu pour ne pas lui dire ma façon de penser. J'étais si navré, du reste, que je n'aurais probablement pas su trouver une parole. Je vais à l'adresse indiquée, ce médecin vint de suite ; d'ailleurs je ne le quittai pas.

C'était un jeune homme qui débutait probablement comme l'autre, la première fois que je l'avais vu.

« Voilà à quoi sont exposés les pauvres de Paris !... » Mon nouveau médecin examine la malade et ne me dit rien de bon. Désespéré, je courus chez Follin, en lequel j'avais grande confiance. Il vint et me dit en sortant :

— Attends-toi à un événement fatal ! le médecin qui la soigne a vu le mal, je n'y pourrais rien davantage...

Tous les malheurs fondaient donc sur moi !...

Quel coup pour ma pauvre Octavie ! J'étais prévenu.

— Que t'a dit Follin ? me demanda-t-elle. Elle est bien malade, n'est-ce pas ?

— Oui, il ne me l'a pas caché ; il m'a dit que le médecin la soignait bien ; qu'il ne ferait pas mieux.

— C'est égal, mon pauvre ami, que c'est triste d'être pauvre !... De demeurer à un sixième. Il a sans doute cru qu'on ne pouvait pas le payer, ce D... Il est riche maintenant ; et Follin, tu ne trouves pas ? Il n'est plus le même, ce n'est plus un camarade.

— Il est très occupé, ma chère, il n'a plus le temps.

— Sont-ils heureux, tous ces gens-là, d'être si affairés et de faire fortune si vite...

— Oh ! ma chère amie, pour Follin, je crois que tu te trompes. Il demeure si loin de nous.

— Peut-être, mon ami, le malheur rend injuste, je voudrais me tromper.

— Je le crois, ma chère amie.

— C'est comme les Monin. Je suis bien heureuse de les revoir, mais leur dernière lettre ne respire que l'amour de l'or : Te souviens-tu, ce pauvre père Pastolet.

— Qu'est-ce qui te passe donc par la tête... chasse ces idées-là. Est-ce que tu serais jalouse ? Ils n'ont pas réussi, disent-ils. Ils n'ont point d'enfants ; s'ils viennent à Paris... c'est qu'ils espèrent rencontrer la fortune, comme ils disent.

— L'avenir, mon cher, nous dira cela... mais occupons-nous de nos affaires, c'est plus sain... Je ne devrais pas te parler ainsi, mon cher ami, je te rends misanthrope, mais, vois-tu, quand, comme nous, on a été trahi par les siens... qu'on a déjà si jeunes, tant vu de vilaines choses, on doute... Et puis nous n'avons point de chance : nos affaires vont un peu mieux et voilà notre chère petite Marie...

— Ah ! ma bonne amie, espérons. Tout n'est peut-être pas perdu.

Et elle pleurait.

— Courage ! lui disais-je. .   .   .   .

Le moment fatal arriva ! ma fille mourut ; elle avait six ans et demi. Ce malheur influa énormément sur notre caractère.. et nous vieillit de plus de vingt ans.

APPENDICE

Malgré tout ce que j'ai enduré dans la première période de ma vie le cœur n'avait pas été atteint ; j'entrais dans la seconde, plein de confiance.

Je ne suis plus soldat, m'étais-je dit, ouf !... et c'était tout...

Je n'étais donc nullement armé pour me défendre dans une société où le *chacun pour soi* est la règle, où le système de *l'offre et la demande* s'applique impitoyablement. On a vu comment j'ai traversé cette seconde période d'environ dix ans, j'avais trente-trois ans lorsque je perdis ma chère petite Marie. Ma femme en avait trente. On était au moment où l'Empire se trouvait à l'apogée.

J'ai dit qu'à cette époque, les hommes de mon âge s'occupaient peu de politique et encore moins de socialisme, malgré cela, sans le savoir, cette question me travaillait sourdement.

Je commençais à entrer en relations, par la nature de mon état, avec toute sorte de monde : Artistes, écrivains, industriels, commerçants, etc... J'étais placé dans les meilleures conditions pour voir, entendre, observer et recueillir.

Toutes les déceptions, depuis celles de mon beau-père jusqu'à MM. Dinard m'avaient bien convaincu qu'un pauvre diable qui n'a pas le sou, quelle que soit son honnêteté... est une chose, qu'un patron exploite, en raison de sa misère, et dont il se débarrasse quand il n'en a plus besoin ou qu'il le gêne.

On a pu voir que j'en avais fait l'expérience répétée : si j'ai échappé aux Patrons, c'est qu'ils n'ont pas réussi à me corrompre... Devenu leur compère, ils m'auraient certainement méprisé un peu plus, mais je me serais peut-être fait une position, comme on dit.

Me voilà maintenant établi : Le métier où je vais entrer est indépendant, je suis patron à mon tour... Vaudrais-je mieux que les autres ?

Combien en avais-je déjà vu, hommes et femmes, jeter le bonnet par-dessus les moulins. Allons nous suivre le mouvement, subir la contagion, faire fortune en un mot...

Bah ! me disais-je. J'ai le caractère un peu aigri... il y a encore bien place au banquet de la vie pour les honnêtes gens... du courage. Essayons d'abord d'acquérir du talent et ma foi, confiance !...

C'est dans ces dispositions que je vais ouvrir ma nouvelle carrière. Je n'ai plus affaire aux Patrons à présent : Je vais avoir affaire à Monsieur tout le monde.

Qu'est-ce que Monsieur tout le monde ?

FIN DE LA IIᵉ PARTIE

TROISIÈME PARTIE

De 30 à 45 ans.

—

AU LECTEUR

—

Une nouvelle route va s'ouvrir pour notre héros.

Ses luttes vont changer... Il va enfin jouir de sa liberté ; il s'établit, s'affranchit du Patronat en devenant patron lui-même. Il va enfin jouir entièrement de cet Individualisme à outrance si cher à tous ceux qui courent après cette chimère : la Liberté ! Il va enfin s'essayer et mettre aux prises avec la société la franche nature, honnête et consciencieuse que nous lui connaissons.

— Pourquoi n'a-t-il pu se maintenir à son poste, soit comme ouvrier, comme employé, comme chef ?...

Il ne le savait pas lui-même... Que chacun interroge ici sa conscience...

— Pour moi... je n'ose le juger.

— Il était impossible... diront beaucoup.

N'est-ce pas plutôt notre organisation sociale qui est impossible ? Son système n'est-il pas en continuelle contradiction avec la dignité, avec l'honneur, avec l'honnêteté ?...

Tout ne se corrompt-il pas dans son pitoyable milieu ; les meilleures natures elles-mêmes peuvent-elles s'en mettre à l'abri ?

Au moment où nous laissons notre héros, il est jeune encore... Il croit, malgré tout... Il a confiance. Nous le suivrons jusqu'au bout dans sa longue carrière.

On a pu voir, par la lecture des deux parties qui précèdent, qu'il suit bien la psychologie de son âge ; — ses actes, très jeunes dans la première, sont beaucoup plus réfléchis dans la seconde. — Marié père de famille et abandonné de presque tous les siens, il ne se décourage pas... il ne cherche pas, comme tant d'autres, à s'abrutir dans les fumées de l'alcoolisme... pour se donner le change... ou ne plus penser ; l'éducation sévère de son enfance l'en ont mis à l'abri. Ses infortunes l'obligeant à recourir à des emplois il serait, malgré son caractère indépendant, volontiers resté le serviteur des autres s'il eût trouvé quelque justice, quelqu'appréciation saine parmi ceux qui le commandaient.

Mais les meilleurs ne surent que lui laisser l'impression d'un froid égoïsme, d'une complète indifférence.

Il va entrer dans la période de 30 à 45 ans (comme il vous le dira tout à l'heure) dégoûté des patrons.

Plein de confiance dans l'avenir, malgré tous ses déboires. Il ne s'en prend qu'à lui-même :

J'ai probablement mal conduit ma barque, se dit-il ; je réussirai peut-être mieux sous ma propre initiative.

Laissons-lui la parole.

X. EGAPEL

CHAPITRE PREMIER

JE M'ÉTABLIS DONC DESSINATEUR-GRAVEUR

J'ai déjà été bien éprouvé. Il semblerait qu'à cette période de ma vie 30 à 45 ans, j'aurais dû avoir acquis, après bien des luttes, une certaine expérience de la valeur des hommes. Mais tel est l'effet de l'éducation première : bien que convaincu que je n'avais rien fait pour mériter toutes ces misères, tous ces froissements, je ne m'en prenais qu'à moi-même.

Raté... Voilà, me disais-je, pourquoi je ne réussis pas; je suis dans une impasse. J'ai fait, dans ma jeunesse, un apprentissage d'ouvrier-ajusteur-mécanicien. J'ai essayé de me tirer par là, mais l'ouvrier pur sang ne m'admettait pas dans sa coterie et le patron, sentant chez moi un fils de patron, m'exploitait pour ce qu'il croyait tirer de moi, mais ne tenait pas à moi; je n'étais pour lui ni la bête de somme qu'il lui fallait, ni le fringant cheval de parade, sourd et aveugle, dont il avait besoin, ni le chien couchant fidèle qui défend et sert, quoique vaille son maître...

Soyons donc artiste, la veine semble tourner de ce côté.

« On le voit, je n'accusais encore nullement la société, je trouvais tout naturel ce qui se passait autour de moi. » C'est ma faute, me disais-je, je n'ai pas encore su trouver ma voie. « Un point important m'embarrassait. »

Ce que je vais entreprendre est bien difficile, je n'ai jamais eu et n'ai d'autre maître que moi-même... Ah bah ! après tout « à force de forger on devient forgeron » ; mon travail ne déplaît pas, marchons !... Mon père m'avait appris à respecter et à admirer les grands hommes. Je n'étais pas encore entré dans ce monde des savants, et tous ces hommes fameux avec lesquels je devais me trouver en rapport m'apparaissaient comme des demi-dieux.

Voilà mes juges ! me disais-je. Et leur haute situation, leur génie les met certainement à l'abri de ces mesquines jalousies et de ces bas intérêts que j'ai rencontrés jusqu'alors ! Là il suffit de prouver son talent ; je le prouverai ; on ne peut, du moins, que me savoir gré de ma bonne volonté.

« On va voir ce que la volonté peut faire chez un homme bien résolu, et les obstacles que la société oppose aux convictions honnêtes et sincères ; on va voir aussi les pièges tendus continuellement pour faire dévier l'homme besogneux de la ligne droite : Tout honnête homme aux prises avec la misère doit avoir pour perspective une volonté de fer et un grand fond d'honnêteté pour s'en tirer et ne faiblir pas. Triste spectacle qui fit dire à mon jeune ami Paul, auquel je racontais ma vie :

Je sais maintenant comment on devient socialiste.

Oui, en effet, je suis devenu socialiste, mais il m'a fallu trente ans de luttes incessantes avec toutes les classes de la société pour opérer sérieusement cette révolution intime ; car l'éducation bourgeoise de ma jeunesse se refusait complètement à cette métamorphose. Un esprit indépendant, que je confondais avec *la Liberté*, formait le fond de mon caractère et je croyais vraiment que toute atteinte, quelle qu'elle soit, *au principe individualiste était un crime :* Vous le voyez, sans le savoir, j'étais un disciple d'Emile Henry, au fanatisme près. »

Mais n'anticipons pas... J'entre donc dans la lice avec pleine confiance en la justice des Savants. Là, me disais-je, je ne suis plus une chose taillable et corvéable à merci... je suis un homme libre ; si je parviens je serai vraiment le fils de mes œuvres... car je me serai fait moi-même !...

Les premières sentences que j'avais entendues dans ma jeunesse et que mon père répétait souvent, me revenaient alors à l'esprit :

« L'homme n'est que ce qu'il se fait. »

« Le mérite finit toujours par percer. »

« Il faut savoir diriger sa barque, etc., etc. »

Et surtout cette grande finale : ... « rester honnête ».

J'avais déjà vu bien des injustices autour de moi ; des honneurs qui me semblaient peu mérités, des succès bien hasardeux, des fortunes rapides bien contestées et de grands désastres chez bien des honnêtes gens. Mais cela ne me rendait point pessimiste, il m'en fallait davantage encore pour me convaincre, me faire apprécier les choses ce qu'elles sont.

La mort de ma fille, que je venais de subir, jetait un grand vide dans ma maison ; ma femme languissait, elle ne se remettait pas de ce coup terrible. Nous quittâmes notre appartement, devenu intolérable, et nous nous installâmes, mais plus confortablement, près de là, 14, rue du Delta.

Monin, un de mes bons amis, l'artiste, venait d'arriver à Paris. Il venait de Londres avec Linter, graveur, terminer son engagement avec la nouvelle publication illustrée. Linter devait remplacer un anglais chargé de la gravure et des dessins... Cet anglais me faisait travailler... Allais-je y gagner ? J'avais tout lieu de le croire, d'autant plus que quelque temps plus tôt j'avais fourni à Linter du travail d'un de mes éditeurs ; en outre Linter et Monin étaient les deux doigts de la main... tout était donc on ne peut mieux... Les liens d'amitié, qu'une correspondance régulière entretenait entre moi et Monin, m'en donnaient la certitude.

Un jour je reçus de Monin une lettre dont je détache le fragment que voici :

« Je viens de conclure un arrangement avec un journal illustré de Paris et il m'est venu l'idée que si tu veux m'y aider nous pourrons travailler conjointement. Pour commencer, j'ai en main un bois où, si tu veux t'y engager, il y a une bonne part à faire pour toi.

» Peux-tu venir me trouver chez mon beau-frère, rue Neuve Pigalle, à Montmartre, je te montrerai en quoi tu peux m'être utile. Ce dessin est excessivement pressé...

» Signé : MONIN. »

Je dis à ma femme :

— La chance me vient, décidément.

Le catalogue illustré, (pour Industriel,) que j'avais inauguré commençait à prendre : On le voit j'étais occupé. Mais, ce qui me souriait le plus c'était le *Journal illustré* parce qu'il allait me mettre complètement en relief à Paris. Je portai donc une attention particulière à l'exécution rapide et bien faite des travaux faits en commun avec Monin. Il y avait environ deux mois que nous travaillions ensemble : Des bois importants avaient été faits en collaboration et il était convenu que l'on signerait soit Monin-Lepage, soit Lepage-Monin, selon l'importance du travail de chacun ; lui il restait le spécialiste de l'animé et moi l'architecte perspecteur... Quelques travaux que j'avais déjà faits pour éditeurs avaient commencé ma réputation dans ce genre ; jusqu'à ce jour tout allait très bien, je gagnais de l'argent, aussi, dès les premières rentrées de fonds, je me payai un cabinet en vieux chêne : Bibliothèque ornée de vieux panneaux, escabeaux, table, etc. C'était mon rêve. « Bien m'en a pris. » On le verra par la suite.

C'est la seule occasion qui se soit présentée dans ma vie de contenter mon goût un peu passionné pour les vieilles choses qui parlaient à mon cœur d'artiste, sans que je m'en doutâsse hélas !... car, qu'étais-je alors, que suis-je même encore si l'artiste se juge au succès ?...

Plus tard je reçus une lettre de Monin :

« Mon cher Lepage,

» Si je ne t'ai pas porté encore le dessin que j'ai en main et dont je t'ai parlé, c'est qu'ayant été interrompu moi-même, je n'ai pas terminé ce que j'y dois faire.

» J'attends encore certains portraits qui me sont nécessaires ; aussitôt fini je te le porterai, ne te dérange pas ;
j'espère que ce sera demain.

» Veuille bien, en attendant, te mettre à la prime
pour laquelle le temps presse beaucoup.

» Ton ami : MONIN.

» Mes amitiés à Mᵐᵉ Lepage. »

Le 1ᵉʳ dessin en question paraît. Je remarque que mon
nom était émacié. Cela m'ennuyait mais je crus à un
accident.

La prime que le journal offrait à ses abonnés devait
être tirée à un nombre considérable d'exemplaires.

Il y avait là une bonne occasion de se faire connaître
pour nous deux, notre nom sortait définitivement de la
foule... et tout le monde sait l'importance de ce fait.
Mon travail, dans mon genre, avait autant d'importance
que le sien. C'était un immense bois, il avait bien 0ᵐ,80
sur 0ᵐ,60 ; on n'en avait pas encore vu d'aussi grand ;
tout était donc propice pour se faire connaître... La gravure parut. Quelle est ma surprise : mon nom n'y est
pas !... Et dans le corps du journal, une tartine en
l'honneur de Monin, où on le complimentait sur ses
portraits et sa belle distribution dont la composition,
(écrivait-on,) rappelait les belles et grandioses perpectives
de Piranèse ! etc., etc...

Le fait est que je m'étais appliqué à faire valoir, par
une perspective bien entendue pour ce but, un sujet
d'actualité qui n'eut été que banal sans ce prestige...
J'essayai de me plaindre auprès de l'administration (direction du journal) M. J... auquel je n'avais pas à faire
directement, me renvoya à Linter... Je vis bien que
j'étais joué... On a, disait-il, oublié... Comme il arrive
toujours, ce n'est pas l'offensé qui est le plus fâché, c'est
l'offenseur... Une rupture s'en suivit et cette vieille ami-
lié sombrait dans le courant qui commençait déjà : la
course à la fortune, le veau d'or... J'en conçu un véritable chagrin.

J'avais en ce moment justement à dîner un ancien ami de collège, Nicod (1) que j'avais connu riche et que je retrouvais dans la dèche la plus complète. Il venait de se marier à une anglaise, une veuve qui lui parlait toujours de son premier mari.

Bien qu'il fut jeune, sa vie était déjà pleine de luttes peu banales ; j'en détache une petite histoire très typique. « Moi et l'artiste Ferdinand Bernard — que ceux qui ont lu les parties qui précèdent connaissent déjà — nous l'habillâmes un jour de nos effets pour qu'il put se présenter pour un emploi où l'on demandait de la tenue. Il parlait très bien l'anglais ; ainsi travesti on l'accepta, il se tira momentanément d'affaire comme cela. Il y avait un temps infini qu'il végétait. « C'était encore un déclassé, garçon instruit, ayant achevé ses études...

« Voilà ce que fait notre belle société, de ces pauvres diables chargés de parchemins... et ils sont nombreux aujourd'hui depuis l'Instruction obligatoire...»

Je racontais donc à ma femme ma déconvenue avec Monin.

— Encore un ! dit Nicod, comptant avec son doigt.

Ma femme me regardait.

— Le malheur t'a rendue clairvoyante, lui dis-je ; tu avais bien prévu cette trahison.

— Mais le pis, me dit-elle, c'est que c'est autant d'ennemis implacables que tu te fais.

— Monin, dit Nicod, te nuira le plus qu'il pourra.

— Je ne lui ai pourtant fait aucun mal.

— C'est pour cela.

Et ce fut malheureusement vrai. Il introduisit à son journal peu après, un jeune dessinateur qui débutait, marchant sur mes brisées, pour les catalogues. On est jamais longtemps seul.

J'avais bien la publication de l'*Album de publicité* où mes quelques vues de Paris devaient paraître... Mais

(1) Nicod avait fait le tour du monde avec son père, capitaine au long cours et armateur ; c'est lui qui me fit cadeau de la massue et des sabres de boucaniers que j'ai dans ma collection et qui vous intéressaient tant mon cher ami Paul.

une mauvaise chance n'arrive pas sans une autre : J'appris que l'éditeur, M. Boister, n'avait pas réussi dans ses affaires et qu'il avait fermé ses bureaux.

Il ne me devait rien heureusement. Mais cette publication, sur laquelle je comptais pour répandre mon nom, il n'y fallait plus compter. Il ne me restait donc plus que la gravure industrielle... Jusqu'en 1884, je maintins la situation, la concurrence ne me nuisait pas beaucoup : J'avais pour moi toute la clientèle des meilleures maisons de Paris, mais ceci ne sortait pas du cercle trop restreint d'une cinquantaine d'industriels. J'étais facilement attaquable ; d'un autre côté je respectais mon Art et quoique mon travail fût un moyen de publicité, j'y apportais tout le goût artistique dont de semblables ouvrages auraient peut-être pu se passer.

Des spécimen, que j'ai encore aujourd'hui, peuvent justifier de mes intentions et du désir que j'avais de prouver ce dont j'étais capable.

Hélas ! il eut fallu pour cela un autre temps que le nôtre où la conscience dans l'œuvre nuit au succès.

Mon concurrent, sans partager mes idées sur ce que devait être l'Art au xixᵉ siècle, sans voir comme moi ce que ce siècle pourrait donner d'originalité et de verve en traduisant son caractère, c'est-à-dire sa grandeur, n'en faisait pas moins avec conscience ses dessins ; il respecta la voie dans laquelle j'étais entré. Je rends justice à son honnêteté.

Il fit quelques dessins au *Magasin pittoresque* au moment de l'Exposition universelle de Londres (1862) où Monin le fit entrer, lorsque lui-même fut connu ; « ces publications, très réputées pour leurs gravures, faisaient sortir les jeunes artistes de leur obscurité, sans doute, il pouvait se faire des choses plus remarquables dans le catalogue, dans l'affichage même, mais ces travaux, à ce moment, n'étaient rien pour le public, habitué à ne juger que sur la renommée des publications (Plus tard l'affichage a conquis sa place dans l'Art : Cheret en a fait une spécialité) et aujourd'hui, ces artistes tiennent une bonne place. C'est mieux. »

Je bataillais donc ainsi depuis près de dix ans. Trop

souvent hélas ! ne pouvant empêcher la misère de mettre le nez à ma porte. J'avais beau la lui flanquer sur le nez...

— Hélas ! me disait ma femme, elle y est toujours...

« Dame ! c'était elle qui soignait la marmite ; elle me cachait ses soucis : « Pauvre amie ! »

« N'est-ce pas le sort réservé dans ce monde au *courage honnête ?*... »

Je prévoyais une ruine prochaine. Toute ma peine, toutes mes démarches, tous les sacrifices à ma dignité... Hélas ! tout devait sombrer faute d'un capital nécessaire à ce moment. Et cela, malheureusement sans espoir de retour. — Je n'ai pas de chance, me disais-je, je me noierais dans mon crachat ! Comment ramener l'espoir et le courage à la maison !... presque anéanti moi-même...

« Vous le voyez, cher ami, j'accusais le Destin, la mauvaise chance de tous mes malheurs. J'étais, ce qu'on appelle « d'une bonne pâte ».

Un fait capital devait m'éclairer.

On était en 1863 (au sortir de l'exposition de Londres). On commençait à parler de l'exposition de 1867 à Paris. C'était encore une occasion qui allait se présenter pour me sortir de l'ornière, peut-être relever m· 1 affaire... En attendant, je suivais depuis quelque temps plusieurs expositions au Palais de l'Industrie... (Union Centrale des Beaux-Arts appliqués, Progrès de l'Art Industriel). Je suivais aussi quelques expositions de province... l'exposition de Rouen. Des récompenses successives : mention honorable, médaille de bronze, médaille d'argent, me furent attribuées.

Ceux qui me connaissaient savaient que je n'étais pas homme à quémander des honneurs... Je portais mes œuvres à ces expositions parce que le soleil y luisait pour tout le monde. Il n'y avait pas là de jury d'admission ; on payait sa place et c'était tout. Mes confrères y exposaient aussi. Pour ne pas être écrasé je devais suivre le mouvement.

En vue donc de l'exposition universelle prochaine, je fis un prospectus spécial... et une carte illustrée, m'annonçant artiste-peintre-dessinateur et graveur pour l'industrie.

Le coup que j'avais reçu de Monin me fermait la porte des éditeurs. J'avais encore quelques journaux éphémères qui tentaient le succès et vivaient plutôt des bois que j'avais fait que de nouveaux ; l'argent manquait encore de ce côté là. Je serai moi-même probablement écrasé, me disais-je. Les gros mangent les petits. Quoi!... Mais ce ne sera pas sans avoir combattu jusqu'au bout...

Pendant tout ce temps, voyons ce qui se passait chez moi. Depuis la mort de sa fille, le chagrin et l'état d'esprit de ma pauvre femme étaient toujours de même ; elle ne se consolait pas. Sa petite Marie, âgée de six ans et demi, qu'elle avait vouée au blanc, que scrupuleusement elle avait observé... lui manquait ; son désespoir était tellement grand que je ne savais que faire pour la consoler. Ses parents lui venaient quelquefois à l'esprit. Je la trouvais plus triste que d'habitude. Peut-être, me disais-je, désire-t-elle voir sa mère et son père et qu'elle n'ose pas me demander d'y aller... Un jour elle pleurait silencieusement.

— Toujours donc ? lui dis-je.

— Je ne puis me retenir, me disait-elle.

— As-tu écrit à ta mère depuis que tu lui as annoncé notre malheur ?

— Non. Tu sais que je n'écris jamais en dehors de toi.

— Eh bien, cela te ferait-il plaisir de les voir ? Ils ne t'ont jamais, à toi du moins, fermé leur porte. Tu peux y aller.

— Oh ! mon ami, sans toi ! c'est là mon chagrin.

— Vas-y, n'y reste pas plus de quinze jours, cela te changera les idées.

Elle consentit : Peut-être intérieurement pensait-elle à une réconciliation ?

Elle partit donc : Elle fit bien en effet tout ce qu'elle put pour arriver à un rapprochement ; mais rien n'était changé dans le caractère de ma belle-mère ; ni naissance, ni mort, ni difficultés de la vie, ni succès honorifiques ne la fléchissaient. Ma femme revint comme elle était partie.

Je ne m'en affligeais pas, je m'y attendais... Je ne vois qu'un moyen de la guérir, me dis-je, c'est d'avoir un autre enfant... Par exemple, il n'eut pas fallu que je lui en manifestasse le désir... Pour les perdre, m'aurait-elle répondu. Hélas ! que dire...

« Je pensais aux théories de Malthus... Faut-il que tout justifie une pareille immoralité ! Tout : si ce ne sont pas les suites du libertinage avant le mariage, si ce ne sont pas les mauvaises conditions hygiéniques de la vie sociale, c'est la misère et son hideux cortège qui oblige à regarder comme un luxe le bonheur de la famille.

Quelle triste éloquence ! « Avant d'avoir des enfants, vous dit-on, faut-il au moins être sûr de pouvoir les nourrir ».

Malthus ! Malthus ! tu es bien l'enfant des adorateurs du veau d'or... »

J'en étais là... Mais ces considérations, quoique *très pratiques*, ne m'arrêtèrent pas. J'eus une fille, Berthe, et j'eus raison. Dès la preuve de son *existence*, la mère était guérie. Je repris courage...

Une des grandes difficultés de mon nouveau métier avait été jusqu'alors l'obligation de faire marcher de front trois choses des plus importantes : le terme, les traites, la maison — et comme j'étais seul pour faire mes dessins, ne pouvant faire des élèves, attendu qu'à quelques exceptions près, c'était à ce moment sur des plans et sur les objets mêmes que l'on travaillait, qu'il fallait faire les perspectives avec simplement un plan et une élévation, croquis, perspectifs détaillés, etc. — tous ceux qui savent ce que c'est que le dessin connaissent la difficulté qu'il y avait à vaincre. Depuis quelque temps, la photographie remplaçait ce travail, on pouvait se faire aider, même par de tout jeunes gens : C'était le moment de capitaliser mon affaire.

Je vous entends me dire : Pourquoi n'avez-vous pas fait cette exploitation ? Parce qu'il m'aurait fallu quelques milliers de francs et que je n'avais pas le premier mille... En sorte que, pour répondre à mes commandes, au lieu d'exploiter les autres, ce furent les autres qui m'exploitèrent : « Quand on n'a pas d'argent pour payer ses graveurs on ne fait pas de gravure » (sic) me disait un artisan que j'occupais depuis plus de trois ans, sans l'avoir jamais laissé manquer d'ouvrage un seul jour...

On comprend la fausse position d'un patron qui demande des grâces à ses ouvriers ; ce n'est pas l'argent qui me manquait, on m'en devait un peu partout, mais souvent on ne trouvait pas les gens ; et puis il fallait que je fournisse mes graveurs de dessins ; les loisirs me manquaient absolument pour les faire, *ces dessins*. C'est dans cette perplexité que je finis par n'arriver à rien, faute de ne pouvoir satisfaire à tout. Tant que je n'ai eu que la concurrence d'artistes comme moi, j'ai vécu assez bien ; j'arrivais à payer mes traites. Mais devant la capitalisation de mon affaire, il fallut capituler.

Il s'établit boulevard des Capucines une maison qui se chargea de tout : gravure, dessin, stéréotypie, galvanoplastie, photographie, imprimerie, etc. Vous voyez d'ici l'argent qu'il fallait.

C'était à l'approche de l'exposition de 1867. Cette maison offrait et pouvait promettre en temps voulu les commandes, toujours pressées à ce moment-là. Je perdis beaucoup de clients.

Je marchai encore jusqu'à l'Exposition, pour laquelle je fis de nouveaux sacrifices, dernière lutte d'amour-propre, mais je vis bien que je serais bientôt réduit à néant. Ce qui arriva...

CHAPITRE II

ARTISTE—PEINTRE 1863 (38 ANS)

Ici se place une de ces résolutions hardies qui décident de la destinée d'un homme. J'avais une femme, j'avais une fille. Jeunes encore, il pouvait nous venir d'autres enfants : Il faut que je sorte de là, me disais-je...

Une idée me vint d'utiliser ma clientèle. Si je devenais peintre d'Industrie. J'ai la plus riche clientèle de Paris, je suis connu de tous les grands industriels, Farcot, Perrin, Petin-Gaudet etc., peut-être trouverai-je en eux les Mécènes qu'il me faut. Je suis bien connu du général Morin, de M. Tresca, directeurs du Conservatoire des Arts et Métiers. Il y a là, il me semble, l'élément qui rend possible la réalisation de cette grande idée qui m'a plusieurs fois traversé l'esprit : « La glorification du travail ou l'Art au XIX\<sup\> siècle. » Je rêvais à des combinaisons pratiques qui pussent intéresser mes industriels et en même temps respecter l'Art.

Ceci m'occupait depuis quelque temps... C'est le moment, me dis-je, il ne faut pas que j'attende d'en être à mon dernier sou.

Le projet était hardi. Allier l'Art à l'Industrie, satisfaire l'ingénieur et l'artiste.

Un jour, je bouquinais sur les quais, en face de l'Institut ; je mets la main sur un n° de la *Revue progressive*, n° 3 (16 juillet 1853) et j'y trouve un article signé

Cenac-Moncaut intitulé : « Influence de l'esprit industriel sur les mœurs et les Beaux-Arts ! »

Cet article écrit de main de maître dix ans plus tôt
était l'expression la plus nette du rêve que je caressais...

J'en extrais ce passage. Parlant de l'art : « On s'en
est tenu jusqu'à ce jour aux ressources de l'imagination
et de la rêverie, on a déserté la science et les applications utiles, on craignait de déroger ; un poète ingénieur,
un peintre mécanicien, cela eut fait rire peut-être...

» Pourquoi donc ? On vit bien des poètes guerriers
dans les siècles de guerre, des peintres bergers dans un
siècle pastoral de pure convention, des artistes mystiques
aux époques de mysticisme. Le génie n'est-il pas toujours
le génie, quelle que soit la forme qu'il adopte ?... Qu'il
emploie la plume ou l'épée, la palette ou le ciseau, le
compas ou le syllogisme, sa mission n'est-elle pas accomplie lorsqu'il a fait faire un progrès à son siècle, ou
célébré en caractère ineffaçable les œuvres du Créateur
ou de l'humanité ?

» Courage révélateur de la pensée ! pour donner aux
vôtres la grandeur vers laquelle elles aspirent, appuyez-
vous sur le passé comme souvenir, mais cherchez la vie
dans les grandes émotions de la Société moderne. On
chanta le Dieu des armées, chantez le Dieu du travail et
de l'industrie ; on immortalisa les œuvres de destruction, célébrez les entreprises créatrices. Les fléaux eux-
mêmes eurent leurs panégyrites, faites monter au ciel
les louanges des hommes utiles et de génie bienfaisant.
CENAC-MONCAUT. »

N'y avait-il pas là tout ce qu'il fallait pour enflammer
une imagination même moins disposée que la mienne ?

Tout m'y poussait donc. Je m'étais déjà essayé sur
des dessins, sur des gravures servant de frontispices aux
albums de mes industriels. On sait que plusieurs de ces
dessins, de ces gravures m'avaient valu des médailles...
tentons, me dis-je ?,... J'entendais transpirer autour de
moi : c'est la grenouille qui veut imiter le bœuf... Possible, mais alors que les autorisés fassent et ne rabâchent
pas toujours la même chose.

Ma femme ne partageait pas tout à fait ma manière

de voir, non qu'elle craignît un insuccès, elle avait une grande confiance en moi.

— Tout ce que tu veux entreprendre, me disait-elle, tu le réussis, mais tu n'as pas de chance, j'ai peur que tu ne te brises contre des difficultéés insurr..ontables... j'ai examiné la vie; depuis que nous sommes ensemble, ce n'est jamais par l'œuvre que ça manque, c'est toujours par le *faire valoir*... j'ai peur, je te connais, que nous ne mourions de faim autour de tes œuvres !...

— Mon amie, je te promets, quoi qu'il arrive, que l'Art ne me fera jamais oublier que je me dois avant tout à vous deux : N'êtes-vous pas ce que j'ai de plus cher au monde !... D'ailleurs, lui dis-je, je ne négligerai rien de mes gravures et puis je ne ferai pas ces tableaux pour rien. J'ai trouvé une combinaison... je te dirai cela.

— Pauvre ami, me répondit ma femme, que tu te donnes de mal ! Pardonne-moi, mais je ne sais ce que je deviens, je ne crois plus à rien.

— La première chose à faire, dis-je, c'est de gagner le Conservatoire.

J'avais déjà une porte ouverte de ce côté : En 1862, à l'occasion de l'Exposition universelle de Londres, M. Farcot, mécanicien (La seule maison peut-être à Paris qui se soit respectée et n'ait pas fait un usage immodéré de la réclame) m'avait demandé un tableau représentant la perspective de ses machines à élever l'eau (Ces machines établies au pont d'Austerlitz par la ville de Paris alimentent encore aujourd'hui un coin de Paris).

Cela constituait un ensemble qui n'était pas dans l'acception du mot un tableau d'art, mais qui pouvait montrer la possibilité d'une voie nouvelle. Ce n'était déjà plus un lavis, mais une peinture industrielle où l'Art n'avait qu'une faible part ; d'un autre côté, je m'essayais.

Lorsque je fis ce travail je n'avais pas encore lu l'article de Cenac-Moncaut de la *Revue-progressive*, mais mon esprit était porté vers le même but.

Je compris toute la distance qui séparait l'œuvre

d'Art, telle que la comprenait Cenac-Moncaut, de l'œuvre d'Art telle que je la concevais jusqu'alors. Mais, me disais-je, ce que j'ai fait sort toujours du dessin technique, du froid lavis.

Il faut croire que mes idées furent comprises de ces Messieurs du Conservatoire, car je reçus, quelque temps après la fin de l'Exposition de Londres la lettre suivante de M. Tresca.

« Monsieur

» Monsieur le général Morin a examiné avec moi la place que l'on pouvait assigner au tableau que vous avez fait pour M. Farcot, nous pourrions, je crois, en causer utilement lundi ou mercredi, mardi vous ne me trouveriez pas.

» Recevez, Monsieur,

» A. TRESCA. »

J'étais encore sous l'impression de la lecture de Cenac-Moncaut, lorsque je reçus cette lettre, à laquelle je ne m'attendais pas du tout :

— Tout semble m'inviter, dis-je. Je m'empresse d'aller porter cette bonne nouvelle à M. Farcot. Il me répond :

— On croirait votre fortune faite tellement vous paraissez content (sic).

« Quel coup de massue!... Sont-ce là mes Mécènes ? me disais-je. » Dans cette phrase était contenue toute ma destinée d'artiste... Glorifier le travail !... Faire de l'Art pour l'Art... Quelle folie. La pièce de cent sous : Tout le siècle est là... Ceci aurait dû m'éclairer.

Mais, comme Cenac-Moncaut, j'avais encore foi et lorsque j'entendais accuser l'esprit de commerce et d'industrie de la corruption des cœurs et de la vénalité des âmes, lorsque j'entendais dire :

Ne voyez-vous pas que l'amour de l'or a remplacé les plus saintes vertus, que le scandale des fortunes rapides étouffe les sentiments les plus élémentaires de pudeur et d'honnêteté ! Je me disais comme Cenac-Moncaut :

Vaines déclamations qui ne m'effraient guère car elles éclatent sur la surface des faits et ceux qui les fulminent n'ont jamais essayé de découvrir et d'en sonder les causes fondamentales (1).

Je me faisais déjà ces réflexions qui, sans m'en douter me mûrissaient pour la question sociale...

Ils n'ont point le premier mot de l'Art, me disais-je, ces industriels... Il faut les y amener... C'est mon œuvre, courage donc !...

Je me rendis chez M. Tresca et nous causâmes assez longtemps ; je lui fis part de ma combinaison, mais avant, lui dis-je, laissez-moi vous développer mes vues et mes idées sur la voie que malgré mon trop faible talent et les modestes essais que je tente nous ouvre l'avenir.

Je le vois encore : Il s'adosse à sa cheminée, se cache avec la main les yeux, comme si la lumière le gênait et m'écoute silencieusement. « Il m'étudiait et ne pouvait croire un homme de mon âge encore aussi naïf. »

— Je rêve, dis-je, — au Conservatoire des Arts et Métiers — ... une galerie de peinture où je vois réunis tous les genres : l'attribut, l'allégorie, l'histoire, le portrait, l'usine, l'intérieur, etc... plus encore depuis les nouvelles découvertes astronomiques et géologiques qui ont jeté sur la philosophie moderne tant de lumière ; de grands ensembles qui seront là pour prouver que les artistes du XIXe siècle n'étaient pas ignorants de la grandeur de leur époque et qu'à côté de la vénalité de quelques-uns le Génie de quelques autres, et il s'en trouvera, restera à la hauteur des siècles passés...

Cet appel aux jeunes artistes sera entendu, lui dis-je, si j'ai le bonheur de trouver un encouragement pour me soutenir dans la grande lutte que j'ai le ferme désir

_____

(1) Hélas ! que dirait l'auteur aujourd'hui, 42 ans après cet écrit où le cynisme de cet amour de l'or s'étale effrontément en pleine rue et jusqu'au sein même de nos églises, où la morale de l'intérêt personnel est le seul guide social de chacun et où l'honnêteté et l'honneur sont regardés comme chose curieuse et de la plus complète inutilité.

d'entreprendre, non que je croie produire des chefs-d'œuvre, mais prouver suffisamment la voie où l'on peut entrer pour y arriver.

Il me serait difficile de redire ce que, dans mon amour de l'Art, a entendu M. Tresca.

Je ne puis mieux faire que de reproduire ici ce que j'eus l'occasion d'écrire longtemps après ; ceci est l'expression fidèle de mes aspirations d'alors et de mes convictions d'aujourd'hui.

PLUS DE GUERRE

GLOIRE AU TRAVAIL

Ecrit quelque temps après la mort de Victor Hugo.

« Si la foudre gronde encore sur nos têtes, et si de terribles secousses, signes précurseurs de grands orages s'annoncent à l'horizon politique ; nul ne peut nier cependant qu'un vent de paix souffle sur tous les peuples, et que cette sinistre gloire la guerre si proche parente de l'assassinat ne soit plus dans nos mœurs.

Plus humains, moins barbares ; les peuples visent un autre but ; et l'on sent que, en raison même de son intensité, le terrible fléau contient en lui-même le germe de sa destruction.

Il ne faut pas être prophète, pour annoncer qu'une autre gloire presque oubliée s'élève radieuse, sur les tristes débris de son aînée. Je veux parler de la gloire du travail.

Je sais que le travail, sort à peine des langes de la réprobation, encore aujourd'hui il n'enthousiasme pas les masses, on le fuit plus qu'on ne le recherche.

19

A la vue d'une épée, chacun sent encore se réveiller ses instincts guerriers, la palme et les lauriers couronnent le front de l'invalide.

La charrue, la vue du marteau n'enthousiasment personne ; et la charité publique est le plus souvent la couronne de l'ouvrier.

Pourtant !... comme le soldat, le travailleur a ses périls, ses fatigues, plus que lui, toujours sur la brèche, il n'a jamais de repos.

Que manque-t-il donc pour célébrer cette gloire ?

N'est-elle pas aussi vieille que le monde.

N'a-t-elle pas ses conquérants ? ses martyrs ? ses dévouements sublimes ?

Les lauriers toujours verts cueillis dans les champs cultivés, valent-ils moins que les lauriers rougis de sang, cueillis sur les champs de bataille ?...

Honorer et glorifier le travail !... Mais c'est régénérer l'humanité, c'est remettre insensiblement le monde sur la pente qu'il aurait dû toujours suivre.

Que de sang !... Que de larmes !... Que de souffrances épargnées... Si les hommes avaient mis leur gloire, leur ambition, leur orgueil même vers un aussi noble but.

En attendant qu'une sociologie, plus avancée, ait rendu justice à cette intéressante fraction de l'humanité.

Serait-ce trop demander : que les arts et les lettres, qui ont prodigué tant d'encens à des manifestations, beaucoup moins bienfaisantes, missent enfin le génie, qui leur est propre, au service d'une aussi brillante cause.

Ici se présente une objection qui m'a été faite bien des fois.

L'époque de science et de travail que nous traversons mérite-t-elle ce grand honneur ? et l'art et la poésie peuvent-ils se retremper à cette source que le mercantilisme et l'industrialisme semblent troubler (1).

---

(1) *Nota* : Janvier 1864. — M. Ingres s'exprimait ainsi dans un rapport sur l'école des Beaux-Arts.

A cette étrange accusation que j'ai entendue depuis sortir de la bouche d'écrivains et d'autres artistes du plus haut mérite. Je suis resté stupéfié.

Quoi ! le travail est un bienfait ! la guerre un fléau !... de l'encens pour celui-ci ; et du dédain pour celui-là ?...

Constatons d'abord l'influence du Travail sur les progrès de la civilisation.

Suivons l'évolution de l'humanité dans la juste limite de ce que nous apprend l'histoire et la science au XIXᵉ siècle.

En deçà de la naissance et au delà de la mort, la science ne nous dit plus rien de positif.

Un mystérieux voile couvre le passé et l'avenir, on est placé entre deux infinis.

Ne sachant absolument rien de notre origine :

Je vais donc commencer l'évolution de l'humanité, à l'époque où l'homme a déjà, par son travail, pu vaincre les premiers obstacles ; où la lutte contre la matière, lui a fourni des armes pour triompher de la férocité des animaux venus avant lui. C'est l'âge de pierre.

A cette époque rien ne marque encore ce que doit-être l'homme sur la terre.

Les luttes brutales qu'il est obligé de soutenir pour sa propre conservation ne développent que ses instincts grossiers.

Sans guide pour régler ses actions il tombe, de la sauvagerie, dans la barbarie.

Il faut une suite de siècles pour apercevoir les premiers indices des hautes destinées auxquelles l'homme paraît appelé.

Je traverse donc ces siècles sur lesquels l'histoire ne dit rien ou du moins peu de chose ; pour arriver à la période où l'homme moral commence à paraître.

Ce sont les premiers jours de la civilisation.

Sous l'influence d'un certain bien-être déjà acquis par

Maintenant, dit-il, on veut mêler l'industrie à l'art, l'industrie nous n'en voulons pas, qu'elle reste à sa place et ne vienne pas s'établir sur les marches de notre école, vrai temple d'Apollon consacré aux arts seuls de la Grèce et de Rome.

un travail opiniâtre. Ignorant encore sa nature, l'homme se laisse inconsciemment aller à ses passions dominantes ; l'égoïsme d'un côté, les dévouements de l'autre. Ces deux mobiles si contraires, qui forment le fond de sa nature, et qui sont si nécessaires à sa perfectibilité, annoncent des luttes qui lui sont encore inconnues.

Une véritable bataille s'engage dans les cerveaux humains, et de cette lutte acharnée sort la Sagesse !

Entrée dans le cœur de quelques hommes, elle modère les mœurs barbares.

De hardis pionniers, éclaireurs de l'avenir, génies infatigables, entrent franchement dans la lice. Non plus pour dompter la terre ; mais pour sonder l'infini de l'être humain.

A force de s'interroger, ils découvrent la conscience ; de ce moment l'homme se juge, et il voit que son plus grand ennemi : « C'est lui-même ».

Ils venaient d'un seul coup, d'atteindre au plus haut sommet de la science... La philosophie !...

Sous la chaleur brûlante de cet astre nouveau, on vit apparaître de grands philosophes dont la parole de feu pénétra les cœurs (1).

Sous cette douce influence ; des lois, des religions s'établissent, dans le but de mettre un frein aux passions déréglées.

Malheureusement !... Les hommes habitués à l'abus d'une liberté sans contrôle, résistèrent. Alors on vit des luttes violentes, acharnées, s'établir entre les vices et les vertus.

Bientôt le monde se couvrit de ténébreuses erreurs, l'idolâtrie apparut sous toutes les formes, les mauvaises passions exploitèrent cette ignorance à leur profit ; et bientôt les souffrances emplirent le monde ; la terre fut inondée de sang et de larmes.

Sur ces grandes douleurs on vit s'élever pompeusement la force brutale, et à côté l'esclavage... Il s'établit le droit du plus fort.

Des siècles s'écoulent ainsi.

_____

(1) Confucius, Socrate, Platon, Aristote, etc.

A des apogées succèdent des décadences, à des décadences, des apogées.

Sur ces ruines amoncelées, des voix prophétiques s'élèvent de tous côtés.

Un prophète (1) plus pénétrant que les autres, traversant comme un trait de lumière les siècles futurs, annonce aux générations la fin des luttes fratricides qui, depuis déjà longtemps, désolaient la terre.

« Et ils feront, dit-il... de leurs épées des socs de charrue et de leurs lances des faux. »

« Un peuple ne tirera plus l'épée contre un peuple, et ils ne s'exerceront plus à combattre les uns contre les autres... » (Les Visionnaires.)

Quelques siècles encore, et l'humanité incarnée dans la personne d'un génie tutélaire (2) apprend aux nations qu'elles sont une grande famille.

Vous êtes tous frères, dit-il...

« Aimez-vous les uns les autres »...

A ce moment !... un trait de feu sépare le Passé de l'Avenir !!!

Ces fécondes paroles apparaissent à ceux qui souffrent comme un phare qui montre le port...

Un souffle divin venait de passer sur le monde.

La mort perd ses droits et cède la place à l'immortalité.

Alors apparaît dans les esprits, la puissance des puissances qui semble gouverner le monde... Dieu !...

Autour de cette grande figure se groupent les plus hautes aspirations de l'homme, reconnu susceptible de perfectibilité. Désormais : la voie du Progrès est ouverte.

La Foi et l'Espérance gagnent les cœurs.

Revêtus de cette puissante armure les vertus et les dévouements peuvent combattre.

Une Ere du martyre s'ouvre glorieusement et par un baptême de sang innocent confirme la voix des prophètes.

_____

(1) Isaïe.
(2) Jésus-Christ.

Sur ces débris sanglants s'élève radieuse la plus belle des vertus... La Résignation !!!...

C'était le triomphe de la liberté morale !...

Les vices gorgés de sang reculent épouvantés. Cachant leur cynisme, ils se glissent traîtreusement sous le manteau de l'hypocrisie, faux convertis, sous le masque d'une foi ardente détournant le but du Maître, flattant l'ignorance, ils jettent sur le monde le voile de l'obscurantisme, et déchaînent sur les hommes toutes les supertitions (1).

Siècles sur siècles s'écoulent sous ce souffle fatal !...

Alors on vit s'élever une féodalité puissante, où se mêlent tiares et couronnes.

Et bientôt, le monde asservi sous le joug du plus effrayant despotisme, retombe sous une autre forme dans l'esclavage.

Ici il faut traverser un fleuve de sang.

Place à la sainte Inquisition... L'intelligence, cette lumière de l'esprit un moment confondue, semble s'obscurcir.

Les cerveaux troublés, vont offrir au monde le triste spectacle de la démence et de la folie.

De tous côtés les bûchers s'allument !...

Et l'on voit renaître, mais plus raffinées toutes les horreurs de la sauvagerie et de la barbarie acharnées contre le progrès qui veut se faire jour. C'est le martyrologe de la libre pensée.

Heureusement qu'en silence la science portait ses fruits...

L'imprimerie distributrice de ce pain intellectuel dont l'homme est affamé venait d'apparaître.

Sous cet ardent soleil, l'instruction se propage rapidement, la philosophie, répandue par le livre, creusant toujours, développe les cerveaux.

De nouveaux philosophes vengeurs fécondés par les lumières du passé ; éclairés par les progrès incessants de la science découvrent bientôt au monde, qu'une ère nouvelle s'annonce pour les peuples.

---

(1) Bègue de Constantin, *Ralliement du paganisme au catholicisme* (œuvre purement politique).

Un d'eux, le plus hardi (1)!... ôtant le bandeau des superstitions, jette ses foudres sur le vieux monde, craquant déjà sur sa base ; et l'on vit peu après du même coup s'effondrer, trônes, tiares et couronnes (1789).

Le vieux despotisme vaincu venait de rendre son épée, et céder la place à la Liberté.

A ce moment de son évolution l'humanité se détache de tous ces rêves.

La science plus positive amène dans les cerveaux des idées plus pratiques. Sous cette influence, des savants classificateurs méthodisent toutes les branches du savoir humain, l'ordre s'établit dans les idées menacées un moment de confusion.

Sous cette heureuse impulsion, l'instruction prend un plus grand développement, une application heureuse de beaucoup de théories savantes, développées dans les siècles précédents se réalisent. Et la civilisation entre dans une nouvelle phase, sans précédent.

Avec la liberté, le travail secondé par la science, ouvre à l'homme des horizons nouveaux... O ! Prodige !!!

Une création de l'homme, animée par le souffle de son génie, prend vie, s'agite, s'anime... colosse puissant, il centuple d'un seul coup les forces physiques.

La terre se couvre d'automates aux muscles d'acier, que rien ne lasse et qui, infatigables, ne dorment, ni ne sommeillent.

L'esclave homme est remplacé par l'esclave de fer !... De ce gigantesque ouvrier sort une richesse productive qui se répand sur toute la terre, obligeant ainsi les peuples à s'étendre sur le globe, sans craindre de se multiplier.

D'immenses tournois, tournois pacifiques s'élèvent sur tous les points de la terre, abritant les nations sous un même drapeau, la Paix.

Devant ces grandes manifestations on pouvait croire à une sérieuse union des peuples.

Mais les prospérités toujours confiées aux hasards de la fortune ; ce jeu impitoyable qui met la vie des hommes

(1) Voltaire.

comme celle des peuples à la merci d'un coup de dés,
ouvrit bientôt carrière aux mauvaises passions, qui se
firent jour dans les consciences.

Et l'Honneur sur lequel devait reposer, pour être
durable, le système d'individualisme à outrance dont
venait de nous doter la Révolution Française, céda
bientôt la place à l'Argent. Arme terrible d'affame-
ment tombée bientôt dans les mains de nouveaux
despotes. Alors on vit l'agio, la fraude, la mauvaise foi,
le charlatanisme, la corruption jeter le désordre parmi
les nations, les peuples trompés dans leur bonne foi virent
s'ériger en maître le culte du nouveau veau d'or. Alors
les religions se judaïsent, le despotisme que l'on pouvait
croire abattu relève la tête !... et se glisse sous une autre
forme *Le Capitalisme*. Les vices, régénérés à cette
source impure, retrouvent un puissant aliment ; l'on vit
bientôt s'élever de tous côtés des fortunes insensées, une
pléthore de produits couvre la terre, des crises financières épouvantables se produisent et jettent partout la
consternation, des grèves s'annoncent menaçantes. Tous
ces symptômes troublent l'esprit des plus savants éco-
nomistes qui ne peuvent plus comprendre qu'on puisse
mourir de misère au sein de la plus grande abondance.
A quoi sert le Progrès, alors. Bientôt des discordes civiles
semblent menacer tous les peuples.

Au milieu de ce désordre, de ces inquiétudes, le militarisme relève la tête. La guerre redevient plus menaçante
que jamais ; de petits peuples de tous côtés sont tourmen-
tés, la Politique des gouvernants est aux abois. Chaque
nation tremble pour soi. A ces crises encore lointaines le
patriotisme des nations se réveille, et le monde est encore une fois menacé d'un nouvel embrasement.

Epouvantée la société tremble sur sa base, chacun prévoit un effroyable cataclysme.

Le découragement, le désordre, la confusion s'empa-
rent des esprits ; on perd les notions du juste et de l'injuste ; les théories les plus destructives et les plus sub-
versives hantent les cerveaux... Le génie semble enchaîné !... l'épée, l'or, la machine, ces puissants auxiliaires
dus au travail de l'homme qui devaient être ses instru-

ments libérateurs, au pouvoir des mauvaises passions, se tournent contre lui-même.

L'épée tue, l'or affame et corrompt, la machine abrutit !!!

L'égoïsme triomphe sur les bons sentiments et la morale pure étouffée ; semble expirer !!! on lui substitue la morale de l'intérêt.

Mais, par un juste retour des choses d'ici-bas, la guerre, cette vieille gloire affamée de sang, étouffe sous le poids de ses engins meurtriers. La Paix dont les peuples ont soif, ne peut plus être que par des armements insensés que le progrès fait, défait et refait au préjudice de tous les peuples ; les Capitalistes seuls s'en réjouissent. Bientôt, par une entente internationale sourde, ils vont être les maîtres des Rois et des peuples.

Gorgée d'or, cette nouvelle Féodalité, maîtresse du monde, repue, lasse d'affamer et de corrompre, s'effondrera à son tour sous sa propre pourriture, des scandales financiers des tripotages honteux, se multipliant, et comme il arrive toujours à ces époques troublées, annoncent aux clairvoyants un horizon plein d'orages.

De nouveaux génies éclaireurs s'élèvent de tous côtés... Un d'eux (1) semblant les résumer tous, de ses colossales mains remuant les siècles, jette un regard sur le passé... sondant les consciences, fouillant le cœur humain jusque dans ses plus secrets replis ; il ose dire à tous petits et grands : la Vérité ! Avoue Dieu !... et renverse du même coup les derniers vestiges du fétichisme et de l'idolâtrie.

Sa voix portée aux extrémités de la terre, avec la rapidité de l'éclair, jette sur les esprits un jour tout nouveau.

Depuis, un vent de solidarité entre les nations, entre les hommes, souffle sur le monde.

Le socialisme s'affirme et une nouvelle science, la sociologie, déjà préparée par des penseurs de la fin du xviiie siècle va éclore et jeter des bases définitives.

Si continuant la marche progressive de cette évolution, on soulève un coin du voile de l'avenir, n'est-il

_____
(1) Victor Hugo.

pas permis d'espérer avec les prophètes ; que derrière des combats encore bien meurtriers malheureusement, non la fin des luttes de l'homme (elles sont nécessaires à sa perfectibilité) mais des guerres fratricides, et voir enfin le Travail glorifié comme il devrait l'être, sur la terre.

C'est donc le moment de faire un appel aux Muses.

APPEL AUX MUSES

Muses célestes, filles de l'Intelligence, descendez de nouveau sur la terre ; lors de votre apparition il y a quelque mille ans, les hommes mettaient leur gloire dans des combats meurtriers vous avez chanté leurs exploits. Mais fatiguées de leurs carnages inutiles, où l'orgueil avait seul part, effrayées de leurs massacres vous vous êtes refugiées dans vos célestes demeures.

Apparaissez de nouveau, venez illuminer de votre feu sacré ces jeunes têtes (poètes, artistes) qui ne demandent qu'à être fécondées, afin qu'elles préparent, par l'avènement glorieux du Travail et de la Science, le règne tant désiré par les peuples au xixe siècle : Le règne de la Paix.

Le rapide aperçu que l'on vient de lire de l'histoire des civilisations donne une idée très exacte de la nature physiologique et psychologique de l'homme. Pendant cette longue période, on le voit évoluer, conservant toujours, malgré des progrès lents, mais incontestables, le fond de sa nature primitive, sauvage et barbare.

Le xxe siècle malgré tout va s'ouvrir encore avec ces vieux restes.

C'est pourquoi, sachant combien les arts et la littérature ont de pouvoir sur les esprits ; de mes faibles efforts, convaincu, je vais essayer non de frayer mais d'indiquer la route qu'on pourrait prendre.

Or je demande si la Guerre, ce fléau destructeur, a trouvé des panégyristes, pourquoi le Travail dont le drapeau de paix porte pour devise, je vivifie !... ne trouverait pas aussi ses chantres et ses artistes?

Est-ce parce que une vieille légende encore accréditée aujourd'hui a jeté sur le travail l'anathème ?

« Tu travailleras à la sueur de ton front ? »

Mais ! la Science en a eu raison...

La machine ne travaille-t-elle pas aujourd'hui pour l'homme ? Pourquoi donc alors : Est-ce parce que l'imagination de l'homme a perdu toute sa force ? Non, c'est parce que l'art et la poésie continuent à chercher un aliment qui ne leur convient plus.

Que les poètes et les artistes regardent autour d'eux ; qu'ils se pénètrent bien du milieu qui les presse, les domine, et la chaleur reviendra à leur âme. Pris d'une foi nouvelle, leur verve redevenue puissante par l'originalité, créera de nouveau chefs-d'œuvre et comme leurs prédécesseurs, payant enfin leur dette à la grande époque qu'ils traversent, ils traceront en caractères inéffaçables la marque de leur passage sur le livre du passé.

Pour matérialiser une pensée et la rendre sensible à nos sens, l'art ancien se servait de figures, de là, la naissance des mythes, du symbole de l'allégorie.

Tout le monde connaît les ingénieuses combinaisons de l'art païen en cette matière et le parti qu'en ont su tirer les poètes et les artistes. Eh bien ! c'est par des combinaisons semblables, prises dans la science et la philosophie moderne, que l'on peut espérer régénérer l'art.

Les poètes et les artistes de la Renaissance ont compris cela et ont, avec le judaïsme mêlé de christianisme, renouvelé l'art et la littérature de leur temps.

Ils ont même beaucoup emprunté à l'art païen ; les attributs dont ils dotent leurs allégories sont pris dans le paganisme ; ils ont aussi imité les attitudes, les airs de tête, les draperies, etc. On peut presque dire que les expressions seules de leurs figures leurs appartiennent, la vertueuse douceur, l'extase, la sainteté, etc., étant à peu près inconnues à l'art païen ; et cependant cela a suffi pour caractériser le mysticisme. Ah ! c'est que l'originalité réelle consiste moins dans la forme que dans le fond.

On peut donc, tout en observant les règles du bon goût que nous ont laissées les anciens, sans les copier, trouver une originalité propre aux époques que l'on traverse ; il suffit de bien saisir le critérium de cette époque dans ce qu'elle a de grand, dans ce qu'elle a de beau. Or nous traversons une grande époque, où la science et le travail ont pour ainsi dire bouleversé toutes les vieilles formules ; où le champ de la lutte est entièrement changé, une époque qui a renversé et mis à néant nombre d'erreurs. Et il n'y aurait point de note caractéristique pour marquer ce passage ?

Voyons, pour ne parler que d'une seule figure.

Dieu par exemple ! Est-ce que l'on ne peut pas trouver, tout en laissant cette grande image dans le mystère comme elle est réellement dans la nature, est-ce qu'on ne peut pas trouver, dis-je, une autre figure intermédiaire plus facile à imager, et plus saisissable à tous.

Car enfin, tout ce qu'on a pu faire pour représenter le Père Eternel est et sera toujours mille et mille fois au-dessous de l'idéal que l'on peut s'en faire. Dieu ne se peint pas, Dieu ne s'écrit pas.

Il est une figure, notre plus bel attribut, l'intelligence, reflet de l'intelligence universelle, que l'on peut symboliser. Et à celle-là au moins on ne sera plus obligé de mettre une vieille et longue barbe, représentant plutôt le symbole de la décrépitude que de l'éternelle jeunesse.

Incarnée dans l'homme, l'intelligence a l'avantage de pouvoir recevoir des impressions extérieures que la science ne réfute pas, qui ne blesse pas la raison, et qui met l'homme directement en relation avec la nature, milieu dans lequel nous vivons.

Cette admirable figure offre d'autant plus de ressources à l'imagination qu'elle paraît suivre chez l'homme les mêmes phases d'évolution que la science reconnait être suivies par la nature.

En effet au début, l'homme est un véritable chaos que son intelligence seule peut débrouiller ; on le voit passer successivement de la brute au sauvage, du sauvage au barbare, du barbare à l'homme moral ; puis il entre dans la période de création, il manipule la matière, et sous le souffle de son intelligence on la voit prendre un corps, elle s'anime. Il crée des soleils avec lesquels il constelle ses cités. Bientôt maître de la terre devenue trop petite pour ses aspirations il fouille l'univers et semble aspirer à retourner d'où il est parti. C'est-à-dire à rendre son corps à la nature, et son intelligence à l'Intelligence des intelligences dont elle paraît être une émanation.

Voilà la figure que je voudrais voir sortir du ciseau du sculpteur ou de la palette du peintre. Je crois qu'il y a là un magnifique sujet à traiter pour les amateurs d'esthétique.

Nous venons de jeter un coup d'œil rétrospectif sur la marche suivie par l'art et la littérature à toutes les époques de transition.

Voyons comment l'imagination pourrait à notre siècle se retremper, et retrouver à s'alimenter pour créer non un art nouveau, non une littérature nouvelle, ces choses-là ne se créent pas ; mais la caractéristique de notre époque, ce qui me semble suffisant pour léguer de nouveaux chefs-d'œuvre à la postérité.

Or, quelle est la caractéristique de notre époque ?

— Une soif de justice, un grand désir de tout savoir, un grand amour de liberté et un besoin de bien-être que le travail seul peut donner.

Les vieilles croyances, les vieux dogmes reposant sur une foi aveugle (c'est-à-dire tout le contraire) n'ayant pu donner cette satisfaction à la raison, se sont affaiblis et tendent à disparaître devant les progrès incessants de la science ; l'art ancien n'est guère compris aujourd'hui que des érudits.

Devant ce grand changement l'art moderne ne peut rester stationnaire.

Les artistes et les poètes païens et mystiques ont puisé leur feu sacré dans des théogonies et des théologies aboutissant à un Dieu ou à des Dieux faits à notre image, c'est-à-dire ayant nos vices, nos passions. Ils en on fait des tyrans orgueilleux et jaloux entretenant parmi les hommes les guerres, les divisions, les haines dont eux-mêmes n'étaient point exempts ; absurdités insoutenables avec l'idée qu'on se fait d'un Dieu ou de Dieux justes, bons et parfaits. Ils ont créé un Olympe, un Paradis, un Purgatoire, un Enfer, pour relier les vivants aux morts et ont abouti à un monstrueux dualisme qui était et est encore pour beaucoup un article de foi.

Depuis ce temps immémorial les hommes continuent à s'entre-tuer, à s'entre-dévorer les uns les autres, croyant obéir à l'ordre universel, et pour la plus grande gloire des Dieux de toutes les religions.

Voilà comment la guerre entre les hommes, c'est-à-dire l'homicide a atteint à la hauteur d'une gloire?

Heureusement la science est venue bouleverser tout cet infernal échafaudage et découvrir aux hommes que des lois immuables, reposant sur une activité perpétuelle (Travail), présidaient à l'Univers, et que la révolte des créatures contre ces lois engendrait le mal. Ce fait en bouleversant toutes les idées préconçues a fait découvrir un solidarisme universel qui a jeté une vive lumière sur les rapports des créatures en général et des hommes en particulier avec l'univers.

La science infatigable continuant ses recherches a découvert encore qu'en vertu d'un dynamisme merveilleux, *l'équilibre un moment dérangé par les désordres prévus en raison du libre arbitre des êtres*, se rétablissait sans qu'aucune perte puisse en résulter, ce qui rend de la part de la créature, tout projet de révolte ou de destruction, insensé.

« Rien ne se détruit, nous dit la science » de là la nécessité de l'évolution qui a jeté un pont dans l'inconnu, dans cet au-delà que rien ne peut détruire.

De toutes les anciennes entités, une seule est restée debout, parce que le scepticisme n'a pu l'atteindre, c'est l'intelligence des intelligences, chacun en possédant une étincelle plus ou moins forte, ne peut la nier sans se nier soi-même; c'est assez pour que l'art et la poésie retrouvent un puissant idéal.

Les horizons de l'art et de la poésie ne sont donc point fermés par les progrès de la science et ils peuvent encore peupler les espaces sans s'écarter au moins du vraisemblable. L'art et la poésie sont immortels?

Que manque-t-il donc pour réveiller notre verve ? D'autres aspirations... or quelle plus belle aspiration que de contribuer au règne de l'abondance et de la paix sur la terre.

Sus donc ! à la Guerre qui est la mort ! et gloire ! au Travail qui est la vie !

QUELQUES MODESTES ESSAIS
DE CE QUE J'AVANCE

LA RÉVÈLATION

Période instinctive. — L'âge de pierre.

Nu, sans défense, faible comme un roseau doué de peu d'instinct, et à côté de cela tout couvert d'ignorance, l'homme luttait contre des milliers d'obstacles qui semblaient à plaisir barrer son chemin.

La nature ingrate semblait avoir jeté sur ce nouvel habitant de la terre une réprobation injustement méritée.

Avait-il demandé d'être ?...

Plus l'homme jetait un regard autour de lui, plus il voyait d'injustes rigueurs.

Je suis maudit disait-il ?...

La nature a prodigué ses biens, ses richesses, force, beauté, luxe même à tout ce qui m'entoure... Moi je suis esclave !... Un ver de terre est plus que moi... Dérision amère !!!

Telles étaient les tristes pensées qui accablaient un penseur des premiers âges ; une nuit d'insomnie l'accablait ; reprenant courage il reprit sa lutte acharnée ; à cette lutte ses sens et ses organes se développèrent, son cerveau prit une telle activité que son imagination lui fit bientôt découvrir des secrets que la nature semblait complaisamment laisser échapper un à un, jusqu'au jour où, convaincu des bienfaits de la lutte, il s'écria : Je veux savoir !...

Le cerveau en feu, l'œil exalté il vit dans une brillante hallucination un génie resplendissant de lumière.

Il tenait d'une main un prisme éclatant, un seul rayon venant de l'immensité, traversant son cristal limpide vint se répandre sur la tête de l'homme en une multitude de rayons.

« Je suis l'intelligence, lui dit-il ? Chacun de ces rayons est un art, une poésie, une science que le Travail te fera découvrir, et la matière si rude et si froide à tes yeux se polira, s'animera sous ta main comme par enchantement.

Sortant de ton état misérable, guidé par ta science acquise, tu grandiras en puissance et tu marcheras à la conquête du globe que tu habites... »

Il dit : et disparut dans les ombres du crépuscule. — Dessillant ses yeux éblouis par tant de magnificence, l'homme en vain cherche à suivre la trace de sa vision ; il ne vit plus que des milliers de milliers d'étoiles plongées dans l'infini, lui offrant l'image d'un grand rideau constellé. Au fond au delà des espaces lui apparaît une clarté, d'abord presque invisible, puis grandissant tellement par son éclat qu'elle obscurcit bientôt toutes les étoiles du firmament.

C'était notre grand soleil qui lui semblait gouverner le monde.

Revenu tout à fait à lui-même, le penseur des premiers âges qui n'avait jusqu'alors prêté qu'une faible attention au magnifique spectacle que lui offrait la nature, comprit sa mission sur la Terre et une lueur d'espérance lui fit entrevoir, à travers cet infini, l'Immortalité.

Nota.: Il me semble voir là un beau tableau.

L'HOMME MORAL

Période instructive. Age de la conscience

L'Homme moral commence à prendre conscience de soi-même.

Jouissant d'une douce paix acquise déjà par les bienfaits du travail collectif de tous.

Un Sage de ces temps était entouré des siens.

Sa compagne qu'il avait choisie librement, aimable créature, charmait sa vie.

Elle avait, par sa douceur, étouffé les derniers restes de barbarie qui obscurcissaient encore son esprit.

Deux rejetons, orgueil paternel, gais enfants souriaient à l'avenir.

L'amour pur, saint, remplissait l'air de suaves parfums, et l'amitié, sœur inséparable du véritable amour, comme un génie consolateur, protégeait ce groupe enchanteur.

Rien ne semblait devoir troubler une aussi douce union, le bonheur semblait descendu sur la terre. Cependant la sollicitude paternelle n'était point exempte de soucis, depuis longtemps l'horizon s'assombrissait.

Au contact des jouissances matérielles, les hommes se corrompaient.

Il se développait des abus qu'aucun frein ne réglait.

La morale venait à peine de faire son apparition sur la terre.

Les vices prirent bientôt le dessus, et la sécurité devenait de plus en plus compromise.

De grands combats s'annonçaient parmi les hommes.

Lisant dans l'avenir, le sage faisait tous ses efforts pour cacher, à la compagne de sa vie, le trouble de son cœur.

Mais la femme à l'esprit pénétrant, lisant dans sa pensée lui dit :

Ne me cache rien?...

Si tu lis dans l'avenir...
Dis-moi tes craintes?... Dis-moi tes espérances?...
Et comme si elle pressentait un malheur,
Elle serrait contre son sein ses enfants...
Nota : Il y a peut-être là un beau sujet de sculpture.

(1) PÉRIODE PROPHÉTIQUE

LA TERRE DÉLIVRÉE

Si l'expression répondait à ma pensée, ce qui suit pourrait être le résumé d'une véritable épopée de l'humanité que l'on pourrait nommer La Terre délivrée.

Je continue la période d'évolution, et prends l'homme au moment où son cerveau, encore dans son entière jeunesse, recevait facilement des impressions, où l'exaltation avait une grande part. On pourrait croire que, dans ces temps, la nature se servait de ces intermédiaires pour diriger l'homme sans entraver son libre arbitre vers les destinées auxquelles il se sentait appelé.

Les luttes de l'homme avec lui-même se poursuivaient plus que jamais.

L'orgueil, cet enfant de l'égoïsme, dominait la terre; à côté de richesses immenses s'étalaient les plus noires misères, les corruptions couvraient le monde, et les peuples vivaient sous le plus brutal esclavage.

Un prophète de ces temps, le cœur navré de tant de hontes amassées sur l'humanité eut une vision.

C'est cette vision que je vais essayer de dépeindre...

(1) (Isaïe, chap. II, verset 4). Ils forgeront de leurs épées des socs de charrue, et de leurs lances des faux.
Un peuple ne tirera plus l'épée contre un peuple, et ils ne s'exerceront plus à combattre l'un contre l'autre.

UNE VISION

C'était au milieu d'une nuit profonde, çà et là, de légères clartés sillonnaient l'espace et éclairaient faiblement un peuple d'esprits attirés là sans doute, par quelque événement extraordinaire.

Des bruits lointains, semblables à des plaintes et à des gémissements mêlés par instant d'éclairs et de tonnerres, troublaient seuls le froid silence de cette immense solitude.

On se serait cru aux portes du chao, tellement à ses approches, la nature avait perdu ses droits ; un froid de mort pénétrait les os.

Il était sous cette terrible impression, lorsqu'apparut, debout sur un char magnifique, un colosse d'une mâle beauté, dont les puissantes épaules auraient porté un monde.

Il tenait la tête d'un immense cortège. Armé d'un puissant levier, il conduisait quatre coursiers aux allures indomptables, solidement attachés à son char.

L'un d'eux, le plus puissant, noir comme le charbon, aux yeux brillants comme une fournaise ardente, laissait de ses naseaux échapper avec un sifflement aigu, des torrents de vapeur et de fumée (1).

Un autre, d'une blancheur éclatante, lançait des éclairs, il imitait le bruit d'un tonnerre lointain. Prompt comme la pensée, il eut dévoré l'espace si une main de fer ne l'eut retenu (2).

Le troisième, moins fougueux que les deux premiers, écumait de rage, et faisait un bruit semblable à une mer orageuse (3).

Enfin le quatrième, léger comme l'air, rapide comme le vent des tempêtes, rongeait son frein, furieux d'être enchaîné (4).

(1) La vapeur.
(2) L'électricité.
(3) L'eau.
(4) L'air.

Tous les quatre, domptés par le colosse, obéissaient, subissant l'influence du magique levier qu'il tenait à sa main (1).

Dans le char, un Être, sous les traits d'une femme d'une beauté incomparable (sans doute la fidèle compagne du nouvel Hercule) trônait assise. Elle tenait entre ses mains une magnifique sphère d'où rayonnait une douce clarté (symbole sans doute de la science universelle).

Une auréole de gloire entourait sa tête, et jetait autour d'elle une lumière blanche qui contrastait étrangement avec les ombres épaisses de la nuit ; ses yeux d'une ineffable douceur, limpides comme l'azur, annonçaient sans orgueil un grand triomphe.

On eut dit qu'elle régnait sur l'univers.

A leur suite, la Justice et la Liberté : commandaient une légion de sages aux fronts constellés ; génies tutélaires, lutteurs infatigables ; esprits chercheurs, serviteurs dévoués du Travail et de la Science ; ayant contribué par leurs travaux à délivrer le terre des fléaux qui la désolaient ; formaient l'escorte de ce groupe triomphal...

Planant dans l'espace, le Progrès d'un immense flot de lumière traçait dans l'épaisse nuit la route que devait suivre le cortège pour atteindre cette partie de l'univers où des soleils éteints, et des mondes passés reformaient peu à peu un nouveau chaos, attendant une volonté suprême pour recréer de nouveaux mondes.

Un monstre furieux d'être dompté... l'ignorance, vomissait des torrents de flammes jetant autour de lui des lueurs cadavéreuses ; trois fléaux, la guerre, la peste, la famine, compagnons inséparables du monstre, attirés dans son atmosphère impure, jetaient aux vents leurs venins et leurs flèches devenus inutiles.

Des bruits de chaînes, mêlés de cris de rage et de désespoirs sortant d'une foule immense de désespérés, entraînés comme par attraction, expliquaient clairement

(1) Attribut composé d'un levier entouré d'une hélice et surmonté de deux ailerons, pour rappeler ce mot d'Archimède « Donnez-moi un point d'appui, je soulèverai le monde ».

qu'il s'agissait d'un grand acte de justice dont devait être témoin l'univers. Tout à coup... la Mort vaincue, divulguée, déploie son funèbre étendard et d'une main elle montre dans une perspective éloignée des pléiades d'étoiles, soleils éclairant des mondes inconnus ; séjours des âmes repentantes ne maudissant pas d'être et ayant l'horreur du Néant.

Puis, se retournant, elle montre les ténèbres où les âmes révoltées sont condamnées à une éternelle nuit, sous la garde du chaos.

Prise de compassion, la Mort voudrait arrêter la marche de cette foule insensée.

Mais l'Orgueil, ministre des passions déréglées, l'œil flamboyant de colère et de rage ne s'avoue pas vaincu.

Relevant la tête, il pique de son aiguillon d'affreux serpents enchaînant les vices, ses tristes compagnons de malheur.

Sous ce terrible aiguillon reprenant une nouvelle énergie, ils entraînent à leur suite des rois, dont les couronnes suent du sang ; des ministres traîtres au monde et à leur patrie ; des prêtres hypocrites et menteurs, conduits par les trahisons et les superstitions ; des riches corrupteurs, traînant après eux l'orgie et la débauche ; des guerriers sanguinaires, les épées rougies, traînant à leur suite des cadavres empestés et une foule d'infortunés victimes d'un despotisme effréné, esclaves complaisants, vils flatteurs, ayant donné un libre cours à leurs passions, s'étant révoltés contre le droit et la nature et n'aspirant qu'au néant...

Entraînés par cette atmosphère de vices, une multitude d'âmes ouvrant les yeux à la lumière, prises d'une soif d'immortalité, élèvent un immense concert de plaintes. A cette grande prière !...

Une nuée d'esprits habitants les espaces. Prompts comme la pensée versent à flots sur cette foule repentante, les espérances, les douces larmes, les repentirs, les pardons... Donnant à ces infortunés la force de se détacher de l'infernal groupe qui, continuant sa course vertigineuse, courait vers l'abîme....

En face de cette grande scission.

Un immense *Hosanna...* retentit dans l'univers.

Et comme une douce rosée, on vit s'élever ces âmes libérées vers les régions étoilées où règnent avec la vie, la lumière et l'immortalité.

Nota : cette composition pourrait être intitulée — Triomphe de la Science et du Travail sur l'ignorance, la guerre, la peste, la famine qui désolent encore la terre.

ALLÉGORIE PRISE DANS LA SCIENCE

LE MARIAGE DES ÉLÉMENTS

LA GOUTTE D'EAU

Une goutte d'eau perdue dans l'immensité de la création, gémissait, se lamentait.

Belle nature s'écriait-elle !...

Dis-moi le secret de ma naissance ?...

Vint à passer un savant.

Pauvre orpheline dit-il ? Tes larmes ont touché mon âme ministre de la science, je l'interrogerai et bientôt tu connaîtras les auteurs de tes jours...

Il cherchait depuis longtemps lorsqu'un jour il vit sortir de ces creusets deux formes aériennes.

L'une si légère qu'elle touchait à peine la terre ; elle se serait infailliblement envolée, si elle n'avait été retenue par la mâle beauté de l'autre qui l'attirait...

On devinait une douce et sainte union.

La science attendrie dépêcha un de ses plus puissants agents et sous un brillant éclair suivi d'un coup de tonnerre, on vit sur une conque, apparaître une charmante enfant dont l'ineffable sourire disait au grand savant :

« Merci Maître !... (1) »

(1) Lavoisier.

— Oui, me dit M. Tresca. « Il y a là de grandes idées. Mais commençons par l'usine. »

— J'ai trouvé aussi, continuais-je, j'ai des attributs décoratifs pouvant servir à la manière de Lafosse à symboliser la Vapeur, l'Électricité, l'Imprimerie, etc.

Et je lui montre des dessins qui prouvaient tout le parti que la peinture et la sculpture pouvaient tirer. Exemple :

Le levier entouré d'une hélice pour rappeler l'exclamation d'Archimède : Donnez-moi un point d'appui, je soulèverai le monde.

La sphère intellectuelle, encroûtée d'abord et le stylet magique dans la main du Génie découvrant sous le travail patient de l'homme la science, les arts, la philosophie.....

Le grand cordon des professions déroulant, entourés d'arabesques les germes de toutes les découvertes de l'homme.

Enfin, les blasons de toutes les professions avec leurs couronnes symboliques, etc., etc., etc., comme couronnement, l'Intelligence : Nouvel Apollon ne présidant plus seulement aux Muses, mais sur tout le savoir humain.

Cette figure pourrait être l'objet d'un concours d'Esthétique, soit pour la sculpture, soit pour la peinture.

— Oh ! oh ! me dit en riant M. Tresca, il y en a pour tout le monde.

— Oui, lui répondis-je naïvement.... Une voie nouvelle où l'art et la poésie peuvent se retremper.

— « C'est bien !... Commençons par l'usine, me dit-il pour la troisième fois, c'est là que se forge, se moule, se façonne l'outil qui doit donner l'abondance, la sécurité et la Paix parmi les hommes. C'est là le champ de bataille du XIXe siècle. Commençons par la bataille. »

— Eh bien, monsieur Tresca, puisque vous accueillez convenablement toutes ces idées, voici ce que je vous propose :

Le Conservatoire offre à messieurs les Industriels dans les galeries une surface murale pour l'Exposition du tableau concernant leur industrie.

M. Lepage, artiste peintre d'industrie, s'engage envers son client à traiter sa composition d'une façon générale, c'est-à-dire où l'art et l'industrie alliés ensemble puissent offrir   intérêt artistique par la perspective, les effets, le mouvement, la vie, etc., et un intérêt technique en y apportant une certaine connaissance dans la disposition des outils et dans l'ensemble de leur travail ; en un mot que sans préjudice de l'art il y ait une certaine vérité dans le grand mouvement industriel de l'époque.

Deux artistes peintres du jury des salons annuels seront choisis par M. Lepage pour juger le côté artistique de l'œuvre et MM. le général Morin, Tresca et de la Gournerie (1) pour le côté industriel.

— Oui, me répond M. Tresca, nous pouvons accepter cet arrangement. Mais il faut en instruire vos industriels, me dit-il, afin que vous restiez libre de votre composition.

— C'est bien entendu, lui dis-je. Et je vais commencer par M. Perrin que j'ai déjà vu et qui accepte.

— Nous verrions avec plaisir, me dit M. Tresca, une petite maquette de votre premier tableau.

— Je ferai un fusain et vous l'apporterai.

— Entendu !....

Me voilà donc à l'œuvre.

Je crois que l'on pouvait marcher ainsi. Avec toutes ces autorités pour juger, l'industriel était au moins garanti de n'avoir pas donné au Conservatoire une nullité en peinture et, d'un autre côté, j'avais le droit, si je réussissais, de compter sur un encouragement. La suite va vous édifier sur ce sujet.

Je fis donc le fusain que j'exécutai rapidement. Je le présentai à M. Tresca qui le trouva bien et me dit qu'il ferait plaisir au général Morin.

— Bien volontiers, lui dis-je.

_____

(1) M. le général Morin, directeur du Conservatoire, M. Tresca, sous directeur, M. de la Gournerie, professeur de perspective à l'Ecole Polytechnique.

Je demandai comme peintres MM. Corot et Daubigny, membres du jury des Salons annuels.

Quelque temps après je le vis exposé dans le cabinet du général.

Je travaillais ardemment à mon grand tableau, mais comme je n'avais pas limité le temps de l'exécution, je le fis tout à mon aise afin de ne pas négliger mes gravures.... Je le gardai deux ans sur le chevalet.

J'avais, pour cette occasion, loué un grand atelier et un fort chevalet rue Rochechouart (Ateliers Binant).

Mon atelier de gravure était 14, rue du Delta, pas très loin de là. Cet arrangement me permettait de soigner les deux choses sans rien négliger. On sait combien était précieuse, à tous les points de vue, la réussite de mes peintures... La concurrence dans la gravure commerciale m'écrasait de plus en plus.

Je ne sais si l'on aperçoit bien mon anxiété :

Mon premier essai de peinture (1) pour quelques artistes ne résolvait pas la difficulté. Il pouvait cependant faire pressentir qu'il y avait exagération dans les opinions très tranchées de M. Ingres sur l'Art en général et sur les limites des Beaux-Arts avec les Arts Industriels. Le moyen âge et la Renaissance, l'antiquité même n'en faisaient pas de différence ; ce serait donc l'extension de la machine qui aurait obligé à une *démarcation*, à une distinction de ses produits d'avec ceux de la main de l'homme. Il est évident que dans cette voie il n'y a pas possibilité de s'entendre ; la main n'est-elle pas elle-même une admirable combinaison mécanique au service de l'intelligence de l'homme... A l'époque où je concevais ce *gigantesque projet* il se créait à Paris une Société des Beaux-Arts appliqués à l'industrie sous la dénomination de « Société du Progrès de l'Art Industriel » et connue aujourd'hui sous le nom de « Société des Arts Décoratifs ». L'existence et la vitalité de la même Société après toutes ces scissions parmi les membres, et après aussi trente ans de luttes acharnées prouvent très bien ce que j'avance. Et d'autant plus que nos salons des Beaux-Arts tendent de plus en plus —

(1) On se rappelle le tableau Farcot : *Machine à élever les eaux à Paris.*

dans la manière — vera les Arts décoratifs... Donc, si les Arts décoratifs sont le point de ralliement, c'est qu'il n'existe qu'un seul objet à l'art : le *beau* allié à *l'utile* dans l'acception aussi parfaite que possible de ces deux mots ; cette définition est bien ce qui correspond à l'expression de toute idée objectivée ; elle exprime en même temps la réalité telle que nous la voyons dans la nature. Ce qui, sans doute, a fait dire à Platon : « Le beau c'est la splendeur du vrai ».

Voilà ce qu'il s'agissait de faire triompher sur les idées préconçues du moment.

Malgré les grandes difficultés d'exécution je n'hésitai pas... A ceux qui me disaient : Tous les sujets industriels ne sont pas propres à faire un tableau intéressant, je répondais invariablement : Partout où il y a *lumière*, *espace*, *mouvement*, il y a place pour l'Art, tout est dans l'interprétation de l'artiste ; si je m'essaye sur des sujets ingrats et que je réussisse seulement assez convenablement, je n'en aurai que mieux soutenu ma cause ; et je restais ainsi libre de mes compositions. Réussirais-je ? On le verra.

Tout pouvait me le faire croire. Pendant ces deux années, il me vint des travaux peu rémunérateurs, mais qui me donnèrent l'occasion de prouver aux artistes de bonne volonté — et j'en ai trouvé quelques-uns — que la voie où j'entrais était large et féconde.

Une publication : *L'art et l'industrie au xix* siècle* (malheureusement trop peu connue), journal de la Société du Progrès de l'Art Industriel dont je viens de parler, entrait tout à fait dans cette voie et m'avait déjà ouvert ses colonnes ; j'eus l'occasion d'y développer plusieurs fois mes idées.

Je présente ici un article qui fait foi qu'à cette époque (1860), quelques années avant mon arrangement avec le Conservatoire, mes idées étaient déjà bien arrêtées.

CHAPITRE III

Je ne croyais pas, lorsque j'ai écrit ces lignes, que l'occasion se présenterait un jour de faire l'essai d'une tentative dans le genre ; on verra plus loin.

Voici ce que j'écrivais dans cette revue :

L'Art paye sa dette au Travail.
Projet de sculpture. — Appel aux jeunes artistes.

Le travail est la plus grande gloire de notre époque : Associé au génie, c'est lui qui enfante ces merveilles que nous voyons dans nos Palais d'industrie, son symbole artistique ne doit avoir rien d'effrayant, car il ne porte point la désolation ni la mort dans les familles. Il ne sera jamais, comme la guerre, appelé un fléau, il sera éternellement un bienfait ; la civilisation moderne regarde Bellone (1) comme une divinité qui s'éteint, le travail comme une vertu sublime qui renaît.

C'est un grand pas vers une ère nouvelle, son drapeau porte pour devise : « Je vivifie », son emblème est l'abeille sans cesse renaissante, sa puissance le levier, sa couronne (sa plus belle conquête) l'électricité, son armée les milliers de travailleurs qui couvrent le globe ; vieux comme le monde il a ses mystères, ses peines,

(1) Déesse de la guerre.

son art, ses grands hommes ; son matériel est immense et très varié ; que lui faut-il donc pour célébrer sa gloire ? Un homme puissant, des poètes et des artistes.

En agrandissant Paris, l'empereur ne donne-t-il pas l'initiative la plus concluante ? Paris agrandi va faire naître naturellement des places, des avenues, des monuments, etc.

Nos gares, par exemple, resteront-elles toujours dénudées ? La moindre caserne a son symbole ; ces monuments de notre époque resteront-ils toujours muets ?

Non, on ne peut pas toujours répéter les anciennes formules et la renommée doit porter aux siècles futurs le triomphe de notre époque.

Poètes et artistes du xixᵉ siècle, c'est à vous de commencer l'œuvre ; certes, la tâche est difficile, on est dans le champ infini de l'invention, mais qui peut deviner ce que les premiers essais de ce genre feront naître dans l'avenir ; ce que l'influence de cette nouvelle gloire peut opérer sur la civilisation ; le temps n'est pas éloigné où travailler n'était point une noble profession, un reflet de gloire jaillit aujourd'hui sur le travailleur.

Je terminerai ces réflexions par un projet qui peut en faire naître d'autres, meilleurs sans doute... mais enfin il faut un point de départ. S'il s'agit d'un monument, sur une place publique, par exemple :

Dominant le sujet, pourquoi ne placerait-on pas Archimède tenant d'une main un levier entouré d'une hélice, la pointe du levier reposant sur le globe, rappelant ces paroles : « Donnez-moi un point d'appui, je soulèverai le monde » (N'est-ce pas de la définition du levier que date le développement mécanique).

Dans cette parole est tout le xixᵉ siècle, le point d'appui est dans la marmite de Papin, dans la pile de Volta...

Autour de ce grand génie viendraient se grouper les quatre agents des forces motrices : la Vapeur, l'Eau, l'Air, l'Électricité ; tous les quatre venant lui emprunter son magique levier, ses muscles d'acier, car sans lui, ces puissances restent nulles, elles ne peuvent se produire ;

elles lui doivent donc la vie, ce sont ses filles. Entre ces
puissances, la Vapeur et l'Electricité par exemple, on
pourrait placer l'étude et l'expérience, la première dis-
tribuant les livres à de petits génies : la Physique,
la Chimie, la Mécanique, etc., et la seconde les guidant.
Pour bas-reliefs composant l'architecture monumentale,
quelques triomphes mécaniques : la Filature, l'Imprimerie, la Navigation, l'Agriculture ; pour attributs décoratifs le nombreux matériel industriel, et, pour compléter, sur des marbres immortels, quelques noms
illustres entre tous, ayant fait faire un progrès capital
à leur siècle.   C. LEPAGE.

« Faut-il le dire ? Voilà 35 ans que j'ai écrit cela et
rien dans Paris ne traduit encore magistralement
cette grande gloire. »

Quelque temps après la publication de cet article,
j'eus l'occasion d'inaugurer, rue Lafayette, un fronton
sculpté (pierre de taille). Ce travail (non de cette importance) peut être regardé comme une tentative où j'essaye,
malgré mon embarras de satisfaire l'Art et le Commerce, de montrer la fécondité de mes théories. Serais-je
compris ?....

M. Duvoir, un des riches industriels pour lesquels je
faisais des albums gravés de leurs machines, avait vu
plusieurs frontispices de ma composition, entr'autre
celui de MM. Mazeline frères, dont j'ai encore aujour-
d'hui une épreuve dans mon cabinet.

— Ne pourrait-on pas, me dit-il, sculpter mes machines groupées, et composer avec art un fronton de
tous mes produits ? Je construis en ce moment rue Lafayette un dépôt, venez voir cela, monsieur Lepage, je
crois qu'il y a là quelque chose à faire dans vos idées.
C'est mon représentant qui m'a fait songer à vous, car
je m'étais déjà adressé à un sculpteur, mais le projet
qu'il m'a présenté est loin de me plaire. M. Lepage
réussira cela, me dit-il. — Voulez-vous me faire un
projet ?

— Volontiers, lui dis-je. Il faut d'abord que je voie l'emplacement et l'importance du travail.

— Ma voiture est en bas, me dit-il, pouvez-vous venir?

— Oui, Monsieur.

Et nous voilà partis.

De la sculpture, pensais-je en route, je n'en ai jamais fait; vais-je m'en tirer?... Allons, il ne faut pas manquer cette occasion, nous allons voir d'abord qu'est-ce que le sculpteur a présenté.

Il ne s'agissait rien moins que d'un grand fronton sculpté (dans la pierre de taille) donnant sur la rue Lafayette.... M. Duvoir me fit entrer dans son cabinet.

— Voilà le projet du sculpteur, me dit-il.

Il était encore développé sur le bureau. Je compris tout de suite pourquoi cela ne lui convenait pas; la machine (l'important pour lui) était ce qui paraissait le moins : quelques bottes de paille et quelques outils primitifs formaient tout le bagage industriel. Je lui dis :

— Je me charge de la composition du dessin, mais pas de la sculpture. Du reste, d'après mon dessin, le sculpteur devra pouvoir travailler; c'est son affaire.....

Ce fut convenu. Lorsque j'eus terminé, il fit venir le sculpteur.

— Je ne savais pas que c'était cela qu'il vous fallait, dit l'artiste; ça me suffit.

Je croyais ma tâche terminée; j'étais donc le compositeur et le dessinateur du fronton.... c'était toute mon ambition. J'avais donné au sculpteur l'importance des principaux reliefs et je comptais sur la perspective pour produire l'effet voulu.

Hélas! que de mécomptes!.....

Il y avait déjà quelque temps que je n'entendais plus parler de rien. Monsieur le représentant devait m'écrire lorsque la maquette (au $\frac{1}{4}$) serait faite... Ça va bien, me disais-je; occupons-nous d'autre chose.

C'était le moment où je commençais mon tableau du Conservatoire « La scierie de bois. » J'avais en partie composé les grandes lignes de ce tableau, la perspective était établie, je me disposais à le peindre, lorsque je reçus un mot de M. Duvoir. « Venez, m'écrit-il, ça n'a pas l'air d'aller, la maquette n'avance pas. »

Je me rends au dépôt et, en effet, je vois le sculpteur embarrassé pour maintenir un relief convenable ; il aboutissait à une épaisseur impossible. Je fus donc obligé, sans le froisser, de mettre la main à la pâte ; je défis le travail presqu'entièrement terminé ; pour plus de facilité il eut fallu tout recommencer, mais il en eut été froissé et j'avais intérêt à le conserver ; j'atteignis un relief possible, mais qui dépassait encore mon idée.

Ce qui me donnait cet avantage sur lui c'est d'abord la possession complète des objets à sculpter et aussi la connaissance de la perspective (on va voir à ce sujet le mal que j'ai eu pour la mise au point du fronton).

Enfin, la maquette fut terminée et acceptée. Elle était bien l'expression fidèle de mon dessin, moins un relief malgré tout trop fort et une exécution aussi savante des machines que je l'aurais désirée.

Ce travail en collaboration se ressentit de ce défaut d'harmonie entre deux artistes qui ne voient pas de la même manière.

L'artiste était un sculpteur de deuxième ordre qui avait travaillé au nouveau Louvre. Il était pénétré de cette idée qu'on n'aboutirait qu'au ridicule et il travaillait sans goût, souvent même pas du tout. Il envoyait à sa place un tout jeune apprenti. Le ravaleur qui n'était pas maladroit, en avait fait plus que lui..... il ne donna quelqu'attention qu'aux deux groupes de droite et de gauche (tête de cheval, tête de bœuf), compositions qui m'appartiennent dans leur ensemble et qui rentraient plus dans la *manière apprise* de nos sculpteurs artisans.

Je n'ai pas besoin de dire ici tout le mal que j'ai eu pour arriver à une exécution passable du tout : toutes les imperfections dans l'exécution concernant les détails ne me sont point imputables. « C'est ma pensée ; mais loin d'être rendue ce que je la concevais. »

Comme la sculpture était cachée par le barraquement habituel, il n'y avait que moi qui pouvais juger de l'effet qu'elle devait faire, vue de la rue (Le sculpteur n'y voyait rien du tout).

M. Duvoir venait quelquefois sur l'échafaudage juger du travail, m'encourageait. Un jour le sculpteur lui dit :

— Les édiles ne souffriront pas sur cette rue cette prétention de monument.

— C'est bon, on le verra bien. Si c'est bien, — ce ne sera toujours pas de votre faute, — on le conservera ; si c'est manqué on le rasera. Voilà tout. Êtes-vous responsable ? Non. Vous l'avez toujours désavoué ; laissez-nous tranquille.

Je m'en moque, dit-il, c'est le travail de mon apprenti (*sic*).

Il poussa la méchanceté jusqu'à me tendre de mauvais pièges ; j'en fus averti..... On le voit, j'étais pris, il fallait en finir. Je me mis à l'œuvre et avec l'apprenti qui n'était pas maladroit je le terminai, corrigeant le mieux que je pus des défauts que j'apercevais. Enfin on abat les échafaudages. M. Duvoir, fatigué de l'obsession du sculpteur, avait prié, pour sa conscience, deux architectes de la ville de donner leur avis sur ce travail qui n'avait en somme que la prétention d'une belle enseigne pour tout le monde et qui, pour moi, n'était que l'occasion de faire un essai de ce que j'avançais verbalement.

J'eus le bonheur de recevoir des éloges.... C'était difficile, me dit-on, et l'on doit vous savoir gré de votre tentative.

Quelques essais à l'école polytechnique, barrière du Trône (colonne) avaient déjà été faits ; on reconnut que j'avais prouvé plus que tous ceux qui avaient essayé ce genre.

C'était tout ce que je demandais... A la peinture à présent. Et je retournai à mon atelier... continuer mon tableau du Conservatoire.

Le sculpteur qui n'avait osé venir — car comme moi on l'avait invité à la découverte du fronton — apprit par son apprenti ce qui avait été dit : Il vint me trouver et reconnut qu'il s'était trompé.

— Je ne dis pas que ce soit beau, me dit-il, mais ce serait mieux si je vous avais compris.

— Faut-il y mettre votre nom ? lui demandais-je.

— Oh !... non, je n'ai même pas été l'ouvrier.

Nous nous sommes quittés bons amis, mais je ne l'ai point converti.

Ces luttes ne me décourageaient point, mais elles m'entraînaient dans des pertes de temps peu rémunératrices (pratiquement parlant) qui m'étaient préjudiciables. Les industriels croyaient me payer beaucoup ; ils ne se doutaient pas des frais qu'entraîne la peinture. Ceci flattait leur vanité, leur orgueil de parvenu, mais c'était tout. L'un d'eux, un cynique, me dit un jour :

— Vous travaillez plus pour vous que pour nous (*sic*).

— Je travaille pour l'Art, lui répondis-je.

— Oui, répliqua-t-il et l'Art vous paie en monnaie de singe....

— Oui, je sais, vous voulez me girardiniser !

C'était un grand ami d'Emile de Girardin. Nous ferons connaissance avec lui un peu plus loin.....

— Vous jetez votre gourme... me disait un autre.

— Possible, répondais-je ; d'autres feront mieux, mais il faut surtout commencer.

Voilà quels étaient mes encouragements.

CHAPITRE IV

Nous étions à la fin de 1864. Mon tableau (la Scierie de bois) touchait à sa fin.

On se rappelle que pour être admis dans les galeries du Conservatoire, il me fallait l'assentiment de M. le général Morin, de M. Tresca et de deux peintres, membres des Jurys annuels.

Naturellement, j'attendis pour voir les deux peintres que ma toile fut terminée. On sait que MM. le général Morin et Tresca avaient vu la maquette.

Vous devinez mon émotion. Je n'avais jamais tenu un pinceau. C'était ma première peinture où l'Art et l'Industrie devaient faire alliance : avais-je réussi ?.... Tout mon avenir en dépendait.

Je commençai d'abord par penser à M. Corot, parce qu'il demeurait plus près de moi (rue Paradis-Poissonnière). Je ne l'avais jamais vu, j'avoue même que je connaissais peu ses œuvres. Pourquoi l'avais-je choisi ? je n'en sais rien. Est-ce parce qu'on le disait bon ?... Je ne cherchais point trop l'indulgence. Je voulais savoir si mon talent, quel qu'il fût, justifiait mes prétentions. Je me doutais bien ne pas avoir fait un chef-d'œuvre, mais enfin avais-je réussi ? Voilà tout. Je me disais : si ma *foi sincère* s'était seulement communiquée sur mon tableau, j'aurais à moitié réussi, il me le semblait, mais souvent on aime son œuvre et on s'aveugle aisément sur sa valeur. J'en étais là. Avant de me décider je

l'avais montré à ma femme, à quelques amis.... je connaissais peu de peintres ordinaires, j'en vis cependant
un qu'un de mes amis m'avait envoyé, un amateur.

Peut-être, me dis-je, ce commencement de critique
m'éclairera. C'est peut-être plus prudent. Ma femme me
dit :

— Il me semble bien, à moi, mon cher ami. Je me
demande comment tu as pu te tirer d'une telle difficulté,
car je ne me vante pas d'y apercevoir ou du moins d'y voir
plus... réussir une difficulté me semble déjà être quelque chose.

Les amis n'y voyaient point cela, eux... L'un me dit
ça :

— « C'est le jugement dernier de la machine !... »

En effet, on n'avait pas encore vu un tableau si grand
où la machine avait la prétention d'un Art. C'était un
peu moqueur ; mais il faut lui pardonner, c'était un
mécanicien !...

— Je ne m'y connais pas en Art, me dit-il, redevenu
plus sérieux. Mais tout cela est bien à sa place et en
somme c'est au moins aussi intéressant qu'une église...

Un peintre amateur de ma connaissance vit cela d'un
autre œil.

— Il y a de la composition dans tout cela, me dit-il,
une jolie perspective ; tout compte fait je ne trouve pas
cela mauvais... Vous aurez toujours le mérite de ne pas
rabâcher; et c'en est un, par le temps qui court : Mes
compliments...

Me voilà édifié, me disais-je. Bravons maintenant la
critique des grands maîtres.

Je me décide donc à aller rendre visite à M. Corot. Je
sonne à la porte de son atelier. Un Monsieur court, en
blouse bleue, un bonnet de charretier sur la tête, m'ouvre ; il avait une grande assiettée de soupe dans une
main, de l'autre une cuiller.

— Entrez ! me dit-il.

Il me fait passer devant lui dans son atelier où il y
avait une chaise près d'un fauteuil et il me dit :

— Asseyez-vous...

— Je demande M. Corot.

— C'est moi, Monsieur, qu'est-ce qu'il y a pour votre service...

J'étais tout décontenancé ; je ne me rappelais plus ce que je venais faire là. J'avais jeté un coup d'œil sur des tableaux pendus dans l'atelier et l'un d'eux se trouvait au chevalet : C'était Loth, changée en statue de sel... au fond du tableau on apercevait une forte lueur d'incendie.

C'était ce tableau de Corot qui avait fixé premièrement mon attention.

Je l'avoue naïvement, au premier abord je ne vis rien du tout à cette œuvre... tout ce que je sais, c'est que j'étais de plus en plus intimidé. Je m'étais aperçu, dans le cours de l'exécution de mon tableau, que j'avais été obligé de sacrifier énormément la forme pour arriver à une harmonie de l'ensemble, mon genre semblait s'y prêter peu, à cause de sa précision.

Est-ce un écueil ? me disais-je : l'ingénieur veut tout voir et l'artiste rien. Je regardais toujours, je voyais bien qu'il y avait quelque chose dans les œuvres de Corot qui me séduisait et par un retour des choses c'était à mon œuvre que je ne trouvais plus rien du tout. Un moment j'hésitai à déranger ce grand peintre... je me trouvais ridicule d'avoir entrepris une si grande toile pour un début : Tous les sarcasmes de mes amis me revenaient à l'esprit. Enfin je me décide :

— Je vous demande pardon, monsieur Corot, j'admirais cette œuvre.

— Ah ! oui, me dit-il, un sujet de la bible. Vous êtes peintre ?

— Oh ! non, Monsieur, je ne suis rien du tout et cependant je viens vous voir pour cela...

— Pour cela ?

— Oui, lui dis-je timidement, pour un tableau...

— Il fallait l'apporter !

— Je serais bien embarrassé, et j'en suis honteux, je n'en vois point chez vous d'aussi grand...

Diable ! est-ce votre premier !

— A peu près.

— Je me défie des grands tableaux, me dit-il : Qu'est-ce qu'il représente ?...

— Un atelier, une scierie mécanique.

Je n'en dis pas plus long. C'est inutile, me disais-je. Si je n'ai pas réussi, que l'on sache ma défaite, je remiserai mon tableau, voilà tout : le Conservatoire et mon client n'en sauront rien...

M. Corot me répond :

— Demeurez-vous loin ?

— A deux pas, lui dis-je, rue Rochechouart, atelier Binaut.

Il regarda sur son carnet et me dit, en inscrivant mon nom :

— Demain, entre neuf et dix heures.

— Merci, monsieur Corot ; je vous attendrai.

J'avais toujours dans l'esprit l'effet que m'avait produit le tableau de Loth ; bien que le sujet n'eut aucun rapport avec le mien... je sentais que malgré la différence du genre les arts doivent se donner la main... j'étais anxieux de savoir l'effet qu'allait produire le mien sur ce grand artiste.

Avant de rentrer chez moi je passe à mon atelier et je m'y arrête un bon moment ; l'impression ne fut pas aussi mauvaise que je l'avais craint.

J'avais avancé d'un échelon... je le sentais bien... Oh ! me disais-je, si j'avais seulement huit jours, je sais bien ce que j'y ferais. Très heureusement pour moi, M. Corot venait le lendemain.

Je rentre donc pour déjeuner. Ma femme m'attendait pour savoir la réponse.

— Il vient... lui dis-je.

Je lui raconte ce qu'est M. Corot : elle rit d'abord de ma réception...

— C'est un artiste me dit-elle.

— Oui, lui dis-je, un grand artiste qui m'a bientôt fait oublier sa blouse et son bonnet de charretier.

— C'est un original.

— Je ne sais pas... mais ce qu'il y a de sûr, c'est un grand peintre, j'ai vu de ses œuvres, et ma foi... depuis ce moment je n'ose plus regarder la mienne.

— Pourquoi cela ? me dit-elle un peu chagrine.

— Enfin nous verrons ça demain matin.

— Mon pauvre ami : Quel mal tu te donnes et tout cela pour...

— Je t'arrête, ma bonne amie... mon excuse est la crainte de la misère noire, je ne veux pas qu'elle entre à la maison... laisse dire ceux qui me traitent d'insensé, d'orgueilleux etc., etc., tu sais, toi, que rien de tout cela n'est vrai... Je tente un dernier coup pour nous affranchir.

Elle me tendit la main. Je vis bien qu'elle avait peu d'espoir.

— Les hommes ! Les hommes ! me disait-elle...

Enfin, demain arrive. J'étais à l'atelier dès la première heure du jour. Mon atelier était un peu étroit pour la taille de la toile, mais assez profond pour que l'on puisse se placer au point de vue. La porte s'ouvrait derrière le tableau que j'avais disposé en biais, un peu sur le côté ; j'avais placé un fauteuil au fond de l'atelier, dans l'encoignure, juste à la place où le tableau faisait le mieux. Le jour frappait un peu trop en face du tableau, je n'avais pu éviter cela, ce qui m'avait beaucoup gêné pour son exécution, l'aspect changeant à chaque minute selon la lumière reflétée par les nuages ; bien que j'aie reconnu cela plusieurs fois je ne pouvais m'y faire... Ce matin là, comme un fait exprès, c'était un changement continuel ; je trouvais tour à tour mon tableau bon ou affreux. Pourvu qu'il n'arrive pas dans le mauvais moment me disais-je. Il y avait bien un grand rideau à la fenêtre aussi très grande, mais, lorsque je voulais régler ma lumière, il n'en entrait plus assez. Mon atelier était trop exigu pour cette toile. J'étais désolé...

On frappe. C'est lui, me dis-je. Je vais ouvrir et, en effet, un Monsieur décoré de la Légion d'honneur, très bien mais simplement mis, me dit :

— Bonjour, Monsieur. Eh bien, voyons ce tableau.

Au premier abord je ne l'avais pas bien reconnu... je l'avais vu tout autre dans son atelier. Il va s'asseoir dans le fauteuil que je lui avais préparé. Il y avait quelques minutes qu'il examinait...

J'interrogeais sa physionomie, franche, du reste. Le

temps qu'il mit avant de se prononcer me parut de bon augure... Il est sérieux, me dis-je, et cela paraît l'intéresser. M. Corot se lève et me dit :

— Monsieur, je ne regrette pas d'être venu... je ne connais pas les choses qui forment la composition de ce tableau, les artistes fréquentent peu les ateliers (malheureusement peut-être) car ils ne savent pas ce qui se passe de leur temps. Je n'ai donc jamais vu un ensemble comme cela... qui donne bien une idée du grand mouvement industriel de notre époque, et qui, je le vois, en représente une des branches. Mettons donc cela de côté et ne jugeons que le côté artistique, car je crois que c'est ce dont vous avez besoin.

— Oui, Monsieur, et de vos conseil, si j'osais vous les demander.

— La plus grande qualité que je trouve à ce tableau me dit-il, est « d'être vrai ». Et remarquez, Monsieur, *c'en est une sérieuse* ; je vois aussi de grandes difficultés vaincues. Perspective, composition, atmosphère, mouvement, etc. Et vous n'aviez rien pour cela devant les yeux ?

— Non, Monsieur, c'est une composition.

— En somme, c'est une heureuse tentative dont je vous fais compliment et d'autant plus, que vous prouvez (car vous n'avez pas pris dans l'industrie un des sujets pouvant se sauver par de grands effets) que le Travail au xixᵉ siècle peut exercer la verve de nos artistes. N'exagérez pas mes paroles. On voit que c'est un début, mais un beau début ; je vous engage à continuer d'autant plus qu'il me semble voir derrière le chevalet une autre toile semblable qui, probablement, attend une autre scène du travail ?

— Oui, monsieur Corot, une Imprimerie.

— Allons ! les travailleurs auront donc leur gloire !... Courage !...

Et il me serra la main.

J'étais bien récompensé de mes deux années d'efforts. J'avais bien compris le grand artiste lorsqu'il me dit : « On voit que c'est un début ». N'oubliant pas le but de cette visite je lui dis :

— Vous savez, monsieur Corot, ce tableau doit faire partie des galeries du Conservatoire des Arts-et-Métiers. Pour y être reçu je dois présenter la sanction de deux peintres, membres du jury des Salons annuels. J'ai le choix. Après vous, monsieur Corot, j'ai pensé à M. Daubigny, que vous connaissez.

— Vous ne pouviez faire un meilleur choix.

— Je le prierai de venir le voir avec plus d'assurance maintenant que j'ai votre opinion sur mon travail.

— Daubigny est un de mes meilleurs amis, je lui en parlerai si vous voulez.

— Je ne refuse pas, monsieur Corot...

— Mais, continuez. Vous disiez...

— Je disais que le côté artistique de l'œuvre, jugé par vous, Messieurs, et le côté technique par M. le général Morin et M. Tresca, mon œuvre sera reçue dans la galerie du Conservatoire.

— Alors !....

— Alors je viens vous demander des conseils que je sens de la plus grande utilité pour l'exécution de mon deuxième tableau.

Il s'approcha de mon tableau, me fit quelques observations de détail que je compris parfaitement... et m'ajouta ces mots qui m'ont frappé.

— Je vous ai dit que ce tableau avait le grand mérite d'« être vrai », l'Art peut davantage. Il faut rester vrai, mais s'élever à la pensée...

Cenac Moncaut me revenait à l'esprit...

— J'y ai bien songé, j'y songe encore, lui dis-je ; si vous pouviez me souffler un peu de ce génie, que je sens dans vos toiles sans les comprendre, hélas !...

— Réfléchissez à cela, me dit-il, en me serrant la main.

Mon tableau est vrai, il faut plus encore... m'avait-il dit. L'imprimerie me donnera cette note, me dis-je.

Nous nous quittâmes et j'obtins de lui la promesse d'une autre visite à l'achèvement du prochain tableau.

— Volontiers ! me dit-il en souriant, et, cette fois, sans hésitation...

Ouf ! me dis-je, quand il fut parti, quel assaut !... enfin

je dois être content. Ma femme m'attendait avec anxiété (Ma fille avait à ce moment trois ou quatre ans. Elle était notre consolation, notre espoir ; c'était la seule, sur quatre, qui nous restait). Elle vit bien à mon air que j'avais une bonne nouvelle :

— Si tu pouvais réussir ! me dit-elle, ce serait l'avenir de cette enfant, car je crois qu'elle ne peut compter sur rien, de ton côté pas plus que du mien.

J'ai quelqu'espoir, ma bonne amie.

Et je lui raconte le résultat de la visite de M. Corot.

— Maintenant je vais prier M. Daubigny de venir...

Le lendemain j'y fus... Il demeurait à ce moment, quai de la Tournelle. Très aimable, il me promit pour le lendemain....

Son appréciation fut bonne.

— En avez-vous beaucoup comme cela à faire, me dit-il ?

— Quarante, lui dis-je.

— Faites-les (sic) me répond-il.

Ces grands artistes comprenaient ma pensée ; malheureusement il n'en était pas de même de mes industriels.

On se rappelle ce mot de M. Tresca « commençons par l'usine ». Tout allait donc pour le mieux. J'avais gagné à ma cause l'*Artiste* et l'Ingénieur. Que fallait-il donc encore vaincre pour marcher... On va bientôt le voir.

Les portes du Conservatoire m'étaient donc ouvertes. J'allai voir M. Perrin, l'industriel pour qui je faisais cette scierie. Il m'avait donné et laissé prendre chez lui tous les renseignements qui pouvaient m'être utiles.

Il vint à mon atelier et, sans prétendre s'y connaître en matière d'art, il me dit :

— « Ceci manquait au Conservatoire, c'est la vie des ateliers (sic). Je suis heureux, monsieur Lepage, que vous ayez réussi ».

Quelque temps après il me paya ce tableau le prix convenu et je me disposais à l'envoyer au Conservatoire lorsque je reçus une lettre de M. Tresca, m'invitant à passer à son bureau... Je crus que c'était pour s'entendre avec moi sur la place à lui assigner. Hélas ! C'était une nouvelle tuile qui m'arrivait sur la tête.

M. Tresca m'annonçait qu'il ne pouvait maintenir, dans toute leur intégrité, les conventions faites entre nous ; qu'il avait reçu des ordres supérieurs.

Comment cela ? Quel revirement ? me disais-je. Qu'est-ce qu'il y a encore là-dessous ?

— Il faut que vos tableaux passent par le Salon, me dit M. Tresca ; nous ne pouvons, sans cette condition, les admettre dans nos galeries.

— Ce n'est pas possible, il y a autre chose que cela, M. Tresca, vous ne voulez ou ne pouvez pas me le dire.

— Voyez le général. Peut-être vous donnera-t-il d'autres explications.

Le général était justement à son bureau. J'entre. Il me dit :

— Vous connaissez la nouvelle convention pour vos tableaux. Nous ne sommes pas des artistes. Le plus simple c'est de passer par le Salon... Vos Industriels ne pourront pas s'en plaindre et nous ne serons pas exposés à ce que l'on dise que nous nous mêlons de choses qui ne nous regardent pas (sic). En avez-vous beaucoup en vue ?

— Oui, général, je pense en terminer encore un pour l'année 1866.

— Eh bien ! envoyez d'abord celui-là, cette année-ci.

— Mais s'il était refusé, lui dis-je, comment m'arrangerai-je avec mon client ?

— Ah ! il y a toute chance qu'il soit reçu, mais il faut passer par là ..

Je vis bien qu'il n'en démordrait pas...

On comprend que cette nouvelle convention changeait complètement mon affaire — tous ceux qui passent par des jurys ne le savent que trop. Je n'avais qu'un mois environ à attendre ; je ne commençai point mon autre tableau ni ne prévint mon Industriel ; comme j'avais un an pour l'exécuter, je pouvais attendre.

Tout ceci m'offrait trop d'aléa ; j'étais découragé...

Ma femme me dit :

— Tente... Si tu es reçu, tu sauras à quoi t'en tenir ; sinon, que veux-tu ?

— Mais qu'est-ce qu'il y a dans c s tableaux qui leur déplaît !

— Tu te montes la tête. Il n'y a rien, tous ces gens-là ignorent que c'est une question de vie ou de mort pour nous.... Ils ne voient rien là-dedans ; tu es pour eux comme tous les artistes, voilà tout ; il faut passer par le Salon pour être peintre. Courre cette chance puisque c'est fait, mais si c'était à commencer, je ne te le conseillerais pas, car vrai, deux années de loyer d'atelier et tous les frais... Tu sais ton bénéfice ?

— Oui, mais je me suis fait la main ; celui que je vais entreprendre ne passera pas l'année.

— En tout cas, ne le commence pas avant d'être sûr de ta réception au Salon.

— C'est bien entendu.

Enfin arrive le moment de l'envoi au Salon. C'était la première fois que je passais par là.... Quatre hommes portaient mon tableau à plat sur leurs épaules et moi je les suivais... J'ai traversé comme cela une partie de Paris, descendant la rue Rochechouart, arrivant à la Concorde, puis aux Champs-Elysées ; là, j'entre dans le Palais de l'Industrie où le gardien me conduit avec mon tableau au 1er étage.

Je n'étais pas seul... vous vous en doutez bien ; il s'agissait de le présenter au bureau d'enregistrement : deux hommes le dressent devant le bureau, le soutenant pendant qu'on inscrivait le nom de l'artiste, la nature du sujet et qu'on y colle un numéro. Me voilà débarrassé de cette corvée. Ce transport presque funèbre m'avait coûté bon ! Je fis la réflexion qu'il fallait être riche pour être artiste.... Allons jusqu'au bout, me disais-je ; je suis pris dans l'engrenage, il faut y passer et en sortir sain et sauf, c'est là le difficile. Il y avait trois semaines environ de cela, je ne recevais aucune lettre, c'était bon signe ; enfin j'apprends que les différents jurys ont fini leurs travaux, j'étais donc *reçu*. Allons ! tout va bien, me disais-je. *Reçu* avec mon premier tableau... Bravo !... Tout le monde était content ; mes amis me félicitaient.

— Vous voilà peintre, disaient les uns.

Que d'éloges !

Enfin si j'avais été d'une nature à m'emballer, à les entendre, ma fortune était faite. Ma femme était contente, mais ce revirement du Conservatoire lui produisait le même effet qu'à moi, il nous laissait du froid ; notre enthousiasme ne dépassait point une juste mesure.

Quelque temps après, je vis M. Corot ; il me dit :

— Eh bien ! Vous voilà content.

— Certes oui !

— Il y a eu quelques protestations pour le genre, quelques-uns voulaient y voir une réclame... Je sais bien qu'il n'en est rien... mais c'est toujours ainsi, on ne plaît pas à tout le monde.

— Mais enfin, monsieur Corot, puis-je continuer ?

— Comment donc ! Certainement ; je n'ai pas été reçu comme cela d'emblée, moi...

— Merci, monsieur Corot, cela m'encourage ; je vais commencer mon autre tableau et vous vous apercevrez que vos conseils ont porté.

— Très bien ! me dit-il. Courage...

Comme vous le voyez, il eut été peu courageux de ne pas faire un deuxième effort ; j'étais pourtant bien gêné dans mes finances, je le fis cependant.

Je travaillai à ce nouveau tableau pendant un an ; la gravure marchait encore un peu, mais la concurrence me minait ; comme je l'ai dit plus haut, il m'eut fallu quelques milliers de francs pour établir quelque chose de solide et pouvoir soutenir la concurrence. J'en étais loin, il n'y fallait plus penser. Sans rien négliger de mon gagne pain je travaillais d'arrache-pied à ce tableau. C'était pour M. Sardony ; le sujet était une *Imprimerie vue la nuit*. Je rencontrai dans ce travail de grandes difficultés auxquelles je ne m'attendais pas ; dessus, plus d'une fois, j'eus des défaillances.

La perspective, tout autre que celle de mon premier tableau, une architecture toute différente et aussi l'ensemble d'une composition que les effets de lumière rendaient plus difficile, me fit craindre un moment un échec ; je n'atteignais pas à ce que je sentais... Je me rappelais les conseils de M. Corot : « la pensée ». La pensée ! c'est une chose bien difficile à saisir pour tout le monde en général et, en particulier, pour le débutant en matière d'Art. Qu'est-ce que la pensée, l'élévation, le style, dans un tableau ? Tous les genres peuvent-ils y conduire ? Consultez les tableaux de Léonard de Vinci, du Poussin, de Claude, de Rembrandt, de Chardin, de Millet, de Corot, de Daubigny : Vous aurez la réponse. Mais, pour juger ces œuvres, il faut avoir senti soi-même la nature et pénétré le secret qu'elle découvre à toute âme éprise de ce qu'elle renferme de science, d'art, de poésie. Dans la nature, il est partout, ce secret. Dans une pierre, dans une simple feuille, dans la moindre fleur, dans la majesté des eaux, dans le plus petit comme dans le plus grand des êtres, pourvu qu'ils soient entourés de lumière, d'air et de vie. L'Art est là. Enfin, lorsqu'un tableau possède ce prestige dont Le Poussin, Claude et Rembrandt sont les maîtres par excellence, est-il nécessaire pour cela de recourir à de grands effets ? Non. Le Poussin y arrive par une science profonde, Claude par des perspectives admirables, Rembrandt par des effets d'une harmonie surprenante, Michel-Ange par la vie et le grandiose ; tous par la sincérité et la conscience : c'est la porte de l'Art. C'est ce que Corot a voulu me faire comprendre lorsqu'il m'a dit : « C'est vrai, mais l'Art peut davantage ».

Il faut que j'arrive à cela .. me disais-je.

— Votre genre est ingrat, me disaient quelques-uns.

— Comme tout genre qui débute, répondais-je.

Ma volonté était ferme et ma confiance très grande. J'ai déjà intéressé avec mon premier tableau, me disais-je, je ne puis être au-dessous de moi-même dans ce second. C'est sous cette impression soutenue que mon deuxième tableau a été achevé. Avant de le présenter, je jetai un dernier coup d'œil sur mon travail : Ça me semble bon, dis-je.

Je priai le Général et M. Tresca de bien vouloir venir le voir. Ils me dirent en riant :

— Nous le verrons au Salon.

Je priai donc M. Corot de passer à mon atelier, ce qu'il fit avec empressement. J'avais aussi prévenu mon

client ; il envoya quelqu'un qui ne se prononça pas.
J'étais plus sûr de moi-même qu'au premier ; M. Corot
lui-même arrivait plus confiant. Il prend place au
même endroit que l'année précédente, examine plus
longtemps, cette fois, et me dit en me serrant la main :

— Il y a de la verve et une certaine distinction :
C'est un tableau. Il fixe ma pensée (*sic*).

— Puis-je l'envoyer au Salon ? lui demandai-je.

— Oui et *vous pouvez dormir sur vos deux oreilles,*
celui-ci distance l'autre de beaucoup au point de vue de
l'Art. Allons, courage ! vous prouvez... vous prouvez....

J'étais tellement convaincu que je pouvais l'envoyer
que je ne songeai même pas à appeler M. Daubigny,
qu'on trouvait du reste assez difficilement — il était
toujours dans sa barque copiant la nature... Quel
maître !...

Je porte donc mon tableau aux Champs-Elysées
(1866).

Nous connaissons la route, le mode de transport et le
classement ; ceci fait je rentre à la maison. Ma femme
était, comme moi, convaincue du succès. Je reprenais
courage.

On parlait alors beaucoup de l'Exposition universelle
de 1867. Plusieurs grands industriels m'avaient promis
des commandes. Ils étaient venus dans mon atelier et je
devais traduire leur spécialité ; j'avais encore de beaux
sujets à traiter... Le travail ne me manquait pas. Il me
vint aussi d'un orfèvre la commande d'un bouclier (à
repousser en argent) ; je devais trouver la composition du
dessin et la soumettre à l'orfèvre, M. Massard, qui en
devait faire l'offre à l'empereur Napoléon III. J'avais
aussi quelques travaux de gravure d'une certaine
importance : des frontispices d'albums industriels, des
blasons d'industries ; j'entrais en plein dans la voie que
j'ouvrais. On le voit, tout semblait marcher à l'envie.
Nous allons peut-être enfin sortir de l'ornière, me disait
ma femme, mais tout cela ne nous donne pas d'argent
pour le présent, au contraire ; mon pauvre ami, cela me
fait de la peine d'être toujours après toi ; mais il faut
faire bouillir la marmite. J'avais heureusement des

personnes qui m'en devaient, je cours chez l'une d'elles.
Mais ce n'est pas tout d'aller chez les gens, il faut encore
les trouver chez eux et beaucoup étaient à la campagne.
Pressé par la nécessité je pense à M. Sardony. Il était
là ; il me dit :

— Je n'ai pu aller voir mon tableau, mais je peux
vous donner 500 francs à compte.

— Bon, lui dis-je, je vous remercie ; je pense que
vous le verrez au Salon.

— Ah ! ah ! très bien, nous verrons ça...

CHAPITRE V

LA NOBLESSE DU TRAVAIL

Me voilà tranquille un moment. Je pensai alors à loisir au bouclier de l'orfèvre. Il m'avais montré un bouclier en plâtre, un surmoulage d'une œuvre de Rosso.

— Voilà à peu près la grandeur, m'avait-il dit, recueillez-vous et venez, s'il vous plaît, monsieur Lepage, mardi soir, nous prendrons le thé et causerons plus sérieusement de cette affaire. Je vous attends.

Mardi arriva, j'allai au rendez-vous. Me voilà donc chez l'orfèvre ; j'entre. Autour d'une grande table longue, recouverte d'un tapis vert, étaient assises plusieurs personnes que je ne connaissais pas.

— J'ai invité, me dit mon client, quelques amis pour causer de notre projet ; plusieurs avis valent mieux qu'un... ces Messieurs, comme moi, touchent plus ou moins directement aux Arts ; « du choc des idées jaillit la lumière » ajouta-t-il, comme s'il avait inventé ça.

Il met sur la table du fusain, me donne une grande feuille de dessin et me dit :

— Allons, monsieur Lepage, qu'est-ce que vous allez nous faire ?

— Je n'ai pas eu beaucoup le temps d'y penser, lui dis-je, vous me prenez au dépourvu.

—Allons, une idée ; je connais votre habileté.

Oui, mais il faut être en verve...

Je me trouvais pour ainsi dire obligé de dessiner, sans avoir songé à ce bouclier. On sait que les idées ne me manquaient pas pour créer les allégories ou les attributs de la glorification du travail, et c'était le but.

Je me reporte au siècle de Rosso et, sur le surmoulage qui était là, je fis devant la compagnie, le commentaire de l'œuvre.

« La vue de ce bouclier, dis-je, que nous pouvons contempler, caractérise une toute autre époque que la nôtre et c'est seulement par un vrai contraste que nous pouvons réussir. La tâche est difficile, l'œuvre que nous avons devant les yeux est magnifique d'exécution. Si nous ne pouvons arriver à une aussi grande perfection matérielle, d'un autre côté, comme compensation, nous avons un champ vaste et nouveau dans la composition.

Ici, dans le médaillon du centre, on voit une bataille furieuse ; il semble que l'humanité déchaînée trouve de la gloire à ces luttes homicides. Autour de ce principal médaillon, sont enchaînées, de malheureuses créatures, victimes de ces luttes...

L'artiste, obligé de marquer la souffrance, les tortures, tourmente presqu'outre mesure ses personnages et parvient à faire de son œuvre un Enfer vivant, triste et trop réelle image d'une époque passée dont il ne restera bientôt plus que le souvenir. »

Et, prenant un fusain, je traçai rapidement le contour du bouclier, m'écartant peu du modèle.

« Les batailles aujourd'hui, dis-je, n'ont plus l'aspect de ces massacres du moyen âge, bataillons contre bataillons ; la tactique remplace la lutte corps à corps, toute gloriole individuelle est écartée, le soldat perd chaque jour de son prestige et n'est bientôt plus qu'une bouche à feu qu'on remplacera prochainement par une machine. Dans ces conditions la guerre n'est plus rien, elle doit cesser... M. Yvon, peintre, semble avoir compris cela dans son œuvre (la bataille de Solférino).

« L'Empire c'est la Paix », a dit l'Empereur. Ce mot fera le tour du monde... il est déjà aujourd'hui celui des peuples.

Je propose donc, sans rien changer à l'œuvre de M. Yvon, la bataille de Solférino comme médaillon principal ; il rappellera ces paroles mémorables de l'Empereur au dernier Congrès : « Souverains de la terre !... une vieille société croule pour faire place à une nouvelle. Sur les débris épars et sanglants des erreurs de nos pères, travaillons aux fondations d'un nouvel édifice social ».

« Ces paroles, dites pour la première fois par un souverain m'ont frappé : L'Empereur, me disais-je, voudrait donc honorer et glorifier le Travail ? Voilà la nouvelle gloire !... Messieurs.

Eh bien, au lieu d'entourer ce médaillon de geôles et d'instruments de torture, je vais faire briller autour, par de belles allégories et par de nouveaux attributs, les progrès du siècle :

Au lieu de prisonniers enchaînés et malheureux, fruit des guerres où l'orgueil a seul une part...

Je personnifierai dans une même pensée. ces deux grandes puissances du siècle : la Vapeur et l'Electricité. — Supportant le médaillon et dominant le sujet, le Progrès présentera à l'Empereur un rameau d'olivier. » (On sait que dans le tableau d'Yvon l'Empereur est à cheval, commandant la bataille.)

Et je traçai, en quelques lignes, la place que toutes ces figures devaient occuper... La verve me venait et en peu de temps le dessin du bouclier était garni d'attributs qui en complétaient la décoration.

On se rappelle ma conversation avec M. Tresca :

J'appliquai les attributs nouveaux que j'avais imaginés : le levier entouré d'une hélice pour remplacer l'affreux et lourd marteau... le cylindre à vapeur garni de fruits pour remplacer la corne d'abondance, la sphère intellectuelle et le stylet pour la désencroûter, le grand cordon des travaux contenant les blasons des professions la croix de mérite des inventions et la couronne de fer... On peut voir que je ne manquais pas d'attributs pour symboliser mes allégories ; le tout produisait un ensemble original que je vois encore et que je regrette n'avoir plus en ma possession. Evidemment ce n'était qu'une inspiration jetée sur le papier, mais tout un poème du Travail s'y trouvait...

— Ici je m'arrête, Messieurs, dis-je, ma pensée dépasse mes forces... il faudrait un crayon plus autorisé que le mien pour la bien rendre.

— Allons, dit M. Massard, *je vous connais, vous allez nous faire quelque chose de nouveau ; au moins avec vous, je suis sûr que vous ne rabâcherez pas toujours la même chose*, vous venez de nous en donner la preuve.

— Eh bien, dis-je, puisque c'est ainsi, j'emporte ce premier jet et dans quelques jours je vous apporterai un dessin complet de ce travail.

— Allons ! me dis-je, voilà encore une occasion de prouver ce que j'avance. Bien des mots, lancés sur le chemin de ceux qui cherchent, m'arrivaient souvent de la part de mes soi-disant amis... Vous ne doutez de rien « qui trop embrasse mal étreint ». « Méfiez-vous de la grenouille qui veut se faire plus grosse que le bœuf », etc., etc. Gens charitables qui le plus souvent prennent leur paresse d'esprit et leur pusillanimité pour la suprême sagesse. Malgré tout mon courage, ces pointes acérées me faisaient réfléchir, et ce jour-là peut-être plus que de coutume. Aussi rentrai-je à la maison un peu triste.

Je n'avais cependant aucune raison de l'être, mais j'avais comme le pressentiment d'un malheur. Ma femme m'attendait. Je lui raconte ce qui s'était passé !

— J'en ai de la besogne, lui dis-je, que je me suis taillée : Tiens.

Et je lui montre ce que j'avais fait séance tenante.

— Es-tu convenu d'un prix ? me dit-elle.

— Non, comment veux-tu établir un prix, même approximatif sur un pareil travail ? M. Massard est très riche. Il ne pense pas faire à l'Empereur, un cadeau qui ne lui coûte rien, je suppose ?

— C'est vrai.

On verra plus loin comment s'est terminée cette affaire...

— Eh bien, dis-je à ma femme, il n'y a rien de nouveau pour mon tableau ?

— Non.

— Ah ! bien alors il est reçu ; tout va bien. Allons nous reposer. Et Berthe ?

— Elle dort comme un petit ange. Est-on heureux quand on est enfant ? On se laisse vivre. Hélas ! quand connaîtrons-nous cela...

— Ça viendra ! ça viendra ! dis-je, la chance va peut-être tourner.

Le lendemain je me disposais à aller à mon atelier pour achever des gravures sur des dessins qu'un Comte m'avait confiés, lorsque la concierge me remet une lettre. Fatalité ! Mon tableau refusé ! Je n'y pouvais croire. Heureusement, me dis-je, que ma femme n'a pas reçu cette lettre. Quel coup !...

« A quoi tient la destinée d'un homme. J'étais ruiné, perdu, je ne pouvais me relever de ce coup-là. Refusé !... dis-je, mais pourquoi ?... « Vous pouvez dormir sur vos deux oreilles » m'avait dit M. Corot...

J'étais anéanti !... Comment vais-je annoncer cela à ma femme ? Elle qui était si remplie d'espérances. Je n'avais plus le courage de travailler.

Ce refus entraînait après lui toutes sortes de conséquences : Arrêt de mes commandes, non paiement par l'industriel de mon tableau puisqu'il ne pouvait entrer au Conservatoire, loyer déjà en retard de mon atelier et qu'il me devenait impossible de payer... C'était un vrai coup de massue... Pourrais-je supporter tout cela ?

Enfin je me décide à rentrer à la maison. Ma femme savait la nouvelle : une lettre de M. Corot la lui avait apprise. Voici cette lettre.

Ce samedi.

« Monsieur,

» J'ai le regret de vous annoncer que votre tableau n'a pas trouvé grâce, malgré les efforts de plusieurs collègues.

» Je ne pouvais m'attendre à ce refus.

» Tout à vous.

» C. COROT. »

« M. Corot, mon cher maître, comme je vous ai béni...
et je vous bénis encore d'avoir écrit cette lettre ; vous
avez compris, vous... le coup terrible que la lettre de
refus allait porter, et vous avez voulu en prévenir les
funestes effets. Merci !.. merci encore ! Votre renommée
aujourd'hui dépasse les bornes où votre modestie vous
plaçait, lorsque vous me disiez : « A 60 ans je ne savais
pas encore si j'étais un peintre, c'est tout au plus si, au-
jourdhui encore, un petit musée de province trouve une
place pour mes tableaux » (sic). Maintenant le Louvre
n'est pas trop grand pour vous mon illustre Maître, et
je suis fier, malgré tous mes insuccès, d'avoir trouvé un
défenseur tel que vous ! »

— Mon pauvre ami ! me dit Octavie en me remettant
cette lettre. Lis, comment allons-nous faire ?

Elle devinait trop la situation.

— Je vais d'abord voir le général Morin ; avec ce
petit mot de M. Corot, peut-être trouverai-je grâce pour
mon tableau, et aurais-je sa place dans les galeries du
Conservatoire.

Je me rends donc d'abord au bureau de M. Tresca,
avec lequel j'étais plus à mon aise. Il me dit :

— Ce tableau plaît moins que l'autre au Général et
cette défaveur qui vient de vous arriver ne le dispose
pas très bien.

— Mais, lui dis-je, M. Corot, dont je vous présente ce
petit mot qui fait foi, le trouve bien supérieur au premier. Je croyais avoir réussi l'alliance si difficile de
l'Art et de l'Industrie. Est-ce qu'il y a des choses du
côté technique qui l'aient choqué ?

— Non ; du reste voyez-le, il est là.

Je vais donc voir le Général... Il ne me reçut pas
comme d'habitude.

— C'est un terrible coup, lui dis-je, que je reçois-là,
et je pensais à ce Musée du Travail que j'avais rêvé, si
d'autres artistes encouragés, et de verve différente étaient
venus y ajouter l'histoire, le portrait, le genre, l'allégorie, l'attribut, etc...

— Enfin, mon Général, je pense que ce refus ne me
fermera pas l'entrée du Conservatoire. Voyez cette lettre ;

M. Corot dit : « Je ne pouvais m'attendre à ce refus ».
Il n'est donc pas mauvais ce tableau...

— Vous connaissez les conventions, n'insistez pas
davantage.

— Eh bien, monsieur le Général, quelles que soient
les raisons qui ont pu faire refuser ce tableau, il aura sa
place au Conservatoire, puisqu'il lui faut cette sanction.

— Je ne comprends pas... me dit-il en cherchant à
deviner ma pensée.

— Oh ! ce n'est pas à vous, mon Général, que ceci
s'adresse; c'est au jury.

— Vous jouez gros jeu !...

— Si je ne sauve pas l'argent, je sauverai du moins
l'honneur. Plus ce tableau rencontrera de luttes, plus
j'acquerrai la preuve que M. Corot a raison.

— C'est votre affaire...

Rentré chez moi j'écrivis à M. Corot : « Demain matin je serai à votre atelier si je ne reçois pas contre-ordre ».
Il m'avait dit de toujours le prévenir. Dans l'après-midi
je me rendis chez M. Sardony que je n'avais pas encore
vu ; je lui annonce mon échec et le refus de son tableau
au Conservatoire.

— Mais, lui dis-je, j'espère gagner le Général.

— Tout ce que vous voudrez, me dit-il. Mais pour
moi, qu'est-ce que vous voulez que je fasse de ce tableau :
une enseigne (sic) ? C'est bien assez payé, 500 francs.
(On se rappelle qu'il m'avait avancé 500 francs sur ce
travail). Rendez-moi mes 500 francs ou mon tableau.

— Votre tableau ! lui dis-je, il sera au Conservatoire
ou à personne, je le détruirais plutôt.

Je racontai le lendemain ce qui venait de se passer à
M. Corot. Il me dit :

Voulez-vous 500 francs. Il faut vous débarrasser de ce
Monsieur-là.

— Merci, monsieur Corot, il me doit, il me paiera : Il
y a des juges à Paris ! Donnez-moi seulement une lettre
qui confirme ce que vous m'avez dit dans mon atelier et
j'en aurai bientôt raison...

— Très volontiers, me dit-il.

Et il m'envoya cette lettre :

« Monsieur,

» C'est avec plaisir que je vous donne ce nouveau témoignage de satisfaction à l'égard de votre tableau envoyé à l'Exposition de cette année.

» Je l'ai trouvé très bien et fait avec une parfaite conscience ; il n'a manqué que deux voix pour qu'il fût admis ; ce sont des malheurs qui sont grands, et malgré tous les soins que mettent à ce travail les membres du Jury, sa peine est si grande qu'il doit arriver des erreurs, c'est inévitable.

» Recevez, Monsieur, l'assurance de ma considération,

» C. COROT ».

J'écrivis au même moment à M. Daubigny père dans les mêmes termes. Je me trouvais ainsi en règle avec le Conservatoire selon mon premier engagement.

Voici la réponse de M. Daubigny :

« Monsieur,

» Il vaut mieux tard que jamais : je suis en voyage avec mon bateau, ce qui est cause du retard que je mets à répondre à votre lettre.

» Je ne puis, au sujet de votre tableau de l'Intérieur de l'Imprimerie la nuit que vous répéter ce que je vous ai déjà dit de vive voix, que je le trouve très beau d'effet et que c'est un très bon tableau ; et que le jury, qui n'est pas plus infaillible que le pape, a eu tort de refuser.

» Si cette appréciation de moi peut vous être de quelqu'utilité, je vous la donne très sincèrement.

» C. DAUBIGNY ».

On pouvait croire que ces deux lettres suffiraient pour que ce tableau prît place à côté du premier. Non.

Il me fallut aller jusqu'au bout .....j'étais sous le poids terrible que le mot *refusé* jette sur les œuvres.

« Emporte ta toile, malheureux ; elle ne doit pas voir le jour.

Que m'importe ta peine, ton temps, tes sacrifices, tes espérances, tes enfants, ton avenir...

Sois puni de ta témérité : Tu te crois artiste ; tu n'es qu'un sot orgueilleux.

Vas-tu t'entêter, après ce refus, à suivre un Art pour lequel tu n'es pas né. Préfères-tu devenir mauvais père, mauvais époux. Veux-tu quand même faire partager tes folies aux tiens, les plonger dans la misère noire ?

Crois-nous..... rejette tes pinceaux et ne songe plus à cela, pauvre fou..... »

Voilà ce que la conscience d'un honnête homme dit : lorsque, sur les essais qu'il soumet sans défense à l'autorité d'un jury qu'il croit sérieux, on écrit sur son œuvre : *refusé*.

Toutes ces réflexions me passaient par la tête..... Ils ont peut-être raison, me disais-je..... Mais j'en aurai le cœur net..... Je veux savoir si ce sont les peintres qui me rejettent ou si c'est l'Administration.

A cette époque le Salon était officiel ; le jury était composé d'artistes pour les deux tiers, et l'autre tiers de personnes faisant partie de l'Administration.

J'écrivis au comte de Nieuwerkerk, surintendant des Beaux-Arts. Peut-être, me disais-je, est-ce suffisant, et aurai-je de lui l'explication que je cherche (Il était président des jurys).

Voici sa réponse :

17 avril 1866.

« Monsieur,

» C'est par vous uniquement que j'ai appris la décision qui exclut vos tableaux de l'Exposition, car si je préside les divers jurys lorsqu'ils sont réunis, je n'assiste jamais à leurs travaux qui ne sont soumis à aucun contrôle. Croyez que je prends part à vos chagrins, mais il n'est pas en mon pouvoir d'y porter remède.

» Recevez, Monsieur, l'assurance de mes sentiments distingués,

Le Sénateur, surintendant des Beaux-Arts.

» Cte de Nieuwerkerk ».

Je n'étais pas plus avancé.....

Réglons d'abord les affaires d'argent, me dis-je ; et je fis un procès en règle à M. Sardony.

Mon avoué m'avait dit : procurez-vous le plus de documents possible.

— Cette année 1866, avait été funeste à plusieurs artistes : Manet, Legat et d'autres encore avait été victimes ; un artiste même, dont je ne me rappelle plus le nom, s'était brûlé la cervelle.....

Ceci avait produit un mouvement inaccoutumé dans le monde des Arts.

Il se forma une protestation qui prit une certaine importance ; elle avait été provoquée par M. Legat, devenu depuis un de mes meilleurs amis. Naturellement j'y répondis et je fus nommé secrétaire de la manifestation que nous allions tenter.

Nous cherchâmes à avoir à notre tête quelques noms. J'écrivis au nom de tous, à quelques grands personnages. Le marquis de Boissy, sénateur, seul répondit.

Voici cette réponse :

« Monsieur,

» La question est soulevée : maintenant aux artistes de s'entendre, de provoquer des mesures qui les mettent à l'abri de la partialité, des complaisances, des influences et, trop souvent aussi, du désir d'être agréable aux dispensateurs des *récompenses*, plus souvent des faveurs que des récompenses dans la véritable acception du mot.

» Les artistes sont nombreux par le talent, ils sont importants, assez importants pour que leurs doléances soient entendues, et que l'intérêt ou l'amour-propre de l'autorité ne doive, ne puisse les étouffer. Aux artistes de se défendre. Il n'est que trop certain que le Jury ne présente pas les conditions d'impartialité qu'on en devrait attendre ; qu'il y a des admissions de faveur, des refus d'antipathie contre les individus ou contre les gens. Nous plaiderons certainement la cause des artistes, mais c'est aux artistes à engager le procès.

» Que vont-ils faire ? Beaucoup d'admis ne vont-ils pas être effrayés d'indisposer contre eux leurs juges devant les juges encore une fois. Qu'ils aient du courage et ils triompheront — l'opinion publique est très prononcée contre l'omnipotence directe ou indirecte de l'administration qui, de fait, domine le jury.

» Marquis de Boissy ».

Je commençais à y voir un peu plus clair.

Mon procès allait toujours.....

Comme on a pu le voir tout m'aiguillonnait : « le besoin d'argent », l'amour-propre, justice rendue à mes bienfaiteurs et peut-être services rendus à tous les artistes.

Le fait est que l'année suivante on fit une Exposition à part, de refusés — triste parti pris — mais qui conduisit à une plus grande extension du suffrage. Tous les artistes reçus trois fois au Salon devenaient électeurs et enfin — tard c'est vrai — l'administration fut écartée. C'était un grand pas de fait, ce qui montre qu'il ne faut pas se lasser de combattre et dédaigner les efforts des hommes isolés.

Je continuai donc mes démarches et j'obtins une majorité écrite.

Il serait trop long de faire figurer ici toutes ces adhésions ; je me contente seulement de présenter une lettre de M. Gérôme, peintre d'histoire, et de M. Brion, peintre allégoriste, leur genre tranchant sur les deux autres.

« Monsieur,

» J'ai examiné votre tableau que je n'avais pu voir lors de l'examen par le Jury de 1866, parce que, à ce moment, j'étais en voyage et que par conséquent je n'ai pu remplir mes fonctions de juré. Je pense que le refus,

dont il a été l'objet, n'est qu'un accident qui a dû tenir
surtout à l'aspect un peu noir du tableau, aspect inévitable d'ailleurs puisque c'est un effet de nuit. J'ai étudié
ce tableau avec soin et je l'ai regardé longtemps très
sérieusement puisque vous m'avez demandé mon avis...
C'est une œuvre consciencieuse dont l'exécution était
difficile et vous avez su la mener à bonne fin ; l'effet des
lampes est très juste, la composition du tableau est bien
combinée, et, comparant avec l'œuvre de l'année précédente, j'ai trouvé un sensible progrès que je n'hésite
pas à constater.

» Croyez, Monsieur, qu'un jury qui a tant d'œuvres à
voir est excusable d'une erreur ; je puis d'autant mieux
invoquer pour lui les circonstances atténuantes que je
n'y étais pas.

» Recevez, Monsieur, l'assurance de ma considération
très distinguée,

» GÉRONE ».

On se rappelle qu'il ne me manquait que deux voix :
En voilà une de trouvée. Voici la deuxième qui me
manquait :

« Monsieur,

» J'ai revu avec plaisir votre Intérieur d'Imprimerie et
j'y ai trouvé de sérieuses qualités lors de ce second
examen.

» L'ingratitude du sujet et surtout de l'effet que vous
avez du reste très bien rendu, sont cause, sans doute,
que ce tableau n'a pas été autant apprécié qu'il le mérite ;
je ne le trouve pas inférieur aux autres sujets du même
genre que je connais de vous.

» Recevez, Monsieur, l'assurance de mes meilleurs
sentiments,

» O. BRION ».

J'aurais pu m'arrêter là : mor procès n'était-il pas
gagné ?

Mais je me rappelais la lettre du marquis de Boissy, Je recueillis donc encore d'autres adhésions, dont je cite seulement les noms : Barrias, Français, Isabey, Dubufe. Th. Rousseau, Paul Baudry, Gleyre Fils, Bida et Fromentin ; ces deux derniers seulement ne me donnèrent pas d'adhésion écrite, mais ils m'assurèrent m'avoir donné leurs voix. J'étais donc fixé : l'officiel et tout ce qui s'en rapprochait m'était hostile (1).

Le marquis de Boissy avait donc raison. Je ne crois pas qu'il y avait antipathie contre moi, mais contre le genre peut-être, contre la grande idée que je poursuivais : La Glorification du Travail qui sentait déjà le socialisme encore à l'état d'embryon.

Il venait de paraître une brochure de M. Ingres... une véritable protestation pour combattre une tendance très marquée en ce temps-là, de l'Art industriel voulant reprendre sa place aux Beaux-Arts.

Pour protester, à mon tour, contre une si étrangère protestation, j'écrivis à M. Burty, rédacteur en chef du journal *la Presse*, la lettre suivante :

4 janvier 1864.

« A Monsieur Philippe Busty,

» Trouverai-je grâce devant votre estimable journal pour une protestation qui me semble intéresser au plus haut point l'Art et les artistes.

» Dans une brochure publiée récemment, M. Ingres, à l'occasion de l'Ecole des Beaux-Art, tient un langage vraiment incroyable.

« Maintenant, dit M. Ingres, on veut mêler l'Industrie à l'Art.

(1) Toutes ces lettres sont en ma possession. Elles ont été présentées à l'éditeur de ce livre avant son impression. Elles affirment toutes leur adhésion. J'extrais encore ces quelques lignes (d'un peintre bien connu) très significatives. « J'avais donné ma voix à M. Lepage, son œuvre est pleine de belles qualités. Paul BAUDRY ».

« L'Industrie, *nous n'en voulons pas*; qu'elle reste à sa place et ne vienne pas s'établir sur les marches de notre École, vrai temple d'Apollon, consacré aux Arts seuls de la Grèce et de Rome. »

» Il faut convenir que ce passage est peu flatteur pour notre époque, surtout pour les hommes illustres qui en font la plus grande gloire.

» Quoi! l'Art a trouvé des chants pour la Guerre et resterait stérile pour célébrer le Travail et l'Industrie.

» Les héros de la guerre trouvèrent des poètes, et les héros du travail trouveraient l'Art plus froid devant leurs luttes, leurs dévouements.

» M. Ingres ne veut pas ouvrir le Temple des Beaux-Arts à l'Industrie, regardant cette nouvelle gloire de notre siècle *comme indigne* même de s'établir sur les marches du temple d'Apollon, selon son expression.

» Que M. Ingres y prenne garde.

» Cette grande dame du xixe siècle est riche et puissante; elle représente comme quelques millions de travailleurs couvrant la surface du globe. Elle est entourée des lumières de la science, sa brillante auréole; ses titres de noblesse sont vieux comme le monde; compagne inséparable du travail, elle est le plus beau joyau sorti de l'intelligence de l'homme; et vous lui refusez l'entrée du temple d'Apollon.... Elle en forcera la porte, parce que le Génie, comme le dit très bien M. Cénac-Moncaut (*Revue progressiste* du 16 juillet 1843), est toujours le Génie, « qu'il emploie la plume ou l'épée, la palette ou le ciseau, le compas ou le syllogisme. »

» Prenez garde, qu'habituée à vivre de ses œuvres, elle ne s'aperçoive de votre stérilité et que, riche enfin, pouvant se payer à son tour ses fantaisies, elle ne devienne un nouveau Mécène pour les jeunes artistes, à l'ombre de ses lauriers (1).

(1) Cette lettre était écrite en plein enthousiasme, je croyais rencontrer un écho parmi nos grands chefs de l'Industrie, je me suis trompé. Sur le petit nombre que j'ai rencontré, un me fut particulièrement hostile, et m'a fait le plus de mal possible, on fera bientôt connaissance avec lui....... Mais ceci ne m'oblige pas à être ingrat envers ceux qui m'ont été bienveillants, et je

» Pour ma part, je regrette que M. Ingres, ce digne représentant de l'antique ne lui ait pas ouvert ses bras. Son autorité artistique aurait pu cependant, à l'exemple de ses maîtres, créer de nouveaux symboles, une nouvelle hiérarchie de figures, à l'exemple de la Mythologie et dont les types pourraient être puisés dans le progrès de la science. Il y a là une mine fertile à exploiter.

» Ces précieux matériaux, acceptés naturellement par le prestige même du *nom* de l'artiste, éviteraient dans l'avenir bien des déboires aux pauvres inventeurs dévoués à cette rude tâche, se débattant faute d'un *nom*, dans l'impuissance de se produire.

» Allons, monsieur Ingres, ouvrez la voie à ces milliers d'artistes, arrêtés dans leur verve, ne pouvant vivre de leur art, faute d'un point de départ légitimé ; et rejetez cette vilaine pensée, en offrant, toutes grandes ouvertes, les portes du Temple d'Apollon, dont vous avez la clef : Soyez notre maître, mais ne soyez pas notre bourreau.

» Recevez, Monsieur le Rédacteur, l'expression de mes sentiments les plus distingués.

» C. LEPAGE. »

On était encore imbu, à ce moment, des principes de cette école Ingriste, qui avait écarté sans pitié des Salons annuels, des hommes comme Th. Rousseau, Daubigny, Corot, etc., refusés avec leurs meilleures œuvres. Comme je croyais naïvement à l'indépendance du journalisme, je ne doutais pas que M. Burty insérât ma lettre ; non

me plais à citer ces noms bien connus, et qu'on peut sans craindre nommer. Je remercie donc publiquement M. le général Morin, M. Tresca père, M. Perrin, M. Mazeline aîné, M. Duvoir, M. Denos de Gardissal.... qui m'ont donné l'occasion de m'essayer dans la gravure, dans la peinture, dans la sculpture.

Si je n'ai pas continué, comme me le conseillaient tous mes maîtres en Arts, c'est que la misère noire était à ma porte, et qu'en honnête homme, j'ai dû mettre en balance mon légitime orgueil d'artiste et mon devoir de chef de famille et de citoyen.

On verra pourtant un peu plus loin, les infernales tentations que j'ai dû subir avant de prendre *une suprême résolution.*

seulement cette insertion n'eut pas lieu, mais il ne me répondit même pas. N'est-ce pas encore ainsi... hélas !

Mes riches clients m'abandonnèrent, parce qu'ils ne trouvaient plus la certitude ni du Salon, ni du Conservatoire, et l'Administration m'éloigna, parce qu'il n'entrait pas dans ses vues d'ouvrir ce nouveau champ à l'Art contemporain.

L'artiste avait gagné sa cause devant ses pairs, mais l'homme ne pouvait plus vivre de son métier. Devant la faim, il fallut bien baisser pavillon.

J'étais ce qu'on appelle *coulé*; c'est à ce moment, mon cher monsieur Paul, que je fis le tableau que vous connaissez « Le Noyé. »

Remis un peu de tous ces ennuis, il me prit l'idée d'envoyer mon Noyé au Salon de 1869. On voulut y voir, m'a-t-on dit, une allusion politique... On me refusa de nouveau : le fait est que je ne coulais pas tout seul; l'Empire coulait en même temps que moi.

C'est le moment de reprendre l'histoire du bouclier. On sait qu'il était destiné à l'Empereur Napoléon III, à l'occasion de l'Exposition de 1867.

On se rappelle aussi, qu'en quittant l'orfèvre, j'avais promis de rapporter le dessin achevé du croquis à main levée, jeté sur le papier devant plusieurs personnes.

J'y travaillai en effet sérieusement et, après beaucoup de recherches de documents, je finis par compléter ma pensée; j'approchais du terme où je devais le livrer, lorsque je reçus la visite de celui qui devait repousser et ciseler le travail : c'était un artiste qu'occupait l'orfèvre pour ses bons travaux.

Je lui montre le travail — nous devions nous entendre pour les difficultés du repoussage.

— Ne vous gênez pas, lui dis-je, je modifierai selon vos instructions qui ne peuvent, du reste, rien changer à ma composition.

Il examine très sérieusement. Il trouvait, pour ce qui le concernait, un grand travail à faire.

— M. Massard l'a-t-il vu? me dit-il.

— Il l'a vu, lui dis-je, en lui montrant le croquis.

— Avez-vous fait un prix?

— Non.

— Vous avez eu tort. Je vous parle comme à un collègue. Mais méfiez-vous, c'est sa manière d'agir, il en a déjà roulé plus d'un....

Je me demandais quel intérêt ce Monsieur pouvait avoir à me parler comme cela.

— Mais, lui dis-je, il est riche !...

— Oh ! oui, mais aussi rat qu'il est fortuné. Croyez-moi, ne lâchez pas votre dessin sans argent.

— C'est bien, merci ; un homme prévenu en vaut deux. Vous ne voyez rien à changer ?

— Non. Je ne vois que beaucoup de mal pour moi. Je vais rendre compte de ce que j'ai vu à M. Massard, et lui dire que vous allez lui apporter votre dessin.

— C'est ça. Merci, Monsieur, pour vos avertissements.

Allons, me disais-je, voilà encore un procès qui s'annonce ; je n'en sortirai pas cette année.

Pourtant, je ne puis pas toujours me laisser exploiter comme cela ; tant pis, je suis bien décidé à maintenir mon prix : je le fixe à 1 500 francs.

Il y avait non seulement un grand travail de recherches, mais encore une composition importante, indépendamment de l'exécution d'un dessin, préparé pour la ciselure.

C'est décidé : demain je le porte à M. Massard.

En effet, je le trouve à son cabinet. Je lui montre mon travail, avec tous les documents qu'il m'a fallu trouver ; je lui explique les modifications que j'avais apportées à ma première composition, tout en ne sortant pas du modèle original, que j'avais placé à côté.....
Il ne pouvait que reconnaître une grande conscience dans tout ce travail ; il me le dit, du reste, et me félicita.... Je lui remis en même temps ma note.

— Quinze cents francs ! me dit-il, en me regardant d'un air demi-moqueur ; mais c'est de la folie.

— Pourquoi, Monsieur ? lui dis-je froidement.

— Je ne paierai pas ! je ne paierai pas !

— Mais, Monsieur, pourquoi ?.... faites estimer mon travail.

— Mais, c'est le prix d'un maître que vous demandez-là !

— J'en doute, monsieur Massard ; M. Froment Meurice eut plus que quintuplé...... Je sais bien que je ne suis pas Froment Meurice, mais enfin, Monsieur... vous voulez faire un magnifique cadeau à l'Empereur; *avoir surtout quelque chose d'original*, comme vous me l'avez dit dans un bon moment : avec vous, M. Lepage, je suis sûr au moins que vous ne me rabâcherez pas toujours la même chose; eh bien ! il est possible que cette œuvre n'ait que ce mérité, mais c'en est un et cela se paie. Je maintiens donc mon prix, monsieur Massard.

— Quelle présomption ! Nous verrons cela.....

Me voilà donc avec deux procès sur le dos. Car c'était au même moment que se passait celui de mon tableau.

Je vais commencer par le tableau. Mais avant, je crois intéressant de faire quelques remarques psychologiques très caractéristiques de cette époque.

CHAPITRE VI

UN MAUVAIS GÉNIE

On sait que ce tableau refusé, m'avait été commandé par M. Sardony.

M. Sardony était un ouvrier parvenu. Il s'était déjà associé plusieurs fois. Au moment de ce procès, il avait pour associé un mécanicien de mérite, très sérieux, que je ne vois pas l'utilité de nommer, mais que je mets tout à fait hors de cause, dans tout ce qui va suivre.

Il y avait déjà quelques années que je dessinais et gravais pour M. Sardony; il avait de moi un album de presque toutes ses machines. Il venait d'acheter un brevet américain, mais il ne s'entendit pas, il faut croire, avec son nouvel associé, car ils se séparèrent peu de temps après.

On pourrait se demander, pourquoi M. Sardony faisait un procès de cette nature, à un pauvre diable comme moi.... C'était évidemment peu brave; mais ce n'était pas une question d'argent qui le faisait agir, il était au-dessus de cette misérable somme. C'était une question de principe.

J'avais été dessinateur chez un mécanicien où il avait été contre-maître. Pendant tout le temps que j'eus des rapports avec lui, nous étions les meilleurs amis; nous faisions souvent de longues conversations où venaient se buter nos principes. Notre manière de voir, pour se diriger dans la vie, ne se ressemblait en rien... Aussi, partis d'un même point, aujourd'hui arrivés tous deux aux extrémités de la vie, nous occupons les extrêmes :

... Lui, archi-millionnaire, propriétaire-châtelain, décoré d'un grand ordre de la légion d'honneur, etc. ; moi, pauvre propriétaire d'une petite chaumière, petit fonctionnaire et sans le moindre ruban : il est clair que nous n'avions pas suivi la même route...... Malgré tout ce qu'il y avait de séduisant, de pratique, dans ses raisonnements, j'ai résisté à son influence que je trouvais pernicieuse. Amis longtemps, malgré cela. « Car je suis convaincu qu'il me voulait mon bien, selon sa manière de voir. »

Il finit, malgré cela, par ne plus pouvoir me souffrir. Notre rupture définitive vint à la suite d'une discussion où il me montra le cynisme le plus révoltant.

— « Voilà longtemps, me dit-il un jour, que je veux vous être utile ; je vous ai bien étudié et je ne comprends pas qu'un homme intelligent, comme je vous connais, en soit encore là. Vous avez une belle affaire en main et vous la gâchez... Vous voulez devenir artiste... mais à 60 ans vous n'aurez même pas encore acquis le nom qui vous fera vendre vos œuvres ; il faut être fou pour sacrifier un avenir, qu'en somme vous vous êtes fait, pour des idées dont vous seul n'apercevez pas l'extravagance.

Vous voyez bien que je vous parle dans votre intérêt puisque je vous fais la commande de ce tableau ; mettez donc toutes vos idées d'art de côté et vous avez une mine d'or dans votre entreprise de gravure, de peinture et de sculpture car votre idée est bonne. »

— Oui, je comprends : de la réclame !

— Eh oui, de la réclame ! et il ne faut pas tant la mépriser, vous êtes bien heureux d'en vivre (sic). Mais si vous voulez, car cela ne dépend que de vous, cette réclame peut vous enrichir... Si vous ne le faites pas, d'autres prendront votre place — car voilà au moins huit ans que je vous vois travailler. Ce que vous ne voulez pas faire, d'autres le feront... et toute votre peine sera perdue !...

A ce moment un homme, d'un âge moyen, demandait à lui parler. Il dit au commis : Faites attendre, je suis occupé... Il n'attendit pas et, comme il sortait, M. Sardony me dit :

— Regardez cet individu qui sort... Voilà ce que je vous prédis. Cet homme est fort instruit, fort capable ; il avait, comme vous, des idées généreuses ; il se plaignait des hommes et de la société ; il gâcha son temps, travailla pour rien, mit sa famille dans la plus noire des misères ; il se disait incorruptible. Jamais, disait-il, je ne suivrai cette route dorée où l'on laisse tout : *cœur* et *honneur*.

Savez-vous la route qu'il a prise ?... La route de l'absinthe ! pour tuer, en l'exaltant, la pensée qui le torture. Aujourd'hui, il mendie à toutes les portes un dîner ou un déjeuner. Il est devenu si abruti qu'on lui donne dix sous pour s'en débarrasser... Oh ! il n'est pas méchant... Seulement, ces hommes là sont dangereux dans une société ; leur exemple est funeste ; je ne voudrais pas qu'on leur fît du mal, mais passant par cette porte (il me montrait la sienne) *il faudrait qu'un glaive sûr* leur tranchât la tête pour qu'ils ne fassent plus de prosélytes (*sic*).

— La perspective est triste, lui répondis-je rêveur, mais elle est au moins tranchante... Je plains ce Monsieur, quel qu'il soit, de n'avoir su trouver que l'alcool pour échapper à cette obsession qui le torture ; il s'est suicidé moralement. Moi, je suivrai une route toute contraire ; je développerai mon intelligence sagement...

— Et vous mangerez et boirez tout ce que les autres ne voudront pas. Vous aurez les rogatons. Grand bien vous fasse (*sic*)....

Cet homme, ce digne élève (disait-il) d'Emile de Girardin, qu'il portait du reste aux nues, m'avait vieilli de trente ans.

— L'homme d'esprit, l'homme supérieur, me disait-il, est celui qui sait mettre en jeu toutes les passions humaines, bonnes ou mauvaises, qui assiste froidement à la lutte, sans jamais ne rien risquer à l'aventure ni se compromettre, qui recueille de l'ignorance, des faiblesses, des malheurs mêmes et des dévouements le fruit de ses patientes observations, trône en souverain et dit au monde qu'il domine : Suivez-moi, je suis la sagesse ; on vous a appris, jusqu'ici, à estimer l'humanité, la famille, la vertu, l'honneur, le patriotisme, le génie, le talent :

Graines de folie, rêves creux, mots vides de sens, indignes d'occuper un homme sérieux ;

J'ai passé tout cela au creuset de l'analyse et je n'ai trouvé au fond que ces mots : Rapport, gain, intérêt. Il n'y a que cela ? vrai.

Faites-en votre profit.

Et il partit... me laissant seul.

Oui, c'est bien cela, me dis-je « Rien pour rien, le temps c'est de l'argent. »

Satan n'eut pas mieux parlé !... Il venait, d'un trait de génie malfaisant, de définir ce que c'est que le *capitalisme*.

« Puissance infernale que l'incurie et l'ignorance des peuples a laissé tellement grandir, qu'aujourd'hui elle gouverne le monde.

Prêtres, soldats, savants, artistes, artisans, ouvriers, domestiques, mendiants sont devenus ses esclaves.

Faut-il s'étonner qu'un esprit révolutionnaire se soit élevé dans toutes les parties du globe.

C'est l'Allemagne qui sonna le tocsin avec Lassalle, Karl Marx : Le socialisme, encore à l'état latent, venait de naître.

On verra plus loin (1) ce qu'a été vraiment — à mon jugement — la guerre de 1870-1871. »

Mes procès étaient donc autant une lutte de principes qu'une question d'argent : Je vaincrai en restant ce que je suis, me disais-je.

— C'est la lutte du pot de terre contre le pot de fer, me disaient quelques-uns...

Comme argent, peut-être, mais comme principes, il

(1) 4e Partie.

faut que je triomphe. Il ne faut pas qu'il soit dit que l'honneur et l'honnêteté aient jamais capitulé.

Sardony employa toutes les roueries, tous les mensonges pour faire triompher sa cause.

On sait comment j'ai répondu.

Il alla jusqu'à surprendre la bonne foi du général Morin, qui lui permit — je ne sais comment — de photographier le tableau (1).

Il le fit dans les conditions les plus désavantageuses et avec cette pitoyable épreuve photographique il chercha à influencer le tribunal. On sait que, de mon côté, mon avoué m'avait dit : Recueillez le plus de documents possible...

Enfin une dernière convocation eut lieu chez M. Lejeune, peintre-expert. On va voir, là encore, jusqu'où est allée la mauvaise foi de cet homme.

Il vint lui-même — lui qui n'était jamais venu voir son tableau dans mon atelier. Après les formules d'usage, l'expert l'interroge :

— Pourquoi ne voulez-vous pas effectuer le paiement du prix convenu entre vous et M. Lepage ; son travail est achevé ; je l'ai vu et je ne vois rien qui motive ce refus ; il est fait avec une parfaite conscience.

— C'est possible, mais il ne remplit pas la condition voulue ; il a été réfusé au Salon... ensuite il n'est pas ce que j'attendais : je comptais sur le jour et c'est la nuit. On ne voit rien !...

Mais, Monsieur, d'après vos conventions écrites, M. Lepage reste libre de ses compositions ; il ne s'engage qu'à représenter vos machines.

— On ne voit rien... D'ailleurs, dès lors qu'il n'est pas au Conservatoire, qu'est-ce vous voulez que je fasse de ce grand tableau ?

— Il ira au Conservatoire ; d'ailleurs, vous avez payé 500 francs, à compte, preuve que vous acceptiez le tableau...

---

(1) On sait que le Général avait eu connaissance de toutes mes lettres ; le tableau n'était pas exposé, mais il était dans les galeries : j'avais prié le Général d'attendre l'issue du procès.

— Preuve, preuve : ce n'est pas une preuve du tout !
Monsieur avait faim (*sic*), je ne pouvais pas lui refuser
cette avance (*sic*).

Je me levais..., lorsque l'expert m'arrêta et me dit :

— C'est mon affaire.

Puis, s'adressant à Sardony :

— Vous n'avez jamais eu faim, vous, Monsieur le
parvenu... tant mieux pour vous. En attendant qu'une
éducation, qui trahit votre origine, vous ait rendu plus
poli, veuillez vous retirer.

Et il lui montrait la porte du doigt. Sardony sortit
piteusement.

— Je suis suffisamment édifié, me dit l'expert, je
vais faire mon rapport... Monsieur Lepage, cet homme
a dépassé les bornes ; je suis heureux que vous vous
soyez contenu ; c'est par le mépris qu'on doit répondre
à ces gens-là.

Il ne se tint pas encore pour battu.

Lorsqu'arriva le procès, il exhiba la fameuse photographie disant :

— Monsieur le président, j'ai demandé un tableau où
l'on vit toutes mes machines, et voici ce qu'on m'a donné :
on ne voit rien du tout. « Ce Monsieur se croit très
honnête, il fait tout simplement son école à nos
dépens » (*sic*). Monsieur a des idées qui lui sont per-
sonnelles, il veut régénérer l'Art et il se sert de nous
pour cela ; moi je n'ai vu qu'une chose : un tableau qui,
je le veux bien, sera exposé aux Arts et Métiers, et que
j'aurais payé même le double s'il l'eut fallu, mais à la
condition qu'il fît connaître mes machines... or, mes
machines, on ne les voit pas ; c'est une mystification.

— C'est bien, Monsieur, lui répond le Président ;
j'irai moi-même voir ce tableau.

N'est-ce pas, mon cher monsieur Paul, que ceci traduit
bien notre siècle : *Time is money*.

Voilà les Mécènes sur lesquels je comptais. Celui-ci
cyniquement l'avouait ; c'est une réclame qu'il payait.
Heureusement pour l'acquit de ma conscience, je ne
trompais personne. On se rappelle que mon arrangement
avec mes Industriels me laissait libre et maître de mes

compositions; je ne m'engageais qu'à composer mes tableaux avec leurs machines.

Ce refus au Salon était donc ma condamnation.

— Votre tableau, disait M. Sardony, n'est pas de l'Art puisqu'il est refusé ; il n'est pas non plus une enseigne, puisqu'on ne voit rien.

O! puissante logique, voilà bien de tes tours...

Heureusement, les artistes reconnurent bravement l'erreur du jury. Et pour ma satisfaction personnelle, je vis que mes ennemis n'appartenaient pas à l'Art.

Un point restait à fixer : afin que les galeries du *Conservatoire ne devinssent pas des murailles de réclames*, j'ai voulu que mon tableau « Un Intérieur d'Imprimerie » passât au Salon.

En 1867, année de la grande Exposition universelle, je l'ai donc renvoyé. Et cette fois, *il a été reçu et bien reçu*, ainsi que le prouve cette lettre :

« Mon cher Monsieur,

» Ainsi que je vous l'ai promis, j'ai parlé de votre tableau à Gérôme, qui m'a fait savoir hier qu'il était reçu et bien reçu. Je suis heureux de vous assurer moi-même de cette bonne nouvelle que, sans doute, vous savez déjà.

» Votre bien dévoué,

» VERNET-LECOMTE (neveu d'HORACE-VERNET) » (1).

« Cette lutte me fut funeste, mais elle prouve une fois de plus que l'Art ne doit pas se vendre.

Elle prouve aussi que la Société doit protéger les efforts individuels et ne pas laisser se débattre dans la misère, les bonnes volontés : qu'il s'agisse d'Art, d'hon-

(1) Ce tableau est resté dans les galeries du Conservatoire tout le temps de l'ancienne direction, dix ans peut-être, puis je ne l'ai plus vu. Y est-il aujourd'hui, je ne sais. S'il n'y est pas, pourquoi ?...

nêteté ou de vertu. Elle prouve que l'individualisme à outrance est, comme le disait Robespierre, la voie ouverte à toutes les corruptions, à toutes les vénalités, à toutes les prostitutions.

Et j'ajoute (contre toutes les idées reçues aujourd'hui) que cette fausse anarchie est l'ennemie implacable de tout *vrai Progrès*. »

Quelque temps après, je recevais cette lettre de mon avoué :

« Monsieur,

» J'ai le jugement contre MM. Sardony et... Ils vous accordent le chiffre demandé, sans vous obliger à aucune retouche.

» Venez donc me trouver au sujet de l'opposition formée par votre gracieux propriétaire...

» Agréez, etc.

» Aᵗᵉ MORIN, gradué en droit ».

Avec mes deux procès sur le dos, qui me retenaient une somme très importante pour moi, environ 3000 fr., je me trouvais en retard d'un terme pour le paiement de la location de mon atelier. Mon charmant propriétaire ne perdit pas de temps, lui. Il forma, aussitôt mon procès gagné, opposition sur le prix du tableau ; ces gens-là voient clair. Il s'était dit, il est coulé.

« C'est beau, l'Art, disait-il, mais il vaut mieux vendre des tableaux que les faire ». Il s'y était enrichi.

Une petite étude de mœurs en passant :

« Un jour, je choisissais des couleurs chez mon marchand de tableaux, boulevard des Italiens ; une toile me cachait. Deux Messieurs causaient et ne pouvaient me voir ; j'entendis cette conversation :

L'acheteur : — Quels singuliers caractères que ces artistes ; c'est une manie chez eux, la peinture.

— Non, répond le marchand, c'est une malheureuse passion... J'en connais qui éprouvent pour leurs œuvres tout ce que l'on éprouve pour une maîtresse que l'on adore ; ils y sacrifient tout : enfants, famille, fortune ; vivant comme des sauvages ;... au dernier morceau de pain, ils viennent nous voir et nous donnent quelquefois des chefs-d'œuvre et presque toujours de très bonnes choses pour une obole : Nous leur rendons de grands services, *sans nous, ils*..... Mais (m'apercevant) parlons plus bas, il y en a un là qui.....

Bravo ! me disais-je en riant, c'est une jolie chose que le système de l'offre et de la demande, ainsi compris. Je lui dis :

— Vous devriez bien nous faire cadeau de vos toiles et de vos couleurs, vous gagnez tant sur nos tableaux !

— Vous êtes toujours railleur, monsieur Lepage, me dit-il. J'étais en train de faire l'éloge des artistes ; Monsieur est, du reste, un connaisseur qui sait apprécier les œuvres.

Encore un capitaliste, me dis-je, me rappelant la tirade de M. Sardony.

Enfin, voilà donc un procès de gagné. Passons au second.

Ce second n'est pas établi sur le même fond ; les questions de principes ne sont pas en contradiction. On était parfaitement d'accord... c'était une œuvre d'Art que l'on cherchait à faire ;... seulement si on pouvait l'avoir pour rien ou presque rien, on se frotterait les mains... C'est ce qu'on nomme vulgairement une exploitation.

On se rappelle que le tribunal avait nommé, pour expert, M. Delaroy, ancien avocat. M. Delaroy nous fit venir d'abord l'un après l'autre, M. Massard et moi.

Il m'écrivit : Apportez tous les documents que vous croyez utiles pour votre défense.

Je me présente donc chez lui. Il avait vu l'orfèvre. On sait qu'il était en possession de mon dessin, mais j'avais apporté le croquis rapide fait devant témoins. Bien m'en prit de l'avoir conservé.

— Cette composition est-elle bien de vous ? me dit l'expert.

— Oui, lui répondis-je.

— Mais elle a été élaborée en collectivité ?

— Comment cela ?

Et il me raconte ce que nous connaissons.

— Oui, Monsieur, lui dis-je, mais je ne vois pas en quoi cette œuvre ne m'est pas personnelle ?

— M. Massard prétend que vous n'êtes que l'exécuteur et que toutes ces idées vous ont été suggérées par lui. D'ailleurs, dit-il, tous ceux qui étaient là y ont un peu contribué.

« Je m'attendais un peu à cela : bien que le procédé ne manquât pas d'audace ».

— Voici, dis-je, ce qui va vous édifier, Monsieur l'expert, sur la valeur de cette prétention :

Et je lui montre les nos 5 et 6 des Bulletins de la Société du Progrès de l'Art Industriel, Société dont l'orfèvre faisait partie (j'en ai parlé précédemment).

Après avoir fourni tous les documents pour ma défense, l'expert, en possession de tous mes dessins put se convaincre de la mauvaise tactique de mon orfèvre ; mais il ne s'arrêta pas là. Il nous mit tous les deux en présence. S'adressant à M. Massard, il lui dit :

— Voudriez-vous, Monsieur, me donner l'explication, la signification des allégories qui composent ce bouclier...

L'orfèvre eut de la peine à former un ensemble de ce tout.

— C'est bien, dit l'expert. A votre tour, monsieur Lepage.

— Monsieur l'expert : Je vis dans ce bouclier, une occasion de traduire mes pensées et, comme M. Massard était d'accord avec moi sur le fond — car depuis déjà longtemps, il connaît mes idées — je me suis donné libre carrière.

La bataille de Solférino, médaillon principal, me séduisit pour deux raisons ; premièrement parce que l'horreur du carnage, inséparable des guerres, était écarté : ce tableau me semblait dire : « Plus de Guerre ». Il paraissait concorder avec les idées de Paix dont l'Empereur est prodigue ; l'Empereur à cheval, montrant du doigt l'avenir, me semblait dire : « La France ne vient pas ici conquérir, elle vient pacifier ». Cette composition du peintre Yvon centralisait au mieux la mienne ; il suffi-

sait de tout faire concourir à cette grande pensée :
« l'Empire, c'est la Paix ». Au contraire de la composition de Rosso, où l'artiste paraît se complaire à étaler
toutes les horreurs de la guerre, — ce qui, de son temps,
se comprenait, puisque c'était une Gloire — j'ai fait
ressortir les bienfaits de la paix.

Je me trouvais en verve, il faut le croire, ce jour-là,
car l'expert me dit :

— Il me fallait ces explications, pour que je saisisse
bien la pensée de votre travail. Il ne faut pas vous en
étonner, Messieurs, nous dit-il. Un avocat n'est pas
obligé d'être artiste. Etant complètement incompétent
pour juger ce travail au point de vue de son exécution ;
je vais composer un tribunal arbitral. Veuillez me
donner chacun le nom de l'artiste que vous voulez bien
m'adjoindre.

Je pris M. Barbedienne et M. Massard, M. Paillard.

— C'est bien, Messieurs, nous dit l'expert. Je vous
appellerai dans quelque temps ; envoyez-moi tous les
documents qui pourraient éclairer les arbitres.

Quelque temps après, le tribunal arbitral se constitua
chez M. Barbedienne, dans son cabinet, boulevard Poissonnière. Là, M. Massard, l'orfèvre, avait un peu perdu
de ses prétentions : il me laissait le mérite de ma composition.

Il dit qu'il ne croyait pas, en me faisant sa commande,
s'entraîner dans une dépense aussi considérable ; que le
repoussé augmenterait encore, et qu'il se voit obligé de
renoncer à son projet, si le tribunal n'entre pas en considération.

M. Barbedienne fait le reproche qu'on n'ait pas au
moins établi avant tout, un prix maximum.

— Je comprends très bien qu'il a fallu, à M. Lepage,
faire beaucoup de recherches, et que le travail, très cons-
ciencieusement fait, du reste, était difficile à estimer par
lui, sur le simple projet fait chez vous, monsieur Massard... mais vous auriez dû l'avertir, pour qu'il ne s'en-
traînât pas trop loin ; on admet généralement que
quelque chose que l'on destine à un souverain, ne puisse
être trop soigné à tous les points de vue ; M. Lepage a

pu et même a été — ça se voit — exalté comme le sont tous les artistes par son sujet et par le prestige de celui auquel il était destiné... C'est un tort qui rend le plaidoyer difficile et surtout embarrassant...

L'œuvre, en somme, est bonne. Il y a une grande idée bien exprimée ; l'exécution du dessin devant servir au repoussage est suffisante ; il est évident que, bien respectée et bien interprétée par le repousseur et par le ciseleur, cette œuvre ne serait pas sans mérite et il serait fâcheux, étant donné tout le travail qu'a coûté cette préparation, qu'elle ne fut pas suivie d'exécution. Voyons, Messieurs, faites-vous mutuellement quelques concessions, c'est je crois, le seul moyen d'arranger cette affaire.

M. Massard ne voulait pas payer plus de 200 francs ; on sait que j'en avais demandé 1500 : Nous étions loin de compte.

M. Paillard prend la parole :

— Je crois que mon collègue et ami, M. Barbedienne, exagère un peu le mérite de cette œuvre ; elle n'est pas l'œuvre d'un premier venu, mais elle n'est pas non plus celle d'un artiste vieilli dans son art : Il y a certaines faiblesses dans l'exécution des détails qui demanderaient un repousseur de premier ordre (Il y avait comme témoin le repousseur de M. Massard — celui qui m'avait prévenu de tenir bon à mon prix et surtout de ne pas lâcher mon dessin) ; son attitude n'était plus si ferme là, en présence de ces deux experts autant artistes que patrons. Il répondit :

— Oui, il y aura beaucoup à faire parce que le travail bien compris au point de vue du dessin, n'est pas entièrement bien compris au point de vue de la ciselure ; il ne faut pas s'en étonner, il faut une certaine pratique du métier que tous les artistes n'ont pas.

Je réponds :

— Mais, Monsieur, lorsque vous avez été envoyé par M. Massard pour examiner mon travail, je vous ai demandé si, au point de vue du repoussé et du ciselé, vous voyiez quelque chose à changer, vous m'avez répondu : Je ne vois rien.

— Je pensais y suppléer, dit-il.

— Je le regrette, Monsieur ; vous m'auriez instruit et je vous en serais reconnaissant, lui répondis-je sèchement.

Je vis bien ce qui le faisait parler ainsi.

— Enfin, continue M. Paillard, voilà un travail qui entraîne M. Massard dans une dépense relativement considérable et, quelle que soit sa valeur artistique, il serait juste de ne pas la mettre en ligne de compte puisqu'il n'est pas signé d'un nom connu en réputation ; j'estime que le tribunal n'a qu'à évaluer le temps et la peine dépensés par M. Lepage sur ce travail.

Je propose 500 francs poursuivit-il ; voyons Monsieur Lepage, il faut être raisonnable ; M. Massard ne pouvait s'attendre à une pareille prétention : Quand on débute il faut savoir se modérer.

— Mais, Monsieur, lui répondis-je, est-ce que mon propriétaire me loue moins cher mon atelier ? Est-ce que la vie est moins chère pour moi parce que je débute ? Est-ce que je n'ai pas des devoirs à remplir tout comme les autres envers ma femme et mes enfants ? Est-ce que, en un mot, je ne dois pas faire tout mon possible pour empêcher la misère d'entrer dans ma maison ?

Je n'en retrancherai pas un centime : Mon travail est bon ou il ne vaut rien. S'il ne vaut rien, je ne demande rien ; s'il peut être exécuté et présenté à l'empereur, je trouve très modeste comme prix le cadeau que fait M. Massard.

Je n'ai pas de nom, dites-vous. C'est vrai ; je n'en aurai peut-être jamais, mais *mes prétentions*, soi-disant exorbitantes, ne vont pas encore à ces œuvres que des milliers de francs ne paient pas. Je n'ai pas la prétention d'avoir fait un chef-d'œuvre, mais une œuvre consciencieuse, difficile, que j'ai su, en somme, mener à bien...

On nous écarta un moment et le tribunal jugea qu'il m'était dû 1200 francs.

— J'accepte cette concession, dis-je ; je puis la faire sans trop nuire aux intérêts légitimes de ma maison. Quant à M. Massard, il préféra arrêter là les frais du procès.

Voici mes procès terminés. On sait les raisons pour

lesquelles la gravure, mon gagne-pain, ne marchait plus... j'étais écrasé par une concurrence qui m'attaquait droit au cœur ; impossible de lutter. Le dernier coup me fut porté par l'Exposition elle-même : Je m'étais pourtant donné la peine et fait le sacrifice d'un joli cadre spécimen de mes gravures.

Le jury, dédaigneux, donna une médaille d'or à mon concurrent, et à moi pas même une mention honorable, malgré toutes mes médailles précédentes ; tout semblait fait pour que je n'en relève pas.

J'étais complètement découragé. On se rappelle qu'au Salon de cette même année 1867, figurait *mon tableau refusé* l'année précédente. « N'y avait-il pas dans tous ces faits, tout ce qu'il faut pour exciter le délire de la persécution ? » Pour me consoler :

J'eus l'honneur de la critique de quelques journaux illustrés. Bertall... me caricatura ; ceux qui ne savaient pas le dessous des choses me félicitaient : Vous voilà arrivé ! me disait-on. La critique vous tient.

L'un d'eux, qui voyait plus loin que les autres me dit :

— Vous n'en ferez plus parce que vous avez fait un procès à votre industriel. Ils se connaissent tous, ils ne vous le passeront pas.

Il disait vrai... Ce premier refus au Salon m'avait été fatal à tous les points de vue, une seule chose en eut pu me sauver ; c'eût été une médaille me mettant hors concours ; alors, sûrs que leurs tableaux figureraient au Salon, les industriels m'auraient fait des commandes en abondance, comme il arrive aux portraitistes.

J'étais donc pris par tous les bouts : le genre et l'homme ne convenaient pas. On se rappelle la lettre du marquis de Boissy, sénateur.

CHAPITRE VII

UN BON GÉNIE

Il me prit l'idée de monter chez mon avocat (l'expert du bouclier). Cet homme m'était sympathique, je ne me rendais pas compte pourquoi : Très sobre de paroles, il ne m'avait rien dit de ce qu'il pensait de l'issue du procès. Je lui avais payé ses honoraires ; on s'était quitté en de très bons termes, mais c'était tout.

Ce n'est pas un homme ordinaire ? me disais-je ; il faudra que je cause avec lui. Des mois s'étaient écoulés sans que l'occasion se présentât.

Je le trouve donc chez lui. Il parut content de me revoir. Naturellement nous reparlâmes de ce procès.

— Vous avez dû être satisfait ? me dit-il.

— Grâce à vous, monsieur Delaroy.

— Oh ! je n'ai fait que mon devoir ; votre travail a été apprécié par des hommes compétents ; je n'étais absolument pour rien dans cette affaire.

— C'est de la modestie, mais qui ne me passe pas inaperçue. Je ne sais si je me trompe, mais sous l'avocat se cache, je ne dis pas un artiste, mais quelqu'un qui n'est pas aussi étranger aux Muses qu'il veut le faire croire... Vous avez compris la portée de mon travail, mieux même que les experts compétents ; c'est ma conviction et ceci est tellement vrai que depuis longtemps je me sentais attiré vers vous ; un désir de vous connaître mieux me talonnait. Vous me pardonnerez cette visite un peu tardive, car malgré tout, je le sais, j'ai été heureux de tomber sur un homme de votre valeur. Un expert ordinaire aurait estimé mes journées à cinq ou six francs, et l'orfèvre, maître du terrain, serait resté l'auteur d'un travail dont il aurait pris tout le mérite, — car le repousseur-ciseleur n'était aussi *que son ouvrier*. Vous voyez bien que je vous dois de la reconnaissance !

— Eh bien, me répond-il, puisque vous voulez savoir qui je suis, je vais à mon tour soumettre ceci à votre appréciation.

Et il alla prendre un livre dans sa bibliothèque : « Frère Jacques... chansons ».

— Lisez ceci, me dit-il, et ne vous gênez pas ; donnez-moi votre opinion bien franchement...

— Ah ! ah ! dis-je, je savais bien qu'il n'y avait pas qu'un avocat... Merci ! Monsieur, et à bientôt...

« La rencontre de cet homme supérieur m'a été aussi heureuse que celle de M. Sardony fut près de m'être fatale.

J'étais à cette époque de la vie (42 ans) où l'homme, digne de ce nom, entre dans la pleine conscience de lui-même. Les luttes que j'avais subies m'avaient aigri le caractère.

Je me laissais aller, malgré moi, à une noire misanthropie ; depuis quelque temps mon humeur changeait à vue d'œil ; les paroles de M. Sardony m'obsédaient. Je trouvais qu'il avait raison... Ce doit être une grande jouissance, me disais-je, de régner sur les autres par le pouvoir de la force brutale, car il n'y a qu'à cela qu'on se rend. Ai-je été assez stupide. Je tenais en effet une belle affaire... L'art ! l'art ! quelle folie !... le talent, quelle sottise encore ! Passer sa vie pour acquérir quoi... un *nom* quand il est si facile de s'en faire un en exploitant les autres (M. Sardony venait d'être décoré de la légion d'honneur) et, en plus, s'enrichir sans limite !... sans limite !!! je suis décidément un imbécile : j'ai semé l'honnêteté et j'ai récolté la misère !... cela doit être, puisque la coquinerie enrichit. Examine toute ta vie passée, me disais-je. Qu'as-tu rencontré sur ton chemin ?

quelques honnêtes natures, mais si rares, si rares... et, à côté, beaucoup de coquins et de roués, entourés d'êtres pusillanimes, égoïstes et trembleurs : Voilà le bilan.... Et je n'avais que 42 ans.

À quelle catégorie de ces hommes veux-tu appartenir ? « Jusqu'à ce moment, j'avais été une épave humaine, battue par la tempête et qui va sombrer (1), au milieu du plus grand calme, faute de pain. Autour de moi l'infini; pas la plus petite voile pour espérance. »

Quarante-deux ans ! me disais-je. Je suis trop vieux... je ne trouverai pas d'emploi; je suis dans l'âge où les forces *exploitables* vont décliner; on ne reconnaîtra plus en moi un ouvrier, mes mains ne sont plus calleuses.

« Et le souffle de Sardony reprenait le dessus..... Cherche un associé, imbécile, une dupe, l'argent t'a écrasé, l'argent te relèvera. Je me rappelais mon pauvre père à peu près ruiné par des chevaliers d'industrie et achevé par les vampires en quête de ces proies devenues faciles... Tous réussissent, me disais-je. Plusieurs, que je connais, sont devenus chevaliers, officiers même de la légion d'honneur, et, ce qui est inséparable de cette règle de conduite, devenu archi-millionnaire... Ceci est évident, tristement évident. Allons ! décide toi : *L'honneur ou l'argent !* ». Étais-je assez tenaillé ?

Ma femme voyait bien cette lutte intérieure... bien que je dissimulasse de mon mieux.

— Tu m'attristes, me dit-elle un jour, tenant sa fille Berthe dans ses bras. Il y a des moments où l'avenir me fait peur. Tu parais découragé... Oh ! ne dissimule pas... une femme voit clair et lit infailliblement dans l'âme de celui qu'elle aime. Tu as perdu confiance. Tu es malheureux !...

Ma fille, encore enfant, pleurait. Ceci arrêta court ma femme :

— Elle comprend sans savoir, dit-elle. Il ne faut pas la rendre témoin de ces faits....

Quelles tristes choses que ces luttes de famine !...

(1) C'est à ce moment que je fis mon tableau « Le Noyé » refusé, un peu plus tard, au Salon de 1869, pour allusion politique ?

J'en étais là, lorsque j'apportai le livre de M. Delaroy à la maison.

Ma femme et moi, nous le lûmes ensemble. La lecture de ce livre, qui n'est pourtant qu'un recueil de chansons, fit sur moi un effet singulier :

« Il jetait une lumière sur tout ce qui m'entourait. Toutes sortes de réflexions m'assaillirent : « Tu croyais voir, me disais-je et tu n'as rien vu. Tu en veux aux hommes ; tu fais fausse route. Après avoir eu trop de confiance... tu vas tomber dans l'excès contraire. Les hommes ne sont que ce que les fait le milieu dans lequel ils vivent ; tu résistes à ce milieu. Voilà tout. » J'étais guéri de ma misanthropie, la porte venait de m'être toute grande ouverte *au socialisme*.

Ceci me sauvait. J'aurais infailliblement contracté la plus terrible et la plus commune des maladies du siècle dont son atteintes aujourd'hui toutes les classes de la société : *Le désordre cérébral.* « Que l'on ne confonde pas cet état d'esprit avec la folie ; ça n'y ressemble pas du tout ; dans cet état la conscience reste dans son *plein* et l'intelligence est d'une lucidité parfaite. » C'est à cette maladie qu'il faut attribuer les progrès de l'alcoolisme, les suicides collectifs, si fréquents aujourd'hui ; en un mot toutes les névroses qui anémient ceux qui résistent, les conduisant fatalement à une mort morale certaine. »

Je ne résiste pas au désir de vous faire connaître, cher monsieur Paul, quelques-unes des chansons de ce vénérable vieillard : que nous nommerons désormais Frère Jacques (1).

AU DIABLE LES GENS D'ESPRIT

Amis, quand on voit la sottise
Gouverner le monde à sa guise ;
Quand tout la sert et lui sourit,

(1) Voilà de cela plus de 30 ans. Si ce livre se vend toujours, je suis heureux de donner l'adresse de son premier éditeur, M. Dentu, Palais-Royal.

Il faut chanter : « Vivent les bêtes !
« Seuls gens de bien, seuls gens honnêtes !

« Où la sottise est en crédit,
« Au diable soient les gens d'esprit. »

Du Dieu de la philosophie
J'évoquais l'immortel génie
Or, savez-vous ce qu'il m'a dit ?
« Enfant dans le siècle où nous sommes
« Où l'intrigue fait les grands hommes
« Où la sottise est en crédit
« Au diable soient les gens d'esprit ! »

« Tu croyais dans ta foi candide
« Que prenant la vertu pour guide,
« Vers le terme elle t'eut conduit !
« Loin de toi bannis ta chimère :
« Ce n'est pas ainsi qu'on prospère.
« Où la sottise est en crédit,
« Au diable soient les gens d'esprit ! »

« Vois en chemin qui t'éclabousse ?
« Qui te heurte, qui te repousse ?
« Qui te protège.... ou te conduit ?
« Partout n'est ce pas l'insolence
« Qu'aux plus sots donne l'opulence ?
« Où la sottise est en crédit,
« Au diable soient les gens d'esprit ! »

Et je trouvais que le génie,
Dans cette esquisse de la vie,
Avait raison sans contredit ;
Et comme un écho de tristesse,
Sa voix me redisait sans cesse :
« Où la sottise est en crédit,
« Au diable soient les gens d'esprit ! »

Frère JACQUES.

L'HONNÊTE HOMME

Mon fils soyons de notre temps !
Cette maxime est bonne.
De nous-mêmes toujours contents,
Ne respectons personne.

Surtout sachons, sans rougir,
Lestement nous enrichir.
A quoi sert d'être honnête ?
La probité ne mène à rien ;
Point de métier plus bête,
Que d'être homme de bien.

Je n'étais qu'un cuistre, un laquais,
Mais du fond de l'ornière,
Enfant je me pronostiquais
Ma future carrière ;
Je sentais germer en moi
Le mépris de toute foi.
A quoi sert d'être honnête ?
La probité ne mène à rien.
Je ne fus pas si bête,
Et je m'en trouvai bien.

J'y moissonnai peu de lauriers ;
Mais la gloire qu'en faire ?
Manger à tous les rateliers
Faisait mieux mon affaire.
On en jasait bien un peu ;
Mais je m'en fichais, morbleu !
A quoi sert d'être honnête ?
La probité ne mène à rien ;
Je ne fus pas si bête,
Et je m'en trouvai bien.

Aujourd'hui, je suis parvenu,
Tu parviendras de même ;
J'ai pris beaucoup, tout retenu,
Que ce soit ton système.
Pas un ne t'estimera ;
Mais chez toi l'on dînera....
A quoi sert d'être honnête ?
La probité ne mène à rien ;
Va ! ne soit pas si bête,
Tu t'en trouveras bien.

Vois comme de tout, couramment,
Je parle ainsi qu'un livre ;
Sur tout je tranche impudemment,
L'insolence m'enivre,
Et je passe aux yeux des sots
Pour un docteur sans rivaux.

A quoi sert d'être honnête ?
La probité ne mène à rien.
Va ! ne soit pas si bête,
Tu t'en trouveras bien.

Je sais bien que, dans l'ombre encor,
On dit que je balance
Les droits de tous au poids de l'or ;
Mais sourd à cette offense,
Je sais, le front haut marchant,
Narguer un propos méchant.
A quoi sert d'être honnête ?
La probité ne mène à rien.
Ne soit jamais si bête,
Tu t'en trouveras bien.

Ainsi catéchisait son fils,
Un saint homme de père,
Disant : « Voilà comme jadis
« On nous apprit à faire,
« Faites, enfants, comme nous,
« Et Dieu vous béniras tous !...
« A quoi sert d'être honnête ?
« La probité ne mène à rien.
« Le métier le plus bête,
« C'est d'être homme de bien. »

                              Frère JACQUES.

Je n'avais pas été catéchisé comme cela ; aussi je n'ai réussi à rien.

J'ai choisi ces deux chansons, à cause de leur esprit satirique. Lorsque je les ai lues, j'étais mûr pour les comprendre.

Je sais qu'aujourd'hui le fait est si coutumier qu'il n'étonne plus personne, même la jeunesse. On est convenu qu'il ne peut y avoir que les imbéciles susceptibles de s'arrêter à de pareilles niaiseries : « Être honnête ». On voit tant de sots malhonnêtes réussir qu'on convient volontiers que l'esprit est une fausse monnaie dont personne ne veut plus.

Mais, dans ce temps, c'était osé d'écrire cela ; beaucoup s'en choquaient ; aujourd'hui c'est tout naturel : « Il faut bien faire ses affaires ; chacun pour soi ». Rien ne paraît plus juste.

Aussi, je ne crois pas froisser grand monde en disant l'effet que ce livre a produit sur moi et ma femme : A moi, il me donna de suite la mesure de ce que j'avais à faire. Et à ma femme, la conviction intime que toute lutte contre le monde était insensée.

Nous prîmes le parti de profiter de notre nouvelle expérience pour analyser les hommes. Nous nous mîmes le plus possible à l'abri des méchants et nous recherchâmes les bons. Ces derniers étant rares, nous nous contentâmes du bon vouloir, c'est-à-dire de ceux qui, dégoûtés de barboter dans la boue, restaient sur les rives et, de cette catégorie, nous en rencontrâmes beaucoup qui sont devenus nos amis et heureux de notre société. Mais les coups que nous avions reçus étaient durs ; ils laissèrent des traces funestes ineffaçables, comme on pourra le voir dans la 4e partie de ma vie.

J'allai donc, comme je le lui avais promis, remettre son livre à mon poète.

— Ce livre, lui dis-je, est d'une haute portée philosophique et, sous l'apparence de modestes chansons, il laisse du feu dans les veines. Je me sens meilleur, continuai-je, depuis que je l'ai lu et disposé à rester ce que je suis.

— Je ne mérite pas cet éloge, me répondit-il ; et me rappelant sa préface : Ce que j'espère :

« C'est que, peut-être, on me lira,
« Que personne n'en souffrira,
« Et qu'après un peu de colère,
« Quand on aura vanné dans l'air
« Sous la paille l'on trouvera
« Quelque bon grain qui germera (1).

— Il a germé... lui dis-je.

Depuis cette époque, nous devînmes de bon amis, et plus d'une fois, je suis allé me retremper au feu de sa philosophie. Le philosophe triomphait.

(1) Frère Jacques s'attaque à tout ; il fronde tartufes et tyrans, fanatiques et prédicants, taquins, prudhommes intrigants, gens de robe courte et de finance, sottise, orgueil, impertinence ; ose à tous, sans compliment, dire leur fait.

C'est bien !... Mais il fallait aussi gagner le pain quotidien.

Qu'allais-je faire ?

Il m'arrivait encore quelques travaux de gravures ; je ne négligeai rien ; je donnai congé de mon atelier de peinture, à mon regret, et pris un modeste logement, faubourg Poissonnière.

On se rappelle que l'Exposition de 1869 m'avait été funeste : mon concurrent avait remporté la première médaille et moi absolument rien, malgré les médailles de bronze et d'argent que j'avais obtenues dans de précédentes expositions, médailles que mon concurrent n'avait pas encore. Ce dédain me froissa beaucoup et affligea surtout ma femme.

— Pauvre ami, me disait-elle : C'est toi qui as semé et c'est un autre qui récolte... Après t'être donné tant de peine pour créer cette affaire, elle t'échappe faute d'argent !...

Depuis ce temps sa santé s'affaiblissait ; elle essayait bien de me cacher sa peine, mais n'y réussissait pas... Nos économies s'en allaient....

— Si cela dure encore quelque temps, il faudra se décider à prendre n'importe quoi, me disais-je...

Il faut avoir passé par là pour savoir ce que c'est... Mon amour-propre se révoltait. Il faut que j'essaye encore de mon intelligence.

C'est à ce moment que je fis une méthode pédagogique de dessin pour les écoles primaires...

Le dessin, me dis-je, est une langue écrite, qui doit s'apprendre comme toutes les langues ; elle a son a.b.c., sa lecture, son écriture, son style... Cette idée grandit dans mon imagination. Il faut un point de départ tangible, me dis-je. C'est alors que j'imaginai le Tétraèdre de proportion... qui me conduisit graduellement à une méthode générale de dessin, et me fit découvrir la planchette du perspecteur, instrument donnant instantanément les mesures perspectives comme un compas de proportion donne les mesures à l'échelle voulue. Allons ! me dis-je ; en route, c'est peut-être cela qui va me tirer...

— Voilà encore une fortune dans vos mains, me dit un jour M. Muller, un ingénieur, professeur à l'École Centrale (1) (que j'allai voir) : Il faut en tirer parti.

C'es là le hic !... Enfin j'essayai :

Je commençai par une petite méthode pédagogique, l'a. b. c. du dessin ; quelqu'un me conseilla de la présenter au Préfet de la Seine, il avait appris qu'on s'occupait de cette question.

Vous pouvez tomber à propos, me disait-il.

J'envoie donc ma méthode... On me la garda longtemps. Enfin je reçois cette réponse :

« Monsieur,

» La méthode manuscrite de dessin que vous m'avez adressée a été soumise à la commission de surveillance pour l'enseignement du dessin.

» La commission a exprimé l'avis qu'il n'y avait pas lieu de l'employer dans les écoles municipales.

» En conséquence j'ai le regret de ne pas pouvoir donner suite à votre demande.

» Recevez, Monsieur, l'assurance de ma considération.

» Le Sénateur Préfet,

» HAUSSMAN.

» M. Lepage, 136, faubourg Poissonnière. »

Encore un échec. C'est pourtant utile, me disais-je. Mon travail est raisonné, gradué... J'avais eu l'occasion de remarquer dans une exposition belge que des essais de ce genre avaient été tentés et des personnes initiées, qui m'encourageaient à persister, me disaient :

— En Allemagne, en Amérique tout le monde sait dessiner : Vous êtes dans le vrai. Persévérez! Persévérez !

(1) Je lui avais fait des gravures pour plusieurs de ses ouvrages.

Je m'adressai à plusieurs éditeurs, mais on en était à l'image copiée ; ils ne virent point à ce moment dans ma nouvelle méthode une affaire d'argent.

Je renfermai tout cela dans mes cartons, et je n'y pensai plus. J'étais pourtant bien persuadé qu'il faudrait en arriver-là. — Mais que faire ? me disais-je... où, à qui m'adresser.

Ma femme ne se rétablissait toujours pas ; l'anémie, cette terrible maladie, l'empoigna presque subitement ; elle était l'effet d'une longue surexcitation du système nerveux.

— Le séjour à la campagne, seul, peut la tirer de là, me dit un jour mon médecin, à bout de ressources ; elle est ici dans les plus mauvaises conditions.

J'étais réduit... Un incident arriva qui mit le comble.

CHAPITRE VIII

MA BELLE-MÈRE

Nous apprîmes par un Monsieur que mon beau-père quittait les affaires et qu'il cédait sa maison à un de ses contre-maîtres.

On disait qu'il se retirait avec une assez belle fortune, dans une ville du Midi, son pays natal.

— Ce n'est pas possible ! me dit ma femme. Il faut aller à Caen sans plus tarder...

— Mais tu sais bien qu'ils ne me recevront pas, lui dis-je, et peut-être même pas toi...

— C'est vrai, depuis si longtemps qu'ils ne s'occupent plus de nous. Je pense... si M. Dalatte (c'était le nom du Monsieur qui nous apprenait la nouvelle) voulait, il pourrait nous rendre ce service-là ; il connaît un peu nos affaires ; si tu le voyais ?

— Peut-être... dis-je ; essayons, après tout.

Je vais donc voir le père Dalatte, comme nous l'appelions, un ami. C'était un collectionneur, ancien fonctionnaire. Il accepta et nous partîmes aussitôt pour Caen. Il me rendait là un service d'ami. Nous ne fûmes pas longtemps à voir que la zizanie qui durait depuis 20 ans, à cause de ma belle-mère, était encore plus vivace.

Tout ce qu'on nous avait dit était vrai !...

Rien n'avait attendri le cœur de pierre, de ma belle-mère, rien n'avait fait sortir de son apathie mon beau-père : Ils se disposaient en effet au départ.

Ce voyage fut inutile, il ne fit qu'envenimer les choses. Ma femme en fut désolée. M. Dalatte leur soutira cependant un peu d'argent par la seule crainte d'un scandale dans la ville ; il les menaça de ma présence :

— Il est ici, leur dit-il ; il est furieux... et prêt à tout faire.

Ce peu d'argent nous fit prendre un parti extrême.

— Il faut se guérir d'abord, toi surtout, dis-je à ma femme. Les quelques sous que nous avons seront bientôt mangés si nous restons à Paris.

Je n'étais, moi-même, pas bien portant. Berthe, notre chère enfant, seule se portait bien.

Toutes ces raisons et une surtout, la plus forte de toutes, nous décida à quitter Paris.

« On était en 1868. Sadowa avait jeté une lumière sur la politique Européenne ; les Prussiens, à l'Exposition de 1867, avaient montré un matériel de guerre (canons Krupp) qui faisait réfléchir ceux qui, un peu plus tard, ne crièrent pas à Berlin ! à Berlin !

Doué d'une certaine intuition, je voyais clair dans l'avenir.

Je me rappelle une discussion violente que j'eus dans un café des grands boulevards, à l'occasion des victoires prussiennes sur l'Autriche.

Un Monsieur soutenait que l'Angleterre était une puissance amie, qu'elle se souviendrait de Malakoff, et que la France était à l'abri.

— D'ailleurs, disait-il, l'Empereur veut la paix et notre prestige est trop grand pour qu'aucune puissance ose la rompre.

— C'est possible, dis-je, mais elle peut être rompue par nous-mêmes ; c'est ce que je crains.

— Si cela est, répond-il, c'est que l'honneur français serait engagé !

Sans doute, je ne conteste pas cela, mais je vois que vous comptez sur l'Angleterre, et moi, je me méfie de cette nation.

Et alors je développai mes idées.,. Un petit groupe s'était formé autour de nous.

J'avais une certaine confiance dans l'Empereur, mais

je me méfiais de ses ennemis, de son entourage ; le bruit courait qu'il baissait, qu'il se ramollissait.

— Tant pis, disais-je, de grands malheurs suivront !

« En effet des trahisons de tous côtés justifièrent bientôt mes prévisions et qu'on ne s'y trompe pas, ce n'est pas l'Empire qui en reçut le plus rude coup : *C'est la France.*

— L'Anglais, disais-je déjà à ce moment, poursuit la conquête de l'Europe et de l'Asie et cela à coup d'argent, la France n'est pas son alliée, elle est sa dupe : L'Angleterre est *capitaliste. Le capitalisme, voilà l'ennemi.*»

C'était peut-être la première fois que l'on prononçait publiquement ce mot, pris dans le sens que je le disais : « le capitalisme voilà l'ennemi », répétais-je ; j'avais l'air d'un exalté...

— Oui, le capitalisme, *le veau d'or,* si vous aimez mieux.

La Prusse (que l'Allemagne suivra) poursuit son œuvre satanique. Elles sont, par alliances de famille, gagnée à l'Angleterre... et d'accord elles poursuivront ensemble l'unité Européenne à leur profit exclusif, et l'écrasement des principes de notre grande Révolution ! J'entends des rires.... Riez ! Messieurs, riez ; mais mieux faudrait être aux mains, peut-être ambitieuses d'un Napoléon... qu'à la merci de ces desportes de l'Europe, unis pour nous écraser, je n'en excepte pas la Russie.

On le voit, j'étais encore sous l'impression de la légende napoléonienne que, dans ma jeunesse, le règne de Louis Philippe avait exaltée :

J'acceptais *l'Empire c'est la Paix,* mais pas la paix à tout prix...

Je vis bien que je ne convertissais personne. J'étais justement en compagnie d'un allemand, M. R... Il m'avait plus d'une fois entendu soutenir cette opinion ; il me dit :

— Partons .. Vous autres, français, vous ne voyez pas clair.

J'étais un grand ami de cet allemand (il était gérant du dépôt, à Paris, d'une importante maison d'Allemagne).

— Vous êtes, me dit-il, peut-être le seul clairvoyant, mon cher Lepage. *Vous pourriez bien avoir raison* (sic.) !

Il partageait beaucoup mes idées de Glorification du Travail, et il me fit faire pour sa maison de beaux albums. Il vit avec peine que je ne réussissais pas.

— « Un métier qui ne nourrit pas son homme, il faut le lâcher » me disait-il.

C'était un honnête garçon, très intelligent et dont j'ai bien regretté la société... Cette conversation ne m'avait pas moralement guéri ; je voyais beaucoup de points noirs à l'horizon.

CHAPITRE IX

MON DÉPART DE PARIS

C'était décidé ; nous partons pour la campagne (1869). Nous choisissons un petit village à quatre lieues du Mans : Foulletourte.

Peu de temps après, un plébiscite avait lieu ; des complications étaient survenues à propos des Hohenzollern. La guerre était imminente ; il s'agissait de donner un vote de confiance au gouvernement de l'Empereur.

(Il me revient à la mémoire une petite anecdote qui trouve sa place ici).

Avant de dire adieu à Paris — car je croyais bien ne plus le revoir, du moins pour l'habiter — j'eus la bonne pensée, que je bénis aujourd'hui, de réunir chez moi à déjeuner, deux hommes qui ne se connaissaient pas..... dont le génie symbolisait *à mes yeux* l'Art et la Poésie : tous deux philosophes, exempts des préjugés ridicules de ce monde, ils m'apparaissaient dépasser de cent coudées les autres hommes. L'un, Corot, 73 ans, dont le nom était déjà célèbre ; l'autre (Frère Jacques) poète connu seulement de quelques célébrités, comme il arrive toujours lorsque le succès ne couronne pas les œuvres. Le premier, relativement riche, généreux et aussi simple dans sa vie que s'il eut été pauvre ; l'autre exerçant un métier qui le faisait à peine vivre, se tenant toujours modestement, mais dignement. A l'atelier de l'un, où j'eus le grand honneur d'être reçu comme ami, j'avais vu les marchands s'arracher ses tableaux ; ils les prenaient à la pile....

— Ils sont fous, me disait Corot, des études inachevées : où tout cela va-t-il ? ....

Chez l'autre une pile de livres, où les mites n'étaient point dérangées, reste d'exemplaires me disait-il en riant qui n'ont pas encore trouvé d'amis (1). C'est de cette pile qu'il détacha l'exemplaire dont il me fit don.

On sait le rôle que tous deux ont eu dans ma vie ; c'était mon bonheur de les rapprocher. Ce n'était pas la première fois que M. Corot déjeunait chez moi ; chaque fois que cela lui arrivait, il me recommandait toujours *la soupe* (tous ceux qui ont connu intimement Corot, lui connaissaient cette faiblesse : ma femme le savait et n'y aurait pas manqué), le reste du déjeuner l'inquiétait peu, il était d'une sobriété rare.

M. Corot accepta donc. Quant à M. Delaroy, j'eus plus de difficultés (Je tenais à ce qu'il ignorât quel était mon invité parce que, sachant que celui-ci avait un nom déjà grand, il ne serait pas venu du tout. Il était d'une modestie exagérée que son âge (68 ans) et son mérite n'expliquaient pas, si on la compare avec l'importance que se donnent tant de sots qui nous entourent). Je parvins enfin à le décider lorsque je lui dis que j'allais quitter Paris.

A 11 heures précises, ils étaient là tous deux. Je fis la présentation d'usage et on se mit à table. Bien que ce fut un déjeuner, la classique soupe était là. M. Corot dit :

— Madame Lepage ne m'a pas oublié.

M. Delaroy me regardait, étonné. On mangea de bon appétit et enfin, au dessert, la conversation s'anima....

Je demandai à M. Delaroy la permission de lire une ou deux chansons de son livre : Je lus « L'honnête homme » que vous connaissez, et une autre « Barde, ne chante plus ».

(1) Peut-être aujourd'hui ce livre est il plus répandu, je le désire et voudrais y avoir contribué... mais hélas !... un nom ! un nom ! toujours un nom ! voilà ce qu'il faut au bon public....

La première fit impression sur M. Corot, qui était un parfait honnête homme dans toute l'acception du mot.

— « Voilà une belle et vraie satire de notre époque, dit-il ; *dans trente ans elle aura force de loi* (sic) : ce sera l'Evangile et le code de la jeunesse ». Je vous fais mes compliments, Monsieur.

« Le vieux Barde » s'assombrit un moment.... lui que je connaissais si gai.

— « C'est triste, cela, dit-il, et c'est encore très vrai : que de talents sincères restent à jamais inconnus et sont complètement oubliés ! » Je suis heureux, monsieur Lepage, que vous m'ayez fait connaître Monsieur....

Et ils se donnèrent la main.

— C'est l'Art et la Poésie, que vous représentez si bien, que j'ai voulu réunir, dis-je : le plus heureux c'est encore moi, car cette rencontre charmera toute ma vie ; *ma vie d'artiste* si vous voulez bien tous deux m'accorder ce titre....

« Hélas ! pensais-je à part, je cherchais à le conquérir.... et ils m'ont arrêté en chemin ».

— Mᵐᵉ Lepage, qui ne vous est point inconnue, Messieurs, non seulement se trouve honorée, mais vous remercie d'être venus jeter un baume consolateur sur nos douleurs.

Voilà vingt ans, dit ma femme, que nous sommes mariés ; jamais rien ne nous a réussi : ce dernier échec nous a brisés !....

— Mais, dit M. Corot, vous avez été bien réhabilité !..

— Non, monsieur Corot, l'Industriel n'est point un Mécène ; c'est l'homme de l'époque : « rien pour rien ». « Le temps c'est de l'argent. » Mes tableaux n'ayant aucune valeur intrinsèque, s'ils n'y voient pas une réclame, ils n'en ont que faire : *voilà l'impasse.*

Il se fit un silence au bout duquel je dis, en m'adressant à mes invités :

— Mais je ne vous ai pas réunis, Messieurs, pour vous attrister : passez-moi donc un peu de votre philosophie ! Vous, monsieur Corot, si justement heureux !

— Halte-là ! me dit-il... C'est vrai que je n'ai pas eu à lutter contre la misère, comme ce pauvre Millet, par

exemple (Encore un honnête, un sincère, celui-là)...
« Mais, Messieurs, si je n'avais pas dépassé la soixantaine j'aurais peut-être pu croire que je n'étais qu'un
imbécile » (sic). Mais, tenez ; voilà Manet, refusé comme
vous, monsieur Lepage, l'année dernière—oh! ce n'est pas
un rapprochement que je veux faire : autant il y a de
sincérité chez vous, autant je crois qu'il se moque du
public — mais enfin son flûteur, *ça n'est ni fait ni à
faire*, mais « il y a de ça » (sic).

Et il faisait le simulacre avec la main.

— Oui, dis-je, mais Manet a, dit-on, 80 000 francs à
manger dont il se sert pour faire parler la presse : Il arrivera (1), le bon temps est passé.

— De la philosophie !me dit le poëte.

Frère Jacques était un homme dont les luttes, pourtant bien terribles, n'avaient point aigri le caractère ; et
il nous chanta cette chanson que je me plais à citer ici :

MA PHILOSOPHIE

A regretter le bon vieux temps,
Amis, pourquoi perdre le nôtre ?
Nous avons eu notre printemps,
Et notre automne en vaut un autre.
Sans regret, sans bruit, sans chagrin,
Comme elle vient, prenons la vie
Et sans souci du lendemain
Suivons gaîment notre chemin :
C'est toute ma philosophie.

Des vins qu'on buvait autrefois
L'ivresse était-elle plus folle ?
L'Hymen avait-il d'autres lois ?
L'Amour une plus douce école ?
Se cueillait-il quelqu'autres fleurs,
Pour quelqu'amante plus jolie ?...
Pour moi, content de mon bonheur,
Aux autres je laisse le leur :
C'est toute ma philosophie.

(1) Aujourd'hui Manet a des tableaux au Luxembourg et a été
décoré.

Si le serpent n'avait jadis
A propos tiré la ficelle,
Eve courait au paradis
Grand risque de rester pucelle.
Plus que cela soyons galants,
Et si la beauté nous convie,
Toujours prêts et toujours vaillants,
A profit mettons les instants :
C'est toute ma philosophie.

Las de ne boire que de l'eau,
Noë, dit-on, planta la vigne,
Et se saoûla du jus nouveau,
D'une façon vraiment peu digne.
Si comme lui, nous buvons tous,
Si nous buvons jusqu'à la lie,
Mieux que lui, mesurons nos coups ;
Soyons gais mais jamais saoûls :
C'est toute ma philosophie.

Homère narre qu'un Troyen
— C'est Pâris, je crois, qu'il l'appelle —
S'était fait, par quelque moyen
Suivre d'une grecque assez belle.
Pour venger le royal mari,
La Grèce se mit en furie :...
Moins de braves auraient péri
Si de l'aventure on eut ri,
Et suivi ma philosophie.

De ses hauts faits, de sa valeur,
Alexandre étonna l'histoire ;
Devant lui marchait la Terreur,
Sur ses pas volait la Victoire ;
Mais n'eut-il pas vécu bien mieux,
Et plus longtemps, je le parie,
S'il eut gaîment borné ses vœux,
A se griser de ses vins vieux,
Et suivre ma philosophie.

Donc à regretter le vieux temps,
Amis ne perdons point le nôtre ;
Chaque automne, chaque printemps,
Chaque saison en vaut une autre :
Sans regret, sans bruit, sans chagrin,

Comme elle vient, prenons la vie.
Et, sans souci du lendemain,
Suivons gaîment notre chemin :
C'est la seule philosophie (1).

Le déjeuner terminé, nous nous quittâmes les meilleurs amis ; moi, heureux d'avoir fait ce qu'on ne fait pas deux fois dans sa vie quand on est pauvre. Ce fut un beau jour pour moi et les miens.... Mais il faut revenir au terre à terre.

Je n'avais pas la bourse aussi bien garnie que l'homme *au cœur léger* qui venait de trahir la démocratie, mais, en revanche, j'avais la conscience moins lourde... Quelques jours après nous déménagions.

(1) On le voit mon digne ami excellait dans toutes les verves ; il faut lire ses chansons grivoises, ses gaudrioles, pour s'assurer de cela.

CHAPITRE X

AU VILLAGE

Nous voilà donc installés à Foulletourte, petit village entre le Mans et la Flèche.

La France était en plein plébiscite (1869). « Un vote de confiance » me disais-je, c'est dangereux ! ceci ressemble à un piège ; l'Empereur est usé, trop vieux ; il ne nous faut pas de guerre : Je voterai *non.*

Dans le village on était peut-être 150 électeurs. Tous votèrent *oui,* moi et un autre électeur, mon voisin, que j'avais convaincu, seuls votèrent *non.*

On nous mit à l'index.

— Je vous croyais pour l'Empereur ? me disait l'un.

— Vous ne vous trompiez pas... l'Empire c'est la Paix.

— Eh bien ?

— Eh bien : Votre oui, c'est la guerre : c'est pour cela que j'ai voté non. Je ne veux pas être contre l'Empereur.

Ils me regardaient tous comme un fou : ce ne fut pas de longue durée.

. . . .

À Berlin ! À Berlin ! rapportaient les journaux de Paris : C'était sur les boulevards le cri des crevés de l'Empire !... Et les paysans faisaient la grimace !...

Quelques-uns, les jeunes, qui avaient toujours vu Napoléon Ier sur la cheminée à côté de la Sainte Vierge,

se disaient : « Bast ! les Napoléon sont toujours vainqueurs », et ils s'associaient à ces cris de malheur. Partout
retentissait : à Berlin ! à Berlin !

— Ça n'a pas l'air de vous aller ? me dit un malin.

— Non.

— Pourquoi ?

— Parce que je suis Français avant tout.

Ils se disaient : Que veut-il dire ?....

« Il avait bien raison, l'Allemand, quand il disait :
« Tous ces braves gens n'y voient pas clair ».

Tous ces paysans m'auraient écharpé si je leur avais
tenu tête. Telle fut mon entrée au villlage.

Depuis mon départ je n'avais pas reçu de nouvelles
de Paris. Ma paresse seule en était cause. J'écrivis donc
à mon poète et je reçus bientôt sa réponse que voici :

    « Cher Monsieur Lepage,

» Il m'a été bien agréable de recevoir votre lettre sur
laquelle je comptais bien.

» Vous voilà donc au village ! Et moi aussi j'en ai eu
les joies, et j'y voudrais bien demeurer encore : Que
dis-je ! ne l'avoir jamais quitté.

» Vous connaissez nos élections, ce qui me dispense
de vous en parler et j'en suis bien aise, car pas plus que
d'habitude la politique n'a de bien grands attraits pour
moi.

» J'ai résolu de ne pas mettre le pied à l'Exposition ;
j'ai contre elle une vieille rancune, j'y croirais toujours
trouver *votre cher Noyé* (Je venais d'être refusé avec
mon Noyé) et je l'y chercherais en vain, et à sa place, à
ce qu'il paraît, pas mal de cuistreries insignes. Aussi,
pourquoi sortir de la routine ha ! vous avez une idée,
hé bien ! gardez là pour vous, ce sont des riches qui ne
méritent pas de l'être que ceux qui ne savent pas garder
leur or.

» Que cela ne vous décourage pas, mon ami ; au contraire, travaillez ; travaillez pour vous et pour l'Art, le

jour viendra où ceux qui n'ont pas l'air d'y croire se les disputeront.

» N'avez-vous pas remarqué qu'il n'y a jamais que les hommes de mérite qu'on discute ; les crétins seuls passent sans qu'on les gêne : Pourquoi les gêneraient-on ? ils ne font de dommage à personne.

» N'avons nous pas entendu clairement l'un et l'autre M. Corot nous dire : « Si pourtant je n'avais dépassé la soixantaine, j'aurais peut-être pu croire que je n'étais qu'un imbécile ».

» Hommes des cités, vous avez chanté le Travail et l'Industrie, deux des plus belles choses que nous ait donné Dieu. Hommes des champs, peignez la nature. Que d'inspirations vous allez y trouver, que d'élans et de bonheur, mon cher Lepage. Je dis Lepage, comme je dirais Corot, Meissonnier, etc.

» Oui, mon ami, rêvez, vous en avez le droit et les moyens. Si la vie n'est pas pour vous tout à fait sans nuage, elle vous offre des éclaircies splendides, de superbes trouées par où vous pourrez vous lancer dans l'infini.

» Les Arts et la Philosophie, ah ! mon ami, *ne vous en séparez jamais.* Le divorce n'existe pas pour les époux assortis ; demandez plutôt à Mᵐᵉ Lepage.

» Mais sans divorce, il y a même dans les meilleurs ménages de mauvais quarts d'heure, et puis l'âge qui s'en mêle, et une foule d'autres choses encore !... si bien que ce n'est plus du tout ça.

» Moi qui vous parle, je les aimais aussi les Muses :

« J'aimais les Arts, j'aimais la gloire,
» J'aimais la majesté des Cieux ;
» A l'amitié, j'aimais à croire
» *J'aimais à faire des heureux!*
» Mais à présent tout m'abandonne :
» Mes illusions, mes amis
» Je ne tends la main à personne
» A personne je ne souris ».

» Je m'ennuie, tout me pèse, me fatigue et m'obsède. Plus d'éclaircies, plus de trouées dans le fourré sans issue où je me suis égaré (A ce moment Frère Jacques avait 70 ans). Vous devriez bien m'écrire plus souvent.

» Sans image et sans poésie aucune, les affaires vont mal au physique comme au moral ; je ne sais plus où donner de la tête.

» Il n'y aurait pas quelque part dans votre pays une solitude bien noire pour un pauvre ermite bien découragé. J'aimerais mieux cela que de sauter le Niagara.

> « Exilés ! cherchant la Patrie...
> » C'est ainsi que nous marchons tous
> » Aux plages où finit la vie ».

» Je vous attriste, mais ne perdez pas courage, les destinées ne se ressemblent pas toutes... Dès que vous serez assis face à face avec le génie qui fait les artistes, qui les tourmente, les enflamme, les invite, les désespère, et les console tout à tour, vous ne tarderez pas à vous retrouver et à vous reconnaître.

» Ecrivez-moi bientôt pour me donner un peu de baume, un souvenir, un sourire de ma jeune muse (1) béni par sa mère, l'innocence et l'amitié !... ça me consolera peut-être.

» A elles et à vous de tout cœur.

» 19, rue des Martyrs.

» Frère JACQUES ».

Cette belle lettre que j'accepte en ses termes parce qu'elle me vient d'un ami, trop élogieuse en ce qui me concerne, clôt la 3e Partie de ma Vie. J'entre dans ma 45e année.

(1) Il appelait ma fille *sa petite muse.*

APPENDICE

Je dis plus haut (page 392), parlant de M. Sardony :
« Cet homme, ce digne élève d'Emile de Girardin,
m'avait vieilli de plus de 30 ans ».

« Et c'est vrai ! Si je n'avais pas rencontré sur mon
chemin le philosophe Frère Jacques, j'étais peut-être un
homme perdu. Voisin de l'alcoolisme, de la folie de la
persécution, du suicide en famille ou, ce qui est pis
encore, du crime de vénalité d'espionage ; crimes et
désordres si communs aujourd'hui qu'on n'y fait bientôt
plus attention : « Dans 30 ans, ce sera l'évangile, le code
de la jeunesse » prédisait Corot, après avoir entendu
« l'honnête homme ».

Mon plan était donc bien tracé : Rétablir nos santés
par un séjour plus ou moins prolongé à la campagne et
chercher à me placer chez les autres.

La guerre, déclarée peu de temps après le vote plébiscitaire suspendit un moment mes résolutions : Laissons
passer ce temps, me disais-je, après nous verrons...

Comme vous avez pu le voir, Monsieur *tout le monde*
ne m'a pas été meilleur. Il eut fallu me f... de lui. Ce
rôle me révoltait... j'ai préféré manger des *rogatons*.

Je retombe donc sous la coupe du patronat.

Cher monsieur Paul, si j'ai le bonheur de ne pas
trop vous ennuyer, je vous donne rendez-vous à la
4ᵉ Partie laquelle, je crois, n'est pas la moins intéressante
à cause de sa portée politique et sociale : c'est la période
de ma vie de 45 à 55 ans.

FIN DE LA TROISIÈME PARTIE

QUATRIÈME PARTIE

De 45 à 55 ans

AU LECTEUR

Livré à sa propre initiative, après un travail opiniâtre, voilà notre héros revenu au point d'où il est parti : il n'a pas plus réussi établi (patron autrement dit) qu'ouvrier ou employé..... — Va-t-il enfin faire comme tout le monde?... Le voilà arrivé à 45 ans, il est temps qu'il avise, s'il veut assurer à lui et aux siens du pain sur la planche.

Il entre dans l'âge où le souci du lendemain (qu'il a toujours eu du reste), vous travaille plus que jamais. — Va-t-il enfin devenir sérieux, pratique, selon le langage bourgeois ; jusqu'à présent, il s'est montré très courageux, mais c'est un grand enfant disent les plus indulgents.

Je suis trop jeune, pour me permettre le moindre jugement sur notre héros.

D'ailleurs, il faut le suivre jusqu'au bout de sa déjà longue carrière, pour le bien comprendre.

Le récit qu'il fait de cette 4° partie de sa vie (beaucoup plus près de nous les jeunes), va nous le faire mieux connaître.

Nous entrons au moment où l'Empire va sombrer et la République lui succéder.

Notre héros prend déjà plus conscience de son rôle de citoyen, et ne reste pas étranger à la chose publique. Il suit assidument la politique. Il examine de très près la conduite des nouveaux hommes politiques arrivés au pouvoir.

Il observe scrupuleusement les actes de la Commune et de Versailles, et sans parti; s'instruit sur toutes les questions qui se rattachent au bien public, et enfin règle lui-même sa conduite, qu'il gardera jusqu'à la fin. Comme il le dit : il commence à prendre conscience de soi-même.

Je lui laisse la parole.

X EGAPEL.

J'entre dans la vie politique.

Nous sommes au 4 Septembre 1870, jour de la proclamation de la République.

La chute de l'Empire ne m'a pas réjoui ; j'avais déjà fait la remarque que le mal ne venait pas de la forme du Gouvernement, mais des hommes qui, par leur rang et leur fortune, appartiennent à la classe dirigeante.

De tous les hommes nouveaux que la République semblait appeler, je n'en voyais pas un seul qui me parut incompatible à l'influence du Capital.

« L'ennemi, c'est le Capitalisme », me disais-je déjà à cette époque : je crains bien que sous la République, il ne florisse plus que jamais. J'avais à ce moment 45 ans ; mes luttes précédentes expliquent ma clairvoyance : j'avais déjà remarqué que ce ne sont point les hommes de mon âge que l'on dupe ; que c'est avec les jeunes, sans expérience, que se font les coups d'Etat.

Eclairons-les donc !.......

La Guerre.

On sait que j'ai tenu garnison pendant 3 ans et demi en Alsace : Wissembourg, Haguenau, Schelestadt, Belfort, Mulhouse, Strasbourg, etc., ne m'étaient donc point inconnues. Je connaissais le patriotisme de ces populations. Le soldat français y était bien vu, bien estimé ; nous appelions l'Alsace et la Lorraine : l'Eldorado du troupier.

Je n'ai pas besoin de dire ce que j'ai ressenti de peine à notre première défaite à Wissembourg : nous sommes perdus ! me disais-je intérieurement.

Je me rappelais les rixes que nous avions eues avec les Bavarois, leur haine pour les Français. Et je me disais : Pauvres habitants d'Alsace et de Lorraine, c'est sur vous que cette haine va s'assouvir !

L'attitude expectante de l'Angleterre, nous laissant à ce moment écraser, me confirmait dans les idées que j'avais déjà exprimées sur l'Allemagne : « Le mot d'ordre sort de là. » Cette guerre, me disais-je, est une guerre sociale ; elle s'arrêtera quand la politique anglaise le voudra. *C'est là que siège le Capitalisme européen.* Suivons, me dis-je, le cours des événements. Et, très bien placé pour cela, j'observai scrupuleusement l'attitude de tous les hommes politiques. Je commençai par M. Thiers.

Son voyage dans toutes les cours de l'Europe, précédant l'armistice, ne me plut pas ; je vis là une entente internationale faite pour écraser le socialisme : le sort en est jeté, dis-je ; désormais, c'est *la Guerre Sociale.*

Depuis, aucun des événements qui ont suivi et suivent encore ne m'ont étonné : ni les trahisons, sortant comme de dessous terre, ni la guerre à outrance et les retraites réitérées, ni l'abandon de l'Alsace et de la Lorraine, ni la rançon, ni l'armistice, ni l'écrasement de la Commune, ni l'Assemblée de Bordeaux : tout était pour moi le jeu, découvert, de l'*œuvre capitaliste internationale.*

La France meurtrie allait retrouver la vie, hélas ! Mais à quel prix...........

CHAPITRE PREMIER

LE SOCIALISME

On commençait à reparler de Socialisme....

Le Socialisme, me disais-je, qu'est-ce que c'est que ça ?..........

J'avais été à bonne école pour le comprendre, l'école du malheur !...

Mais, à ce moment, je le sentais plus que je ne le comprenais.

Je me rappelais les essais de Cabet, de Louis Blanc (Ateliers nationaux) ; les mots jetés dans le public : la propriété c'est le vol ; Dieu, c'est le mal (Proudhon). J'avais entendu parler aussi du Saint-Simonisme, des Phalanstères de Fourier, du Caporalisme de la Gamelle, etc., etc. ; la manière dont tout ceci était présenté, les plaisanteries, les moqueries que j'avais entendues débiter partout, ne me donnaient point l'envie de m'instruire sur ces questions : si c'est cela le Socialisme, me disais-je, j'en ai assez — au fond, je ne savais pas ce qu'on voulait dire par ce mot. « Hélas! Combien en sont encore là aujourd'hui !........ »

Mais, ce qui, à ce moment, ne faisait pas un doute pour moi, c'était l'édification sourde et lente d'une nouvelle féodalité, que je voyais s'élever de jour en jour.

Il y a longtemps que j'en avais été saisi : en 1857 déjà, j'avais écrit ces lignes prophétiques aujourd'hui :

Féodalité de l'épée : « Le travail forgea le glaive ; le glaive, fruit de ses sueurs, se retourna contre lui et l'obligea à se forger des chaînes. »

Féodalité financière : « Le travail mit en fusion l'or et l'argent ; l'or et l'argent s'entendirent avec le glaive et songèrent à l'enchaîner. »

Féodalité industrielle : « Le travail inventa la machine ; la machine s'entendit avec le glaive, l'or et l'argent, et le travailleur fut réduit à l'esclavage. »

Dieu puissant, quel nouvel Hercule délivrera la terre de ce nouveau monstre, trinité infernale qu'on appelle au XIX° siècle : *Le Capital.*

C. LEPAGE (1857).

« Oui, *l'infâme Capital !* me disaient alors les moqueurs. »

Ce n'est pas le capital, me disais-je, qu'il faut détruire, c'est *le Capitalisme,* le *Veau d'or* autrement dit.

« Je ne me doutais guère à ce moment, que 40 ans plus tard, la politique réactionnaire s'emparerait de cette idée pour assumer le tout sur les juifs (Drumont). »

Voilà où j'en étais des études sociales, au moment de la guerre de 1870 : je reconnaissais le mal, j'en avais même énormément souffert, mais je ne voyais pas le remède.

On verra plus loin, comment je devins définitivement socialiste, c'est-à-dire comment je finis par le comprendre.

AUTOUR DU MANS

Les événements se succédaient, et toujours de plus en plus malheureux. Enfin arriva Sedan. Vous dire l'effet que ce désastre produisit sur les campagnes est indescriptible. Je pus m'en rendre compte, placé on ne peut mieux pour cela.

« Rendu avec 85 000 hommes ! » disaient les jeunes. Et ils regardaient la statuette de Napoléon Ier sur la cheminée.

« Ce n'est pas possible ! » disaient les vieux. Allons-nous revoir les Prussiens ? Ils se souvenaient de la Restauration ; on voyait leur inquiétude ; ils cherchaient où ils pourraient cacher leur argent ; c'était une véritable panique : Dame ! on ne riait plus....

Les paysans n'avaient pas confiance dans la République.

Lorsque Gambetta débarqua en ballon, qu'il organisa la Défense nationale, il eut beau crier partout : « La guerre à outrance ! » le paysan, le bourgeois restaient muets, ne paraissaient pas comprendre.... Je faillis me faire un mauvais parti au village, parce que je disais qu'il fallait se défendre : ils ne pouvaient plus me sentir.

— Qu'est-ce qu'il est venu faire ici celui-là qui prédit si bien les choses ? Qui sait ce qu'il est... Ils se rappelaient mon vote (1).....

Heureusement, une circonstance me tira de là. M. Galpin père, Conseiller général, devenu depuis député, avait vu de petits tableaux de moi, exposés à la vitrine d'un miroitier du Mans ; il m'écrivit cette lettre :

Pontvallain, 22 mai 1870.

« Monsieur,

» Je me proposais, en effet, d'aller vous voir à Foulletoute, et je me le promets d'autant mieux aujourd'hui, que vous voulez bien m'y inviter.

» J'espère de mon côté, qu'une prochaine occasion vous amenant à Pontvallain, me fournira le plaisir de vous recevoir.

» Sans prétendre au titre de connaisseur, j'ai toujours

_____

(1) *Troisième partie*. — On se rappelle que sur 150 électeurs au village, il y eut 2 non ; il était facile de deviner qui, mon voisin et moi.

eu pour les choses d'art un goût très vif. Quoique je
n'ai vu qu'à la hâte votre petit tableau chez M. Hery,
il m'a semblé, en effet, digne d'intérêt et plein de promesses.

» Les grands peupliers, baignés dans la nuit et s'en
détachant à peine, sous de pâles clartés, sont d'un effet
bien rendu; sans doute, ce n'est qu'un petit coin du
grand paysage de la nature, ce n'est qu'une note de
l'éminence symphonie, mais le sentiment en est vrai,
l'expression en est juste.

» L'approbation de Corot, est pour vous, Monsieur, un
puissant encouragement dans vos travaux. Corot est un
des maîtres que j'admire le plus, parce qu'il me paraît
comprendre l'art comme je le comprends aussi, c'est-à-
dire qu'il s'attache moins à reproduire les choses elles-
mêmes, qu'à en dégager le sens intime, mystérieux et
profond.

» Comme on sent en lui l'émotion de la nature, et
comme il sait, d'une touche puissante, indiquer largement sa pensée !

» Recevez donc, Monsieur, mes félicitations sincères,
et croyez au plaisir que j'aurai de faire connaissance
avec vous, et de voir vos autres productions. Je souhaite
vivement qu'un succès mérité ne tarde pas à répondre à
votre talent.

            » Compliments sympathiques et salut cordial,

                            » Léopold GALPIN,

                        » Député de la Sarthe. »

J'y fus. Dans la conversation on vint à parler des événements ; je lui expliquai ma fausse situation au village :

— Si je trouvais quelque chose à faire au Mans, lui
dis-je, je ne demanderais pas mieux.

— Connaissez-vous un peu la photographie ?

— Oui, j'en fais à Foulletourte en amateur.

— Très bien ; eh bien, voyez M. Liçou de ma part.
Il travaille, il est même pressé, à cause des troupes qui
séjournent ici, je crois que vous allez vous arranger.

J'y suis allé et je m'arrangeai en effet. Me voilà donc casé !...

Je ne fus pas longtemps à me mettre au courant de sa maison et finalement je devins retoucheur : C'est là que j'ai passé tout le temps de la guerre.

Il était temps car mes ressources étaient épuisées...

C'est là le moment de raconter quelques petits épisodes de la guerre, dont je fus témoin au Mans, grand centre de troupes.

Il y avait quelques semaines que j'étais installé dans cette photographie. Je reçus bientôt l'ordre de faire partie de la garde nationale ; déjà à Foulletourte j'avais commencé ; on était allé au tir à la cible plusieurs fois. Mais là, au Mans, c'était plus sérieux ; on faisait l'école du bataillon... On avait exigé que chaque garde national ait au moins des liserés rouges aux vêtements et au képi ; on nous avait donné de vieux fusils à piston, mais des cartouches, point : Il n'y en avait pas pour le moment, disait-on. Ancien militaire, la manœuvre de ce fusil m'était connue ; on me demanda d'enseigner aux autres : Volontiers, dis-je, mais je ne veux pas de grade.

On montait la garde, on faisait des patrouilles ; enfin, pour des gardes nationaux, on était assez sérieux.

Il y avait quelque temps que Paris était bloqué, on recevait de rares nouvelles, quelquefois par des ballons échappés aux Prussiens. L'inquiétude était grande.

Les nouvelles officielles qui nous parvenaient étaient très souvent contradictoires. On ne pouvait croire à rien.

De tous côtés arrivaient au Mans des francs-tireurs. Il y avait dans la ville un mouvement et une population inusitée. Le commerce de la photographie marchait admirablement bien. Mon patron était enchanté...

— Puis-je faire venir ma femme et ma fille ? lui dis-je :

— Oui.

Je me décidai donc à les faire venir : Il était temps, car peu après les Prussiens étaient au Mans, maîtres de la ville.

« On était si mal renseigné par les dépêches et les journaux qu'il était difficile de s'expliquer ce qui se

passait. On n'y comprenait absolument rien ; J'ai connu
des compagnies de franc-tireurs remplis d'ardeur, qui
n'ont jamais eu l'occasion de la plus petite escar-
mouche : On les tenait à l'écart et on se demandait pourquoi les francs-tireurs de l'ouest, dits *zouaves pontificaux*, seuls donnaient. Il ne fallait pas être bien fort
pour deviner le bout de l'oreille de cette manœuvre
de haut lieu... Patay était dans toutes les bouches ..
Je rapprochais malgré moi cet événement des blessures
de Mac-Mahon à Sedan, blessures que je ne conteste pas,
mais qu'on exploitait à ce moment et, prophète de
l'avenir, j'entrevoyais là une présidence toute préparée...

Le Gouvernement de la Défense nationale transporté
à Bordeaux et le résultat de l'Assemblée de malheur qui
s'y tint achevèrent de me confirmer dans mes prévisions :
Nous sommes, disais-je, entourés d'ennemis à l'intérieur
comme à l'extérieur. Et cette opinion s'affirma dans
mon esprit de plus en plus avec la marche des événements. Nous allons assister à quelque chose de plus
terrible qu'une lutte de partis, me disais-je. La guerre
du riche contre les justes revendications du pauvre.
Je ne me trompais pas ; on vit bientôt s'ouvrir la route
à toutes les ambitions, et l'Opportunisme sortir bientôt
comme tactique adoptée pour faire l'union républicaine :
arrivé au pouvoir ce fut la continuation de la continuation de la politique des gouvernements passés.

L'Empire, que les *Châtiments* avaient mis aussi bas
que possible, releva bientôt la tête, les Orléanistes
crurent le moment venu de reparaître. — On se rappelle
que Thiers faisait l'essai de la République — Aux yeux
de la majorité, aux yeux surtout des superficiels, il s'établit bientôt ce courant d'opinions : « La République,
vous voyez bien, ne peut faire mieux que les autres
formes de gouvernement, il n'y a donc rien à faire ».
On restera peut-être en République, disait-on déjà à ce
moment; mais l'indifférence la plus funeste règnera sur
les esprits... A quoi bon s'occuper de questions sociales?
faisons nos affaires, « laissons aller, laissons passer ».
Et le *chacun pour soi, Dieu pour tout le monde* devint
plus que jamais la maxime sociale. On en était là ».

Un jour, allant à mes affaires, je fis la rencontre, dans une rue du Mans, d'un cousin, qui était avec son camarade de lit, un tout jeune homme. Ils faisaient partie des francs-tireurs de l'Hérault, deux bons lurons, gais comme des pinsons ; leur humeur de vingt ans contrastait avec ma clairvoyance qui assombrissait si tristement l'avenir. Un moment je me demandais si cette humeur chagrine qui me poursuivait, ne venait pas de l'âge et peut-être aussi d'une vie un peu exceptionnelle ; je me promis de ne pas les assombrir. Ils venaient, ceux-là, avec un vrai désir de se battre...

Je n'étais pas riche, mais je travaillais ; mon photographe faisait des affaires. Je dis donc à mes jeunes amis :

— Tant que vous le pourrez, venez chez moi vous réconforter, il y aura toujours deux couverts à votre disposition.

— Merci, cousin, me dirent-ils tous deux.

Nos deux francs-tireurs étaient partisans de la guerre à outrance ; Gambetta était pour eux un demi-dieu : Je me gardai bien de les désillusionner.

Pour le moment, cet état d'esprit était ce qu'il fallait. Tous nos petits soldats étaient remplis d'ardeur, l'honneur de la France le commandait.

Un jour, nous étions tous réunis autour d'une table bien et copieusement servie : une oie première qualité que ma femme avait eue pour 1 fr. 50 (1) avait provoqué ce festin de Balthazar.

Le jeune Brisson, c'était le nom du camarade de mon cousin, y fit grand honneur. Il me rappelait mes fringales d'Alsace. Il n'y avait pas longtemps qu'il avait gagné son titre de bachelier et avait encore la tête toute remplie de sa philosophie ; sans avoir, ce qui n'a rien de surprenant à son âge, aucune idée fixe, il penchait pour l'Athéisme et venait se buter contre moi, Déiste convaincu.

Nos conversations avaient cet intérêt, c'est que tous

(1) A ce moment, les malheureux qui avaient quelques sous n'étaient pas à plaindre : on avait tout pour presque rien.

deux pénétrés de cette idée que la science devait régler notre imagination, nous ne nous écartions jamais des bornes du positivisme ; nous acceptions que l'Absolu n'est point de notre monde, sans le nier ; nous nous arrêtions à la limite la plus extrême où il échappe à la raison. Ceci nous conduisait naturellement dans le domaine pratique, et là encore nous avions des idées contraires.

— Tout n'est que chance, me disait Brisson, c'est pourquoi il faut de l'audace, toujours de l'audace pour réussir à ce que l'on veut : Voyez autour de vous, la fortune favorise les audacieux. Elle aime qui l'aime... Elle abandonne les timides, les indécis et les nonchalants. *Audaces Fortuna Juvat* répétait-il souvent.

« Il me plaisait... Je tenais évidemment compte de son jeune âge, mais une certaine curiosité me prenait de savoir comment, arrivé à l'âge d'homme, il se tirerait d'affaire.

A ce moment il avait 18 ans et était tout le contraire de ce que j'étais à cet âge ; honnêtes tous deux, pauvres tous deux, mais entrant dans le monde avec des principes tout différents.

Voilà un gaillard, me disais-je, qui ne se butera pas aux angles sociaux ; il devra réussir dans l'acception du mot. Son idée était, après la guerre, d'être médecin.

Comme il ne parlait pas de briser sur son chemin tout ce qui le gênerait, qu'il avait un certain respect de la dignité humaine, des notions bien saines du bien et du mal, du juste et de l'injuste, je n'apportai pas grande résistance : Toutes les routes sont bonnes, luidisais-je, lorsqu'elles conduisent au bien.

Nous restâmes donc chacun dans nos idées. Mon cousin ne disait pas grand chose ; il était porté vers le catholicisme, les dogmes l'empêchaient d'aller plus loin ; il écoutait mais ne se convertissait pas davantage ; on voyait qu'entre l'athée et le déiste il ne faisait pas une grande différence.Pour lui,la pratique était tout : « Hors le prêtre, point de Salut. »

A table se trouvait une demoiselle de nos amis, heureuse de trouver chez nous une protection à ce moment critique ; elle chantait agréablement ..

En vrais Français, je voulus qu'on terminât ce petit festin par des chansons, bien que l'ennemi fût aux portes (1).

Le lendemain, toute la population du Mans était en émoi ; quelques-uns disaient qu'ils avaient aperçu des uhlans aux environs ; on redoublait les patrouilles. On sait que le service de la garde nationale était sérieusement organisé ; on était prêt à la défense.

Les pauvres franc-tireurs ne donnaient toujours pas ; on leur avait fait une pitoyable réputation ; on les craignait dans les campagnes plus ma foi que les Prussiens. Etait-ce justifié ? je ne le crois pas... plus tard quelques traits de vraie bravoure que des circonstances ont provoqués m'en ont donné les preuves. A entendre certaines gens, il n'y avait d'honnête et de brave, de vraiment Français que les zouaves pontificaux.

Un jour, mon jeune hôte Brisson arrive tout découragé et me dit :

— Tenez ! monsieur Lepage, voilà ce que je vous apporte de mes hauts faits d'armes.

Et il nous montre un casque d'officier prussien (Je l'ai encore chez moi).

— L'avez-vous tué ? lui dis-je.

— Ah ! oui ! je l'ai trouvé. — Nous n'avons seulement pas vu la tête d'un. C'était pas la peine de faire deux cents lieues pour voir une pareille comédie : « Nous sommes des éclaireurs en arrière. »

— Vous éclairez la retraite, lui répondis-je.

— Mais jusqu'où va-t-on aller comme cela ?...

— On s'arrêtera, lui dis-je, quand l'Anglais aura parlé.

— Ah ! monsieur Lepage, c'est une vraie toquade que vous avez là ; vous voyez l'Anglais partout...

— Bon ! Bon ! Nous verrons ça...

Les Prussiens approchaient toujours. Il y avait un

(1) On verra plus loin l'influence que ces deux jeunes gens que le hasard avait réunis chez moi eurent sur ma destinée.

point culminant que nos troupes gardaient depuis quelques jours, appelé le Tertre rouge. J'étais de garde à la Préfecture ; on entendait les mitrailleuses depuis le matin ; c'était un véritable roulement qui ne cessait pas. L'Etat-Major était en face la Préfecture ; le général Chanzy était indisposé en ce moment, du moins on le disait. La Préfecture présentait une drôle d'allure, qui ressemblait à un déménagement... On n'a pas l'air de compter sur la défense, me disais-je (singulière guerre à outrance.) Vers 10 à 11 heures du soir, des habitants vinrent nous dire que l'on avait vu les Prussiens rôder autour du Tertre rouge, qu'un domestique avait essuyé un coup de feu ; ils remirent au chef de poste, pour le général Chanzy, une lettre que je fus chargé de porter moi-même. On ne fit aucune réponse.

La situation est grave, pourtant, dit le porteur de la lettre ; le Tertre rouge va être envahi par les Prussiens si l'on n'envoie pas de nouvelles forces.

On n'avait, ni à la Préfecture ni à l'Etat-Major, l'air de se soucier beaucoup de cette triste nouvelle qui livrait le Mans. Quelques gardes nationaux, hommes du poste, pris de panique voulaient quitter leur poste pour changer de costume ; ils craignaient, sous leur habit de garde nationale, d'être faits prisonniers.

Le sergent commandant le poste, ancien militaire, ne voulut pas les laisser partir et, comme il ne manquait pas d'énergie ils gardèrent leur poste. Vers 3 heures du matin, nous voyons dégager les neiges et frayer une route ; nous n'y comprenions rien. Un dit :

— Est-ce pour faciliter la route aux Prussiens qu'on travaille-là ?

Hélas ! nous eûmes bientôt le mot de l'énigme : Le préfet et son secrétaire accompagnés d'autres personnages, sortaient en voiture de la préfecture ; le sergent leur demande l'explication... et s'il doit rompre le poste, les gardes nationaux, dit-il, veulent s'en aller... Faites ce que vous voudrez dit le préfet.

Le sergent tient bon.

— On ne rompt pas comme celà un poste, dit-il.

Pour se débarrasser de lui, le préfet dit :

— « Que ceux qui veulent se battre nous suivent à Sillé-le-Guillaume » (sic).

C'était une vraie débacle. Il n'y avait pas une heure que cela était passé que l'on entendait dire : Les Prussiens sont à Pontlieu (un faubourg du Mans), ils ont mis le feu à une maison. Tout était sens dessus dessous dans la ville... Le sergent prit enfin sur lui-même, de rompre le poste et chacun chercha à rentrer chez soi. Je demeurais rue de la Préfecture, pas loin de l'église de la Couture : juste en face de moi demeurait le premier vicaire de cette église. On entendait la fusillade dans les rues du Mans : Je ne comprenais rien à tout ce qu'il se passait. Je pensais au miens.

Je rentre chez moi, personne.— Ma femme, ma fille, la demoiselle qui nous était confiée, étaient allées au-devant de moi, et avaient pris un chemin de détour, pour éviter les prussiens (me dirent-elles plus tard). Je cours à leur rencontre ; enfin je les vois déboucher la rue de la Préfecture... Il était temps !... Nous n'étions pas rentrés qu'on entend crier . Les Prussiens ! les Prussiens ! je mets le nez à la fenêtre, je prends le fusil Spencer que m'avait donné le petit zouave pontifical et je m'apprête à tirer sur un prussien qui venait d'entrer dans la rue et ajustait aux fenêtres tous ceux qui s'avisaient de regarder.

Je me croyais en cas de légitime défense. Le prêtre, mon voisin de face, qui avait vu mon mouvement, ouvre bien vite sa fenêtre et me crie :

— Ne tirez pas : *On a capitulé !*

..... Je comprends dis-je maintenant... la débacle de la préfecture, et je fermai ma persienne.

On entendait la fusillade...

Capituler ! me disais-je. Quoi ? Et on se bat dans la ville...

Comment ? j'étais au poste il y a encore un moment et nous ne savions rien ? Qu'est-ce que ce désordre qui va coûter la vie à tant de gardes nationaux, comme nous non prévenus ?

Et, en effet, sur la place du Mans, où aujourd'hui Chanzy a un monument superbe, de pauvres gardes nationaux trouvèrent la mort, et beaucoup y furent faits prisonniers...

Je ne dus mon salut qu'au vicaire qui m'avait prévenu...

— Quel bonheur que vous n'ayez pas fait le coup de feu, me disaient les voisins ; ils auraient mis le feu à la maison !...

Nous étions aux fenêtres depuis un moment, les persiennes fermées, lorsque nous vîmes défiler des voitures pleines de cadavres entassés pêle-mêle, les uns sur les autres ; des soldats français qui couraient de tous côtés, le fusil à la main, la bayonnette encore au canon, pourchassés par les prussiens, et fatalement devenant leurs prisonniers ; cela me faisait faire de bien tristes réflexions. A Sillé-le-Guillaume ! venait de nous dire le préfet, tranquillement dans sa voiture ; c'est là qu'on se bat... Et, à sa place, s'installaient à la préfecture les Prussiens qui, bientôt, gouvernèrent la Ville comme s'ils y avaient toujours été.

L'anxiété de ne pas savoir ce qu'on allait devenir dura deux jours. On ne sortait pas, les portes était griffonnées d'écritures qui désignaient les maisons propres à loger des soldats... à chaque minute on s'attendait à en recevoir. Nous occupions deux chambres, une avec alcôve au milieu : Deux femmes, ma fille et moi, comment loger des Prussiens ? Enfin le triste moment arriva... se présentent trois soldats dont un sergent. Ils examinent les pièces.

— On peut loger deux hommes ici, dit l'un ; dans la pièce du devant, il y a une cheminée.

Le sergent, un jeune homme assez distingué, examine la chambre désignée ; il aperçoit au-dessus de ma bibliothèque *mon Noyé*, il l'examine un moment, regarde autour de lui, voit quelques fusains ; il paraît réfléchir un instant et dit deux mots en allemand à ses camarades, puis se retournant vers moi il me dit :

— « Vous, artiste ; pas Prussiens » (*sic*).

Jugez de notre joie à tous. Ils allèrent en face ; c'était le même logement, occupé par deux femmes, une veuve et sa fille, cette dernière avait 25 à 26 ans environ ; elles eurent les deux soldats. Il y avait très peu de temps que nous habitions cette maison, on ne se connaissait encore pas entre voisins ; nous les plaignions, mais c'était tout ce qu'on pouvait faire : Il n'y avait pas à fourrer son nez là-dedans, ça ne leur aurait pas ôté leurs soldats et peut-être nous en auraient-ils donné quatre. C'est ainsi que, grâce à *mon Noyé*, nous avons passé la guerre sans un prussien chez nous. C'était une grande chance. Je me demandais quelles réflexions ce petit sergent avait pu faire. Ce tableau avait-il, vu les circonstances actuelles, provoqué, dans son esprit, une réflexion semblable à celle faite par le Jury qui, un an plus tôt, l'avait refusé (1) ? Avait-il vu une allusion à *notre pauvre France* ? Je ne sais... mais je lui en sus gré : « Le peuple généralement n'est point mauvais ; le naufrage grandiose de cette épave humaine autour de ce grand infini, l'océan pour linceul, inspirait à ce soldat peut-être les mêmes idées qu'à moi, le jour où je fis ce tableau, désespéré de ne pouvoir réussir à rien ! »

Je me décidai à sortir, pour savoir si mon photographe continuait à travailler... C'était dégoûtant, j'en conviens, de photographier toutes ces têtes carrées, mais enfin il fallait manger.

Mon photographe, qui aurait certainement pu manger sans cela, me dit :

— Comment ? Fermer ! Et pourquoi donc ? « Leurs thalers valent bien nos pièces de cent sous. » A l'ouvrage !...

Je ne me fis point prier. Il y a des moments où la nature bestiale prend le dessus sur tout, et où l'individu en face du besoin, se laisse aller. Est-ce digne ? je n'ose me prononcer ; ce que je sais, c'est que ma conscience se révoltait. « Ai-je voté cette guerre ? me disais-je. Non ; j'en subis les conséquences par solidarité. N'est-ce pas assez ? D'ailleurs ce n'est pas une guerre de peuple, cela, c'est une guerre de potentats. Le mauvais sort est de

(1) C'était un tableau refusé au Salon de 1869. (Voir 3e Partie) parce que l'on crut y voir une allusion à la chute prochaine de Napoléon.

notre bord : Qu'y faire ? c'est la déroute à outrance de nos petits soldats : Voilà le grand malheur !... »

Je les plaignais, mais ceux qui étaient encore plus à plaindre, c'étaient les vieillards, les femmes, les enfants qui restaient à la maison sous le joug des ennemis ; leur attitude était autre : Ce n'était plus la Patrie qu'ils avaient à défendre, c'était leur propre intérieur, leur propre famille. *Il n'y avait pas moyen de battre en retraite*, là... Il fallait qu'ils établissent des rapports entre eux.

Eh bien, jugez de la force sociale..... détachée de la discipline de fer, l'humanité reprenait sa place. Nous en eûmes nombre de fois la preuve : Il n'était pas rare de voir des prussiens dépouiller les riches pour donner aux pauvres. Par le rigoureux hiver qui sévissait en ce moment on les voyait porter des quartiers de viande, des victuailles de toutes sortes, des fournitures de lits, etc., dans de pauvres maisons ; l'humanité, comme je viens de le dire, prenait le dessus sur la sauvagerie, la barbarie. Il semblait que les deux peuples se comprenaient et, pour un moment, il n'y avait plus d'ennemis.

Voilà ce que j'ai vu au Mans. Peut-être l'esprit soldatesque, poussé au début par les représailles et la haine, s'était-il assouvi sur les pauvres provinces de l'Est ; peut-être que la bête repue avait besoin de se reposer... je ne sais, mais un souffle d'humanité semblait envahir ces hommes, si heureux dans leur conquête !...

Voilà où on en était lorsqu'on apprit la capitulation de Paris (28 janvier 1871). Nous entrons dans l'armistice.

Cette suspension d'armes étonna un peu ; on comptait toujours sur une sortie de Paris et sur une jonction avec l'armée de la Loire... On sait ce que j'en pensais. Ces événements suivaient bien la marche que mon esprit d'observation et mon expérience acquise à Paris avaient prévus.

On entendait des bretons dire : Ils vont vite, les Prussiens, mais ils ne mettront point le pied sur le sol de la Bretagne, parce qu'alors c'est une guerre de chouans qu'ils trouveraient et ils ne s'y fieront pas.

Je ne sais pas si les Prussiens ont eu peur des chouans, mais le fait est qu'ils n'y ont pas mis le pied.

Je pensais malgré moi à nos soldats de la *première République*.

C'est toujours la même conspiration, me disais-je ; et tout m'apparaissait évident et clair... C'est la continuation de la continuation : Pauvre France ! déchirée et toujours trahie par les mêmes partis : Vas-tu sombrer !... Et *je pensais à mon Noyé* ; j'étais sous cette pénible impression lorsqu'il m'arriva un incident à la photographie, qui jetait une lumière sur mes tristes réflexions.

Deux officiers prussiens étaient venus se faire photographier. La conversation tomba sur la politique et la question sociale...

— Vous êtes travaillés en France, me dit l'un, par trop de partis, voilà ce qui vous perd ; chez nous, il n'y en a que deux : les socialistes et les conservateurs ; la République est considérée comme une forme de gouvernement, indépendante de ces deux partis, mais on est persuadé qu'elle ne changerait rien aux choses ; aussi il n'y a jamais de conspirations sérieuses contre le gouverment... chez vous, c'est le contraire ; vous faites passer les formes gouvernementales avant toute chose, la question sociale est accessoire et intéresse peu ou point la masse du peuple : « Votre République deviendra un parti de plus pour vous diviser, au lieu d'être un fait » ; de là votre désunion au moment des grandes décisions ; c'est ainsi que vous offrez passage à toutes les ambitions, de là vos trahisons perpétuelles (1).

Il continua :

— Vous étiez le peuple qui était le plus à même de bénéficier des principes posés par votre Révolution et, chez vous, les bienfaits populaires : l'instruction, l'allègement du service militaire, sont en arrière de plus d'un quart de siècle.

« Que pouvait-on répondre à de pareilles vérités ? Vraies

_____

(1) Ceci était dit par un étranger en 1871.

à ce moment et que je pressentais être vraies longtemps encore... »

L'autre officier prussien voulut aller plus loin ; il n'avait pas la même courtoisie pour l'esprit français, son langage de vainqueur me chatouillait désagréablement les oreilles ; il ne parlait pas aussi bien le français que le premier et peut-être ce langage un peu naïf accentuait-il, plus qu'il n'aurait voulu le faire, l'expression de ce qu'il pensait. Il fit allusion à Napoléon Iᵉʳ.

Je le laissai débiter les prouesses allemandes, le grand but de cette guerre que, disait-il, ils n'avaient pas cherché. *Il parlait en vainqueur de l'Europe.*

— Halte-là ! lui dis-je, j'aime mieux le langage de Monsieur, désignant son collègue. Il est rempli de sagesse et un français peut l'écouter, en faire même son profit. Mais vous, Monsieur... il est possible que vous ayez raison quand vous dites que nous sommes fiers de notre Napoléon Iᵉʳ, mais les temps ne sont plus les mêmes : les vrais socialistes, chez nous comme partout, désapprouvent tout esprit de conquête. Nous comprenons vos représailles : Vous êtes vainqueurs... le sort de la bataille en a décidé ainsi, c'est un fait accompli : « Œil pour œil, dent pour dent ».

Puisse le peuple s'arrêter là !... afin de ne pas éterniser les guerres. D'ailleurs, qu'est-ce que vous y gagnez ?...

Je l'entendis faire un mouvement ; je me tournai vers son camarade et lui dis :

— La Prusse n'est déjà plus la Prusse, elle est fondue dans l'Allemagne. Vous êtes tous des Allemands ; demain, si cet esprit de conquête dont se glorifie Monsieur, hantait l'Allemagne, fière de ses victoires, et qu'elle triomphât ! Il n'y aurait plus ni Allemands, ni Français, ni Anglais, il n'y aurait plus que des Européens, et, cette guerre de Nationalités cessant, il ne resterait plus qu'une Guerre sociale : *la guerre du pauvre contre le despotisme toujours croissant du riche.* La Révolution française ferait le tour du monde et bientôt la République, *la vraie alors, serait universelle...*

Je ne le vis pas, mais les employés qui étaient là, me dirent plus tard :

— « Vous l'avez échappée belle! » l'officier que vous combattiez a mis la main à la poignée de son sabre.

— Vous ne l'auriez pas laissé faire? leur dis-je.

Ils riaient...

— Oh! non, dirent-ils.

« Je le crois sincèrement, mais à l'œil de l'autre prussien et à son regard profond, je suis bien certain que lui aussi ne l'eut pas laissé faire... »

Cette petite anecdote m'éclairait sur le sort des deux nations ennemies et j'entrevoyais leur attitude après la guerre. Me suis-je trompé?

« Trente ans sont passés sur ce petit incident : Voyez la politique des réactionnaires, et la guerre à outrance, déclarée partout contre le socialisme universel qui monte, monte toujours, et jugez. »

Je photographiais toujours beaucoup de prussiens à l'atelier; le patron était dans un château que les Prussiens occupaient. (Il s'était chargé de leur composer un album; j'ai conservé quelques épreuves de groupes. On les voit assis devant le château, attablés, les tables chargées de victuailles et buvant notre vin avec une désinvolture que nous ne connaissons pas.) Ils payaient très bien : nos poches étaient remplies de thalers. Mon patron n'avait jamais assisté à pareille aubaine; cela dura tout le temps de leur séjour au Mans.

La paix signée, on sait qu'ils avaient encore un certain temps à rester. Enfin ils partirent bientôt définitivement. Je dois le dire pour être vrai, pendant leur séjour après la paix signée, on ne s'apercevait plus de leur présence, ce n'était plus des soldats mais des citoyens et ils sont partis sans transition bien marquée. La ville avait été rançonnée d'un million je crois. Les riches payèrent sans se faire prier mais, soyons tranquille, le temps va venir où le pauvre, à son tour, acquittera sa rançon. Tout augmenta du double, les impôts étaient extrêmement élevés et depuis ce temps tout est resté tel...

— C'est la guerre, entendait-on dire; il faut bien payer quand on est battu.

Et je pensais aux deux *non* du petit village de Foulletourte. J'avais protesté et je payais, je subissais les conséquences de la guerre comme les autres : Voilà la *Solidarité*, me disais-je : pourquoi cette solidarité de tous pendant la guerre ne se continue-t-elle pas après ?

La guerre à coups de sacs d'argent, comme le disait Bismarck, vaut-elle mieux que la guerre à coups de canon ? Qu'arrive-t-il après : Le pauvre, chargé d'impôts, devient plus pauvre encore, et le riche, que cet impôt relatif ne gêne guère, rentre peu à peu dans ses avances et s'enrichit plus encore. Et l'Etat, n'osant imposer le riche dont il dépend, de peur de compromettre la République, forcément laisse s'aggraver la dette nationale et s'affaiblir ainsi la Puissance gouvernementale (1).

Je ne sais, me disais-je, à cette époque, ce qui se passera dans trente ans, mais je crains bien que cette Féodalité, devenue déjà si puissante sous l'Empire, n'atteigne son apogée sous notre République...

Hélas ! mes craintes étaient-elles puériles ?

---

(1) Comprend-on maintenant pourquoi nous ne pouvons sortir de l'impasse où le peuple souverain s'est laissé prendre : c'est que l'oligarchie financière s'est ralliée dans tous les pays du monde, aux anciennes oligarchies déchues chez nous, heureuses de reconquérir quelques bribes de leur puissance. C'est cette alliance...qu'il faut combattre et on ne peut y arriver qu'en lui enlevant l'arme avec laquelle elle nous opprime ; l'argent : Voilà pourquoi l'ennemi *c'est le capitalisme.*

CHAPITRE II

LA COMMUNE

Nous entrons dans la commune. Les meurtres de Clément Thomas et Lecomte (on se rappelle que le général Lecomte était mon capitaine d'instruction au 22ᵉ léger; j'en conçus un véritable chagrin ; nous l'aimions généralement) que nous annonçaient les journaux jetaient un grand trouble dans mon esprit : Pourquoi ces meurtres?...

Qu'est-ce que Versailles? Qu'est-ce que cette Commune? Pourquoi donner au monde le spectacle d'un peuple s'égorgeant de part et d'autre avec une haine à nulle autre pareille! Quelle est cette nouvelle guerre étouffée un moment par les souffrances du siège et qui éclate avec une telle furie?...

Jamais rage et haine pareilles, pendant tout le temps de la guerre étrangère, n'avait atteint ce degré : Français contre Français retrouvaient là une énergie oubliée devant l'ennemi commun.

Tout me revenait à l'esprit : le voyage de Thiers en Europe, la libération du territoire à coup d'argent, l'essai de la République avec Thiers comme Président, le rapprochement de Gambetta avec Thiers, l'écrasement de la Commune confié à Mac-Mahon, la fuite en Belgique d'hommes qui avaient provoqué la Commune !...

Qu'est-ce que tout cela veut dire ? me disais-je...

Je connaissais mon Paris ; je savais que là, comme dans toutes les importantes capitales 4 ou 500000 coquins

sont à la dispositions du million disponible... On entendait dire en province : ce sont les Prussiens qui fomen-
tent ces troubles, c'est notre or qui sert à leur haine...
Moi, je ne disais rien, mais hélas! Je voyais clairement
où était l'ennemi...

Il était malheureusement dans notre sein.

Les paroles de l'officier prussien ne me l'avaient-elles
pas montré... sans doute que la politique Anglo-
Allemande se réjouissait, mais pourquoi s'en seraient-
ils mêlés? la besogne n'eut jamais été aussi bien faite
par eux.

Lorsque les journaux nous apprenaient les tristes
nouvelles des ôtages, les fusillades versaillaises, les
criminels incendies, etc., etc., mon cœur se soulevait
devant cette guerre fratricide où le sentiment de la Patrie
n'entrait pour rien, au contraire ; où je voyais se passer
la troisième comédie sanglante des partis (1830-(1848-
52)-1871).

Il était évident pour tout esprit claivoyant qu'il impor-
tait peu aux gouvernements de l'Europe, qui règnerait
ou ne règnerait pas en France. Les partis avaient
beau jeu ; celui qui réussirait, République, Empire ou
Monarchie, était sûr d'être reconnu et maintenu pourvu
que la politique capitaliste, chère à l'Angleterre et par
suite à l'Allemagne, fut celle de la France. Les hommes
du 4 Septembre ont fait la République et, pour se conserver au pouvoir, ils se sont rangés à cette politique. Et
voilà pourquoi depuis bientôt trente ans les partis con-
jurés pour la renverser n'y parviennent pas !

Mais cette politique adroite et très habile qui a fait de
la République un parti où, comme disait l'officier
prussien, toutes les ambitions devaient se donner
carrière, pourrait malheureusement se retourner contre
la République elle-même, en la dénaturant complètement (1), car est-elle bien celle que rêvait la France

(1) Lafayette avait dit en présentant la monarchie de Juillet :
voilà la meilleure des Républiques. — Thiers disait : faisons les
rois de la République... c'était dire voilà la meilleure des monarchies... c'est de ce mélange incroyable qu'est sortie une République sans républicains... c'est très fort... mais peu concluant.

fatiguée des corruptions de l'empire ? Le peuple n'atten-
dait-il pas de ce gouvernement *du peuple par le peuple*,
autre chose que des succès parlementaires ? Autre chose
que des hommes sortis de ses rangs, flatteurs nouveaux
exploitant son honnêteté, sa crédulité, sa confiance à
l'exemple des courtisans des Rois ?...

« C'est une preuve, dirait Cassagnac, que le peuple n
sait et ne saura jamais se gouverner : il ne veut pas qu'on
lui impose un gouvernement, il veut le choisir lui-même.

— « Ture lu tu tu... Monsieur l'Impérialiste... dans ce
cas, il n'y avait qu'un seul homme qui pouvait, à ce
moment, tenir ce langage et ramener l'union en France,
c'était le comte de Chambord : Parce que honnête comme
le peuple, s'étant toujours tenue dignement il ne pouvait
faire de concessions ni à son drapeau ni à sa politique... »

Ecoutant ses flatteurs, le peuple a fondé une République
sur le modèle de la Monarchie de Juillet.

Alors on vit les dynastiques et les ambitions indivi-
duelles redevenir plus vivaces que jamais : Les bonapar-
tistes relever la tête, les orléanistes usurpateurs
chercher le moyen de passer et les ministrables rêvant
le pouvoir se prêter à toutes les concessions : N'est-ce
pas ? que l'officier allemand me disait de dures vérités ?...

Quand donc le peuple français comprendra-t-il l'esprit
de sa Révolution (1789). Plus d'oligarchies quelles
qu'elles soient : Le Peuple souverain.

Le Roi légitime, Henri V, avait donc clos dignement
la liste des Rois, en ne voulant pas régner sur un fleuve
de sang, mais appelé par le Peuple... « A toi donc,
Peuple souverain, qui n'a renversé la Royauté qu'à
cause des abus de ce régime, de te montrer au moins
conséquent. Souverain plus énergique, soit moins accessible aux paroles de tes flatteurs, sinon ce n'est pas à la
royauté que tu ouvriras la porte, mais à la pire des
tyrannies, à la pire des arnachies : l'Anarchie Féodale,
c'est-à-dire la liberté pour quelques-uns, l'esclavage pour
tous les autres ! ».

Toutes ces idées me hantaient ; je voyais clair... On
parlait au Mans de fonder un journal Républicain
« l'Avenir ». A la tête de l'entreprise se trouvaient des

hommes ayant toute la confiance de la démocratie, mais
n'ayant la mienne qu'à moitié ; (on peut se rendre
compte aujourd'hui si je voyais juste...) les uns à cause
de leur ambition que je devinais, les autres à cause de
leur désir évident de s'asseoir dans des chaises curiales
pour y jouir de la paix des chanoines politiques.

Faut-il vous citer leurs noms ? Rubillard, alors maire
du Mans ; Quesnay de Beaurepaire, devenu son gendre ;
Wilson, gendre de M. Grévy, depuis président de la
République ; Cordelet, petit avocat à la remorque de
ceux-ci ; et enfin Porchez, le moins mauvais, en qui la
démocratie plus avancée mettait ses espérances... On le
voit c'était un petit noyau bien obscur encore, mais dont
quelques-uns devaient jouer un rôle important dans
l'avenir.

Ils avaient organisé une réunion publique en vue
d'élections prochaines et dont l'organe devait combattre
le journal bonapartiste de la localité, grand partisan du
Gouvernement de Mac-Mahon : Le grand argument,
d'une certaine valeur à cette époque, était le même
qu'aujourd'hui ; un seul mot changeait ; on disait à ce
moment : *Fondons la République ;* aujourd'hui on dit :
Sauvons la République.

J'étais parfaitement d'avis de la fonder, de la garder,
de la sauver même au besoin ; mais je ne m'entendais
pas avec eux sur les moyens... Gambetta, qui sentait son
Opportunisme à cent pas, me rendait défiant ! Je me
rappelais ces mots de l'officier prussien : *Vous faites
passer la forme Gouvernementale avant toute chose.
La question sociale, chez vous est accessoire et intéresse
peu ou point la masse du peuple ; de là votre désunion
au moment des grandes décisions.*

Je protestais donc contre toute politique qui fut la
continuation de la Monarchie de Juillet, contre « l'enrichissez-vous » à outrance de Guizot ; je ne comprenais
pas l'alliance de Gambetta avec Thiers : C'est encore et
toujours la vieille lutte des deux mêmes partis, celui des
pauvres, dupés, contre les riches, dupeurs ! criai-je ;
Ce n'est pas l'organe qu'il nous faut.

Quesnay de Beaurepaire qui était alors aussi obscur

que moi — seulement ami intime du maire — me lançait des regards qui ne faisaient que m'éclairer... (On ne me connaissait nullement au Mans... je ne fréquentais pas plus qu'aujourd'hui les cafés.) Il dit quelques paroles pour gagner la galerie, ce qui ne lui fut pas difficile ; je vis qu'on se retournait de mon côté ; j'étais pourtant *l'homme de la vraie République!*

— A la porte ! à la porte ! dirent quelques voix.

M. Cordelet, sénateur aujourd'hui, arrangea cette affaire.

— En somme, dit-il, l'orateur qui vient de prendre la parole et que je n'ai pas l'honneur de connaître, est des nôtres ;... sans partager l'exagération peut-être *inopportune* de ses arguments, nous devons cependant en tenir compte. Notre journal l'*Avenir*, ne veut-il pas dire Progrès ? eh bien, ce que l'orateur demande sera *dans l'avenir*, soit dit sans jeu de mots.

On rit. L'esprit eut le dessus, comme toujours il arrive en France ; et le lendemain je recevais une lettre du secrétaire du Comité Victor Bonhommé.

Voici cette lettre :

L'AVENIR
Journal quotidien
de
la Sarthe et de l'Ouest
30, rue des 4 Roues,
au Mans.

5 juin 1873.

« Très cher Monsieur,

» Hier, j'ai eu l'honneur de vous faire présenter une quittance de souscription. Cette quittance n'a point été acquittée parce que, m'a-t-on dit, vous avez à vous plaindre des procédés de l'administration de l'*Avenir*.

» Je ne sais, Monsieur, à quoi vous pouvez faire allusion, mais je puis vous affirmer ici, que dans notre pensée nous avons toujours eu pour vous la déférence et la sympathie confraternelle que nous vous devons.

» Vous nous avez quelquefois adressé des reproches amers, mais nous respectons trop le droit d'appréciation

26

d'autrui et nous connaissons trop vos convictions et votre sincérité républicaine pour nous livrer un seul instant à la moindre critique contre vous.

» Ceci dit, nous espérons, Monsieur, que vous voudrez bien ne voir en nous que des amis politiques qui seraient heureux d'être plus encore en communauté d'idées avec vous, ce qui sera facile, nous en sommes convaincus, quand vous nous connaîtrez mieux.

» Veuillez agréer, Monsieur, nos salutations cordiales.

» Pour le Comité,
» Votre tout dévoué,
» VICTOR BONHOMMÉ. »

C'était le triomphe de la République bourgeoise, mais moi je n'étais pas converti par le trait d'esprit du futur sénateur Cordelet, et, de ce jour, je devins ouvertement socialiste, non de parti, mais de principe.

« Cher monsieur Paul, dans ce petit coin de la France se faisait, sans que nul ne s'en doutât, excepté les politiciens cités plus haut, la scission républicaine devenue si fatale à Gambetta et à *la vraie République*. Depuis cette époque, les ruses des partis s'usèrent les unes après les autres, et la violence des polémiques s'accentua de plus en plus. Vous connaissez, comme moi, la crise que nous venons de traverser (1897, 98, 99), elle justifie mes prévisions. La République française était à deux doigts de sa perte.

Ayant soif de justice : J'attends ! Je ne reste pas indifférent. »

Voyant comment ces hommes du 4 septembre, qui avaient écrasé la Commune, dirigeaient leur barque, mon attitude devint celle d'une grande prudence. Dégoûté des régimes précédents, j'étais acquis à la République, espérant toujours du bon sens du peuple, que celui-ci saurait chcoisir ses représentants...

. . . .

Mes luttes, pour l'existence, continuaient de plus en plus terribles, quoique sous *notre bienheureuse République !*...

— « Pourquoi êtes-vous si bête ?... m'auait répondu le

fameux Sardony, en me montrant sa croix d'Officier de la légion d'honneur. »

Le fait est que j'ai vu nombre d'hommes qu'on dit intelligents : Cordelet en tête, Wilson, Quesnay de Beaurepaire, etc., et, depuis, bon nombre d'autres en suivant cette route, réussir au gré de leurs désirs les plus ambitieux : Pauvre peuple !...

Mon photographe, qui avait ramassé pas mal de thalers parlait de quitter la photographie ; des concurrents à gros capital menaçaient d'envahir le Mans qui s'agrandissait beaucoup depuis la paix. Il jugea prudent de se retirer.

— « Les petits seront toujours mangés par les gros, me disait-il en riant. Même sous la République ! »

— Et peut-être plus encore sous elle, lui répondis-je.

Il n'était pas socialiste, mais il voyait clair. Le fait est que peu de temps après la guerre on vit Paris se transformer en immenses bazars inconnus encore en France : Le Louvre, le Bon Marché, le Printemps, etc., etc., et de même dans toutes les branches du commerce de l'industrie, on vit des palais s'élever comme par enchantement et, du même coup, disparaître le petit boutiquier aux abois (c'était ainsi qu'en République on faisait la guerre à l'*Infâme Capital*).

« L'ennemi, c'est le cléricalisme, » disait à ce moment Gambetta. « Il n'y a pas de question sociale... il y a des questions sociales... »

La Bourgeoisie riait et Belleville fulminait. Moi je voilais mon front : l'*Apôtre* commençait chez moi à paraître.

Je serai bientôt seul, me disais-je : Je ne veux appartenir à aucun parti, je veux rester libre.

Mon photographe liquida donc son affaire et me voilà de nouveau sur le pavé.

Je songe à Paris : N'est-il pas la seule ressource des désespérés ? N'est-ce pas là que l'on coudoie les plus grands révoltés et les hommes les plus résignés ? N'est-ce pas là que Vice et Vertu se donnent la main sans se connaître ; où l'on peut cacher sa honte !... misère, vice ou déshonneur.

J'avais (1875) 50 ans passés, une femme et une fille : Que faire ?...

CHAPITRE III

Pris toujours de ma même folie, j'essayai de faire prendre la photographie artistique, mais telle que je la comprenais, c'est-à-dire sans aucune retouche.

M. Ferré, mon patron (devenu mon ami), quoique très pratique, ne dédaignait cependant pas les recherches (il était inventeur lui-même) ; il me laissait donc, en dehors du travail courant, travailler à mon idée.

C'est là que je fis les agrandissements et les photographies dont l'aspect singulier vous faisait croire, mon cher monsieur Paul, à des reproductions de tableaux de maîtres. La tête de vieillard surtout, indique bien ce que je voulais atteindre ; beaucoup d'artistes même ne pouvaient pas croire à une photographie :

C'est un tableau de maître, disaient-ils.

Il m'arriva ce qui m'est arrivé pour toute chose :

C'est très beau, me disaient les photographes, mais ce n'est pas commercial (c'est-à-dire vendable). Bref, cela voulait dire : nous n'avons point besoin de votre talent.

L'imagerie faisait mieux leur affaire. Et, *comme* il fallait manger... Dame !...

J'allai tout bêtement chez les petits photographes me présenter comme retoucheur de clichés ou au noir ; on

me confia quelques travaux ; je m'installai boulevard
Richard-Lenoir où je restai environ dix-huit mois à
deux ans, je ne me rappelle plus au juste.

Je mis ainsi ma petite famille à l'abri du besoin. Mais
un autre malheur vint me frapper ; ma vue, déjà bien
fatiguée par la retouche des clichés, baissait de plus en
plus et, malgré les lunettes et les loupes, mon travail
perdait de sa finesse : *chose grave !*...

Je fus donc obligé d'y renoncer ; la retouche au noir,
moins fatigante, donnait peu ; j'essayai bien de mettre
ma fille au courant du cliché ; cela approchait mais il
eut fallu encore bien du temps pour qu'elle y arrivât ;
comme dans tous les métiers il faut être habile mais
aussi très prompt, sans cela on ne gagne pas sa vie...

Je changeai de quartier et allai demeurer 119 *bis*,
rue Monge. Là, j'essayai de faire des dessins appropriés à des procédés nouveaux : l'héliographie et la pho-
togravure, qui commençaient à paraître.

J'y réussis, mais les éditeurs ne goûtaient pas mon
travail. Toujours la même lutte ; ça ne ressemblait pas
au vin de ce banal tonneau qui plaît à *Monsieur tout le
monde.* Je ne réussis donc pas encore dans cette voie.
Que faire ? Je me crevais toujours les yeux à retoucher
des clichés pour les petits photographes de mon nouveau
quartier, mais je sentais bien que ça ne pouvait pas
aller loin.

On se rappelle la méthode manuscrite pédagogique
de dessin que j'ai fait sous l'Empire et qu'on n'avait
pas cru devoir introduire dans les Ecoles communales.
Le moment de la faire sortir des cartons où elle dormait
depuis douze ans était venu : Une révolution dans l'Enseignement du dessin se faisait en ce moment.

M. Buisson arrivait de Philadelphie à Paris avec la
délégation envoyée à cette Exposition pour examiner les
progrès du dessin populaire dont on vantait les grands
succès au delà des mers ; déjà on avait remarqué, à diverses expositions européennes, notre infériorité et on
commençait à reconnaître qu'il était sérieusement temps
d'y penser.

Nous venions d'être battus, disait-on, par l'Instituteur.

Je sortis donc tous mes manuscrits et en secouai la poussière... Vais-je réussir cette fois ?...

Il faut vous dire que, selon mon habitude : au Mans, chez mon photographe, j'avais dans mes loisirs étendu cette méthode (par amour du travail tout simplement, car rien ne faisait présager que cette sage réforme fut dans l'air). Sans rien toucher à la première partie qui était l'a. b. c. du dessin, je l'avais complétée par une méthode de lecture, d'orthographe, d'analyse et de perspective ; en sorte que je possédais une véritable méthode générale de dessin Imitation et Géométrique graduée, essentiellement pratique et pédagogique. J'avais même imaginé un outil pour trouver instantanément les grandeurs perspectives, que j'avais nommé *Planchette du perspecteur* et que j'avais fait breveter.

Un horizon de travail s'ouvrait donc pour moi : Mes peines allaient-elles enfin être récompensées ?

Nous entrons en l'année 1876 ; on parlait beaucoup de l'Exposition de 1878.

Des conférences s'organisaient, Place Royale, par l'initiative et sous les auspices de la Société des Beaux Arts appliqués à l'Industrie, dont j'ai déjà parlé.

MM. Egger, Viollet-le-Duc, Charles Blanc, etc., etc., invités sans doute par les membres de cette société, donnèrent un véritable charme à ces réunions ; j'assistai à plusieurs et, comme je n'en voyais aucune traitant la question du Dessin populaire et appliqué, je demandai à m'inscrire sur la liste des conférenciers, ce qui me fut accordé de bonne grâce. Je fis trois conférences ; elles ne furent point perdues : Un instituteur, M. Rauber aîné (1), qui faisait partie de la délégation à Philadelphie, me dit, après m'avoir entendu :

— Je suis venu tout exprès pour écouter une conférence sur ce sujet : Je puis d'autant plus vous féliciter que, secrétaire de la commission de Philadelphie en ce qui concerne les méthodes pédagogiques du dessin, c'est moi qui prépare le rapport.

(1) MM. Rauber, frères, instituteurs primaires *libres*, 34, rue Corbeau, à Paris.

— Alors, lui dis-je, vous trouvez bon mon enseignement pratique ?

— Oui ; non seulement très pratique, mais pédagogique et rationnel, et je viens vous demander si vous voulez en faire une application dans mon établissement.

J'acceptai la proposition : Ce sera, me disais-je, une carrière qui s'ouvre pour moi dans l'Enseignement ; tentons... si j'y réussis c'est une profession que je pourrai exercer, je crois, longtemps encore.

Hélas !... Je ne savais pas ce que c'était que le métier de professeur libre à Paris... MM. Rauber, qui devinaient peut-être ma situation pécuniaire, comptaient que je pourrais exploiter cette méthode et me faire avec mes leçons une situation passable. Ils me dirent :

— Nous vous trouverons un éditeur : Hachette, Delagrave, Collin ou quelqu'autre : Tout cela était des espérances, mais qui ne remplissaient point ma bourse bien dégarnie. Mon embarras était grand :

Un nouveau malheur vint s'ajouter à cette grande gêne. Ma femme tombe malade d'une pleurésie très sérieuse. Le médecin, sur lequel je tombai, ne la soigna pas bien, un épanchement s'en suivit, et d'autres complications...

— Ecris aux parents à Montpellier, me dit ma femme, nous n'avons plus que cette ressource.

Il y avait longtemps que cela m'était arrivé ; ça ne me plaisait pas...

— Pourtant, dis-je, je ne puis laisser ma femme sans soins. J'écris donc :

Je leur expose ma situation et, pour que la lettre parvienne sans inconvénient, je prends l'intermédiaire d'un cousin, grand ami de mon beau-père. Voici sa réponse :

« Mon cher cousin,

» Nous avons été vivement impressionnés en apprenant la maladie de votre épouse et nous formons tous des vœux pour son prompt rétablissement.

» Ainsi que vous le dites dans votre lettre, la monotonie de tout ce qui pouvait vous intéresser à Montpellier a été cause de mon long silence car, ainsi que je vous en avais donné l'assurance, je n'aurais pas manqué de vous prévenir du moindre changement.

» *Mais rien n'est changé.* Si ce n'est les années qui ont considérablement affaissé votre beau-père et votre belle-mère ; ils sont, comme on dit vulgairement, *bien tombés.*

» Aussitôt votre lettre reçue, mon père s'est empressé de s'acquitter de la commission que vous lui donniez. J'abrège. Votre père lui a dit alors que ses rentes venaient d'éprouver une rude atteinte, etc., qu'il ne pouvait, *en ce moment, rien faire pour vous.....* »

(Il faut vous dire que ce cousin, depuis longtemps en communication avec nous, avait toujours eu l'idée d'arriver à un rapprochement.) Il ajoute :

« D'après l'impression de mon père, le seul rapprochement possible doit être tenté par la petite cousine (ma fille Berthe) ; *toute autre intercession,* pense-t-il, *n'aboutirait jamais.* »

On se rappelle (3ᵉ Partie) ce que ma pauvre femme avait souffert dans son amour filial, combien elle avait été froissée dans son amour-propre pour moi, pour ses enfants, et lésée dans ses intérêts en voyant passer dans des mains étrangères un avenir qui nous était destiné (Fonderie de Caen). Et c'est dans son lit, frappée d'une maladie qui a souvent les conséquences les plus funestes, qu'une aussi triste nouvelle devait lui être annoncée.

« N'est-ce pas incroyable, mon cher monsieur Paul ? Pour vous surtout, qui avez de si excellents parents ?

Ainsi 30 ans n'avaient apporté aucun changement à une inimitié que personne ne pouvait comprendre, pas même la famille, pas même mon beau-père, pas même sa fille et encore moins moi !... Malgré l'aveu tout en ma faveur qu'avait fait ma femme, à sa famille, au fond chacun se disait : « Il faut qu'il se soit passé quelque chose de très grave, que nous ne connaissons pas. »

Jugez ma situation ; de mon côté, ma famille était de même...

— C'est égal, me disait un jour ma belle-sœur : Il faut

tout de même qu'il se soit passé quelque chose de grave, il n'y a pas de haine pareille sans raison. Et l'on plaignait ma femme qui gagnait d'autant plus en vertus (qu'elle méritait du reste, même au delà) qu'on m'affublait de vices... Pour les uns, j'étais un fainéant, un bon à rien si ce n'est à rendre une femme malheureuse ; je ne savais me tenir nulle part. Pour les autres, un orgueilleux qui se croyait du talent ; je ne valais pas la peine qu'on s'occupât de moi. Et de fait, jamais jusqu'à ce jour, on ne s'était occupé de ma maigre personne ; ni parents ni amis de la famille : On plaignait beaucoup ma femme et ma fille : c'était tout.

Vous verrez plus loin que c'est à un parent qui, plus sérieux que tous, voulut se rendre compte ; que nous dûmes de ne pas succomber sous le poids fatal de la misère noire dont la société actuelle offre tant d'exemple. »

Je recevais là un coup terrible. Je ne me laissai pas abattre ; je remuai ciel et terre. On sait que la retouche au noir m'était plus facile, à cause de mes yeux, que le cliché, qu'il me fallut abandonner. Plusieurs photographes m'avaient dit :

— Voyez l'Association des Photographes... pour six francs de cotisation non seulement vous avez la chance de trouver du travail, mais encore d'être soigné si vous tombez malade.

Six francs! c'est peu en d'autres moments. Ai-je besoin de dire ce que c'est, dans la situation où j'étais... Enfin je trouvai le moyen de le faire pourtant. Bien m'en prit : J'eus une série de photographies à retoucher au noir. « La misère noire encore une fois s'était contentée de mettre le nez à la porte : » Elle n'était pas entrée.

Mais la secousse fut terrible !... J'eus le malheur que ma femme ne se rétablit jamais complétement.

A la suite de ce travail assez lucratif, je restai de nouveau près d'un mois faisant peu de chose de fructueux, la misère recommençait...

Mon esprit était révolté... Je ne suis pas seul me disais-je à soutenir de pareilles luttes !...

Je sais où est le mal, n'est-ce pas un devoir de cher-le remède ?

Puisque je n'ai rien à faire occupons mon temps.

Je pris la plume et d'un seul jet j'écrivis : *Mal social, ses causes, son remède*, mes souffrances morales et physiques m'en avaient donné le droit... (1).

(1) Cette brochure, écrite par notre héros en 1875, a été imprimée seulement en 1895.

Il est tenu à la disposition de toute personne qui achètera un volume de la 1re édition de *60 ans de la vie d'un prolétaire*, qui en fera la demande accompagnée de 20 c. pour les frais d'envoi.

S'adresser à M. Lepage, Villa des Fontaines (Dreux), ou à M. L. Vanier, éditeur à Paris, Quai St-Michel.

CHAPITRE IV

ME VOILA SOCIALISTE MILITANT

L'idée me vint de présenter le manuscrit de ce livre « Le Mal social » dans une réunion publique, salle d'Arras, à Paris, où il y avait toutes les semaines des réunions très fréquentées. Voici mon préambule :

LES PALLIATIFS

Novembre 1875.

« Citoyens et citoyennes,

» Il est des époques qui appellent de grandes réformes et qui embarrassent au plus haut point ceux qui gouvernent.

» Dans ce temps, les abus qu'on a laissé croître, sans réflexion, deviennent intolérables et menacent la société d'un effondrement. Nous touchons à cette terrible crise. Alors, pour éviter l'événement, on songe à des Palliatifs. Mais, il faut le reconnaître, ces emplâtres aggravent le mal plus souvent qu'ils ne le soulagent et ne guérissent jamais.

» Le palliatif le plus ordinairement employé en pareille matière est éternellement le même; c'est celui qui consiste à faire participer les plus récalcitrants, c'est-à-dire les insoumis, à l'abus en manière de compromis et, comme les mêmes causes produisent les mêmes effets, il aboutit aux mêmes résultats et le progrès est lent.

» Avant 1789, la Bourgeoisie ne pouvait aspirer aux honneurs, aux dignités. Cette injustice mit la révolte dans les esprits et, comme Palliatif au mal qui devenait un danger sérieux, on vendit des titres de noblesse : Ce fut le commencement de l'Aristocratie d'Argent.

» Il est clair que cet emplâtre social ne pouvait guérir le mal. Il l'aggravait au contraire, en donnant au privilège de l'argent ce qui était dû au vrai mérite et au vrai courage.

» Aussi, le mal empira chaque jour, et bientôt il n'y eut plus de Palliatif possible. La réforme s'annonça claire, évidente ! et se traduisit par ces formules :

» Liberté. Égalité. Fraternité. Abolition des privilèges. Tous les français sont égaux devant la loi. »

» Certainement qu'à ce moment ceux qui gouvernaient pouvaient, sans effusion de sang, pratiquer ces sages formules qui préparaient un commencement d'égalité pour les hommes.

» Mais l'orgueil des puissants est indomptable ?

» La justice a passé. Et le châtiment a suivi de près.

» Cette leçon, bien terrible pourtant, n'a suscité chez les nobles qu'un esprit de rébellion.

» Reniant la foi de leurs pères, foulant à leurs pieds l'honneur et la vertu, souillant leurs blasons, ils ont transigé avec l'argent. Alors s'est élevée une autre Aristocratie qui s'est greffée sur la première, ne lui empruntant que ses vices.

» Cette nouvelle puissance, qui n'est autre aujourd'hui que la *Féodalité Capitaliste* ou plus simplement le capitalisme, aura évidemment le sort de sa sœur aînée.

» Aujourd'hui le Prolétariat tient la place de la Bourgeoisie avant 89 ; le Prolétaire puisant ses moyens pour la vie à une source plus honnête, le travail utile, la question sociale de cette fois, approchera plus près de la solution. La Révolution française affranchissant le peuple en proclamant l'individualisme jeta au hasard de la fortune la vie des citoyens ; c'était provoquer tous les crimes où conduit la fièvre du jeu ; Bientôt les effets s'en firent

sentir. Sous le Gouvernement de 1830, ceux qui ont crié
« Enrichissez-vous! Enrichissez-vous » savaient bien
qu'on ne pouvait enrichir les uns sans appauvrir les autres ; que la Solidarité est la seule loi des sociétés. Mais
il entrait dans le plan de ces réactionnaires de s'attacher
à cette formule qui cachait la plus noire perfidie.

» Ils ont fait ainsi appel à toutes les mauvaises passions ;
et elles ont prévalu sur les bons sentiments. Nombre ont
fui le travail utile.

» Une réaction s'est faite dans les esprits honnêtes ; ils
ont compris que tout le monde ne pouvait pas jouer,
qu'il y avait beaucoup de citoyens qui, sans être *nobles*,
étaient cependant plus dignes que ceux-ci, vendant si
facilement leur honneur ; que le travailleur pendant
qu'il était à sa forge ou à son établi, l'artiste à son chevalet, le chercheur à sa table, ne pouvaient pas jouer et
qu'alors la misère les atteindrait fatalement ; étant
sans défense contre l'exploitation de l'homme d'argent.

» Justement inquiets, ces hommes pacifiques, ces prolétaires de l'avenir souffrant du même mal que la Révolution prétendait guérir, veulent aujourd'hui, comme la
bourgeoisie de 1789, chercher les formules qui doivent
les affranchir à leur tour du Capitalisme.

» Plus instruits que ne l'étaient nos pères ; aux belles
formules subjectives de la Révolution, ils veulent en adjoindre d'autres plus pratiques alors, afin que ces formules, justes et reconnues de tous, pour des lois sages ne
soient plus un vain mot.

» Les gouvernements qui ont suivi la Révolution de
1789, pas plus sages que ceux qui l'on précédée, continuant la même politique, ont cherché à leur tour des
moyens pour combattre les revendications proléta-
riennes,on a rien trouvé de mieux que de fermer les yeux
sur les roueries, les agios, les corruptions, les vénalités,
les délations, les infamies,en un mot sur tous les moyens
qui conduisent rapidement à la fortune. Et la porte du
succès est restée grande ouverte à quiconque eut assez
d'audace pour écarter sur son chemin tout ce qui pouvait l'arrêter au passage.

» Alors le mal social s'aggrava de jour en jour et aujourd'hui, comme avant 1789, il n'y a plus de palliatif possible.

» La réforme, comme à cette époque, s'annonce claire, évidente, se traduit par ce mot : *Solidarité*, mais pour que l'application de cette solidarité soit efficace il faut qu'elle soit soutenue par des *Formules essentiellement pratiques*.

» C'est l'objet du travail que j'ai à vous présenter... si l'exposé que je viens de vous en faire vous intéresse... »

— Oui ! Oui ! la lecture ! la lecture...

La soirée était avancée ; on décida que cette lecture serait faite à la prochaine réunion.

« *A mon jeune ami*

« Juillet 1895.

« Mon cher monsieur Paul,

» Ici je fais une halte pour vous laisser un moment de loisir et aussi pour me reposer. Cette revue rétrospective dans mon passé m'est pénible, surtout que j'arrive au moment le plus critique de ma vie. Vous me manifestez le désir de connaître le « Mal social », je vous envoie le manuscrit. A bientôt la continuation.

» Permettez que je vous donne quelques explications :

» Il y a dix-huit ans que j'ai écrit le travail « Mal Social » que je vous confie.

» En pleine *lutte pour l'existence*, malgré tous mes efforts, je n'avais à 52 ans pu parvenir à assurer à moi ni à ma famille un morceau de pain... Vous savez toutes les cordes que j'avais à mon arc, vous connaissez mon activité ; j'étais bien portant, rempli du désir de me rendre utile, je ne dirai pas à la société (la société ne veut pas de ces dévouements : c'est cependant ce qui devrait être) mais dans la société, c'est-à-dire aux individus qui voulaient bien m'utiliser à leur profit. J'ai toujours été sobre, vous me connaissez ; j'ai toujours mis à profit mes moments de loisirs ; c'est à eux que je dois d'être arrivé à un petit résultat dans l'art de la Peinture et du Dessin ; je leur dois aussi quelques In-

ventions et des Méthodes que je crois utiles. C'est encore
aussi à ces moments chéris que mon livre « Le Mal Social » doit le jour ; c'est grâce encore à eux que j'espère
de voir publier sous peu les « Cinq Conférences (1) » fruit
de la *critique* de mon livre par vous et nos amis.

» Je suis en outre fier de dire que je dois tout cela au
Travail libre, fait en dehors d'un travail de première
utilité et rétribué. Je reste ainsi conséquent avec moi-
même (Plan social) en cherchant par le *Travail obligatoire pour tous* à diminuer le temps de la corvée
de chacun le plus possible, pour retrouver dans le
travail libre : la *liberté du corps et de l'esprit*.

» Ma vie, je crois, prouve que j'ai toujours, à côté de
mes fantaisies, cherché à me rendre utile à la Société :
Pourquoi la société m'a-t-elle dédaigné ? Je ne lui demandais pas la fortune ; seulement *le droit de vivre en
paix, moi et ma famille*. Quant à tant d'autres, à côté
de moi : égoïstes, flatteurs, plus instruits peut-être,
souvent plus nuls, peu soucieux de leur dignité et encore moins de celle des autres ; cette même société ouvrait toute grande la porte de la fortune et des honneurs ?
Pourquoi !...

» Faut-il dire avec mon vieux poète, mon ami :

« Que parles-tu de gloire et de patrie
» Et d'avenir et d'immortalité,
» De noble foi, d'union, d'harmonie ?
» Que parles-tu de sainte Liberté ?
» Dieu vainement se révèle et t'inspire
» Barde insensé, tes chants sont méconnus :
» Voile ton front, laisse dormir ta lyre.
» Barde, crois-moi, crois-moi ; ne chante plus. »

« FRÈRE JACQUES. »

» Je chanterai, mon cher monsieur Paul, jusqu'au
bout !... contre la soif de l'or parce que c'est là le mal.

» Je vais donc vous laisser le temps de lire « Mal social » et nous reprendrons aussitôt ma vie.

» Tout à vous, mon cher monsieur Paul.

» C. LEPAGE. »

(1) Ces « Cinq Conférences » annoncées déjà sur ma brochure
« Mal social » paraîtront, je l'espère, prochainement.

CHAPITRE V

DÉSESPOIR

Je reprends mon récit. A cet instant, je suis profondément découragé ; la société venait de faire un socialiste de plus et un socialiste convaincu, j'ose le dire.

Avec ces idées, je paraissais sortir de dessous terre ; moi, je les trouvais si vraies, si naturelles que je ne retenais point ma parole et, sans me préoccuper de l'effet qu'elles produisaient, je causais toujours...

J'ai bien certainement passé plus d'une fois pour un malade de l'esprit. Je crois que l'on m'a toujours plutôt plaint, que méprisé ou craint ; on ne voyait point en moi un homme dangereux ; aussi n'avais-je, jusque-là, jamais été inquiété.

On me laissait le droit de dire les plus grandes vérités, en plein soleil ; j'en sais gré à ceux qui auraient pu me nuire ou me faire du mal... Cet Apostolat par le verbe, du reste ne les gênait pas : Ils me savaient trop pauvre pour propager mes idées par la presse. Malgré cela, j'ai la satisfaction d'avoir soutenu, *dans la limite de mes moyens*, quelques courages dans des moments de grande défaillance.

Luttant moi-même avec acharnement, j'ai été, je l'avoue, pour peu de gens un exemple ; on ne me suivait pas ; moi-même je n'aurais osé entraîner personne : je bravais, mais j'avais peur pour les autres.

J'en étais là quand je fus pris d'un véritable désespoir.

Ma dernière lettre à Frère Jacques, va vous donner la mesure de mon état d'esprit à ce moment : j'avais toujours retardé à lui écrire, vous devinez pourquoi.

3 janvier 1876.

« Cher poète et ami,

» Nous voilà revenus à Paris, en pleine lutte. Malgré tout le vent pousse vers la Capitale : Il me semblait pourtant, il y a environ huit ans, lui avoir dit adieu !...

» Point de repos... marche ! marche !... Si encore la lutte, en fortifiant l'esprit ne tuait pas le corps, il resterait des forces pour se défendre contre la brutalité de ses ennemis. Mais non ! toujours de plus en plus affaibli par les privations, par la misère, l'ennemi implacable, lâche, ne vous voyant plus que le souffle, vous achève.

» Voilà où j'en suis :

» J'ai connu beaucoup de monde dans tous les rangs de la Société : petits et grands, parents rapprochés et éloignés ; ce sont ceux dont je n'ai rien à attendre, qui me procurent de l'aide, c'est-à-dire le morceau de pain qui entretient bien juste moi et les miens.

» Quelle triste chose que le monde !... Mais pardon... j'oublie que le vieux chansonnier m'avait prévenu qu'il n'y avait rien à en attendre. C'est malheureusement trop vrai... Il faut me pardonner. Je croyais encore un peu... C'est si triste de ne croire à rien, de voir autour de soi le néant ; et il est si difficile de garder une attitude ferme pour soutenir son entourage... Heureusement que l'imagination, cette folle du logis, comme l'appellent les gens pratiques, nous met à l'abri des attaques du monde, en venant remplir ce vide effrayant. Oui ! c'est là, malgré tout et quand même, c'est sous cet abri que je me réfugie, que je puise, mensonge ou vérité, la force et le courage.

» Vous le voyez, je suis aussi incorrigible que ceux qui se vautrent dans le bourbier social.

» Le grand dévoreur ne m'a pas encore touché. Mais si la nécessité me serre encore de plus près, si même le

pain est retranché au pauvre lutteur : Faudra donc, lui
et les siens, qu'ils meurent !...

» Tirons le rideau sur cette terrible scène qui existe
réellement dans toute sa hideur, autour de moi.

» Prostituées, empoisonneurs, assassins, arrêtez-
vous !... Mourez, mourez de faim, de douleurs... plutôt
que d'outrager la nature. La mort, alors, vous semblera
riante et belle !

« A l'époque où j'écrivais cette lettre on ne voyait pas
encore, comme aujourd'hui, des suicides de familles
entières ; mais n'est-ce pas qu'on pouvait les pressentir ? »

» Mais toi... Société, qui condamne à mort le Juste !
Insulteras-tu toujours Dieu et la Nature ? Seras-tu toujours un sarcasme vivant pour l'homme de bien :
Hommes qui gouvernez, vous lasserez-vous d'assumer
la responsabilité de tant de honte, de tant de crimes...
Ne voyez-vous pas cet amas de boue ensanglantée, qui
menace de tout engloutir : triste fruit de votre rébellion
contre les lois morales et civilisatrices ?...

» Cher poëte, j'ai sous les yeux la lettre que vous
m'écriviez en 1869, il y a juste huit ans. Vous me disiez :
« Je m'ennuie, tout me pèse, me fatigue et m'obsède...
Plus d'éclaircie, plus de trouées dans le fourré sans issue
où je me suis égaré... Vous devriez bien m'écrire : sans
image et sans poésie aucune, les affaires vont mal au
moral comme au physique ; je ne sais plus où donner de
la tête. »

» O ! vous qui avez tant souffert ! mon digne ami...
N'est-ce pas qu'il n'y a rien d'exagéré dans ce triste tableau d'une vie honnête au milieu de ce monde cor-
rompu ; où ceux qui peuvent guérir ferment les yeux et
ceux qui voient — le très petit nombre — sont impuis-
sants à guérir.

» Qui donc nous sauvera !...

» Vieux lutteur qui chantiez l'espérance, croyez-vous
à notre régénération ?

» Puisse Dieu nous épargner de nouvelles luttes sanglantes ! Puisse un souffle de paix, de justice et d'humanité, enflammer les âmes !

» Ecrivez-moi ; c'est à mon tour d'être sans image et
sans poésie : Autrefois j'avais Corot, je vous avais !...
j'étais heureux. Corot n'est plus et vous êtes bien loin.

» Je suis triste...

» Votre ami.

» C. LEPAGE. »

« 110, rue Monge, Paris. »

LE PROFESSORAT

ENSEIGNEMENT LIBRE

Comme on a pu le voir, mes luttes n'étaient pas
finies.

La lecture faite (salle d'Arras) devant un public habituel, assez nombreux en ce moment, m'avait fait
connaître de la classe ouvrière (socialistes militants).
Mes idées avaient été bien accueillies ; elles se confor-
maient, disaient-ils, aux idées de Lasalle et entraient
dans le mouvement du Collectivisme allemand. Ils ci-
tèrent les noms de Karl Marx, *Bebel*, Liebueckt dont je
n'avais encore jamais entendu parler : A cette époque
j'avais peu lu, je ne me doutais pas des obstacles qu'il
me fallait vaincre pour faire accepter mes idées par la
classe que je combattais à outrance. Je n'avais jamais
eu jusqu'alors affaire qu'à la classe ouvrière, toujours
contente dès qu'on lui offre une amélioration à son sort ;
comme la réduction des heures de travail sans diminu-
tion de salaire, et encore une retraite pour la vieillesse.
Quant aux moyens, ils s'en occupaient généralement
peu...

— Laissons faire, disaient-ils. Encourageons tout ce
qui peut nous apporter bien-être et sécurité.

C'est comme cela que Napoléon III s'était rendu populaire avec sa petite brochure « l'Extinction du Paupérisme ». J'étais lancé.

A tout homme ambitieux cela eut suffi : *la popularité;* la fortune est presque toujours au bout. (L'ouvrier aime les idoles, dut-il briser aujourd'hui ce qu'il a adoré hier, et le mettre aussi bas qu'il l'a élevé.) Là encore, la fortune m'ouvrait ses bras. On va le voir : O! noir esprit tentateur! Encore une fois la fortune me sourit et je la méprise.

On forma une Commission composée de quatre membres ; les citoyens :

Dupyre, président.

Hamet.

Borne.

Gardillon.

Il fut convenu de remettre le manuscrit à un nommé Eugène Chevallier, rédacteur d'une revue socialiste.

Au bout de quelque temps, je reçus une lettre du citoyen Dupyre qui me dit en substance qu'il fallait trouver le moyen d'imprimer mon manuscrit ; sans cela, disait-il, c'est un coup d'épée dans l'eau.

Je comptais sur la petite Revue socialiste pour trouver un éditeur sûr : Chevallier garda mon manuscrit trois semaines ; je fus le voir ; il promettait toujours et finalement rien ne parut ; je ne pus même rentrer dans mon manuscrit dont j'avais du reste la copie.

Mais tout ceci n'apportait pas de pain à la maison.

On s'occupait d'organiser une Exposition des Inventeurs au palais de l'Industrie : un M. Delaporte était l'initiateur. Il vint chez moi pour me faire adhérer, ayant entendu parler de ma planchette du perspecteur et de mes méthodes de dessin. J'ai répondu à son appel et, quelque temps après, mes produits figuraient dans cette Exposition au Palais de l'Industrie.

Cette Exposition me valut quelques leçons particulières auprès de jeunes gens qui se préparaient aux Ecoles du gouvernement : La *Science du croquis,* que j'avais pris pour titre de la première partie de ma méthode, avait attiré leur attention. Je pus donc, avec quelques occupations que j'avais déjà, et quelques pensions, alimenter ma maison. La retouche photographique marchait encore un peu mais diminuait chaque jour; je ne pouvais plus compter dessus. Je me lançai donc complètement dans l'Enseignement.

Ma femme allait mieux, elle avait repris ses occupations dans la maison ; ma fille était sur le point de se marier à un jeune photographe que j'avais connu dans mes relations de travail. Un nouvel avenir se dessinait : Nous instruisîmes de ce mariage les parents de Montpellier, sans rien leur demander, pas même de se déplacer, mais ma femme espérait qu'ils feraient quelque chose pour cette seule et unique enfant : Rien. Toujours rien.

« Si tu étais près de nous, nous pourrions peut-être faire quelque chose, répondirent-ils, mais...

Nous fîmes contre fortune bon cœur, c'est-à-dire du mieux possible : Hélas ! comme tant d'autres fois. Je voyais bien que ma femme était peinée, froissée dans son amour-propre. Mais qu'y faire ?...

Pourquoi, me disais-je, l'homme de bonne volonté n'arrive-t-il a rien ? J'avais à ce moment 52 ans et je n'étais pas, au point de vue de la sécurité, plus avancé que le premier jour de mon mariage. J'avais beau me pénétrer de la morale de M. Sardony qui m'en expliquait la cause, je ne voulais pas, malgré tout, suivre cette route.

Philosophe à mes heures, je prenais plaisir souvent à regarder la physionomie de Paris. En voyant tout ce monde toiletté, qui flâne et s'agite en même temps, je me disais : Ce n'est pas possible, c'est la deveine qui me poursuit ; tous ces gens-là sont heureux ; — les théâtres sont remplis, les chemins de fer sont combles le dimanche ; — ils ont de l'argent plein leurs poches. Il n'y a donc que moi qui n'ai jamais le sou...

Imbécile ! me disais-je... et l'Enfer me tentait...

Faudra-t-il que je passe le reste de ma vie à regretter le passé ? C'est insensé !...Et tout me paraissait renversé. Puis-je regretter d'avoir bien fait ? de m'être tenu digne-

ment ? Et les douces et profondes paroles de Frère Jacques me revenaient à l'esprit. Allons, du courage ! me
disais-je. Continuons...

Frère Jacques m'avait bien recommandé de ne jamais
m'occuper de politique (ni de près ni de loin). C'est le
seul point sur lequel nous ne nous entendions pas.

Je ne le puis, me disais-je, l'indifférence me tuerait.
Et puis, comment faire ? mes souffrances physiques et
morales me font découvrir chaque jour des misères
noires inaperçues : Le pauvre honteux, que je ne voyais
pas avant, a beau cacher ses misères, je les vois, je les
sens ; puis-je rester indifférent ?... l'aumône dégrade ;
d'ailleurs je ne puis la faire. Je ne vois que l'amitié qui
console.

Aussi l'ai-je prodiguée... J'aime celui qui souffre et
j'admire celui qui sait courageusement souffrir.

L'EXPOSITION UNIVERSELLE DE 1878

On se rappelle la méthode populaire de dessin que
j'avais faite sous l'Empire et que le préfet Hausmann
m'avait renvoyée. Il me vint à l'idée de l'envoyer à l'Exposition universelle de 1878.

Tout en ne négligeant pas mes occupations qui me
laissaient, hélas ! trop de loisirs, gagnant si peu je songeai à utiliser ma méthode et ma planchette de perspective.

Je repris donc mon courage à deux mains et j'allai
de porte en porte présenter mes services ; j'étais quelquefois bien accueilli, souvent éconduit, mais j'avais déjà
passé par là pour la gravure.

Je savais qu'il ne fallait pas se rebuter. J'allai dans
les ateliers de peinture où j'en vendis quelques unes ; je
fis quelques élèves et je mis même pour des peintres
quelques tableaux en perspective devant eux avec ma
planchette : Je recommençais à suffire à ma maison.

On approchait de l'Exposition ; je comptais dessus
pour me faire connaître ; ma demande d'admission était

faite depuis longtemps et je ne recevais pas de réponse.
Enfin il m'en arriva une : il fallait établir une vitrine...
On me demandait 300 fr. pour l'installation et l'emplacement. Hélas ! où les aurais-je trouvés ? J'y renonçai.
Il s'organisa une autre Exposition à côté de la grande
ou l'on faisait appel à tous ceux qui, pour des raisons
quelconques, ne prouvaient figurer à la Grande Exposition.

Ce fut l'*Exposition collective ouvrière*.

Cette exposition avait été patronée par le Conseil municipal de Paris qui vota une somme assez importante
(150.000 francs je crois) pour sa réalisation. Je me présentai à la Commission et on m'accorda trois mètres de
muraille et une place, avec tablette à la hauteur de la
cimaise, le tout gratuitement ; cela faisait bien mon affaire.

Je vais voir le jour. Enfin ! me disais-je.

En effet, me voilà installé : tout va pour le mieux.
J'avais disposé un petit tableau noir pour donner au public des explications sur mes méthodes. Je dessinais au
tableau des objets usuels que je faisais sortir de figures
géométriques, des têtes que je déduisais d'un canon que
j'avais simplifié sur les anciennes données des maîtres
oubliées dans l'enseignement à notre époque.

Des articulations du squelette humain, je déduisais
toutes les attitudes et cela avec une habileté du crayon
que j'avais acquise par une longue pratique du croquis
lorsque je relevais les machines dans l'industrie.

Beaucoup d'amateurs et de connaisseurs s'arrêtaient
pour m'écouter, entr'autre un capitaine du génie, élève
de l'Ecole polytechnique qui me dit :

— Cette méthode générale est excellente et pleine
d'imprévus... Voyez donc de ma part Monsieur le Directeur de l'école Monge, vous l'intéresserez sûrement ;
du reste, je vais lui en parler.

Mais ! Ce succès à l'Exposition ouvrière ne devait pas
se passer sans entrave :

Un jour que j'avais autour de moi mon public habituel, un agent de police vint me dire de cesser mes petites conférences. Je demande pourquoi ? Assez mal pollment, il me répond que cela devait me suffire. Je vis le moment où ça allait mal tourner. Je m'adressai au Président de l'Exposition... c'était un ouvrier. Il me dit :

Qu'en conseil ils avaient décidé de ne permettre aucune réclame parlée individuelle ; qu'on allait établir dans un endroit désigné une série de conférences, que je pouvais me faire inscrire.

— Vous auriez pu prendre un autre intermédiaire qu'un agent de police, lui dis-je, pour m'annoncer cette nouvelle.

Il me fit un coup d'œil qui ne présageait rien de bon et me quitta...

Allons, me dis-je, qu'est-ce qu'il y a encore par là ? J'en eus bientôt l'explication : c'était une scission qui sourdement se préparait entre les ouvriers syndiqués et les indépendants. Bientôt ce mouvement prit une allure qui désespéra le conseil municipal et les députés et sénateurs qui avaient favorisé cette Exposition. Malgré leurs efforts pour arriver à une entente, il n'y parvenaient pas ; les syndiqués, en nombre, froissaient, vexaient beaucoup les indépendants. Nous nous trouvâmes six indépendants particulièrement visés, victimes de toute leur haine et de leur jalousie ; nous fûmes expulsés. (Voici les noms : Jauttard, Capelle, Decoin, Jussel, Pernelle, Lepage.) Cet acte arbitraire révolta le plus grand nombre et la Commission exécutive fut obligée de réunir tous les exposants en assemblée générale et de donner des explications de leur conduite.

On se réunit salle d'Arras ; elle était comble.

Je n'étais absolument prévenu de rien de ce qui se passait, je ressentais seulement un vif dépit de la conduite arbitaire dont j'étais victime ; j'attendais pour savoir ce qui allait se passer.

On ouvre la séance et on forme le bureau : Je suis tout étonné de me voir acclamer président.

Je refusai d'abord, mais la majorité protesta ; enfin je me décide à prendre le fauteuil ; on nomme des assesseurs, un secrétaire ; ont fait la lecture du procès-verbal de la dernière séance et le secrétaire demande à lire un rapport répondant aux plaintes des exposants expulsés.

Ce rapport disait que la Commission s'était vue dans l'obligation de prendre ces mesures regrettables pour déjouer les esprits ambitieux de quelques membres ennemis des chambres syndicales, ne cherchant rien moins qu'à renverser la Commission exécutive engagée dans des responsabilités dont elle n'a de comptes à rendre qu'aux autorités de la Ville de Paris. Que cet acte impolitique, propre à jeter le discrédit sur l'union des ouvriers, devait être réprimé et que c'est ce qu'elle avait fait.

Je pris la parole :

« Citoyens,

» Je suis prêt à quitter la présidence si cela est nécessaire pour le bon ordre de nos discussions. Je suis attaqué, moi et mes collègues expulsés, trop directement pour laisser passer les paroles que vous venez d'entendre. On voudrait faire croire à une cabale contre la Commission exécutive légitiment élue par vos suffrages.

» Je proteste : en mon nom d'abord, parce que je n'étais nullement instruit de ce qui devait se passer aujourd'hui ;

» Au nom de mes collègues ensuite, parce que je ne vois rien dans leurs actes, pas plus que dans les miens, qui légitime une mesure telle que l'expulsion qui nous frappe non seulement dans nos intérêts, mais aussi dans notre honneur.

» Si la discussion doit s'établir sur ce terrain : je quitte la présidence et me charge de défendre les droits des indépendants contre les chambres syndicales puisqu'elles refusent tout rapprochement en maintenant l'expulsion.

» Nous n'avons point voulu cette scission, douloureuse pour tous les vrais socialistes républicains : voyez où sont les fauteurs de nos divisions et jugez. »

Un des membres de la Commission exécutive s'avisa de dire que je n'étais pas un ouvrier et que ma place n'était pas dans cette Exposition.

— « Allez à côté ; il ne doit y avoir ici que des mains calleuses. »

— A la porte ! à la porte ! crient des voix dans la salle, il est saoûl !

L'assesseur, Capelle, se lève, je veux le retenir ; il s'entreprend avec le protestataire... je cherche à rétablir l'ordre, j'y parviens, le calme se fait ; alors, m'adressant à l'assemblée, je dis :

» Je n'ai pas demandé la présidence ; vous devez penser que dans ces conditions je n'y tiens guère : Nommez-en un autre, nous saurons nous défendre à la tribune. »

— Oui ! oui !...

Je quitte le fauteuil et retourne à ma place.

On vota de nouveau : je suis acclamé à une forte majorité.

Je reprends donc le fauteuil.

« Citoyens,

» Je ne veux pas que vous restiez sur l'impression qui vous a été laissée et il faut que, tous, vous me connaissiez.

» Je suis, en effet, *fils de bourgeois*, de patron, si vous voulez ; mais mon père, qui était un honnête homme, quoiqu'exploiteur — comme vous avez l'habitude d'appeler les Patrons (Ricannements.) voulut que j'apprisse le métier qu'il ne connaissait pas et qu'il exploitait cependant avec succès. « Ah ! c'est qu'à ce temps il y avait encore entente entre patrons et ouvriers, la machine n'avait pas encore bouleversé l'ordre des anciennes institutions. » Mon père était fondeur-mécanicien, son principe était qu'un patron devait au moins être aussi fort, sinon plus, que, son premier ouvrier. Il avait quatre garçons et, tous, nous fîmes en règle notre apprentissage : Moi je pris l'état de mécanicien, et si je n'ai pas aujourd'hui les mains calleuses, j'ai la marque indélébile des travailleurs. (Et je montre mes deux doigts mutilés par un engrenage.) C'est que j'ai su m'élever intellectuellement, je ne dirai pas au-dessus de l'ouvrier... — nous sommes tous ouvriers, égaux devant le *travail utile* —, mais au-dessus de l'ignorance ordinaire des ouvriers. Ceci m'a permis, citoyens, de me rendre utile, entièrement à la grande cause de la démocratie : j'ai pu, de cette façon, vivre sans exploiter jamais personne... j'ai plutôt été exploité par ceux même que vous appelez les ouvriers... car ceux dont j'ai quelquefois eu besoin, ont su profiter largement des abus du système actuel de l'*offre et de la demande*...

Une voix. — C'était leur droit.

— Oui ! comme celui du patron ! *Mais je professe d'autres idées socialistes.*

» J'ai donc la conscience très tranquille et la bourse légère ; tout ce qu'il faut pour pouvoir parler comme je parle, et ne pas être déplacé parmi vous. (On rit.)

» J'ai, au Conservatoire des Arts-et-Métiers, des œuvres qui font foi de mon désir de *Glorifier le Travail.* Il n'y a pas longtemps, ici même, j'ai lu un rapport sur la sociologie où je défends le Droit au Travail : le Droit de Vivre, autrement dit ; peut-être est-ce ceci qui m'attire la colère des chambres syndicales.

» J'ai bien le droit d'avoir mes opinions et je n'ai jamais éloigné la lutte ; libre à vous de me combattre, je suis prêt à la réponse.

» Enfin, pauvre, ne pouvant payer le prix exorbitant des emplacements au palais voisin de notre Exposition — que je voudrais voir annexée à la grande — je suis venu franchement dans vos rangs... j'ai apporté le fruit d'un travail laborieux et utile : Je dis et je soutiens que ma vie, depuis mon apprentissage jusqu'à ce jour, n'est autre chose que celle d'un ouvrier !...

» Maintenant que je me suis expliqué, je ne garderai la Présidence qu'à la condition que mes travaux et ceux de mes collègues seront réintégrés. Et je demande pour cela un vote de l'assemblée. »

Une voix. — C'est une histoire à dormir debout : Retournez à votre place, demi-bourgeois.

Une autre voix. — Pas de personnalités.

Le bruit augmente, on se chamaille. Je veux rétablir l'ordre, impossible ; le tumulte est à son comble ; je me décide à éteindre les lumières.

Ainsi finit cette séance orageuse qui n'aboutit, en somme, à rien qu'à rendre impossible tout rapprochement avec la Commission.

A la sortie, je me trouve assailli par un groupe que je ne savais s'il était ami ou ennemi.

Tout cela s'étant fait à l'improviste, je ne savais à qui me fier. Enfin je finis par m'y reconnaître un peu. Autour de moi se trouvaient les assesseurs, les expulsés et quelques autres qui paraissaient disposés à ne pas en rester là.

On entra dans un café pour régler ce qu'on devait faire.

— C'est un échec, dit l'un.

— C'est un triomphe, dit Jauttard qui avait plusieurs fois pris la parole pour notre cause.

— Je ne sais ce que c'est ? dis-je, mais, pour mon compte personnel, je ne me tiens pas pour battu... Je les retrouverai au moment du jury.

— Alors, vous nous abandonnez ? dit Capelle, le violent assesseur.

— Non ; mais j'attends ce que vous avez à me proposer dans l'intérêt général...

Jauttard prit la parole :

— La scission est évidente, dit-il, et je la crois en notre faveur.

Decoin, l'un des assesseurs, répond :

— Je me fais fort de vous apporter plus de 500 signatures protestataires.

— Marchez ! leur dis-je ; apportez-les moi et je verrai nos chances. Je ne suis pas disposé à tenter collectivement de renverser les commissions ; je comprends tout l'intérêt que nous avons à ce que rien de nos divisions ne transpire au dehors ; nous sommes le point de mire de la Réaction (on était encore sous Mac-Mahon), et ce serait faire acte impolitique et de mauvais républicain que de passer outre. Comptez sur moi pour tout ce qu'il faudra tenter pour nous faire rendre justice, mais je ne suis pas votre homme s'il s'agit de coteries rivales : Est-ce entendu ?

Ils réfléchirent un moment et dirent :

— Oui...

Nous prîmes rendez-vous pour le lendemain afin d'aviser au moyen de nous faire rendre justice.

Voici ce qui fut décidé, chez Pernelle, assesseur, rue de Vaugirard :

Gagner sénateurs, députés, conseillers municipaux à notre cause. Pour cela il nous faut une liste de nombreuses protestations.

Decoin renouvela sa proposition ; on libella la protestation et il se chargea de la faire couvrir de signatures.

Quelque temps après il vint chez moi m'apporter sa liste, en effet chargée de signatures. Je vis que l'on pouvait arriver à quelque chose, mais ce n'était pas suffisant ; avec cette majorité on pouvait, d'après les statuts, provoquer une assemblée générale.

J'aimais mieux agir ouvertement.

Nous nous réunissons donc encore une fois. Il fut décidé d'envoyer à tous les exposants et dans les journaux amis, la lettre suivante — écartant la cause de nos discussions, ramenant cette convocation à une mesure générale ayant provoqué des dissentiments fâcheux mais non irréparables.

Paris, 12 septembre 1878.

« Surpris dans ma bonne foi et en face des désordres sans nom que vous avez vu se produire à la dernière assemblée (2 septembre, salle des Écoles, rue d'Arras), désordres auxquels se sont mêlés des membres de nos commissions — décorés de leurs insignes — lorsqu'au contraire leur devoir était d'aider le Président à rétablir l'ordre.

» Moi, Président de cette triste réunion, après avoir fait tout ce qui était imaginable pour m'assurer que le vote de la Présidence n'était pas un vote de surprise, poussant même les scrupules jusqu'à prier un membre de la commission de contrôle d'annoncer mon désistement — *si personnellement j'étais* cause du désordre — ce qui a été fait, et, malgré cela réélu à plusieurs reprises :

» J'ai cru ne devoir pas rester dans la mauvaise posture où m'a laissé cette séance en face des commissions, impressions que vous avez dû tous ressentir comme moi.

» J'ai donc cru de mon devoir de vous convoquer tous en assemblée générale dans le simple but de connaître notre situation financière, afin que le Conseil général et le Conseil municipal de la Seine ainsi que nos députés ne nous accusent pas, car c'est bien pour nous, *exposants*, qu'ils ont obtenu l'allocation qui nous donne l'existence, afin, dis-je, qu'ils ne nous accusent pas d'être *inconscients ou insouciants* de nos propres intérêts, et que, dans l'avenir, nous ne voyions pas *refuser*, pour cause d'incurie ou d'incapacité, un appui que nous serions très heureux de retrouver.

» Ne nous le dissimulons pas, chers concitoyens, voilà notre situation en face du public et en face de nos représentants.

» Pénétré de la mission que j'accomplis et que je n'ai certes point demandée, mais que mon devoir me force à continuer, je n'ai pas hésité à réunir les membres du bureau de la dernière assemblée dont j'ai pu recueillir les adresses et aussi un groupe forcément restreint d'Exposants qui ont bien voulu répondre à mon appel.

» Et, après avoir formé un bureau, il a été convenu qu'il vous serait donné connaissance de cette lettre et des résolutions prises à la suite de nos délibérations.

» Recevez, cher collègue, l'assurance de mes meilleurs sentiments fraternels.

» C. LEPAGE.

» Président de la dernière Assemblée. »

Une nouvelle assemblée générale, mais provoquée par les exposants, eut donc lieu.

Les membres des commissions n'y assistèrent pas ; je la présidai encore. Une lettre, que je venais de recevoir du président de l'Exposition, protestait contre la validité de notre réunion et expliquait leur absence.

Je lus cette lettre : personne ne prit la parole. On

passa outre. Le calme le plus parfait ne cessa de régner.
On décida qu'il fallait en instruire nos députés, sénateurs, conseillers, etc. Une délégation fut nommée pour
cet objet ; quatre membres, Jossel, Capelle, Jauttard et
moi furent désignés. J'étais le président de cette commission.

Nous nous rendîmes donc d'abord chez M. Teissen-
renc de Bord, ministre, chez M. Tolain, sénateur, Corbon, sénateur, Jobbé-Duval, conseiller municipal, Marsoullan, député, et enfin Louis Blanc, — le principal, à
cause de sa grande popularité.

Je vais narrer notre conversation, à cause de son caractère politique et social.

Je me présente donc chez Louis Blanc, avec les délégués ; la bonne, qui était d'un certain âge, me dit que
M. Louis Blanc était indisposé, qu'il ne pouvait recevoir.

— C'est pour une chose très importante, lui dis-je ;
ce ne sera pas long, mais il faut absolument que nous
lui parlions...

J'insiste. Elle nous fait entrer dans une pièce d'attente.
Elle revint au bout d'un moment et nous dit :

— M. Louis Blanc est bien fatigué, il ne consent à
recevoir que celui qui prend la parole...

Je suis donc introduit. Louis Blanc était assis sur un
canapé ; il paraissait en effet un peu souffrant. Il me fait
asseoir à côté de lui et me demande le but de ma visite.

— Nous sommes délégués, dis-je, pour obtenir justice
d'un fait inique qui se passe à l'Exposition ouvrière :
Nous sommes les exposants expulsés sans motifs par les
commissions. Nous avons provoqué une assemblée générale et cela de plein droit puisque nous avions plus de
trois cents signatures. Nous voudrions, dans l'intérêt
républicain, que ceci se passât entre nous et nous avions
compté sur vous, monsieur Louis Blanc, et sur plusieurs de
vos collègues, députés et sénateurs, MM. Tolain, Corbon, Marsoullan, Jobbé-Duval, etc., pour nous faire la
justice qui a été refusée en assemblée générale par la
commission d'administration et de contrôle : C'est-à-dire
de nous rendre nos places... car nous ne savons même
pas ce qu'ils ont fait de nos produits.

— C'est très fâcheux, dit Louis Blanc, qu'il se passe des choses semblables entre ouvriers... il y a là encore des divisions provenant de choses et de faits mal compris.

— Il y a, citoyen Louis Blanc, une scission fatale qui se prépare entre l'ouvrier indépendant et l'ouvrier syndiqué ; il y a ce que vous aviez prévu en 1848 lorsque vous vouliez inaugurer les Ateliers Nationaux qui préparaient le *Droit au Travail* : Nous sommes loin de là, à présent.

Je continuai :

— Citoyen Louis Blanc, permettez-moi de vous parler franchement. J'ai vu avec regret que vous aviez abandonné cette idée pour l'association individuelle ; l'Etat, seul, peut résoudre, comme vous le pensiez alors, le problème social ; vous en avez à l'Exposition ouvrière le plus frappant exemple... Tous ces chefs de syndicats sont de vrais tyranneaux pires cent fois que les patrons et d'une ignorance crasse, ayant tous les défauts de la bourgeoisie orgueilleuse sans en avoir les finesses : On a dit que la bourgeoisie avait tous les défauts de la noblesse sans en avoir la grandeur. Eh bien, c'est la même chose. Et voilà les maîtres que vous voulez donner au pays ?... Il n'en faut plus...

Je concluai :

— Il ne doit y avoir qu'un seul Etat : C'est le Peuple Souverain ; l'Etat n'est plus *Moi*, l'Etat ne doit pas non plus être *Eux* :

L'Etat, c'est Nous, peuple souverain.

« Nous sommes Français, monsieur Louis Blanc, et ce n'est ni en Amérique, ni en Angleterre, ni en Allemagne, que nous devons chercher des modèles. »

Le coup avait porté. Louis Blanc fit un mouvement... m'examina un moment.

« Je ne sais si dans leurs positions élevées ces hommes haut placés vous connaissent, ou du moins connaissent ou devinent ce que l'on peut être en vous voyant ; toujours est-il qu'il frappa juste. »

Il ne m'appela pas demi-bourgeois, comme une voix à la réunion salle d'Arras. Mais il me dit :

— Vous êtes fils de bourgeois, un déclassé ; ce que je vais vous dire sera peut-être dur à entendre, mais vous ne m'avez pas ménagé.

Représentez-vous un parti, me dit-il. Avez-vous jamais compris la puissance du groupement ? Vous êtes déjà nombreux, et vous serez bientôt légion lorsque l'instruction obligatoire en aura jeté des milliers comme vous sur le pavé. Saurez-vous comprendre alors votre rôle ? Aurez-vous seulement l'idée de votre puissance collective, bien supérieure à celle des ouvriers puisqu'elle est doublée de l'instruction nécessaire pour l'argumentation. Je crains que non... et vous me faites pitié ! Est-ce parmi vous que j'aurais trouvé les votes nécessaires pour arriver à la députation et défendre la République ?

Qui voulez-vous qui vous représente ? Si la question sociale n'avance pas, c'est vous qu'il faut en accuser... Vous serez pris, écrasés entre l'Aristocratie d'en haut et la Démocratie d'en bas : Sortez de là !...

Jamais je n'avais songé à cela ; j'en étais pourtant un exemple.

Je restai un instant sans répondre. « Promptes comme l'éclair, ces pensées me traversèrent l'esprit : Avais-je quelquefois pu faire accepter quelques-unes de mes idées parmi mes amis de collège ? jamais ! on me regardait comme un rêveur, une espèce de fou, de maniaque : C'était encore près des ouvriers que j'avais du succès...

« Là encore, je me butais aux principes cyniques de Sardony : Va là où le succès t'appelle, me disait la voix de la fortune, et rappelle-toi le succès de Napoléon III, son coup d'État. »

Mais ce succès facile ne pouvait me satisfaire.

Je ne puis, me disais-je, avoir pondu l'œuf désiré tout d'un coup ; je demande la critique et l'ouvrier ne critique ni n'argumente jamais ; il accepte ou rejette. »

Louis Blanc voyait mon embarras et me laissait à mes réflexions.

« A force d'être dupé, me disais-je, l'ouvrier finira par s'éclairer, il comprendra qu'il doit faire ses affaires luimême. Je coupai court à cette conversation. »

— Pardon, dis-je à M. Louis Blanc. Je suis bien éloigné

du but de ma mission : Pouvons-nous compter sur vous pour nous faire rendre justice ?

— Oui, me dit-il, je verrai Tolain, mais, en bons républicains, n'envenimez pas cette triste affaire.

Et il me serra la main...

Je rendis compte de ma mission à mes collègues.

— Tout va bien, leur dis je ; j'ai la promesse de notre député.

J'avais acquis plus d'expérience en ces quelques minutes que pendant tout le temps de ma vie.

C'était clair : A moi de choisir entre l'homme politique, le — politicien, comme on dit aujourd'hui — et l'apôtre : Je choisis l'apôtre.

Le temps avançait toujours ; on approchait à la fin de l'Exposition et justice ne se faisait pas pour nous.

— Vous avez été berné ! me disaient quelques-uns.

— Ah ! le bon billet qu'a La Châtre ! disaient les autres.

— Mais, Messieurs, dis-je enfin, fatigué de leurs quolibets : Faites mieux ! Mais, je vous en préviens, mon énergie vise un autre but que le vôtre. Agissez de votre côté à votre guise, moi j'agirai seul.

Mis au pied du mur, ils se turent et on attendit ainsi jusqu'au passage du jury. Il était bien évident pour moi que les sénateurs, députés, conseillers municipaux craignaient les syndiqués dont ils dépendaient déjà, et ils m'auraient échappé si je n'avais redoublé de vigilance.

J'avais été prévenu indirectement du jour où le jury de ma section passerait. Je me trouvai là et guettai le passage d'un des membres de ce jury que je connaissais le mieux : C'était M. Jobbé-Duval, peintre et conseiller municipal très influent ; justement il n'arrivait pas.

Il y avait quelque temps que j'étais là lorsqu'un agent de police me dit de m'écarter ; c'était une véritable provocation : J'avais évidemment été désigné par un membre de la commission qui m'avait aperçu et devinait le but de ma présence. Je vois passer MM. Tolain et Corbon, sénateurs, Harmant, chef d'institution, qui me connaissaient et ne pouvaient pas ignorer le but de ma présence. Comptant évidemment sur une timidité ou une irrésolution ils passèrent outre, bien qu'ils n'ignorassent rien de notre affaire. L'agent me guettait toujours, je le voyais... Enfin M. Jobbé-Duval parut. Je le connaissais davantage — je l'ai déjà dit — je cours à lui, je l'appelle :

— Monsieur Jobbé-Duval...

Il se retourne.

— Deux mots, s'il vous plaît ?

L'agent fait un mouvement pour me saisir.

— ... Monsieur Jobbé-Duval, lui dis-je, mes objets sont là (Je désigne l'endroit où je savais qu'on les avait mis). Je vous prie d'exiger qu'on les sorte afin que le jury puisse donner son jugement.

L'agent attendait évidemment des ordres pour m'écarter.

J'appelai d'autres membres du jury, entr'autres M. Cernesson, qui peut-être n'étaient pas prévenus de ce qui se passait, et j'explique de nouveau ma plainte, le tort matériel que l'on m'avait fait en éloignant mes produits de l'Exposition. Quelques-uns de ces Messieurs ignoraient complètement ce qui s'était passé. Ils appelèrent un membre de la commission et lui demandèrent des explications.

— Je ne sais pas ? dit-il, mais je crois que Monsieur a été expulsé comme faisant partie d'une cabale.

— Nous voulons, dit M. Jobbé-Duval, voir tous les produits ; nous n'avons pas à entrer dans ces affaires ; Monsieur est exposant, il est dans son droit : Où sont ses produits ?

Le membre de la commission fut obligé de les exhiber ; mon audace avait réussi : Le jury passa.

J'avais exposé, en dehors de ma planchette et de ma méthode générale de dessin, deux panneaux, attributs décoratifs représentant la *Science* et l'*Industrie*.

Le jury apprécia mon travail car il me décerna : une Médaille d'Or pour ma planchette et ma méthode, et une Médaille d'Argent pour mes panneaux. Quant à mes collègues, n'ayant plus d'engagement avec eux, je les laissai se débrouiller comme ils l'entendirent.

Là encore, évidemment, je ne suivais pas le conseil

de M. Sardony ; j'envoyais, d'un coup de pied, promener *ma popularité.*

J'aime mieux ma liberté, me disais-je : Vive la jus-tice ! à bas l'intrigue et son hideux cortège : je passerai droit ou je ne passerai pas.

Comme vous pouvez en juger, j'avais profité de la leçon de Louis Blanc ; j'étais bien le type du déclassé dont il parlait, type qui devait devenir, selon lui, légion dans l'avenir.

« Au moment où j'écris ces lignes, 22 ans sont passés sur cet incident et la prophétie s'est accomplie : Le ca-pital aux abois est assailli par les grèves, et le quartier latin remue avec Jaurès et Drumont la question sociale.

A quand l'alliance du Prolétariat complet !.... Quand appellera-t-on tout le monde à la discussion, sans dis-tinction de classe ni d'opinion : Ce n'est pas seulement *l'unité du parti socialiste qu'il faut faire,* c'est l'unité de tous pour l'étude de la question sociale. Il est temps, car, que fera-t-on de cette population lettrée qui coure les rues ? « Que voulez-vous que je fasse de tous vos bacheliers », disait déjà Bismarck (1870). « Que voulez-vous que nous fassions de tous vos ingénieurs, de tous vos contre-maîtres parcheminés », diront bientôt sur le même ton nos hommes politiques débordés...

Quel pétrin !... Faudra-t-il donc faire un retour à l'Obscurantisme, aux vieilles traditions... ou enfin ar-river à l'Etatisme. »

CHAPITRE VI

MON ENTRÉE DANS L'ENSEIGNEMENT LIBRE

« Vous avez encore une fortune dans la main, m'avait dit un industriel de profession (professeur d'architecture à l'École centrale) avec votre planchette de perspective et votre méthode de dessin. »

C'était vrai, mais il ne comptait pas sur les luttes d'en haut ; toujours heureux dans ses entreprises capitalistes, il ne connaissait pas les dessous de ces entreprises qui touchent directement à l'administration.

On va bientôt voir que, là encore, je trouve les mêmes luttes que pour mes tableaux.

On sait que je n'étais pas un homme à ne pas user de tous les moyens honnêtes pour faire valoir mes idées.

Je n'avais pas abandonné l'Art puisque, comme on l'a vu, une médaille d'argent m'avais encore été octroyée pour des panneaux décoratifs de ma composition, à l'Exposition ouvrière de 1878. Mais, je voyais bien que, de ce côté, l'idée n'était pas encore mûre... Hélas ! l'est-elle seulement aujourd'hui ?...

A mon travail ordinaire vint s'ajouter quelques institutions dans l'enseignement libre, cela m'ouvrait un horizon nouveau ; je n'y voyais pas la fortune, mais le pain quotidien, lorsque ma retouche viendrait à manquer. « Il fallait bien manger. »

Voilà donc la misère noire éloignée encore une fois de la maison. Nous étions en 1879. Ma femme se rétablissait difficilement de sa pleurésie; le médecin disait que le midi lui serait favorable, il savait que ses parents y étaient et il m'engageait à l'y envoyer. Je m'y décidai d'autant plus volontiers qu'elle se rapprochait de sa fille, établie depuis peu à Lectoure.

Une lettre du cousin de Montpellier, le franc-tireur avec lequel on a déjà fait connaissance, trancha la question. Cette lettre disait littéralement :

« Venez l'un ou l'autre ; si vous tardez il ne restera plus que les quatre murailles. »

Le voyage était coûteux, mais enfin je travaillais un peu ; il m'était dû quelqu'argent. — Je pressai un peu les clients (chose toujours fâcheuse, il ne faut jamais avoir l'air gêné dans cette belle société).

J'arrive enfin à former la somme nécessaire et nous nous décidons, ma femme et moi, à cette triste séparation.

A mes institutions se joignaient un petit nombre d'élèves particuliers, j'avais donc quelque tranquillité d'esprit quoique tourmenté sur la santé de ma femme.

C'était le moment de chercher à faire valoir ma méthode et ma planchette, c'est-à-dire de trouver un éditeur : Une personne m'avait parlé de la Société d'Encouragement comme moyen.

— Si vous pouviez, là, avoir un rapport favorable ? me disait cette personne, vous trouveriez je crois, facilement après un éditeur, soit la maison Hachette, Delagrave ou Collin...

Je suivis ce conseil et allai m'adresser à M. Castagnol, alors secrétaire de cette société. M. Castagnol était un ancien élève de l'Ecole polytechnique, il pouvait me comprendre. Je lui développai ma méthode, mes idées ; il les approuva en tous points et m'encouragea à persévérer.

— Nous avons ici, me dit-il, des hommes compétents, vous serez certainement apprécié, monsieur Lepage.

J'y vais donc de grand cœur. Je lui remets tous les documents utiles pour l'appréciation de mon travail. Il me dit :

— Je vous conseillerais d'allez voir M. de la Tournelle,

professeur de descriptive et de perspective à l'Ecole polytechnique et au Conservatoire des Arts et Métiers : Il
est membre de la société et fait partie du bureau.

— Je le connais, disais-je ; non seulement dans ma
jeunesse j'ai suivi ses cours publics au Conservatoire,
mais il est venu dans mon atelier de peinture voir mes
tableaux du Conservatoire. Il a bien voulu trouver mes
perspectives belles.

— Tout va bien, me dit-il. Connaît-il votre planchette ?

— Non.

— Eh bien, allez le voir ; c'est cela qu'il faut qu'il
connaisse.

— J'irai. Je vous remercie.

Tout paraissait favoriser le succès.

« Hélas ! vous allez retrouver les mêmes luttes, les
mêmes hommes sous d'autres figures, la même administration, me faisant une guerre à mort pour me barrer
le passage. »

Je ne manquais pourtant pas de courage, je vous assure, car ma correspondance de cette époque, que j'ai
conservée, fait foi que j'ai remué ciel et terre pour arriver à faire valoir mon œuvre ; et, triste chose, chargé
de témoignages de toutes sortes — au moins aussi sérieux que ceux que vous connaissez concernant mes
peintures — j'échoue ; partout écrasé, anéanti, réduit...

Voilà ce que le professeur de l'Ecole centrale n'avait
pas prévu !

Est-ce du guignon... Est-ce méchanceté des hommes...
Est-ce égoïsme... est-ce incapacité ?... Je vous laisse à
penser ce que vous voudrez ; du reste vous allez en juger.

— Jalousie ! me disaient quelques-uns.

Ce n'est pas possible ; tous ces hommes m'étaient
mille fois supérieurs !

Je vais donc voir M. de la Tournelle.

Il y avait 12 ans qu'il était venu dans mon atelier,
rue Rochechouart. Il ne me reconnut pas... Je me rap-
pelai à son souvenir...

— Ah ! c'est vous qui êtes monsieur Lepage, l'auteur
des tableaux du Conservatoire ; je vous fais mes compli-

ments... vous avez fait de bonne perspective. Vous auriez dû continuer.

— Oui, Monsieur, mais bien des choses m'en ont empêché.

— Et qu'est-ce qui me procure aujourd'hui l'honneur de votre visite ?

Je tenais à la main ma planchette et son petit attirail que j'avais eu soin d'envelopper avec des documents nécessaires pour les explications

— J'ai imaginé, lui dis-je, une planchette pour donner immédiatement les mesures perspectives. C'est aussi juste et aussi commode qu'un compas de réduction, l'Enseignement peut en tirer un grand profit parce que, par ce fait, la perspective n'est plus qu'un problème de descriptive.

Et je découvris ma planchette.

— Je vois, me dit-il ; mais c'est insuffisant (sic). Vous travaillez par points isolés, ce moyen est sujet à des erreurs ; d'un autre côté vous ne pourriez résoudre nombre de problèmes utiles dans la pratique.

— Pardon ! lui dis-je, j'ai tout prévu. Ma planchette amplifie et réduit à volonté, et je vais vous montrer tout les cas qui peuvent se présenter dans la pratique, résolus beaucoup plus simplement et sans confusion de lignes. Quant à la précision et aux erreurs, elle a la précision de tout compas et prévient au contraire les erreurs par l'absence de confusion de lignes.

D'ailleurs, lui dis-je, dans votre grand ouvrage de perspective vous le reconnaissez : Parlant de la méthode Monge, ne dites-vous pas : « S'il était possible d'éviter la confusion des lignes nécessitées par l'intersection des rayons visuels sur la ligne du tableau, et que l'on put travailler directement sur le tableau séparé, la méthode Monge serait la plus simple et la plus pratique que l'on puisse utiliser. » Ceci m'a frappé... et je l'ai résolu par ma planchette. — Tenez, monsieur de la Tournelle, je vais poser un petit problème et le résoudre devant vous.

— C'est bien, Monsieur, c'est bien, me répond-il sèchement ; j'en ai assez entendu, je ne suis pas habitué à recevoir des leçons (sic).

— Monsieur de la Tournelle, lui dis-je respectueusement, vous avez toujours été mon maître et je ne me mets pas votre égal ; je suis un pauvre diable d'artiste inventeur, qui comptait sur vous, sur votre grande autorité, sur votre entière compétence pour....

Il ne me laissa pas achever. Il se leva et me dit :

— Nous ne pensons pas de la même manière (*sic*).

Et il me laissa tout seul dans son cabinet.

Je crus qu'il allait chercher quelque chose pour me convaincre d'erreur. Point du tout ; il ne revint pas et au bout d'un moment la bonne vint me dire :

— Monsieur est sorti.

Je pris mon chapeau et me voilà, selon l'habitude, perplexe et dérouté !...

Je rentre chez moi et me demande si je ne ferais pas mieux de jeter toutes mes paperasses au feu et de ne m'occuper que de mon affaire, *tout bêtement*. Ma femme, heureusement, n'était pas là car je ne sais si elle eut résisté à cette répétition de nôtre triste et lamentable histoire. Nous n'en sortirons pas, m'aurait-elle dit.

« J'avais touché au *dada* de ce grand savant. Je ne devais pas m'en relever... Je devais le trouver sur mon passage chez l'éditeur, dans les jurys, partout ! Cependant il n'osa pas me braver à la Société d'Encouragement. Il s'en tira par un faux fuyant en s'abstenant.... mais son abstention me fut plus funeste que ne l'eut été sa critique, car j'étais en mesure — et il le savait bien — de soutenir victorieusement ma cause, tandis que par son abstention il m'ôtait tout moyen de le faire. »

Ces luttes me prenaient beaucoup de temps et mes occupations pouvaient en souffrir. Je ne le voulus pas. Je ne m'acharnai pas, c'était mon principe et je n'y ai jamais manqué : c'est à cela que je dois de ne pas être *tombé dans la misère noire*.

Je trouve donc le moment d'aller rendre compte à M. Castagnol de la réception de M. de la Tournelle.

— Ah ! me dit-il, c'est plus que fâcheux ; je comptais bien sur lui, je regrette presque de vous y avoir envoyé. j'aurais dû prévoir cela. Ah ! les hommes.... les hommes !

Il me serra la main et ajouta :

— C'est bien malheureux ! un rapport de lui vous eut lancé.

— Mais, lui dis-je, il faudra bien qu'il le fasse.

— Oui, mais....

— Je ne crains pas, je saurai bien me défendre.

— C'est égal, me dit-il, c'est bien fâcheux ! c'est bien fâcheux !...

Quelque temps après, je recevais cette lettre.

« Monsieur,

» Le comité de l'Architecture et des Beaux-Arts, dans sa séance d'avant-hier, a nommé pour examiner la communication que vous avez faite à la Société d'Encouragement, M. Brune, professeur à l'Ecole des Beaux-Arts, qui demeure quai Bourbon, 25.

» Je vous engage à aller le voir et à lui donner toutes les explications dont il peut avoir besoin pour l'examen dont il est chargé.

» Agréer, Monsieur, etc.

» CASTAGNOL. »

Je me rendis donc chez M. Brune. Il me dit :

— Je ne comprends pas que l'on m'ait chargé de faire ce rapport. Il y a un homme qui vous eut été bien plus utile que moi : c'est M. de la Tournelle. C'est tout à fait son affaire.

— Mais, lui dis-je, on a dû lui proposer.

— Sans doute, mais il a refusé et, comme je ne m'explique pas ce refus, je vous engagerais à le voir : c'est tout à fait dans votre intérêt...

— M. Brune, lui dis-je, pour moi c'est inutile ; je l'ai vu avant ma communication à la Société et j'ai été assez mécontent de ma réception.

— Mais que vous a-t-il dit ?

— Qu'il ne pensait pas comme moi ! Et il m'a laissé là... Peut-être pourriez-vous le décider monsieur Brune.

M. Brune était encore à ce moment un jeune homme.

M. de la Tournelle avait été son professeur à l'École polytechnique. Il consentit à l'aller voir et me donna rendez-vous pour la semaine suivante.

Je m'y rendis. Je le vis tout décontenancé.

— Il ne veut pas, me dit-il, s'occuper de cela... Je vais donc être obligé de faire ce rapport... mais je regrette beaucoup pour vous.

Il me fit mon rapport, très bien du reste, mais *pas compromettant du tout*. Voici comment il termine :

« En résumé, et tout en faisant les réserves ci-dessus, nous devons dire que cette méthode est exacte, qu'elle est intéressante à étudier, et qu'elle peut, dans beaucoup de cas, *sinon dans tous*, rendre de réels services, etc...»

Enterré! et bien enterré, n'est-ce pas?

Je ne me tins cependant pas pour battu.

Voyons les ateliers libres, me dis-je.....

Je m'adresse d'abord au peintre très connu Carolus Duran; il me connaissait comme peintre.

— Pourquoi n'avez-vous pas continué? me dit-il.

— Hélas! c'est à mon grand regret : Je viens vous voir pour que vous me confiiez votre cours de perspective; j'ai inventé un instrument qui est à la perspective, ce que la palette est à la peinture; elle prépare la perspective, comme la palette prépare les couleurs.

Et je lui montre le jeu de ma planchette.

— C'est intéressant, me dit-il. Voyez mon masseur, et entendez-vous avec lui.

Je me rendis donc à son atelier, et je mis devant les élèves, les lignes principales d'un intérieur simple en perspective.

Ils furent émerveillés de voir directement donner instantanément, tous les points utiles pour le tracé des contours des objets, et cela, sans qu'on fut obligé à aucune opération sur le tableau. Ils voulurent connaître le procédé, plusieurs m'achetèrent une planchette et vinrent chez moi se mettre au courant de la méthode.

Mais j'avais à lutter contre la routine. Il y avait un professeur de perspective, un nommé Forestier, qui avait une grande réputation. Lorsqu'il apprit l'invasion de mon nouveau procédé, il cabala.... et dans tous les atéliers, deux camps se formèrent ; je pus en convaincre quelques-uns qui en firent leur profit. Voici une lettre de M. Carolus Duran, qui témoigne de ce fait.

« Monsieur Lepage,

» Je suis heureux de pouvoir vous dire que les élèves que je vous avais délégués sont enchantés de votre méthode ainsi que de la clarté de votre enseignement.

» Je désire vivement qu'à la rentrée, vous vouliez bien faire un cours régulier de perspective dans mon atelier d'hommes.

» Veuillez agréer, Monsieur, l'assurance de ma considération distinguée

» CAROLUS DURAN ».

J'essayai chez M. Barrias, un autre grand peintre qui avait aussi un atelier d'hommes, et un autre de femmes ; il me connaissait également ; mon invention parcourait déjà les ateliers ; mais les adversaires luttaient avec d'autant plus d'acharnement. Voici ce qu'il m'écrivit :

« Pouvez-vous, cher Monsieur, être chez moi, mardi, 24, à 4 heures et demie précises, pour faire une démonstration de votre système à mes élèves dames.

» Je ne puis m'engager pour elles, il y en a qui tiennent pour Forestier.

» Cependant, vous le voyez, je tiens à ma promesse, c'est à vous à les convaincre. Si vous prenez, vous ferez le cours qui devra être terminé le 15 juin.

» Je regrette de ne pas assister à votre leçon, mais il n'y a pas moyen de prendre un autre jour.

» R. S. V. P.

» Tout à vous,

» BARRIAS ».

J'y fus, et j'appris ensuite qu'il ne m'avait manqué que deux voix : Forestier l'emportait. J'eus cependant deux élèves, qui appliquent sans doute (isolément) encore aujourd'hui mes méthodes.

Vous voyez quelle rude bataille ! et avec tout cela, ne rien négliger de mon travail journalier.

— C'est la lutte pour la vie ! diront beaucoup.

Oui, la lutte du pot de terre contre le pot de fer.

Ces luttes-là ne se rencontrent que dans une société où tout est accaparé par les uns et où les autres meurent de faim : Il n'y a rien de naturel là-dedans.

Je ne perdis pas courage ; mes succès dans les institutions libres se multipliaient ; j'étais déjà arrivé à onze institutions importantes, de Paris et des environs, que je desservais. C'était un travail de Romain, parce que ces institutions étaient à des lieues de distance.

Avais-je raison de me surmener de la sorte ?

On le saura bientôt : mais hélas ! il le fallait bien....

Dame, je voulais faire triompher ma méthode. Il fallait vaincre, pour trouver un éditeur. Je poursuivis donc avec acharnement mon concurrent et lui donnai rendez-vous avec un défi de me confondre : mais, pour réussir, prouver n'est rien. On va le voir.

On venait d'organiser, place des Vosges, des Conférences à l'Union centrale des Beaux-Arts appliqués à l'Industrie.

Le public était attiré par des noms connus : Egger, membre de l'Institut, Viollet-le-Duc, Charles Blanc, etc. J'eus le bonheur d'obtenir d'en faire une à leur suite et, comme les sujets qu'ils traitaient, touchaient tous aux Arts du dessin, le public habituel me fit l'insigne honneur de venir aux miennes. Je remarquai cependant un certain nombre de jeunes gens, à tête d'artistes, de jeunes femmes que je n'avais pas vus aux autres conférences.

Cela promet d'être animé, me dis-je. Les personnes compétentes comprendront qu'il s'agit de présenter un instrument, rendant pratique la méthode Monge. Cette nouveauté renversait tous les procédés en usage, écartait l'inconvénient des points de fuite qui ne se trouvent que rarement dans le tableau, et rendait à peu près inutiles, pratiquement, les traités de perspective édités jusqu'à ce jour. Tant que j'agissais isolément, on me laissait tranquille. Mais quand je voulus propager ! Halte-là ! On ne passe pas !

Je ne m'étais pas trompé : une cabale, montée par Forestier et ses élèves, devait faire échouer ma tentative.

Il y avait un moment que je travaillais au tableau ; ma perspective, que je concevais directement, touchait à sa fin, lorsqu'un auditeur observe que cette méthode est empirique et n'a rien de pratique.

— C'est un travail préparé ! dit-il.

Surpris d'une telle interruption, à laquelle je ne pouvais m'attendre, je prie l'interrupteur de passer au tableau, je lui donne la craie et le mets au défi de faire ce que j'ai fait, dans le même temps, avec aussi peu de travail et sans l'ombre de confusion de lignes. Le défi ne fut pas accepté.

— Mais enfin, dis-je, ce Monsieur n'est pas sérieux... qu'il se fasse connaître.

La cabale chercha à s'organiser pour m'empêcher de continuer, mais elle n'y réussit pas... et je pus terminer ma conférence. Mais le coup était porté : j'avais bien pour moi le public curieux de nouveautés, mais c'était tout.... Quel était cet interlocuteur.... ce cabaleur ? Le fameux Forestier que je voyais pour la première fois : un petit vieillard hargneux et jaloux. Plusieurs auditeurs vinrent me serrer la main.

— La routine ! la routine ! me disaient-ils....

Le bulletin de la Société des Beaux-Arts appliqués à l'Industrie, dans son n° 34 (3ᵉ année) rend compte de l'incident. Cela me fit connaître nn peu, mais plutôt du monde savant que du public. Mon adversaire comptait bien là-dessus : C'était la galette qu'il voulait.

Je rentrai chez moi, moitié content, moitié découragé : Ce n'est pas être battu cela, me disais-je, c'est être écrasé...

« Je ne songeais pas encore à cette époque *aux tristes effets de l'Individualisme à outrance*, mais intuitivement je me disais : Voilà comme la Société *favorise l'essor de l'intelligence* et, plus que jamais, je devenais socialiste. »

Essayons de l'éditeur, me disais-je.... Je conçus une méthode générale de dessin, que j'appelai « La Morphographomètrie à l'usage des Ecoles primaires et de l'Enseignement secondaire » dont on s'occupait beaucoup en ce moment.

Ma méthode terminée, je me décidai à chercher un éditeur, et je remis de mon manuscrit un exemplaire au ferro-prussiate à MM. Delagrave, Hachette, Collin avec une planchette de perspective. Ma méthode traîna dans les bureaux ; je n'obtenais toujours pas de solution.

Quelque temps après, ils répandaient sous des noms *connus*, des procédés pris un peu partout, ayant un semblant de pédagogie, mais ne formant aucun ensemble sérieux....

C'est toujours la même chose... ces Messieurs n'éditent que ce qui se vend ou a chance de se vendre, et rien ne se vend *sans nom*, surtout à ce moment-là.

« Tant pis pour Monsieur tout le monde qui ne songe pas que ce système généralisé, fait toujours l'affaire de l'Industriel, mais jamais la sienne. Aussi les abus qui en découlent sont tellement nombreux et funestes pour tous, les fraudes sont si grandes... que l'on comprend que les socialistes y cherchent un remède. »

Celui de ces Messieurs qui me répondit, me donna rendez-vous, il fut très franc. Je lui avais été présenté par un de mes instituteurs.

On va voir l'embarras des éditeurs en face d'une bonne chose, quand cette bonne chose n'est point revêtue de ce qu'on appelle *un nom*.

Avis au bon public, et pour son instruction.

Je me présente donc au rendez-vous, avec mon instituteur. L'éditeur me dit :

— J'ai examiné, avec soin, cette méthode ; elle me paraît bonne, et je crois que vous pourriez, sans inconvénient, la présenter à M. Viollet-le-Duc. Je vous conseillerais même de lui demander sa collaboration.

On sait que M. Viollet-le-Duc faisait des conférences à à la Place Royale ; je l'avais du reste connu dans d'autres circonstances ; je connaissais son grand talent et son grand désir de voir se populariser le dessin ; j'avais assisté, du reste, à de très remarquables conférences qu'il avait faites à ce sujet.

Je me disposais donc à présenter mes méthodes à M. Viollet-le-Duc, lorsque le lendemain de ma visite chez l'éditeur, je reçus la lettre suivante :

« Monsieur Lepage, 119, rue Monge,

» Après avoir causé de votre proposition avec mon associé, je crains que M. Viollet-le-Duc ne trouve étrange une démarche de notre part, ayant pour but de lui présenter un collaborateur.

» Bien que sa haute situation et son talent indiscutable lemettent au-dessus de semblables suppositions, il pourrait attribuer cette démarche, à la crainte dans laquelle nous serions de le voir échouer dans une publication élémentaire, notre situation, dans ce cas, serait fausse.

» Je vous avais surtout fait l'offre de vous présenter à M. Viollet-le-Duc, dans le but de vous mettre à même de faire paraître, modifié ou non, le plus rapidement possible, un travail auquel vous paraissez avoir consacré beaucoup de temps et beaucoup de soins.

» J'étais aussi désireux d'être agréable à M. l'instituteur, très compétent en tout ce qui touche la pédagogie.

» J'ai regretté, après votre départ, que ce désir m'ait entraîné aussi loin.

» Vous apprécierez certainement, j'en suis persuadé, les raisons délicates qui me font ainsi revenir sur ce que j'avais eu l'honneur de vous dire, et je vous prie d'agréer l'expression de mes sentiments les plus distingués.

» X....

» P. S. — Voyez d'autres éditeurs et, dans le cas où vous ne pourriez vous entendre avec l'un de ces Messieurs, revenez nous voir ; peut-être pourrions-nous utiliser votre travail ».

Est-elle assez typique, cette lettre... Elle se passe de commentaire....

D'autres éditeurs moins francs m'auraient laissé patauger, perdre mon temps ; voilà où en sont réduits les *sans nom.* Ce qu'il y a de mieux, c'est que, quelques jours après, je recevais cette lettre de M. Viollet-le-Duc :

« Monsieur,

» J'ai examiné, suivant votre désir, la méthode d'enseignement de la perspective, que vous avez établie par de nombreuses figures et un texte explicatif.

» Cette méthode me paraît très bonne et rationnelle, et propre à faire saisir rapidement aux enfants et aux jeunes gens, les éléments de la perspective, aussi bien que les développements les plus étendus (1).

» Il serait à désirer que cette méthode fût publiée et mise à l'épreuve dans nos écoles ; je ne doute pas de son succès.

» Veuillez agréer, Monsieur... etc.

» VIOLLET-LE-DUC. »

Je montrai cette lettre à mon instituteur. Il me dit :
— Allez revoir l'éditeur.
— Ah ! non ! lui dis-je.
— J'irai, moi, dit-il ; confiez-moi votre lettre.
Il y fut... Voici la réponse de l'éditeur.
— Un *nom* seul peut donner chance de réussite à une pareille méthode.... Pour mes enfants, je ne voudrais pas leur en enseigner d'autre, mais au public il faut autre chose... Je regrette (sic).
Vous voyez, le jeu capitaliste est bien apparent. On ne se doute pas de cela dans le fond des couches sociales, corvéables et exploitables à merci !
« Qu'on le remarque bien, je n'en veux pas aux hommes, mais au système qui corrompt les hommes. »
J'en étais là, lorsque je reçus de Montpellier, une lettre de ma femme ; elle m'annonçait la mort de son père.
C'était au moment des vacances ; elle me disait de

_____

(1) On se rappelle le rapport de la Société d'Encouragement où, pour ne pas déplaire à M. de la Tournelle, on faisait des réserves, précisément sur son insuffisance.

venir sans plus tarder, qu'il fallait en finir avec les affaires d'intérêts parce qu'elle était lasse d'une aussi longue séparation.

J'y fus, mais ne la ramenai pas encore avec moi. Une circonstance y mit encore empêchement : notre fille était prête d'accoucher. Elle partit de Lectoure, où son mari s'était établi, et vint près de sa mère faire ses couches.

On croyait encore que cet événement allait produire un effet favorable sur ma belle-mère.

Je n'y croyais guère, mais, à cause de la famille de ma femme, je ne pouvais m'y refuser. Hélas! je ne me trompais pas : sous l'apparence d'une entente avec toute la famille, elle préparait le plus machiavélique coup de toute sa vie. Devenue unique maîtresse de la situation, elle s'était arrangée de manière à ce que sa fille ne trouvât que les quatre murailles, comme nous l'avait écrit mon cousin.

Heureusement pour nous qu'un membre de la famille, en lequel ma belle-mère avait une grande confiance, et qui était un honnête homme, devina ses sinistres projets. Il attendit longtemps avant de parler; il voulait, a-t-il dit, mieux me connaître pour apprécier la valeur des dires de ma belle-mère sur moi. Elle lui avait confié un petit avoir jusqu'à notre départ qu'elle croyait prochain : « Gardez cela, lui avait-elle dit; je suis entourée de gens auxquels je ne puis me fier (elle avait deux domestiques) infirme comme je suis, ajouta-t-elle, c'est mieux placé chez vous que chez moi. » Elle fit réunir la famille pour décider quelque chose avant notre départ; ce parent naturellement y était. Elle dit qu'elle n'avait rien qu'un viager déjà ancien, avec lequel, elle et son mari vivaient.

— Cela me suffit, dit-elle, avec mes domestiques : je le regrette pour mes enfants, mais je ne puis rien pour eux; nous avons beaucoup perdu d'argent et, sans ce viager, nous serions sur la paille. Nous avons même beaucoup vendu de notre mobilier, de notre argenterie, de nos bijoux, jusqu'à notre linge pour suffire à nos besoins de malades.

Ma femme était outrée d'une pareille déclaration de

sa mère. Elle était déjà bien malade, ceci l'acheva.

Cette triste affaire traînait. Obligé de partir — étant attendu à Paris — je voulais emmener ma femme; ma fille venait d'accoucher, elle ne voulait pas se détacher de sa petite-fille, d'autant plus que notre gendre ne réussissant pas à Lectoure dans ses affaires, il songeait à s'établir à Hyères, où une occasion se présentait.

Cette situation était très embarrassante, nous devinions l'embarras de nos enfants, la naissance de cette enfant que du reste ma fille élevait, décida ma femme à les suivre à Hyères, jusqu'à ce qu'ils fussent installés, ce fut donc décidé, je retournai seul à Paris.

Devant cette décision, notre parent libérateur, dont je vénère la mémoire, nous fit venir tous deux chez lui et, en présence de sa femme et de ses deux enfants, il nous dit, en nous remettant un petit sac :

— « Gardez ce petit trésor ; qu'il soit sacré pour vous. » Devant ce qui se passe, je n'hésite pas à vous l'abandonner....

— Mais quand elle vous le demandera? lui dis-je.

— Je sais quoi lui répondre : Allez! « il est bien à vous. »

Je partis donc, laissant là ma femme et mes enfants.

— A bientôt! me dit ma femme...

Me voilà donc en route pour Paris, emportant un peu de cette sécurité qui devrait être celle de tous : « Qu'il soit sacré pour vous, ce petit trésor » avait dit notre digne et vénérable parent.... J'avais compris....

Je traverse donc de nouveau le Bourbonnais, moins tourmenté de cette fois; c'était la nuit, par un magnifique clair de lune, jamais je n'avais fait un voyage aussi beau; mes idées un peu plus riantes — bien que je fusse inquiet de la santé plus que chancelante de mon amie — me prédisposaient à jouir des beaux effets, toujours changeants, qui se déroulaient devant mes yeux. Pendant cent lieues, ce pays de montagnes fut pour moi d'un charme indescriptible; la nature, encore vierge, reportait mon imagination aux premiers âges de l'homme ; j'aurais voulu savoir vivre dans ces espèces de forêts sauvages, le triste spectacle de notre société barbare et raffinée me dégoûtait. J'y jouais un si triste rôle qu'un sauvage, vivant au milieu de ses forêts, me semblait beau, grand, noble et être mille fois plus heureux et plus riche que l'homme soi-disant civilisé, chargé d'or.

J'allais donc rentrer dans cette société, fatalement *condamné* à en subir toutes les horreurs, toutes les infamies ; j'étais, comme vous le voyez, voisin de l'Anarchie. Là, me disais-je, dans ces montagnes, il n'y a plus de bourbier doré... Et le train marchait toujours...

Quelques réflexions ; « Ne vous étonnez plus, mon cher monsieur Paul, en voyant mon état d'esprit d'alors, des conséquences fatales et des symptômes alarmants que nous voyons tous les jours : suicides extraordinaires, attentats inexpliqués...

Est-ce que vous ne trouvez pas, en voyant ma triste destinée, que tout est bien fait pour déranger les cerveaux ?... Y avait-il besoin d'être prophète pour annoncer à cette époque la venue des Ravachol, des Vaillant, des Emile Henry et de tous ces politiciens du haut pavé qui occupent l'opinion publique depuis quatre ans avec les *affaires* Panama, Dreyfus, Guérin, Déroulède, etc., cerveaux malades à la poursuite d'un *nom* universel! » C'était ce que je prévoyais il y a 25 ans, à une époque pourtant encore pleine d'espérance républicaine, quoique déjà bien gâtée par les compromissions de nos mandataires avec la gent capitaliste, lorsque, navré jusqu'au cœur, j'écrivais dans *Mal Social* ces lignes que j'en détache. — Répondant aux partisans de l'Individualisme à outrance :

« Pour arriver, dans votre système, à un résultat seulement supportable, il faut supposer chez l'homme : de la raison, de la justice, de la vertu, du cœur du côté des grands ; et chez les petits, de la résignation. »

Or, qu'est-ce que nous voyons ? Les grands ne font nullement preuve de raison : Ils accaparent les richesses de la terre et ils ne s'en montrent pas les sages dispensateurs, car autour d'eux on ne voit que misères malgré l'abondance de toutes choses.

Sont-ils plus sages ? Non ! ils se servent de leur or, cette représentation du sang et de la sueur du pauvre, pour corrompre ; ils s'en servent encore pour semer la discorde.

Sont-ils vertueux ? Bien moins encore ! car ils répandent la prostitution à pleins bords, étalent impudemment à la face du pauvre honnête, qui végète misérablement, *leurs honteuses prodigalités*, mettant ainsi fatalement la vertu en péril.

Montrent-ils du cœur ? Chaque jour ils voient grossir la liste des crimes, des suicides ; ils voient s'entasser sang sur sang, révolution sur révolution : jamais las, ils sont toujours prêts à grossir le flot... mais s'attendrir !... jamais !... jamais !

Puissants de la terre, hommes qui cherchez à gouverner les autres : Voilà ce que vous êtes !... Voilà ce que vous avez fait, et vous voudriez que vos victimes répondissent par la résignation ?...

Ah ! c'est demander trop de vertu pour en montrer si peu.

Qu'arrivera-t-il ?

C'est là où j'étais prophète sans m'en douter :

« A votre manque de raison, on répondra par l'abrutissement et son effroyable cortège : l'ivrognerie, la paresse, le vol, l'assassinat.

A votre manque de justice, on répondra par le parjure, le cynisme, l'effroyable hypocrisie.

A votre manque de vertu, on répondra par la hideuse prostitution du talent, de la vertu, de l'honneur ; on y répondra encore par l'avortement, l'infanticide, crimes que vous acquitterez, comme de honteux complaisants qui se rendent, par faiblesse, complices de ces abominations.

A votre manque de cœur, on répondra par *l'espionage, la trahison, la lâcheté.* »

Le train continuait à grande vitesse, Clermont-Ferrand venait de fermer le rideau sur mes paysages enchanteurs. Nous approchions de Paris. En moi l'homme de la civilisation reprenait le dessus ; j'aperçois le Panthéon. Allons ! Salut encore, Paris !... « Paris ! le turbulent que la tourbe des coquins n'a pu dans ces derniers temps faire sortir de ses gonds. Paris qui étonne, en ce moment (1899) le monde par son calme et sa sagesse ! »

CHAPITRE VII

Je reprends donc mes luttes avec l'existence dans d'un peu meilleures conditions.

« Ce peu d'or que j'aurais volontiers jeté dans les Cévennes... je ne savais où le mettre en sûreté dans la capitale. »

La situation changeait un peu : « C'est un dépôt sacré » me disais-je ; il n'y faut pas toucher ; c'est peut-être les seules ressources de notre vieillesse et la planche de salut de nos enfants...

Ce que je gagnais, joint au petit revenu que ce dépôt produisait, m'apporta un vrai repos de l'esprit. Cette terrible inquiétude du lendemain, cette épée de Damoclès suspendue tout le temps sur la tête du pauvre prolétaire, disparaissait : cela me donnait du cœur au ventre. Je repris mes occupations avec plus de courage. Je retrouve donc tout mes amis et connaissances, heureux de me revoir, comme moi plus heureux encore de les retrouver ; je ne courais pas après la fortune, mais j'avais l'espoir de pouvoir retrouver quelques loisirs pour me livrer à un travail libre, exempt de toute contrainte et de but pécuniaire absolu.

Avant de partir pour le midi, j'avais rangé toutes mes paperasses. Il m'avait pris plusieurs fois l'envie de tout brûler — je l'ai déjà dit — toiles, manuscrits, etc., etc... Je n'en eus pas le courage !... J'ai bien fait car aujourd'hui je serais très fâché de les avoir anéanties : C'est ma vie, la raison d'être de ma vieillesse. Depuis que j'ai perdu tous les miens, c'est un grand bonheur pour moi que ce regard jeté sur le passé. J'y vois le pont qui conduit à des horizons nouveaux, que l'art et la poésie, la philosophie, mon admiration pour le vrai, le beau me faisaient entrevoir.

Beaux mensonges ! rêves creux ! disent les sceptiques.

Peut-être ; mon cher monsieur Paul mais qui valent mieux que l'enthousiasme, pour ces tristes réalités stigmatisées par l'horrible rictus, « si bien écrit, sur notre tête de mort !... contraste amer !... »

Tout entier à mes institutions, j'avais donc presqu'oublié ma fantaisie d'éditer ; lorsque j'y fus rappelé par le capitaine de génie, cet élève de l'École polytechnique, que l'on connaît... Je le rencontre et il me dit :

— Que devient votre affaire de méthode ? Il faudrait voir M. G... directeur de l'École Monge : Je vous enverrai une lettre pour lui.

Voici cette lettre :

1878.

« Monsieur,

» Depuis que j'ai eu le plaisir de vous voir, j'ai été obligé de m'absenter, de sorte que je n'ai pas eu l'occasion de revoir M. G... cependant j'avais signalé vos travaux à plusieurs personnes et notamment à mon beau-père, M. D., conseiller municipal et membre du jury de l'Exposition ouvrière.

» C'est donc avec une véritable satisfaction que j'ai appris que le jury, partageant mes premières appréciations, vous a accordé une médaille d'or... je vous en adresse bien sincèrement mes félicitations.

» C'est là un premier succès qui, certainement, vous permettra de répandre votre utile méthode et attirera sur vous l'attention des personnes qui s'occupent sérieusement de l'éducation de la jeunesse.

» Je joins à cette lettre une recommandation pour
M. G... directeur de l'Ecole Monge.

» Vous pouvez aller le voir et lui demander un entretien ; enfin je vous engage également à solliciter une
audience de Monsieur le Ministre de l'Instruction publique
qui se préoccupe particulièrement en ce moment de
l'enseignement élémentaire du dessin.

» Recevez, Monsieur, etc.

» Le Capitaine du génie,

» X.

» *Nota :* Vous ferez bien de ne demander audience au
ministre qu'après avoir vu M. G... »

Hélas ! ce brave capitaine, jeune encore, ne connaissait
pas bien les hommes !...

M. G... prit en considération ma démarche à cause
de lui et promit de m'écrire s'il se présentait une place
vacante dans l'Ecole Monge. Mais il n'avait nullement
l'intention d'introduire ma méthode ; il me traitait comme
un besogneux, voilà tout.

Hélas ! ce n'était plus des places que je cherchais, j'en
étais accablé !... c'était de répandre ma méthode.

Quant au ministre, je ne pus le voir ; son secrétaire
me renvoya au Conseil supérieur des Beaux-Arts : C'est
là, me dit-il, qu'on s'occupe particulièrement de cette
question.

Je revis donc M. Brune, le professeur d'architecture
de l'école, mon rapporteur de la Société d'Encouragement ; je lui parlai de cela et quelque temps après, je
reçus cette lettre.

« Monsieur,

» M. Vallès, président d'une sous-commission du
conseil supérieur, chargé d'examiner votre proposition
de faire un cours à l'Ecole des Beaux-Arts, me demande
de vous proposer comme rendez-vous, jeudi, 14 courant,
à l'Ecole des Beaux-Arts, à 2 heures.

» Recevez, Monsieur, etc.

» E. BRUNE ».

Dans cet intervalle, je reçus une lettre de M. Julien, architecte, je crois, encore aujoud'hui professeur de perspective à l'École des Beaux-Arts.

Je lui avais communiqué mon travail. Voici son opinion tirée d'une lettre que j'ai encore en ma possession.

» Je suis persuadé, Monsieur, que votre planchette est appelée à rendre d'utiles services à tous les dessinateurs et particulièrement aux artistes-peintres.

» Vous avez construit un compas de proportion exact, d'un usage commode, et qui résout *complètement et dans tous les cas*, à l'aide de réduction semblables, le problème connu :

» Étant donné la grandeur et l'éloignement d'une droite de front et la distance principale, calculer la grandeur de l'image de cette droite.

» Votre tétraèdre de proportion, son usage, ses exercices, à l'aide desquels vous conduisez un jeune esprit à voir intellectuellement dans l'espace, attireront certainement l'attention de tous ceux qui s'occupent de l'enseignement du dessin ».

J'étais donc armé jusqu'aux dents.

Je me présente au rendez-vous de M. Brune ; M. Vallès présidait, M. Brune et M. Chevillard assistaient : M. Chevillard était le professeur titulaire de perspective de l'École des Beaux-Arts. Il était très âgé ; c'est M. Julien qui le suppléait.

Je développe mon système au tableau ; M. Chevillard cherche à m'embarrasser...

— Mais, si vous n'aviez pas de planchette, comment feriez-vous ?

— Le tableau lui même m'en servirait, lui répondis-je.

M. Brune, que cet interrogatoire fatiguait, dit :

— Vous cherchez à dérouter Monsieur ; il ne subit pas un examen, il développe sa méthode ; je demande qu'on le laisse s'expliquer (*sic*).

Je pus ainsi terminer mes démonstrations.

Dans la lettre fort longue de M. Julien, il y a un paragraphe qui jette un jour sur la cause des luttes insensées que j'avais a soutenir. Craignant sans doute des froissements — comme M. Brune, du reste, dans son rapport à la Société d'Encouragement — il met cette réserve :

« Je suis, avec M. Chevillard et M. de la Tournelle, convaincu que les projections côniques et les projections orthogonales peuvent être construites indépendamment les unes des autres ; qu'elles ont chacune leurs tracés spéciaux justifiés par les lois de la Géométrie Elémentaire; qu'il est utile de le reconnâître et nécessaire de l'enseigner. »

Bien ! Attrape !... Vous voyez le coup !... Les ouvrages existant ne perdent plus leur raison d'être ; au contraire, il en faut...

« Mais cette observation, ajoute-t-il, n'enlève pas à votre travail *son mérite particulier...* »

Oh ! non. Mais on ne passe pas... Halte-là !... On va en avoir la preuve.

Quelque temps après, je reçois cette lettre du directeur de l'Ecole des Beaux-Arts.

« Monsieur,

» Le conseil supérieur devant examiner les propositions relatives à votre Enseignement dans sa réunion de mardi prochain, 4 heures, je vous prie de vouloir bien vous tenir à sa disposition.

» Veuillez agréer, etc.

» Le Directeur de l'Ecole,

» DUBOIS ».

Je me rends donc à l'Ecole. Le conseil supérieur était réuni, quelques grands peintres : MM. Gérôme, Cabanel, qui me connaissaient, M. Lenoir, architecte, qui m'avait beaucoup engagé à persévérer dans ma méthode, étaient là, d'autres encore : Je comptais quelques défenseurs.

Allons ! du courage ! me dis-je.

Je mis au moins une heure à développer ma méthode générale de dessin, ses applications à tous les degrés et particulièrement à l'Ecole même des Beaux-Arts. Le silence le plus complet règne jusqu'au bout ; je paraissais intéresser. Lorsque j'eus fini, le président me remercia de la communication et me dit qu'on me rendrait réponse après la délibération

Je pensais aussitôt à mes tableaux...

Combien va-t-il me manquer de voix, là encore ?...

Voici la réponse :

ECOLE NATIONALE
DES BEAUX-ARTS

« A Monsieur Lepage,
» 119, rue Monge.

» Monsieur,

» Conformément à la délibération prise par Messieurs les membres du conseil supérieur de l'Ecole des Beaux-Arts à la suite de l'exposé de votre méthode de perspective, j'ai l'honneur de vous informer qu'elle a été jugée des plus intéressantes, mais ne leur a point paru susceptible d'application à l'Enseignement de l'Ecole.

» Agréez, Monsieur, etc.
» Le Directeur de l'Ecole des Beaux-Arts

» Membre de l'Institut,

» DUBOIS ».

Quelque temps après, je rencontrais M. Lenoir, l'un des membres du conseil supérieur de l'Ecole... Il me dit :

— Il vous a manqué deux voix...

— Comme pour mes tableaux ! lui répondis-je...

Mais je n'en étais pas moins enterré encore une fois. On ne se relève pas de ces coups là... Ils le savent bien...

On me dira : Mais cependant, il faut bien des concours?

Très bien : je les crois nécessaires... pour des choses de cette importance. Mais ils ne devraient pas au moins être une question de vie ou de mort pour le pauvre diable d'inventeur... « le Droit de Vivre ne souffre pas d'aléa au sein d'une société ou règne l'abondance. » Si j'avais attendu après cela pour vivre... je risquais joliment moi et ma famille de mourir de faim.

CHAPITRE VIII

TOUS LES MALHEURS VONT FONDRE SUR MOI

Je crois avoir, jusqu'à présent, fait preuve de courage. On a pu voir que j'ai toujours eu affaire à des ennemis puissants. Ils ne m'ont jamais vaincu, mais écrasé... cette lettre des Beaux-Arts avait apporté le comble.

La lutte était trop inégale, me direz-vous?... N'est-ce pas toujours ainsi pour le prolétaire... J'avais bien aussi quelques puissants amis, — et je les remercie sincèrement de m'avoir aidé, — mais j'étais seul à essuyer le feu.

Je me livrai entièrement à mes occupations lucratives: « Tâchons, me disais-je, d'augmenter encore un peu notre petit magot; du courage! et laissons tout cela dormir; Art et Science décidément ça ne nourrit pas la bête, c'est bon à faire dans les moments perdus » et je n'en avais plus guère:

Un jour que je descendais la rue Monge, je fis la rencontre inattendue de mon jeune ami Brisson, le franc-tireur du Mans avec lequel vous avez déjà fait connaissance; il y avait presque dix ans que l'on ne s'était vus; C'est lui qui me reconnut le premier : Ce fut une véritable joie bien partagée.

— Tiens! monsieur Lepage! dit-il. Quelle heureuse rencontre !

— Et vous, mon cher Brisson, êtes-vous médecin ? car je me rappelle que c'était votre vœu.

— Oui, toujours ; mais j'ai fait comme beaucoup, je me suis amusé, et le frère s'est fatigué : Je suis au collège Rollin, pion, en attendant mieux et ça ne tardera pas, j'ai des projets en vue ; je vous raconterai cela... Et comment vont ces dames ? Mlle Lepage doit être une grande demoiselle à présent.

— Ma femme est à Hyères, lui dis-je, pas très bien portante ; quant à ma fille, elle est mariée, son mari est établi photographe à Hyères, elle a une petite fille, c'est ce qui explique l'absence de la mère.

— Alors vous êtes seul ?

— Hélas oui !... Mais, où demeurez-vous mon cher Brisson.

— Je suis chez un ami ; si vous voulez me voir, j'y suis souvent.

Et il me désigne du doigt une maison de la rue Monge.

— Alors nous sommes presque voisins : je demeure au 119, un peu plus haut. Faut venir me voir souvent mon cher ami, mon petit franc-tireur Allons ! sans adieu. A bientôt !....

« Cette rencontre eut une très grande influence sur la suite de mon existence, on va le voir. Elle explique pourquoi encore aujourd'hui, je suis à B..... plutôt que partout ailleurs. »

J'entretenais une correspondance assez suivie avec ma femme. Il y avait quelque temps que je n'avais reçu de ses nouvelles, l'inquiétude me talonnait ; mes pressentiments n'étaient que trop justifiés.

Je reçus bientôt une lettre qui m'apprenait la mort de ma petite-fille ; ma femme en concevait un grand chagrin. La position de mes enfants n'était pas très brillante là-bas ; mon gendre n'avait pas réussi à Lectoure, il avait fortement entamé son petit capital, allait-il réussir mieux à Hyères..... Ma femme leur était très utile en ce moment et ceci prolongeait notre séparation qui comptait bientôt dix-huit mois.

Travaillons plus que jamais ! me disais-je..... Je prévoyais de nouveaux orages... Hélas! cela ne se fit pas attendre ; un coup, le plus terrible de tous, vint me frapper.

Je reçois une lettre de ma fille me disant de venir chercher sa mère ; que le médecin, M. Marquez, la croyait atteinte d'une maladie de la moelle épinière, qu'il était juste temps, qu'attendre d'avantage c'était rendre le voyage impossible.... Je cours bien vite chez Brisson. Il me dit :

— Il ne peut vous arriver rien de pire, mon pauvre Lepage ; ne perdez cependant pas espoir : nous avons des médecins très fort.

Et il m'en cita un : M. Verneuil. Il ajouta :

— Je connais assez intimement l'interne principal de sa clinique, nous examinerons cela et nous prendrons un parti.

Je pars donc immédiatement pour Hyères.....

« Adieu tous mes beaux projets d'économie ; j'entrais au contraire dans la voie des dépenses et je n'ai pas besoin de vous dire que, pour sauver ma meilleure amie j'aurai sacrifié tout.... jusqu'à ma vie.... »

J'arrive donc à Hyères. Je trouve ma femme complètement impotente, souffrant au moindre mouvement, ne pouvant se soutenir sur les jambes. Et il fallait faire, dans ces conditions, 250 lieues en chemin de fer, changeant plusieurs fois de train !

Je pris un wagon de première classe et j'étendis ma pauvre amie sur la banquette avec des oreillers que ma fille m'avait donnés ; j'eus le bonheur d'être seul tout le temps du voyage et de ne pas être dérangé ; les voyageurs, heureusement humains, voyant ce triste spectacle, semblaient comprendre mon lamentable sort : ils ne montaient pas dans notre wagon.

Enfin nous arrivons à Paris. Je prends ma femme dans mes bras et la dépose sur un banc le plus prêt. Je cours chercher bien vite une voiture : elles étaient prises toutes. Un Monsieur me dit :

— Je vais vous en trouver une.

Je retourne auprès de ma femme. Ce Monsieur revint avec un sapin. Je le remerciai beaucoup. « Je crois que c'était une journée de guigne ». Cette sale voiture était toute disloquée : jusqu'à ma demeure, 119, rue Monge, ce fut un cahot perpétuel. Ma pauvre femme souffrait !...

Plusieurs fois j'avais été tenté d'arrêter et de demander un brancard aux sergents de ville ; une foule de badauds s'arrêtaient, ma femme souffrait toujours horriblement et les regards indiscrets des curieux paraissaient beaucoup la gêner. — Nous voilà bientôt arrivés lui disais-je : Patience !... Elle ne me répondait plus. — A-t-elle perdu connaissance ? J'étais aux cent coups. Enfin nous arrivons ! Elle était anéantie. La concierge m'aida à la monter et nous la plaçons sur un petit lit de fer en attendant que le nôtre fut préparé, car, dans mon départ précipité, j'avais tout laissé en désordre.

Ce triste voyage avait bien fatigué ma malade. Je ne pouvais la laisser seule, je priai la concierge de la veiller en attendant que j'aie quelqu'un.

Je cours immédiatement chez Brisson ; il était justement là. Il vint avec moi et examina ma chère malade et me dit à demi-voix.

— Je ne sais si je me trompe, mon cher Lepage, mais je ne crois pas à une maladie de la moelle épinière comme M. M... : c'est plutôt une carie de la colonne vertébrale, la maladie de Pott, autrement dit. J'aime mieux cela.

Puis, s'adressant à ma femme :

— Rassurez-vous, madame Lepage, on vous guérira ; ce sera un peu long, mais on vous remettra sur pied.

— Je souffre bien, dit-elle. Merci monsieur Brisson.

— Oh ! ce n'est pas tout, dit mon jeune ami : demain je viendrai avec deux internes et nous ne vous quitterons que lorsque le diagnostic sera parfaitement connu. A demain, madame Lepage....

Je le reconduisis.... et lui demande qu'il ne me cache rien....

— Ne vous tourmentez pas trop, mon cher Lepage, me dit-il. Si vous étiez riche !.... malheureusement vous êtes comme moi, vous vivez de votre travail, et des maladies comme celle-là ne devraient jamais atteindre le pauvre ; mais soyez tranquille, si nous sommes incertains sur notre diagnostic, nous ferons venir le docteur Verneuil, seulement dame ! ses visites sont salées ; mais je crois qu'il n'y a pas nécessité.

J'étais heureux de savoir de la reconnaissance à mon petit franc-tireur de l'Hérault !.....

En effet, mon futur petit docteur ne s'était pas trompé : les internes, après un examen sérieux de la maladie, conclurent à une maladie de Pott, malheureusement très avancée ; ils prescrivirent un repos absolu pendant au moins six semaines, menaçant la malade d'une gouttière si elle n'était pas raisonnable.

Hélas ! ma femme avait une puissance de volonté rare : elle ne bougea point pendant six semaines. Le travail de réparation se fit peu à peu ; un traitement favorable, qu'elle suivit scrupuleusement, lui permit bientôt de se lever. Je voyais ses forces revenir peu à peu, l'espérance me reprenait..... elle va donc guérir.

Ma maison, livrée à une jeune bonne.... promptement prise dans un bureau de placement, ne laissait pas ma femme sans inquiétude ; impuissante à voir ce qui pouvait se passer, malgré tout elle se faisait de la bile et avait hâte de veiller à ses affaires.

Elle ne me trouvait pas non plus bien soigné.

— Tu ne trouves pas tes affaires prêtes ? mon pauvre ami, me disait-elle ; toi qui es toujours parti, tu dois te fatiguer beaucoup et tu n'a rien pour te réconforter.... Quand donc serai-je guérie !....

Un jour que Brisson vint la visiter, elle lui dit :

— Je ne puis plus rester comme cela ; je vais me lever.

— Gardez-vous en bien.

— On se révolte ! lui dis-je.

« Ceux qui on connu mon jeune ami, devenu médecin, se rappellent sa bonne humeur. » Il dit à ma femme :

— Je vous mets en pénitence 15 jours de plus, madame Lepage, si vous faites un mouvement.

— Mais je n'y tiens plus : mieux vaudrait mourir !

— Tu, tu, tu : vous ne mourrez pas..... Allons ! voyons cela.....

Et il l'aida, avec beaucoup de précaution, à se lever.

Elle se tint debout assez bien ; on essaye de la faire marcher : une grande faiblesse, mais pas de douleurs nulle part.

— Recouchons-là, me dit Brisson. — Ça va très bien, madame Lepage, lui dit-il, mais ça n'est pas fini. Il va vous falloir un grand courage. — Voulez-vous marcher, faire tout doucement vos petites affaires ?

— Hélas ! que me dites-vous là, monsieur Brisson : si je veux ! cela se demande-t-il ?

— Vous allez voir : vous le pouvez — quant à présent — mais pour cela il faut un corset.... — Puis s'adressant à moi : mon pauvre Lepage, va falloir encore mettre la main à la poche ! — ..... un corset moulé sur votre corps et que vous ne quitterez que la nuit.....

— Mais c'est un carcan ! dit ma femme.

Avec beaucoup de calme, Brisson lui répondit :

— Vous vous y habituerez...... c'est si bon ! la vie.

Sur ce mot, un soupir s'échappa des lèvres de ma femme. Moi seul pouvais le comprendre, ce soupir, *à ce moment où toutes sortes de malheurs fondaient sur nous* . . . .
. . . .

J'eus bien de la peine à décider ma femme à porter ce corset :

— « Je voudrais être morte ! me disait-elle. J'en ai pour le reste de ma vie.

— Mais non ! lui disais-je : « Quant à présent » a dit Brisson.

— Mon pauvre ami, je vois mon triste sort et le tien : me voilà infirme..... Bien portants, nous nous serions sûrement tirés avec notre petit avoir et ton travail ; à présent, c'est fini !....

— Je travaillerai, ma chère amie ; en ce moment ma clientèle augmente ; je ne me lasserai pas et il faudra bien que j'arrive.... Quelques années de travail encore, et nous nous retirons dans quelque village !.... Je t'en prie, ne te tourmente pas.

— Comment veux-tu que je ne me tourmente pas, je vois bien que tu fais plus que tu ne peux ; tu te crois toujours jeune.... tu te tues mon pauvre ami.

Arrive Brisson : il y avait quelque temps que nous ne l'avions vu.... un changement s'était fait dans sa position.

— Je me marie, nous dit-il.... mais sans bruit : pas de noce ; ce mariage gêne un peu mon frère, mais enfin on ne se marie pas pour les autres ; venez nous voir, c'est la sœur de cette dame que vous connaissez chez laquelle je demeure, je vous présenterai ma future.

Regardant ma femme :

— Eh bien, ça va, madame Lepage, vous voilà rajeunie de dix ans. Allons, mes amis : A bientôt....

Nous lui fîmes donc notre visite et tout se passa comme Brisson nous l'avait dit. Peu de temps après il prit un logement même rue, s'installa très convenablement, meubla un cabinet magnifique avec une bibliothèque, des instruments de toutes sortes ; un vrai cabinet de médecin.

— Voilà Brisson heureux ! lui dis-je : Vous voilà au comble de vos rêves !

— En effet, je suis tiré. Me voilà sur la route de la fortune, me dit-il en riant : « Audaces Fortuna Juvat. » — On se rappelle que c'était déjà sa devise à 19 ans.

« Est-ce donc l'audace qui m'a manqué pour réussir ? me disais-je quelquefois. » Ce jeune homme plein d'avenir, qui semblait porté par la fortune, m'intéressait de plus en plus. *Je l'aimais vraiment* : il entrait dans la vie avec des idées tout autres que les miennes. Il était *honnête* ; j'étais curieux de le suivre ; ce contraste avec ma vie fut pour moi une grande occasion d'études sociales.... on en jugera par la suite.

— Voilà donc mon petit pion marié.

— Il va rattraper le temps perdu, dis-je à ma femme. Il ne lui restait plus que quelques inscriptions, ce serait bientôt fait.

— Tant mieux ! me dit-elle. Il le mérite bien : c'est un si bon garçon.

— Oui... et pas maladroit il a bien diagnostiqué ta maladie...

— Ce que n'ont su faire M. H....., docteur à Montpellier et M. M.... cependant ce dernier, un peu plus habile, tournait autour.

— Il est certain que M. H.... t'aurait préservée de ce

mal, s'il n'avait fait preuve d'erreur impardonnable.... Quel malheur !...

A partir de ce moment la vie de Brisson se relie à la mienne, notre amitié se resserre de plus en plus et va même, de part et d'autre jusqu'au dévouement.

Nous nous voyions souvent, sa jeune femme très douce plaisait à la mienne, nous étions très souvent les uns chez les autres.

Ça va bien, me dit un jour Brisson, je vais quitter Paris et m'établir en province. Je prends la clientèle d'un docteur mort il y a quelques mois. Nous allons nous séparer mon brave Lepage. — Je dois cette bonne affaire à une brave et digne femme, Mme C..... que vous avez vue ici, je la soigne ; elle est venue à Paris exprès pour être soignée par moi. Je vous ferai connaître son mari, ce sont d'excellentes gens.

— Et quand partez-vous ? lui dis-je.

— Oh ! pas de suite, je ne suis pas encore docteur ; nous recauserons de cela.

— Mais où allez-vous ?

A B.... pas très loin de Paris.

Cette petite ville ne m'était pas inconnue, j'avais eu l'occasion de la visiter.

Ma femme continuait à se bien maintenir; son corset la fatiguait beaucoup mais elle sentait bien qu'il était son soutien.... qu'elle ne pouvait s'en passer. Paris qu'elle avait toujours aimé ne lui plaisait plus autant, ses promenades étaient longues, peu à proximité des logements que nos moyens nous permettaient d'occuper. Monter les escaliers était pour elle un supplice; enfin je voyais que cela n'allait plus.

— Brisson va nous quitter; que ferons nous seuls ici ? me disait-elle quelquefois. Je ne savais que lui répondre : elle fit la connaissance dans un squarre d'une dame à peu près de son âge, souffrante aussi; elles se consolèrent longtemps ensemble. Le mari de cette dame était artiste peintre et devint mon ami (Il était le père d'un de nos publicistes aimés de Paris); serviable, profond causeur, je me plaisais beaucoup dans sa société.

Nous étions contents tous deux de voir nos femmes se consoler entr'elles.

Mais je le voyais bien, malgré tout ce qu'avait pu lui dire cette excellente dame, Paris ne lui allait plus.

On conçoit mon embarras.... ma femme malade nos petites ressources ne suffiraient plus, il faudrait travailler, et dame à mon âge, 58 ans, c'était chanceux... Je faisais tout ce que je pouvais pour l'arracher à cette idée.

Tu te tues me répétait-elle, tu te surmènes, tu te crois toujours jeune. Paris te fatigue. A tout hasard je vis un de mes bons amis, un preneur de brevets, qui connaissait mes luttes et mes malheurs, et lui racontai ma situation..... quelque temps après il m'écrivit qu'il croyait pouvoir me faire obtenir la direction d'une école professionnelle à Bourg.

« Vous êtes, me disait-il, très capable de diriger cette école. »

Je fis donc ma demande et une enquête s'établit sur moi.

Quitter Paris, en ce moment où je prospérais, me gênait, mais sauver ma femme que je voyais dépérir, établissait une lutte que ceux qui ont passé par là peuvent seuls connaître. Si des avantages au moins équivalents s'étaient présentés, je me serais probablement décidé. Mais avec cela, la crainte quelquefois de ne pas plaire, à cause de mes opinions, dans une localité où je ne connaissais personne, m'arrêta. Ma femme elle-même ne m'y encourageait plus.

— C'est trop loin de Paris, me disait-elle.

Voyant son indécision, j'abandonnai ce projet : Ai-je eu tort, ai-je eu raison ? on jugera.

Sur ma demande, M. Tiersot, député de l'Ain, me renvoya l'enquête faite sur moi avec cette lettre :

« Monsieur,

» Je crois bien me rappeler que vous habitez rue Brochant, 4, mais n'en étant pas assez sûr, je vous envoie dans l'une des écoles où vous professez, les excellents états de service que le maire de Bourg m'adresse.

» Veuillez agréer, etc.

» P. TIERSOT,

» député de l'Ain. »

Ça peut quelquefois servir, me dis-je. Bien m'en a pris.

C'était donc décidé : Bûcher encore quelques années à Paris, puisqu'une espèce de veine de travail m'arrivait, et nous retirer en province, pas très loin de Paris. C'était la première fois de ma vie que je me décidais à abandonner la lutte et à vivre comme un rentier.

— « Nous laisser vivre, disait ma femme, nous ne connaissons pas cela, ça doit être bon. Tu ne trouves pas ? Est-ce qu'ils ne te semblent pas heureux, ces petits rentiers ? N'es-tu pas fatigué de ces luttes stériles qui ont fait toute notre vie ! Quand pourrons-nous donc chanter... mais pour de bon : Nous sommes si bien chez nous ! nous sommes si bien chez nous ! »

Elle a raison, me disais-je, mais pour être chez soi, nous n'avons pas assez.

Brisson, notre cher ami, venait d'avoir un enfant, le petit C. Il venait de conclure aussi le marché dont il avait parlé et il s'installait.

Il n'était pas encore reçu docteur, mais, afin de pouvoir continuer son doctorat, il mit à sa place, momentanément, un jeune homme de ses amis, récemment reçu, qui exerça pendant quelques mois en son absence.

— Je crois avoir fait une bonne affaire, me disait-il en partant ; d'ailleurs vous me connaissez, je ne suis pas ambitieux : « nouer les deux bouts, » voilà tout ce que je demande.

— Allons, mon cher Brisson, bonne chance pour vous et votre famille : la fortune vous sourit, qu'elle ne vous corrompe pas !...

— Allons ! l'incorruptible... le fait est que voilà plus de dix ans que je vous connais et vous êtes toujours le même.

— C'est vrai. Je n'ai jamais aimé l'argent. Mais il faut être juste, l'argent ne m'aime guère.

L'argent! me dit Brisson, mais c'est tout : il n'y a que ça de vrai ; il vaut bien qu'on lui sacrifie quelque chose... Allons, au revoir, mon cher Lepage ; croyez-moi, gagnez beaucoup d'argent et bien vite, et venez nous retrouver à B... cultiver vos choux et vos pommes de terre ; vous avez assez travaillé.

« Il était d'une si franche gaieté, sans cynisme, qu'il ébranlait parfois ma conviction... J'ai peut-être pris le mauvais côté de la vie ? me disais-je, ce garçon a l'air vraiment heureux, c'est peut-être sa bonne humeur qui fait son succès. Et je songeais aux conseils de Sardoay et de Frère Jacques. Brisson semblait tenir le milieu entre les deux. »

Voilà donc Brisson parti ; on s'écrivait bien, mais cela ne vaut pas la fréquentation. Je place ici une lettre de cet ami, qui peint bien son caractère :

« Mon cher ami,

» C'est jeudi 28 décembre que je subis ma thèse : mais par malheur je ne pourrai monter jusque chez vous ; je ne sais à quelle heure je serai libre.

» Ça commence à 2 heures, ça dure bien jusqu'à 4 heures, je voudrais repartir à 5 h. 25 car j'ai des malades sérieusement atteints que je ne peux quitter une journée ; si je ne partais pas à 5 h. 25, ça me mènerait à 8 h. 30 et je n'arriverais qu'à minuit : ce serait une journée de perdue.

» Je suis bien désolé de ne pouvoir vous serrer la main, mais si vous connaissiez les exigences du métier qu'on appelle carrière libérale, c'est-à-dire où l'on est libre.

» Si mon examen finit avant 3 h. 1/2, je prendrai un sapin attelé d'un cheval qui paraîtra vigoureux et je volerai chez vous, sinon nous nous écrirons.

» A bientôt, chers amis, le plaisir de nous voir plus longtemps ; à Pâques, vous viendrez vous retremper 12 à 15 jours à la maison... vous verrez comme ça

marche bien et l'excellente et peu méritée réputation
que j'ai acquise dans B.... et ses environs. On me traite
de savant (prononcez schavant), bien capable, médecin, etc., etc.; à quoi tient le succès; on sonne, au
revoir.

» Joseph, mon jeune frère, est à la maison : Quel
appétit! mes amis, le même que celui de l'étudiant de
Salerne (comme vous m'appeliez) que vous avez hébergé au Mans.

» Mille baisers de tout le monde.

                                        » D. BRISSON. »

Quelque temps après, il m'envoya un exemplaire de
sa thèse. Il était reçu docteur.

Ce fut une grande joie pour nous... Tout le monde
n'est point malheureux ! nous disions-nous.

LA MORT DE MA BELLE-MÈRE

Ouf ! . . . .

. . . .

« Il est certainement plus intéressant pour vous, mon
cher monsieur Paul, dont la curiosité doit être excitée,
de connaître la fin de ma belle-mère, que pour moi de
la raconter.

» Je voudrais à tout jamais l'oublier, mais cette
malheureuse créature a tenu un rôle si néfaste dans
mon existence que je la retrouve à chaque instant.

» Aussi je vais, en peu de mots, vous narrer cet événement.

» Je vous ai caché, jusqu'à présent, le côté dramatique
de ma vie. Ce n'est point votre fibre nerveuse que je
veux exciter. Sans doute de tristes passages de mon
existence auraient peut être mieux répondu à la satisfaction de tout le monde, mais pour vous qui connaissez
le but que je me suis proposé en vous racontant cette
histoire, vous ne m'en demandez pas davantage.

» Que veux-je prouver ?... Que notre organisation sociale est en complète contradiction avec la morale, la religion, l'honneur et la vertu, et qu'elle ne laisse aucun refuge à l'honnête homme, dans la large acception du mot. »

Il y avait quelque temps que nous n'avions reçu des nouvelles de Montpellier.

Dans une de ses lettres, une cousine amie nous avait appris la résolution de ma belle-mère.

« Après votre départ, nous écrit-elle, Mᵐᵉ Nocre pouvait rester chez elle, son viager était suffisant, même avec une bonne ; mais elle préféra entrer à l'hospice où, dit-elle, elle sera bien soignée. »

Ma femme, ne recevant pas de nouvelles directes de sa mère, se décide à écrire à la supérieure de l'hospice.

Voici la réponse :

« Madame,

» J'aurais été plus satisfaite que vous écriviez à votre mère, elle-même déjà si éprouvée, mais enfin je ne laisserai pas que de donner à votre lettre une réponse sur les questions qu'elle renferme. Madame votre mère est résignée et soumise à la volonté du bon Dieu qui lui a envoyé une infirmité bien humiliante et souffrante tout à la fois, et de plus elle est très reconnaissante des soins dont elle est entourée ; son infirmière lui est bien dévouée et, tous les jours, la sœur chargée de veiller à ce qu'il ne lui manque rien, va la voir au moins deux fois par jour; j'y vais de temps en temps et plusieurs de nos sœurs lui font aussi quelques petites visites lorsqu'elles le peuvent. Plusieurs personnes de la ville viennent toutes les semaines régulièrement, ce qui lui fait plaisir.

» Maintenant son état de santé n'est pas toujours le même, il va en déclinant ; le médecin le trouve comme nous ; elle est bien plus faible que lorsqu'elle est arrivée. Mais son moral est toujours intact (elle avait 83 ans). Voilà, Madame, tout ce que je puis vous dire de Madame votre mère. Veuillez agréer mes très humbles respects avec lesquels je demeure en Notre-Seigneur,

» Votre très humble,

» Sœur D...,
» supérieure. »

» Veuillez tourner la page.
» P. S. — Réflexion faite, je crois, Madame, que je dois tout vous dire. Votre pauvre mère a un cancer au sein gauche qui est déjà très avancé et c'est ce qui sera sa fin très prochainement au dire du médecin, mais la malade ignore la nature du mal qui lui est survenu et nous nous gardons bien de lui dire; si vous avez, Madame, à lui écrire, et, surtout, quelques bonnes paroles à lui adresser, je vous engage à ne pas mettre trop de retard. »

Surtout quelques bonnes paroles !

« Quelle injure à sa fille, sa victime, car elle ne devait pas de beaucoup lui survivre !... »

Ma pauvre femme, humiliée, dit, à la lecture de cette lettre :

—Serai-je donc froissée jusqu'au bout? Et par qui!... Je vais faire mon devoir.

Elle écrivit une lettre insignifiante. Que pouvait-elle dire?

Voici la réponse :

« Madame,

» Votre bonne et excellente mère, à qui vous avez écrit, me charge de vous donner de ses nouvelles : Comme je vous l'ai dit, Madame, son état s'aggrave de jour en jour; le médecin lui ayant trouvé le pouls si faible samedi qu'il nous a dit qu'il était temps de lui faire recevoir les sacrements et, hier dimanche, la cérémonie a eu lieu, qui a rempli de consolation Madame votre mère, s'estimant très heureuse d'avoir reçu Notre-Seigneur et désirant aller le rejoindre bientôt; son état se soutient ; la nuit n'a pas été trop mauvaise et nous

espérons la conserver encore quelques jours si les faiblesses ne se reproduisent pas.

» Recevez, Madame, etc.

» Sœur D...,
» supérieure. »

Ainsi, pas un mot de réconciliation, de repentir. C'est
une sainte !...

Ma femme n'était pas impie, ni même irréligieuse.

— Mais, me disait-elle, « si j'en avais fait autant à
ma fille... qu'elle m'en a fait », le prêtre ne m'eût pas
suffi... Je lui aurais pardonné si elle eût été coupable,
et *j'aurais pleuré toutes les larmes de mon corps à ses
genoux, si c'eût été moi*. Dieu lui pardonne !...

« Oh ! les prêtres ! les prêtres ! endormeurs de consciences !... »

A mon tour j'écrivis :

« Madame,

» Vous ne nous avez pas dit : Si à son tour,
Mme Noore a eu quelques bonnes paroles à l'adresse de
ses enfants et petits-enfants... C'eût été une grande consolation pour sa fille. Je vois, Madame, qu'il n'y a plus
d'espoir.

» Nous vous remercions pour les bons soins que vous
avez donnés à notre mère. »

Voici la réponse :

« Monsieur,

» Je vais satisfaire votre désir en vous donnant les
détails des derniers jours de Mme Noore.

» Ils n'ont pu être que très pénibles et très douloureux
avec la cruelle maladie qui l'a conduite au tombeau.
Mme Noore a toujours été bien soumise et résignée ; son
agonie a été très courte : une demi-heure sans connaissance.

» Maintenant, Monsieur, voici ses dernières volontés... »

Et elle détaille tout ce qu'elle donne... *aux autres;*
ce serait trop long à vous énumérer...

Mais ce qui prouve combien notre parent, notre sau-
veur ! avait eu raison...

Il est vrai que ce n'était pas un clérical, celui-là !...

Ainsi finit celle qui nous a tant fait souffrir et si longtemps, sans se lasser jamais.   .   .   .   .

.   .   .   .

CHAPITRE IX

ARRÊT FORCÉ

Parisiens !... gare au surmenage...

Je travaillais toujours à force ; ma femme faisait ce qu'elle pouvait, mais se remettait difficilement. Un jour, triste jour, il faisait un temps orageux, une chaleur excessive ; j'étais dans une pension chez un instituteur, rue de Vaugirard, en train de faire mon cours, lorsqu'il me prit un malaise ; je sortis un moment et m'évanouis dans la cour ; la syncope était complète. On me porta secours et quand je revins à moi, j'étais d'une pâleur extrême et d'une faiblesse excessive.

Je ne comprenais rien à ce changement subit dans ma santé; ces accidents ne m'arrivaient jamais.

— Ça ne sera rien, me dit l'instituteur, M. Fontaine : c'est cette grande chaleur.

Je fis venir un sapin et me fis reconduire chez moi, aux Batignolles ; il y avait loin, les trépidations de la voiture me faisaient souffrir, je croyais toujours me trouver mal ; enfin j'arrive.... Ma femme me voyant si pâle me dit :

— Que t'est-il arrivé ?

A peine avais-je ouvert la porte que je me trouve mal de nouveau. Elle envoie chercher le médecin (un ami de Brisson, dont celui-ci m'avait donné l'adresse avant de partir).

— Votre mari est bien malade ! dit-il, télégraphiez à Brisson, en attendant voici une ordonnance.

Ma femme télégraphie... Brisson, s'empressa d'accourir. Mon sort allait se décider...

Ils ne trouvèrent pas d'organes lésés : ils s'arrêtèrent à une *anémie profonde*. J'avais 58 ans.

Le médecin de Paris dit :

— Il faudra du temps... mais enfin rien de dangereux quant à présent... espérons que ces syncopes vont cesser.

Les deux médecins se consultèrent un moment, et firent une ordonnance, puis celui de Paris se retira ; nous restâmes seuls avec Brisson.

— Vous n'avez rien, Lepage, me dit-il ; seulement vous ne pouvez plus rester à Paris, vous êtes *trop surmené* : si vous persistez, je ne vous en donne pas pour trois mois ; quittez cet enfer, et vous avez bien encore dix ans à vivre...

C'était sérieux, comme vous voyez, et cela demandait réflexion. Il me donna l'ordonnance qu'ils avaient conçue tous les deux et me dit :

— Réfléchissez bien, mais Paris vous est à présent aussi funeste à l'un qu'à l'autre : Allons, mon cher Lepage, voilà les vacances ; venez chez moi passer un mois si vous voulez, nous reparlerons de cela.

Comme vous voyez, j'étais réduit à néant... Je pensais à Bourg... J'ai eu tort de ne pas accepter, me disais-je, tout cela ne serait peut-être par arrivé...

— Que vais-je faire à présent ?

— Te rétablir d'abord, dit ma femme ; nous verrons après...

Je ne fus pas trop longtemps à me remettre sur jambes. Tous mes cours avaient été arrêtés ; c'était à l'approche des prix... cela mettait dans l'embarras tous mes instituteurs et institutrices ; mes leçons particulières étaient suspendues. Je me faisais un mauvais sang !... Cela ne contribuait pas à me guérir.

S'être donné tant de mal, me dis-je, et au moment de réussir tout perdre !...

Enfin il fallait bien se décider : Je prévins ma clientête que, frappé par une maladie qui ne pardonnait guère, il me fallait quitter Paris, à mon grand regret et contre tous mes intérêts.

Le médecin de Paris me disait depuis quelques jours :

— « Mais allez chez mon collègue : Où pouvez-vous être mieux que près de votre ami ? là, vous ne manquerez pas de soins...

— Allons ! dis-je à ma femme, il faut se décider. Dans une lettre précédente, Brisson nous avait dit qu'il faisait très bien ses affaires, qu'il nous attendait aux vacances : Allons-y !...

Nous voilà donc partis à la campagne.

Vous savez où le bât nous blessait... Ma femme était malade et il lui fallait des soins qu'un homme ne pouvait lui donner... mes moyens étaient très limités... Je ne pouvais user longtemps de l'hospitalité de mon bien dévoué ami : Comment faire ? j'étais bien pris.... Je me décidai pourtant...

Nous nous étions déjà rendus de mutuels services. Brisson me dit :

— Je vous offre le logement du haut de ma maison, vous y placerez votre mobilier, vous mangerez avec nous ; nous nous arrangerons toujours. Rétablissez-vous tous deux d'abord, nous verrons après...

J'accepte de grand cœur et nous voilà installés...

— C'est un excellent ami, Brisson, dis-je à ma femme, je lui revaudrai ça. Il a une jolie salle à manger, je l'ornerai de beaux panneaux décoratifs et quand il aura son salon je lui ferai de belles peintures : Qu'en dis-tu ?

— Tu feras bien, dit-elle d'un air triste.

Et, comme si elle pressentait sa fin, elle ajouta.

— *Je ne les verrai peut-être pas...*

La manière dont était morte sa mère lui avait porté un coup et je voyais sa santé décliner toujours ; elle toussait souvent et mangeait peu. Un jour je dis à Brisson :

— Vous ne trouvez pas que Mme Lepage marque mal, son teint n'est plus le même : Qu'est-ce qu'elle a donc ?

— Mon pauvre ami, me dit-il, je la prolonge le plus

que je peux ; cette terrible maladie de Pott est bien guérie, mais elle est presque toujours accompagnée d'une diasthèse tuberculeuse que je combats tant que je peux ; mais enfin il n'y a pas à désespérer...

— Tant mieux, mon bon ami, car cette mort me sera bien cruelle.

— Voyez-vous, Lepage, il vous faudrait gagner de l'argent, car c'est une maladie qui va vous coûter beaucoup. J'ai pensé à vous ; c'est pour cela que je vous ai demandé votre enquête et vos lettres de peintre. J'ai appris que le Principal du Collège voulait créer une chaire de Dessin... je lui ai remis vos références et il m'a dit : « Je vois bien que le Monsieur dont vous me parlez n'est pas le premier venu, mais il est bien âgé » : Allez le voir ! ou plutôt tenez, j'ai pensé à une conférence où vous pourriez l'inviter ; le sous-préfet, que je connais, me rendra le service de vous autoriser à faire cette conférence dans la salle du théâtre. Etes vous prêt ?

Oui, lui répondis-je.

Allons ! après avoir fait des conférences à Paris, avoir développé ma méthode devant le conseil supérieur des Beaux-Arts sans résultat, vais-je être plus heureux et mieux compris ici ? Essayons, après tout...

J'étais encore bien faible, et une conférence d'une heure et demie, — car il fallait bien cela pour son entier développement — me semblait longue :

— Pourvu que je ne me trouve pas mal encore ? disais-je à Brisson : J'ai si peu de chance !...

— « Audaces Fortuna Juvat » me répondit-il d'un air sentencieux...

Mais ce n'était pas de l'audace qu'il fallait pour cela, c'était convaincre...

Vous y étiez, mon cher monsieur Paul, bien jeune encore c'est vrai, puisque vous étiez élève du collège, mais assez grand pour vous rappeler mon maintien. — Je souffrais pourtant bien, et de corps et d'esprit !... « Voilà comme chacun a ses peines que le monde ne soupçonne pas. »

J'eus le bonheur d'être apprécié par Monsieur le Principal, votre père, qui me dit en sortant :

— Voilà comme je comprends un Enseignement pédagogique du Dessin ; quant à la méthode, toutes les méthodes sont bonnes, mais enfin il en faut une et celle-là me semble bonne.

J'avais à moitié gagné la partie ; le lendemain je vis monsieur le Principal qui me conseilla de faire ma demande au ministre.

— Vous aurez de la difficulté, me dit-il, parce que vous n'avez pas de grades universitaires... mais essayez, voyez Monsieur le maire, faites vous appuyer le plus que vous pourrez ; je vous soutiendrai de bon cœur... j'aime les professeurs convaincus.

Je fais donc ma demande que je montre au maire, qui, en cette qualité, avait acquis une grande sympathie de la part de ses concitoyens.

« Je suis heureux ici, en passant, de le remercier pour l'intérêt qu'il n'a cessé de me porter comme professeur et ami jusqu'au jour de sa mort arrivée trop tôt pour les ntérêts surtout de notre collège. »

A ma demande je joins l'enquête de Bourg ; peu de temps après je reçois avis de me présenter chez M. Colin inspecteur de dessin à Paris. Il se trouve justement que je le connaissais : Artiste-peintre il avait connu mes travaux de peinture et il savait aussi que je m'étais beaucoup occupé d'une méthode de dessin, que j'appliquais dans l'Enseignement libre.

— Comment ! c'est vous qui postulez pour la chaire de Dessin de B..., me dit-il : Vous savez sans doute le prix de ces emplois...

Il connaissait mes succès dans l'Enseignement libre ; il ne comprenait pas.

— Il le faut bien, lui dis-je, ma femme est atteinte d'une maladie terrible et moi-même je viens d'être frappé d'une anémie qui ne me permet plus, vu mon âge, de braver le surmenage parisien : C'est du moins l'avis du médecin.

Je n'abandonne pas la lutte pour cela, lui dis-je ; vous me reverrez en 1889, à la grande Exposition Universelle. Mais, je le sens, Paris n'a plus beaucoup de chance de me compter parmi ses habitants.

— Allons! tout s'explique, me dit-il... J'ai ici votre enquête, faite par mes collègues MM. Dutert et Ottin. J'aurais préféré la direction de l'école professionnelle de Bourg pour vous, c'eut été une situation plus en rapport avec celle que vous occupiez ici.

— Si ma femme n'eut pas été atteinte de cette infirmité, je m'y serais peut-être décidé, répondis-je, mais ce n'est pas dans ma situation que je pouvais assurer d'aussi grandes responsabilités; j'ai quelques petits moyens par moi-même et une modeste place de professeur me suffit... Monsieur le Principal du collège de B... m'a dit qu'il vous avait demandé un professeur titulaire... Ne tardez pas, m'a-t-il dit, de voir M. Colin parce que, une fois nommé...

— Dame! me dit M. Colin, je n'ai encore rien reçu... Mais allez de suite au ministère. Je vais vous donner une lettre et, s'il n'y a encore personne de nommé, vous avez beaucoup de chance de réussir, mais il faudra promettre de passer vos examens dans l'année! ce qui ne doit pas beaucoup vous gêner... Allons! bonne chance; revenez me dire la solution.

Je vais donc au ministère et là, en effet, sur la lecture de la lettre de M. Colin on me dit:

— Il n'y a personne encore; vous pouvez compter sur cette place.

Et ce Monsieur, dont je ne me rappelle plus le nom, me remit deux petites brochures... sur l'enseignement du dessin, une de M. Pillet et l'autre de M. Colin.

— Lisez cela bien attentivement, me dit-il: Ce sont d'excellents conseils aux professeurs... Merci Monsieur, je les lirai avec attention.

Je rendis compte de ma démarche à M. Colin qui parut satisfait.

— A bientôt! me dit-il. C'est moi qui suis votre inspecteur...

Je reviens donc à B... plein d'espoir; je vois Monsieur le Principal, qui me dit:

— C'est bien, je recevrai sous peu un avis; je vous écrirai.

Ma pauvre malade était contente. Certainement nous

étions très bien chez l'ami Brisson, mais elle rêvait « son chez soi ». Cette bonne fortune nous le permettait :

« C'est sûr, disions-nous, nous pouvons y compter...

Et nous parcourions la ville pour trouver un logement confortable, avec un petit jardin, s'il fut possible... mais hélas ! les prix étaient inabordables pour notre fortune...

— Vous avez bien le temps, disait mon jeune docteur ; ça se trouvera...

Ce pauvre ami faisait tout ce qu'il pouvait pour nous être agréable. Il nous menait souvent avec lui, dans sa voiture ; on croyait à B... que nous étions ses proches parents. Il me fit faire bien des connaissances, entr'autres celle de M. F... père, ancien maire de la ville, citoyen très estimé. Il me présenta à M. Beaufrançais alors député... et à d'autres. Mon ami nous recevait à sa table ; c'est ainsi que je connus un de ses jeunes collègues, encore garçon, qui venait comme lui de s'établir, et d'autres dont les noms m'échappent ; j'étais également souvent invité chez les personnes de sa connaissance.

J'entre dans tous ces détails parce que je vais aborder une période de ma vie qui, si elle n'est pas la plus mouvementée, n'est pas pour cela la moins intéressante et peut-être la plus utile en sages leçons pour ceux qui entrent dans la vie :

« Hélas ! je n'ai point de fils ni de petits-fils, mais j'ai de jeunes amis, et n'aurai pas perdu mon temps. Si quelques-uns, quelle que soit la route qu'ils suivent, puisent, dans le récit que je vous fais, et que je me plais à répandre, une expérience qui, je crois, pourra, dans leur jeunesse, les rendre plus conscients de leurs propres actes, que je ne l'ai été moi même dans la mienne.

C'est pourquoi j'ai écarté de ce récit tout le tra-la-la ! tout ce qui touche au drame à sensation... quoique ma vie en soit remplie : Je n'ai voulu ni faire rire, ni faire pleurer ; j'ai voulu faire penser. »

Brisson était donc un véritable ami, je le regardais comme mon fils et tout ce que j'aurais cru voir faire son malheur ou troubler sa paix, je me faisais un devoir de le combattre : Ceci expliquera ma persévérance à le suivre, à l'observer.

A partir de ce moment, sa vie va, pour ainsi dire, se rattacher à la mienne.

Un matin, je reçu une lettre de Monsieur le Principal du Collège qui me dit de passer à son cabinet.

— Vous ne vous appelez pas R... me dit il.

— Non, lui dis-je.

— Eh bien, ce n'est pas vous, mon cher Monsieur, qui êtes appelé à la chaire de Dessin... c'est un jeune homme, armé de ses deux brevets (simple et supérieur).

Je ne perdis point contenance : Le Principal parut fâché... Mais il ne se doutait guère que cette goutte d'eau faisait déborder le vase.

Comment vais-je annoncer cela à ma femme? me disais-je.

Brisson, avec sa bonne humeur habituelle, dit :

— Vous n'avez pas de veine, mon pauvre Lepage.

— Ça a toujours été comme cela toute ma vie !... Il y a des gens qui se noieraient dans leur crachat; et je suis de ceux-là...

Mais qu'est-ce qu'il y a encore là-dessous ? me dis-je : Mon expérience m'avait appris à ne pas tout mettre sur le dos de la Fortune.

Je pars de suite à Paris et vais voir M. Colin. Je lui demande des explications.

— Je n'y comprends rien, me dit-il, je vous écrirai : Je vais voir Monsieur le Recteur.

Quelque temps après, je recevais cette lettre :

« Monsieur,

» J'ai tardé à vous répondre car je voulais voir le Recteur lui-même.

» Je suis autorisé à vous dire que la situation de M. R... au collège de B... vous est *réservée*.

» Vous n'aurez de tout cela que la contrariété d'attendre peut-être plus longtemps qu'on ne vous l'a dit : Malheureusement, la chose ne dépend pas de moi.

» Dans tous les cas, M. R... est un jeune homme *très*

estimé et bien élevé, sa situation ne changera que pour s'améliorer et j'espère donc qu'il ne peut y avoir que de bons rapports entre vous et lui.

» J'aurais voulu pouvoir vous renseigner et vous rassurer de suite ; je n'ai pu voir Monsieur le Recteur que hier seulement.

> Veuillez recevoir, Monsieur

» PAUL COLIN

» Inspecteur de dessin. »

Le coup était paré.

Ce n'est pas tout, de suite, dis-je à ma femme, mais ça ne tardera pas.

Nous prîmes le temps en patience et enfin le moment arriva.

Les portes du collège me sont donc toutes grandes ouvertes à la satisfaction de Monsieur le Principal...

— Je crois ce jeune homme capable, me dit-il. Il se formera. Mais, pour créer cette chaire, il faut une certaine pratique... Vous saurez mieux vous tirer d'affaire...

« Mais voici un fait encore bien typique... surtout pour vous, mon cher monsieur Paul, qui connaissez les précédentes parties de ma vie : Ce n'est pas à mes propres mérites, à mes antécédents ni à mon expérience acquise par sept ans de pratique dans l'Enseignement libre que je dois ce morceau de pain (M. Colin, évidemment, n'y était pour rien) : c'est, par ricochet, à un garçon bien appuyé, bien recommandé. Oh ! la faveur ! le népotisme !... Sans cette circonstance et celle qui m'a fait (grâce à mon cousin) petit rentier...deux pauvres vieux, la femme infirme et le mari sans travail... sans pitié mouraient de faim...

Ce n'est pas moi — j'en suis honteux — après les luttes que vous m'avez vu traverser qui ai pu mettre un morceau de pain de côté pour moi et mes enfants. Méditez bien cela !... mon jeune ami...

Ceci vous explique pourquoi je suis socialiste ; c'est

que je suis convaincu que si dans la société tout était
livré au hasard, il y aurait encore des chances. même
pour les moins chanceux. Mais il n'en est pas ainsi : Le
jeu n'y est pas loyal, la faveur, la carte biseautée, le com-
pérage, etc., fait toujours tourner l'enjeu où il veut.

Voilà pourquoi il faut que la solidarité soit pour tous,
sans aléa, et que ce fait passe dans la Constitution.

Rentier et fonctionnaire, si je ressemblais à ces
hommes qui nous entourent, je serais conservateur,
c'est-à-dire flatteur des réactionnaires, j'aurais peur de
perdre, par un changement hasardé, cette petite sécurité
de ma vieillesse... mais non !... je ne veux pas oublier,
comme tant d'autres, que j'ai souffert de cet état social
et, *seul*, sans appartenir à aucune association cléricale
ou libre-penseuse, sans parti, sans coterie, je travaille,
prudemment, — faisant tout mon devoir comme je le
conseille à tous, — mais sans relâche, je travaille *à la
propagation du Socialisme*.

C'est à ce moment que va commencer l'Apostolat dont
j'ai fait vœu pour ce qui me reste à vivre.»

J'entre donc dans l'Enseignement officiel.

Mais avant :

Je désire que vous sachiez comment je suis sorti de
l'Enseignement libre.

On se rappelle que ce sont MM. Rauber frères qui, les
premiers, me confièrent leurs élèves pour l'essai de ma
méthode.

La lettre suivante, de MM. Rauber frères, montre
comment j'ai terminé mes luttes avec le beau système
de l'Individualisme à outrance. Elle vous montrera
aussi, mon cher monsieur Paul, que, quoiqu'ennemi
acharné du système social actuel, cher aux rasta-
quouères, aux roublards, aux judéos et aux juifs, c'est-
à-dire à tous les fumistes de toutes nuances, je n'en fais
pas moins sans révolte et avec conscience, mon devoir
de citoyen. Cette lettre est une réponse à l'Inspecteur
chargé de mon enquête, M. Ottin.

1ᵉʳ octobre 1881.

« Monsieur l'Inspecteur,

» En réponse à la lettre par laquelle vous me demandez des renseignements sur M. Lepage ; j'ai l'honneur de vous informer que tout ce que je peux dire lui est éminemment favorable ; depuis les quatre années qu'il est professeur de dessin dans notre Établissement il nous a constamment donné des preuves de capacité et de dévouement. Ce serait une véritable perte pour les Ecoles où il professe si l'Administration était assez mal inspirée pour l'envoyer en province.

» Novateur hardi, s'inspirant des principes et des procédés que vous et moi n'avons cessé de propager. Il est, comme vous le savez, auteur d'une méthode de dessin qui conduit pas à pas l'élève, des notions les plus élémentaires aux applications les plus diverses des Arts Industriels et Mécaniques.

» J'estime donc que l'Administration a le devoir de conserver et d'employer dans les Ecoles municipales un homme dont la valeur intrinsèque, la capacité pédagogique, le dévouement professionnel sont à la hauteur de toutes les exigences.

» Je sais, Monsieur l'Inspecteur, que vos sympathies sont acquises à M. Lepage : puissiez-vous le faire admettre dans les Ecoles de la Ville de Paris et vous aurez rendu un véritable service à l'Enseignement en même temps que vous aurez fait rendre justice à un homme de mérite.

» Veuillez agréer, Monsieur l'Inspecteur, etc.

» RAUBER frères,

» 36, rue Corbeau. »

FIN DE LA QUATRIÈME PARTIE

CINQUIÈME PARTIE

De 58 à 75 ans.

—

AU LECTEUR

—

Celui qui aura lu les quatre parties qui précèdent pourra peut-être s'étonner qu'un homme qui de vingt à quarante ans, ne rêvait que *l'indépendance absolue*, comptant sur la justice des hommes pour apprécier la valeur de chacun, croyait à l'honneur, à la vertu et au mérite récompensé de ses peines, était fier de mettre son courage, son intelligence, son expérience au service de son pays... puisse briser ses idoles... et proclamer hautement que l'Individualisme n'est qu'un *mensonge social*, un mirage trompeur auquel se laissent prendre des milliers d'honnêtes gens fascinés : les uns trompés seulement et réduits à la misère, les autres corrompus jusqu'à la moelle devenir riches et puissants ; beaucoup, les demi-courages, trop pusillanimes pour ne pas transiger, s'étioler, tomber brisés par la triste comédie qu'ils sont obligés de jouer pour se maintenir entre le zist et le zest... s'apercevant trop tard que les tristes honneurs qu'ils recueillent de cette prudente conduite ne leur ont pas souvent porté bonheur. Il n'est pas rare d'en rencontrer sur sa route, écrasés sous les louanges comme d'autres sous la honte.

C'est donc après de rudes épreuves et de mûres réflexions que nous trouvons notre héros un socialiste convaincu.

Voulant lui-même approfondir la question sociale et désireux de rencontrer des adversaires scientifiques pour mettre à l'épreuve ses théories.

Bien doué, persuasif, ayant l'élocution assez facile, air sympathique. Il lui eut suffit, pour arriver, de toucher à toutes les questions sans en affirmer aucune.

Il aurait pu, comme tant d'autres, profiter de son expérience, et se créer ainsi une position sociale.

Il est plus facile de devenir député, même ministre qu'agrégé ; on ne demande, pour cela, que de l'audace et du bagout.

Il en avait tant vu réussir par ces moyens : conseillers municipaux, maires, conseillers généraux, députés, ministres, etc., etc., et dans toutes les classes, lettrés ou illettrés, que toutes les ruses lui étaient connues. On croirait, lui ai-je entendu dire souvent, « que les masses ont besoin d'être trompées ».

Mais ce phénomène s'explique par le renouvellement incessant des jeunes qui sont généralement faciles à prendre soit en les leurrant, soit en les enthousiasmant.

Il savait tout cela. Mais duper le peuple est pour lui le plus lâche des crimes.

Dans cette cinquième Partie, nous le trouvons approchant de la soixantaine, épuisé par le surmenage obligé de l'activité parisienne, pour tout prolétaire qui ne veut pas tomber dans la misère.

Il réagit tant qu'il peut mais fatalement il faut qu'il succombe. Encore une fois toutes ses peines sont perdues. Au moment où il commençait à respirer un peu... Il faut qu'il quitte Paris. Que va-t-il faire ?...

Il n'a plus qu'un espoir... et il s'y rattache comme à une dernière épave...

Voudrait-on de moi comme fonctionnaire dans l'Enseignement officiel ?...

Peut-être, pensait-il, (en considération de mes luttes, de mes travaux dans l'Enseignement libre, récompensés) pourrait-on me confier un poste...

Il va raconter cela lui-même...

Toujours est-il qu'il est nommé professeur dans un petit collège aux environs de Paris, bien regretté des Instituteurs de l'Enseignement libre qui lui avaient accordé la confiance.

Va-t-il faire peau neuve... Notre société corruptrice et despotique, va-t-elle enfin l'avoir réduit.

Un moment on eut pu le croire... Sa femme, à laquelle il fallait des soins exceptionnels, demandant beaucoup de dépense, réduite par la maladie, lui fit mettre bas les armes...

Mais, hélas !... Elle avait reçu le coup mortel !... Bientôt elle succomba...

Ce n'est point, comme on pourrait le croire... une rage contre la société ni contre les hommes... qui l'exaspère.

« Ce triste exemple n'est pas isolé... C'est trop se dit-il... cette victime sociale en suppose bien d'autre. Sachant la cause du mal comme je la connais ; ce serait du plus lâche égoïsme... maintenant que je suis seul, de ne pas reprendre la lutte. »

Nous allons donc retrouver le vieux lutteur à l'œuvre. Là il va se trouver en contact avec de jeunes érudits, professeurs, bacheliers, licenciés, admissibles à l'agrégation, etc., etc.

Comment va-t-il défendre ses idées ?

La tâche va être difficile... Il fallut d'abord intéresser... Il ne se rebuta pas ; et bientôt il se forme un petit noyau autour de lui. Des discussions contradictoires s'établissent, où toutes les nuances se trouvent rassemblées. Il parvient à intéresser. C'était déjà quelque chose.

Clérical, anarchiste, opportuniste, conservateur progressiste, radical possibiliste... Il eut toutes ces nuances à combattre... Ceci dura plus de deux ans et se passait dans de longues promenades à la campagne.

On sait que les Universitaires sont obligés à une grande réserve en ce qui touche à leurs opinions politiques ou sociales... Ils n'étaient pas à ce moment traqués comme ils le furent plus tard sous le fameux *ministère électoral* Méline.

Jamais rien n'avait transpiré en haut lieu de ces intéressantes et en somme bien anodines conversations.

Je laisse donc la parole à notre héros, pour continuer son récit.

Je tenais à faire savoir que cette dernière partie est toute d'actualité, quelle ne peut manquer de plaire surtout aux jeunes lecteurs qui ont traversé et traversent encore cette période si agitée de notre histoire, et dont nul ne peut prévoir l'issue.

X.. EGAPEL.

CHAPITRE PREMIER

AU COLLÈGE

J'entre dans l'Enseignement officiel comme professeur de dessin ; je venais remplacer un jeune professeur qui prenait son congé : C'était quelques jours avant Pâques (1884).

Je ne pris sérieusement mon poste qu'après les vacances de Pâques.

Le principal du collège me dit :

— Depuis le plus grand jusqu'au plus petit, vous les prenez tous à peu près au même niveau : Faites ce que vous voudrez ; n'ayez aucunement crainte de les reprendre tous en sous-œuvre, ils en ont besoin.

Cet avertissement me plut beaucoup, on me laissait ainsi une certaine initiative, malgré les programmes que, du reste, j'approuvais comme ne contrariant pas trop mes idées sur la méthode.

Pendant dix-huit mois, tout mon temps fut consacré au collège. Je fis pour mes cours de dessin d'imitation et les éléments du dessin géométrique des grands tableaux muraux où se trouvaient graduellement figurées des projections de perspective et d'anatomie, que je trouvais une excellente préparation avant d'attaquer les plâtres. Ai-je besoin de vous dire qu'au début je trouvai ma tâche plus rude qu'à Paris. Dans cette petite ville de province je ne trouvais pas beaucoup de zèle ni beaucoup de goût. J'avais affaire à des enfants qui, pour la plupart, étaient de la campagne et n'avaient aucune idée de l'utilité du dessin. Enfin l'habitude se prit et bientôt la régularité des cours, et leur esprit entré dans la tête des élèves, je trouvai un repos relatif qui s'accentua à mesure que mes élèves grandissaient en âge et en raison (1).

Sans me reposer sur mes lauriers, comme on dit, je trouvais du temps pour me livrer à des travaux libres.

Ma femme était toujours très malade et le médecin ne me donnait que peu d'espoir. Le jour fatal arriva, je perdis ma meilleure amie, celle qui, pendant 38 ans, avait subi avec moi sans relâche, tant de terribles luttes. Elle succombait sous le poids de ce corset d'acier qui, seul, la soutenait et qu'elle ne pouvait plus supporter ; c'est au moment où, enfin, elle aurait pu, avec son vieux compagnon, jouir de quelque repos, qu'elle partait.

J'en conçus *un chagrin profond* qui me plongea un certain temps dans un hébétement dont je ne pouvais sortir.

— Vous ne pouvez rester comme cela, me dit mon docteur. Allez donc à table d'hôte, à l'hôtel du *Lion d'Or* ; vous trouverez là des collègues, des jeunes gens qui vont vous taquiner et vous faire sortir de cette hypocondrie qui pourrait avoir des suites fâcheuses chez un homme comme vous.

Je le crus et, en effet, pendant huit à dix mois, je fis un effort surhumain, non pour oublier, mais pour chasser de mon esprit les idées noires qui prenaient toujours le dessus, surtout lorsque je me trouvais seul. Je me mêlais sans m'en apercevoir aux jeunes gens

---

(1) « Il me fallut quatre ans pour que les progrès généraux atteignissent une moyenne à peu près raisonnable. Ce n'est qu'après cette période seulement que commencèrent à se distinguer quelques élèves. Plusieurs sont bien casés dans l'industrie, dans les Arts industriels, dans l'architecture et dans le machinisme. Ces chers élèves m'ont prouvé, par la situation qu'ils occupent aujourd'hui, que mon temps et ma peine n'ont point été perdus. »

oubliant mon âge. Moi, si sobre, je prenais l'habitude d'aller au café : « Vous tomberez dans la bohème et vous finirez par l'absinthe », m'avait dit Sardony.

Bientôt, entr'autres connaissances, je fis celle d'un jeune homme, nommé Féron, rédacteur d'un journal de la localité, dont la destinée, brillante et triste tout à la fois, tient une place trop marquante dans ce récit pour que je puisse passer outre, tout en me tenant dans une grande réserve.

A l'hôtel on avait dressé pour les professeurs, dans une salle à part et entièrement séparée de celle des voyageurs, une table où nous étions sept : M. Féron, journaliste, et MM. les professeurs d'histoire et de géographie, de philosophie, de mathématiques, d'allemand, et enfin un M. Sibet, professeur de physique, le seul professeur que je désigne, à cause du rôle qu'il se donnait, genre assez caractéristique de la jeunesse d'aujourd'hui.

On pouvait causer comme on voulait, sans craindre les indiscrétions. Une brave femme de service d'un certain âge, qu'on appelait Mme Henriette (mère de deux enfants), que tous les professeurs, et M. Féron particulièrement, paraissaient estimer, était seule témoin des prises de bec qui, de temps à autre, rompaient la monotonie du bruit des verres et des fourchettes : On la connaissait, ça ne tirait pas à conséquence...

M. Sibet, que M. Féron avait déjà, devant moi, remis à sa place parce qu'il dépassait le but assigné aux plaisanteries — je m'en étais déjà aperçu — se mit à m'entreprendre et vouloir faire de moi, sans égard pour mon âge, l'objet de la risée de tous.

Lorsque je traitais des questions sérieuses, artistiques, politiques ou sociales, à chaque instant, on entendait ce mot mal sonnant : *Fumiste, monsieur Lepage, fumiste* (sic), et la galerie de sourire discrètement ! Il paraissait regarder comme des blagues tout ce que je disais.

Je parlais un jour de M. Corot, mon illustre maître, de son grand cœur et de son grand talent.

— J'ai un souvenir de lui, dis-je. Il m'a donné un tableau.

— Qu'est-ce que ça vaut ? me dit Sibet.

— Je ne sais, mais il peut aller de 3 à 4000 francs, lui répondis-je.

—4000 francs...dit-il, prenant cela pour une blague... Et à partir de ce moment il monta une scie.

— Allons! monsieur Lepage, quand bazarderons-nous le Corot ?... Qu'est-ce que vous en faites ?... Et la galerie de rire.

Ce sont des taquineries, me dira-t-on. Oui, mais que je trouvais de mauvais goût, étant donné mon âge et surtout le moment (on sait que je venais de perdre ma femme). D'autant plus que je n'en donnais pas le motif, mes conversations étant toujours très sérieuses ; je le priai de cesser ces plaisanteries, je n'y parvins pas. Je vis bien que ce n'était pas là ma place : « Triste chose que la vieillesse en face de la jeunesse d'aujourd'hui !... »

Un événement, auquel on était loin de s'attendre, vint donner le change. Le député de l'arrondissement venait de mourir. C'était le protecteur et l'ami de M. Féron. Je connaissais assez le jeune journaliste pour deviner ce qui se passait en lui. Nous nous promenions souvent ensemble dans les rues fréquentées de la ville. Un jour qu'il me prenait par le bras et qu'il me communiquait, avec son élocution facile, ses idées politiques, je lui dis :

— Vous pouvez tenter la députation, vous auriez beaucoup de chance de réussir... Vous avez ce qu'il faut... air bon garçon, aimant le plaisir, un peu ironique et surtout sympathique...

Il vit bien que je le devinais.

— Et pourquoi pas ? me dit-il.

— Sans doute, lui dis-je, et si vous voulez savoir ma façon de penser, j'aimerais mieux *vous* que tout autre, parce que vous me plaisez, quoique je ne sois pas sûr que vous partagiez mes idées, mais vous n'êtes pas non plus dans un pays bien avancé.

Puisque nous causons sérieusement, voulez-vous me

permettre de vous passer un peu de ma vieille expérience ?

— Certainement, monsieur Lepage; le peu que je vous ai entendu causer m'a prouvé que vous n'étiez pas neuf sur ces questions... Je vous écoute.

Je lui racontai alors ma « vie politique » : Mon entretien avec Louis Blanc; mes luttes au Mans avec Rubillard, Quesnay de Beaurepaire, Cordelet, Porchez (1); comment ils arrivèrent à la députation et comment, à Paris, Floquet, Lockroy, Gambetta, etc. sont arrivés.

— Tous, lui dis-je, sont parvenus par la classe prolétarienne et se sont maintenus par la classe bourgeoise. Sous l'homme de principes qu'ils affichaient, ils cachaient tous l'homme politique, entrant en conciliation avec des ennemis irréconciables... Trop de ces hommes instruits, lui dis-je, pour atteindre leur but, nous ont malheureusement montré *qu'ils étaient prêts à tout faire.*

Il ne faudrait pas, continuai-je, que vous suivissiez ce mauvais exemple. Je puis me tromper, mais je crois que c'est payer cher la fortune et la gloire que d'être obligé de politiquer de la sorte pour atteindre le Palais-Bourbon ?

Il riait comme quelqu'un à qui on n'apprend rien de nouveau.

— Mais, monsieur Lepage, le but est d'arriver et, une fois en puissance, on fait triompher *ses idées, ses principes.*

— Ils ont tous dit cela, lui disais-je. Ils sont aujourd'hui très forts, très puissants, ils ont pour eux la parole facile, la popularité, sont écoutés de tous... *Et j'attends toujours !...* L'un d'eux, le plus puissant, Gambetta, sur lequel les prolétaires bâtissaient le plus d'espérances, n'a-t-il pas dit : « Il n'y a pas de *question sociale,* il y a *des questions sociales ;* » « l'ennemi c'est le cléricalisme », au lieu de dire l'ennemi *c'est le capitalisme...* Croyez-vous qu'il ait dupé ceux qui l'ont nommé ? Croyez-vous que ceux-ci n'ont pas vu dans sa politique l'homme cherchant son appui *dans la bourgeoisie capitaliste ?*

(1) Voir Quatrième Partie.

Je continuai :

— En fondant l'opportunisme républicain, Gambetta portait un coup terrible au Socialisme et à la vraie République, écartant sans scrupule le parti qui l'avait nommé. Vous vous rappelez le mot : « Je les poursuivrai jusque dans leurs repaires. »

Cette conversation tombait bien : c'était précisément au moment de l'expédition du Tonkin ; Jules Ferry était président du Conseil.

Sans se prononcer sur Gambetta, M. Féron tombait d'accord avec moi qu'il fallait combattre l'opportunisme...

Il fit même un peu plus tard, au théâtre de la ville, une conférence populaire, flétrissant les actes de ce ministère qu'il ne goûtait pas. C'était la première fois que je l'entendais parler en public.

Il arrivera, me disais-je. Sa tactique est la même que celle que j'ai vu suivre par les hommes à succès :

« Une petite digression : « En France on n'est pas en peine de mots. »

L'opportunisme usé se changera en réalisme, en progressisme, en radicalisme, même en socialisme, qualifié à toutes les sauces ; tous les *ismes*, soit dit sans calembours, y passeront, et le pauvre peuple, dans tous *ces isthmes*, se perdra et s'y est perdu (1).

Et je pensais à ce que, 15 ans plutôt, me disait l'officier allemand :

La question sociale chez vous est accessoire et intéresse peu ou point le peuple. Votre République deviendra un parti de plus qui se divisera encore en partis au lieu d'être un fait. De là votre désunion au moment des grandes décisions. Vous laissez ainsi passage à toutes les ambitions. De là vos trahisons perpétuelles.

Et en effet : Quel a été depuis le grand moyen de tous les ambitieux *convoitant le pouvoir*.

A l'origine ils disaient : Fondons d'abord la République... puis, une fois fondée, conservons la République... et au fond, cela voulait dire tout simplement : Conservons-nous.

(1) Panama.

Demain, ils diront peut-être : Fondons d'abord le socialisme, mais n'allons pas trop vite en besogne.

Et, tour à tour, la question sociale combattue, remise, étouffée, n'en sera pas plus avancée.

Mais elle est vivace, et malgré tout ce qu'ont pu faire et que pourront faire encore les calculs intéressés, les faiblesses, les trahisons même, au profit de l'aristocratie bourgeoise : ils ne parviendront pas à l'enterrer. Au peuple à veiller !... »

Je continue : M. Féron était jeune alors, plein d'avenir... mon devoir de socialiste convaincu était de chercher à le gagner, si possible, à cette sublime cause.

— Fumiste, fumiste !... disait Sibet, lorsque j'attaquais cette corde à table d'hôte.

Il était insipide ; cela commençait à me fatiguer sérieusement. Un jour M. Féron me dit :

— Mais enfin monsieur Lepage, si vous avez fait quelque chose, montrez nous là.

Sans répondre directement je dis :

— Ceux qui ont rendu, jusqu'à présent, le plus de services à la cause républicaine, que je ne détache pas de la cause sociale, ce sont les écrivains, les propagateurs convaincus, Benoît Malon, par exemple... Il est fâcheux que nos députés radicaux ne s'appuient pas sur ces hommes qui combattent toutes les inepties répandues à plaisir dans le public par des savants, intéressés sans doute à détruire en germe le socialisme de 1848...

— Ce sont des rêves, de jolis rêves, voilà tout, me répond-il... Ce socialisme là est démodé, on en est aujourd'hui au socialisme de Karl-Marx...

Je voyais bien qu'il était encore imbu de ce socialisme officiel dont on donne quelque teinte dans nos lycées et collèges.

— Montrez-nous ce que vous avez fait, répète-t-il un peu ironiquement.

J'avance qu'en 1875, salle d'Arras, j'avais lu un projet sous forme de « Plan Social. »

— Ah !... dit M. Féron, d'un ton un peu sceptique.

— Fumiste !... monsieur Lepage, fumiste ! répétait l'insipide Sibet.

— Messieurs, dis-je à tous. Je suis plus sérieux que vous ne croyez... Un jour viendra peut-être où je vous le communiquerai, ce plan ; en ce moment-ci je serais, sinon pour tous, du moins pour quelques-uns de vous, l'occasion d'un divertissement ! *Allons vieillard, divertis-nous...*, et je ne veux point me prêter à ce rôle. Je suis gai, au fond, mais *une profonde douleur m'accable.........*

Et je regardais Sibet.

« On dit que l'enfance est sans pitié... mais la jeunesse, occupée de ses plaisirs, est bien aussi inconsciente et ne vaut pas mieux hélas ! »

Aussi ! Qu'étais-je venu faire là ?

« Je pensais à Frère Jacques, ce vieil ami que je retrouve sur ma route, plus souvent Dieu merci, que l'infernal Sardony :

— Pourquoi les sermonner ? m'aurait-il dit ; ils te répondront :

> Dors, puisque ta muse revêche
> N'a plus de chants pour nos amours,
> Que c'est toujours la même flèche
> Au même but visant toujours.
> Dors ! tu n'as rien de mieux à faire
> Ou, si le sommeil fuit tes yeux,
> Sermonneur, apprends à te taire :
> Les sermonneurs sont ennuyeux.

Frère JACQUES.

Hélas ! Frère Jacques avait raison. Est-ce qu'aujourd'hui l'homme est raisonnable, même à vingt-cinq ans ? Combien ne le sont pas encore à quarante ! »

Je ne m'aventurai pas davantage ; j'en avais assez dit à M. Feron, pour qu'il comprît... Je ne revins pas à la table.

CHAPITRE II

UN VOYAGE EN SUISSE

J'avais donc quitté la table des professeurs, et je prenais mes repas à la table d'hôte des voyageurs.

Sibat avait gagné son procès et je vis avec peine quelques collègues — j'en excepte la majorité — que je croyais sérieux, se mêler à ces jeux d'un esprit douteux, mais sûrement de mauvais goût.

Cela m'affecta : je ne sais pas trop, me disais-je, si je n'aime pas mieux la franche brusquerie des ouvriers... à l'ironie de ces lettrés...

Je revins cependant sur cette idée... Après les grandes vacances, d'autres professeurs arrivés m'ont donné la consolation de croire que, dans le prolétariat instruit, mes idées sociales ne seraient pas lettre morte, mais je vis bien tout le mal que j'aurais à les défendre.

Mon jeune docteur, que je voyais très souvent et auquel je racontais mes déceptions, me disait :

— Mon pauvre père Lepage... comme vous perdez votre temps, vous feriez bien mieux de me faire des tableaux.

— Je vous en ferai, lui disais-je.

— Après tout, c'est peut-être un bien, me dit-il... Pendant que vous pérorez, vous ne pensez pas à votre douleur morale, et à vos maladies. (On se rappelle mes syncopes réitérées de Paris. Je craignais toujours qu'elles me reprissent).

En plus, mon isolement me pesait, j'étais las, fatigué de cette vie de café, à laquelle je n'étais pas habitué, j'avais aussi complètement perdu le goût du travail, à ma chambre mon cerveau s'atrophiait. »

— Pérorez! pérorez! me disait le docteur.

— Eh oui! Il n'y avait que cela, pour me sauver de l'abrutissement.

Depuis que je ne prenais plus mes repas avec eux, l'attitude de quelques-uns changea.

Je rencontrais à ce moment, très souvent M. Feron chez mon docteur, dont il devint l'ami. Il n'était plus le même qu'à l'hôtel... Il affectait un *respect pour mon âge!*... qui m'ôtait toute envie de causer; il conserva cette attitude jusqu'à la fin. C'était, comme vous le voyez, très habile, mais cela voulait dire : « Nous ne nous entendrions pas. »

Je vis la même attitude chez les professeurs, ses grands amis. Leur rôle n'était plus le même, et ce n'est pas à eux que j'aurais pu soumettre à la contradiction mon *Plan Social*.

Etait-ce dédain de leur part, orgueil de leur savoir, étaient-ils fiers de leurs grades universitaires?... je ne sais. Je dus les laisser de côté, pensant bien les retrouver un jour, me faire connaître d'eux et connaître enfin la juste valeur de leurs prétentions. L'occasion s'en est présentée plusieurs fois. Un seul est resté obscur longtemps pour moi, parce qu'il ne disait rien (Le silence est d'or).

Du reste; cette scission, à l'exception de Sibet, n'avait pas empêché nos bons rapports : on n'était peut-être pas des amis politiques, mais on s'estimait comme on doit le faire, en bonne camaraderie.

Nous approchions des vacances. Ma fille, qui s'était beaucoup fatiguée près de sa mère, dans les derniers temps de sa maladie, et moi qui ne parvenais pas à chasser mes idées noires, nous nous décidâmes à faire un voyage en Suisse. Mon docteur me dit :

— J'aime mieux ça que toutes vos théories sociales. C'est plus sain pour vous. Allez en Suisse et revenez avec de belles vues, vous en ornerez ma salle à manger.

Est-ce dit ?

— Vous faites de moi, tout ce que vous roulez...

— Dites oui.

— Eh bien... oui !

M. Feron, qui se trouvait là, sachant que j'allais en Suisse, me dit :

— Poussez jusqu'en Savoie, à Annecy, voir mon père. Et il me remit un petit mot.

Veinard ! dit le docteur, et ça se plaint de la Fortune !... des misères de la terre, cette vallée de larmes. Allons, bon voyage, mon cher Lepage, et rapportez-nous de belles choses.

Nous voilà donc en route. Rien de particulier dans le parcours ; nous arrivons un peu fatigués à Genève.

Il faudrait une autre verve que la mienne, pour décrire mes impressions, à la vue de cette charmante ville, et de ses environs. Je n'avais qu'un regret, c'est que ma pauvre morte ne soit pas là avec nous. Elle eut été si heureuse, à la vue de ce beau et grand lac de Genève.

Je pris le plus de croquis possible, accompagnés de photographies et, après avoir visité les chutes, les grottes, les montagnes : admiré les beaux effets de soleil, de lune ; visité Evion, Chilon, Montreux, Lauzanne, etc., etc., j'étais en mesure de satisfaire mon cher Docteur (mon souci), car je savais qu'il ne me tiendrait pas quitte comme cela. Je n'oubliai pas non plus M. Feron. Je visitai Annecy et son petit lac bleu ; petit en effet, à côté du Léman, mais grand assez, pour qu'on y puisse faire une promenade de plus de deux heures en bateau à vapeur. Descendu, j'allai rendre visite à M. Feron père, qui parut content qu'on lui donne des nouvelles de son fils.

— Vous le connaissez ? me dit-il.

— Oui, dis-je, je suis professeur, nous mangeons à la même table d'hôte.

— Eh bien, s'occupe-t-il toujours de politique ?

— Plus que jamais. Nous avons un député à nommer, et dame !....

— Oh ! me dit-il, je ne sais s'il a beaucoup de chance, mais, dans tous les cas, il n'y a pas de danger : *il ne trahira jamais la République*, c'est un républicain convaincu.

— Il a plus de chance que vous ne croyez, lui dis-je; il est généralement très sympathique, il arrivera!.....

— Tant mieux, me dit-il, écrivez-lui que vous m'avez vu, il sera content.

Et il me reconduisit jusqu'à mon hôtel.

Il nous restait à visiter une magnifique grotte, dont je ne me rappelle plus le nom. Il nous y conduisit, et le lendemain nous repartîmes pour Genève, prendre le train qui devait nous ramener à Paris :

Ce voyage eut les plus heureux effets physiologiques et psychologiques sur moi et ma fille.

A la rentrée des vacances, je repris mes occupations au collège et songeai à changer de logement; celui que j'occupais ravivait trop ma peine.

L'isolement me pesait toujours. Que ferais-je bien? me disais-je, pour chasser cela. Le café, il n'en faut plus; le restaurant, l'hôtel, j'en avais par-dessus la tête. J'étais bien découragé!... On ne vit pas 36 ans, avec quelqu'un qu'on aime sans éprouver, de sa perte, un grand vide, une immense douleur. « Cela explique bien des désespoirs. »

J'en étais là, lorsque je fis la rencontre d'un jeune professeur de collège, qui venait de se marier.

Il cherchait aussi un logement.

— Vous cherchez une maison ? lui dis-je.

— J'en ai trouvé une, me dit-il, mais elle est un peu grande pour nous, et puis, c'est un peu cher.

— Parbleu! nous pourrions nous entendre? lui dis-je, si cela ne déplaît pas à votre jeune femme. Voudriez-vous de moi pour locataire?

— Moi, je n'y vois pas d'inconvénient, me répond-il, mais il faut que j'en parle à ma femme. Voulez-vous venir ce soir à l'hôtel *Tangua*, je vous rendrai la réponse.

J'eus le plaisir de faire connaissance avec sa dame, et de ne pas lui déplaire, car elle me dit :

— Oui, monsieur Lepage, vous pouvez occuper le haut.

Nous convînmes du prix, et l'affaire fut arrangée.

J'étais moins seul, je fréquentais déjà moins le café, mes vieilles habitudes reprenaient le dessus, le goût *du travail libre* revenait; je causais souvent avec mon jeune collègue, devenu mon ami.

Nous parlions du collège. Ce jeune ménage me rappelait ma jeunesse.

« Ils seront plus heureux que nous, me disais-je; leurs luttes seront moins dures. »

Et je me servais de mon expérience pour les préparer aux nouvelles luttes dans lesquelles tous deux entraient.

Quoi qu'il arrive, leur disais-je, aimez-vous toujours bien, soyez amis; *l'amitié*, c'est *le lien* le plus solide du mariage; vivez de la même vie, n'ayez jamais rien de caché l'un pour l'autre, et je vous prédis, même avec une situation plus que modeste, un bonheur certain et durable.

(Ce jeune professeur, est le premier auquel j'ai confié la lecture du manuscrit de mon *Plan Social*)... Il en fut pénétré (1885).

— Il faudrait qu'on le connut en haut lieu, me disait-il.

— Le moment n'était pas encore venu.

J'éprouvais déjà un grand soulagement de cette société..... lorsque, par un de ces hasards qui ne s'expliquent pas, mes fenêtres se trouvaient précisément en face de celles de Mme Henriette (la femme de service qui tenait la table des professeurs, et dont j'ai déjà parlé). Cette circonstance mit fin à mes irrésolutions, et refixa de nouveau ma manière de vivre, je retrouvai peu à peu, mes anciennes habitudes.

Comme voisin, elle m'envoyait quelquefois son jeune garçon, me demander si je n'avais pas quelques commissions à faire..... Ces rapports quotidiens, me divulguèrent bientôt des luttes terribles, que subissait la pauvre veuve, obligée de travailler, tout en élevant sa famille, le garçon avait 12 ans environ, et la jeune fille 13.....

Elle seule pourrait décrire tout ce qu'elle a souffert de privations, d'humiliations, d'inquiétudes, depuis 12 ans qu'elle était veuve.

Je n'avais point besoin qu'elle me le dit : mon expérience, à ce moment, me le faisait deviner... Je n'étais pas devenu socialiste sans raisons. Cette existence, pleine de soucis, me donnait matière à réflexions, sur le sort des veuves, restant sans appui avec charge d'enfants.

« Quelle lacune ! me disais-je, dans notre organisation sociale actuelle ; et en même temps quelle contradiction !... La loi du mariage donne un protecteur à la femme, pour lui aider à élever sa famille, et quand elle perd ce protecteur, chargée d'enfants, elle la plante là, à la charge de la charité publique. Heureux ! pour elle, si elle peut y échapper, car où cela vous mène-t-il, la Charité ?..... »

Je ne suis pas dévot, mais mon code à moi, a toujours été l'Evangile, que je trouve beaucoup plus morale, beaucoup plus simple, beaucoup plus pratique que notre fameux code Napoléon.

C'est dans l'Evangile que j'ai puisé la force de supporter la tyrannie, si longue de ma belle-mère, non par résignation, mais par courage à travailler quand même. La seule chose qui pouvait m'en affranchir, c'eut été la récompense de mes efforts, dans la Société. Or, vous l'avez vu, la gêne et la misère fut tout ce que je pus recueillir. Bien pire : à cette lutte insensée, j'ai perdu trois enfants et ma femme, et à ce moment de mon récit, où je pouvais être un peu plus heureux, je reste seul, face à face avec toutes mes misères.

Il me restait bien ma fille, que son ménage retenait à Paris ; allais-je lui demander le sacrifice de sa jeunesse ? Née à Paris, elle l'aimait ; en plus, elle était de son siècle. Elle m'aurait peut-être offert sa maison. Mais je compris que les beaux-pères, quoique un peu plus sortables que les belles-mères, n'en sont pas moins toujours de beaux-parents. D'un autre côté, je ne voulais pas refaire une seconde édition, de ce que j'avais tant souffert..... J'étais trop vieux d'ailleurs, pour m'accommoder au bruit de la vie parisienne. N'avais-je pas au collège, ma petite situation qui me donnait l'aisance : Qu'aurais-je fait à Paris ? puisque je l'avais quitté parce qu'il me tuait. — Je verrai mes enfants de temps en temps, me disais-je, qu'ils jouissent de tous les plaisirs du siècle, puisque c'est leur idée. Moi, je veux consacrer le reste de ma vie à me rendre utile ; je veux faire servir mon expérience à tous ceux qui, plus jeunes que moi, ont, comme moi la bonne volonté.....

Si je commençais par cette veuve ! Je me souvenais de ce verset de saint Jacques :

La religion et la piété pure et sans tache, aux yeux de Dieu, notre père, consiste à visiter les orphelins et les veuves, dans leur affliction, et à se conserver pur de la corruption du siècle présent.

Je ne suis pas un puritain, soyons un homme d'action et non de ceux qui croient, que quand ils l'ont dite, la chose est faite ; j'ai résolu, j'ai tenu.

J'arrangeai donc ma vie, de manière à conserver le bien de ma fille, tout en l'en faisant jouir. Ma fille est jeune me disais-je, on ne sait pas ce qui peut arriver, gardons-lui ce morceau de pain.

Je me suis donc arrêté à ce projet... le plus honnête, le plus digne je crois. Mais certainement pas celui qui conduit à la fortune, m'aurait soufflé Sardony.

J'aiderai donc cette brave veuve, me disais-je, à élever ses enfants, et elle m'aidera par son dévouement, à supporter la vie, bien triste pour moi à présent.

« C'est fait aujourd'hui : sa fille est mariée à un honnête ouvrier. Son fils, marié aussi est un bon ouvrier également, d'ordre et de conduite.

Ils sont armés pour la lutte. Ma tâche est accomplie, mais la société elle ; est loin d'avoir fait la sienne ! Qui protège-t elle de ses lois ? le riche, oui. Mais le pauvre ?...

Quelle réponse éloquente que ma vie, à tous ces heureux de la terre, qui ne veulent point troubler leur quiétude, par la vue des misères d'autrui. Ils craignent l'Anarchie. Hélas ! ce sont bien eux qui l'appellent...

A partir de ce jour, pendant trois ans je pris pension chez Mme Henriette, ce qui nous a permis à tous deux, de nous connaître mieux : assez pour qu'elle me confie ses enfants, et moi pour que je lui confie la direction de ma maison.

Devenue ma gouvernante, je retrouve mes anciennes habitudes : c'était ce qu'il me fallait..... Ma fille a très bien compris, que si elle voulait sa liberté, je voulais aussi la mienne. Je n'ai pas eu à me plaindre d'elle......

La famille de Mme Henriette, de son côté, m'a ouvert les bras, et depuis ce temps, je n'ai plus ressenti cette grande douleur de l'isolement.

Je pus donc me livrer entièrement à mon travail de recherches.

Ceux qui ne me connaissent pas, et qui m'entendent développer ce qu'ils appellent *mes utopies socialistes* disent : Il ne faut pas que cet homme ait grand'chose dans la tête pour passer ses loisirs à de pareilles niaiseries. Il peut être relativement heureux, c'est possible, mais c'est un grand enfant.

« Oui, ce grand enfant travaille toujours et, comme je le dis plus haut, trouve dans ce *travail libre* que lui permet son état de professeur, un charme sans revers, que ne connaissent pas ceux qui sont dominés par d'autres mobiles tout aussi chimériques, soit par l'insatiable désir de s'enrichir, soit par un désir insensé de renommée, de la g'oire, soit par l'assouvissement immodéré des plaisirs sensuels, autant de déceptions, qui engendrent ces drames épouvantables, où l'homme et sa dignité sombrent fatalement. »

Quelques années s'écoulent donc dans cette heureuse paix sans qu'aucun événement me touchant, mérite d'être signalé.

A L'EXPOSITION DE 1889

Je tente de nouvelles luttes.

Vous vous rappelez mes méthodes de dessin : J'avais donné rendez-vous en 1889, à mes adversaires de 1878. C'est-à-dire à la grande Exposition universelle. Je tins parole.

Quand les travaux utiles à la préparation de mes cours au collège furent faits, l'obligation où j'avais été de me conformer aux programmes universitaires, avait remis ma cervelle en ébullition. J'avais quatre ans d'expérience de plus dans l'Université à ajouter à mes huit années dans l'Enseignement libre : peut-être, disais-je, serai-je plus écouté.

Je fis donc ma demande en règle pour une place à l'Exposition de 1889. Un voyageur, qui visitait les exposants pour recueillir des réclames au catalogue officiel, m'assura que je figurais bien dans la liste des exposants.

Allons ! tout va bien, me dis-je, je vais recevoir mes papiers bientôt.

.....Je tire donc de mes cartons toutes mes paperasses et me voilà acharné comme toujours à ce travail, déjà prêt, mais qui demandait quelques perfectionnements (simplifications, clartés) comme il arrive toujours lorsqu'on remet l'ouvrage sur le métier.

J'y travaillais déjà depuis un bon bout de temps et j'étais assez content de moi. Je rédigeai un prospectus complet qui présentait ma méthode générale de dessin avec ses instruments.

— Cette fois, me dis-je, j'appartiens à l'Enseignement officiel, je dois réussir ; j'aurais tort de ne rien tenter.

Il y a 11 ans, disais-je, j'exposais cette même planchette et la méthode qui l'accompagne.

Quoique n'ayant pu réussir depuis cette époque à la faire accepter dans l'Enseignement officiel, je n'en persiste pas moins — comme doit le faire tout homme convaincu — à me présenter de nouveau devant un jury d'exposition, persuadé que ma persévérance éveillera l'attention des hommes compétents et ne passera pas inaperçue.

Depuis la dernière Exposition universelle (1878) je n'avais plus paru dans aucune exposition quelconque, je préférai attendre qu'une sérieuse pratique acquise dans l'Université me mit à même d'améliorer et de simplifier encore mon système déjà récompensé par une médaille d'or en 1878... Ne voyant rien arriver je me décide à écrire.

Autant le dire de suite : ma demande avait été élimi-
née. Pourquoi ?

Voici ce que m'écrit M. Gay, secrétaire de la classe VII,
lorsque j'ai réclamé ma place :

« Monsieur,

» M. Gréard, président du groupe, vient de me renvoyer la réclamation que vous lui avez adressée le
10 avril 1889. Après avoir fait les recherches nécessaires.

» J'ai l'honneur de vous informer que votre demande
d'exposer n'est pas parvenue à la classe VII que d'ailleurs
elle ne concernait pas ; puisqu'il s'agit du dessin qui a
une exposition spéciale, c'est à M. Guillaume, président
de l'exposition du dessin, ou à M. Crost, chef de bureau
aux Beaux-Arts que vous devez adresser votre réclamation.

» Veuillez agréer, etc.

» F. GAY. »

Je vais à Paris exprès pour cela ; je suis renvoyé de
bureau en bureau et... finalement je n'avais pas été
accepté. — Pourquoi ?...

Qu'est-ce que tout cela voulait encore dire ?

J'en eus l'explication à la suite d'une lettre que j'écrivis à M. B... en lequel j'avais confiance pour me remplacer et faire les démarches nécessaires.

Voici ce qu'il me répond.

« MM. les docteurs de toutes les Académies ne
s'abaissent pas à répondre aux réclamations d'un commun mortel, ce sont ces Messieurs qui ont dû prendre
en considération ou rejeter les demandes d'admission
dans votre classe.

» B... »

Et, en effet, je n'étais pas admis......

J'en étais donc encore pour ma peine : expliquez-vous
ce refus ?

Voilà comment tout est pour le mieux dans le meilleur de ce monde soi-disant possible... mais, *chose bonne à signaler*, pour le soutien de ma thèse Étatiste, c'est que ce nouvel échec ne m'ôtait pas au moins le pain de la bouche : j'en fus froissé un moment, mais ce fut tout.

Et je me disais, convaincu : Voilà ce qui arriverait peut-être avec l'Étatisme, mais ce ne serait pas au moins une question de vie ou de mort.

Recommencerai-je en 1900 ? Est-ce bien la peine ?... Rien n'est encore changé... (1).

Nous approchions de l'ouverture de l'Exposition, mon jeune docteur me dit :

— Je recevrai du monde, l'année prochaine. Et mes tableaux ? Il faut s'exécuter, Lepage. Quel paresseux vous faites.

Le fait est que j'étais un peu honteux : Il me donnait du meilleur cœur ses soins quand j'en avais besoin ; il avait soigné ma femme ; je lui devais bien cela...

Il n'a pas perdu pour attendre : je lui fis six grands et beaux fusains sur toile, représentant ce que j'avais le plus remarqué en Suisse : grotte, chute, fond du lac, mer de glace, chemin de fer funiculaire ; j'avais bien rempli ma tâche.

M. Feron était avancé. D'abord conseiller municipal, il était depuis quelque temps conseiller général et maire; les succès rapides du jeune journaliste enthousiasmaient mon jeune ami le docteur qui, de son côté, réussissait à merveille.

— *Audaces Fortuna Juvat.* J'ai raison, monsieur Lepage, tout le prouve. Voyez Feron. C'est un garçon qui ira loin, me disait-il.

— Je le lui ai prédit, lui dis-je. Il est du reste charmant homme.

— Pas utopiste du tout, ajouta-t-il malicieusement.

— Oui, mais très adroit, répondis-je sur le même ton.

— Allons, mon cher Lepage, plus ça va, plus nous nous séparons d'idées.

(1) Ce qui me faisait de la peine c'était de voir qu'un travail que j'ai expérimenté moi-même, et appuyé par des hommes compétents, soit enterré... on ne sait pourquoi.

— Je n'ai jamais changé.

— Oh! que voulez-vous? moi je deviens bourgeois!... regardez : mon ventre s'arrondit...

— Tout le monde n'a pas votre chance, mon cher docteur. « Il y en a beaucoup qui souffrent de vivre ; la lutte est vraiment trop forte pour d'aucuns. »

.— C'est qu'ils le veulent bien : « le soleil luit pour tout le monde. »

— Oui, mais tout le monde n'a pas la chance; si encore dans le jeu de la vie il n'y avait pas de cartes biseautées !...

— Toujours le même !...

— Que voulez-vous, mon bon ami ; vous avez toujours été heureux, vous ne pouvez pas savoir ce que c'est que d'être poursuivi par la guigne.

— Allons! allons! oiseau de mauvais augure... au revoir !

Et il partait, sans relâche pour ses tournées de visite, car je suis heureux de lui rendre cette justice, *c'était un infatigable.*

On se rappelle comment je l'ai connu au Mans, franc-tireur de l'Hérault : jeune homme il me plaisait, il m'in-téressait par son charmant caractère; j'étais arrivé à l'aimer comme un fils. Homme mûr, quand il me disait : « plus ça va, plus nous nous séparons d'idées, » j'en concevais un vrai chagrin. Ce n'est pas en politique, me disais-je, que nous nous séparons — il ne s'en était ja-mais occupé bien sérieusement — mais c'est sur la ma-nière d'être, dans la conduite de la vie...

Je voyais bien que je finissais par le gêner... Il ne m'aurait jamais fermé sa porte, bien certainement, mais je m'apercevais d'un changement dans son allure; sans m'éviter il ne me recherchait plus. Sa femme n'était pas de même; elle paraissait contente lorsque j'allais lui rendre visite.

— On ne vous voit plus, monsieur Lepage, me disait-elle.

— Dame ! votre mari est bien occupé, je venais au-trefois beaucoup pour lui, vous savez combien il se plai-sait à nos conversations ; aujourd'hui ses grr...andes

occupations l'absorbent. J'en suis heureux, pour lui !...
Père de deux enfants, il faut qu'il songe à l'avenir et je
crois que vous n'avez pas à vous plaindre ; la fortune
vous favorise...

— Ah ! monsieur Lepage, vous croyez ? « Tout ce qui
brille n'est pas or » me dit-elle en riant.

— Allons ! allons ! plaignez-vous... « Nouer les bouts,
nouer les bouts, » vous rappelez-vous lorsque votre mari
me disait cela à Paris, quand un peu soucieux, il ne
voyait pas très clair dans l'avenir.

— C'est vrai que mon mari gagne beaucoup d'argent.
Mais il faut tant en dépenser... qu'en somme on ne fait
guère que nouer toujours les bouts.

— Oui, lui disais-je, c'est un des inconvénients de
notre système social... *l'argent attire l'argent.*

— S'il n'y avait que cet inconvénient ! me dit-elle.
Mais voyez, monsieur Lepage, — je puis bien vous dire
cela à vous, qui êtes un vieil ami de la maison. — Eh
bien, je suis tourmentée ; je ne sais comment retenir
mon mari à la maison ; il semble que son pavé lui brûle
les pieds, il court toujours, il est toujours parti.

— Son métier, malheureusement, le veut.

— Oh ! ne dites pas cela, monsieur Lepage. J'étais
bien plus heureuse quand nous passions (vous rappelez-
vous) nos soirées ensemble avec Mme Lepage. Au moins
là je sentais les bienfaits de l'amitié, de la famille. Ah !
je regrette bien ce temps-là...

— Le docteur est un excellent garçon, lui dis-je ; il
ne vous en aime pas moins, il adore ses enfants, trop
peut-être jusqu'à les gâter, mais enfin tout cela ne cons-
titue pas de grands malheurs...

— Vous l'attiriez un moment, me dit-elle soucieuse...
mais maintenant c'est fini... la maison a pris une toute
autre allure ; le calme de l'amitié a fait place au bruyant
éclat du monde ; je sais bien qu'il faut se faire des connaissances : on ne fait rien de ses enfants et on n'arrive
à rien lorsqu'on ne connaît personne. N'est-ce pas ?

— Remarquez, Madame, que je ne le blâme pas, ce
pauvre ami. Je constate son entraînement, je sais qu'il
n'eût réussi qu'à végéter s'il ne s'y fut pas pris comme

cela quel que soit son mérite. Mais, n'est-ce pas triste de sacrifier ce qu'on a de plus cher, *sa liberté morale*, pour se faire une position sociale.

— Oh! monsieur Lepage, c'est ce que je lui dis quelquefois... Savez-vous ce qu'il me répond — tirant de sa poche une poignée de pièces de cent sous : « *La voilà la liberté !* » et, confiant dans sa bonne fortune, dame! il va hardiment.

...Mais je vais changer de tactique, me dit-elle ; puisqu'il n'y a pas moyen de faire des économies, je suis encore jeune, je veux au moins jouir des avantages de la fortune, et puisque je ne peux aller où va mon mari avec ses amis, je recevrai ses amis tout aussi bien que le font les autres ; j'aurai surtout gagné — et c'est à cela que je tiens le plus — d'avoir mon mari plus souvent près de moi. Que pensez-vous de cette idée, monsieur Lepage ?...

— Je reconnais bien là la femme, lui dis-je, et je ne l'en blâme pas : « *Retenir son mari à la maison* »; — si vous avez un bon moyen, lui dis-je, vous faites bien de l'employer.

Le docteur aimait beaucoup sa femme; il devait lui céder; nous le verrons plus tard.

« Voilà un brave garçon qui entre dans la lutte sociale, comme moi « prolétaire ». Il a été élevé, comme il me le disait souvent, par un brave ouvrier parvenu au patronat. Son père était entrepreneur de serrurerie. Mais il avait des idées tout autres que le mien. Il disait : Je n'aurai peut-être pas assez de fortune à laisser à mes enfants, mais je vais leur laisser quelque chose qui pourra les y conduire, *l'Instruction*. Il ne leur donna pas un métier manuel, il en fit des bacheliers, c'était devenu traditionnel dans la famille; le père mourut jeune et le frère aîné continua la même route pour son frère cadet, et les deux premiers ensemble pour le troisième : cette union dans cette famille m'avait toujours touché. Il y en avait si peu dans la mienne. Souvent ce pauvre ami me disait, en me parlant de ses enfants :

— Je pense comme mon père, j'en ferai des *schavants* comme disent les paysans, je hais l'avarice, je veux jouir de la vie pendant que je suis jeune, s'il en reste ils le trouveront ; mais l'instruction, ça je leur en donnerai autant qu'ils pourront en assimiler !...

« Le père de mon jeune docteur avait été plus clairvoyant que le mien sur l'esprit de son siècle, il avait deviné le règne du Mandarinat, les parchemins de la nouvelle noblesse. Il ne s'était pas trompé... mais, une chose qui lui avait échappé et qui n'avait pas échappé au mien, c'est que si la fortune s'ouvrait de ce côté... le népotisme, le favoritisme corrupteur ne serait pas précisément une excellente hygiène pour les âmes. Mon jeune ami était ce qu'on est convenu d'appeler un sceptique. Il ne croyait pas à grand'chose, le fatalisme dirigeait sa vie...

Quand je l'ai connu franc-tireur, il sortait bachelier du collège ; les idées que ses études philosophiques lui avait laissées ne le portaient déjà point vers l'idéalisme ; il trouvait mes théories trop vagues, le socialisme à ce moment du reste n'occupait pas comme aujourd'hui les cerveaux.

Il avait une sœur très dévote ; son frère aîné n'était point non plus irréligieux.

Si j'entre dans tous ces détails de la vie d'un ami, c'est que je veux montrer que, dans notre belle organisation sociale, de quelque côté que se tourne l'*honnête prolétaire*, — qu'il réagisse ou non contre son temps — il ne peut qu'être victime. Car, n'est-ce pas une vraie torture que la vie de ce courageux garçon, aux prises avec les difficultés continuelles du moment ? Il faut l'avoir connu dans son intimité pour deviner ce qu'il souffrait. De tous ses amis du monde, dans tous les rangs de la société, — et ils étaient nombreux, — aucun ne pouvait en avoir le soupçon ; son humeur joviale et le courage qu'il mettait à s'étourdir cachaient, même à sa femme, même à ses intimes, le trouble de son cœur ; moi seul qui l'avait connu jeune le devinait... et j'en étais affligé.

Au cours de mes conversations avec son excellente dame, souvent il nous arrivait de faire une comparaison entre son mari et un jeune médecin établi à peu près en même temps que lui dans notre ville et ayant de la fortune, c'est-à-dire pouvant attendre que sa clientèle se fasse : Voilà deux médecins qui débutaient ensemble.

— Ce que c'est, me disait-elle, que la fortune. Mon pauvre mari, heureusement d'une bonne santé, se tue pour arriver... Son collègue, calme, pouvant attendre, pouvant faire un choix dans sa clientèle sans en souffrir, se consolide tout doucement.

— Il ne faut pas, lui disais-je, vous arrêter à cela, Madame : Quand on réussit !...

Nous entrions en 1889. Le docteur recevait beaucoup de monde ; il ne m'invitait plus que très rarement (c'était bien marqué sur ses habitudes d'autrefois). Sa femme disait :

— Il ne faut voir là rien de fâcheux ; c'est une toute autre vie qu'au commencement de son établissement ; M. C... et sa femme, qu'il aime beaucoup vous savez... c'est la même chose : Position oblige...

« Les sentiments ne vont pas avec le monde, me disais-je... j'avais beaucoup de mal à me faire à cette idée... »

M. Feron était devenu le grand ami de la maison.

On parlait de députation. Le docteur mettait souvent sa voiture au service de son ami pour les tournées électorales de ce dernier.

Un jour que j'allais lui rendre visite, j'arrivai juste au moment du déjeûner : je le trouve entouré de plusieurs amis. M. Féron y était. Il me dit :

— Voulez-vous prendre le café ?...

Et il me présenta à M. X..., médecin des environs :

— Je vous présente un de mes bons amis, M. Lepage, dit le docteur à son collègue. C'est lui, un artiste de Paris, qui m'a fait ces fusains que vous vouliez bien admirer il y a un moment... Je suis heureux de vous le faire connaître .. M. Lepage est également peintre, il pourrait orner votre salon, où vous avez déjà tant de choses intéressantes.

J'en étais ébouriffé... Que s'était-il donc passé ?... Sur ce, M. X... m'invite à déjeûner chez lui et, le surlendemain, M. Féron, le docteur, sa dame et moi, nous

nous rendions à l'invitation gracieuse de M. X..., emportés dans la voiture de mon jeune docteur.

Un déjeûner très bien servi nous attendait.

Il y avait longtemps que je ne m'étais rencontré avec M. Féron, on causa et, comme il arrive toujours, surtout à l'approche d'élections, on causa politique.

Je me rappelle que nous eûmes à table une prise de bec qui n'a pas échappé au docteur X... notre hôte. Il s'agissait de l'attitude des hommes du 4 septembre en face de la Commune... de Victor Hugo, de ses *Châtiments*, de l'*Année terrible*, etc...

Boulanger, qui ne m'a jamais trompé, mais qui en exaltait beaucoup à ce moment, n'était pas encore entré dans la mauvaise période, il n'eut pas fallu dire ouvertement son opinion sans blesser quelquefois quelqu'un.

Rapprochant tous ces événements qui cachaient tant de déceptions, pour beaucoup de nos hommes politiques dont les allures m'avaient toujours semblé louches, je disais :

— A mesure que nous avançons, ce jugement terrible d'Hugo sur Napoléon III perd de sa force ; bientôt, je le crains, la République *bourgeoise de Gambetta* prouvera que la politique suivie depuis Louis-Philippe, se continuant sous l'Empire, est encore en vigueur aujourd'hui... et je crains que le peuple, devenu clairvoyant, ou las ne s'aperçoive que la forme gouvernementale (République, Monarchie ou Empire) n'est pour rien dans les réformes. Je crains qu'il ne s'aperçoive que le mal est dans les hommes, qu'il perde confiance dans leur amélioration et que ce scepticisme fasse naître l'indifférence, l'avachissement, la veulerie jusqu'à compromettre la République comme étant le principe gouvernemental le plus propre à favoriser la mauvaise nature des hommes. « Hélas ! pourquoi ces tristes pressentiments se sont-ils réalisés ?... Pourquoi la République n'a-t-elle pas prouvé davantage ?...

— Alors, vous admettriez, dit Féron, qu'Hugo, par ses *Châtiments*, savourait une vengeance personnelle ?

— Je ne dis pas cela : Je dis que les ennemis de la République pourront le dire. Les républicains, du reste, n'ont qu'une chose à faire, c'est de prouver, par leur honnêteté, qu'ils ne sont pas animés, — comme on l'était sous l'Empire, — par la vénalité et la corruption...

— Rien, monsieur Lepage, ne justifie vos dires, me répond-il. Vous êtes pessimiste.

Il est jeune, me disais-je; que de déceptions l'attendent. Il y avait bien en ce moment Wilson sur la sellette mais... peut-on pour un galeux condamner tout le troupeau... m'aurait-on répondu.

— Vous l'arrangez bien, Victor Hugo, me dit Féron; moi qui étais habitué à le regarder presque comme un demi-dieu (sic).

— Le poète, souvent socialiste à ses heures, est bien supérieur à l'homme politique, lui dis-je.

Cette conversation ne plaisait pas à mon jeune ami le docteur.

— Parlez donc Arts, monsieur Lepage, dit-il; pour ces dames ce sera plus intéressant... Allons! montrez-vous aimable...

Et la conversation roula sur l'Exposition; chacun dit son mot. Lorsqu'on se leva de table, notre hôte me dit:

— C'est égal, vous vous êtes bien défendu: Il faudra que nous reprenions ce chapitre ensemble... Je ne me suis jamais rendu un compte bien exact de ce que l'on entend par socialisme, communisme, collectivisme, etc.

Hélas! je crois qu'il n'était pas le seul...

CHAPITRE III

UNE CURIEUSE RENCONTRE

Les grandes Expositions donnent l'occasion de se rencontrer. Il faut que je vous remette en connaissance avec un personnage qui a joué, à l'origine de mes luttes, un rôle d'une certaine importance ; c'est Joseph-Ferdinand Bernard, le ténor qui voulait me lancer dans le théâtre, l'inventeur de la gymnastique pulmonaire, auteur d'autres ouvrages qui dépeignent très bien son caractère typique. Il y avait presque cinquante ans que l'on ne s'était parlé sérieusement ; deux ou trois entrevues insignifiantes, très espacées, juste assez pour qu'on ne se fût pas perdu entièrement de vue, nous avaient conduits jusque-là. Je me rendais à Paris pour ma méthode.

— Mon vieux camarade de collège ! mon vieil ami d'enfance ! Quel hasard te met sur ma route ? me dit-il en m'accostant. Tel que tu me vois, j'ai parcouru presque toute l'Europe, en vrai bohème ; tu sais, je suis persévérant, ce que j'ai voulu je le veux encore. Mais quelle belle tête de vieillard tu as !...

Je fis peu attention à cette dernière exclamation, il était très idéaliste. Il me dit :

— Entrons donc quelque part (nous étions aux abords de l'Exposition), nous devons en avoir une bavette à tailler ? hein ! mon pauvre vieux.

Bernard avait dix-huit mois de plus que moi.

— Mon cher, continua-il, j'ai la voix aussi fraîche
que lorsque nous chantions dans la chesnaie du Hâvre :
tu te rappelles Mme Fortier? Ah! mon cher ami, tu
serais aujourd'hui retraité du Théâtre-Français si tu
avais voulu !

— Et toi, lui dis-je, pourquoi n'es-tu pas arrivé à
l'Opéra? puisque tu as toujours chanté...

— Mon cher, ce qui m'a tué c'est le café-chantant :
Il fallait bien manger.

Encore un prolétaire, me disais-je.

Bernard avait une voix superbe et un vrai talent de
comédien... Il l'a prouvé sur plusieurs théâtres : Tou-
louse, Montpellier, Bordeaux, Bruxelles ; j'ai lu pas
mal d'articles élogieux sur son talent. Mais son rêve
était l'*Opéra-Français*. Il y vit réussir Poultier,
Renard (1), qu'il avait connus comme moi au Hâvre, à
Rouen, où ils travaillaient dans les mêmes ateliers que
nous.

— Ils sont arrivés d'emblée, me disait-il. Moi, je viens
de te le dire j'ai été tué par le café-chantant.

— Eh bien ! qu'est-ce que tu fais, à présent ?

— Je raccommode les soufflets détraqués des gros
ventres.

— Qu'est-ce que c'est que cela ?

— Tiens ! lis cela, je te donnerai des explications
après.

Et il me remit un papier.

— Veux-tu que je te le chante, ajouta-t-il.

— Si tu veux, entrons dans un caboulot autour de
l'Exposition, il entonna :

BALLADE DU POUMON

Premier Couplet

Dans ce siècle de poitrinaires
J'enseigne l'art de respirer.

(1) Poultier, devenu ténor de l'Opéra, avait été tonnelier.
Renard avait été fondeur chez mon père.

Peu d'hommes savent s'en tirer.
Soufflez, soufflons, mes très chers frères.
Riches, je ris de vos écus.
Moins forts que le mal qui vous mine
Vos deux poumons n'en peuvent plus ;
J'en ai deux bons dans ma poitrine (1).
Et dig, ding, don (bis)
Rostchild peut manquer de poumon.

Deuxième Couplet

Pourquoi tousser ma belle dame,
— J'entends votre gorge siffler, —
Venez donc apprendre à souffler
Ou vous risquez de perdre l'âme.
Nains ou géants, petits ou forts,
On n'est bon que lorsqu'on respire.
Sachons conserver nos ressorts
C'est toujours trop tôt qu'on expire !
Et dig, ding, don (bis)
Hercule n'est rien sans poumon.

Troisième Couplet

Un pauvre abbé huile son prêche,
Un chanteur crée un opéra.
Sur quarante hommes on verra
Que trente-neuf ont la voix rêche.
Je pourrais faire cent croquis
De gens riches dont la voix s'efface
Toussez, barons ! Crachez, marquis !
C'est votre soufflet qui se casse.
Et dig, ding, don (bis)
Un trône vaut moins qu'un poumon !

Quatrième Couplet

Je ne cacherai jamais comme
Un vil baudet, affreux et roux,

(1) Je crois avoir déjà dit que ce pauvre ami était dans son enfance et presque à trente ans encore, rachitique ; on ne lui eut pas donné une année à vivre, maigre et jaune il faisait pitié... Je le retrouvais frais et rose à 66 ans, sans cheveux blancs à peine, bien bâti, plus fort que moi. Il me faisait l'effet d'un ressuscité. Il attribuait cela à la gymnastique pulmonaire dont il est vraiment l'inventeur ; j'en suis témoin : je lui ai vu faire des exercices extraordinaires sur lui-même pour atteindre ce qu'il appelait la respiration à fond, le développement complet du diaphragme.

Sait respirer bien mieux que nous :
Parfois la bête en montre à l'homme,
Et bien, ayons l'esprit des sots
Et, pour nous passer de tisane,
Abreuvons d'air pur nos vaisseaux
Et soufflons aussi bien que l'âne.
Et dig, ding, don (*bis*)
L'air a un bon pou non.

Cinquième Couplet

Elèves que j'attends encore,
Etres frêles en pamoison,
Vous aurez après ma leçon
Une poitrine de centaure.
Fillette au sein étouffé,
Jeunes gens à l'aspect étique.
Accourez que je vous explique
Comment un crevé se refait :
Tas de dindons (*bis*)
Entendez souffler mes poumons.

JOSEPH FERDINAND BERNARD.

— Bravo ! crièrent autour de nous quelques auditeurs.

Dans une salle à côté, se trouvait un individu qui
avait entendu chanter cela à Genève. Il avait
reconnu Bernard, mais il attendit la fin pour se
montrer. A notre grand étonnement, c'était Randon, le
spirituel dessinateur de troubades, encore un vieux
copain...

— Tiens ! dit-il, Bernard ! Lepage ! Ah ça ! c'est donc
le rendez-vous des vieux éclopés de la bohème impériale
ici ?...

Il était accompagné de Picchio, auteur du tableau de
la mort de Baudin sur les barricades.

Il y avait au moins 20 ans qu'on ne s'était pas vus.

— Allons déjeuner, dit Randon, il faut fêter cette
rencontre, c'est moi qui paie.

Nous prîmes une voiture et nous voilà partis à un
restaurant habituel de Randon, faubourg Montmartre.
Nous repassâmes, les uns après les autres, en revue les
artistes de notre temps, E. Morin, G. Doré, Collette,

Gille, etc., vieux camarades dont beaucoup manquaient à l'appel. Au dessert, Randon me dit en riant :

— Je vais te donner un souvenir, deux, même, car, tu ne le sais peut-être pas, mais je suis poète à mes heures...

— C'est donc une maladie, dis-je.

Il demande une plume et un encrier, tira un papier écrit de son portefeuille et dessina une tête d'orang-outang, faisant allusion à la voix de Bernard qui n'avait point perdu de son ampleur. Il écrivit au-dessous :

« Il en est de l'humanité comme de la voix de notre ami Bernard ; pour la bien apprécier, il faut être éloigné. »

(Lorsqu'il chantait, les oreilles vibraient.)

— Toujours philosophe et rempli d'humeur, mon cher Randon, lui dis-je.

— Lis cela, me dit-il, tu en jugeras : J'ai fait cela pour mes enfants, Alice et Léon.

Octobre 1889.

LA CONSCIENCE

Il est un bien que l'or ni la puissance
Du monde entier ne sauraient nous ravir.
Souffle divin : C'est notre conscience,
Force du faible, armure du martyr.
Vil qui la vend, infâme qui l'achète,
D'un tel marché la honte est le lien.
Ah ! mes enfants, qu'il est bon d'être honnête,
C'est si facile, et puis on dort si bien.

Conseiller sûr, à toute âme accessible,
Et qui ne sait ni flatter ni mentir
La conscience est un juge infaillible
Que rien ne peut corrompre ni fléchir.
Dans votre for, quand la lumière est faite,
Les yeux fermés, marchez sans craindre rien.
Oh ! qu'avec elle il est bon d'être honnête,
C'est si facile, et puis on dort si bien.

Du code on a fait un monstrueux livre,
Dont l'esprit droit demeure épouvanté.
La simple loi que chacun devrait suivre
Tient en deux mots : Justice, Vérité.
Oui, tout est là ; nul besoin d'interprète
Pour définir et le mien et le tien.
Sans procureurs qu'il est bon d'être honnête,
C'est si facile, et puis l'on dort si bien.

Pouvoir de l'or, corruption suprême !
Le crime heureux, quitte à les gorger d'or,
Par la Justice et par l'Eglise même,
Fait saluer Cartouche Imperator.
D'un peuple, ainsi, l'essort viril s'arrête
Dès qu'il n'a plus la vertu pour soutien.
Que pauvre et libre il est bon d'être honnête
C'est si facile, et puis on dort si bien.

De l'être humain, instinctive prière,
Quand le regard dans l'infini du ciel
Cherche celui dont la nature entière
Est à la fois et le temple et l'autel,
Pourquoi veut-on que sa foi s'inquiète
Des errements du Juif ou du Chrétien ;
Qu'importe, enfants ; pourvu qu'on soit honnête,
C'est l'essentiel, tout le reste n'est rien.

A C. Lerage, souvenir amical.

G. Randon. 23 mai 89.

— C'est encore de l'actualité, lui dis-je...

Nous étions là quatre vieux débris d'une petite phalange d'artistes qui ont vécu comme il ont pu de leur talent naturel... Les uns, G. Doré, Gille, Randon, Ed. Morin ont conquis une renommée ; les autres, moins heureux, se sont débattus contre la misère, quelques-uns sont tombés dans la bohème comme l'ami Bernard ; d'autres dans la vie politique, devenus socialistes comme Piccho et votre serviteur... De tous ceux-là, il ne reste au monde, au moment où j'en suis de mon récit (1897), que moi et Bernard, qui est marié et a comme moi une fille.

Bernard court toujours après la fortune. Il a foi en elle ; en attendant, comme il a connu beaucoup d'artistes en renom, il organise de temps à autre des conférences à son bénéfice ; il est très pratique comme vous voyez ; là, il chante encore et développe sa méthode de gymnastique pulmonaire, la pratiquant sans cesse.

« Ce qu'il y a de certain, c'est — je l'ai déjà dit — que l'ayant connu chétif et malingre, il se porte aujourd'hui bien mieux que moi. »

Dites maintenant que les Expositions ne servent pas à quelque chose. A mon retour de Paris, je vais voir mon docteur. Nous approchions des vacances, on se préparait pour l'élection d'un député.

Le nom de M. Feron était dans toutes les bouches ; son concurrent était un M. Attaron, ancien officier ministériel ; pour tout le monde son élection était sûre, M. Attaron étant peu aimé.

Mon jeune ami, le docteur, arrivait de l'Exposition universelle. Il revenait émerveillé et nous passait son enthousiasme... La Tour Eiffel, le Palais des Machines, les Fontaines lumineuses, l'embrasement de la Tour, etc., etc.

— C'était un véritable enchantement, nous disait-il.

Si bien que je ne voyais pas arriver les vacances pour jouir de toutes ces merveilles.

Sa femme me dit :

— Nous allons encore avoir besoin de votre talent, monsieur Lepage. Nous allons meubler un salon ; il nous faudra des tableaux...

— Un salon ? lui dis-je.

Oui (Puis tout bas, en *riant*) : Nous allons recevoir !...

— Ah ! bien...

Je me rappelais ce qu'elle m'avait dit : « Elle mûrit son projet, me dis-je. »

— Ce que femme veut, Dieu le veut, dit-on. Vous êtes arrivée à vos fins, mais... ça ne changera pas grand'chose ?

— J'en jouirai toujours, dit–elle.

— Allons... lui répondis-je, pour vous et vos enfants, je souhaite que les amis de la fortune vaillent plus, pour votre bonheur à tous, que les amis de la pauvreté.

— Monsieur Lepage ! me dit-elle. Et elle me rappelait

Paris, le temps où je trouvais encore mon écolier de
Salerne, mon sceptique et vaillant petit franc-tireur. Et
elle soupirait... en pensant à ses rêves de jeune fille !...

— Ma foi, dit-elle, j'ai pris mon parti... je ferai
comme lui, je vivrai de la même vie.

Et, revenant à son salon :

— Vous me promettez des peintures ?

— Oui ! oui !...

« Je le demande à tous les partisans de l'individualisme : Qu'est-ce qu'ils attendent d'un système financier
mis à l'épreuve depuis un siècle, qui n'a engendré pour
le plus grand nombre que misère, et pour tous un foyer
de corruption où les meilleurs cœurs, devant l'impossibilité où ils sont d'arriver à se faire une position sociale,
entrant en composition avec leur conscience, sont
obligés d'écarter leurs véritables amis, comme étant une
gêne à leur propre réussite ? »

C'est ainsi que je vis de plus en plus mon jeune ami
s'éloigner de moi...

Dois-je quitter ainsi la partie ? me disais-je... Non !
je trouverai l'occasion de me rapprocher.

Je travaillai donc aux tableaux promis ; j'en fis quatre.
Le salon se meublait ; peintres, tapissiers, ébénistes, etc.,
tout était en branle... Enfin, voilà le fameux salon
terminé : On l'étrenna, mais je n'y étais pas ; les
nouveaux amis avaient pris la place. Le docteur fit
bien : Quelle figure aurais-je fait au milieu de tous ces
parvenus... qui vous classent selon la fortune qu'ils
vous supposent ?

Le lendemain, tout guilleret, mon jeune ami me dit :

— Je ne suis pas de ceux que la fortune change.
Vous serez toujours mon ami.

— Je le crois, lui répondis-je ; mais je me trouverais
bien triste... si je devenais *un ami gênant*.

J'en étais sur ces tristes réflexions : un vulgaire,
témoin de ma disposition d'esprit à ce moment, les
aurait certainement prises pour de la jalousie : c'est un
grincheux, aurait-il dit, il est vexé parce qu'il n'a pas
réussi. Mais vous qui me connaissez, mon cher monsieur
Paul, vous n'y voyez que la douleur de voir un jeune

ami, que je regardais comme un fils, égaré peut-être sans ressource. « J'entends la galerie dire : Egaré ! parce qu'on cherche à se créer par soi-même une situation, un confortable. Ne riez pas, jeunes gens, de cette fin de siècle, les vieux voient plus clair que vous. »

Nous approchions de la Noël. Le docteur avait l'habitude de réunir, ce jour-là, les professeurs de ses enfants ; on faisait réveillon en mangeant l'oie...

— Nous n'irons pas au salon, m'avait dit Madame, c'est une réception d'amis, comme en famille.

— Vous nous honorez, lui dis-je en riant : Ainsi on est plus près du cœur et nous autres, pauvres prolétaires, nous aimons mieux cela.

Nous voilà tous réunis. Le maire, ami de la maison, y était ; je m'attendais aussi à y voir M. Feron, député depuis peu, mais il n'était pas là. Le repas n'eut pas la gaieté d'habitude ; on ne chanta pas. En outre une chose fâcheuse me navra.

La conversation tomba sur les funestes effets des enfants gâtés. Un professeur présenta notre rôle d'éducateur sous le jour, malheureusement trop vrai, de notre situation délicate en face des parents des enfants lorsqu'ils vous les confient. Je vis bien que cette conversation gênait mon ami. Il se leva et alla chercher dans sa bibliothèque un livre traitant des questions d'hypnotisme.

— Il faut que je vous lise ceci, mon cher Lepage.

Et il lut... moi seul voyais clair dans ce qui se passait dans l'esprit de mon ami...

La vérité est souvent dure à entendre : Ce pauvre ami cherche à s'étourdir ; les autres ne voient pas cela.

Le lendemain ou surlendemain, je lui fis visite ; il venait d'être pris par l'influenza.

— Ne restez pas ici, me dit-il, nous sommes tous pris. On ne se doutait pas, à ce moment, que l'influenza était une maladie aussi pernicieuse dans ses suites.

Quelques jours après, j'appris qu'il était grièvement malade.

Je cours chez lui et demande à le voir.

— Impossible ! me dit la bonne. Il ne pénètre auprès de lui que sa femme et le médecin.

J'insistai parce qu'il m'avait semblé voir du monde entrer. Ma foi, je force la consigne. Grâce à cela, j'ai pu le voir encore une fois avant qu'il ne meure ! Son jeune collègue, celui qui débutait en même temps que lui était bien auprès de lui... mais autour étaient le député, le maire, quelques gros commerçants, industriels de la ville. Je ne dis pas que ces Messieurs n'étaient pas des amis, mais le vieil ami... n'était-il donc plus rien !...

Mon pauvre ami, bien malade, était encore en pleine connaissance.

— « Il ne manquait plus que ça », dit-il en me voyant.

Je sais bien qu'à ces moments, les mots perdent de leur signification ; malgré cela, il me firent froid...

Le médecin qui le soignait était en train de lui faire des pointes feu. Mon pauvre ami criait !

— Mais vous me faites mal, disait-il.

— Il le faut bien disait le médecin.

Mon jeune ami me regardait toujours... Il me faisait peine. J'aurais voulu pouvoir lui serrer la main mais je vis bien que je n'avais plus rien à faire là... et je m'enfuis le cœur *douloureusement étreint*...

Le lendemain, j'appris dans la ville qu'il était mort dans la nuit.

Sa pauvre femme, que la douleur suffoquait, ne me vit même pas. Elle put croire à une grande indifférence de ma part. Mais, me disais-je, si ce malheur était arrivé trois ans plutôt, je n'aurais pas été obligé de forcer la porte.

Le frère aîné du docteur, qui ne pouvait contenir sa douleur, me disait :

— Vous avez été un vrai ami pour mon pauvre frère ; malheureusement il ne vous a pas écouté plus que nous.

— Etait-ce sa faute ?...

Je l'ai connu intimement moi, il se violentait. Il s'apercevait bien que le parti qu'il avait pris le conduisait sur une route qu'il n'aurait pas dû suivre. Mais il était engrené, il appartenait à *notre fatale société, mort ou vif...*

Il y eut de beaux discours sur sa tombe ; moi, vieux philosophe, je ne fis qu'une prière, connaissant tout le vide de ces grandes manifestations.

Ainsi finit l'existence d'un des hommes que j'ai le plus aimé.

Je ne sais si vous voyez comme moi, mon cher monsieur Paul, mais il y a encore dans cette existence que je n'ai fait qu'effleurer, — à cause de bien des raisons que vous comprenez, — une victime de l'Individualisme à outrance, de l'or, de l'or ; et il se tuait pour en gagner... Ironie des choses. Et pour en gagner il en dépensait peut-être plus encore, c'est à cette condition seule qu'il pouvait lutter...il avait pourtant une santé robuste ; mais, qui peut résister à pareille épreuve ?...

Je suis heureux de le dire en passant : Il était honnête homme ; la rouerie ne le connut pas... On ne pourrait pas en dire autant de tout le monde.

Si je me suis aussi longuement étendu sur la vie de ce cher ami, c'est qu'elle offre un contraste complet avec la mienne.

Que d'existences j'ai vu se briser sur les écueils placés à plaisir sur la route des braves pour les faire succomber !... Honneur au courage malheureux !...

CHAPITRE IV

VOIE OUVERTE AU SOCIALISME

On était en 1890, en janvier ; Boulanger venait d'être écrasé et devait, lui aussi, subir le sort de tous ceux qui, voulant tenter la fortune, ne sont pas assez gredins pour la braver envers et contre tout.

Sur cette route, comme le disait Sardony, il ne faut pas être arrêté par l'obstacle : Vous avez pu le reconnaître, cher monsieur Paul, et vous le vérifierez encore à la première occasion...

On entendait dire de tous côté : La République l'a parée belle ; tous les mécontents se sont unis du côté de Boulanger... Les élections de 1889 ouvraient une nouvelle voie. On avait réussi encore cette fois à parer le coup de la réaction, mais gare, gare que le flot des mécontents ne monte ! ne monte toujours !...

Nous entrions donc dans une voie qu'on ne connaissait pas encore : La tiédeur des ministres se succédant à brèves échéance, leur impossibilité à gagner la confiance des Parlements, quelques trahisons, quelques vilains trafics... avaient fait perdre beaucoup de la confiance... dans le régime républicain. Les césariens et les royalistes relevaient plus que jamais la tête... et se préparaient déjà pour les batailles électorales de l'avenir.

On entendait dire tout autour de soi : C'est toujours la même chose... Il n'y a rien à faire... République,

Monarchie, Empire... c'est kif, kif... Le *je m'en f...*
commençait, gagnait les meilleurs esprits...

Les hommes du 4 septembre apparaissaient comme
des roublards... ayant exploité avec adresse « l'ôte toi
de là que je m'y mette... » Ils ont fait de la République
leur chose, disait-on, et cette chose leur échappera des
mains comme il est arrivé à la royauté, à l'empire ; ce
n'est qu'une question de les user...

Et les violents comptaient sur ce trouble des esprits
pour préparer un nouveau coup d'Etat. Le peuple ne
veille pas ! disaient-ils ; le moment est propice. Marchons à l'assaut. Mais ils comptaient sans leur hôte...
Le peuple était bien découragé... mais avait déjà horreur des coups d'Etat et des Révolutions sanglantes...

L'appel au peuple avait déjà, à ce moment, perdu la
signification que lui avait donnée l'Empire.

Le plébiscite était bien resté dans les esprits, mais déjà
on le comprenait *pour les idées*, mais non pas pour un
homme... Il semblait qu'une voie nouvelle allait s'ouvrir : que le peuple prenait enfin conscience de sa force
de Peuple Souverain !

Les élections de 1889 en faisaient foi, si elles paraissaient
indifférentes à la forme gouvernementale elles affir-
maient qu'elles voulaient marcher en avant dans la
voie des réformes.

A partir de ce moment *la question sociale se pose* et
ouvre, envers et contre tous les dirigeants de bonne ou
de mauvaise volonté, la grande voie des réformes sociales : C'était ouvrir la porte au *socialisme*.

Autant tout le monde était indifférent à la question
sociale, autant tout le monde allait s'en occuper.

C'est à partir de ce moment que s'ouvre *le règne des
ministrables*.

La voie est plus que jamais ouverte à la députation,
tout individu, quelle que soit sa nuance, qui aura reçu
de la nature un bon bagout accompagné *d'une bonne
sonnette au menton*, a de grandes chance d'arriver.

Tous deviennent réformistes, jusqu'au Pape !

A qui le Pouvoir !...

La partie va se jouer entre les ministrables tenant à leur portefeuille et les aspirants à une couronne.

En avant la Bataille !...

Le moment était venu pour favoriser mon Apostolat ; je le mis à profit dans la mesure de mes forces... et je crois avoir fait acte de bon citoyen en ne voulant en rien participer à la triste politique que je pressentais, politique qui ne pourrait qu'être funeste à ma patrie et à l'honneur français, ainsi qu'on le verra par la suite (1).

Après Fourmies, M. de Freycinet, alors président du Conseil, ministre de la guerre, avait dit (1891) :

« Les problèmes sociaux deviennent de plus en plus pressents. La conciliation du travail et du capital, *l'amélioration du sort des humbles et des déshérités*, la répartition plus équitable des charges publiques préoccupe le monde civilisé. Comment ces réformes ne seraient-elles pas la tâche dominante, je dirai même l'objet de prédilection de la République Française qui est *par excellence* le régime de la solidarité et de la justice ».

Ce fût comme une traînée de poudre ! la France prenait elle-même *l'initiative de la question sociale*. On pourra donc enfin s'occuper de cette fameuse question sans craindre ni préjudice ni disgrâce ; l'armée elle-même, dans la personne de son ministre, reconnaît « que la solution des problèmes sociaux devient de plus en plus pressante... »

Jusqu'alors j'avais prêché dans le désert... Je ressemblais à une espèce de toqué à idée fixe.

Mais voilà que tout d'un coup surgit de tous côtés une fièvre de socialisme : l'Empire d'Allemagne, la Royale Angleterre, la République Française, la République Américaine, jusqu'au Pape, deviennent socialistes comme par enchantement.

(1) Pendant 8 ans : La France déchirée, salie par tous les politiciens de tous les partis qui se plaisaient à remuer toutes les ordures ; prête à succomber ; se relève de nouveau aux élections de 1898, écrasant les centres et réduisant à deux tronçons les hypocrites de la politique, les forçant ainsi à s'avouer ouvertement.

Guillaume II veut étudier les questions sociales et prend l'initiative du mouvement. Le Pape fait paraître les Encycliques socialistes. En France, le socialisme officiel produit quantité de brochures, d'articles dans les revues, on remue tous les bouquins socialistes... Jamais je n'avais vu si bonne volonté de la part des classes dirigeantes!

On osait enfin causer, les fonctionnaires mêmes sentaient qu'avec de la réserve ils pouvaient entrer dans le mouvement... M. de Freycinet n'avait-ils pas donné l'exemple. — « Tant il est vrai que si la tête voulait sérieusement favoriser *l'éclosion du socialisme*... le peuple, sorti de son apathie, de son indifférence, de sa peur, aurait bientôt trouvé la solution. »

Malheureusement l'avenir nous montrera que ce mouvement n'était qu'une ruse politique qui laissait le temps à une entente internationale capitaliste de se former pour écraser plus sûrement, en le prenant à sa naissance, *le germe* que tous redoutaient. Qu'importe !... la discussion s'anima... de tous côtés on en parlait.

De mon côté je fus quatre ans sans être inquiété, et il est très intéressant de suivre ce mouvement qui va nous conduire jusqu'à la chute du ministère Léon Bourgeois (1894).

C'est sous cette impulsion que s'établit à mon collège une véritable lutte philosophique, sociologique, morale et scientifique entre les professeurs acharnés à combattre *mes théories étatistes* (1), et moi non moins acharné à les soutenir.

La mort de mon pauvre ami le Docteur (4 janvier 1890) m'avait un certain temps assombri... J'étais venu en province, dans la ville où il s'établissait, à cause de lui. Nous nous connaissions depuis si longtemps... J'allais souvent chez lui où j'étais reçu comme de la famille. Je suis peut-être de ceux qui ont ressenti le plus douloureusement sa perte. Depuis lors, cette petite ville de

---

(1) Théories qu'il ne faut pas confondre avec *le Socialisme d'Etat d'Allemagne* (voir *Mal Social*.)

province ne me retenait guère plus que par son collège ; je désespérais m'y faire d'autres amis, de cette trempe surtout.

Je l'ai dit : les nouveaux amis du docteur, qui me connaissaient très bien, étaient presque tous de hauts personnages de la localité... qui me faisaient l'honneur de leur protection, très aimables, très courtois du reste, mais peu propres à exciter ma verve de discussion. J'aurais été trop heureux d'être critiqué !... quelques-uns me regardaient comme *un crampon* ; je ne leur en veux pas, ils avaient raison : J'aurais perdu complètement mon temps et eux le leur ; aussi je les en remercie ; pour ces Messieurs la question sociale était résolue ; n'avaient-ils pas l'aisance, ce n'était donc pas à eux que j'avais affaire.

Mais il n'en était pas de même au collège ; là, il y avait des jeunes, à la recherche d'une position sociale, des ardents qui aimaient à raisonner.

A force de répandre mes idées, les circonstances aidant, j'en chatouillai quelques-uns.

Un jour enfin, deux d'entr'eux : un maître répétiteur, bachelier, et le surveillant général licencié, plus soucieux que les autres de ces questions ; fatigués peut-être de m'entendre développer mes théories à bâtons rompus, me dirent :

— Mais enfin tout cela est bien ! on connait les *maux* ; *mais le remède ?* Qu'avez-vous pour remplacer ce que vous voulez détruire ?

Eternelle objection faite encore aujourd'hui à nos socialistes militants et contre laquelle tous viennent échouer.

D'abord leur dis-je, je ne détruis rien je règle...

L'un d'eux m'apporta un journal, *La Libre Parole*, je crois, qui renfermait ces paroles du prince de Liechtenstein (discours prononcé sur cette question à Floresdorf).

« Quant à la question sociale, ce n'est pas le socialisme qui donne la solution ; Grand dans la critique de cette société décomposée (société actuelle), grand dans l'art de discipliner les mécontents, grand dans sa tactique d'attaque contre ce monde ébranlé, le socialisme évite toute discussion, toute explication quand on lui demande *ce qu'il mettra à la place du monde détruit.* *Il dissimule son plan, parce qu'il n'a pas de plan.*

Il y avait bientôt 15 ans que j'avais conçu ce plan (1), que tout homme convaincu et propagateur devrait concevoir lorsqu'il n'est ni *un fumiste ni un roublard.*

— Le prince Liechteistein a raison., leur dis-je : En réclamant un plan, il ferme toute issue aux malins qui, sous les spécieux titres d'opportunistes, possibilistes, radicaux, progressistes, socialistes officiels ou religieux, etc., de toutes nuances, s'ouvrent un passage facile, donnant ainsi satisfaction à leurs ambitions.

Mes adversaires se présentaient donc de front... il n'y avait pas possibilité de tourner la question. J'avais un plan à leur offrir.

Argument contre argument! Nous prîmes le parti d'écarter de la discussion toute subtilité, tout esprit de parti, tout esprit philosophique, touchant aux métaphysiques ou aux religions : Nous devions nous renfermer en *matière sociale,* dans les données de l'histoire et les vérités reconnues de la *science positive.*

Pouvais-je accepter la bataille ? Oui, me dis-je. Dussé-je être ridiculisé, écrasé...

J'eus affaire, pour débuter, à deux rudes adversaires qui sont devenus de sérieux amis.

La bataille fut chaude : Indépendemment de leur esprit naturel un peu sceptique, ils étaient armés pour me réfuter, de tous les bouquins que la bibliothèque du collège comportait : Spencer, Spinosa, Leroy-Beaulieu, Arthur Desjardins, Bourdeau, P. Beauregard, professeur à la Faculté de droit, Thiers, Jules Simon, Paul Cauwès, agrégé, etc., etc., sans compter tout ce qu'ils purent trouver dans les Revues que possédait le collège...

J'ai donc essuyé un véritable coup de feu.

Pour débuter, je leur lus mon plan social ; d'abord je fus regardé par eux pour un utopiste.

Je n'en fus pas surpris, c'est toujours comme ça que

(1) Voir 4e Partie (*les Palliatifs sociaux*).

ça débute, que l'on ait affaire à des roués ou à des sincères.

— Vous demandez, leur dis-je, le remède aux maux sociaux. Eh bien, avant de me traiter d'utopiste, commencez d'abord par détruire les bases de ma sociologie pratique sur lesquelles j'ai conçu mon plan, en vous plaçant sur le terrain scientifique ; puis, si ces bases résistent à vos arguments, élaguez tous les détails qui vous sembleraient mauvais, inutiles ou pas pratiques. — Je répondrai ensuite, je vous le promets, avec le désir de m'instruire et de perfectionner mon travail, qui ne pourra que gagner à cette lutte consciencieuse.

Ma sincérité leur plut. Cette lutte dura plusieurs mois, deux ou trois fois par semaine. Ils virent qu'ils avaient affaire à un convaincu qui avait conçu son livre « Le Mal social » sous l'inspiration d'une lutte pour l'existence poussée à l'extrême, lutte que la société actuelle offre à tout homme qui veut *rester juste et digne*. Comme ils étaient eux-mêmes d'honnêtes prolétaires instruits, à la recherche d'une situation sociale ils me comprirent.

Le bachelier devint un converti ; quant au surveillant général, licencié enlevé par une promotion, à nos chaudes discussions ; il m'écrivit qu'il adhérait au socialisme et m'envoya une lettre qui témoignait d'un grand désir d'élucider complètement la question... Ceci m'encouragea à continuer.

Les loustics de l'hôtel, les grands amis de notre nouveau député, en général m'évitaient ; j'aurais pourtant bien aimé à entrer en discussion avec eux. Mais, par quelques articles signés du jeune député, dans l'un des journaux de la localité, je vis bien que je perdrais mon temps et que, probablement, ils trouvaient qu'ils perdraient le leur... car ils n'eurent même pas la curiosité de vouloir connaître ce que j'avais fait.

Je me promis bien de les suivre, et ce ne fut pas une de mes moins intéressantes études psychologiques.

Je détache ici quelques fragments d'un article paru plus tard dans le même journal et signé Feron. (Je crois qu'il était ministre à ce moment ; comme vous voyez il avait avancé en... honneurs.)

« Audaces Fortunat Juvat » m'aurait dit défunt mon pauvre ami le jeune docteur.

Voici comment s'exprimait notre député dans l'article en question :

« Aussi notre volonté est-elle fermement arrêtée en présence des problèmes qui s'agitent. (C'était au moment des bombes anarchistes.)

Nous avons à peine besoin sans doute de la faire connaître à ceux qui lisent assidûment ce journal. Ils savent à merveille que, réprouvant avec énergie le ferment de haine et leur odieuse moisson d'imbéciles violences (anarchistes) nous ressentons aussi une profonde aversion pour l'exploitation de la peur et pour la résistance plus ou moins déguisée au courant qui nous entraîne irrésistible vers les réformes sociales. Les idées, quelles que neuves et hardies qu'elles soient nous attirent : nous les examinerons, nous les discuterons toutes... ».

Hélas ! J'avais quelque temps auparavant remis un petit manuscrit à M. Feron où des idées « neuves et hardies » étaient exprimées. *Je n'ai jamais eu de réponse ; faut-il croire qu'elles n'en valaient pas la peine ?*

J'en conçus seulement de l'amertume. Méritais-je ce dédain ? On va en juger.

L'article en question se terminait ainsi :

« Persuadé que dans tout effort sincère d'un homme vers le bien (je crois que j'étais de ceux-là) si extrêmes que puissent être les conclusions qui s'en seront dégagées, il se trouvera des vues intéressantes et des pensées utiles dignes de nos méditations....

« Ce que nous voulons c'est le *développement pacifique et rationnel de la Révolution Française*. Mais nous le voulons loyal et franc, dégagé (voilà le bout de l'oreille !) *tout à la fois des sophistications d'un individualisme outrancier et des utopies de ce Collectivisme articulé que son père, un rêveur d'Allemagne, nous a offert comme la mécanique d'où devait sortir garanti bon teint le bonheur du monde* (ouf !).

Fort de l'appui des Républicains qui nous lisent et de la démocratie de notre contrée, nous y travaillerons ».

Il oubliait que ses lecteurs et sa contrée n'étaient pas la France.

Vous comprenez maintenant pourquoi les amis de Feron ne me recherchaient pas, et pourquoi, sans m'avoir er'endu, ils m'écartaient : l'utopie ! l'utopie ! Toujours la même rengaine. Rejeté sans discussion ; c'est très commode, trop commode vraiment.

J'ai répondu comme il convient à cet article fait pour écarter toute envie de s'instruire sur ce que c'est que le collectivisme dont on ne parlait pas encore. J'étais donc fixé : mais à défaut de ce noyau récalcitrant qui n'ignorait certainement pas ce qui se passait (car je ne faisais pas œuvre mystérieuse), je vis s'attaquer à moi toutes les théories qui m'étaient contraires. C'était ce que je demandais bravement et loyalement. Une lutte scientifique : l'anarchie théorique était représentée par le professeur licencié de philosophie ; le socialisme papiste clérical par le professeur licencié de 3º et 4º et les nuances intermédiaires par d'autres professeurs. Pendant quatre mois au moins la lutte dura.

Au professeur de philosophie je répondis par une critique du livre de Tolstoï (*Bondareff, le Moujik*) traduit du russe en français par lui-même. Ce livre avait pris pour épigraphe : « A la sueur de ton front pétrit ton pain ». Dans un manuscrit comprenant environ 100 pages je combattis victorieusement cette théorie. Le professeur anarchiste, voulait détruire mon plan par sa base même. Il n'y parvint pas : et je le forçai par l'argumentation à placer son rêve au temps où les sociétés arrivées à leur plus grande perfection auront amené l'individu à l'état parfait de science, de conscience et de justice. Sans se rendre, il voulut bien me dire qu'il n'avait jamais entendu une défense aussi sévère en faveur du Socialisme, et qu'il considérait mon travail comme une étude appliquée très approfondie et très sérieue de la sociologie.

Au moins celui-ci est un brave, me dis-je ; il a lutté.

En même temps que je réfutais l'Anarchisme, j'étais attaqué par un autre adversaire tout aussi absolu, le professeur clérical, grand partisan de M. de Mun, représentant le socialisme chrétien : il me remit les encycliques du pape.

J'ai commenté également ces encycliques. Beaucoup disaient qu'elles n'en valaient pas la peine... Je n'étais pas de cet avis, je ne suis pas de ceux qui, de parti pris, rejettent, sans l'avoir bien étudié, un travail contraire à leurs idées. Comme je ne cherchais pas à gagner la partie en employant l'ironie ou la moquerie, si facile lorsqu'on touche à la religion, je m'engageai avec ce professeur franchement dans la lutte.

Le professeur de philosophie, qui assistait souvent à nos discussions, semblait être un trait d'union entre nous deux. Pourquoi mêler Dieu à tout cela disait-il ? Ce clérical était un dogmatique de la plus belle eau et moi déïste par raisonnement.

Quand j'étais seul avec le professeur de philosophie et qu'il s'agissait de sociologie nous aboutissions parce que nous nous maintenions dans le domaine de la science positive (Comte). Mais avec le clérical ce n'était plus possible, on déraillait à chaque instant. Nos luttes durèrent mais sans aboutir. Il finit cependant par m'avouer qu'il reconnaissait du bon dans mes idées que j'avais bien approfondies et il me remercia de l'y avoir initié. Enfin c'était encore un lutteur... les autres nuances étaient bien tièdes et généralement se défendaient mal.

C'est à la suite de ces luttes, cher monsieur Paul, que vous m'avez trouvé prêt à batailler de nouveau, mais d'une façon encore plus sérieuse et beaucoup plus pratique, cette fois avec vous, et de nouveaux collègues.

C'était donc la troisième fois que je donnais connaissance de mes idées.

Je m'étais beaucoup fortifié par les luttes précédentes. Jamais jusqu'alors je n'avais passé par pareilles épreuves. Hélas ! j'allais en subir une bien autrement dure, mais définitive avec les nouveaux adversaires qui venaient d'arriver.

Jusqu'alors on avait bien critiqué mon travail, j'avais répondu, mais aucun n'avait songé à voir si, par le choc des idées ayant sérieusement le désir d'envisager le tout sous son vrai côté pratique, il n'y aurait pas lieu d'y apporter quelques modifications ; vous vous rappelez ?...

— Voyons, Messieurs, dis-je à mes nouveaux adversaires, je n'ai pas encore passé par là... (A Paris mes idées avaient été acceptées d'emblée par les ouvriers.) Voilà trois ans que je soutiens très bien la discussion avec des adversaires sérieux mais qui se sont contentés de la discussion théorique ; je suis heureux de me trouver enfin en face d'hommes pratiques qui ne se contentent plus de mots, de belles paroles, mais qui veulent aboutir. Il y a longtemps que je cherche cette occasion, et je suis heureux qu'elle se présente.

Nous convînmes donc de nous réunir plusieurs fois par semaine chez moi. Nous allons voir ce qui en est sorti.

Je regrettai bien à ce moment qu'un de mes collègues, qui, le premier avait reçu communication de mon travail, n'ait pas assisté à nos discussions.

C'est le professeur de 7° et 8°.

Il était, lui, un converti de la première heure ; certainement sa présence n'eut pas été inutile.

Lorsque je lui fis part de mon intention de soumettre mon Plan à la critique et d'en subir les conséquences sa première parole fut :

— Je n'y changerais rien.

— Vous avez peut-être raison, lui dis-je. Mais cependant un plan qui intéresse tout le monde ne peut être imposé... Je ne veux pas ressembler à ces gens qui croient avoir raison tout seuls... Ce genre d'œuvre d'ailleurs est de nature collective..., il faut qu'elle soit l'œuvre de tous.

Il ne voyait pas cela d'un bon œil.

Mais enfin dis-je ; vous admettez qu'un homme ait une idée utile à tous et la pousse isolément au plus haut degré de perfection dont il est capable.

— Je l'admets il faut bien commencer par quelque chose, mais c'est scabreux de la soumettre à la critique de tous ; il pourrait n'en rester bribes.

— Eh bien, si ce quelque chose résiste aux objections, s'il ne subit que des modifications qui n'entament pas les bases, je crois qu'on peut espérer approcher de la vérité.

— Gardez l'original me dit-il et n'y changez rien.

— Si les bases de ma sociologie et le plan qui en découle ne résistent pas à cette nouvelle bataille, c'est que j'aurai affaire à une théorie tout à fait adverse, dans ce cas là je dirai à mes adversaires : Faites quelque chose, c'est à mon tour de vous combattre.

— Ils sont roués, ils vous diront qu'il n'y a pas de plan à faire, que le temps amènera le progrès désiré... (toujours la même balançoire) qu'il faut prendre la méthode lente, etc.

— Enfin je vais essayer ; si ces Messieurs après lecture du premier travail acceptent mes bases sociologiques ; je leur proposerai, et c'est leur intention, de perfectionner ensemble mon travail ; nous repasserons tout au creuset de l'analyse. Et sans préjudice de mon droit d'auteur, de mon travail primitif, je ferai une 3° Partie qui fera l'objet de cinq conférences contradictoires où tout ce qui aura été réfuté, critiqué sera consigné.

— Bien, dans ces conditions, je ne vois aucun inconvénient à continuer la lutte.

— Ne serait-ce pas ainsi que le peuple français devrait procéder.

Pour (à l'exemple de ses pères de 1789) agir d'une façon utile sur ses députés, n'aboutissant à rien depuis bientôt 30 ans ?

N'est-ce pas sous la pression des 52000 comités, d'accord pour trouver *une formule* indiquant en peu de mots leurs revendications, que céda *l'immense parti de la réaction ?*

N'avait-on pas, à ce moment, usé toutes les ruses de la politique pour prouver qu'il n'y avait rien à faire ?

Quelques palliatifs insignifiants étaient bien proposés comme aujourd'hui, mais le peuple sentait qu'ils ne guérissaient rien, que le mal subsistait toujours, que c'était la racine qu'il fallait attaquer.

Aussi il ne s'endormit pas et attaqua-t-il bien le mal dans sa racine !...

« Tous les français sont égaux devant la loi ». « Abolition des privilèges » proclama-t-il.

On me dira : A quoi cela a-t-il servi, puisque c'est toujours la même chose ?

Oui, sous une autre forme. Mais *le droit divin*, le droit de naissance sont à jamais disparus. C'est encore au peuple qu'il appartient de vaincre le droit d'Argent qui a donné naissance à la Féodalité Capitaliste et qui s'est greffée par la ruse des bourgeois enrichis, sur celles qu'ils avaient détruites.

— Vous allez avoir une rude lutte, me dit mon jeune ami.

Je compris cela :

— Mais lui dis-je au risque de tomber sous l'éclatante vérité des assertions adverses je me décide quand même à essuyer le feu.

Après de longues discussions (1), dont le détail ne serait pas à sa place ici, il fut décidé que la formule, telle que je l'avais posée, était adoptée.

Je la répète ici :

Travail obligatoire pour tous (considéré comme impôt travail).

Retraite obligatoire après dette payée (c'est-à-dire après le travail obligatoire).

Valeur temporaire de l'or, unie au travail libre.

Sans préjudice, bien entendu, de modifications que l'on pourrait apporter aux détails du Plan que l'on va étudier.

Nous tombâmes tous d'accord avec le prince de Liechteinsten qu'un plan était nécessaire et que ce n'était que sur *une sociologie positive*, préalablement étudiée et acceptée par tous, que l'on pouvait définitivement s'entendre.

De là, je proposai le vœu qui suit :

Le Gouvernement prend lui-même l'initiative de la question sociale, accorde le temps d'une session pour qu'elle soit étudiée par le peuple qui, à la majorité du suffrage universel, dira par une ou plusieurs formules ce qu'il veut.

(1) Ces discussions sont littéralement transcrites dans « Cinq Conférences contradictoires », ouvrage qui fait suite et forme le complément de mon livre.« Le Mal social ».

Des mesures ultérieures seront prises pour le bon ordre et pour aider à l'accomplissement du projet. On tomba également d'accord.

C'est après cette délibération que j'écrivis la petite brochure intitulée « Mon vœu », à la Chambre des députés (1).

Il fut convenu que j'en remettrais le manuscrit à notre jeune et nouveau député Feron ; ce qui fut fait.

On était au moment où M. Dupuy (2) venait de poser son fameux dilemme.

« Le socialisme n'est pas une panacée disait-il. Pour moi, je l'enferme dans un dilemme : où il attendra du jeu naturel des institutions et des lois, avec une entière confiance dans le suffrage universel, le triomphe de ses aspirations et alors je le considère comme un parti politique qui poursuit régulièrement ses revendications...»

C'était clair. Ce dilemme conseillait au peuple de faire comme en 1789 : Étudier la question sociale, formuler ses revendications. C'était juste.

Et M. Dupuy ajoutait :

« Dans ce cas : *la sagesse du peuple dira la part qu'il veut faire au socialisme.* »

Je n'avais jamais entendu pareil appel (venant d'en haut) à l'intelligence du peuple.

N'était-ce pas aux députés de répondre ? car le peuple ne compte que sur eux. Ni ministres, ni députés, ni journalistes, ni chefs de parti ne le firent ; personne ne parla. On se moqua du dilemme comme on fait de toute chose en France : *sottement.* On est si heureux de démolir un chef de cabinet dès qu'il est installé !... et après !... notre jeune député devenu ministre avait cependant dans son portefeuille la réponse à cet appel : pour-

(1) Cette brochure a été imprimée plus tard, répandue un peu partout et envoyée aux principaux orateurs de la Chambre ainsi qu'aux principaux journaux de toutes nuances.

(2) On sait l'immense coup porté par ce ministère au progrès des sciences morales... On connaît toutes les nuances anarchistes qui en résultèrent... les mesures prises contre la presse, contre les syndicats, etc. (Les lois scélérates), puis l'assassinat de Carnot ; tous événements qui se succédèrent à l'envi jusqu'à l'avènement de Casimir-Périer à la présidence.

quoi ne s'en servit-il pas...? C'était le vrai moment.

Bientôt les choses prirent une vilaine tournure (1). On dit à la tribune que « le peuple n'a que ce qu'il prend », à Marseille qu'une subvention municipale n'était qu'une restitution ». Le gouvernement vit dans ces paroles un caractère révolutionnaire.... Et il a cogné (2).

— C'est de l'hypocrisie, ce dilemme, disaient les uns. Dupuy n'en croit pas un traître mot. Il serait le premier à rejeter *votre vœu*.

— Possible... mais le peuple aurait vu le mauvais vouloir de l'éclairer. « *On nous fait appel aurait-il dit, et on ne veut pas de nos lumières.* C'est pourtant à nous, peuple souverain, de nous prononcer, lorsque sur une question aussi capitale, les Chambres ne peuvent aboutir.

Voici ce que j'avais remis, à titre simplement de renseignement, entre les mains de notre jeune député, en même temps que le vœu que vous connaissez. C'était ma méthode d'application de ce vœu comme je le concevais :

1° Le temps d'une session parlementaire (4 ans) sera accordé au peuple français, pour l'étude de la question sociale, afin qu'il puisse, en connaissance de cause, résumer en une ou plusieurs formules, ce qu'il veut faire pour remédier aux abus du capitalisme ;

2° Pour faciliter cette étude, autorisation est donnée et invitation est faite à tous les électeurs, sans distinction de parti ou de nuance d'opinion, de se réunir dans des locaux désignés à cet effet dans toutes les villes, bourgs, villages de France ;

---

(1) Protestation des étudiants ; troubles sérieux qui ont entraîné peu après la chute du Cabinet, et nous a valu la présidence Casimir Périer, suivie de celle de Félix Faure : Nous tombions en pleine réaction.

(2) M. Feron, en politicien habile, s'en est tiré comme il a pu, mais pas sans horions.

M. Dupuy, plus habile, est devenu président de la Chambre, sous Casimir Périer.

Tout ceci est bien pour ceux que cela amuse ; mais, avec ces habiletés-là, *la question n'avançait toujours pas* et le mal s'aggrava : on le verra plus loin.

3° Tous les documents, livres, manuscrits spéciaux, etc., parus jusqu'à ce jour, seront fournis partout pour cette étude ;

4° Sous forme de cahiers, chaque circonscription exprimera les vœux qui ont réuni la majorité des voix ; les vœux seront présentés sous forme de formules acceptées à l'unanimité par la circonscription ;

5° Finalement, la Chambre prendra la quintescence de ces formules et, par un vote plébiscitaire, décidera de celles qui deviendront la base du Plan social demandé par M. Dupuy ; répondant ainsi à ces paroles : « La sagesse du peuple dira la part qu'il veut faire au socialisme. »

N'était-ce pas la vraie réponse à faire à un Gouvernement qui mettait le peuple en demeure de se prononcer?

Quelque temps après, le ministère Dupuy tomba, comme il en était déjà tombé tant d'autres.... Et la réaction s'affermissait de plus en plus, on remua toutes les boues... pour la plus grande gloire de la Patrie. Hélas !

Voilà comment les meilleures idées sont étouffées sans que le peuple, le premier intéressé, les soupçonne.

UN BANQUET

DANS UNE PETITE VILLE DE PROVINCE

C'était un grand événement pour la localité. Je viens de dire que notre jeune ami, que nous avons suivi jusqu'ici, simple citoyen, arrivé par son talent, à la députation, venait de passer ministre ; il était au pouvoir : Il devient donc *homme public dirigeant*, et appartient par ce fait à l'histoire et à la critique de tous.

J'ai déjà dit que son caractère sympathique, son amabilité lui avait valu beaucoup d'amis : j'étais, je crois, de ce nombre.

Mais ces sympathies pour l'homme de cœur, pour l'honnête homme (sans les mêler) allaient-elles se continuer pour l'homme politique?

Je l'aurais désiré, mais vous avez deviné, parce que j'ai dit précédemment, que nous étions trop éloignés d'idées, et que le moment n'était pas venu d'ailleurs, pour que je puisse espérer lui faire faire un pas de ce côté.... (Aujourd'hui, décembre 1899, ce serait peut-être plus possible). Cependant, je ne pouvais désespérer.... M. Millerand, l'internationaliste, était venu dans notre localité faire une conférence, en vue des prochaines élections générales... M. Feron l'avait annoncé comme son ami. Cette conférence était tout à fait internationaliste; le collectivisme apparaissait déjà, on ne parlait pas encore cependant de *socialisation*.

Je ne perdais donc pas confiance. Mon vœu, disais-je, n'est pas perdu!... Il ne gène aucune école... et ne peut compromettre notre jeune député. Il trouvera un nouveau joint.

Je suivais donc, avec intérêt, la destinée de ce jeune homme. J'avais, dans ma vie déjà longue, tant vu d'hommes politiques sombrer, que je me disais malgré moi : c'est beau d'être ministre, mais ce n'est pas cela que j'aurais souhaité à mon meilleur ami ; j'éprouvais plutôt un serrement de cœur, que de la joie, lorsque je le vis arriver dans notre ville, Marseillaise en tête...., j'éprouvai cependant l'émotion que chacun de nous, français, ressent à l'audition de ce sublime chant patriotique!...

C'est beau ! me disais-je : pourquoi, dans tant de cœurs français, cette sublime impression ne dure-t-elle qu'un instant?

Il était, disait-on, entouré de nombreux amis.... j'y étais.... j'en étais donc un... *mais pauvre et obscur*.... On prononça des discours magnifiques, comme d'usage ; lui-même en fit un, où il déclarait que M. Dupuy était son ami, et que sa politique toute républicaine, à laquelle il s'associait, nous assurait un gouvernement ferme pour conjurer toutes les *menées anarchistes et révolutionnaires*.

J'avais un moment oublié l'homme politique... et je regardais cette ovation comme un triomphe de la République sur les menées cléricales et réactionnaires... et j'avais, à cette occasion, brossé sur le papier, sans prétention, « une ode à la France. »

Je la mets ici, comme je mets plus haut, les essais de mes amis de bohème, poètes à leur heure et sans plus de prétention, mais avec le même cœur qu'eux.

A LA FRANCE !

Salut, salut ô belle France,
Salut à toi dans la douleur ;
Nous travaillons pour ta défense,
Et nous éloignons le poignard de ton cœur.
Honneur, honneur à toi Patrie !
Tout français brave le danger,
Quand il faut défendre ta vie,
Quand il s'agit de te sauver.

France, nous t'adorons comme une bonne mère.
Que peut-on reprocher à ton cœur bienfaisant ?
Tout ce qui se produit dans la nature entière
Ne se trouve-t-il pas dans ton sein fécondant ?
Chaque jour, l'Étranger te tend avec ivresse
Sa coupe, que ta main s'empresse de remplir.
Rien ne peut t'épuiser, ton sol produit sans cesse
Et fructifie sous l'œil du Dieu qui sait bénir.

Dis-moi : N'as-tu rien de plus précieux encore
Que tes blés, que tes prés, que tes vignes fertiles,
Que tes fruits savoureux, que l'astre brillant dore,
Que tes riches vallons, que tes bois, que tes villes ?
N'as-tu pas dans le ciel, une étoile brillante
Qui resplendit au loin, sans jamais se ternir ;
Diamant précieux, lumière si puissante
Qu'elle éclaire à la fois le passé et l'avenir ?

Cet astre si brillant, que nul ne peut atteindre
Tant il est placé haut, tant il est lumineux,
Cet astre qui t'éclaire, ô France ! pour l'éteindre,
Il faudrait à la tombe, arracher tes aïeux.

34

Depuis des siècles il vit, et chaque heure qui passe,
Ajoute à son éclat, agrandit ses rayons.
France, c'est ton Génie! dont nul ne suit la trace
Et dont le noble orgueil commande aux nations.

A tous les cœurs français, Patrie, tu es bien chère;
Plus d'un héros est mort, mort pour ta liberté,
Et plus d'un dort, couché sous une froide pierre,
Dans le champ de l'oubli et de l'égalité.
Sèche donc tes larmes, redevient glorieuse,
Nos pleurs veulent laver tes coups encor saignants;
Laisse-nous refermer cette blessure affreuse
Qui ferait tressaillir le cœur de nos enfants.

Malgré tous nos efforts, ta plaie reste béante,
Car un sanglot affreux s'est échappé soudain.
D'où vient-il ce sanglot? C'est l'Alsace mourante,
C'est l'Alsace qui pleure et qui gémit en vain.
Mais encore, entends-tu? C'est le bruit d'une chaine
Que traîne avec effort, un spectre tout en noir.
Détourne tes regards, France! C'est la Lorraine,
La Lorraine vaincue, réduite au désespoir.

Quel terrible sanglot, qu'il est plein de souffrance,
Qu'il comprend de regrets, d'insultes à subir...
France, dis-nous donc qui te rendra l'espérance,
Qui te rendra tes sœurs? Dieu seul et l'avenir...
Laisse tomber ton voile et cache aux yeux jaloux,
Ton front que l'Etranger voudrait couvrir d'opprobre.
Oui, cache ta rougeur, cache ta honte à tous,
Et point de longs discours : de paroles soit sobre.

 Salut, salut, ô belle France,
 Salut à toi dans la douleur;
 Nos bras sont prêts pour ta défense,
Et nous éloignerons le poignard de ton cœur.
 Honneur, honneur à toi, Patrie!
 Oui, méprisons le danger,
 Quand il faut défendre ta vie,
 Quand il s'agit de te venger.

C. LEPAGE.

Je ne sais si notre jeune ministre craignait que ce ne
fut mon vœu que je voulais lire, mais, pendant le peu
de temps que je me mis à développer mon papier, le
président du banquet se leva, étendit la main.... Et la
musique finale.... empêcha complètement ma lecture.

Sur mes protestations, un député trouva que c'était inconvenant et prit mon parti... Un ami du ministre, rédacteur de l'un des journaux de la localité, vint me dire :

— Vos vers paraîtront dans le prochain numéro du journal. En effet, parlant du discours du jeune ministre, voici ce que son ami le rédacteur disait :

« La fin est saluée d'unanimes acclamations. M. le Ministre est sincèrement félicité par tous ceux qui l'entourent. Il n'en fallut pas plus pour rompre le silence qu'on avait gardé jusqu'ici très religieusement, et c'est au milieu du bruit que M. Lepage a essayé de lire ses strophes, mais il a dû y renoncer. Nous les publierons d'autre part. »

Le lendemain, je vis M. le Président du banquet; il me dit :

— On vous avait pris pour un clérical ; le fait est que vous ressemblez beaucoup à M. X...

C'est égal, me dis-je, voilà les amis!...

.... Mais quelle pierre de touche !...

« C'est une rude tâche, que de se consacrer à une chose et de chercher à la répandre. »

J'avais déjà passé par là, lorsque je cherchais à répandre mes idées sur l'Art, au xixe siècle, sur la glorification du travail. (Voir 3e partie).

On me disait : Il faut prouver!... Faites de la peinture, faites de la sculpture etc. On prouve, et l'on ne vous trouve jamais à la hauteur de votre tâche ; c'est comme cela que j'ai fait connaissance avec le crayon, le pinceau, le ciseau et peut-être un jour avec la plume...

« Produisez! produisez!... Nom d'un chien, j'ai produit. Je produis encore. Je fais de mon mieux, sans prétention d'aucune sorte... mais à quoi bon? Heureusement que ce genre de travail agrandit l'intelligence et, à ce point de vue, je ne regrette rien ! Je prouve encore, puisqu'à 75 ans je continue... »

Au moment du banquet ministériel, dont je viens de parler, mes jeunes amis — compagnons d'études sociales me disaient :

— Mais aussi, vous ne faites rien pour faire valoir vos
idées ?

— Et de l'argent, leur disais-je... Voulez-vous m'en
procurer ?

— C'est ainsi que je les réduisais *à quia*.

J'espère bien, me disais-je, faire des économies pour
cela, mais il faut du temps. J'en ai fait... que tous fassent comme moi... et l'avachissement disparaîtra.

UN CHANGEMENT DANS LE MINISTÈRE DUPUY

Quelque temps après ce banquet, la politique de
Dupuy, jusqu'alors louvoyante, se dessine ouvertement :
agressive pour la République et nos libertés acquises.

Plusieurs ministres, appartenant à la gauche, venaient
de donner leur démission ; notre jeune député était du
nombre.

« Je n'aimais pas la politique de Dupuy, mais j'aimais
son dilemme ; ça sentait une odeur de *Referendum* qui
ne me déplaisait pas.

Quel malheur, me disais-je, que notre jeune député,
devenu ministre, grand ami de Dupuy, puisqu'il l'avait
avoué au banquet, n'ait pas eu l'idée de profiter de cette
disposition du chef du Gouvernement, pour présenter
mon vœu à la Chambre.

Il eut ainsi obligé le président du Conseil à changer
sa politique, et à trouver son point d'appui dans le
peuple. « C'était le moyen de couper court aux abus de
ce Parlementarisme dont tout le monde se plaignait,
abus que je pressentais déjà devoir nous conduire dans
des complications infinies. »

Cette démission de notre député, peut-être donnée un
peu tard, le mit dans une position équivoque ; je le plaignais... Il n'était pas le seul... le trouble de tous nos
députés du centre le prouvait.

C'était le moment pour la Réaction de relever la tête,
et tenter une nouvelle action hypocrite contre la Répu-

blique : les bombes anarchistes, en jetant la terreur dans les esprits, favorisaient ce mouvement.

Le ministre Dupuy saisit cette occasion, qui le débarrassait de son dilemme (devenu la scie du moment), et chercha définitivement son point d'appui dans la réaction et la contre-révolution... Il ouvrit la porte toute grande aux ennemis de la République, pourvu qu'ils s'avouassent républicains.

Bientôt, tous les partis réactionnaires devinrent républicains, — *plus républicains que les vrais républicains.* — (C'était vers la droite que se formait l'union républicaine.) La presse réactionnaire battit le fer pendant qu'il était chaud, et bientôt, il se fit une telle confusion dans les cerveaux, qu'un véritable découragement s'empara du peuple, et le je m'en f..... s'établissait dans tout son plein... C'était pour eux la victoire...

L'avenir pour moi s'assombrissait de plus en plus... et je pensais toujours à *mon vœu.*

M. Feron n'était donc plus ministre... Ouf !... Je crois qu'il avait vu de près ce qui se passe dans ces officines qu'on appelle des ministères.

Il en a goûté, me dis-je ; laissons-le en paix. — *Je me plaisais à retrouver l'ami de l'hôtel* et me disposais à lui parler amicalement.

Lorsque la maladie qui devait l'emporter le surprit...

J'étais à Gournay-en-Bray quand j'appris la mort de cet ami, trop jeune pour mourir. Je pris part à la douleur de sa veuve qui restait avec un jeune enfant.

. . . .

Quelque temps auparavant, M. Burdeau, ancien président de la Chambre — (encore un trop honnête, celui-là, pour entrer dans la politique) — mourait accablé sous le poids des médisances et des injures de ses adversaires politiques.

Tous ces morts me remettaient en mémoire mon infortuné ami le docteur... « Audaces fortunat Juvat ».

Oui !... Mais quelle boue il faut traverser...

Nota. — A ce moment de son récit, notre héros séparé de M. Paul Melée par l'éloignement de celui-ci, continue à lui raconter sa vie ; mais par correspondance et par un manuscrit que je transcris littéralement.

X. EGAPEL.

Le 7 Août 1895.

» Cher monsieur Paul,

» Il y a longtemps que je n'ai reçu de vos nouvelles. En ce moment je travaille au manuscrit qui continue ma vie, n'ayant d'autre moyen de communiquer avec vous, que par correspondance.

» Dites-moi où je pourrais vous envoyer ce que j'ai de fait jusqu'à ce jour, car je suis les événements et ne sais encore où je m'arrêterai. Il le faudra bien pourtant. Peut-être fin de ce siècle si je vis encore.

» Tout à vous mon ami,

» C. LEPAGE. »

Réponse à ma lettre :

4 Septembre 1895.

« Cher monsieur Lepage,

» En effet, il y a bien longtemps que je ne vous ai écrit et je suis un fainéant de ne l'avoir pas fait aussitôt après vous avoir manqué de quelques jours à... Mon premier projet avait été de venir à... dès les premiers jours d'août, puis d'aller assister à Paris aux épreuves du concours d'agrégation de philosophie, où quelques-uns de mes anciens camarades ou collègues, à défaut de mon frère, arrivés sur la limite, étaient admissibles.

» Mais ma famille ayant, de son côté, formé le projet de partir pour la mer dès le 3, je l'attendais à Caen lorsque je reçus avis du retard apporté au voyage. Je me suis alors embarqué pour... et Paris. Mais vous étiez déjà parti pour votre ermitage.

» J'ai su seulement que vous écriviez le complément de votre auto-biographie.

» J'espère bien le lire prochainement. A ce moment vous serez peut-être de retour et je pourrai faire, avant de repartir au lycée, une revue complète de votre biographie.

» Dans votre ermitage des champs, où vous devez être aussi tranquille que moi dans mon ermitage maritime, vous devez être au mieux pour continuer et achever votre œuvre si intéressante même avant d'être écrite (1); si d'ailleurs je ne pouvais la lire avec vous vers la fin de septembre, j'en aurais certainement, bientôt après, l'occasion puisque je compte beaucoup être nommé pour la rentrée, sinon à Paris, du moins près Paris, d'où il me sera facile de joindre... plus souvent que de Caen.

» En ce moment je suis en face d'une mer calme comme un lac italien et bleu très tendrement. La mer, elle aussi, prend ses vacances et semble se reposer de ses fatigues terribles de l'hiver, elle donne repos et fait trêve à la côte de ces luttes séculaires et toujours victorieuse contre elle. Je devrais, dans ce calme, préparer le bachot ès sciences nécessaire à l'agrégation de philo..., mais je fais plus de musique et bicyclette que de sciences, le temps est trop beau... Je lis aussi quelque peu et je vous adresserai prochainement le livre le plus idiot qui ait été écrit *sur et contre* le socialisme ; c'est court, heureusement, sans quoi il y aurait de quoi se tuer de rage.

» Je l'ai lu comme vous le lirez probablement, dans un perpétuel haussement d'épaules. Naturellement c'est signé d'un membre de l'Institut et édité chez Hachette.

» Le livre cependant est stupide d'un bout à l'autre et il n'est même pas correctement écrit, mais c'est un membre de l'Institut qui signe ; Hachette peut éditer.

» Si je vous envoie cet exemplaire stupéfiant, c'est pour vous donner une fois de plus matière à réflexion, à réfutation, et vous montrer qu'il n'y a pas de raisonnement enfantin, grotesque, lourdement idiot qu'il ne faille réfuter (hélas ! nous en avons déjà bien réfuté ensemble), même chez des gens réputés intelligents et bien placés

_____

(1) On se rappelle que M. Paul, auquel le héros de cette histoire racontait les épisodes de sa vie, lui avait conseillé de l'écrire.

dans l'échelle sociale par leurs relations, par leur argent sinon par leur génie absent et leur talent nul. Ce livre inepte est bien certainement de quelque youtre ignare parmi beaucoup d'intelligents.

» Vous le recevrez dès que j'en aurai tiré quelques sujets d'écrire ; si je fais quelque chose je vous l'enverrai.

» Ce quelque chose ou ces quelques choses seront naturellement destinés à la première partie : comme introduction de votre *Plan Social* (1) dont la publication, à côté de votre auto-biographie, ne sera pas déplacée auprès d'autres ouvrages collectivistes.

» Naturellement je vous prierai de garder à leur place les pages que je pourrais vous envoyer, c'est-à-dire en tête du *Plan* que vous avez rédigé.

» Ce sera à organiser ensuite, si nos projets de publication peuvent tenir, bien que nous ne soyons ni l'un ni l'autre de l'Institut.

» Ici je joins les amitiés de ma famille, son bon souvenir avec les miennes et le mien et je me dis pour toujours votre jeune et tout dévoué ami.

» PAUL MELÉE. »

Réponse :

10 Septembre 1805.

« Cher monsieur Paul,

» Votre éloignement m'a dérangé un peu. Je dispose de peu de temps pour écrire. Enfin je vais continuer à relater les principaux faits qui pourront apparaître.

Si parmi vos amis vous en trouviez un, que ma *Vie* intéressât et qui eut le temps et les moyens de s'y consacrer, j'en serais très heureux, ce livre, je crois, ne manquerait pas d'actualité. Espérons...

» Pour moi, en ce moment, toute ma philosophie se

(1) Lorsque notre héros fit imprimer son livre (*Mal Social*), son jeune ami ne lui avait pas encore envoyé cette introduction, plus tard il la fit en vue de *Sa Vie* et me la remit, elle figure en tête de ce livre.

renferme dans ces vers que j'emprunte à Frère Jacques.

» (En les lisant vous reconnaîtrez le sujet du tableau que vous avez vu chez moi (mon Noyé) pour le vulgaire).

« Le calme peut nous assaillir,
Le vent déchirer notre voile,
Le cœur, à l'œuvre, nous faillir,
Au pôle nous trahir l'étoile,
Dans les flancs de l'onde en courroux
La barque même être engloutie,
Le terme est-il moins pour tous
Aux plages où finit la vie. »

Et je dis au monde que je vais bientôt quitter :
Courez, vous qu'enivre le bruit ;
Qui recherchez l'éclat, les luttes de la vie.
Courez ! moi, ce qui me sourit,
Me console le cœur et me charme l'esprit,
C'est ma retraite (1) où, calme et recueillie,
L'âme écoute et sent mieux ce que la foi lui dit.

Ici n'arrive pas le bruit ;
L'écho n'y redit pas les luttes de la vie ;
Au sage le ciel y sourit,
Le cœur s'y reconnaît, s'y retrempe l'esprit ;
Sainte retraite où calme et recueillie
L'âme écoute et sent mieux ce que la Foi lui dit !

» P. S. Vous rappelez-vous, mon cher monsieur Paul, ce que votre bonne et excellente mère, en m'entendant vous raconter ma vie, me dit : « Voilà une vie bien remplie. » *Cette bonne parole sortie d'un tel cœur de femme,* m'a plus réjoui ce jour que ne l'auraient fait les ovations brillantes d'un monde tout entier.

» Voilà le cas que je fais des grandeurs...

» Cette lettre est intime, je sais que sa naïveté ferait sourire d'"autres que vous et ceux de mes amis. C'est un petit détail.

» J'aurai probablement encore quelque chose à vous

(1) Juignettes ! Juignettes !... est-ce là que je terminerai ma vie !...

raconter avant de toucher la plage, je vais toujours vous envoyer dans quelque temps ce que j'ai de fait.

» Tout à vous mon ami.

» C. LEPAGE. »

15 janvier 1890.

« Cher monsieur Lepage,

» Je n'ai encore rien reçu de ce que vous m'annonciez, continuez-vous toujours votre *Vie*?

» Si oui, envoyez-moi tout ce que vous avez fait, qui pourrait intéresser le lecteur.

» Car j'ai le plaisir de vous annoncer que notre ami commun X. Egapel, auquel j'ai montré tous les documents que vous m'avez laissés sur votre *Vie* s'y est tellement intéressé qu'il est tout disposé à les livrer au public, si cela vous agrée toujours, mais sous le voile de l'anonymat.

» En cas d'affirmative envoyez-moi tout ce qui peut servir à l'éclairer.

» Votre jeune et respectueux ami,

» PAUL MÈLÉE. »

Réponse.

4 février 1890.

« Cher monsieur Paul.

» Je suis très heureux que vous ayez trouvé M. X. Egapel, disposé à faire les sacrifices nécessaires pour faire imprimer ma *Vie* (comme vous le dites) sous le voile de l'anonymat.

» Je comprends sa modestie : Il n'a pas encore assez fait connaissance avec la littérature pour agir autrement.

» Je croyais avoir terminé ce récit de mon existence au moment (10 septembre 1895) où je vous écrivais que j'allais me retirer dans mon humble chaumière : La destinée en a décidé autrement. Je reste à mon collège.

Et puisqu'une bonne volonté se trouve sur mon chemin et que M. X...., aidé de votre mémoire (tout en conservant le plan méthodique et la division en 5 parties
que j'ai adoptée pour vous raconter ma *Vie*) croit pouvoir
en tirer parti, qu'il dispose cela comme il lui plaira
pourvu qu'il reste sincèrement *vrai*,

» Vous recevrez donc, très prochainement, la suite manuscrite de ma biographie que je tâcherai d'arrêter sur
quelqu'événement politique ou social marquant qui
pourra se présenter d'ici là.

» Tout à vous, mon digne ami,

» C. LEPAGE. »

Copie du manuscrit

Suite de ma vie

CHAPITRE V

PERSÉCUTIONS

Je suis toujours professeur au collège. Hélas !... comment cela se fait-il ?... J'ai eu des luttes tellement insensées depuis la mort de notre député, M. Feron et le
départ de notre bien-aimé principal, M. S. Melée, qu'à
partir de ces événements ma situation est absolument
celle d'un oiseau sur la branche.

Le nouveau député, un richissime de la localité, grand
ami d'un banquier très riche également, tous deux conseillers municipaux, membres du Conseil d'administration
du collège, ne supportaient pas qu'on ne puisse être de
leur bord, le dernier surtout acharné après moi (je n'ai
jamais su pourquoi) chercha à me faire tout le mal possible.

Ce n'est que grâce à M. l'Inspecteur d'académie et au nouveau principal du collège que j'y suis encore.

Il serait trop long de raconter tout ce que le parti clérical et réactionnaire (comme partout du reste) ont fait de platitude pour faire triompher cette élection sans couleur.

On se rappelle le manuscrit « un Vœu à la Chambre des députés » dont j'avais remis un exemplaire à notre ami M. Feron alors ministre.

Depuis je l'ai fait imprimer et j'en ai envoyé aux principaux députés marquant de nuances différentes : MM. Deschanel, Millerand, Léon Bourgeois, de Mun, Cassagnac, etc... et jusqu'au Président de la République qui était à ce moment M. Félix Faure. Il en fut répandu aussi environ un mille dans la ville.

« Je puis me tromper, mais je crois toujours que ce Vœu eut épargné et épargnerait encore bien des malheurs à notre pauvre France si divisée aujourd'hui : Hélas ! que l'officier prussien avait raison (1). »

Depuis j'ai fait aussi paraître : « Le mal social » que j'annonçais dans ce Vœu... j'envoyai ce livre à beaucoup de députés, à des ministres, à des journalistes.

De cette fois je reçus quelques lettres, assez intéressantes je crois pour figurer dans ce livre (on pourrait y consacrer un chapitre) : avant « mes conclusions » je reparlerai de cela.

Je n'avais donc d'ennui que de la part de notre richissime député et de ses gens... car il en avait à sa suite !..... et que de vilaines choses, tout le monde a pu être témoin.

Ceci me fit suivre, avec plus d'attention encore, le grand mouvement politique qui se dessinait.

Pourquoi cet acharnement, me disais-je, contre de pauvres professeurs? car je n'étais pas le seul poursuivi :... plusieurs de nous eurent leur changement..... Ah ! c'est que dans ces moments passionnels les plus petits faits se généralisent.

On a beau dire je ne suis d'aucun parti, j'ai mes idées,

(1) Voir 4e Partie : la guerre.

mes principes... Il faut quand même appartenir à Pierre
si sur Paul il est le plus fort, le plus influent. Aujour-
d'hui Méline, demain Waldeck-Rousseau, etc... C'est
ignoble, mais c'est comme cela... J'étais à ce moment, à
cause de mes principes sociaux, un Communard, un
anarchiste bon à fusiller, ou tout au moins à envoyer à
La Nouvelle... On ne me parlait plus, on me fuyait
comme la peste... cela a duré pendant deux ans.

Tout cela excita de nouveau ma verve, je me décidai.
en attendant des temps meilleurs, à faire une dernière
retouche à mes Cinq conférences dialoguées, lesquelles,
je crois l'avoir dit, répondent à toutes les critiques que
j'ai entendues ou recueillies pour ou contre l'Etatisme.
Il viendra un moment, me disais-je, ou il faudra être
prêt à répondre.

« Je ne croyais pas dire si vrai ; aujourd'hui 1900,
nous sommes en plein socialisme. »

Ceci me fit attendre les élections qui étaient prochaines. Jetons, si vous voulez, un coup d'œil sur la
portée de ces élections.

ÉLECTIONS DE 1898

« Ces élections eurent et auront longtemps encore une
grande importance historique à cause de leur caractère
politique et social. qui jusqu'alors n'avait jamais été
aussi nettement dessiné en France.

La Révolution et la contre-Révolution qui se guettaient
depuis un siècle, allaient être aux prises, comme à l'approche d'un combat décisif.

Le peuple, en France, définitivement veut-il être *oui*
ou *non* souverain ?

La Révolution était-elle bien et est-elle bien encore
l'expression de la volonté du peuple en majorité suffisante pour constituer un fait ? et en admettant qu'elle le
fut, un siècle, tour à tour des deux régimes Républiques
et Monarchies sous différentes formes n'a-t-il pas modifié
l'état des esprits ?

Telle était la question qui se posait en ce moment

dans tous les esprits, bien que tous se disaient républicains et partisans du suffrage universel.

La politique, depuis bientôt 30 ans de république, avait suffi pour montrer qu'une paix relative était possible.

On ne voit plus de ces révolutions périodiques tous les 15 ou 17 ans, se disait-on ; le peuple est fatigué de donner son sang et sa vie pour rien. »

Ceci ne faisait pas l'affaire des faiseurs de coup d'Etat. Ce que beaucoup prenaient pour de l'avachissement n'était autre qu'*un bon sens populaire.* « Puisqu'on nous conserve le suffrage universel, qu'avons-nous besoin de violence ? N'avons-nous pas notre bulletin de vote ? Voilà ce qu'au fond chacun se disait : C'est donc avec le suffrage universel qu'il faut triompher, se dirent les réactionnaires. Le ministère Méline parut le comprendre, et sa politique fut, tout le temps de sa longue durée au ministère, de faire pencher la balance du côté de la réaction.

La forme du Gouvernement n'était plus en jeu : Nous sommes en République, soyons tous républicains ! Voilà le mot d'ordre de ce ministère. — Mais il y a République et République. Et sur cet échafaudage les partis plantaient leur drapeau républicain, mais de tant de couleurs, que jamais on avait vu tant de divisions fondre sur notre malheureux pays. Les basses intrigues, les trahisons, les vénalités, tout était en jeu. Il s'agissait de gagner une majorité au Parlement et de régner quand même sur le peuple sans qu'il s'en aperçut, de le leurrer enfin.

La campagne fut bien menée, l'argent sortit à foison de la poche de tous ceux qui possèdent : cléricaux et juifs. La réaction croyait bien la partie gagnée.

Mais le peuple n'a pas cru devoir se prononcer. Il a établi la balance au Parlement : une voix de majorité tantôt d'un côté, tantôt de l'autre. Voilà le résultat de toutes ces machinations.

En sorte que la Révolution et la contre-Révolution pouvaient à tour de rôle se croire triomphantes.

On en était là, lorsque l'événement de la mort du

Président Félix Faure changea presque complètement
la face des choses.

La réaction prit une autre allure; elle devint *ouvertement révolutionnaire*, sanglante. C'est par la force
brutale qu'elle veut reconquérir le *pouvoir, elle ne cache
plus sa politique et elle conspire au grand jour.*

C'est dans ces conditions que nous retrouvons M. Dupuy aux affaires, président du Conseil des ministres, il
ne se souvenait plus de son dilemme, mais le peuple
s'en souvenait. Son ministère recule le plus qu'il peut
l'échéance fatale et prochaine de son mot : « Le peuple
dira ce qu'il veut faire du socialisme ». *L'affaire* l'aide
à prolonger son existence, mais les événements se succèdent rapidement et vont l'obliger à dessiner sa politique nettement, d'un bord ou de l'autre.

C'eut été encore le moment de présenter au Parlement
mon *Vœu*, nul ne l'a fait. Il n'était pourtant pas ignoré
des principaux orateurs du Parlement.

La chute du ministère Méline (qui avait fait les élections), fut un terrible coup pour la réaction.

A ce moment je retrouve un peu de paix, l'œil est
moins porté sur les hommes de principes, *l'affaire
Dreyfus absorbe tout.* On prévoit que cette *affaire* va
être le point de mire de toutes les conspirations.

C'est à qui aura le pouvoir... et sous le prétexte de
sauver la France...

On va les voir tous prêts pour leur ambition — à
l'égorger !...

O ! Peuple... sauve-toi... sauve-toi toi-même, là seulement est ton salut . . . .

. . . .

J'en étais là de mon récit voyant devant moi l'avenir
bien sombre, lorsqu'un terrible événement vint donner
un autre cours à mes pensées.

Une personne vient m'annoncer la mort presque su-
bite de ma fille.

Ce n'est pas sur un événement de ce genre que je
croyais clore mon récit; la plume me tombe des doigts.

CHAPITRE VI

Je reprends un peu de courage. Hélas ! Il le faut bien, puis-je laisser ce grand deuil sous silence. Elle et sa mère n'ont-elles pas été le souci de toute mon existence...

Berthe, la seule enfant qui me soit restée sur quatre, vient de succomber à la suite d'une opération si commune aujourd'hui pour beaucoup de femmes.

Cette mort, si inattendue, me fait faire de bien tristes réflexions et ne contribua pas à me faire faire un retour sur ce qu'on appelle ironiquement *mes utopies socialistes*, car elle est encore une victime sociale.

La destinée de cette pauvre enfant ne ressemble pas à la mienne ; de son enfance, elle ne se souvenait que de nos luttes acharnées pour l'existence. Bien que l'on fit tout pour qu'elle ne s'en aperçut pas ; malgré cela la tristesse, sous un dehors de gaieté, était restée peinte sur son visage : Triste héritage de nos souffrances morales !...

Il en résulta une maladie de l'esprit, comme en sont atteints aujourd'hui tant d'hommes et de femmes dans son cas, c'est-à-dire obligés au contact d'une société qui, tuant tous les sentiments, ne laisse de satisfaction *que dans l'amour de l'argent.*

Elevée à mon école, elle conservait une grande admiration pour moi, mais ne se sentait pas la force de me

suivre : A ces luttes, elle y avait vu succomber sa mère...,
elle devait y succomber... elle aussi.

Cette dernière lettre qu'elle m'écrit, ne se doutant pas
d'une fin si prochaine, dit plus que tout ce que je pourrais narrer et a le mérite d'être vraie comme tout ce que
contiennent mon récit et ce manuscrit.

7 janvier 1899.

« Cher père,

» Je te remercie de tout cœur de tes souhaits et de
tes étrennes. J'ai mal commencé l'année, j'ai été très
souffrante et je ne suis pas encore remise. Je vois avec
plaisir que tu as toujours de grandes satisfactions
d'amour-propre dans les hautes questions qui te pas-
sionnent.

» Pour les natures comme les nôtres c'est plus appré-
ciable et plus sensible que de l'argent.

» Hier, je lisais ces belles pages de Lamartine, tirées
des *Harmonies* : « Mais l'homme ne vit pas seulement
d'idéal, il faut que cet idéal s'incarne dans les institutions sociales...

» Il y a des époques où les institutions, usées par les
siècles, croulent de toute part et où chacun doit apporter
sa pierre et son ciment pour reconstruire un abri à
l'humanité.

» Il ne s'agit pas seulement de savoir si le pouvoir passera de telles mains royales dans telles mains populaires,
si ce sera la noblesse, le sacerdoce ou la bourgeoisie qui
prendront les rênes des gouvernements nouveaux...

» Il s'agit de plus, il s'agit de décider si l'idée de morale,
de religion, de charité sera substituée à l'idée d'égoïsme
dans la politique ; si tous les hommes consentiront enfin
à voir dans les autres hommes des frères et non des ennemis ou des esclaves.

» L'idée est mûre, les temps sont décisifs, un petit
nombre d'intelligences, appartenant au hasard à toutes
les dénominations politiques, portent l'idée féconde dans
leur tête et dans leur cœur.

» Je suis du nombre de ceux qui veulent sans vio-

lence, mais avec hardiesse et avec foi (1) tenter enfin de
réaliser cet idéal qui n'a pas en vain travaillé toutes les
têtes au-dessus de l'humanité, depuis la tête incommen-
surable du Christ jusqu'à celle du plus humble. Les timi-
dités du gouvernement nous servent et nous font place,
elles dégoûtent sérieusement dans tous les partis les
hommes qui ont de la portée dans le regard et de la gé-
nérosité dans le cœur; ces hommes, désenchantés tour à
à tour de ces symboles menteurs qui ne les représentent
plus, vont se grouper autour de l'idée seule..... »

» Voilà ce qu'écrivait Lamartine en 1834.

» Tu vois, cher père, et tu le sais, combien toutes ces
questions m'intéressent aussi, mais elles ne peuvent,
comme toi, me prendre toute entière parce que je suis
femme et que si mon cerveau est assez développé pour
les comprendre, il est trop faible pour en supporter le
poids lorsqu'elles s'imposent trop longtemps à ma pensée.

» Je ne pourrais me livrer à un travail intellectuel incessant comme le tien, ma tête y resterait, mais à petites
doses cela s'assimile très bien et ce qui me manque, ce
sont des livres. Je suis obligée de puiser dans un vieux
fond qui est vite épuisable et ma santé et mes moyens
ne me permettent pas de fréquenter les bibliothèques,
c'est trop loin. Dernièrement je me suis abonnée à un
cabinet de lecture. J'ai relu les œuvres de Michelet mais,
cette fois-ci, avec un tout autre esprit; elles me font
grand bien : Il y a un certain nombre de volumes que
toute femme devrait avoir dans sa bibliothèque pour les
revoir.

» Les lire à vingt ans et les lire à quarante laisse des
impressions bien différentes, — on assimile généralement que ce qu'on est susceptible d'assimiler... Voilà ce
que la jeunesse ne comprend pas toujours et voilà ce qui
fait l'avantage de l'âge mûr (l'expérience).

» Au revoir, cher père; ne reste pas trop longtemps
sans m'écrire.

» Je t'embrasse bien affectueusement.

» Ta fille BERTHE.

(1) Je pensais à ton Vœu, en écrivant ces lignes.

» Bien des choses à Mme Heurtebize. »

A ses funérailles (mai 1898), aussi modestes que peut le faire un pauvre professeur de l'Université, tout en se saignant beaucoup, on pouvait voir, avec quelques autres personnes amies, le vieil artiste Ferdinand Bernard, mon vieux camarade de collège, mon jeune et digne ami et élève M. Paul, M. X..., ma digne compagne et mon infortuné gendre resté inconsolable.

Tous ceux qui liront cette *Vie* pourront se demander, et je me le demande souvent aussi, comment finira cette lutte de mon existence ? où mourrai-je ? Est-ce au milieu de l'océan, comme mon Noyé, au milieu du plus grand calme après la tempête ; ou en exil, transporté dans quelqu'île pénitentiaire pour expier, de par la justice des hommes, *mes folles utopies ?* « Cela s'est vu. » Si l'on me demandait mon choix, je choisirais l'océan. Dût :

> « Dans les flancs de l'onde en courroux
> « Ma barque même être engloutie. »

Frère JACQUES.

Au moins ce serait un beau linceul. Je ferme donc ma *Vie* sur ce triste événement.

» Cher Monsieur Paul,

» Avant de vous envoyer mes conclusions, veuillez, s'il vous plaît, remettre cette lettre (dont vous pouvez prendre lecture) à notre ami commun, M. X. Egapel.

» Votre vieil ami bien désolé,

» C. LEPAGE. »

« Mon cher Monsieur X. Egapel,

» J'ouvre une parenthèse...

» Avant de présenter les conclusions générales que je tire de ma vie, je crois, puisque mon récit est terminé, ne pas fatiguer le lecteur en mettant sous ses yeux la curieuse correspondance que j'ai échangée à l'occasion de la propagande de mon livre (le *Mal Social*). Nullement étrangère à mes luttes, elle ne peut qu'ajouter plus de force à mes conclusions.

» Hommes politiques, publicistes, écrivains, simples citoyens, etc., ne se désintéressant pas de la question sociale, se montrent là sous un jour suggestif.

» Ces lettres justifient généralement de ma bonne foi, et montrent surtout ce qu'un simple citoyen peut en dehors des occupations qui le font vivre, dépenser de forces au profit des intérêts généraux, tout en conservant la prudence que l'on doit apporter en toute chose pour faire œuvre utile et non téméraire.

» J'ai pensé que vous pourriez consacrer un chapitre spécial à ces lettres.

» Cependant, les lecteurs qui voudraient arriver de suite à mes conclusions, les trouveront plus loin (1).

» Il serait, je crois, bien difficile de fixer une idée sur la confiance qu'il faut avoir en tous ces hommes politiques s'adressant à l'opinion et vivant ou s'abreuvant de ce qu'on appelle le succès.

» Certains cependant, dans ces lettres, me paraissent montrer une sincérité qui ne m'offre aucun doute.

» Le lecteur en jugera.

» Je commence donc par une petite Revue, la Coopération des idées qui venait de paraître et dont la direction m'avait envoyé quelques numéros avant la réception de mon livre (*Mal social*).

» Recevez, Monsieur,

» C. LEPAGE. »

(1) Voir la page des conclusions.

CHAPITRE VII

UNE CURIEUSE CORRESPONDANCE

Nota : Je crois donc ne pouvoir mieux faire que de présenter cette correspondance telle que, et dans l'ordre qu'elle m'a été donnée.

X. EGAPEL.

LA COOPÉRATION DES IDÉES

Le titre et le but, l'appel à tous que faisait cette petite Revue me plut. Je m'y abonnai et envoyai à la direction mon livre (*Mal social*) avec une réponse à une question posée : « Quel sera l'idéal de demain ? »

Cette idée modeste de faire converger sur une question capitale tous les cerveaux pensants me séduisit. Cela me semblait pratique et bon.

Voici ce que l'on m'a répondu :

Septembre 1896.

« Cher Monsieur,

» Je vous remercie bien sincèrement de vos bonnes paroles, de votre gracieuse souscription, de votre brochure et aussi d'avoir répondu à mes questions.

» Je suis heureux de voir que vous avez apprécié comme il convient l'importance de cette enquête.

» Votre réponse paraîtra dans le numéro de décembre ou janvier, cela dépend de la mise en page.

» Quant à votre brochure qui, au premier coup d'œil, m'a paru fort intéressante, j'en annoncerai la réception dans mon prochain numéro et j'en ferai ensuite un compte rendu. J'estime qu'on ne saurait trop répandre des idées comme la vôtre.

» Je vous l'ai dit, je n'ai pas encore eu le temps de la lire. Il est présumable que sur différents points nous sommes en contradiction, mais qu'importe! Si sincèrement nous cherchons la vérité sociale nous finirons par nous rencontrer dans la grande synthèse sociologique que notre siècle finissant léguera au xx° siècle.

» Veuillez agréer, etc. »

Un, deux, trois, quatre numéros parurent; ne voyant rien annoncer. Je suis au panier, me dis-je. J'écrivis. Il m'arriva une lettre d'excuse : on m'avait négligé. Et puis, me dit-on, « il y a un peu de votre faute aussi : votre brochure *échappe à toute critique scientifique*, c'est un système que vous exposez. Il y manque un peu de cette méthode sociologique sans laquelle toutes les vues sur l'avenir, toutes les propositions de réformes sociales seront et resteront *des utopies...* » Voilà le grand mot lâché. Quel revirement! me dis-je. Encore l'Utopie!... je n'en sortirai pas! Toujours ce bête de mot partout... des utopies! des utopies!... Mais, qu'est-ce qu'ils proposent donc, eux ?... Rationaliser la Planète. Nous avons le temps d'attendre (mot de M. G. Seailles, discours d'ouverture universités populaires)... des paroles, des grands mots, bien encadrés, voilà tout ;... c'est plus facile et cela échappe, pour le coup, *à toute critique scientifique.*

« ... Néanmoins, continue M..., je dirai quelques mots de votre tentative car tout effort sincère et désintéressé vaut d'être signalé à cette époque de snobisme et d'écœurante vénalité.

« Veuillez agréer, avec mes excuses, etc... »

Cette petite Revue débutait : Elle a besoin de tout le monde, me dis-je, et moi bien besoin d'elle, hélas !... la porte ne s'ouvre pas facilement dans les grandes à qui n'a pas *de nom*.

J'attendis donc le numéro suivant de cette petite revue ; il parut et, en effet, j'y trouvai ma réponse sur « l'Idéal de demain » *mais rognée* et, à la fin, ces quelques mots sur la critique de mon livre :

« Le *Mal Social*, ses causes, son remède, par C. Lepage.

« Comme dans toutes les œuvres socialistes, on y remarque, *à côté d'outrancières déclamations*, de justes critiques de l'état social actuel et de ceux qui le dirigent. Quant au remède proposé par l'auteur, l'Etatisme, nous n'avons rien à en dire : il est admirable... *sur le papier*. Il nous a paru seulement que M. Lepage descendait en droite ligne de Louis Blanc et de son *chimérique* et jacobin droit au travail. »

Pour les sociologues ce n'est pas une recommandation ouf !... On ne peut mettre avec plus de désinvolture un livre sous le boisseau.

Si c'est comme cela, me suis-je dit, qu'on ouvre la porte à *tout le monde*... Tout le monde ferait mieux de rester à la porte.

Mais le critique avait oublié qu'il m'avait écrit un peu plus tôt. *J'estime qu'on ne saurait trop répandre des œuvres comme la vôtre...*

L'idée me prit de connaître celui qui tranchait de cette façon ; je croyais trouver une barbe grise ; pas du tout, un jeune homme — je fis plus amplement connaissance avec lui et je cherchai à causer... Il parla peu... et se défendit mal contre mes idées... que je croyais voir renversées du premier coup.

Charmant homme du reste... Ce jeune homme avait en retour de grands projets en tête... et qu'il sut faire aboutir.

De ce côté je lui en fais mes compliments : C'est de là que sont sorties les Universités populaires (1).

(1) *Nota :* Je m'étendrai plus loin sur ce que je pense de ces Universités populaires.

Mais où est la coopération des idées dans tout cela ?...
Enterrée, dix fois enterrée...

LA REVUE SOCIALISTE

Je vais, dis-je, me trouver là en pays ami, allons-y
carrément : J'envoie ma brochure (*Mal social*) ; en effet
voici ce que l'on me répond.

2 septembre 1896.

        « Monsieur,

    » Nous avons l'honneur de vous accuser réception de
votre lettre du 31 août dernier et de vous informer que
votre brochure « *Le Mal Social* » a été lue avec beaucoup
d'intérêt et que nous la remettons à notre rédacteur
chargé du bulletin bibliographique qui très certainement
l'annoncera...

        » Veuillez agréer, etc... »

Deux ans j'attendis cette annonce... Ils m'avaient
oublié aussi (?). Mais ce qu'ils n'avaient pas oublié,
c'était pour le coup l'*esprit de mon livre*. En effet, sous
des dehors tout à fait adroits, parut à la Revue dans cet
intervalle « Le régime socialiste et l'application du
système collectiviste ». de MM. Georges Renard et
Lucien Deslinières.

Ces appels au public seraient excellents (sous un autre régime
que l'Individualisme à outrance) s'ils ne renfermaient pour cette
raison le germe des *Féodalités*, funestes puissances qui par
autorité morale ou brutale s'insinuent dans le peuple sans qu'il
en ait conscience. Je crains ici le Mandarinisme, autrement dit
la Féodalité du savoir, se greffant sur le capitalisme et prenant
pour arme le monopole du livre — arme aussi dangereuse que
l'or, l'épée et le goupillon... C'est un nouveau sacerdoce qui
veut s'élever, qui ne vaut pas mieux que les autres et qui,
comme les autres, s'élèvera sur le sou populaire.
    Voir (*Mal social*) plus d'oligarchie, plus de Féodalité.

Ces ouvrages traitent absolument le même sujet. C'est leur droit, me direz-vous? très bien !... Mais ce qui n'est plus de bon aloi, c'est de dire après d'autres qui non seulement l'ont dit mais l'ont fait.

« Les principes du collectivisme sont connus, leur valeur doctrinale est fixée. Quelle est leur valeur pratique ou, en d'autres termes, sont-ils susceptibles de servir de base à une société préférable aux sociétés individualistes modernes ?

Telle est la question qui se pose actuellement et tant qu'elle ne sera pas résolue, les esprits positifs hésiteront à venir à nous. »

M. Deslinières, pas plus que moi, ne prétend l'avoir résolue :

« Elles sont, dit-il, simplement ainsi qu'on le verra par la suite, une amorce et peut-être une direction à des élaborations plus approfondies. »

Très bien : J'accepte qu'une œuvre semblable soit l'œuvre de tous — c'est d'ailleurs ce que je demande. Mais, ce que je n'accepte pas, c'est que, puisque certains y ont participé, on ne cite, dans les journaux amis, que quelques noms (voir notamment *Lanterne* — article bibliographique G. Renard) et qu'on garde pendant deux ans le silence sur un ouvrage qu'on a eu en sa possession, surtout lorsque cet ouvrage traitant la même question a une priorité de date sur les derniers parus qu'on annonce.

Est-ce parce qu'il est d'un *sans nom* ou à cause de l'insignifiance de l'œuvre ? Mais alors... pourquoi donc dire elle a été lue avec beaucoup d'intérêt. C'est toujours la même rocambole. Du monopole, c'est une affaire de librairie, c'est du pur capitalisme. Sous cette pénible impression voici ce que j'écrivis à la direction... (Cette lettre est peut-être un peu verte mais dame !... En tous les cas elle est suggestive : et je remercie M. Gustave Rouanet, député, nouveau directeur de la rédaction de cette Revue, d'avoir remis les choses au point.) Voici ma lettre et plus loin celle de M. Rouanet.

4 septembre 1898.

« Monsieur Rodolphe Simon, administrateur de la *Revue socialiste*,

« Il y a environ deux ans, je présentais au bureau de la *Revue socialiste* (passage Choiseul) un livre intitulé : « *Le Mal Social*, ses causes, son remède » avec un plan social.

» Peu de temps après j'ai reçu une lettre de M. Valéry Hermay (2 septembre 1896) qui me disait : « Votre brochure a été lue avec beaucoup d'intérêt et nous la remettons à votre rédacteur chargé du bulletin bibliographique qui, *très certainement*, l'annoncera » ; et il ajoute (sur ma demande : « si vous pouviez vous charger de la vente de mon livre ») que le catalogue étant très chargé on ne pouvait s'en charger.

» Très bien ! Amabilité pour amabilité je m'abonnai à la Revue et en même temps à la *Petite République* (alors associées).

» Voilà deux ans que j'attends le fameux article bibliographique. Rien ! Rien !...

» Vous avez parlé depuis d'une petite brochure, éditée par Alcan (c'est peut-être une recommandation), d'un collègue, professeur comme moi au même collège... M. L... Pourquoi ? Est-ce parce qu'il est licencié et depuis agrégé.

» Hélas ! je ne suppose pas qu'il soit dans les intentions *du parti socialiste collectiviste* de regreffer sur l'arbre des féodalités de l'épée et du sac si étroitement unies la féodalité du parchemin.

» Il n'en faut plus, n'est-ce pas ?... Ces petites mesquineries vexatoires ne devraient pas déshonorer un parti ; ces choses sont tristes et n'ont d'excuse que dans la société capitaliste qui n'accorde de place au soleil de la publicité qu'à ceux qui ont le sac ou sont bien recommandés.

» Assez de capitalisme comme cela, n'exploitons pas

l'Idée comme on exploite la pièce de cent sous : l'Idée a ses gogos, tout comme l'argent.

» Je l'ai été une fois, je ne le serai pas deux. Si vous ne me comprenez pas, demandez à M. Georges Renard et à M. Deslinières qui signe X... comment ils exploitent les idées des autres.

» Le dernier surtout n'a-t-il pas la prétention de faire croire que rien n'a été tenté dans l'essai d'un plan avant lui ? Selon ses expressions on le croirait.

« Les principes collectivistes, dit-il, sont connus ; leur valeur doctrinale est fixée, mais quelle est leur valeur pratique ? Telle est la question qui se pose actuellement, et, tant qu'elle ne sera pas résolue, les esprits positifs hésitent à venir à nous. »

» Très bien. Mais si des tentatives dans ce genre, ont été faites avant, on doit au moins les signaler, surtout lorsqu'on ne les ignore pas. Son livre n'est qu'un véritable plagiat de celui de Brissac et du mien.

» J'attends la fin de cet exposé..... Mais j'ose espérer qu'il ne présentera pas comme sienne, l'idée *de l'alliance du travail obligatoire et de la valeur temporaire de l'or...* le seul moyen pratique, de se tirer des théories compliquées de Karl Marx, où se perd M. Georges Renard, à sa répartition des fruits du travail, et aussi de ne pas tomber dans le communisme égalitaire et absolu, écueils que j'ai prévus, en tenant compte, de la part que doit incomber à *l'Etat,* à *l'Individu,* à *la Collectivité.*

» Je vous envoie donc un franc pour le numéro de septembre, afin de voir la fin du travail de ce monsieur X..... qui m'intéresse au plus haut degré, mais vous ne trouverez pas étonnant, en face de l'indifférence que vous m'avez marquée, que je ne continue pas mon abonnement : Je suis à la hauteur de toutes les questions économiques et sociales, que vous pouvez traiter, des nouveautés seules pourraient m'intéresser.

» Si je suis froissé, ne croyez pas pour cela que je reste inactif, pour défendre notre sublime cause : Puisque MM. les éditeurs ne trouvent pas moyen de faire connaître *les pauvres diables* au peuple, les pauvres diables

se font connaître de ses représentants, et j'ai pu me convaincre, par plusieurs lettres et cartes de remerciements,
que mon livre est lu *avec beaucoup d'intérêt*, pour me
servir de votre expression. Mais alors, pourquoi le laisser
sous le boisseau ?

» C'est donc toujours la même chose : Tout pour les
gros, les chanceux, les favorisés. Si c'est cela, au moins
qu'on cite nos noms.

» Parmi les témoignages que j'ai reçus, se trouvent
MM. Millerand, de Mun, P. Deschanel, Léon Bourgeois, etc. J'ai une lettre de ce dernier qui me venge de
l'indifférence de ceux qui devraient me soutenir, et qui
ne s'occupent pas du vulgaire soldat militant isolé.

» Soutenir dans ses luttes le combattant obscur, devrait être le premier devoir des chefs républicains socialistes.

» Est-ce ma faute, à moi, si je n'ai qu'un champ
caillouteux à cultiver ?

» Je cultive ce que j'ai ; voilà tout.....

» Demandez à Z... et à de M... (1) ; ils vous diront
l'ingratitude de la tâche, dans ce pays où l'égoïsme
bourgeois ronge les cœurs.

» Tous mes regrets, Monsieur, mais je tiens à mes
idées, et je les défends.

» Chacun a le droit de faire *son plan social*, mais il
faut reconnaître à chacun ce qui lui appartient et, sous
prétexte d'éclectisme, ne pas se dispenser de nommer,
même les obscurs, afin de leur donner la force d'autorité
qui leur manque, pour combattre de leur vivant.

» L'Edifice qui se construit, sera une œuvre collective ; il faut que les vaillants, quels qu'ils soient, et
aussi nombreux qu'ils soient, trouvent la part de récompense de leurs travaux.

Les noms qui sont gravés sur la colonne de la Liberté,
ne sont-ils pas une justice, rendue au courage et au
dévouement même malheureux.

» Je voudrais n'avoir pas à vous faire ce reproche,
mais c'est votre faute, il ne fallait pas promettre ; mon

(1) Conférenciers qui parcourent les provinces.

malheur, probablement, est d'être trop pauvre, dans ce siècle où tout se vend et s'achète, honneur et renommée.

» Tous mes regrets.

» C. LEPAGE. »

Le chef de la Rédaction de la *Revue* ayant changé, on m'a prié de renvoyer ma brochure à M. Rouanet, député, nouveau directeur : on m'avait oublié ou négligé. Voici sa réponse :

« Monsieur,

» M. Hermay me transmet votre lettre, dans laquelle vous protestez contre le silence, gardé sur un livre, dont vous aviez envoyé un exemplaire à la *Revue*.

» Je n'avais pas la direction de ce recueil, *quand* votre ouvrage lui est parvenu, sans quoi un notice l'eut annoncé, car j'ai pour règle absolue, de signaler tout ce qui m'est adressé.

» M. Hermay m'informe qu'il m'envoie le livre, dans un colis postal qui me parviendra demain ou après-demain. — Trop tard, pour que la notice paraisse dans le numéro d'octobre, dont l'impression est commencée, et la mise en page faite. Mais je vous assure, qu'il sera signalé dans le numéro du 4 novembre, et examiné en toute impartialité.

» Veuillez agréer, etc.

» G. ROUANET. »

En effet, en novembre parut l'appréciation suivante :

« *Le Mal Social*, ses causes, son remède, par C. Lepage.

« M. Lepage appartient à cette catégorie *de penseurs solitaires*, qu'émeuvent profondément les injustices de notre organisation sociale, et qui travaillent courageusement à rechercher, avec les causes de tant de maux, les remèdes appropriés. M. Lepage a compris qu'il n'y avait de réforme possible à tenter, qu'en demandant à l'Etat, c'est-à-dire en somme, à la collectivité dont l'Etat est l'expression, de prendre la tête des améliorations à introduire dans notre anarchie présente. Mais, je me hâte de le dire, il a eu garde de verser dans le socialisme d'Etat, trop souvent exploité par une minorité de privilégiés.

« Le capital à la Nation, le revenu à tous. » Ce titre d'un paragraphe de son exposé, résume en quelque sorte, et le but et l'idéal, auxquels l'ont conduit ses recherches consciencieuses. »

C'est bien... il n'éloigne pas, au moins, le lecteur. Je remercie M. Rouanet de son appréciation. J'ai peut-être le tort pour lui d'être isolé (1).

Un Collectiviste progressiste (c'est-à-dire à marche lente).

Voici une lettre de M. Baggio (plus explicative et qui demandait une réponse). — Elle va jeter une lumière sur mon livre, et sur la manière de voir des *collectivistes progressistes*, c'est-à-dire à marche lente.

J'avais envoyé à M. Baggio, comme à beaucoup d'autres écrivains ma brochure *Le Mal social*. En m'en envoyant une autre, dont il est l'auteur (*Les procédés électoraux*).

Voici ce qu'il a eu la bonté de me répondre :

Carvin, 11 novembre 1897.

« Monsieur Lepage,

» En retour de ma petite brochure sur les principaux systèmes et procédés électoraux, vous avez eu la bonté de m'envoyer votre étude du *Mal Social* et des moyens à employer pour le guérir.

» J'ai lu votre travail avec toute l'attention qu'il mé-

(1) Ça c'est autre chose, je m'expliquerai à propos du Congrès socialiste (1899), un peu plus loin.

rite, et je me fais un devoir de vous transmettre les impressions que cette lecture m'a suggérées.

» J'ai écrit ma brochure sur les élections, en dehors de tout esprit de parti, et dans le seul but d'amener la sincérité, la justice, la liberté et la moralité dans les opérations électorales, et j'ai soigneusement évité de manifester mes propres opinions politiques ou autres, afin de ne susciter les préventions d'aucun parti contre les idées que j'exposais, et contre les systèmes et les procédés que je proposais.

» Mais je suis collectiviste, décentraliste et évolutionniste. Il résulte de là que je suis en accord complet avec vous, dans votre appréciation de la société vouée au culte de l'argent, dans laquelle nous vivons, et qui cause des souffrances si douloureuses, à la masse de la population dans les nations civilisées.

» Au point de vue des moyens de prophylaxie et de réorganisation, nous différons un peu, surtout sous le rapport de la méthode ; et quoique mon idéal final embrasse peut-être d'aussi grandes espérances que le vôtre, je suis beaucoup moins audacieux dans les moyens immédiats.

» Je suis porté à croire, qu'il est toujours prudent de partir de l'organisation présente, de tenir toujours grand compte du degré intellectuel et moral des populations, de ne proposer les améliorations que d'une façon successive, et de se défier par dessus tout, de la méthode de la table rase.

» Par suite, j'hésiterais à proposer présentement certains remèdes que vous présentez en toute confiance, entr'autres le suffrage immédiat des femmes dans les élections à tous degrés, le changement à vue de notre organisation politique, la révocation des ministres par le suffrage universel, le minimum assuré à tous en logement, vêtement et nourriture, l'obligation de travailler seulement de 4 à 6 heures pendant dix à quinze années, etc., et je suis porté à croire que les masses ne sont pas encore mûres, pour ces institutions qui supposent une instruction et une moralité supérieures.

» Je ne puis non plus, partager votre confiance dans

le christianisme, et croire avec vous qu'il travaillera à fonder une humanité heureuse, instruite et libre, et je pense que cette tâche appartient à la science et au collectivisme. Il y a dans le christianisme une doctrine déprimante, prêchant la pauvreté et l'humilité, glorifiant la douleur, dont vous me paraissez ne pas tenir compte.

» Quoi qu'il en soit, je n'ai pas besoin de vous dire que je suis entièrement d'accord avec vous pour réclamer la suppression des grands abus, dont pâtit notre société.

» Veuillez agréer, cher Monsieur, l'assurance de mes meilleurs sentiments.

» Ch. BAGGIO. »

Nota : Je ne sais mon cher monsieur Paul, si vous êtes de mon avis, mais ces correspondances isolées entre gens qui ont écrit des livres, qu'on ne saurait trop répandre dans le public (comme celui que j'annonce plus bas par exemple (1)), me semblent d'un intérêt particulier pour le lecteur, habitué à ces mensonges perpétuels des hommes politiques.

Voici ma réponse :

10 avril 1899.

« Cher Monsieur Baggio,

» Je viens de recevoir votre brochure (*Catéchisme de l'ouvrier*).

» Vous êtes bien en effet, collectiviste, évolutionniste et internationaliste, ainsi que vous me l'annonciez dans votre aimable lettre du 11 novembre 1897.

» Votre brochure correspond aux critiques que vous

(1) « Catéchisme de l'ouvrier », par M. Baggio, à Carvin, qui me paraît la critique détaillée de sa lettre, au point de vue de la méthode à suivre pour arriver le plus promptement possible et le plus sûrement à la réalisation de notre but commun : La socialisation, ou autrement dit, la substitution de la propriété sociale à la propriété capitaliste.

voulûtes bien faire, à cette époque de la mienne (*Le Mal Social*).

» Me permettez-vous, tout en vous félicitant d'abord, pour votre courage et votre désintéressement à la sainte cause que nous défendons, de faire à mon tour quelques réflexions sur la méthode que vous conseillez, pour s'acheminer le plus promptement possible et le plus sûrement, vers le but que poursuivent tous les vrais socialistes (bien entendu, écartant tous les moyens violents).

« Nous différons, me disiez-vous alors, un peu surtout sous le rapport de la méthode. »

» Ce n'est pas sur la méthode que nous différons, nous sommes tous deux méthodistes, mais sur les procédés, ce qui n'est pas tout à fait la même chose.

» Moi, je continue les lois déjà en pratique, qui attaquent le mal dans sa base, et je donne pour raisons, que ce sont les lois égales pour tous qui, à notre siècle, — non seulement chez nous, mais chez d'autres peuples, — ont pu s'établir.

» Exemple le suffrage universel, l'instruction obligatoire, le service obligatoire et, déjà en Allemagne, l'apprentissage obligatoire. Et certes, ces réformes-là ne pouraient guère plaire aux réactionnaires.

» Il est clair qu'en aussi belle route, le *Travail obligatoire pour tous* est aux portes du xxᵉ siècle.

» La socialisation demandée par nos collectivistes, ne peut se faire que par ce moyen, autrement ils tombent dans le socialisme d'Etat tel qu'il existe déjà partiellement (l'Etat patron). M. Rouanet, dans un petit aperçu bibliographique de « Mal Social », a bien compris la différence qu'il faut voir entre l'Etatisme et le Socialisme d'Etat, lorsqu'il dit : « M. Lepage a compris qu'il n'y avait de réforme possible à tenter, qu'en demandant a l'Etat, c'est-à-dire en somme, à la collectivité dont l'Etat est l'expression, de prendre la tête des améliorations à introduire dans notre anarchie présente. Mais je me hâte de dire qu'il a eu garde de verser dans le socialisme d'Etat. » (*Revue socialiste*, décembre 1898).

» Au moment du grand Congrès socialiste qui va

s'ouvrir à Paris (1900), il serait peut-être intéressant de rapprocher nos idées; il y a là toutefois une grande question d'actualité. Qu'en pensez-vous?

» Il ne s'agira pas, je suppose, de nous convertir; nous le sommes tous : Il s'agit de nous entendre sur la marche à suivre, pour combattre l'ennemi que nous appelons tous le *Capitalisme*, c'est-à-dire la tyrannie puissante et redoutable qui s'est élevée sur les ruines de l'ancienne féodalité seigneuriale envers et contre le principe de la Révolution Française : « Plus d'oligarchie, le Peuple souverain (1). »

» Si nous faisons attention que c'est sous ce régime d'Individualisme à outrance, presqu'anarchiste, que ce phénomène a atteint en un siècle son apogée, on reste stupéfié des tristes effets de la liberté.

» La méthode scientifique à évolution *lente, très lente*, a pourtant été mise en pratique, elle a abouti à trois révolutions, deux invasions et, dernièrement à une tentative de coup d'État.

» Cela mérite réflexion.

» Depuis 1870, quelles sont les réformes marquantes? Précisément les lois obligatoires que je viens de citer; réformes, je le sais très bien, que la réaction n'a acceptées — bien entendu — que forcément, espérant les tourner comme elle avait fait du suffrage universel. Ce qu'elle fera toujours.

» Mais elles n'en sont pas moins posées en principe et oser y toucher, serait proclamer *l'Anarchie absolue*, ce qu'elle se gardera bien de faire (2).

» D'ailleurs, nous devons ces lois tronquées à *l'Opportunisme* qui, pour garder le pouvoir, s'est jeté dans les bras de la réaction.

» Pendant ce temps, le Capitalisme a acquis une puissance formidable, il s'est internationalisé et a en-

(1) Sans connaître l'issue de ce Congrès, je craignais déjà que l'esprit de parti ne dominât... de quel droit un parti s'imposerait-il au peuple (c'est-à-dire à tous). Je vois là une grande faiblesse. Voilà pourquoi j'ai fait *mon Vœu*.

(2) Ces Messieurs veulent bien l'Anarchie pour eux, mais pas pour les autres.

globé au profit de sa collectivité, tout ce que le collectivisme veut aujourd'hui socialiser : *Voilà l'inconvénient
des méthodes lentes.*

» Aujourd'hui la voie semble s'ouvrir au radicalisme.
Réussiront-ils mieux ?

» La politique des radicaux ne diffère pas beaucoup
de l'opportunisme de Gambetta et des possibilistes, progressistes, etc. C'est toujours la méthode des palliatifs
anodins, emplâtres sociaux qui laissent à la politique le
soin de tout conduire, — et on sait tout le parti qu'en
ont su tirer les politiciens de toutes nuances pour se
maintenir au pouvoir.

» Or, qu'est-il arrivé de cette politique, de cette méthode à petite mesure ?

» Le Capitalisme est arrivé en pleine République à
l'apogée de la puissance, et nous voyons bourgeois et
ouvriers parvenus, soldats, nobles et curés (autrement
dit sabre, sac et goupillon) — pour conserver les privi-
léges de l'argent qui les fait tout-puissants, — la main
dans la main, nous menacer d'une contre-révolution.

» Usons de la *méthode* scientifique, de la morale scientifique tant que l'on voudra, mais attaquons au plus vite
le mal dans sa racine ; il est grand temps, le découragement est partout.

» Souvenons-nous que si ventre affamé n'a pas
d'oreilles, ventre repu n'entend plus ; et voilà bien nos
deux extrêmes sociaux.

» Tout ce que l'on dira, tout ce que l'on écrira n'entrera
jamais dans des cervelles malades. « Ils ont des yeux et
ils ne voient pas ; ils ont des oreilles et ils n'entendent
pas. »

» Pour ceux un peu plus sains d'esprit qui voudraient
s'éclairer, s'instruire, ils se trouvent en face de contra-
dictions si grandes ; ils trouvent si peu d'accord parmi
les savants, les érudits en renom qu'ils n'osent
s'aventurer craignant de perdre *leur bon sens* souvent
plus sûr que tous leurs raisonnements.

» De quoi s'agit-il en effet ; que veut *le bon sens général* ? Vivre en paix en travaillant et se reposer après avoir
bien travaillé... Trouver autour de soi sécurité.

» Eh bien, pour avoir cela je le demande : Est-il nécessaire d'attendre que la science de l'homme soit plus
avancée qu'elle n'est au XIXᵉ siècle? Quand nous serions
tous aussi savants que les Tolstoï, les Fouillée, les
Berthelot les Lombroso, etc.;... à quoi cela avancerait-il
puisqu'ils ne peuvent s'entendre eux-mêmes?

» Quand nous aurions des livres excellents de quoi
couvrir le globe, à quoi cela avancerait-il, si tous ces
savants ne peuvent ou ne veulent en exprimer la
quintessence?

» Du pain! du pain!... apaisez notre faim; ôtez-nous
cette terrible anxiété du devenir; — laissez-nous au
moins l'espérance, disent les malheureux; et peut-être
après pourrons-nous écouter votre morale, vos projets
sociaux tendant vers le mieux (attendre que la planète
soit rationalisée); *mais avant tout songez à nos fatigues,
à nos inquiétudes, à nos soucis, à nos charges; elles
sont écrasantes aujourd'hui.* Délivrez-nous des tyrans,
ôtez de leurs mains l'arme puissante avec laquelle ils
nous oppriment : l'OR, si vous voulez que nous poursui-
vions *un idéal* non chimérique, montrez-nous par votre
attitude que vous y croyez vous-même, — car ce n'est
pas l'instruction qui manque aux classes dirigeantes? En
sont-elles plus morales, plus humaines, moins égoïstes,
plus fraternelles? En ont-elles un idéal plus élevé?
Répondez... et nos savants restent muets. L'expérience en
est faite : Les hommes en général ne valent rien « qu'ils
commettent sciemment le mal ou que, par égoïsme,
lâcheté, ignorance ou insouciance, ils laissent faire, ils
laissent passer. »

» Mort aux tyrans! Voilà le cri de l'humanité depuis
des milliers de siècles, voilà l'*Idéal social!*...

» Ce n'est pas l'homme individu libre qui est le problème
social (1) c'est l'*humanité libre;* ne pas confondre!...

» Je reviens donc à votre livre; il m'a vivement intéressé, mais selon moi il procède trop lentement.

» Il faut, je crois, nous défier de cette formule lancée

---

(1) Voilà l'erreur des anarchistes et en général des systèmes
individualistes absolus.

avec malice par les partisans du laisser-faire : « La nature opère lentement dans ses évolutions » ; elle est un excellent argument pour piétiner sur place, nous en avons la preuve tous les jours.

» Allons à petites doses si l'on veut, mais que les petites doses extirpent le mal ; *le mal social n'est pas superficiel, il est virulent.*

» Comme moyen la morale individuelle, religieuse ou philosophique est bonne, elle prévient la contagion et donne la force pour supporter dignement et combattre bravement ; vous savez que je ne l'écarte pas. Mais elle ne peut avoir d'efficacité que sur des esprits sains et des corps sains, et malheureusement c'est le petit nombre ; si elle était suffisante voilà longtemps que la paix serait sur la terre.

» J'ai davantage confiance dans la *morale sociale* ou collective : Elle nous enseigne à vivre en société, à nous supporter au moins les uns les autres dans un intérêt général, elle est susceptible d'enseignement social ; l'autre purement abstraite est, comme toutes les abstractions, du domaine de la libre-pensée, il ne lui faut aucun lien.

» C'est pourquoi, dans mon essai de sociologie pratique, je sépare le concret de l'abstrait.

» Dans votre aimable lettre vous me disiez encore : « Je ne puis partager non plus votre confiance dans le christianisme et croire avec vous qu'il travaille à fonder une humanité heureuse, instruite et libre, je pense que cette tâche appartient à la science et au collectivisme ; il y a dans le christianisme une doctrine déprimante prêchant la pauvreté et l'humilité, glorifiant la douleur dont vous ne me paraissez pas tenir compte. »

» J'aime cette franchise ; elle permet de répondre aussi franchement.

» Je n'ai jamais pris le christianisme pour une doctrine morale ou religieuse ; le Christ n'était point un doctrinaire ni un sectaire. Il se résume dans ces quelques mots : *Rester digne, ouvrir les cœurs à l'espérance, savoir se contenter du nécessaire, braver la douleur sans la chercher et se dévouer jusqu'à la mort s'il le faut pour la grande cause de l'humanité.* Sa vie, d'un bout à l'autre, n'est que cela !... ignorant et pauvre il n'est soutenu par aucun orgueil mondain. Il meurt si obscur qu'il est pour nous presqu'un *mythe.*

» Qu'importe... le principe reste : liberté, égalité, fraternité n'est-ce pas sa devise ! N'est-ce pas là toute la Révolution Française ?

» La doctrine — religieuse et même philosophique — qui s'est fondée sur ce personnage n'a donc rien de commun avec ce que la tradition nous a laissé de cette Vie.

» Vous dites : « Il glorifie la douleur » Les stoïciens la glorifient aussi. — « Il prêche la pauvreté ». — Pauvreté à cette époque voulait dire *se contenter de peu ; c'est la sagesse des Spartiates.* — Il dit « Aimez-vous les uns les autres ». — Confucius l'avait dit avant lui. — Il croit à une continuation de l'au-delà. — Il ouvre ainsi un idéal sublime à qui sait le comprendre ; d'ailleurs il n'invente encore rien, Socrate et d'autres avant Socrate l'avaient dit et écrit : C'est l'évolution constatée aujourd'hui par la science qui est devenue à son tour *mystique* sous le nom de *spiritisme.*

» Enfin ce qui est le propre du Christ et l'élève au-dessus de tout doctrinisme, sectarisme, philosophisme, religionisme, etc. c'est d'avoir découvert à l'homme ce qu'il ne soupçonnait pas, ou du moins une puissance dont il ne soupçonnait par la force : *la liberté morale ;* là, nulle puissance ne peut l'atteindre. *Le Christ a donc vaincu la tyrannie* en obligeant le tyran à la plus lâche des infamies : la persécution ! Et on appelle cela un exemple déprimant ! moi, je regarde le Christ comme le plus grand citoyen ; il a sans orgueil toutes les vertus de ses prédécesseurs et en plus la gloire d'être mort *pour le peuple et par le peuple.*

» Je comprends qu'un homme comme Tolstoï se soit enthousiasmé de cette belle figure et l'ait maintenue si longtemps dans sa doctrine anarchiste.

» Au premier abord l'anarchie est l'idée qui se dégage de l'existence de Jésus, sublime figure qui ne ressemble en rien à nos jeunes érudits de 20 à 35 ans ; vieillards prématurés dont les cerveaux malades et le corps névrosé présentent ces tristes phénomènes si bien décrits par Lombroso : « Le génie, dit-il, est une déviation du type normal humain, pour deux motifs principaux : Parce qu'il est la manifestation d'une augmentation excessive d'une certaine propriété de l'activité mentale, qui se traduit par une production surprenante dans le champ d'une discipline quelconque. »

» Pour lui et pour cette Ecole, le Christ est un fou génial. D'abord je n'ai jamais pris le Christ pour un génie, aucune de ses œuvres ne le prouve.

» Pour être supérieur aux autres hommes, es*'-il nécessaire d'avoir ce que l'on est convenu d'appeler du génie ?

» Je ne le crois pas, la preuve c'est que Lombroso regarde le cerveau génial « comme un organe malade, hypertrophié originairement d'une certaine partie de l'organe cérébral. » C'est clair ; eh bien ! mais tous nos jeunes savants sont dans ce cas, et pire encore, parce que l'on développe outre mesure avant l'âge cette partie de leur organe cérébral qui n'est *pas toujours le génie*, mais la cellule intellectuelle endormie qui peut le réveiller s'il existe ; et comme chez beaucoup *cela manque* il résulte une maladie cérébrale élucubrante formée de mots et de néologismes à perte de vue qui, si elle n'en fait pas des fous sublimes en fait de prétentieuses et pédantes nullités bavardes et insipides, trouvant le succès parmi nombre de sots ; et, comme disait Victor Hugo, ça ne manque pas.

» Ces pauvres jeunes gens ne s'en doutent pas. Ils ont perdu tous les charmes naturels de la jeunesse, et, ce qu'il y a de pis, c'est que par atavisme (1) ils sont exposés à transmettre à leur descendance cette nervosité et, disons-le, cette monstruosité.

» La belle affaire !... et si c'est là qu'est l'avenir que l'enseignement des savants nous réserve, il vaudrait mieux, je crois, une vie exhubérante et naturelle qui donne la santé morale et physique.

» Laissons se produire les sublimes fous naturels de la

(1) Lombroso.

trempe des Jésus-Christ, des Platon, des Socrate, des Pascal, des Mozart, des Comte, des Raphaël etc... ils ont rendu à l'humanité assez de services *tels que* — sans avoir besoin de nous fabriquer des *sages artificiels* sans génie.

» S'il est une tyrannie — et la pire de toutes — c'est la tyrannie de *l'orgueil du savoir*, le mandarinisme... méfions-nous, elle grandit !...

» Je le répète : « Guerre non seulement aux tyrannies existantes, mais à toute oligarchie, quelle qu'elle soit, qui tenterait de s'élever contre le vœu de notre immortelle Révolution.

» Veuillez agréer etc.,

» C. LEPAGE »

UNE INTRANSIGEANTE

publiciste auteur de plusieurs brochures

J'intercale ici une curieuse lettre d'une dame intransigeante franche au moins, telle que je voudrais voir nos politiciens de toutes nuances. Vous me direz : ce ne serait plus des politiciens... C'est vrai ; c'est pourquoi le peuple, s'il ne peut les chasser, devrait au moins rudement s'en méfier car il a été assez dupé avant et depuis 30 ans.

Voici cette lettre ; qu'elle m'envoya au reçu de la mienne et dans laquelle je lui demandais comment je pourrais répandre ma brochure (1).

Saint-Ouen, 6 juin 1899.

« Monsieur,

» Je reçois votre lettre et je commence aussitôt la lecture de votre *Mal Social*.

» Votre ouvrage m'arrive vingt années trop tard. Il

_____
(1) *Le Mal Social* que je lui envoyais en même temps.

m'eut enthousiasmée il y a vingt ans, aujourd'hui il me froisse *malgré les beautés incontestables qu'il contient.*

» C'est le mal social vivant, frappant, dans toute son éclatante horreur dont je vois le remède inefficace à côté de la plaie.

» Dans votre Etatisme, rien ne nécessite l'intervention du christianisme... fut-il transformé et ramené à l'Ethique pure des premiers âges chrétiens qu'il ne changerait pas la mentalité humaine par les procédés abstraits de sa méthode purement théorique.

» Devenue Athée par l'étude de l'observation, je rejette tout ce qui s'est opposé à l'éclosion d'une mentalité rationnelle ; la science du jour a des moyens infiniment plus simples auxquels je me suis ralliée et je renverse votre formule en disant : « Rendez à l'homme ce qui appartient à l'homme » trouvant que, même dans votre Etatisme, rien ne justifie l'œuvre de la négation nommée Dieu.

» Greffés les uns sur les autres, tous les cultes usèrent largement de vos lois préventives qui ne purent en rien réprimer les mauvais penchants d'un être resté *anima vili* sous la tenue du prêtre.

» Continuer le christianisme c'est perpétuer l'homme du sacerdoce qui transporte dans l'autre monde l'élément de justice qui doit régner en celui-ci.

» J'ai le profond regret de vous trouver *trop Évangéliste;* je ne puis, dans ces conditions, me faire la propagandiste d'un ouvrage qui heurte mes idées.

» Monsieur, avec tous mes regrets,
» je vous prie d'agréer mes salutations empressés. »

Au moins cette dame est franche ; elle se déclare absolue. Voici en somme sans l'avouer ce qu'elle me dit : « Je suis athée ; je ne sais ceque vous êtes, mais comme vous vous raccrochez *à la morale Evangélique* nous ne pouvons marcher ensemble...

Nous combattons pourtant pour la même cause — le capitalisme — mais cela ne suffit pas.

« ...Que parlez-vous du Christ ! Ne pouviez-vous

pas concevoir votre Etatisme sans citer ce nom ni les Pères de l'Eglise ? »

« De dire qu'on en est là, en pleine science, à l'aurore du xxᵉ siècle !!!.... Heureusement on rencontre de véritables athées — Athéistes serait peut-être plutôt le mot — avec lesquels on peut raisonner et s'entendre, même dans le domaine des abstractions. »

La lettre qui suit va le confirmer. Cette lettre est la réponse que j'ai faite à une brochure intitulée « Ma foi (1) humanitaire » que ce Monsieur devenu, mon ami, m'a envoyée.

5 juillet 1898.

« Cher Monsieur et ami,

» J'ai reçu avec grand plaisir votre brochure « Ma foi humanitaire » ; j'ai fait une lecture très sérieuse et très approfondie de ce travail et je vous en félicite pour sa sincérité et pour sa clarté.

» Nous sommes d'accord sur beaucoup de points excepté peut-être sur le principal : Je suis Déiste et vous êtes Athéiste.

» Pour moi ces deux nuances arrivent au même but et je crois que vous êtes bien près d'être de mon avis quand vous dites : « Je ne nie pas » : C'est qu'en effet l'athée nie comme le dogmatique affirme ; comme vous je ne nie n'y n'affirme ce que, humainement parlant, nul ne peut expliquer. Et puisque, athéiste, vous prenez pour titre « Ma foi humanitaire » je vais essayer, de mon côté, de traiter en déiste le même sujet avec moins de talent, malheureusement, mais avec autant de conviction ; ce sera ma réponse.

» Je ne sais pas si c'est l'homme qui a imaginé Dieu, mais pour sûr c'est lui qui a imaginé le Diable.

» Pour moi l'homme ne crée rien, ni dans le monde des choses ni dans le monde des idées : Il agite, remue

(1) L'auteur n'ayant pas signé sa brochure je garde la même réserve ; on peut cependant se la procurer à Evreux chez M. Gaston Lamaury imprimeur.

matière et pensée, voilà tout ; et c'est quand il a fait par
son *intelligence* quelque chose d'à peu près *raisonnable*
que ces choses prennent forme dans son cerveau, qu'il
les accepte ou les rejette jusqu'à parfait examen ; celles
qui résistent le plus longtemps sont celles qui forment
son *bagage sociologique et philosophique*.

» Il y a donc danger de tomber dans une exaltation
outrée, quelle qu'elle soit, parce qu'elle peut conduire à
la folie ou au fanatisme ; voilà pourquoi il faut une
grande prudence lorsqu'on veut toucher à l'absolu.

» C'est faire acte de prudence lorsque vous dites « ne
pouvant comprendre Dieu un être n'ayant ni corps, ni
figure, ni couleur et par conséquent, ne pouvant être
perçu par nos sens : Je ne le nie pas, mais je le laisse de
côté, « en ayant nullement besoin. »

» Vous avouez par là qu'au-delà de vos perceptions vous
ne croyez plus à rien ; cependant vous faites plus loin
une réserve et je n'en suis pas étonné ayant eu le plaisir
de vous connaître et de causer un moment avec vous.

» L'infini ne vous anéantit pas comme Pascal, il vous
console au contraire, « rien ne se crée rien ne se détruit »
et vous concluez de même pour le *moi* humain. Vous
admettez même que l'Univers a aussi son *moi* et que
c'est ce moi que certains reconnaissent comme Dieu.

» Me voilà dans le vif de ma thèse ; gare à
vous !...

» La science montre dans le système de l'Univers visible
et invisible à nos sens une dynamique savante où la
puissance et la résistance sont continuellement en
équilibre mais avec une élasticité infinie dans le
mouvement : Je vois dans cet admirable système
la vie universelle et le libre arbitre des êtres.

» Ceci me donne l'explication d'une œuvre absolument
parfaite à côté d'éléments imparfaits se remuant dans
un infini et pouvant, par évolution, approcher ou
s'éloigner (progrès ou regrès) de la perfection.

» N'est-ce pas là ce que nous constatons tous les jours ?
Phénomènes qui expliquent la volonté et le détermi-
nisme instinctifs et pensants, deux choses indispensables
au développement des êtres.

» Vous reconnaîtrez que l'Univers serait un triste système s'il avait l'unique précision d'un chronomètre, bon seulement pour marquer l'heure.

» Tout autre est la conception de l'Univers. A cette précision se joint une élasticité dans l'organisme qui défie tous les sytèmes imaginés par l'homme.

» Le problème de la mécanique pratique, il ne peut en être une autre dans l'univers visible, c'est la précision absolue organique avec l'absolue liberté dans les mouvements ; c'est pour cela que tous les rouages qui composent ce merveilleux système n'ont ni axe ni directrice apparents, tout se rattache par un lien de *solidarité invisible* qui donne une idée de cette solidarité prédite et rêvée par Fourier dans sa société harmonienne.

» Avec cette conception, qui ne me paraît pas plus déraisonnable qu'une autre, je puis concevoir, sans choquer l'esprit, une création et par conséquent un Dieu que je ne cherche pas plus à expliquer que vous ne cherchez à expliquer vous-même les causes premières.

» Ma foi est donc : *je crois en Dieu*, bien que je ne puisse lui donner aucune forme, mais dont, en revanche, je me rends parfaitement compte de l'intelligence et de la puissance créatrice par l'unité de l'œuvre que j'ai devant les yeux et par la science qui me confirme qu'autour de moi toute production, quelle qu'elle soit, sort du travail d'un ouvrier depuis le vibrion jusqu'à l'homme.

» Et ce qui me confirme davantage dans ma croyance c'est que toutes nos sciences en sont là : le point n'a pas d'étendue, 0 est entouré de 1. l'atôme est divisible et multipliable à l'infini, etc. ; et que, quoique ne comprenant pas qu'avec rien on puisse faire quelque chose, il faut reconnaître que sans ces conventions c'est le néant, tandis qu'en les acceptant tout s'édifie et, sociologiquement parlant, c'est le principal.

» Ma conception déiste me conduit à une morale un peu autre que la vôtre. Je ne prétends pas qu'elle lui soit supérieure, mais je la crois plus consolante, plus fortifiante et plus à la portée de toutes les intelligences :

Si ma foi a l'écueil de la crédulité, la vôtre a celle de l'incrédulité ; il y aurait donc besoin d'une fusion entre nos deux doctrines et je la crois possible, sans violence, par la seule puissance du raisonnement.

» Ce sera probablement là, la religion de l'avenir. Et j'entends par religion *toute foi* qui écarte tout sectarisme, tout cléricalisme, toute puissance politique quelconque dans la société. En un mot, la religion intérieure.

» Vous êtes libre-penseur et je le suis aussi : j'entends par là *la liberté de l'Idée*. J'aime votre athéisme parce qu'il ne me ferme pas l'infini... il m'ouvre des horizons qui me plaisent ; avec lui, je n'ai pas la vue courte. Peut-être ai-je réussi à vous faire aimer mon déisme pour la même raison, car j'accepte entièrement votre théorie spirite où, par l'évolution, les êtres conservent leur *moi*.

» Avec ma croyance, la prière a sa raison d'être ; elle est une force puissante pour aider le passage de cette vie sur la terre où les luttes sont souvent si terribles à supporter.

» La prière vous semble inutile, dites-vous, « Si vous reconnaissez Dieu tout puissant et ce qu'il a fait parfait, alors pourquoi le prier ? Il lui est impossible de transgresser lui-même ses propres lois : La prière est donc un acte insensé ou tout au moins irrationnel. »

» Avec votre système fataliste, je le comprends, Dieu est inutile, mais avec ma conception, c'est différent, car, puisque l'homme trouve sa liberté dans le jeu infini des organes de la nature, de même la Providence, Dieu, autrement dit, trouve dans ce jeu infini, sans rien déranger à son œuvre, une activité qui ne le relègue pas dans une immobilité qui ne peut se concevoir étant lui-même doué de vie et d'intelligence.

» En un mot Dieu n'est pas seulement créateur, il est ordonnateur et *conservateur* (ce dernier mot n'a de raison d'être que lorsque l'œuvre est parfaite et c'est notre cas).

» Vous dites que Dieu ne peut lui-même transgresser ses propres lois. Mais la créature les transgresse tous les jours et l'harmonie générale n'est pas détruite pour cela ; la même raison existe pour l'auteur de l'œuvre sans détruire son œuvre.

» Il n'y a donc pas besoin de modifier à chaque instant les lois qui régissent l'univers pour opérer ce que l'on appelle un miracle qui, par le fait, n'est tout simplement qu'un fait naturel. La science nous le prouve déjà ; tous les jours n'en fait-elle pas des miracles pour ceux qui ignorent ?

» Pourquoi nier la Providence ? N'est-on pas tous les jours la providence de quelqu'un : c'est une liberté qui ne peut être refusée ni à la créature, ni au Créateur.

» J'accepte donc la prière parce que je la crois consolatrice, moralisatrice et souvent efficace.

Et je ne vois qu'une prière qui puisse sérieusement à tous les temps et à tous les âges, remplir ce but.

» C'est le « Notre (1) Père ». Je trouve cette oraison un véritable chef-d'œuvre de philosophie, de sociologie et de psychologie.

» Ce sont ces quelques lignes qui m'ont conduit à mon plan social où je cherche l'union de trois facteurs.

» Etat, collectivité, individu, facteurs qui, isolés, rendent toute société impossible.

» Voilà pourquoi, cher Monsieur, j'ai recours aux lois préventives pour régler, régulariser et donner toute l'élasticité que réclame un système basé sur la solidarité.

» Mon plus profond respect,

» C. LEPAGE. »

La réponse :

« Mon cher monsieur Lepage,

» J'ai cru, commençant la lecture de votre lettre, que vous vouliez vous moquer d'un pauvre vieillard qui a

---

(1) A la fin de ce livre, je donne l'explication philosophique, morale et sociale de cette oraison qui se soutient magistralement au milieu des progrès de la science au xxᵉ siècle, comme on pourra en juger.

fait (1) sa rhétorique à l'école primaire, quand vous écrivez que vous allez traiter le même sujet que moi, mais *avec moins de talent !*

» Un peu plus j'allais me fâcher à blanc ; mais, me rémémorant l'homme sensé, sérieux et sage ; l'artiste aimable que je voyais pourtant pour la première fois, j'ai refoulé le mauvais sentiment de l'idée première pour accepter, en rougissant, l'hommage de votre trop gracieuse bienveillance.

» Comme vous le dites, nos idées sont au moins, proches parentes et une fréquentation plus suivie, mais que la société nous refuse, nous mettrait, comme vous et moi le pensons, assez vite d'accord.

» Je regrette vivement la disparition du journal où j'avais l'honneur de communiquer avec vous par la pensée ; et, aussi nos modestes réunions annuelles qui, avec le temps, auraient pu devenir plus fréquentes, car, il est bien rare de se trouver en compagnie d'hommes ayant quelques bonnes idées dans le cerveau et de nobles élans de cœur.

» J'espère que nos âmes sœurs, se trouveront par leurs magnétismes polarisés, dans les mondes de l'avenir.

» Affectueuse et vibrante poignée de main. »

Evreux, 13 juillet 1898.

LE RADICALISME

Voici une lettre d'un chef du parti radical :

Paris, 14 mars 1898.

« Monsieur,

» Excuzez-moi de répondre si tardivement à l'envoi que vous avez bien voulu me faire du (*Mal Social*).

(1 Mon ami, ancien instituteur, a 84 ans.

Les élections ne m'ont point permis de le lire que cette semaine. Puisque vous me faites l'honneur de lire — et même de citer en épigraphe — ce que j'ai dit ou écrit de mon côté sur ces problèmes qui pressent notre pays, vous savez déjà sur quels points je peux différer de vous et je n'ai pas besoin d'insister ici. Mais, ce que je tiens à constater, c'est notre accord sur l'idée fondamentale d'où l'expérience dégagera peu à peu les conclusions pratiques inévitables : l'idée de solidarité humaine. Il s'est fait, certainement, une évolution des esprits depuis vingt années, qui a rendu, chaque jour, plus familière et plus précise cette notion des devoirs réciproques des hommes en société et le *tous pour chacun, chacun pour tous* qui est si loin d'être encore une réalité est au moins déjà, dans beaucoup de consciences, une vérité acceptée désormais inébranlable. Quelles que soient les conclusions particulières où peuvent arriver les écrivains qui construisent leur « Plan social », c'est sur ce terrain qu'ils doivent édifier et je suis, pour ma part, reconnaissant à ceux qui, comme vous, Monsieur, apportent pour l'étude de l'édifice des vues aussi élevées, un sentiment aussi généreux, un désir aussi sincère de justice et de fraternité.

» Veuillez agréer, Monsieur, avec tous mes remerciements, l'assurance de mes sentiments distingués.

» Léon Bourgeois. »

C'est donc le Radicalisme à Paris qui m'ouvre la plus grande porte.

Je demande la permission au chef du parti radical de *publier* cette lettre, qui ne peut que l'honorer, et d'y ajouter ma réponse dans laquelle je crus bon de lui rappeler mon Vœu dont, mon cher monsieur Paul, vous connaissez la substance.

27 mai 1898.

« Monsieur Léon Bourgeois, député,
ancien président du Conseil,

» Je n'attendais pas moins de l'auteur de la
« Solidarité » (1) et je suis très heureux de l'honneur
qu'il a bien voulu me faire en lisant mon modeste
travail « *Mal Social* ».

» « Solidarité » pose le problème social, donne les
bases scientifiques et morales et en trace les grandes
lignes.

» Avec la même sincérité, en dehors de tout esprit
politique, sans parti pris, sans arrière-pensée, « Mal
Social » cherche le remède.

» Dans « Solidarité » vous montrez clairement la
nécessité d'unir l'Etat, la collectivité, l'individu,
rejetant tout absolu ; et moi, pénétré de la même idée,
je cherche, dans une sage mesure, l'accord de ces trois
facteurs inhérents à tous les êtres qui, par leur nature
psychologique et physiologique, sont obligés de vivre
en société et de se collectiviser pour trouver paix et
sécurité.

» L'homme ne peut nier être dans ce cas, forcé, s'il
veut vivre, de se soumettre à des lois naturelles qu'il
trouve toutes faites et auxquelles il n'a nullement
participé.

» La sagesse lui commande d'accorder son grand
amour de liberté avec l'exigence de ces lois inexpu-
gnables.

» Il faut, en un mot, qu'il trouve dans sa conscience
et dans sa science la force que de petites collectivités
d'êtres inférieurs ont su trouver dans leur instinct ;

(1) M. Léon Bourgeois, presqu'en même temps que mon livre,
faisait paraître un remarquable travail sous le titre de
« Solidarité ».

l'homme ne peut pas toujours être l'ennemi de l'homme.

» Par un de ces décrets éternels que la science moderne est en train de vérifier dans la grande œuvre universelle « l'Evolution » il se formera des convictions atteignant même l'au-delà qui créeront dans les esprits un idéal conforme à la raison et qui redonneront aux cœurs désespérés le courage de lutter et de vivre.

» Ce sera l'honneur du xxᵉ siècle d'avoir scientifiquement prouvé que l'individu ne peut être libre qu'autant que l'humanité entière le sera.

» Le cri « à bas les tyrans », que les siècles répètent, est la preuve de cette puissante aspiration qui ne peut s'effectuer que sous l'action incessante d'une tendance à la solidarité humaine. Nous sentons aujourd'hui que l'obstacle le plus grand à la réalisation de ce fait est l'ignorance du plus grand nombre et surtout la fausse instruction répandue par les ennemis du genre humain; égoïstes intéressés à maintenir la confusion dans les esprits.

» C'est pourquoi les cœurs braves et honnêtes, dirigeants ou dirigés, ne doivent pas se lasser d'instruire et de moraliser.

» Pénétré de la mission que je me suis donnée, oserai-je dans ce but vous recommander (1) *le Vœu* que je destinais il y a trois ans à la Chambre des députés, lors du fameux dilemme Dupuy.

» Confiant dans votre bonne fortune, et dans l'espoir de vous voir bientôt reprendre votre poste supérieur de combat. Je vous prie d'accepter, Monsieur le député, avec toute ma reconnaissance, l'assurance de mon entier dévouement pour la marche en avant, toujours en avant !

» Recevez, Monsieur, avec mon plus profond respect, mes salutations bien sincères.

» C. Lepage. »

Un chef du parti opportuniste progressiste. M. Deschanel, sur la lecture de mon Vœu et de mon livre « Le

(1) A cette lettre était jointe ma brochure intitulée « Mon Vœu. »

Mal Social » a bien voulu m'envoyer deux cartes avec ces inscriptions, la première, après l'envoi du Vœu : « Avec ses remerciements pour son intéressante brochure » ; la seconde, après l'envoi du *Mal Social* : « Avec ses remerciements. »

Ne serait-ce qu'une simple politesse elle est au moins une marque de sociabilité qu'un pauvre diable sincère et convaincu est heureux de rencontrer dans les classes dirigeantes.

Voici ma réponse :

7 Novembre 1895.

« A Monsieur Deschanel, député d'Eure-et-Loir, depuis Président du Corps Législatif.

» Monsieur,

» J'ai reçu votre carte avec son inscription. Je suis très flatté d'avoir pu vous intéresser un moment.

» Cette petite brochure — « Un Vœu » — m'a valu des félicitations dans tous les rangs, dans toutes les classes de la société. J'attribue ce petit succès à son caractère pacifique et *naïvement honnête comme l'est, au fond, le peuple lorsqu'il n'est pas surexcité.*

» J'en ai envoyé aux députés les plus marquants, aux principaux journalistes, au nouveau ministère (1) et même au Président de la République (qui à cette époque était M. Félix Faure).

» Osera-t-on émettre ce vœu ?

» Comprendra-t-on ce cri : « Mouillez les cordes » sorti de la poitrine d'un vieillard de 72 ans qui, comme le peuple, a soif de justice.

» Voudra-t-on comprendre que cet appel est *la suprême ressource,* qu'il prévient la dissolution et prépare sans bruit et sans précipitation, sans secousses violentes « la Revision par le peuple lui-même. »

(1) M. Méline.

» Si oui, nous pourrons crier : Vive la France !.... et Vive la République, car elle aura bien mérité d'elle.

» Croyez, Monsieur le Député, à ma bonne confraternité.

» C. Lepage. »

Je ne dois pas oublier non plus M. Millerand aujourd'hui ministre, et je dois le remercier de l'envoi de sa carte avec « Tous ses remerciements. »

De même M. de Mun, le fameux orateur clérical. Il n'a rien écrit sur sa carte, mais enfin c'est se montrer au moins courtois.

Pourquoi n'en puis-je pas dire autant de tant d'autres qui oublient ou ne pensent pas que des efforts isolés méritent la peine d'être encouragés.... Ils devraient penser que les efforts faits par de simples et obscurs citoyens ont au moins le mérite du courage malheureux.

Nota : Je croirais manquer à mes principes démocratiques si à côté de toutes ces célébrités, je ne donnais pas l'opinion d'humbles citoyens comme moi, instituteurs, professeurs, et celle de pauvres prolétaires plus éprouvés encore, sentant mieux étant près du foyer de la souffrance.

Je choisis quelques lettre dans le nombre de celles que j'ai reçues.

En voici une d'un vrai prolétaire :

« A Monsieur C. Lepage.

» Au vieux lutteur socialiste.

» J'ai lu avec beaucoup d'intérêt votre livre « Le Mal Social » comme d'ailleurs un certain nombre de brochures et ouvrages traitant de la ou des questions sociales.

» Je vous avoue avec plaisir que j'ai rencontré dans l'ensemble de ce livre beaucoup de beautés; aussi ne saurai-je vous dire ce que j'ai le plus admiré de votre sociologie en formant pour ainsi dire la préface, et sur

laquelle vous vous appuyez pour établir les bases de
votre plan social ou de ce plan lui-même : tout est dé-
crit, commenté et résumé de main de maître ; depuis les
causes multiples du mal jusqu'à son remède ingénieux,
très efficace et très réalisable immédiatement, à mon
humble avis.

» Malgré son très modeste aspect votre livre contient
une œuvre qui, pour petite qu'elle apparaisse à première vue, n'en est pas moins très grande par les recherches auxquelles vous avez dû vous livrer, par les
détails analytiques qui y abondent comme aussi par les
vues générales et les conceptions élevées qui vous ont
guidé pour l'accomplir ; grande également dans les résultats qu'elle doit produire, résultats qui, je le répète,
peuvent être immédiats si nos classes dirigeantes avaient
sincèrement la ferme intention d'y aboutir.

» Cette œuvre, qui prime toutes autres similaires en
raison du plan social très simple qui la termine — ce
que je n'ai pas rencontré dans toutes celles parues avant
et depuis, malgré toute leur étendue ou plutôt à cause
de cela, ce qui en rend la compréhension presque impossible — cette œuvre, dis-je, est celle d'un penseur qui
a profondément observé, doublé d'un homme généreux
accessible à la pitié *envers tous*, auquel aussi les misères
de la vie occasionnées par notre état social n'ont point
échappé, probablement parce qu'il les a sans nulle doute
subies, aussi, à ces divers titres, le lamentable tableau
que, dans votre sociologie, vous faites de l'humanité
doit être cruellement exact et sincèrement vrai ; d'ailleurs,
comme vous le prouvez si bien, avec forces arguments décisifs, la science est là qui corrobore et confirme
les dures mais justes appréciations que vous en faites.

» La lecture de votre œuvre consciencieuse et méri-
toire m'a fait beaucoup de bien, car étant moi-même
une victime de notre triste société, je ne voyais plus
d'issue pour en sortir ; par instants, de véritables découragements me prenaient : jusque-là je m'étais contenté
d'avaler tout ce qui se disait et s'écrivait dans l'intérêt
des parias ; naïvement convaincu de la sincérité et du
bon vouloir de nos érudits ; je finissais par croire qu'il

n'y avait rien à faire, rien à espérer. C'est bien triste, je
vous assure, lorsque père et soutien de famille on en est
là !.... Et je me disais : nos orateurs et nos écrivains
érudits connaissent bien nos maux, je le vois bien, mais
je ne vois point l'indication d'un remède efficace. Ils ne
le connaissent pas ou alors c'est qu'ils ne veulent point
l'appliquer.... puisque la moindre réforme en faveur du
prolétaire a tant de mal à passer ?

» Je ne savais trop à quelle idée m'arrêter, lorsque
votre livre est venu m'ouvrir les yeux ; je le lus d'abord
avec un certain scepticisme, me disant : c'est probablement toujours la même rengaine, mais enfin, comme ce
n'est pas long, lisons, nous allons voir, son fameux remède ; il vaut sans doute ceux déjà préconisés. Eh bien,
je vous l'avoue, votre *droit de vivre* et votre *valeur temporaire de l'or* me *donnant sécurité et liberté* dans la
mesure possible du collectivisme m'ont séduit : aussi le
plan social qui termine votre livre et en est le but a retenu mon attention, je l'ai lu et relu entièrement afin de
m'en bien pénétrer et j'ai compris bien des choses...
entr'autres pourquoi *les parias* étaient toujours des
parias jusqu'à ce jour et comment ils devraient s'y
prendre pour abattre les tyrans qui les oppriment depuis tant de siècles, c'est-à-dire leur enlever et remettre
à la nation les armes avec lesquelles ils nous tiennent
sous le joug.

» Vous me trouvez donc Etatiste et partisan de votre
plan social dans son ensemble avec la sociologie dont
vous en faites sortir les bases. L'application de ce plan
serait une très grande amélioration à l'état de choses actuel, et qui peut se faire immédiatement sans secousse
et sans violence, elle devrait réunir l'adhésion de tous
les bons citoyens réellement désireux de *restituer* aux
malheureux *leur part de bénéfices sociaux* que nos lois
humaines actuelles leur enlèvent au mépris des lois naturelles, qui, elles, sont inéluctables.

» Comme conséquence logique de mon adhésion à
votre plan, je ne demande pas mieux que d'être astreint
— comme tous les citoyens — à un travail journalier de
4 à 6 heures, même davantage, s'il le faut, si au bout

de ce temps, je suis sûr d'avoir un morceau de pain pour moi et ma famille ; cela me sera une contrainte bien douce comparée à celle que je subis actuellement (comme d'ailleurs la grande majorité) pendant un temps bien plus long, souvent inégal, sans certitude du lendemain. Je ne parle pas des jours de chômage au bout desquels je peux, il est vrai, resserrer d'un cran ma ceinture ; ni du moment qui arrive à grands pas où je ne pourrai plus du tout ou du moins plus guère produire. (Il est vrai aussi que l'hôpital n'est pas fait pour les chiens comme on dit ; belle perspective !.....)

» Ainsi que je le dis plus haut, je commençais à douter de la sincérité de nos écrivains et orateurs politiques ; aussi lorsque je me fus bien pénétré de votre livre, je suivis avec une nouvelle attention tous leurs faits et gestes, ce qui m'amena à examiner de près les causes multiples de la scission (1) qui venait précisément de se faire dans le parti socialiste.

» Désireux d'être utile à la grande cause sociale et voulant en même temps me rendre compte de la sincérité des grands chefs je choisis l'un des plus en vue, M. Jaurès, pour cette étude. Je me disais : M. Jaurès, avec son grand talent, ses amitiés avec Millerand qui vient d'arriver au ministère pourra,. s'il veut ; faire faire un grand pas à la cause ; il va marcher hardiment, bravement à l'assaut ; avec sa grande autorité il doit réussir. Alors je me décidai à lui écrire une lettre dans laquelle je préconisais votre *Vœu*, sûr, que ce vœu qui s'adresse à tous, sans distinction d'opinion, de nuance ou d'école, réunirait l'unanimité des membres du Parlement ou tout au moins une très grande majorité ; alors surtout qu'il n'est qu'une préparation à l'étude de la question sociale et que son admission ne préjuge en rien sur les résultats que doit produire cette étude : Voilà, me disaisje, *l'union* qu'il faut faire, c'est *celle de tous les citoyens français*. Je ne lui ai pas parlé de votre Plan, j'ai supposé qu'il le connaissait.

» Quoi de moins subversif en effet que ce vœu qui de-

(1) Scission qui a amené le Congrès socialiste. Paris, 1899.

mande « que le gouvernement prenne lui-même l'initiative de la question sociale » et qui laisse à chacun toute ses convictions, toute sa liberté d'action. Si ce vœu était adopté chacun pourrait, sans crainte d'aucune sorte, s'intéresser aux affaires sociales, les discuter et y coopérer utilement ; cela vaudrait beaucoup mieux et aurait, dans tous les cas, plus de résultats appréciables que les appels répétés sous toutes les formes, faits par nos orateurs et nos écrivains qui causent et écrivent toujours mais ne veulent ou n'osent conclure logiquement.

» Depuis cette lettre que j'écrivais à M. Jaurès, la question sociale n'a pas avancé d'un pas ; le grand Congrès Socialiste qui vient d'avoir lieu à Paris et sur lequel je fondais de grandes espérances n'a pas produit les résultats que j'en augurais ; j'ai vu réunis là des chefs d'école, se recommandant tous du socialisme, se bataillant sur le nom de Millerand, mais n'apportant aucune idée nouvelle, aucun moyen réellement pratique d'affranchissement du peuple ; on a même parlé de dictature ouvrière, deux mots qui supportent difficilement l'acollement ou l'accolade, comme vous voudrez, et qui jurent diantrement avec ceux-ci : Liberté, Egalité, Fraternité ; j'aurais mieux aimé que l'on donnât mandat aux députés socialistes qui assistaient au Congrès, à l'effet de présenter et soutenir au Parlement, avec tous les développements qu'elle comporte, une motion tendant à l'examen des moyens à employer pour assurer le triomphe des revendications des prolétaires ; mais malheureusement aucun des congressistes n'a parlé en ce sens. Est-ce qu'on aurait oublié la chose principale, ou a-t-on trouvé que le temps n'était pas encore opportun ?...

» Encore une illusion qui s'en va. Mais malgré tout l'idée marche, ici comme ailleurs, aussi je suis convaincu que ça va marcher là haut, l'instinct de la conservation dût-il stimuler les retardataires.

» J'aurais encore beaucoup de choses à vous dire, qui m'ont été suggérées par la lecture de votre intéressant ouvrage et par les récents évènements, mais comme ce n'est pas le but de ma lettre je ne m'y attarderai pas davantage aujourd'hui ; ce que j'ai voulu par cette lettre c'est apporter mon appoint à vos idées généreuses, rêves d'aujourd'hui, réalités de demain et vous dire :

» Continuez, vieux lutteur, vos assauts contre tous les tyrans pour obtenir notre émancipation morale et sociale ; bataillez encore, bataillez toujours avec votre grand cœur, fièrement, virilement et vigoureusement malgré ou plutôt à cause de votre grand âge ; votre situation d'homme isolé vous donne une force que n'ont point les chefs de parti malgré leurs talents car elle grandit la valeur de vos travaux ; en effet, là, point de compromission partant point d'honneurs mondains à recueillir ; uniquement la pensée nue d'une grande conscience en face de notre triste humanité rehaussée par un grand caractère tranchant sur son sombre tableau.

» Un jeune disciple qui vous salue respectueusement,

13 décembre 1899.

» ARTIN. »

28 mars 1898.

« Monsieur Lepage,

» J'ai lu avec un grand intérêt votre ouvrage « Le Mal Social » que vous avez eu l'obligeance de m'envoyer. Vous rendez certainement un grand service en dénonçant comme vous le faites dans cet ouvrage le mal dont souffre le peuple qui succombera sous cette féodalité capitaliste, si on n'y porte un remède énergique et prompt.

» Je vous admire vraiment : vos idées claires et lumineuses exposées dans un style brillant, l'énergie dont vous faites preuve malgré votre âge, tout dans ce volume vous montre un homme convaincu et qui ma foi réussit à merveille.

» Je souhaite de tout cœur qu'on arrive bientôt à la réalisation d'une partie de votre admirable plan ; mais ce sera difficile et long, la bourgeoisie qui détient le pouvoir aujourd'hui ne se laissera pas arracher sans difficulté les réformes susceptibles d'améliorer un peu la condition de la classe ouvrière. Enfin espérons.

. . . .

» Je vous serre cordialement la main.

» ... professeur de l'Université.

. . . .

11 février 1897.

« Monsieur,

» J'ai parcouru la brochure que vous m'avez fait l'honneur de m'adresser et je viens vous en féliciter bien sincèrement. Votre critique de notre société est bien faite et votre remède presqu'immédiatement applicable, c'est du garantisme prévu par Fourier dont je suis un trop vieux disciple — (84 ans).

» Je n'étais pas Étatiste et cependant votre conception de l'État me plaît assez. Je serais plutôt, je crois, anarchiste dans le vrai sens de ce mot, c'est-à-dire que je désirerais un gouvernement qui ne se fît que peu ou point sentir. Les honnêtes gens ne pourraient-ils, en effet, se passer de cet *impedimenta*.

» Je désirerais l'anarchie comme en Chine. Dans ce singulier pays si peu ou plutôt si mal connu, la commune s'administre elle-même et est presque tout l'État. Les 400 millions de Chinois sont tous propriétaires usufruitiers. Là, point de pauvres ni de riches. Les lois ne sont codifiées que passées dans les mœurs.

» Les socialistes et les anarchistes de chez nous feraient bien d'aller là-bas prendre des leçons.

» Quoi qu'il en soit, le progrès marche et l'avenir est aux hommes de cœur. Cordialement avec vous.

» UN ANCIEN INSTITUTEUR COMMUNAL.

» Conseiller général,

» Chevalier de la Légion d'Honneur ».

UNIVERSITÉS POPULAIRES

Réponse à une lettre où on me demande mon opinion sur ces Universités :

« Vous me demandez ce que je pense des Universités populaires et aussi du discours prononcé par M. G. Seailles à l'occasion de l'inauguration de l'Université populaire faubourg St-Antoine. Voici une appréciation :

» Je vois là une déviation de l'Idée qui présidait à la Coopération des Idées, opinion que j'exprimais ainsi :

La coopération des idées appelle toutes les intelligences sur une question bien choisie et dont l'urgence se fait sentir. Je comprends cela, il y a là unité et direction où toutes les idées sur cette question convergent... C'est un excellent travail pour celui qui concoure et une solide méditation pour celui qui lit... J'étais entièrement dévoué à cette idée qui se rapprochait de mon Vœu.

» Je ne puis de même m'associer à la transformation de cette idée en Universités populaires ayant pour but d'instruire et moraliser le peuple. Sans doute il faut instruire le peuple.

Mais il ne faut pas laisser ce soin à l'initiative individuelle sous un régime comme le nôtre. Pour moi je crains de voir se former des Eglises de Mandarins qui, sous prétexte d'instruire, moraliser, socialiser l'ouvrier, — *vous entendez bien ? l'ouvrier* (car peuple pour eux ne veut pas dire autre chose), trouveront là une excellente réclame pour leurs livres et je crains que ces Universités deviennent comme la Presse, un Etat dans l'Etat.

» D'ailleurs qu'attend-on de ces Universités populaires : Détourner l'ouvrier du cabaret ? Croit-on bénévolement qu'il n'y a que l'alcool, cet excitant de la classe ouvrière, qui fournisse des abrutis ? Hélas ! l'ivresse de l'or est bien autrement efficace pour cette triste besogne.

Et la preuve... Tous ces gens aisés qui ne peinent

plus pour le pain du lendemain, qui n'ont plus le souci de l'avenir puisqu'ils sont bien rentés ou bien retraités... Quel usage font-ils de leur instruction, de leur morale, de leur or ?... *l'égotsme* est la base de leur vie et l'on est bien plus témoins de leurs vices que de leurs vertus...

» Il sont donc la preuve éclatante que l'instruction, jointe aux morales, a peu d'efficacité sur l'homme, et que sans renoncer à instruire, à moraliser, c'est à d'autres moyens moins subjectifs qu'il faut recourir pour arriver à plus de justice sociale dans la société des hommes. D'ailleurs cette méthode exercée sur les esprits n'est point neuve, les religions, sans exceptions, l'ont pratiquée de tout temps.

» Et, à côté de quelques résultats plus particuliers que collectifs, d'énormes abus ont étouffé ce qu'elles ont fait de bien et la confiance dans leur efficacité est aujourd'hui entièrement perdue.

» C'est le prêtre qui est cause de cela, me dira-t-on.

Sans doute et ce sera toujours comme cela dans tout sacerdoce : Il y a le prêtre de *l'art*, de *la morale*, de *la science* du bien et du mal : tout comme en religion.

» Or, ces Universités populaires ne sont autre chose que de nouvelles synagogues ou églises que l'on cherche à ouvrir en France qui arriveront *à la confusion des idées* dans les cerveaux peu préparés comme il arrive pour les bacheliers dans l'enseignement secondaire.

Eh bien, je répète ce que par écrit ou verbalement vous m'avez entendu dire sur tous les tons : Assez comme cela d'Oligarchies, *sac, sabre, politique, marteau, goupillon.* Épargnons à la science, ce triste rôle. Il n'en faut plus...

» Les Féodalités contiennent toutes fatalement en germe *le despotisme et la tyrannie* parce que tous ces petits Etats dans l'Etat, après s'être combattus pour dominer seuls — lorsqu'ils n'y parviennent pas et qu'ils sentent que le peuple pourrait se ressaisir — s'entendent toutes... admirablement lorsqu'il s'agit de conserver les privilèges que la fortune et les hautes places qu'ils atteignent par ces moyens leur donne. N'est-ce pas en jouant ou en endormant le peuple qu'ils se maintiennent à leur sinécure ? Voilà pourquoi vous les rencontrez toujours hostiles à la seule réforme qui peut affranchir le peuple : *Le droit de vivre.*

» Voyez-vous ces bons apôtres :

» Ils veulent nous arracher à l'alcoolisme, au café-concert, aux mauvais romans... Très bien, nous comprenons cela ; mais, ce que nous ne comprenons plus, c'est qu'ils laissent carte blanche à ceux instruits et éduqués qui fabriquent sans vergogne en les répandant *à son de trompe*, ces alcools, ces chansons idiotes et souvent érotiques, ces romans où se divulguent toutes les machinations infernales pour commettre le crime ; ils les laissent (car ils ne parlent pas de les moraliser, ceux-là) étaler impunément pour nous tenter et nous séduire leurs impudentes maîtresses, nos propres filles, bien souvent, tentées, par leurs prodigalités...

» Cela ferait rire et hausser les épaules, si ce n'était aussi triste. Instruire c'est bien : Mais montrez-nous par vous-même que votre science, votre érudition, vous élève à cet Idéal que vous nous promettez, et qu'on cherche inutilement à voir peint sur votre visage, et après nous avoir donné, aussi à nous, non pas votre bien-être, non pas votre luxe, non pas vos caprices, vos excentricités, mais ce pain quotidien dont nous manquons ou craignons sans cesse de manquer, ce qui rend notre vie pleine de soucis décourageants ; après, nous pourrons peut-être entendre avec fruit vos belles et quelquefois bonnes paroles.

» Que voulez-vous que pense un pauvre diable, torturé par la gêne continuelle quand, après un discours de plus de deux heures, finalement un orateur, un savant comme M. G. Séailles, montrant le but de ces Universités, arrête ainsi ses conclusions positives : « Nous ne sommes pas près de cette société qui envelopperait dans son harmonie l'animal et les forces brutes elles-mêmes, nous n'avons pas fini *de rationnaliser la planète.* »

» Alors s'il faut attendre que Messieurs les savants aient rationnalisé la planète pour avoir *son pain assuré,* quand autour de soi il y a abondance : C'est proclamer carrément que nous ne l'aurons jamais... parce qu'ils ne veulent pas nous le donner, et je l'ai dit pour raisons : C'est qu'il leur faudra toujours des valets pour leur luxe et leurs plaisirs, et des prolétaires pour entretenir leur doux farniente.

» Voilà pour le côté social. Toujours la même chose : « Liberté de crever de faim. »

» Quant au côté moral : Ils ne veulent plus de la religion, de la morale chrétienne : « elle est déprimante. » Cependant ils reconnaissent le besoin d'un Idéal.

» Et voilà le moyen de l'atteindre :

« Elargissez votre âme en l'approfondissant ; plus vous réaliserez le bien, moins vous douterez de sa réalité ; plus vous donnerez de force en vous *à la raison*, plus vous l'exprimerez dans le petit monde où s'applique, où s'étend votre action, plus vous croirez à la possibilité de son universel triomphe. Pour agir nous n'attendons pas d'avoir résolu tous les doutes, pénétré tous les mystères pour savoir si Dieu existe ; nous marchons à sa rencontre.

» Lisez entre les lignes : Comme nous ne rencontrerons jamais ce Dieu, nous nous ferons dieux nous-mêmes et nous règnerons ainsi sur la terre... N'est-ce pas tout ce qu'il nous faut... A bon entendeur, salut.

» Voilà ce que je pense de l'efficacité des Universités populaires ; j'avais meilleur espoir *dans les questions*, telles que la Coopération des Idées les présentait à tous... mais une chose aussi simple n'eut pas vécu.

» C. LEPAGE. »

CONGRÈS SOCIALISTE DE 1899

Réponse à une lettre de mon jeune ami, me demandant mon opinion sur ce Congrès.

Je vous remercie de cette nouvelle confiance. Je vais

essayer de vous satisfaire et de répondre à ce nouveau désir que vous m'exprimez si gentiment.

» Vous m'avez souvent entendu dire que je n'étais pas partisan de la lutte par partis, par fractions isolées, autrement dit et c'est ce que fait M. Jaurès.

» La raison, la voilà :

» Qu'est-ce qu'un parti ? C'est une collectivité qui veut arriver au pouvoir, régner, en un mot. De là, tous ces partis qui nous divisent.

» Si on ne peut empêcher ce mal (car c'est une vraie maladie chez nous), il faudrait tendre à ce qu'il y en eut le moins possible : deux seraient vraiment suffisants. Et ceci me semblerait plus possible, pratiquement parlant, que tout ce que l'on tente tous les jours au Parlement pour arriver à ce qu'on appelle avoir un gouvernement.

» On vient, dit-on, de faire l'unité du parti socialiste au point de vue de son action politique... C'est très bien ; l'année prochaine, espérons qu'on la fera au point de vue de l'application des principes que tous semblent accepter, mais qui ne sont pas encore bien déterminés.

» Car, est-ce un principe de dire : sont socialistes, tous ceux qui acceptent la socialisation, c'est-à-dire « la substitution de la propriété collectiviste à la propriété capitaliste : Il me semble qu'il faut d'abord être fixé sur les moyens de la rendre possible ; là, l'unité est loin d'être faite... même dans le parti socialiste et ce n'est pas seulement là qu'il faut la faire, c'est *dans le peuple*, c'est-à-dire *de tous*.

» Pour moi, je ne vois qu'un moyen : Respecter toutes les études sociales faites jusqu'à ce jour, et s'entendre sur les *bases d'une Sociologie ;* en un mot, établir une espèce de petite grammaire sociale, accessible à tout le monde et *faite par tout le monde*, ensuite la faire sanctionner par un plébiscite (*Referendum*). En somme, l'idée que j'exprime par « Mon vœu dans le Mal Social ».

» Pour moi, je ne vois pas autre chose pour faire sortir le peuple (tous), de cette apathie décourageante qui ne peut qu'augmenter, étant donné l'état des esprits, triste résultat de la politique *des partis*, en guerre depuis cinq ans (1895-1899).

» Tout le monde le reconnaît : la veulerie, l'avachissement, *l'égoïsme personnel*, sont arrivés au plus haut degré et il est grand temps qu'on réagisse. Or, le Congrès faisant œuvre politique et écartant tout ce qui n'entre pas dans sa doctrine athéiste ou libre-penseuse, n'est pas dans cette voie. Au Congrès de Londres, les membres écartaient impitoyablement les anarchistes ; cette année ils écartent l'homme isolé, c'est-à-dire le plus indépendant. Je regarde cela comme très fâcheux pour la grande cause sociale.

» On me demande quelquefois :

» — Mais à quel parti appartenez-vous ? Etes-vous clérical ?

» — Non.

» — Pourquoi parlez-vous de Jésus-Christ et des Evangiles ?

» — Parce que je partage les idées du Christ social, de l'homme-peuple qui, ayant vécu parmi nous, n'était, en son temps, d'aucun parti, ni d'aucune école, ni d'aucune religion.

» — Alors vous êtes socialiste chrétien ?

» — Pourquoi ? Je serais aussi bien socialiste avec Socrate, avec Platon, même avec Confucius : je ne comprends pas cette question. Si vous me demandiez :

» — Etes-vous chrétien, au point de vue des abstractions religieuses ?

» Je vous répondrais :

» — Ça, c'est une autre affaire. C'est la liberté de conscience : Il n'y faut pas toucher ? La liberté de conscience est la première condition d'une vraie Sociologie pratique ; il faut séparer comme le Christ le faisait (1) l'abstrait du concret.

» Rejetant tout culte extérieur, sans exception, saints ou grands hommes, je ne suis et ne puis être clérical (Il n'y a pas de clérical que les cléricaux ?...).

---

(1) Rendez à César ce qui appartient à César et à Dieu ce qui appartient à Dieu.

» — Etes-vous radical ?

» — Oui, parce que j'entends par ce mot, attaquer franchement le mal dans sa racine, à petite ou à grande dose (lire plus haut ma réponse à M. Baggio. — *Lettres*).

» — Etes-vous collectiviste communiste ?

» — Oui, parce que je ne puis séparer sans contradiction le mot société de collectivité et de communauté.

» — Etes-vous anarchiste ?

» — Oui, mais dans une certaine mesure, parce que je crois avoir droit à une somme de liberté que l'Individualisme à outrance, — si voisin de l'anarchie, — depuis un siècle d'essai, est loin de m'avoir donnée.

» En général, je rejette en pratique sociale *tous les absolus*.

» — Mais enfin, qu'êtes-vous donc en réalité ?

» — Etatiste... c'est-à-dire *Peuple ;* pas d'Etats dans l'Etat : le peuple souverain.

» — Alors, vous êtes Nationaliste ? en ce moment, oui, puisque l'humanité est divisée en nations. Je serais Universaliste s'il n'y avait plus de nations. Je demande que les partis, les sectes, *les écoles soient toujours en présence* et qu'on laisse aux délibérations le temps nécessaire pour en tirer les conclusions après débats contradictoires.

» Mais je ne veux pas de partis isolés, par conséquent *pas de pouvoir à conquérir.*

» Je ne cherche pas l'unité de parti (1) *mais l'unité de la nation.* Si c'est comme cela que vous l'entendez, oui, je suis nationaliste, mais pas avec Pierre ou avec Paul. Est-ce compris ?...

» Mais l'histoire vous montre que la bourgeoisie (le Tiers-Etat), ne s'est affranchie qu'en devenant un Etat dans l'Etat, plus puissant que les féodalités qui l'écrasaient : Ne sont-ce pas les bourgeois qui ont fait 1789 ?

» — Oui, et eux aussi qui, par leurs lâches concessions, qui ont amené 93. Ce sont eux encore qui ont laissé croître la féodalité capitaliste à laquelle sont accourus le Sabre, le Goupillon, la Noblesse, etc.

(1) Comme le veut Jaurès. ❧

» Ce qui confirme ce que je dis plus haut : Gare à l'oligarchie du Savoir alliée au Marteau, la pire de toutes
peut-être elle en fera autant. J'en ai donné un
échantillon dans la quatrième Partie de ce livre (Exposition collective ouvrière).

» — Etes-vous réactionnaire, autrement dit contre-
révolutionnaire ?

» — Vous riez, sans doute ? Je n'ai pas deux yeux
derrière la tête ; il me semble que je marche en avant,
toujours en avant...

» — Etes-vous révolutionnaire ?

» — Qu'entendez-vous par là ? Est-ce progrès ou force ?
La question est mal posée.

» Progrès veut dire Evolution. Si c'est cela que vous
entendez, je le suis.

» Force veut dire guerre. Dans ce cas je me défends,
mais n'attaque pas ; je ne suis donc pas révolutionnaire
dans le sens propre du mot.

» — Mais si vous êtes assailli par des ennemis hypocrites et lâches... que vous restiez isolé ?

» — C'est ce qui est arrivé au Christ et à d'autres
vaillants héros... écrasés par le nombre. Je meurs... ne
criant encore à pleins poumons et jusqu'à la fin : Vive le
peuple et vive l'humanité !... A bas les tyrans !

» Souvenons-nous qu'on n'édifie rien de bon *avec de la
boue et du sang...*

» Tout à vous, mon jeune ami, malgré toutes les machinations infernales pour corrompre ; restez, au milieu
de votre temps, toujours digne.

» C. LEPAGE. »

. . . .

Enfin, finalement, je clos ce chapitre de correspondance par cette dernière lettre écrite par notre héros
à son vieil ami de 84 ans qui venait de lui envoyer
un article de lui, écrit dans un petit journal de
province.

Elle clot le XIX° siècle et, sans voir l'avenir trop

noir, elle montre des craintes qui, je l'espère, ne se réaliseront pas.

Il est bon cependant à nous, les jeunes, de veiller.

X...

31 octobre 1899.

Cher Monsieur,

» Je vois que vous êtes toujours sur la brèche, montrant malgré votre grand âge, qu'il ne faut jamais abandonner la lutte tant que le pouls nous bat encore.

» Comme vous, je bataille aussi. Pourquoi, avec si bonne volonté, sommes-nous aussi faibles ? Pourquoi ne pouvons nous pas nous faire entendre ?... (Vous avez donc enfin trouvé où écrire).

» D'autres, dira-t-on, mieux situés s'en chargent... Est-ce bien sûr ?

» Nous entrons dans l'opportunisme-socialiste ; pourvu que ce ne soit pas une deuxième édition de l'opportunisme républicain.

» Vous savez, comme moi, combien s'est fortifiée *l'œuvre capitaliste* et la contre-révolution pendant tout le temps de cette politique louvoyante ; 25 ans, non seulement n'ont rien changé à la situation, mais ont mis la République à deux doigts de sa perte.

» Voilà mes craintes... la masse, déjà bien veule, bien avachie, va continuer son *je m'en f...* et les politiciens heureux ! vont ouvrir aux jeunes ambitieux la carrière... leur conseillant de marcher sur la trace de leurs aînés, c'est-à-dire leurrant ou exaltant, selon le besoin de leur succès, les masses endormies et corrompues.

» Aux élections prochaines, ils se préparera par la Contre-Révolution quelque nouveau piège, et je crains que les ministrables, à bout de ressources politiques, à bout de leurs ruses usées... ne trouvent plus moyen de parer le coup de force qui a failli nous perdre dernièrement. Et alors !...

» Il y a tant de gens qui disent : « Pourvu que ça dure le temps qui me reste à vivre ; après moi le déluge. »

» Il est triste de voir que ce sont encore nous, les vieux, qui tenons bon... les jeunes ne sentent pas, ne voient pas .. ils laissent faire, ils laissent passer... J'en ai la preuve tous les jours autour de moi.

» *Le vieux sermoneur les ennuie.*

Ils voudraient bien devenir députés, ministres même... mais par ruse.

» Mais soutenir jusqu'au bout des principes, ne comptez pas sur eux.

» Ils n'osent le dire, mais ils le pensent. « A quoi bon des principes », disent-ils. Effleurons. Effleurons les questions, ça ne gêne personne, mais ne concluons jamais. Voilà l'habileté.

» Aussi quel fatras de paroles et d'écrits dépensés pour ne rien dire...

» Je suis convaincu que le socialisme n'a jamais en France trouvé une plus belle occasion de s'affirmer : 1900 lui ouvre les portes toutes grandes. Bien triste... si cela s'arrêtait à la politique du Congrès socialiste.

» L'Union, la seule Union qui pouvait nous tirer du pétrin où nous sommes, était *l'union de tous* et non l'union de n'importe quel parti : *Mon Vœu* mon cher Monsieur... remplissait ce but.

» Plus d'églises, plus de sectes, plus de partis isolés. *Tous* en présence, se défendant par la contradiction, et la victoire au suffrage universel. C'est la République plébiscitaire, mais pas comme l'entendent ni Déroulède ni Cassagnac : Vous connaissez mes idées à ce sujet.

» Tout à vous, mon cher Monsieur ; croyez que je vous ai en grande estime et que je suis heureux de vous souhaiter, ainsi qu'à votre chère famille, de longs jours encore.

» Je ne trouve pas que les vieux, qui tiennent toujours haut et ferme le drapeau, soient, en ce moment-ci, de trop sur la terre.

> » Votre tout dévoué.

> » C. LEPAGE ».

QUELQUES RÉFLEXIONS FINALES

par M. X. Egapel

LUTTES INSENSÉES

Les hommes contre lesquels notre héros s'est tout le temps buté sont toujours les mêmes : « Tu veux passer franc, tu ne passeras pas ». Ces dernières luttes qu'il a soutenues avec ses idées sociales en sont encore la preuve.

S'il s'adresse à un socialiste catholique (Drumont, par exemple) il ne lui répond pas quoiqu'il combatte, sous le nom de juiverie, comme lui le capitalisme.

S'il s'adresse à un plébiscitaire (Cassagnac, par exemple) il ne répond pas davantage, quoique celui-ci pense comme lui, puisqu'il s'appuie sur le *Referendum*, c'est-à-dire l'appel au peuple.

S'il s'adresse à un socialiste nationaliste (Rochefort, par exemple), même silence; pourtant notre héros prend ses bases dans le socialisme français : Fourier n'est-il pas essentiellement français.

S'il s'adresse à Jaurès, toujours même silence, quoiqu'il soit collectiviste méthodiste, on a pu le voir dans sa réponse à M. Baggio.

S'il s'adresse aux Anarchistes..., on a vu la réponse de Madame..... la seule femme qui lui ai répondu.

Enfin on connaît la réponse de la coopération des Idées... nuance difficile à saisir parce qu'elle n'en a pas du tout.

Que faut-il penser ?

Ne serait-ce point là la *marque irréfragable* du policien ? N'affirmer jamais aucune conviction.

Au lecteur de juger...

Pour moi, je crois que le grand crime de notre héros, aux yeux de tous ces savants... ces hommes politiques, est présisément d'affirmer hautement qu'il n'est d'aucun parti, d'aucune secte, d'aucun rite religieux,.. qu'il est purement et simplement l'ennemi de toute oligarchie, n'importe sous quelle forme elle veut se présenter. Etatisme pour lui veut dire le peuple affranchi de toute tutelle faisant ses affaires lui-même.

(*Quod scripsi scripsi*. Voir *Le Mal Social* » ; *Féodalités*.)

C'est clair ! il n'écarte et ne veut écarter qui que ce soit, qu'il soit mahométan, juif ou chrétien, libre-penseur, athée ou déiste, tout ce qu'on voudra.

L'ennemi, dit-il, ce n'est pas l'homme, c'est le principe social qui conduit fatalement, en lui ouvrant les portes toutes grandes, à une dictature soit de un ou de plusieurs tyrans alliés au pouvoir que bénévolement les peuples leur laissent.

L'histoire nous montre en effet cette tyrannie se consolidant sous la puissance du prêtre, du soldat, du financier, du savant ; oligarchies qui cherchent toujours à se dominer, jouant, quand elles sont au pouvoir, le sort des peuples sur un coup de dés, mais s'entendant admirablement au point de vue politique pour le dompter lorsqu'ils, montrent les dents et que leurs dissensions compromettent leurs sinécures ; de là cette menace continuelle de guerre civile ou de guerre internationale.

Aujourd'hui c'est le *Sac* qui est l'arme de ces oligarchies. C'est donc le sac qu'*il faut enlever à ces nouveaux tyrans*, comme on leur a enlevé l'épée toute puissante en 1789. Car il ne faut pas se le dissimuler, le cléricalisme n'est puissant que par le capital ; le militarisme est devenu son serviteur très humble comme le disait Bismarck ; et les savants, qui ne dédaignent pas la pièce de cent sous, trop souvent sont ses complices : cela explique pourquoi ils crient tous *à bas les juifs*, encore bien que, comme les juifs, l'or soit leur Dieu. Mais ils voudraient tous régner à leur tour.

Mais, me direz-vous, les juifs sont les premiers en tête. Sans doute, et c'est pour cela que notre héros crie à tue-tête au peuple : L'ennemie n'est ni le juif, ni le clérical, ni le libre-penseur ; l'ennemi c'est le *système capitaliste individualiste* qui a envahi en un siècle toutes les institutions... et qui, par son principe égoïste « chacun pour soi » corrompt l'individu.

Voilà pourquoi il réclame « l'or à la Nation, les revenus à tous (1) ».

X...

DE MA VIE MES CONCLUSIONS

A Tous.

Un jeune homme a bien voulu ouvrir ce livre de ma vie par une préface où il a mis toute la sincérité de sa jeune âme ; je vais le clore par les réflexions d'une âme mûrie par l'expérience.

C'est *bien moi* que mon jeune ami a résumé dans cette préface... Oui, je suis ce que la société m'a fait — étant donné que j'ai pris pour seul guide ce qu'il a si bien nommé « la plus fière honnêteté ». Pouvais-je être autre ? Fatalement non puisque, comme il le dit encore très bien : « Dans cette société, pour le pauvre honnête, l'esclavage est toujours dans son plein. »

C'est donc reconnaître que nous subissons tous l'influence du milieu. C'est donc le milieu qu'il faut corriger ; là est le remède... Tout le problème social est là : Donner une solide éducation au début et apprendre à exercer sa volonté, afin de réagir contre ce milieu corrupteur. Ce fut la lutte incessante de ma longue carrière : D'abord inconscient comme on l'est dans la jeunesse, je me suis maintenu, — sans en avoir un grand mérite — soutenu simplement par une solide éducation très libérale, très tolérante et très honnête, mais d'une grande rigueur.

D'un caractère très indépendant, comme bien des jeunes gens, je supportais difficilement l'autorité paternelle et de mes professeurs et on ne me ménageait point les corrections ni d'un côté ni de l'autre ; j'étais né dans

(1) Voir son livre « *Le Mal Social* ».

le temps des verges, de la canne, de la férule et du cachot.

Je suis depuis 16 ans professeur de l'Université, après l'avoir été 7 ans dans l'Enseignement libre. J'ai donc pu étudier avec fruit la psychologie de l'enfance et de la jeunesse, sur des sujets appartenant à toutes les classes de la société.

Je n'ai point appliqué ni pour mes enfants ni pour *mes écoliers* cette méthode de rigueur, avec laquelle j'avais été élevé ; je ne suis pas tombé non plus dans l'excès contraire.

Quelle est la méthode d'éducation au point de vue social la meilleure ?

La lecture de l'histoire de ma vie vous a fixé peut-être.

« Voici moi ce que j'écrivais il y a quatre ou cinq ans dans un rapport qui était proposé aux professeurs de mon collège sur ce sujet ; rapport intitulé : *Unité morale de direction dans nos établissements universitaires* (1).

Marié très jeune, bientôt père de famille, les luttes que j'ai eues à soutenir répondent parfaitement à ce que mon jeune ami exprime dans sa préface : « rester sans reproche vis-à-vis de soi-même » ma vie toute entière tend à ce but. Ai-je réussi ? Ce n'est pas à moi de me juger.

Dans ces luttes incessantes, où tout orgueil mondain est écarté de mon esprit, le contact continuel avec l'égoïsme des hommes fut bientôt suivi d'un *décourageant écœurement* et, comme il arrive fatalement à la suite de *luttes trop fortes*, j'eus à combattre plus d'une défaillance.

On me dira : Qui cherche le péril périra !... Hélas ! il n'y a pas besoin de le chercher, notre belle société s'en charge. Elle tend elle-même le piège où fatalement la majorité succombe.

Ouvrier, je fuyais le cabaret : Malgré mon libéralisme,

---

(1) Voir ce Rapport à la fin du volume. Il est peut-être inté-ressant de connaître l'opinion d'un simple professeur sur ce sujet

les ouvriers ne me reconnaissaient pas pour les leurs...
Il fallait autre chose pour les gagner.

Je ne leur en veux pas : ils ne trouvaient pas mes
mains assez calleuses ; ils s'obstinaient à vouloir voir en
moi un bourgeois, un futur patron. En ai-je vu *nombre*
des leurs devenir patrons... hélas ! quels despotes !...
Vous en avez un bel échantillon dans l'histoire de ma
vie... le célèbre Sardony.

Si je fuyais le cabaret, je n'aimais pas mieux le café,
(le cabaret des bourgeois). Tout le monde sait que les
affaires se font là :

Quand je fus dans les affaires, j'y consacrai le moins
de temps possible, « la famille généralement ne s'accom-
mode pas du tout du café ». J'estime cependant que
c'est une des raisons pour lesquelles je n'ai pas réussi,
si j'avais été roublard j'aurais certainement trouvé là le
pigeon qui m'aurait conduit à la fortune.

Mais vous ne l'auriez pas plumé, me direz-vous, avec
vos principes ? C'est pour cela que j'ai bien fait de ne
pas le chercher, — pour lui comme pour moi.

Aujourd'hui j'affirme hautement que j'aime mieux
être ce que je suis que le triste personnage qui figure
dans cette histoire, fameux ouvrier parvenu, archi-millionnaire et chamarré de décorations.

On m'a quelquefois dit : Vous avez délaissé le monde
des affaires et des intrigues, pour la vie de famille,
et le monde des affaires vous a délaissé : on récolte ce
que l'on sème. Vous dédaignez l'argent, l'argent vous
dédaigne, de quoi vous plaignez-vous ?

Je ne me plains pas... Je plains tous ceux ceux qui,
n'ayant pas ce qu'on *appelle l'esprit des affaires*, végè-
tent ou se ruinent dans *ce milieu* où l'on vous force
quand même à être un homme d'affaires sous peine de
devenir l'esclave des autres.

Tout est devenu *une affaire*... un jeu, un véritable
tapis vert où joueurs et escrocs pullulent. Voilà à quoi
l'honnête homme ne peut s'accommoder. Aussi je suis
arrivé à l'âge que vous me connaissez sans aucun de ces
défauts qui abrutissent l'espèce humaine, l'alcoolisme,
le jeu, les affaires, le tabac, les femmes, etc., pièges ca-

ressants dont les funestes poisons endorment si bien les consciences...

Vous ne voulez pourtant pas vous poser en saint ?... me direz-vous. Non, je suis homme tout simplement, j'ai frisé toutes ces débauches. Tenté souvent par l'appât du succès, j'ai mis le pied sur la pente glissante et vu s'ouvrir devant moi la route fleurie attrayante qui conduit au plaisir ; à la fortune et à cette fausse gloire si facile aujourd'hui. Je me suis arrêté parce qu'au bout j'y ai vu l'infamie...

Hélas ! Combien en ai-je vu rouler gorgés d'or au fond de cet abîme !...

Mon jeune ami dit, au commencement de sa préface, que mon histoire est simple (trop simple pour d'aucuns). Oui, si on la compare à ces romans du jour, poisons funestes où tous les crimes se donnent rendez-vous, élucubrations malsaines et pourtant (selon quelques-uns) beaucoup encore au-dessous de la vérité de ce qui se passe dans les hautes sphères et les bas fonds de notre belle société.

Eh bien ! à côté de ce triste spectacle il n'est peut-être pas mauvais de montrer au moment où la veulerie et l'avachissement gagnent les peuples, de montrer, dis-je, en opposition l'attitude d'un simple citoyen *voulant* rester digne au milieu de ce bourbier social.

Qu'on ne voie point là un mouvement d'orgueil, quoiqu'il n'ait rien que de très légitime... mais un *puissant amour de la vraie liberté* que je voudrais voir régner sur la terre.

Qu'on ne s'y trompe pas : ma vie n'est pas *une résignation passive*. Elle est une lutte continuelle contre la tyrannie dont j'ai émoussé les armes par une volonté ferme et résolue...

Il est bon de faire voir que malgré tout, avec de la volonté, on peut échapper à la corruption de son siècle.

Je ne m'encadre pas dans mes paroles : Je suis ce que je suis. A tous de me juger, mais je crois que les efforts des bonnes volontés seraient récompensés, et seraient plus profitables à chacun et à tous, si la Raison n'était pas sans cesse contrariée par le principe du chacun pour soi, entré dans les mœurs, et formant la base du système social que nous subissons.

Je profite (pendant que je tiens la plume pour remercier mon jeune ami, de sa préface et du respect qu'il a toujours eu pour ma vieillesse. Il est digne du reste de son père (mon bien-aimé et regretté principal) qui m'écrit cette lettre à propos du malheur qui m'enlève ma dernière consolation ici-bas.

« Cher Monsieur et Ami,

» Je n'ai pas oublié ni ne veux oublier les sympathiques relations que nous avons eues pendant tant d'années. Je me souviens aussi de votre cordialité pour mon regretté beau-père. Aussi n'ai-je pas voulu qu'une banale carte de visite vous portât, avec notre souvenir, la part que nous avons prise à votre récent deuil. Nous avons éprouvé des angoisses trop prolongées pour ne point compatir à vos douloureux regrets. Nous savons que vous êtes de ceux que les événements, si cruels qu'ils soient, ne sauraient abattre parce que vous vous êtes fait de la vie une conception élevée, sérieuse et stoïque. Courage donc, cher Monsieur et Ami. Puisez dans votre grand cœur, si largement ouvert à la pitié pour les humbles, les solides étais d'une résignation virile qui peut-être féconde encore.

Au revoir donc, cher Monsieur et Ami, et agréez avec le cordial souvenir de tous les miens, la nouvelle expression de ma haute estime et de mon affectueuse amitié.

Tout à vous.

STANISLAS MELÉE.

MES ADIEUX A TOUS

Avant de quitter cette terre je veux dire à tous quelques mots dont chacun pourra faire son profit :

Cette vie est bien l'histoire vraie de tous ceux qui se débattent au milieu du bourbier social.

Funeste sort d'un si grand nombre de pauvres diables qui n'ont point le bonheur d'être nés sur un coffre-fort et j'ajouterai : ou qui ont le malheur de perdre leur fortune.

Vous pouvez me dire : Quelle étrange idée d'écrire ou de faire écrire sa vie ?

C'est précisément sur cette idée que je veux vous arrêter ! Vous connaissez ce précepte « apprends à te connaître. » Il n'y a pas de plus sûr moyen pour y arriver que de suivre la psychologie des âges sur soi-même, c'est là la meilleure et la plus sage des confessions, et la plus efficace des pénitences.

— Qu'est-ce que peut avoir d'intéressant, me direz-vous, pour soi le panorama vivant de son existence ? Il y a tant de choses, dépendantes ou indépendantes de la volonté, qu'on voudrait oublier.

— Oui, mais qu'on a beau faire on n'oublie pas ; et c'est précisément pour cela qu'il vaut mieux les envisager en face, les braver en un mot. C'est ce manque de courage qui en fait tomber tant dans l'alcoolisme, dans la fièvre de l'or, dans le jeu, dans le libertinage... Ils cherchent à oublier..... en s'étourdissant.

N'imitons pas ceux qui, plus carrément encore, aiment mieux — pour raisons — passer un coup d'éponge presque complet sur le cinématographe de leur cerveau. Cette annihilation du *moi*, chez eux, s'explique : c'est l'étouffement de la conscience. Y parviennent-ils ? c'est plus que douteux ; dans tous les cas je ne les confonds pas avec ceux qui ne veulent que l'endormir.

Aussi ce n'est pas pour cette première catégorie qu'est écrite cette prosaïque histoire.

Celui qui a raconté et écrit la vie que vous venez de lire n'est point de l'étoffe de ces gens-là : Il est peuple et veux rester peuple. A ses luttes beaucoup pourront se retrouver et s'il vous conseille d'écrire votre vie c'est qu'il a recueilli une grande paix du cœur et une grande tranquillité d'esprit qu'il voudrait vous faire partager.

D'abord, ce coup d'œil rétrospectif jeté sur l'existence, en reliant les actes de la vie, aide au développement de la personnalité, force, comme je viens de le dire, à une étude psychologique de tous les âges et prépare pour l'âge mûr l'homme aux fonctions qu'il doit remplir comme père de famille et comme citoyen.

Arrivé à la vieillesse, l'homme acquiert ainsi une expérience qui le rend indulgent et le met à l'abri de cet égoïsme qui atteint si malheureusement tant de vieillards, puis il s'associe facilement aux jeunes dans la marche en avant.

Il ose prudemment mais sûrement. Il ne donne point ainsi l'exemple de cette insouciance, de cette indifférence, de cette paresse de l'esprit toutes choses qui flattent les mauvais instincts de la jeunesse, heureuse de trouver là une excuse à sa veulerie.

A quel âge devrait-on écrire sa vie ?

Pas avant 60 ans... l'âge où la mémoire commence à s'affaiblir : jusque-là on peut recueillir des dates, des noms, des notes succinctes, des lettres, des objets, des cadeaux, souvenirs, etc., marquant les étapes les plus importantes de sa vie. On sait que les souvenirs de la première jeunesse sont ceux qui s'effacent les derniers ; on a pour ainsi dire nullement besoin de les noter.

J'avais soixante-cinq ans quand je racontai ma vie à mon jeune ami et c'est à soixante-quinze que j'écris le manuscrit qui forme le complément de cette dernière partie, d'une rédaction encore assez difficile, en raison des appréciations et des réserves que je suis obligé de faire sur les agissements des personnages qui s'y meuvent.

— N'y a-t-il pas un peu d'orgueil, de prétention à écrire ainsi sa vie et puis, cela peut-il être une œuvre littéraire ?

— En ce qui concerne l'orgueil, je crois que ma manière de raconter et d'écrire ne l'annonce pas ; en fait de style n'a-t-on pas dit : le style, *c'est l'homme.*

En admettant qu'inconsciemment il y en eût un grain, où serait le mal ? — En face de cet examen toujours présent de la conscience et ce retour sur soi-même, — s'il est un grand préservateur contre l'entraînement des

passions déréglées qui assaillent si souvent l'âge de
retour ; s'il rappelle à l'ordre quiconque se laisse aller
au gré de ses caprices sans jamais les soumettre au jugement de la raison comme le ferait un enfant. N'est-ce
pas, en effet, ce que prouvent tous les jours ces actes
insensés, marques infaillibles de déchéances morales
qui affectent tant de malheureux à notre fin de siècle ?
À tel point que la justice ne sait plus comment se dé-
terminer.

Si cet orgueil du *moi*, même bien placé, à un écueil
comme il arrive à tout ce qui touche de près notre fra-
gile nature, convenons au moins qu'il en éloigne mille
mille autres où l'homme se souille et perd toute dignité.

Mais un des plus précieux bonheurs que l'on éprouve
en suivant ou écrivant sa vie, — et je le reconnais
chaque jour en vieillissant — c'est que, n'ayant point
perdu la continuité d'une existence qui a coûté souvent
tant de peines, il devient difficile de ne pas percevoir et
même prévoir la continuité d'une évolution qui complète l'acquit de nos aspirations.

De là *une conception élevée de la vie* qui nous place
au-dessus des misérables ambitions d'ici-bas ou l'orgueil
coupable, entrant presque toujours pour la plus grande
part, fait place à la tyrannie, la pire des plaies sociales.

Pour supporter les luttes de la vie, chacun puise en
soi l'énergie nécessaire : les uns ont recours aux
croyances religieuses, les autres trouvent cette force
dans une profonde philosophie ; les paresseux d'esprit
et souvent de corps — et c'est le plus grand nombre —
se laissent aller à leur farniente, vivant au gré du hasard sans jamais approfondir.

Je ne parle pas de ceux qui ne sont pas susceptibles
de penser — je crois qu'ils sont rares.

Mais pour tous, le port est le même : « la mort ».

Peut-être le lecteur sera-t-il curieux après la lecture
de l'histoire de ma vie de connaître quel a été *mon
guide*, je puis dire depuis mon enfance jusque dans ma
vieillesse : ces quelques lignes : « Notre Père » récitées
longtemps sans les comprendre, appliquées plus long-

temps encore sans les avoir approfondies ; profondément mûries seulement dans ma vieillesse.

Ne riez pas, sceptiques endurcis, ne riez pas mystiques illuminés : je ne vous appartiens *ni à l'un ni à l'autre*.

Mais j'atteste que ces lignes renferment une connaissance du cœur humain, plus profonde mille fois que tout ce qui a été écrit par tous les psychologues passés et présents.

LE CHRIST SOCIAL

« *Notre Père* » :

Mûrissons ces paroles : Quelle plus belle, quelle plus consolante expression pourrait-on trouver pour écarter n'importe dans quel rang de la société toute idée de despotisme et de frayeur superstitieuse ! Si Dieu est notre Père nous sommes donc tous frères ; quelle logique pour confirmer ce beau précepte : « Aimez-vous les uns les autres. »

Mais si nous sommes tous nés d'un même père, nous sommes donc tous égaux devant lui. C'est en effet ce que l'expérience confirme et la mort égalitaire est là pour le rappeler à quiconque serait tenté de l'oublier.

« *Qui est aux cieux.* »

Qui peut prononcer cieux sans relever la tête... Oh ! homme !... Depuis des milliers de siècles tu fouilles l'espace et plus tu creuses, plus la muraille que tu voudrais trouver s'éloigne.

Insensé qui rêve la liberté absolue et qui cherche un butoir. Ne sens-tu pas là ton écrasement ?

J'ai donc raison de dire qu'il y a plus de sagesse, plus de philosophie, plus de science dans ces quelques paroles de Jésus pour faire rentrer l'homme en lui-même que dans cette compilation de systèmes philosophiques parvenus à notre connaissance.

Homme !... Dieu a placé autour de toi l'infini ; il t'a donc fait libre. Quel sujet d'aspiration !

Ne cherchons donc pas une prison.

Avec Jésus la mort est un passage ; la science confirme déjà l'évolution de notre fumier ; pouvons-nous nier l'évolution plus subtile de l'âme ?

Croître ou décroître. Choisis entre l'immortalité ou le néant. Ton moi est entre ces deux extrêmes.

Ami lecteur, dans ces six mots : Notre père qui êtes aux Cieux, la devise de la Révolution française est écrite :

Fraternité, Egalité, Liberté.

Voilà pourquoi je les offre à ta méditation.

« *Que ton nom soit sanctifié.* »

Rassurez-vous, esprits forts et sectaires orgueilleux ; celui qui a si bien parlé... méprisait les richesses et rejetait tout culte extérieur, mais il devinait mieux que nous, malgré nos connaissances, le psychique de l'homme.

Il combat par ces mots tout fétichisme, quelle que soit la forme habile sous laquelle les prêtres ou autres veulent le cacher ; qu'il s'agisse de saints ou de grands hommes.

On sent tout ce qu'il y a de sagesse et de prévoyance dans le choix de cette expression « sanctifié » (1), qui écarte toute idée de cérémonie mondaine, source où s'alimentent tous les despotismes exploitant la misère, les faiblesses et la crédulité humaines.

Mais comment Jésus-Christ apprend-il à sanctifier le Père commun ? Dans son propre cœur, en se gardant bien de troubler l'harmonie universelle par un orgueil déplacé. Vous entendez ! orgueilleux de la terre... qui courez après l'adoration des foules, qui rêvez des apothéoses...

Le Dieu des chrétiens n'a point de ces faiblesses.

« *Que ton règne arrive, que ta volonté soit faite sur la terre comme au ciel.* »

Pour Jésus Dieu n'est pas comme le Dieu des Juifs, un despote jaloux du culte des faux dieux.

Il est un Père qui respecte la liberté de l'être créé par

(1) C'est-à-dire que votre nom soit loué et honoré dignement.

lui, ayant proportionné cette liberté au degré de son élévation intellectuelle et morale ; il l'avertit par des lois immuables lorsqu'il s'égare : c'est ce que nous avons appelé instinct chez les animaux et intuition chez l'homme.

Sans détruire l'harmonie universelle, l'être peut troubler cette harmonie, c'est ce qu'on appelle mal parce qu'il en résulte pour l'être et souvent pour ceux qui l'entoure un mal, une souffrance, une douleur ; mais l'équilibre se rétablit aussitôt ; l'être qui profite de la leçon reconnaît bientôt qu'il a grandi sous la lutte et qu'une évolution (1) ascendante en est le résultat. L'être qui n'en profite pas, au contraire, et qui se plaît à troubler de plus en plus l'harmonie générale, se sent décroître ; chez l'homme il peut descendre au-dessous de la brute. L'expérience prouve ce fait tous les jours : tel qui est bien haut en apparence est souvent bien bas en réalité.

O conscience !.... Merveille de la nature ! qui permet à l'être d'être ou de n'être pas, le laissant entièrement libre de choisir entre l'infini ou le néant, libre d'atteindre à l'archange ou de descendre jusqu'à la pierre.

Quel respect de l'être, de sa liberté et de son intelligence ! Demander que le règne de Dieu arrive sur la terre, c'est donc demander l'harmonie entre les hommes. Y a-t-il un vœu plus précieux à former ?

« *Donne nous aujourd'hui notre pain quotidien.* »
Il faut bien manger pour vivre !...

Au moins Jésus le reconnaît *le droit de vivre.* Où peut-on le prendre ? Si ce n'est sur la richesse générale puisque nous sommes tous solidaires et que pas un de nous ne peut avoir la prétention de ne relever que de soi.

Eh mais ! *c'est la formule socialiste, cela...* Au xx° siècle, ce droit de vivre sera le *bien-être pour tous.*

Jésus, de son temps, s'est contenté de dire : « Donnez votre superflu aux pauvres ».

_____

(1) C'est cette évolution que nous appelons Progrès, mais qui n'est au fond qu'un jeu nécessaire à toute œuvre parfaite.

Saint Paul voulait arriver à une espèce d'égalité au moyen d'une entente collective.

Les Pères de l'Eglise vont plus loin encore : devant les résistances aux préceptes si sages de Jésus-Christ et devant l'égoïsme des riches de leur temps, ils regardent comme des voleurs tous ceux qui thésaurisent.

Ce pain quotidien, le peuple l'a gagné et le gagne encore tous les jours en observant la *loi du travail*.

Ce n'est donc pas sur lui que retombent les malédictions de saint Jacques — conséquence si juste de l'opiniâtreté du riche — lorsqu'il dit : *Riches, pleurez, poussez des cris et comme des hurlements dans la vue des misères qui doivent fondre sur vous ;* mais bien sur ces parasites dont le règne va bientôt finir.

Ne nous lassons point de demander à Dieu notre pain quotidien. Ceci nous rappellera que la soif des richesses est cause de tous nos maux.

« Contentez-vous, dit saint Paul, du logement, du vêtement et de la nourriture. » Au XXᵉ siècle, le travail de 1900 ans aura résolu le problème.

N'est-ce pas que dans ces six mots le *socialisme* est tout entier.

Le voilà le règne de Dieu (*Que ton règne arrive*) annoncé par Jésus-Christ.

Pardonne-nous nos offenses comme nous pardonnons à ceux qui nous ont offensés.

Etre faible et limité... O homme ! tu connais aujourd'hui ce que tu vaux, ta science est implacable, elle t'a jugé :

Crois-tu que celui qu'il y a 19 siècles a laissé ces lignes à ta méditation, ne te connaissait pas mieux que Socrate ne se connaissait lui-même.

Dans ces paroles, il n'y a pas seulement une loi de réciprocité, mais il y a toute une *morale sociale* qui possède en germe la Paix.

La Paix ! cette aspiration de tous les peuples au XXᵉ siècle, quoiqu'armés jusqu'aux dents.

Vous avez beau faire, conquérants de la terre, épée ou sac d'écus pour asservir les peuples : Votre règne s'effondre, on voit clair à votre politique et toutes vos ruses usées ne trompent plus personne.

On sait que l'ennemi est dans tout homme qui, par sa force ou par sa ruse, veut se placer au-dessus des lois acceptées par les majorités.

Tyrans de la force brutale, tyrans de l'or, assassins ou affameurs : voilà les ennemis du genre humain. Voilà ceux qui rejettent la belle maxime de Jésus-Christ: « Aimez-vous, pardonnez-vous. »

Ne nous laissez point succomber à la tentation.

Comme il y a encore dans ces quelques mots une connaissance parfaite de l'homme. Et comme ils indiquent bien le libre arbitre nécessaire à la créature intelligente et libre, mais faillible. *Tel est bien l'homme !...* L'homme appelle la lutte, mais il veut sortir vainqueur; la défaite est une honte dont son orgueil froissé souvent le tue ; être tentés, nous demandons tous à l'être, nous courons même après la tentation.

Mais attendez; celui qui a dit : Demandez au Père commun de ne pas « nous laisser succomber à la tentation » a dit aussi : « Qui cherche le péril périra. » Ceci veut dire : n'ayez point l'orgueil de la lutte, mais si elle vient vous trouver, luttez, luttez bravement, loyalement, quelle que soit la nature de cette lutte, irait-elle jusqu'à la mort ; et si vous triomphez, n'en tirez aucun orgueil, aucun profit égoïste ; et si vous succombez, n'y voyez qu'une gloire de plus, car la défaite dans ces conditions vaut plus encore que la victoire.

Et délivrez-nous du mal.

C'est-à-dire de la corruption du siècle : purifie le milieu dans lequel nous vivons. Aide-nous, soutiens-nous, mais n'écarte point la lutte que nous reconnaissons nécessaire pour l'évolution ascendante de notre être.

FIN

Fin décembre 1899.

Nota : Au moment de clore ce livre, expression vraie d'une *vie bien remplie*, selon le mot d'une femme. Je lis dans mon journal ce fait divers : « Un quadruple suicide », et le lendemain, un autre similaire :

JEU ET ALCOOLISME

Est-ce que le XX° siècle s'ouvrirait sous d'aussi tristes augures !... me disais-je.

Il est temps qu'on avise.

Combien faudra-t-il encore d'exemples de ce genre pour attirer l'attention des législateurs.

La cause du mal est connue !...

L'or affame... supprimons-le... Mais ne nous attardons pas... Ne comptons pas trop sur la morale des religions, l'épreuve en est faite.

Prêchons, mais prêchons surtout d'exemple... mais le moyen le plus sûr de tous, c'est d'écarter le péril. Il vaut mieux prévenir que guérir . . . .

X...

ATTESTATION

1900.

« J'atteste que ce récit est bien exactement ma vie.

» Ma situation de prolétaire ne me donnant pas le choix parmi les professions, m'a obligé à user de toute mon intelligence et de tout mon courage pour subvenir aux besoins de chaque jour, nécessaires à moi et à ma famille.

» C'est à ce *travail forcé* par misère que je dois d'avoir *touché à tout* et de m'être trouvé en relations avec des personnages de tout rang et de toute condition : ouvriers, artistes, hommes de lettres, militaires, prêtres, religieux, industriels, commerçants, hommes politiques, etc.

» De tous ces hommes que j'ai connus, beaucoup ne sont plus... Quelques-uns s'étant fait un nom appartiennent à l'opinion publique. On comprend que pour certains, j'ai dû oublier les noms ; pour d'autres, cependant, c'est simplement par convenance, on le comprendra.

» On devinera également pourquoi moi-même je me suis contenté de raconter mon histoire.

» Deux ouvrages « Un Vœu à la Chambre des députés » et « Le Mal social » m'ont valu, à cause de ma situation de professeur officiel que j'occupe encore au moment où je clos mon récit, assez de menaces de la part du richissime député de ma localité et de ses gens, contre mon gagne-pain, pour que je me tienne dans la prudente réserve qu'oblige mon état.

» Je suis heureux de remercier ici mon jeune ami de la préface qu'il a bien voulu faire pour ce livre ; nul autre que lui, après m'avoir entendu, n'aurait mieux réussi à me dépeindre : « C'est bien moi. »

» Je le remercie encore d'avoir su trouver, parmi ses amis, M. X. Egapel, un écrivain assez maître de lui-même pour avoir respecté non seulement tous les détails, mais jusqu'à mon style (soit dit sans prétention et compris dans le sens de celui qui a dit : *le style, c'est l'homme*...). Merci donc mille fois.

» Lorsque m'est parvenu ce livre imprimé pour la première fois... en le relisant, il m'a semblé voir se dérouler devant mes yeux la phono-cinématographie de toute mon existence, voilant aux yeux indiscrets, tout en les laissant deviner, tous les dessous dramatiques de cette très véridique, trop véridique (comme le dit très bien mon jeune ami, M. Paul Melée) histoire.

» Le héros encore vivant du roman,

» C. LEPAGE. »

ANNEXE

UNITÉ MORALE DE DIRECTION A SUIVRE
DANS NOS ÉTABLISSEMENTS UNIVERSITAIRES

Voilà, je crois, la thèse à développer : A une époque où la science proclame hautement, qu'en fait de morale, il n'y a que le chacun pour soi, autrement dit l'égoïsme réduit en système, où l'on regarde la société comme une guerre, où l'on trouve tout naturel l'écrasement des faibles par les forts, autrement dit les petits mangés par les gros ; où l'on regarde le succès comme la règle du juste et de l'injuste, la probité comme une affaire de goût et de bienséance, le monde comme le patrimoine des plus intrigants, on conçoit qu'il est difficile d'établir une *unité morale de direction*.

Aussi, depuis longtemps, a-t-on pris le parti de n'en pas parler, laissant chacun se diriger et diriger les siens comme il lui plaît, pensant que chacun trouverait dans la morale de l'intérêt, la force de sagesse suffisante pour régler les abus de la liberté.

Malheureusement, un siècle de cet essai n'a pas donné des résultats merveilleux, il nous a conduit à une anarchie en toute chose dont le résultat est une véritable confusion.

Le moment approche où l'on reconnaît la nécessité d'une direction morale pour former des citoyens vraiment dignes de ce nom.

La question ne peut donc être mieux tombée en s'adressant aux membres de l'enseignement ; on peut être à peu près certain que la question se généralisera,

C'est donc comme tel que j'apporte aujourd'hui quelques idées à ce sujet et qui n'ont nullement la prétention d'être le rapport attendu.

Je ne me dissimule pas la difficulté de la thèse à soutenir. Si j'avais à la résoudre personnellement, ce serait peu de chose, ayant à cet égard des idées bien arrêtées.

Mais il est bien entendu que c'est au point de vue de l'Etat, que nous représentons, que cette question est posée.

Or, qu'est-ce que l'Etat ? La collectivité des citoyens et citoyennes... Tous les gouvernements, Républiques ou Monarchies, ont pour but de protéger les faibles, les sans défense, contre les abus des forts et de maintenir par des lois, la paix entre les hommes. Pour y arriver, il faut que les gouvernements respectent les *intérêts de tous* et la *conscience de chacun*.

A première vue, il vient à l'esprit de dire : Ils n'ont qu'à ne pas s'en occuper, chacun n'est-il pas libre de diriger sa conscience et ses intérêts à sa guise ?

Ceci est très vrai au point de vue individuel, mais entièrement faux au point de vue social.

L'essai, du reste, en est fait depuis un siècle ; et cet individualisme à outrance a apporté, pas seulement dans l'enseignement, mais dans tout, des abus si grands qu'à chaque instant on demande à l'Etat d'intervenir.

Les gouvernements ont beau faire appel à la politique de conciliation pour maintenir les esprits, pour les ramener à des idées plus humaines, plus morales, rien n'y fait, les ruses parlementaires s'usent et finalement on sent le besoin de faire un appel à la raison. A la Raison !... Allez donc demander de la raison à un être que la science expérimentale traite de cette façon :

« (Homme) être physiologiquement le plus faible, le plus délicat et le plus misérable de tous. Et psychologiquement le mieux doué mais aussi celui qui abuse le plus, jusqu'à l'excès même, de ses facultés pour tyranniser et corrompre à plaisir ses semblables. »

Le fait est qu'on ne risque point de se tromper en affirmant qu'à quelques exceptions près l'homme est *le*

plus *barbare, le plus dissimulé, le plus cruel, le plus*
égoïste de tous les êtres existant sur la terre.

C'est triste sans doute : mais les conclusions de l'histoire universelle sont *irréfutables.*

Les hommes en général ne valent rien (1), qu'ils
commettent sciemment le mal ou que, par calcul, lâcheté, ignorance ou insouciance, *ils laissent faire, ils
laissent passer.*

Voilà la triste vérité...

Heureusement que la psychologie, dans son profond
examen, découvre une lueur de progrès moral. Elle reconnaît l'homme libre assez pour croître et décroître par
sa seule volonté ; conscient ou inconscient, responsable
ou irresponsable selon son bon ou mauvais état mental
et corporel.

Nous voilà fixés. La science a parlé !... C'est donc sur
ces données que nous avons à établir notre unité morale
de direction.

Où donc chercher cette unité ?

S'il ne s'agissait que de mettre en application des méthodes abstraites, il n'en manquerait pas : Je vois défiler
toutes les métaphysiques, toutes les théologies, toutes
les théogonies, les dogmatiques, les spirites, les maté-
rialistes, les idéalistes, les intuitifs, les instinctifs, etc...
Aussi, désespérant de mettre tout ce monde d'accord, je
les laisse à leur entière liberté pour deux raisons : la
première, c'est que je ne puis les en empêcher ; la seconde
parce qu'au fond il y a du bon à prendre partout et que
ce bon, choisi par un esprit conscient, libéral, foncièrement moral et honnête et surtout bien intentionné conduit au même but : Faire des citoyens et citoyennes
dignes et capables de hautes vertus.

L'homme, avons-nous dit, est susceptible de progrès
moral.

Donc, pédagogiquement parlant, la morale est néces-

_____

(1) M. Bourdeau, dans son traité d'économie politique et sociale dit : « Les socialistes, dans leur psychologie enfantine,
comptent, non sur la bassesse originelle de l'homme, mais sur
son excellence native. Voilà l'erreur. »

saire. Quels moyens le professeur, dans son rôle d'éducateur, a-t-il à sa disposition ? Et quelle direction l'Etat peut-il recommander, non imposer ?

Je ne vois que *la morale sociale*, qui, selon moi, se résume ainsi : *donner à chacun une connaissance parfaite de sa propre dignité*, indiquer tous les soins à apporter dans les rapports sociaux pour ne pas la perdre et surtout, — je souligne — *ne pas la faire perdre aux autres.*

Voilà, je crois, un conseil à la portée de tous, dégagé de toute *métaphysique*, de toute *religion* et de toute *politique*, qui intéresse au plus haut degré l'homme moral et l'homme social.

Je pourrais peut-être m'arrêter là... me permettra-t-on d'ajouter, comme professeur, auquel l'âge a donné quelqu'expérience, de m'étendre un peu plus sur ce sujet.

En bonne pédagogie, on sait qu'il n'y a rien de tel, à côté d'un raisonnement de citer des exemples, et j'ajoute, de faire tous ses efforts pour en être un bon soi-même.

Jeanne la pucelle, par exemple, sera dans toutes les parties du monde l'exemple de la Patrie : voilà un modèle. Me refusera-t-on — parce qu'une grande figure se trouve mêlée à des abus de sectes et de religions, à des pratiques superstitieuses établies en son nom — me refusera-t-on de placer Jésus-Christ à côté de Jeanne ? Qui mieux que lui a l'épithète : *Il est resté digne jusqu'au bout* sans, de son vivant (comme Jeanne), avoir recueilli ou cherché à recueillir fortune et gloire. Si Jeanne appartient à la Patrie, Jésus-Christ appartient à l'humanité ; tous deux appartiennent au peuple et sont également connus du pauvre comme du riche, du savant comme de l'ignorant.

Quelles mesquines raisons pourrait-on invoquer pour écarter ces deux sublimes figures d'un *Enseignement moral :* il n'y a là ni Cléricalisme ni Internationalisme, il y a deux grandes figures synonymes de *Patrie* et d'*Humanité.*

Où trouver une plus belle et plus utile morale ? Voyons maintenant si ce portrait de Jésus, présenté sous ce jour, est imaginaire ou exagéré, et comment se comportait à son époque, — qui a beaucoup d'analogie avec la nôtre — Jésus l'illettré, Jésus l'intuitif, comme l'appelle Renan :

Il hait la tyrannie, mais ne la confond pas avec l'autorité qu'il regarde comme nécessaire pour protéger le faible contre le fort. Pour lui personnellement il ne fait guère usage que d'une *autorité morale*, mais il reconnaît très bien celle de l'État : « Rendez à César ce qui appartient à César et à Dieu ce qui appartient à Dieu. »

Ceci est d'une très haute portée sociale.

Il dégageait d'un seul coup l'*abstrait du concret*; (c'est aussi ce que je cherche à faire ;) il laissait à la liberté morale son absolue sanction, subordonnant seulement la liberté physique.

Pour un illettré c'était pas mal trouvé et pourrait servir encore aujourd'hui de base à la Sociologie, afin d'éviter ces querelles d'*Écoles philosophiques et religieuses* qui ont désolé le moyen âge et qui ont des tendances à se renouveler.

Jésus ne trouvait pas que tout était dans le meilleur des mondes possible, ni qu'il faut être de son siècle quand ce siècle est une décadence ; il ne croyait pas non plus avec Spencer que *la première condition du succès pour l'homme est d'être un bon animal, et qu'une nation qui possède de tels hommes est la première condition de prospérité pour elle.*

Le temps où il vivait n'était pas beau, moralement parlant ; dans ce milieu Jésus ressemblait à un Cygne dans un bourbier. Sa belle nature proteste encore de nos jours quand nous songeons à la pourriture des peuples décadents de ce temps.

La juiverie pharisienne, acharnée sur sa personne, déchaîne la fureur de la foule ignorante. Cette aristocratie d'argent, idolâtre du veau d'or, jure sa perte. Mais son attitude toujours digne, malgré leurs injures, malgré leurs grossièretés, malgré leurs pièges, fait rejaillir dans les siècles futurs sur leur face à l'une sa politique astucieuse, à l'autre son ignorance. Pris de pitié pour cette derniere, il trouve ces sublimes paroles : « Mon Dieu pardonnez-leur, ils ne savent ce qu'ils font. »

L'histoire a ramassé les débris de cette prodigieuse incarnation où le génie de l'humanité tout entier semble se résumer pour prouver aux hommes le but qu'ils peuvent, qu'ils doivent atteindre.

Ceci n'a pas échappé à Renan : « Il y a à peine 50 ans, dit ce savant, que l'humanité a aperçu le but qu'elle avait jusque-là poursuivi sans conscience. »

Ainsi c'est seulement au XIXᵉ siècle que l'humanité entre dans la conscience ! Renan n'est pas seul à partager cette idée. Claude Bernard aussi reconnaît que la période instinctive est passée et que nous entrons dans l'âge de la *conscience*; on peut donc avancer sans crainte que le peuple, sérieusement ne fait que commencer à comprendre toute la portée de *ce grand événement* où il entre pour une si grande part.

Aussi toutes les puissances orgueilleuses de la terre ont eu beau déchaîner leurs sarcasmes, leur ironie, leur fureur même contre la mémoire de Jésus-Christ;

Le même peuple, par lequel et pour lequel il est mort, plus instruit, plus conscient, s'incarne aujourd'hui *dans son véritable esprit* (1) et, comme lui, proteste en masse, écartant toute doctrine, contre les mêmes tyrans *lévites et financiers* que sa morale n'a pu convertir : Deux mille ans de luttes prouvent au XXᵉ siècle qui va s'ouvrir que malgré la boue et le sang des révolutions, des guerres religieuses faites en son nom, il ressort de toutes ces infamies et de toutes ces lâchetés *plus blanc que neige* et plein d'actualité. Car *sa morale devenue sociale* forme aujourd'hui la base des revendications de tous ceux — et la liste en est déjà longue — qui souffrent de *la tyrannie des puissants de ce siècle;* et, ce qu'il y a de remarquable pour l'étude qui nous occupe, c'est que cette morale s'accorde parfaitement avec notre morale civique, ce qui me fait dire :

Que si Jésus-Christ est le plus grand des justes il est aussi le plus grand des citoyens.

(1) C'est le Christ peuple annoncé par Victor Hugo au moment du siège et de la commune (1871).

Il n'envisage pas les lois en général comme une tyrannie, aussi il ne songe pas à s'en affranchir comme les anarchistes par le crime, ni comme les puissants de la terre pour les dominer et s'y soustraire.

Jésus-Christ est-il en désaccord avec la science ? Pas davantage.

Fort dans la *science intuitive* (on n'en connaissait guère d'autre en ce temps) on croirait qu'il devine ce que sera un jour la *science positive* perdue dans la grande énigme de la Nature.

M. Berthelot disait en réponse à la faillite de la science : « Nous connaissons parfaitement toute l'étendue de notre ignorance et nous avons la modestie de notre impuissance. Mais nous ne connaissons d'autre méthode pour parvenir à la vérité que l'*expérience* et l'*observation.* »

Eh bien! croire à quelque chose qui ne s'objective pas, — et la Vérité est de ce nombre, — n'est-ce pas avoir Foi ? Entre Jésus et M. Berthelot il n'y a de différence *que dans la méthode*, mais dire que l'une est plus sûre que l'autre ce n'est pas concluant, la preuve c'est que M. Berthelot, avec toute sa science, n'a jamais dépassé la sûreté organique de l'ours du Jardin des Plantes qui ne possédait, pour échapper *à une mort certaine*, que son propre instinct (1).

Jésus accepte la lutte morale de la vie (ne pas confondre avec la lutte brutale pour l'existence, à l'ordre du jour aujourd'hui). Il n'oublie pas, comme Spencer, qu'il est homme et, s'il reconnaît toucher par quelques points à l'animal, il se garde bien de les laisser dominer.

A ces luttes de la vie, il reconnaît bientôt que si l'homme peut croître il peut aussi décroître. Son intuition lui découvre ce que Claude Bernard explique par ces quelques mots : « *Quand l'humanité se conduisait instinctivement* on pouvait se fier au *Génie divin* qui la *dirige.* » Pour Jésus, ce *Génie divin* c'est Dieu. Ayant

(1) La science découvre tous les jours des choses longtemps pratiquées par intuition ; l'hypnotisme en montre de nombreux exemples.

Foi, il cultive son instinct, son intuition (1); l'instinct l'avertit, il réfléchit, le raisonnement le mûrit; sa conscience se forme et il conquiert sa personnalité, ce *Moi* auquel l'homme tient tant; que le criminel le plus endurci ne nie pas même, quoique se faisant horreur, sur les marches de l'échafaud.

Si nous étendons cette évolution *de l'individu à l'humanité* nous retrouvons le même fait, mais beaucoup plus lent. Les hommes souffrent longtemps des abus que leurs lois imparfaites laissent naître, mais lorsque ces lois sont devenues insupportables à la majorité, les hommes trouvent, dans la liberté qui leur est octroyée par la nature, le moyen d'y remédier : c'est ce qu'on appelle le Progrès, lent à cause du mauvais vouloir de la classe dirigeante, mais sûr à cause de son éternelle Justice. L'Histoire confirme pleinement cette évolution : Les apogées et les décadences se succèdent et laissent toujours un appoint à l'évolution ascendante.

C'est ainsi que l'esclavage, cette plaie hideuse de l'humanité, sous l'influence de la morale sociale et de la science a passé successivement par des formes plus douces jusqu'au jour où il disparaîtra complètement de l'humanité.

La religion, toujours en retard, commence à entrer dans la voie que je fais ressortir. Elle commence à apercevoir, à côté du mysticisme dont elle s'est plue à outrer la personne de Jésus, le côté *social* de son existence tourmentée.

Le Pape lui-même, interwievé en février 1895 par M. Vigné d'Octon qui lui demandait : « Que pensez-vous du socialisme ? », a répondu : « Si par socialisme vous entendez les tentatives qui sont faites pour améliorer d'une façon progressive, sage et raisonnée, la situation des classes malheureuses, si vous appliquez ce mot à tous les efforts accomplis pour réaliser, dans le gouvernement des hommes, plus de justice sociale, je

(1) Choses à mon avis trop négligées aujourd'hui. On oublie, — puisque la science moderne n'accepte pas la Révélation, — qu'ils sont les premiers facteurs, et que c'est à eux que nous devons *les principes de toutes nos sciences.*

39*

vous répondrai qu'on ne pourrait poursuivre un plus noble but.

... S'occuper de la question sociale avec la conscience des graves responsabilités qui pèsent sur tous ceux qui tiennent un peu de la richesse ou de l'autorité, c'est continuer l'œuvre du Divin Maître et, pour ma part, c'est ce que je n'ai cessé de faire depuis mon avènement au pontificat. »

Est-ce clair : Jésus-Christ n'est-il pas présenté là comme modèle de morale sociale ? Cette disposition de l'Église à reconnaître que Jésus, — à part son rôle mystique qu'il remplissait du reste *sans pompe, sans orgueil, sans étalage*, — avait eu aussi pour mission, par son exemple, de nous apprendre à vivre en paix les uns avec les autres, — est un grand pas, il faut le reconnaître!

Voici Mgr d'Ireland qui, en secouant la poussière de vieux parchemins, fait sortir ces paroles qui condamnent toutes les tyrannies : *Tout pouvoir politique vient de Dieu par l'intermédiaire du peuple.*

Tous ces faits ne donnent-ils pas au moins l'espoir d'une entente générale possible pour la fondation d'une morale de direction que l'on appellera *La Morale sociale* ?

Je sais que vous pouvez me répondre : — Très bien! nous acceptons la *Morale sociale*. Mais pourquoi chercher des personnalités pour exemple, sujettes en somme à des contestations ?

— Aimeriez-vous mieux des préceptes ?

— Vous, enfin, vieillard chargé d'expérience : Que conseilleriez-vous à un jeune homme qui vous demanderait comment il doit se diriger dans la vie et rester comme vous le dites : *Digne.*

— *Ceci m'est quelquefois arrivé* et comme on ne peut pas se donner pour modèle, serait-on la vertu même, j'ai toujours répondu par ces admirables et profondes paroles d'Heinzellmann, si vraies qu'on croirait entendre le Christ, dépouillé de toutes ses légendes :

« Soyez pauvre, jeune homme, et *continuez à l'être* tandis qu'autour de vous les autres deviennent riches par la fraude et la trahison. »

« Restez sans place et sans pouvoir tandis que les autres mendient leurs positions élevées. »

« Supportez la peine du désappointement de vos espérances, tandis que les autres obtiennent l'accomplissement des leurs au moyen de la *flatterie* du peuple et des grands. »

« Abandonnez l'étreinte gracieuse de la main que les autres recherchent en rampant et en faisant des bassesses. »

« Enveloppez-vous dans votre vertu et travaillez à trouver un abri et *votre pain de tous les jours.* »

« Et si dans une telle traversée de la vie vous êtes arrivé à grisonner avec l'honneur intact »

« Bénissez Dieu et mourez. »

CONCLUSION

Depuis un certain temps cette question est à l'ordre du jour : l'Etat, la Chaire, la Presse, l'Opinion Publique, en général tout le monde, s'y intéressent.

Ah ! c'est que cette entente contient peut-être ce rapprochement si utile et si désiré par tous les hommes de paix et de bonne volonté : Ce n'est donc pas une question puérile.

M. Jaurès cherche son point d'appui dans la philosophie, le Pape dans la religion, M. Poincarré, ministre de l'Instruction publique (1), — l'Etat autrement dit — dans la conscience intime.

Voilà trois manières de voir, *toutes trois bonnes*, n'ayant que le défaut, au point de vue de la pénétration pédagogique, d'être des abstractions.

La morale devant être pratique il faut des faits pour la rendre saisissable au plus grand nombre de jeunes esprits : Voilà pourquoi j'ai indiqué, — pris dans l'histoire — ces deux modèles Jeanne et Jésus, c'est-à-dire la Patrie et l'Humanité, deux choses qui peuvent se fondre mais ne se confondront jamais : Jeanne est la défensive contre toute idée d'invasion. Il ne faut pas s'y méprendre, elle n'est pas vengeresse. « Chassons l'Anglais de notre pays. » Voilà tout. Il n'y a pas à voir autre chose dans ces mots là, on ne discute pas.

Jésus, c'est autre chose. « Remettez l'épée dans le fourreau. » Il ne s'agit pas de la Patrie ici, il s'agit d'une

(1) A ce moment.

lutte fratricide ; c'était contraire *à ses principes sociaux et moraux*. C'est l'avenir de l'humanité ; lorsque les hommes pratiqueront cette belle maxime, vieille comme les plus vieilles civilisations : *Aimez-vous les uns les autres*.

Ils sont morts tous deux pour leur noble cause et, chose remarquable, tous deux par le Cléricalisme, l'un Juif, l'autre Chrétien !

A tous deux on bâtit des autels qu'ils n'ont point demandé.

La morale sociale a pour but de replacer les choses à leur véritable place, dégagée de tout intérêt personnel ou de coterie ; laissons la divinité du Christ aux religions et aux philosophies leurs Entités : c'est un autre domaine.

Il ne me reste plus qu'à présenter l'attitude que l'éducateur doit tenir en face de la jeunesse. Car nul ne conteste que l'exemple est encore le plus sûr moyen moralisateur.

Voici, je crois, ce que nous devons foncièrement être :

« Pauvres. Nous le sommes, nous ne dépassons pas beaucoup le pain quotidien ;

« Nous préserver et montrer par notre exemple comment on peut se préserver des corruptions de son siècle ;

« Montrer notre volonté persistante dans l'accomplissement du *Devoir envers la Patrie et l'Humanité ;* notre obéissance au suffrage universel, aux lois et aux règlements issus de son autorité ;

« Faire preuve d'une grande liberté morale et d'une volonté ferme à régler notre indépendance ;

« Montrer par une attitude ferme, sans orgueil, tout ce qu'il y a à gagner en *Dignité* à rester franc et loyal ;

« Enseigner toujours par notre exemple à nous aimer les uns les autres, à nous secourir. Si c'est trop difficile, au moins à nous supporter et à ne pas nous nuire ;

« Ne pas nous occuper *des états d'âme*, nous connaissons trop les influences hypnotiques de cette suggestive éducation ;

« Mais étudier les caractères et régler notre autorité sur cet examen, qui ne doit pas être *un examen de conscience* s'entend. »

Et enfin : « N'user, pour réprimer, que d'une autorité ferme, très sévère, très juste, très éclairée. »

Voilà, je crois, ce que l'Etat peut nous demander et tout ce que nous pouvons faire pour ne pas froisser notre conscience ni celle des autres du moins selon la Raison.

FIN

TABLE DES MATIÈRES

—

PSYCHOLOGIE DES AGES

———

TROISIÈME PARTIE

De 30 à 45 ans.

QUATRIÈME PARTIE

De 45 à 55 ans.

CINQUIÈME PARTIE

De 55 à 75 ans.

Annexe.

TABLE DES MATIÈRES

PREMIÈRE PARTIE

De ma naissance à 22 ans.

DEUXIÈME PARTIE

De 22 à 30 ans.

TROISIÈME PARTIE

De 30 à 45 ans.

QUATRIÈME PARTIE

De 45 à 55 ans.

TABLE 703

CINQUIÈME PARTIE

De 58 à 75 ans.

Saint-Amand (Cher). — Imprimerie BUSSIÈRE

Original en couleur

NF Z 43-120-8

www.ingramcontent.com/pod-product-compliance
Lightning Source LLC
Chambersburg PA
CBHW071131270326
41929CB00012B/1711